QUYU JINGJI YU
CHENGSHI FAZHAN YANJIU BAOGAO
2016-2017

REUD智库丛书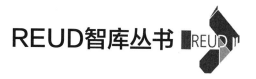

区域经济与城市发展研究报告

2016~2017

——服务地方的路径与策略研究

合肥区域经济与城市发展研究院

安徽大学区域经济与城市发展协同创新中心　著

合肥市政府政策研究室

经济管理出版社

ECONOMY & MANAGEMENT PUBLISHING HOUSE

图书在版编目（CIP）数据

区域经济与城市发展研究报告 2016~2017/合肥区域经济与城市发展研究院，安徽大学区域经济与城市发展协同创新中心，合肥市政府政策研究室著 . —北京：经济管理出版社，2017.9
ISBN 978 - 7 - 5096 - 5312 - 8

Ⅰ. ①区⋯　Ⅱ. ①合⋯ ②安⋯ ③合⋯　Ⅲ. ①区域经济发展—研究报告—合肥—2016 - 2017 ②城市建设—研究报告—合肥—2016 - 2017　Ⅳ. ①F127. 541 ②F299. 275. 41

中国版本图书馆 CIP 数据核字(2017)第 210373 号

组稿编辑：张巧梅
责任编辑：张巧梅
责任印制：黄章平
责任校对：王纪慧

出版发行：经济管理出版社
　　　　　（北京市海淀区北蜂窝 8 号中雅大厦 A 座 11 层　100038）
网　　　址：www. E - mp. com. cn
电　　　话：(010) 51915602
印　　　刷：北京晨旭印刷厂
经　　　销：新华书店
开　　　本：787mm × 1092mm/16
印　　　张：29. 25
字　　　数：731 千字
版　　　次：2018 年 1 月第 1 版　　2018 年 1 月第 1 次印刷
书　　　号：ISBN 978 - 7 - 5096 - 5312 - 8
定　　　价：98. 00 元

序　言

正值党的十九大召开之际，由合肥区域经济与城市发展研究院、安徽大学区域经济与城市发展协同创新中心、合肥市政府政策研究室三家单位撰写的《区域经济与城市发展研究报告 2016～2017》交由经济管理出版社付梓出版了。作为长期研究区域经济的"老兵"，看到这份凝聚作者心智的研究成果由衷地感到高兴和表示祝贺。

这本书是由 24 篇研究报告编写而成的，主要包括重大课题研究报告、日常课题研究报告和重大课题与日常课题亮点采撷，也是"REUD 智库丛书"的第三部年度报告。从报告内容来看，重点是对合肥市未来发展开展战略和对策研究，其中《加快合肥经济圈向合肥都市圈战略升级研究》《合肥建设环巢湖国家旅游休闲区政策研究》《合肥重点中心镇产业特色发展研究》三篇报告为重大课题研究成果，另外还有五篇为一般性课题，涉及合肥市的基金多样化发展、应急产业发展、农产品电子商务发展以及水资源管理和古村落文化旅游资源研究。可见这部年度报告内容十分丰富，既有关系合肥市未来发展的重大问题思考，如提出合肥市应加快从经济圈战略向城市都市圈战略的升级；也有针对合肥市一些重要领域的具体对策，如城市水资源管理、旅游业的发展。相信这些研究对合肥市的发展具有重要的参考价值。

我于 20 世纪 90 年代初出版的《区域经济学》（陈栋生主编）"绪论"中是这样定义区域经济学的：它是研究不同类型区域发展及其相互关系的应用学科；从更广义上讲，它是探寻人类经济活动空间变动规律的科学。仔细研读这本书，我体会到了作者们对区域经济、城市经济的深刻理解。以第一篇为例，我没有想到它竟是一篇关于经济圈和城市都市圈的完整缜密的研究，不仅细致地区分了经济圈和城市都市圈的异同，还有伦敦、巴黎、东京等国际典型案例，特别是提炼出了对我国普遍适用的经验，如"重基础、控规模、调结构、促协调"。接着分析了合肥市实现战略升级的意义和条件，提出了建成核心增长极的目标、路径和政策建议。无论是立论依据、结构框架、分析方法，还是提出的思路和建议，对合肥市既有针对性、前瞻性和可操作性，也可以作为其他中心城市和地区的参考借鉴。

大家知道，合肥是安徽省的省会，安徽省在国家区域发展战略中地位很特殊，有一种比喻是"脚踏两只船"。在促进中部地区崛起战略中，安徽、河南、湖南、湖北、江西和山西 6 省都属于中部地区成员；而在长三角城市群中，安徽省的合肥市等 8 个城市又成为其中的新成员，也就是说安徽省同时加入了两个"群"，可以同时享受国家关于中部崛起的政策和长三角地区的政策。尽管安徽省距离苏沪浙相对较近，有"近东部的区位"，但从经济发展上看，它仍是"中部的水平"。令我惊讶的是，近些年安徽省的科技创新成就显著，最近国家批准合肥市建设综合性国家科学中心，成为继北京、上海之后的第三个综合性国家科学中心，合肥市拥有同步辐射、全超导托卡马克和稳态强磁场 3 大科学装置。这标志着安徽省的科技创新能力和水平在全国占据重要地位，合肥都市圈正在成为创新驱动发展的先行区。本书对合肥市建设国家科学中心也提出了对策建议，在推进创新发展智库的建设上也走在了前沿。

另外，我注意到这本书有一个很特别的副标题，叫作"服务地方的路径与策略研究"，它是这部智库丛书的定位和特色所在。作为一门应用性很强的学科，区域经济学是"服务地方"最有用的学科，也可以说是服务地方经济社会发展的利器；学习区域经济专业或成为区域经济学者，在"服务地方"上大有用武之地。因为这门专业会告诉你如何认识经济空间的差异性，理解"橘生淮南则为橘，生于淮北则为枳"（出自《晏子春秋·杂下之十》）的道理，以及如何根据区情特点选择适合的发展策略和路径。长期以来，我们有些高校及研究机构脱离当地实际，闭门教学搞科研，形成校地"两张皮"，导致地方部门缺乏智库支持，高校缺乏课题来源，甚至校地关系很紧张。我觉得，合肥区域经济与城市发展研究院在建立新型校地关系上做出了样板，安徽大学与合肥市政府共同组建这个智库，既有利于大学理论联系实际，也有利于地方政府科学决策，值得各地高校和政府部门学习和仿效。

最后我也想用习总书记在中共十九大闭幕式会见记者时引用的一句古诗"不要人夸颜色好，只留清气满乾坤"（出自王冕（元）《墨梅》）来寄语合肥 REUD 智库。希望本智库的各位专家学者继续努力，深刻学习领会习近平总书记新时代中国特色社会主义思想，围绕发展不平衡、不充分的突出问题和地区发展的需求，深入开展调查研究，为更好地服务地方发展贡献出自己的智慧。

中国区域经济学会副会长兼秘书长

2017 年 10 月

目　录

第一篇　重大课题研究报告

加快合肥经济圈向合肥都市圈战略升级研究 …………………………………… 3
合肥建设环巢湖国家旅游休闲区政策研究 ……………………………………… 93
合肥重点中心镇产业特色发展研究 …………………………………………… 135

第二篇　日常课题研究报告

合肥促进基金多样化发展研究 ………………………………………………… 189
合肥加快应急产业发展对策研究 ……………………………………………… 247
合肥水资源管理中长期对策研究 ……………………………………………… 284
合肥农产品电子商务发展研究 ………………………………………………… 332
合肥古村落文化旅游资源研究 ………………………………………………… 354

第三篇　重大课题与日常课题亮点采撷

《加快合肥经济圈向合肥都市圈战略升级研究》对策建议 ………………… 395
《合肥建设环巢湖国家旅游休闲区政策研究》对策建议 …………………… 400
《合肥重点中心镇产业特色发展研究》对策建议 …………………………… 406
《合肥促进基金多样化发展研究》对策建议 ………………………………… 410
《合肥加快应急产业发展对策研究》对策建议 ……………………………… 415

《合肥水资源管理中长期对策研究》对策建议 …………………………………… 419

《合肥农产品电子商务发展研究》对策建议 …………………………………… 423

《合肥古村落文化旅游资源研究》对策建议 …………………………………… 426

第四篇　文件政策解读

关于合肥系统推进全面创新改革试验加快建设综合性国家科学中心的建议………… 431

《关于"十三五"期间实施新一轮农村电网改造升级工程的意见》的解读报告……… 435

国务院《关于进一步健全特困人员救助供养制度的意见》的解读报告 …………… 438

《国务院关于印发推进普惠金融发展规划（2016～2020 年）的通知》的解读报告 … 442

中共中央、国务院《关于深化投融资体制改革的意见》的解读报告 ……………… 446

《国务院关于在市场体系建设中建立公平竞争审查制度的意见》的解读报告 ……… 450

国务院办公厅《关于发挥品牌引领作用推动供需结构升级的意见》的解读报告 …… 453

国务院办公厅《关于加快培育和发展住房租赁市场的若干意见》的解读报告 ……… 457

后　记……………………………………………………………………………… 460

第一篇

重大课题研究报告

▶ 加快合肥经济圈向合肥都市圈战略升级研究
▶ 合肥建设环巢湖国家旅游休闲区政策研究
▶ 合肥重点中心镇产业特色发展研究

加快合肥经济圈向合肥都市圈战略升级研究

课题负责人 胡 艳

第一章　都市圈的国际化经验与模式

一、经济圈和都市圈的联系与区别

1. 经济圈

经济圈是指一定区域范围内生产力布局的一种地域组合形式，是从地域的自然资源、经济技术条件和政府的宏观管理出发，组成某种具有内在联系的地域产业配置圈，是区域分工与合作的要求。一般是由一个具有较高首位度的城市经济中心和与中心密切关联且通过中心辐射带动的若干腹地城市所构成的环状经济区域，是中心城市经济辐射能力能够达到并能促进相应地区经济发展的最大地域。

经济圈总体空间上有诸多特点，主要表现为：第一，内部具有比较明显的同质性与群体性；第二，外部有着比较明确的组织和地域界限。较大地域的经济圈一般都有原材料生产区、能源生产区、加工区和农业基地，从而构成一种综合产业圈。如中国以上海为中心的长江下游综合产业圈，以武汉为中心的长江中游综合产业圈，以重庆为中心的长江上游综合产业圈都具有这种特点。而较小地域的经济圈往往只拥有某一两个方面的优势产业区，地方特色比较突出，有利于企业进行跨地区、跨行业的专业化协作，使整个区域的整体功能得到很好发挥。

经济圈空间组织形式主要有以下两种：第一，是通过构建经济圈基础设施骨架，完善交通运输和物流网络，推进圈内人才、资金、技术、信息等生产要素以及各种有形商品在区域内部的高效流动和优化配置，实现资源利用效益最大化。第二，是以产业分工协作为主线，划分出一定的空间，通过多样化的产业合作形式，例如产业园区共建、共同培育产业发展走廊等，合理布局各类产业，按照市场经济的要求，促进要素、产业集聚，构建经济圈内的产业集群，提高经济圈内产业空间的集约化程度和综合效益。

国内外对经济圈的研究更多地侧重于经济圈内各主体的经济联系，突出有别于行政经济的跨市域、跨地区甚至跨省域的市场行为。

2. 都市圈

都市圈是区域城镇化发展到一定阶段的产物，因此，较高的城市化水平和大小不一的都市区连片发展是都市圈形成的基础和前提。这是都市圈与经济圈的本质区别。关于"都市圈"的概念，最早是由日本于20世纪50年代提出的。20世纪50年代，日本学者富田和晓、Glickman与川岛、山田浩之与山岗一幸提出了"都市圈"概念，该概念分别以30万、10万、5万以上的中心城市人口的标准和10%、5%、10%的外围地区到中心城市的通勤率等为基本条件，界定了都市圈的地域范围。

综合相关研究文献可以认为，都市圈是在特定的地域范围内，由一个或多个核心城市与若干个相关的不同性质、规模、等级的周边中小城市通过一定区域网络架构组成的圈层式城镇空间组织体系。都市圈在空间上密切联系、在功能上有机分工相互依存，并且具有一体化、同城化趋向，通常是客观形成与规划推动双向作用的产物。

都市圈所涉及的地域范围一般要大于都市区，但其具体界线都有较大的伸缩性和随意性，可分为内外若干圈层：第一，它可以是以一个特大城市为中心的单核心都市圈，其内圈与中心城市的联系最密切，实质上相当于大都市区，其外圈可将一些不邻接中心市、城市化水平还不高，但受中心市经济辐射影响较大的所有市县均划入都市圈内，相当于城市经济区的范围；第二，它也可以是由多个大城市和特大城市组成的多核心都市圈，其内圈一般多指城镇密集区或已发展至高级阶段的都市连绵区（核心经济区），其外圈可涵盖跨多个省市的大经济区。

通常按照空间尺度及作用强度划分，可以将都市圈划分为日常都市圈和大都市圈：第一，日常都市圈也称为"1小时都市圈"，即从核心城市到周边城市之间的单向时间距离在1小时左右；第二，大都市圈的单向时间距离一般在3小时左右。如果以高速公路为主要通道、以私人小汽车为主要交通工具，或者以市际高速铁路为纽带（如日本的新干线），则日常都市圈的距离最大可以达到100公里，而大都市圈的半径可达300~400公里。从国际上较为成熟的都市圈来看，大都市圈的核心城市一般都具有以下的显著特征：一是规模大，二是功能强，三是具有显著的国际化特点，在全球范围内有着广泛的影响，例如伦敦、巴黎、东京、纽约、上海等。

都市圈空间组织形式主要按照城市带、城镇发展轴、城镇联系通道等作为骨架来构建都市圈空间结构框架，都市圈空间发展模式通过一定的规划思路来体现，从大区域尺度和功能区的角度来考虑城镇空间组织和资源有效配置，特别是协调城市交界处的空间关系。

根据所要解决具体问题性质的不同及自然环境的差异，都市圈的空间组合形态表现出多样化的模式，如同心圆圈层组合式、定向多轴线引导式、平行切线组合式、放射长廊组合式、反磁力中心组合式等。目前我国都市圈空间发展的几种态势和类型可以归纳为核心—放射空间模式、核心—圈层空间模式、多中心网络化空间模式。

第一，在大都市初期的扩散过程中，往往沿主要轴线扩展，一般不具备圈层扩展的能力，但在区域中具有明显的区位优势、规模优势和功能优势。规划通过重点培育核心城市，构建放射通道来带动整个区域的协调发展。对于一些在区域中具有明显核心地位的大

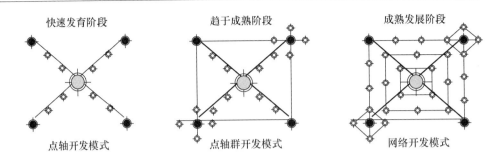

图 1-1 都市圈不同发展阶段的空间发展模式

都市，如首都、省会城市和一些重要的经济中心城市，其功能除了作为国家和地区的政治经济中心和管理决策中心外，还同时具备商业中心、研究与革新活动、大银行、大型公司或集团总部所在地的功能，城市综合功能突出，区域交通基本围绕核心城市来组织。第二，随着城市经济的发展，核心城市扩散作用明显，从轴向扩展为主转向圈层扩展为主。在区域城乡经济差异缩小的过程中，区域经济活动在空间上表现为集中与分散相结合，通

表 1-1 经济圈与都市圈特征对比一览表

共同特征	不同特征							
	空间范围	表现形式	动力机制	侧重维度	功能体系	空间组织类型	基础设施组织	产业协作组织
1. 两者之间存在一个递进过程，属于同一地域的工业化与城市化不同发展阶段，均是城市区域发展中的圈层功能地域概念； 2. 构建相对独立的产业经济体系，进行合理的产业发展定位； 3. 通过圈层内外市场运作和政府管控实现中心城市经济功能的疏解与重新组合；4. 淡化行政区划，借助区域发展平台进行功能的综合定位 经济圈	疆域极广的国家内部某一特定的生产和流通经济地区	地域产业配置圈	区域分工合作与经济一体化要求	经济联系强度及隶属度	产业功能突出，更加侧重于发挥生产功能、服务功能、协调功能、集散功能等专业性功能	经济圈重点是以市场发展为导向，运用宏观经济手段组织圈内社会经济分工合作	多渠道融资完善圈内初期的基础设施网络	以产业分工协作为主线，优化空间发展网络，构建经济圈内的产业合作园区、产业合作走廊、产业创新集群
都市圈	与核心城市具有紧密社会经济联系的，具有一体化倾向的邻接城镇密集地区	综合表现为"1小时通勤圈""生活圈""文化旅游圈"等诸多城市功能复合圈域	工业化与城市化水平的提高，具有同城化趋势	经济发展、产业协作、生活配套、社会生态等的综合型可持续发展城市集合体	都市圈功能更加复合，表现更加多元，功能体系更加完善，实现城市间功能互补	社会空间、文化空间、经济空间、生态空间、制度空间等复合型空间组织，政府管控和市场调节相结合	信息、交通、能源等基础设施开始由初期的发展轴线转移到城镇网络化地区	按城镇联系通道等作为框架来组织都市圈空间，以城镇发展空间为载体布局产业，产业分工明确

信和交通网络高度发达,人口、非农产业高度集中于一个中心的状况相对降低。第三,如果区域经济在向高级阶段演化的过程中,一定区域内同时存在几个在规模、功能等方面相当的城市,区域城镇群体空间必然向多中心网络化的空间结构演化。信息、交通、能源等基础设施集中的走廊地区成为城镇网络化地区,沿线居民可以利用高速交通、通信和网络设施方便地进入其他所有的城市和地区,因而也成为人口和非农产业高度集聚的网络化地区。

3. 小结

综上经济圈和都市圈概念界定等相关分析:第一,经济圈和都市圈作为一定区域城镇群体发展的不同形态,对于区域经济和社会发展具有很强的集聚力和推动力,其空间组织形式比较丰富,是一定地区城市化发展的前后紧密相连的两种发展形态,圈域经济的发展不是简单系统要素的集中和全部发展要素的机械耦合,而是类似于城市有机体,具有符合自身实际的发展规律和发展路径。第二,同时外在表现为不同的空间发展结构、空间组织形式等,如经济圈侧重核心城市地区与外围地区的产业协作和产业分工,形成具有指向性的自上而下产业体系,共建产业园区、共谋发展走廊、共享发展成果是其基本的特征,而都市圈表现的圈域功能更加多元化,空间结构呈现圈层式发展态势,工业化和城市化水平、同城化程度和城市密集度更高,着重构建核心城市与副中心城市功能互补、协同发展,共同作为区域增长极带动圈域经济协调、均衡发展。按照与核心城市的发展关系分为核心圈层、紧密圈层、外部松散圈层等。

二、国际都市圈建设模式及经验启示

在经济全球化和区域经济一体化的过程中,城市作为全球、国家和地区的经济增长点,在世界经济中的地位不断提高。信息社会的到来和全球经济新一轮的高速发展,促进了在全球经济最活跃的地区出现一批具有产业集聚能力和参与国际性竞争的大城市,并连绵成为都市圈。这些以大城市为核心的都市圈经济成为 21 世纪经济发展的主题,并且国家与国家之间的竞争越来越表现为城市之间、国际性大都市之间,特别是区域性的都市圈之间的竞争。

伴随着工业化和城市化的高速发展,目前世界上崛起了东京、纽约、伦敦、巴黎等一系列知名的都市圈,其中东京都市圈的城镇化水平最高,也是发展比较成熟的都市圈。在改革开放和市场经济的推动下,城市化进程不断加快,合肥经济圈向都市圈的升级正顺应了城镇化发展的大趋势,在《长三角城市群发展规划》以及《合肥市城市总体规划》中明确了合肥市的发展方向,也给予了极高的发展定位,在打破行政壁垒,吸收芜湖、马鞍山两市加入扩容升级版的合肥都市圈进程中,分析国内外成熟都市圈的发展特质和阶段特征,对建设发展合肥都市圈具有重大的现实意义和实践参考,同时也对都市圈内部城镇化发展具有借鉴作用。我们面临着除了发达国家都市圈面临的问题外,还面临发展初期的特殊问题,如行政分割带来的无序竞争,争取经济发展机会,加速城镇化、协调城市之间基础设施建设等问题。

（一）全球化视野，国际化标杆：世界三大都市圈的发展模式与经验概括

全球经济的聚集化使得形态各异的都市圈得以孕育，三大知名的都市圈由于其形成发展的内外环境不同，形成的特点不尽相同，外在表现的都市圈特质也不尽相同。东京都市圈人口和产业的"极化"现象越来越严重，城镇化水平高，基础设施比较完备，拥有一

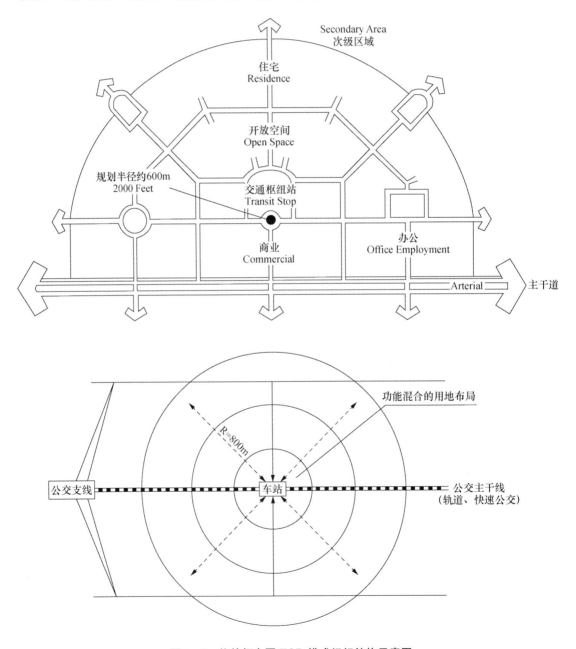

图1-2　伦敦都市圈 TOD 模式组织结构示意图

体化的交通港口和便捷的交通联系；巴黎都市圈是跨国都市圈，通过合理的人口和土地利用规划提升了都市圈居民的生活质量；而伦敦都市圈除去金融标签之外，在逐步发展文化创意产业。各大都市圈的特色明显，能够为合肥都市圈的扩容升级提供诸多参考。

1. 重基础——完善多维度现代综合交通体系

巴黎都市圈——厚植都市圈交通优势，构建综合交通体系。法国目前拥有 10000 公里高速公路和全世界最发达的公共交通系统，巴黎市内水、陆、空交通发达，地铁与公交网覆盖全部市区。同时巴黎极为便利的交通设施，加上郊外的高速铁路系统，可以通达整个欧洲，使巴黎成为欧洲的交通枢纽，由巴黎至伦敦、布鲁塞尔、阿姆斯特丹、科隆及德国西部等地的航程均在 1 小时之内。发达的高速铁路网既可以使法国城市与欧洲其他大城市之间联系更加便捷，又可以促进巴黎都市圈内的联系，使区域的社会功能高效地运转，为人们的工作、娱乐、休憩等各种活动提供最为方便的服务。

伦敦都市圈——TOD 模式，都市圈规划建设模式新借鉴。TOD 是指"以公共交通为导向的发展模式"。其中的公共交通主要是指火车站、机场、地铁、轻轨等轨道交通及巴士干线，然后以公交站点为中心、以 400 ~ 800 米（5 ~ 10 分钟步行路程）为半径建立中心广场或城市中心，其特点在于集工作、商业、文化、教育、居住等为一身的"混合用途"，使居民和雇员在不排斥小汽车的同时能方便地选用公交、自行车、步行等多种出行方式。人口密度越高，人均的交通能源消耗量越小，现在在国际上 TOD 模式成为了不少国家、不少城市群、都市圈发展的一个重要的手段和空间组织形式。交通网络的建设是都市圈建设的一个非常重要的支撑条件，这也是节能减排的一种重要手段。

2. 控规模——合理控制都市圈发展边界，严控无序蔓延

东京都市圈——严控都市圈发展规模，优化空间发展格局。日本将城市地区称作市街地，即人口密度不小于 4000 人/平方公里的地区。按照这个标准制作了东京都市圈规模成长图。由图 1-3 可以看出东京都市圈是从小到大逐步发展起来的，其半径从 1920 年的

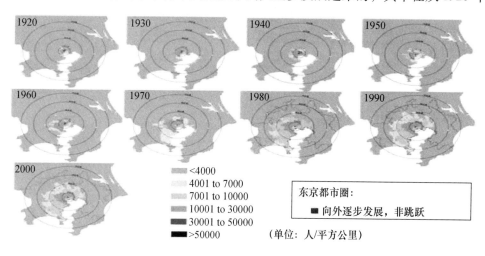

（单位：人/平方公里）

图 1-3 东京都市圈空间规模研究对比图

10 公里，发展到 1980 年的 50 公里左右，且从 1980 年开始，其长轴半径一直稳定在 50 公里附近（短轴半径为 30 公里左右）。

　　东京都市圈和纽约都会区长轴半径随时间推移（见图 1 - 4）的轨迹，呈现出典型的成长曲线，经过几十年的成长，进入到了现在的稳定阶段。东京都市圈和纽约都会区的长轴半径 20 多年都稳定在 50 公里附近，与人们日常生活规律、通勤范围、交通运输效率等因素息息相关。人们对于通勤时间长度的忍耐性是尽管交通运输效率较过去有了长足提升（如新干线、轨道交通快线），但都市圈的半径并没有出现无限制的增长的主要原因。

　　通勤圈的大小决定着都市圈的大小。东京都市圈通勤圈层所示半径恰是 50 公里左右

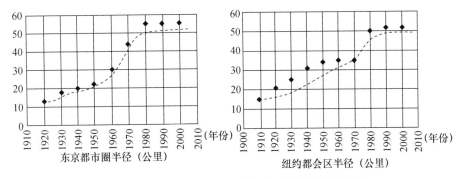

图 1 - 4　东京都市圈、纽约都会区长轴半径的推移

注：
1. 图为 2005 年 3 月 31 日的路网图；
2. 图中不包括地铁线路。

图 1 - 5　东京都市圈通勤圈层示意图

可以得到证明，法定的东京都市圈居民出行调查的范围（即通勤圈范围）就是这个范围。主要实行两个措施以缩小通勤圈。提高核心区的居住供应，吸引就业者回归，缓解核心区的职住分离；对于外围环状据点城市群，通过培育完善的城市功能，增强竞争力，摆脱对核心区的过分依赖。在人口趋势变化与政府政策引导的共同作用下，东京的向心通勤量与20世纪90年代相比已减少了10%。

巴黎都市圈——严控都市圈建设规模，遏制建成区无序蔓延。都市圈规划注重控制规划区范围，遏制都市圈内城镇发展沿交通沿线或发展走廊无序蔓延。依托发达的交通通信等基础设施网络所形成的空间组织紧凑、经济联系紧密、实现高度同城化和高度一体化。改变轻视资源和环境承载能力超限制扩大城市和产业规模的做法，充分考虑对人口调控目标可能产生的影响。彻底摒弃"摊大饼"的发展方式，科学划定都市圈规模的刚性边界，50公里是现有都市圈发展半径的极限，严格控制规模和人口总量，杜绝不符合首都功能的无序建设。

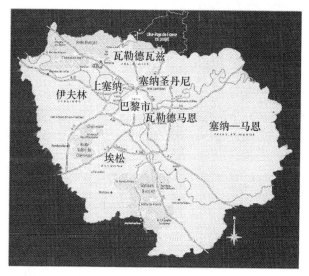

图 1-6 巴黎都市圈控制范围

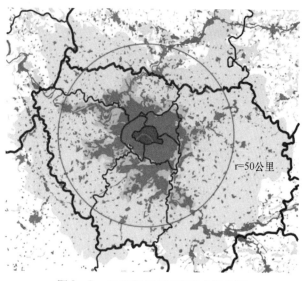

图 1-7 巴黎都市圈巴黎建成区范围

3. 调结构——培育合理的都市圈城市等级体系

巴黎都市圈——紧抓区位经济优势，注重区域平衡发展。从历史与区位看，巴黎都市

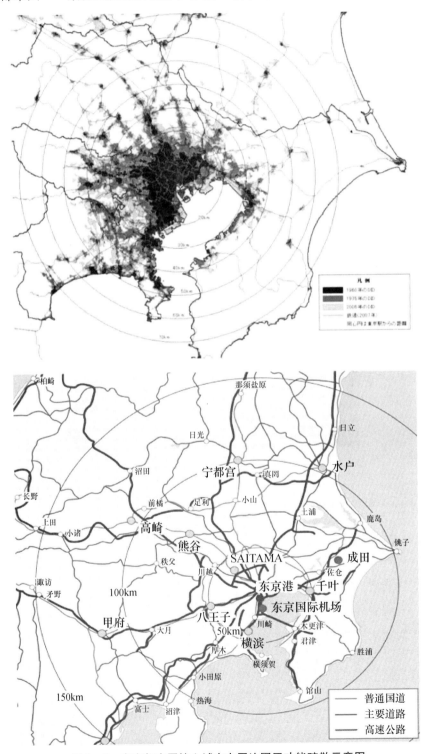

图1-8　东京都市圈核心城市在周边圈层功能疏散示意图

圈具有欧洲乃至全球大都市的众多优势，在欧洲乃至整个世界占有重要地位，如果没有正确的规划指导，这些优势将得不到充分发挥。同时随着欧盟的东扩，巴黎都市圈位于西欧经济区与地中海盆地经济区之间，区域平衡发展显得极为重要。1994 年批准的《巴黎大区总体规划》（以下简称《总体规划》），集中突出的特点是：首先强调巴黎都市圈整治的基本原则是强化均衡发展，城市之间应合理竞争，大区内各中心城市之间、各大区之间应保持协调发展；其次将大区内部划分为建设空间、农业空间和自然空间，三者兼顾，相互协调，均衡发展。

伦敦都市圈——专业化推动都市圈内多中心培育。都市圈以一个或者多个较大的中心城市作为核心进行聚集，并且通过新的分工来实现超大的经济能量，每个地区都会有一个关键的全球城市中心，全球性的企业往往会选择所谓的全球性中心，而在全球性中心外围的地区会聚集一些专业化程度较高的城市。有的城市有 IT 方面的专业知识，有的城市在法律方面的专业性很强，多中心的区域往往会去关注专业性，因为部门的专业化是推动多中心存在的一个重要动力。

东京都市圈——注重圈内功能疏解，突出核心城市高层次功能。为了能缓解大都市圈的过度集聚所带来的区域发展不平衡问题，日本政府自 20 世纪 60 年代起，先后制订了五次全国综合开发规划和一系列法规，并编制了三大都市圈发展规划。但政府空间发展政策的成效有限，东京等三大都市圈人口和产业的"极化"现象越来越显著。进入 21 世纪，面对产业链的低端部分向国外转移趋势的扩大，日本政府在防止过度集聚的同时，也注重进一步提升大都市圈的高层次功能。

4. 促协调——淡化行政区划，规划立法促进区域发展

东京都市圈——建立动态调整的区域性规划机制，促进都市圈协同发展。首都圈规划作为日本政府进行区域空间布局调控的重大公共政策，依靠完备的法律保障、合理的机构设置和配套的财政金融政策，在不同历史时期发挥了各自的作用。首先是得益于完备的法律体系保障。为了保证规划的权威性和顺利实施，日本政府前后共制定了十多项相关法律。其次是合理设置统筹中央和地方、促成区域协调的规划机构。规划决策权力的上移对于提升区域性规划编制效率和实现效果作用显著，保证了首都圈规划和全国性规划体系的一致性，并且容易获得一些大型项目的资金保障和政策倾斜。东京都市圈内各地方自治体之间探索出了与中央集权主导相配套的一些区域性协作机制，保证了处理具体性区域问题的针对性和灵活性。早在 1947 年，日本政府颁布的《地方自治法》赋予了都道府县各级地方政府相应的自治职能，并规定各地方政府可以通过设立协议会、共同设置机构、事务委托、设立事务组织和联合组织等形式建立处理区域性事务的协作机制。

巴黎都市圈——打破行政区划壁垒，立法规范区域规划。在巴黎都市圈的建立过程中，政府首先运用法律手段支持都市圈规划执行，以法律形式规范城市规划是成就巴黎都市圈最重要的特征。巴黎地区前后历经 60 余年，虽经过战争和经济波动，但城市规划始终不脱离法制规范，保持了规划的权威性和可执行性。《总体规划》是目前巴黎大区发展中必须遵守的法律文件，《总体规划》将保护自然环境作为首要目标，显示出法国政府对发展与环境的积极主动态度。

5. 强功能——发展融入文化元素，彰显都市圈特质

巴黎都市圈——延续圈域文化传统，打造核心竞争力。巴黎集中了众多的国际企业和高级研究机构，进行着频繁的国际商业活动，作为世界历史名城，巴黎有着丰富的历史文化遗产、旅游胜地和丰富的都市文化生活。巴黎成为都市圈的核心和世界文化艺术之都的地位分不开。100多年来，法国政府一直致力于完善巴黎的城市规划政策，力求让这座汇集着世界文化珍品的千年古城，在延续历史传统和实现现代化发展之间找到平衡点，在风格迥异的世界大都市中保持自己独特的城市身份。

伦敦都市圈——突出都市圈内复合功能特质。作为世界金融和贸易中心，作为都市圈龙头，大伦敦先是于20世纪70年代末到80年代初，以金融业和制造业支援服务取代了传统工业，而在过去的10年，随着金融服务业发展趋缓，创意产业开始为伦敦注入新的发展动力。在整个大伦敦地区，创意产业每年创收210亿英镑，占伦敦年度经济总增加值的16%，有50万人从事创意产业。创意产业目前已经成为仅次于金融服务业的伦敦第二大支柱产业。金融中心与文化创意的结合给合肥都市圈带来了很好的发展借鉴，合肥应大力发展本土文化，厚植都市圈文化优势，突出文化创意特质。

（二）夯实基础，厚积薄发，国际成功案例对合肥都市圈发展的借鉴与启示

合肥都市圈尚处于成长期，上述三大成熟都市圈的发展历程及经验有助于解决合肥都市圈现有及未来发展将会遇到的问题。我们从中得到如下启示：

（1）合肥都市圈未来发展要以一体化为主线，合理进行发展定位，着力加快合肥长三角副中心城市建设，打造国际产业创新基地，强化生态安全保障，完善多维度现代综合交通体系，提升国际化水平，构建联动发展体制机制，培育发展新动能，强化核心城市合肥市科技创新、文化功能的同时，注意疏解其他非核心城市功能。

（2）合肥都市圈发展要注重区域内核心城市与非核心城市的相对平衡发展，着力培育圈内副中心城市。

（3）合肥都市圈要充分考虑未来发展的规模，合理确定发展半径，培育合理的都市圈城市等级体系，遏制区域内城镇发展的无序蔓延。

（4）合肥都市圈不仅需要极核城市单向的政策诱导，更重要的是圈内成员城市的双向互动，形成一种区域性的规划协调机制，保证各项政策的落地和产业的合理布局。

（5）合肥都市圈发展要大力融入文化元素，彰显都市圈特质。圈内历史文化资源富集，要充分发挥包公文化、红色文化、桐城文化、徽文化、吴文化兼容并包的文化涵养，打造都市圈核心文化竞争力和独有的特质。金融中心与文化创意的结合给合肥都市圈带来了很好的发展借鉴，大力发展本土文化，厚植都市圈文化优势，突出文化创意特质。

（6）合肥都市圈未来发展，通过协同创新机制体制改革，依托大科学装置集群优势，充分整合合肥优势科教资源和区域创新资源，完善创新链条，力争建设成为国际一流水平的基础研究和高技术自主创新基地，为合肥都市圈加快转变经济发展方式，调整优化产业

结构提供重要的科技支撑。

依托大科学装置集群和高水平科研平台成立的大科学中心，在量子通信、新能源、新材料、环境与健康等前沿领域进一步加速产生具有世界领先水平的原创性成果，并依托这些成果不断催生变革性技术，通过成果转移转化，培育出更多的能参与国际国内产业分工的行业领军企业，带动量子通信、新能源、新材料等产业链的逐步形成，将对合芜蚌自主创新实验区建设提供重要的科技支撑，成为促进区域社会与经济发展的强大引擎，以及国家战略性新兴产业的发动机。

未来合肥都市圈将以打造中国的"硅谷科技圈"为己任，在多领域培育并形成战略性新兴产业，并通过多种形式开展产学研用专门人才培养，构建多元化成果转化与辐射模式，完善创新链条，促进战略性新兴产业提升，合肥都市圈为安徽省打造"三个强省"、建设美好安徽，合肥市建设"大湖名城、创新高地"做出贡献。

表 1-2 都市圈经验借鉴及对合肥都市圈启示

都市圈	都市圈发展模式及经验	相同点	合肥都市圈启示
东京都市圈	注重圈内功能疏解，突出核心城市高层次功能	(1) 交通先行 (2) 严控规模 (3) 功能疏散 (4) 区域平衡 (5) 规范立法 (6) 培育核心竞争力	合理定位发展阶段，着力加快合肥长三角副中心城市建设，打造国际产业创新基地，培育发展新动能，强化核心城市合肥市科技创新、文化功能的同时，注意疏解其他非核心城市功能
	严控都市圈发展规模，优化空间发展格局		控制合肥都市圈发展规模，培育优化合理的圈层体系
	建立动态调整的区域性规划机制，促进都市圈协同发展		都市圈内区域规划政策的落实，不仅需要极核城市单向的政策诱导，更重要的是圈内成员城市的双向互动，形成一种区域性的规划协调机制，保证各项政策的落地和产业的合理布局
巴黎都市圈	打破行政区划壁垒，立法规范区域规划		合肥都市圈各项改革发展有法有据、有法支撑，这是推进社会治理体系和治理能力现代化的重要举措
	紧抓区位经济优势，注重区域平衡发展		合肥都市圈要发挥在推进长江经济带建设中承东启西的区位优势和创新资源富集优势，加快建设承接产业转移示范区，同时圈内经济发展注重区域平衡，着力培育圈内副中心城市
	厚植都市圈交通优势，构建综合交通体系		补齐综合交通短板，构建现代化交通运输体系
	延续圈域文化传统，打造核心竞争力		合肥都市圈内历史文化资源富集，要充分发挥包公文化、红色文化、桐城文化、徽文化、吴文化兼容并包的文化涵养，打造都市圈核心文化竞争力和独有的特质
伦敦都市圈	TOD 是都市圈规划建设的基本形式		交通网络的建设是都市圈建设的一个非常重要的支撑条件，这也是节能减排的一种重要手段
	专业化推动都市圈内多中心培育		多中心的区域往往会去关注专业性，因为部门的专业化是推动多中心城市发展的一个重要动力
	突出都市圈内复合功能特质		金融中心与文化创意的结合给合肥都市圈带来了很好的发展借鉴，合肥应大力发展本土文化，厚植都市圈文化优势，突出文化创意特质

第二章　合肥经济圈向合肥都市圈升级的战略意义和基础条件

一、发展历程

（一）都市圈发展历程回顾

2006 年安徽省第八次党代会首次提出以建设合肥为中心，以六安、巢湖为两翼的"省会经济圈"的战略构想，以充分发挥省会合肥的政治、经济、科技、文化中心作用及六安、巢湖的比较优势，优化配置圈内资金、技术、人才等要素资源，提高整体竞争力，联动沿江和沿淮城市群发展，带动安徽奋力崛起。

2008 年 5 月 28 日，安徽省政府下发《关于印发安徽省会经济圈发展规划纲要的通知》，提出了经济圈总体规划设想。

2009 年 8 月 21 日，安徽省委、省政府下发《关于加快合肥经济圈建设的若干意见》，对经济圈的发展提出了更为具体的要求，同时正式将名称更名为合肥经济圈，并将淮南、桐城纳入经济圈范畴。

2011 年 8 月，安徽省进行行政区划调整，成立 12 年的地级市巢湖正式被撤销，巢湖市原本所辖的一区四县行政区分别划归合肥、芜湖、马鞍山三市管辖。这一重大行政区划调整将使中国中东部继南京都市圈、武汉城市圈和长株潭城市圈后又诞生了一个特大城市圈——合肥经济圈。

图 2 - 2 2009 年合肥经济圈战略构想图

图 2 - 1 2006 年 "安徽省会经济圈" 战略构想图

图 2 - 4　2013 年滁州整体加入后战略构想图

图 2 - 3　2011 年安徽行政区划调整后战略构想图

表 2 – 1 合肥都市圈多层次协调机制对比表

	领导组织制度	高层互访和会商制度	部门协调制度
多层次协调机制	建立了经济圈领导小组办公室，办公室主任由省发改委主任和合肥市市长共同担任	经济圈各市主动加强交流合作，建立了党政领导高层互访和会商制度，就共同推进经济圈建设达成广泛共识	经济圈城市规划、发改、经信、农业、交通、旅游、招商等部门建立了部门联席会议制度，进一步完善了对口联系机制

最近批准的《安徽省城镇体系规划》将全省的城镇空间结构进行了调整，由"一圈一带一群"发展转变为"两圈两带一群"，即由合肥经济圈发展为合肥都市圈、芜马城市组群，带动省域城镇空间格局全面发展；由沿江（皖江）城市带发展为沿江（皖江）城市带、淮蚌合芜宣发展（轴）带，以加快发展中心城市为主，成为全省城镇化拓展的重要空间；"一群"为皖北城市群，培育县城快速发展，实现以点带面、多极并举的城镇空间格局，以此带动皖北崛起。

表 2 – 2 合肥都市圈不同时间序列的概念界定

年份	概念提出	概念界定	空间范围
2007	省委、省政府	省会经济圈	以合肥为中心，六安、巢湖为两翼
2008	省委、省政府	经济圈范围不断扩展	合肥与六安、巢湖、淮南、桐城等周边地区一体化发展，支持合肥与淮南同城化发展，经济圈范围扩展到五市
2012	省委、省政府	合肥经济圈	合肥市、淮南市、六安市、桐城市和定远县，总面积3.6万平方公里
2013	省委、省政府	合肥经济圈	滁州市整体加入经济圈，面积增至4.7万平方公里
2015	省委、省政府	合肥都市圈	合肥市、淮南市、六安市、滁州市、桐城市

（二）国家和区域战略规划对合肥都市圈发展的新定位和新要求

1. 长江经济带发展规划纲要

2016 年 3 月，《长江经济带发展规划纲要》（以下简称《纲要》）正式印发，长江经济带覆盖上海、江苏、浙江、安徽、江西、湖北、湖南、重庆、四川、云南、贵州 11 省市，面积约 205 万平方公里，《纲要》从规划背景、总体要求、大力保护长江生态环境、加快构建综合立体交通走廊、创新驱动产业转型升级、积极推进新型城镇化方面努力构建全方位开放新格局。

《纲要》提出了"一轴、两翼、三极、多点"的格局。"三极"是指以长江三角洲城市群、长江中游城市群、成渝城市群为主体，发挥辐射带动作用，打造长江经济带三大增长极。充分发挥上海国际大都市的龙头作用，提升南京、杭州、合肥都市区的国际化水平，以建设世界级城市群为目标，在科技进步、制度创新、产业升级、绿色发展等方面发挥引领作用，加快形成国际竞争新优势。

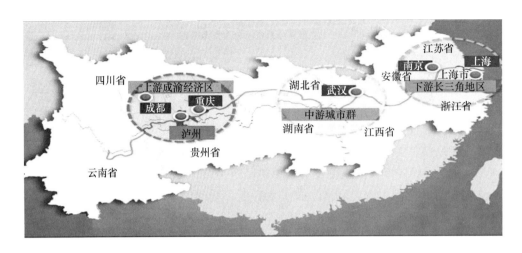

图 2-5 长江经济带地理位置示意图

《纲要》围绕提高城镇化质量这个目标，提出了要优化城镇化空间格局。首先要抓住城市群这个重点，以长江为地域纽带和集聚轴线，以长江三角洲城市群为龙头，以长江中游和成渝城市群为支撑，以黔中和滇中两个区域性城市群为补充，以沿江大中小城市和小城镇为依托，形成区域联动、结构合理、集约高效、绿色低碳的新型城镇化格局。其次要促进各类城市协调发展，发挥上海、武汉、重庆等超大城市和南京、杭州、成都等特大城市引领作用，发挥合肥、南昌、长沙、贵阳、昆明等大城市对地区发展的核心带动作用，加快发展中小城市和特色小城镇，培育一批基础条件好、发展潜力大的小城镇。

2. 长江三角洲城市群发展规划

2016 年 6 月，国家发展改革委和住建部联合印发《关于印发长江三角洲城市群发展规划的通知》（以下简称《通知》），认真贯彻《国务院关于长江三角洲城市群发展规划的批复》（国函〔2016〕87 号）精神，长三角城市群在上海市、江苏省、浙江省、安徽省范围内，由以上海为核心、联系紧密的多个城市组成，其中安徽省包括合肥、芜湖、马鞍山、铜陵、安庆、滁州、池州、宣城等市。长三角城市群国土面积 21.17 万平方公里，2014 年地区生产总值 12.67 万亿元，总人口 1.5 亿人，分别约占全国的 2.2%、18.5%、11.0%。

《通知》要求发挥上海龙头带动的核心作用和区域中心城市的辐射带动作用，依托交通运输网络培育形成多级多类发展轴线，推动南京都市圈、杭州都市圈、合肥都市圈、苏锡常都市圈、宁波都市圈的同城化发展，强化沿海发展带、沿江发展带、沪宁合杭甬发展带、沪杭金发展带的聚合发展，构建"一核五圈四带"的网络化空间格局。

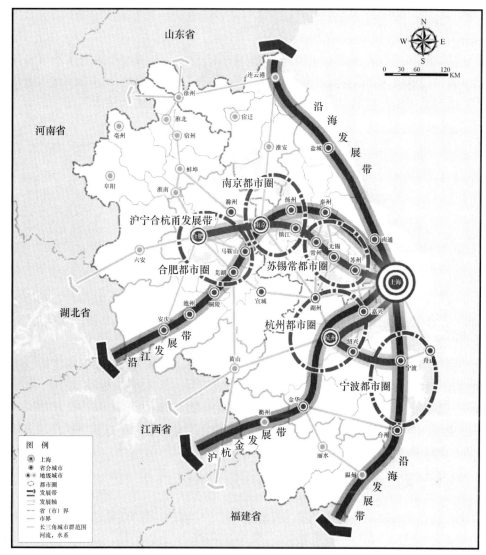

图2-6　"一核五圈四带"地理位置示意图

表2-3　五大都市圈对比分析

"一核五圈四带"的网络化空间格局		
相互关系	都市圈名称	规划导向
竞争与合作并存，共同推动同城化发展	南京都市圈	区域性创新创业高地和金融商务服务集聚区
	杭州都市圈	建设全国经济转型升级和改革创新的先行区
	合肥都市圈	加快建设承接产业转移示范区，推动创新链和产业链融合发展，提升合肥辐射带动功能，打造区域增长新引擎
	苏锡常都市圈	发展先进制造业和现代服务业集聚区，提升区域发展品质和形象
	宁波都市圈	全球一流的现代化综合枢纽港、国际航运服务基地和国际贸易物流中心

3. 安徽省域城镇休系规划（2012～2030）

在《安徽省域城镇体系规划（2012～2030)》中，结合安徽省发展整体格局和省会城市合肥市级周边城市的发展实际、发展条件、资源禀赋及发展目标，对安徽省区域发展重构进行了详细的安排，对省内重要的经济发展极核区域——合肥经济圈，做了重新的战略定位和功能界定。

该规划明确了安徽省域城镇体系的空间结构，近期省域城镇空间结构在现状基础上进一步优化，构建"一圈一带一群"的城镇空间格局；"一圈"为合肥都市圈，"一带"为沿江城市带，"一群"为皖北城市群。远期省域城镇空间结构形成"两圈两带一群"的新格局。"两圈"为合肥都市圈和芜马都市圈，实现合肥、芜湖两个中心城市率先发展，并带动其他地区发展。远景在华东地区构筑"合芜宁大都市连绵区"，构建世界级的成长三角。

从区域宏观发展视角下，充分发挥合肥省会中心城市的作用，支持合肥进一步提升在全国省会城市中的地位，努力成为在全国有较大影响力的区域性特大城市。实施都市圈一体化战略，深化区域合作，加快推进合淮、合六同城化，优化资源配置，聚合发展能量，形成整体优势，促进皖中地区的一体化发展。

从布局结构视角下，统筹环巢湖地区空间资源利用，以环巢湖城镇密集区为核心，以合肥为中心，依托合宁、合巢、合淮、合六、合安等城镇发展轴，形成"中心放射"状空间结构。推进核心区环巢湖城镇密集区建设。提升壮大都市圈中心城市合肥市，努力把合肥打造成为区域性特大城市，是省域内融入长三角分工体系，实施国家战略，提升全省综合竞争力的重要举措。

4. 长江三角洲城市群发展规划安徽实施方案

扩容升级合肥经济圈，增加芜湖、马鞍山市，完善都市圈协调推进机制，建设合肥都市圈，形成区域增长新引擎。以合肥为中心，打造合滁宁、合芜马、合淮、合六、合铜宜产业发展带，推动创新链和产业链融合发展，逐步建立和完善产业链合作体系。推动圈内城市合作构建高水平、多功能、国际化的对外开放平台，加强与全球知名企业和城市的联系与合作，形成与国际投资、贸易及要素流动通行规则相衔接的制度体系，建设具有较强影响力的国际化都市圈。

共同打造优质生态圈，健全环境保护协调机制，加强环境污染联防联治，进一步改善区域环境质量。依托沪汉蓉、沿江交通廊道，围绕沪宁合杭甬发展带，加快合肥都市圈与南京都市圈融合发展，积极打造合芜宁成长三角。

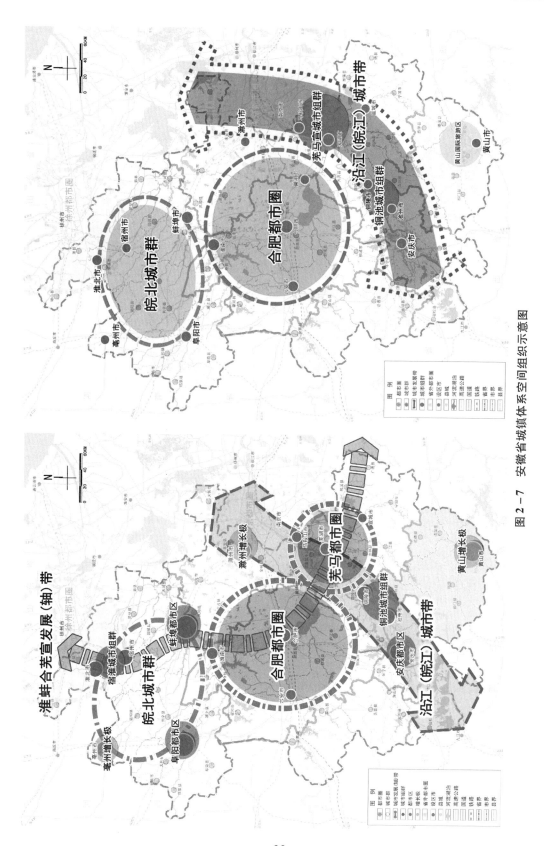

图 2 - 7 安徽省城镇体系空间组织示意图

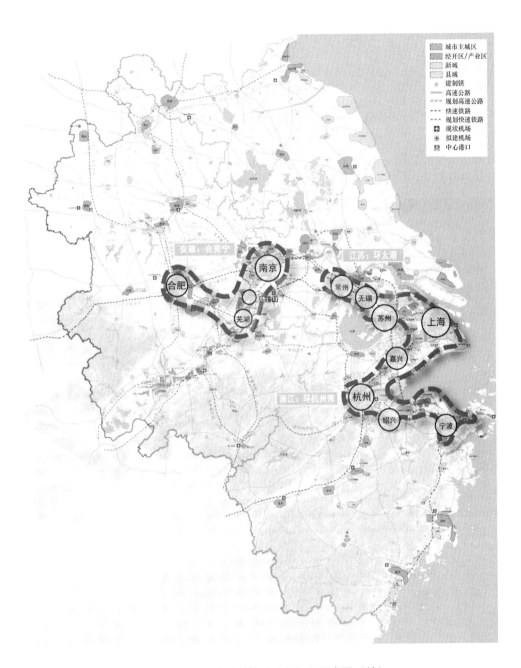

图 2-7　安徽省城镇体系空间组织示意图（续）

二、战略意义

在国家层面上，《长三角城市群发展规划》对中部省会城市合肥给予了较大的肯定，将其定位为长三角城市群副中心城市，推进创新链和产业链深度融合，打造区域经济新引擎。在省级层面上，合肥市第十一次党代会上要求奋力开创长三角世界级城市群副中心建设新局面，以新的更大成效助推创新型"三个强省"建设，引领合肥都市圈创新转型升级的主引擎、支撑安徽崛起的增长极，推动合肥都市圈扩容升级，全面提升都市圈的整体实力与综合竞争力。安徽省第十次党代会上要求提升合肥都市圈建设水平，促进合芜发展带、沿江发展带、合铜发展带、合淮蚌发展带建设，打造全国有重要影响力的都市圈。

合肥经济圈向都市圈的升级具有重要的战略意义：第一，能够充分发挥都市圈区位交通优势，完善基础设施，增强服务功能，把"合肥都市圈"打造成为面向长三角的重要门户，成为安徽乃至中西部地区参与长三角分工合作的纽带。第二，能够提升都市圈自主创新能力，推进产业升级，打造国内优势明显的先进制造业基地、高新技术产业基地、现代服务业基地、战略性新兴产业集聚区，促进经济社会协调发展，提升区域整体实力。第三，都市圈扩容升级，能够联动皖江、皖南、皖北三大板块，形成整体发展的合力，构筑安徽加快崛起的新格局。第四，能够加强与南京都市圈、武汉城市圈、杭州经济圈、中原城市群的对接，积极争取安徽省参与区域产业分工和市场资源配置的话语权和主动权，在风起云涌的区域发展中勇立潮头。

三、向都市圈升级的基础条件分析

合肥都市圈的前身——合肥经济圈包括合肥市、六安市、淮南市、滁州市、桐城市。2015 年末合肥经济圈区域土地面积为 4.68 万平方公里，户籍总人口 2206 万人，GDP 总量 9107 亿元。随着合肥经济圈向都市圈的战略升级和扩容，未来将发展成为我国长三角地区五大都市圈之一。

（一）优势条件

1. 都市圈中心城市极化效应明显，辐射带动能力不断增强

核心城市发展迅速，经济首位度不断攀升。合肥市在"十一五"规划期间，省会经济首位度由 2006 年的 17.5% 增长到 22%，提升了 4.5 个百分点，在 2009 年首位度首次提升至 20% 以上，较上年同期指标提升了 2.1 个百分点，为"十一五"规划增速最高的

一年。核心城市合肥市发展实力越发强劲，省会经济首位度不断提升。在坚持以科学发展观为统领，坚持扩内需与稳外需相结合，保增长与调结构相结合，谋创新与促发展相结合，在抓经济与重民生相结合的总体发展思路下，以及在一系列政策调控措施作用下，经济运行逐渐朝着积极方向转化。

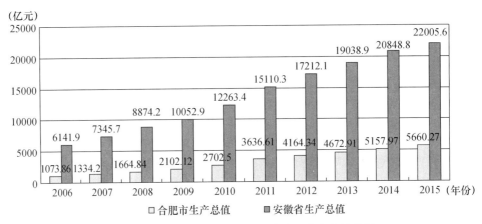

图 2-8　安徽省近 10 年省会经济首位度变化趋势图

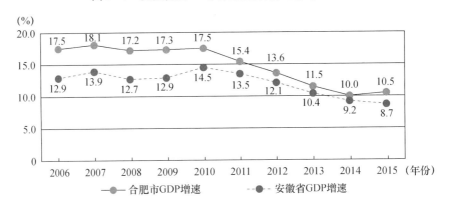

图 2-9　合肥市与安徽省近 10 年 GDP 增速对比图

资料来源：《合肥市国民经济和社会发展统计公报》《安徽统计年鉴》。

合肥市"十二五"规划期间，经济发展增速整体趋于平缓，但经济体量在不断攀升，国民生产总值连上三个台阶，从 2011 年的 3636.61 亿元上升至 2015 年的 5660.27 亿元，整体发展势头越发强劲，在安徽省行政区经济中稳居前列，对安徽省经济贡献度不断提升，核心区经济的极化和扩散效应逐渐体现出来，其中省会经济首位度在 2014~2015 年大幅度提高，为 10 年增速之最，合肥都市圈核心城市的中心地位开始显现。

表 2-4　合肥市与安徽省近 10 年 GDP 及省会经济首位度增量对比表

年份	2006	2007	2008	2009	2010	2011	2012	2013	2014	2015
合肥市生产总值（亿元）	1073.86	1334.2	1664.84	2102.12	2702.5	3636.61	4164.34	4672.91	5157.97	5660.27
安徽省生产总值（亿元）	6141.9	7345.7	8874.2	10052.9	12263.4	15110.3	17212.1	19038.9	20848.8	22005.6
省会经济首位度（%）	17.5	18.2	18.8	20.9	22	24.1	24.2	24.5	24.7	25.7

资料来源：《合肥市国民经济和社会发展统计公报》《安徽统计年鉴》。

2. 都市圈经济贡献率快速提升，一体化进程成效凸显

合肥都市圈区位优越，发展腹地广阔，各成员城市人缘相亲，文化相融，产业互补。合肥在安徽具有心脏的区位优势，是全省政治、经济、文化综合的核心增长极，经济总量占全省的比重稳步提升，2015 年合肥都市圈 GDP 达 9107 亿元，占全省的 41.4%。合肥都市圈的快速发展对于全省融合皖江、带动皖南和发展皖北具有重要的推动作用。

表 2-5　合肥都市圈"十二五"期间省域经济贡献率对比

年份	2011	2012	2013	2014	2015
安徽省（亿元）	15110.3	17212.1	19038.9	20848.8	22005.6
合肥都市圈（亿元）	6187.62	7031.64	7788.91	8435.67	9107.07
比例（％）	40.95	40.85	40.91	40.46	41.39

资料来源：《合肥市国民经济和社会发展统计公报》《安徽统计年鉴》。

3. 都市圈人口集聚态势凸显，区域城镇化水平快速提高

（1）**人口资金持续回流，集聚呈现单核吸纳特征**。安徽省作为全国跨省流动人口的流入地，其吸引力在 1990~2000 年下降迅速，2000 年之后有所增强。"六普"中，安徽省最主要的人口流出在长三角地区，占总流出的 77.5%。随着产业转移的大趋势，安徽省适时提出皖江承接产业转移示范区建设，2010 年之后，长三角地区项目、资金向安徽省持续转移（占全省 55% 左右），流入项目和资金规模增速都在 25% 以上，外流人口伴随着资金的加速流入，实现持续回流。

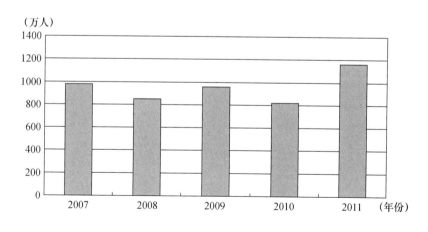

图 2-10　2007~2011 年安徽省流出人口总量

从 2013 年省内跨市半年以上人口流动比较来看，一级流入地合肥占比 51.97%，流入人口为 82 万人。由图 2-11 可以看到 2009~2011 年合肥市的流入人口总量逐年增加，从净流出变成净流入，合肥市作为特大中心城市随着经济实力的发展，城市吸引力得到增强。

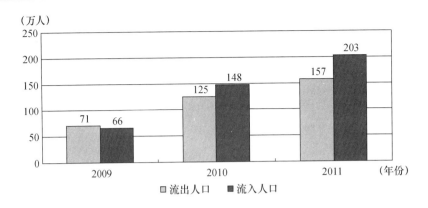

图 2-11　2009~2011 年合肥市流动人口总量

由图 2-12 可以看出合肥都市圈"十二五"规划期间，都市圈人口及与人口占比均稳步上升，受国家层面上位规划及新型城镇化推进等诸多因素影响，合肥都市圈常住人口逐年增多，数量增加至 2015 年的 2073.5 万人，为"十二五"期间增幅最多的一年。2011年受省内重大行政区划调整影响，合肥市常住人口出现平缓式的激增，同时占省内常住人口比重也有较大的增加。

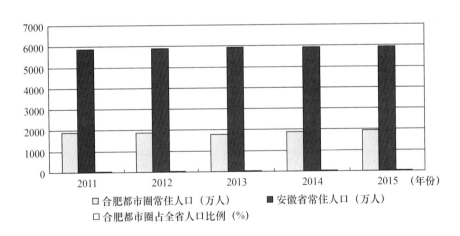

图 2-12　合肥都市圈"十二五"期间常住人口与省人口占比示意图

（2）城镇化水平不断提高，但都市圈内呈现发展的阶段性特征。合肥都市圈城镇化快速推进，城镇化率达到较高水平。2012 年合肥都市圈城镇化率为 53%，高于全省平均水平（46.5%）6.5 个百分点，高于全国（52.6%）0.4 个百分点。2008~2012 年，合肥都市圈城镇化率年均增长 1.5 个百分点，仍处于快速发展阶段。合肥和淮南城镇化即将迈入城镇化的成熟发展，六安、滁州低于全省城镇化发展的平均水平，桐城与全省平均水平相当，还有较大的增长潜力。

4. 都市圈内人才资源富集，后备力量不断充实

（1）圈内高层次人才培养不断优化，数量大幅增加。由图 2-14 可以看出，合肥都市

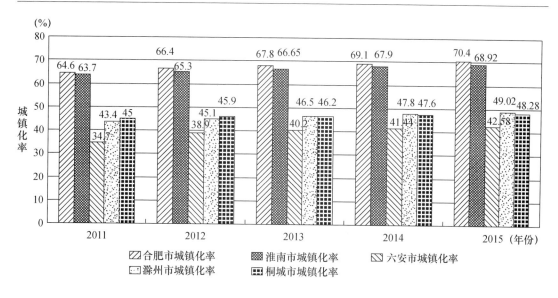

图 2-13　合肥都市圈"十二五"期间城镇化率对比图

圈 2015 年研究生在校数为 37925 人，2011~2015 年，研究生在校人数不断攀升，增长了 6725 人，年均增速为 5%。在校学习的研究生数在一定程度上能够反映出一个地区教育水平的高低和教育资源的分布情况，同时也是地区综合实力的一个侧面反映。成人高等教育作为社会发展的储备人才同样不容忽视，"十二五"规划期间，成人高等教育人数从 2011 年的 81200 人增长到 2015 年的 121010 人，增长了 39810 人，参与成人高等教育人数在 2012 年、2014 年存在回落，但总体上处于一种增长趋势。

　　值得注意的是，尽管成人高等教育及研究生在校生保有量有一定份额，但是与东部发达地区及全国教育资源密集地区相比，教育基础相对薄弱，教育投资占比相对较低，未能紧抓政策优势和教育发展先机，发展速度较慢。"十二五"规划期间，研究生招数生由 2011 年的 11000 人增加到 2015 年的 13184 人，仅增长了 2184 人，成人高等教育增加 3431 人，合肥都市圈地区能够给予的高等教育资源有限。

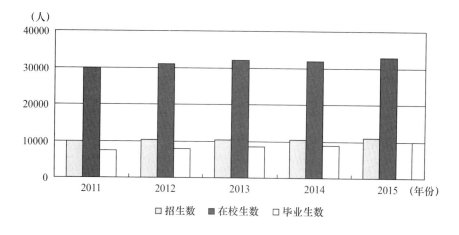

图 2-14　合肥都市圈"十二五"期间研究生基本情况图

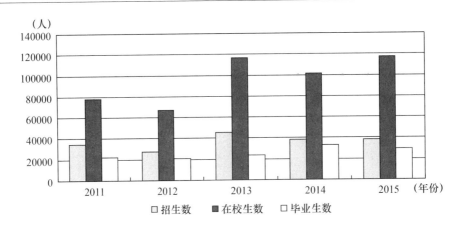

图 2 - 15　合肥都市圈"十二五"期间成人高等教育基本情况图

（2）圈内人才信息互通共享，人才服务平台一体化。合肥都市圈内实现人才需求的联合发布、优秀人才信息的互通共享。通过联手举办人才交流会、高端人才交流推介等方式促进圈内社会精英和人才的互通有无，打破地域界限的束缚，完善人才管理制度，加强培训资源合作，建立优秀人才信息共享平台。建立就业服务信息联动机制，圈内各市共同签署了人力资源交流合作协议，升级"合肥人力资源协作圈"网络模块。联合组织开展了人力资源对接会 5 场，服务企业 80 多家，提供岗位 6000 多个，1264 名劳动者与企业达成就业意向。

5. 都市圈现代综合交通体系建设提速，雏形初现

合肥市全国性综合交通枢纽加快建设，新桥国际机场建成通航，高铁南站投入运行，"米"字形高铁网络初步形成，合肥港通江达海能力得到提升，全市公路总里程接近 2 万公里。淮南市加快发展综合交通，优化对外交通体系，商合杭高铁淮南段开工建设，济祁高速公路淮南段建设加快，新建、改造国省干线 7 条，公路方面形成"三纵、四横、三联络线"的高速公路网布局，铁路方面配合京福高铁、华东第二通道等干线建设，增加淮南煤炭基地外运通道，预留商杭快速铁路通道和淮南南站，水运方面加快江淮运河工程建设，把淮河、江淮运河和合裕线打造成合淮同城化通江的黄金水道。加快六安市现代综合交通体系的建设，阜六铁路、宁西铁路复线和沪陕、六武、周六、六潜高速等建成通车，铁路、高速公路通车里程分别达 336 公里、370 公里，新建改建国省干线公路 1005公里、大别山旅游快速通道基本建成，公路总里程居全省首位，累计投入 230 亿元。滁州市境内滁马高速、宁洛高速凤阳支线建成通车，宿扬高速、滁淮高速加快施工，汊河新闸汛前竣工，滁河防洪治理近期工程正在扫尾，江巷水库可研报告通过审查，合宁高铁规划线经过滁州，合连高铁首选经定远、明光线位，滁宁轻轨列入皖江城际铁路网规划近期建设项目。京沪高铁、沪汉蓉高铁投入运营，高速公路通车里程居全省第二；水利投资连续7 年全省第一，市政公用设施投资连续五年居全省前两位。

6. 都市圈各市（县）产业层次不断提升，加快发展与转型发展同步并进

（1）产业发展总体处于工业化中后期阶段，为都市圈升级奠定了产业基础。根据钱纳里的工业发展阶段指标体系，可以从人均 GDP、产业结构、工业比重、三产比重和工业内部结构等几个方面判断地区的工业发展阶段。2015 年合肥都市圈人均 GDP 为 6885 美元，处于工业化后期；三产结构为 8.8∶53.4∶37.8，一产比重小于 10%，二产比重大于 20%，符合工业化发展后期阶段特征；工业增加值占 44%，处于工业化中期阶段；三产增加值占 GDP 比重为 37.8%，符合工业化中期特征；合肥都市圈目前工业内部结构主要以加工制造业为主导，并在合肥等中心城市高新技术和战略性新兴产业快速成长。从各种指标综合判断，合肥都市圈正处于工业化中期偏后阶段，服务业发展开始提速，有利于城市功能转换提升。

表 2 - 6　钱纳里工业发展阶段指标体系

指标	前工业阶段	工业化阶段			后工业化阶段	合肥都市圈（2015 年）
		初期	中期	后期		
人均 GDP（美元）	<1200	1200~2400	2400~4800	4800~9000	>9000	6885
地区增加值构成	一产支配，二产 <20%	一产 >20%，二产 >20%	一产 <20%，二产 >三产且份额最高	一产 <10%，二产 >20%	二产稳定下降，三产 >二产	8.8∶53.4∶37.8
工业增加值占 GDP 比重		20%~40%	40%~70%	下降	下降	44%
三产增加值占 GDP 比重		10%~30%	30%~60%	上升	上升	37.80%
工业内部结构		以原料工业为重心的重工业	以加工制造业为重心的高加工度阶段	技术集约化阶段		以加工制造为重心的高加工度阶段

资料来源：《国民经济与社会发展统计公报》。

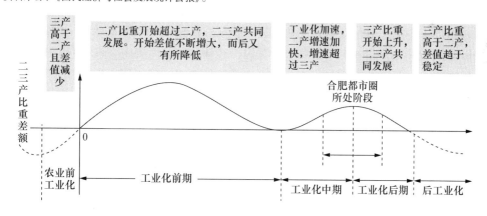

图 2 - 16　工业化阶段 M 形曲线示意图

（2）产业结构差异化，互补性强，协作效率较高。从三次产业结构看，第二产业所占比重较大，第三产业占比逐渐升高并缩小与二产差距。都市圈内部产业结构差异明显，互补性较强，产业协作效率较高，有利于都市圈各市产业的协同发展。

合肥、淮南一产比例都在 10% 以下，二产占据绝对主导地位，三产有待培育。六安农业占较大比重，工业地位还不稳固。合肥以家用电器、汽车及零配件、装备制造、食品

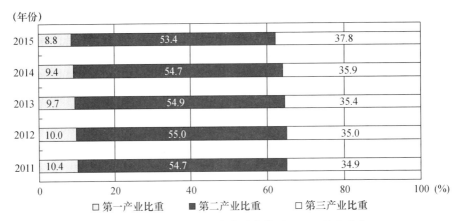

图 2 – 17　合肥经济圈三产比重变化（2011～2015 年）

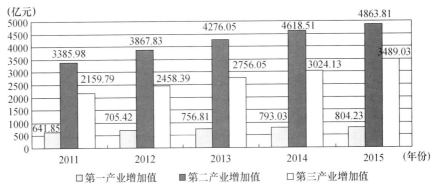

图 2 – 18　合肥都市圈"十二五"期间三产对比示意图

及新型材料加工为主，战略性新兴产业加速成长，而淮南主要以煤炭电力、化工为主，桐城主要以印刷包装、食品加工、纺织服装等民营企业为主，六安主要以钢铁、汽车及零配件、食品加工、纺织服装、建材等产业为主，滁州主要以装备制造、化工、食品加工和新能源（新型材料）、家用电器等为主。产业结构整体上互补性较强，且有利于产业分工协作。

	汽车及零配件	钢铁	家用电器	化工	纺织服装	煤炭电力	装备制造	食品加工	建材	印刷包装	新型材料
合肥	■										■
淮南				■							
六安								■			
桐城								■		■	
滁州				■							

图 2 – 19　合肥经济圈各市主导产业示意图

（3）内生产业与转移产业相辅相成，产业基地和产业集群发展壮大。按照产业的来源，合肥都市圈的产业可分为两大类。一是内生产业，即源于安徽，且基于合肥经济圈自有的资源优势而形成，包括矿产资源、景观资源、科技资源等；二是转移产业，即源于外地，主要是基于现有的较大的内需市场、劳动力资源优势和相对低的环境门槛而形成。合肥经济圈目前产业发展的主要特点是内生产业仍占主导，并且外来转移产业规模不断加大。主要能源产业有：淮南煤炭、电力；原材料产业：六安、合肥金属、非金属开采、冶炼及加工，滁州盐化工产业和硅产业；装备制造：合肥工程机械设备制造基地、淮南煤机制造、合肥江淮汽车；高新技术产业：合肥自主创新基地。

（二）当前短板

从现阶段基础条件看，向都市圈升级，实现一体化、同城化的薄弱之处在于以下方面：

1. 都市圈经济发展不平衡，经济体量还须壮大，发展动力亟待转换

合肥都市圈与成熟期的都市圈尚有一定差距，处于单中心集聚发展的成长初期。中心城市合肥2015年地区生产总值达到5660.27亿元，经济体量居安徽省第一，远远高于圈内第二城市，城市首位度偏高，但区域经济发展不均衡，没有形成合理的城市等级体系。相比之下，从经济体量上来看，相邻的南京都市圈整体发展实力强劲，能够抵御都市圈之间的相互冲击。

表2-7 核心城市与圈内成员城市 GDP 比重分布表

	占核心城市GDP1/2 城市个数	占核心城市GDP1/3 城市个数	占核心城市GDP1/4 城市个数	占核心城市GDP1/5 城市个数	占核心城市GDP1/6 以下城市个数
合肥市	0	0	0	2	2
南京市	0	2	2	0	3

资料来源：《合肥市国民经济和社会发展统计公报》《安徽统计年鉴》。

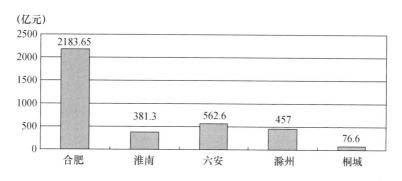

图2-20 2015年合肥都市圈五市社会消费品零售总额对比图

合肥都市圈"十二五"规划期间，社会固定资产投资增速总体呈现下降趋势，核心城市合肥市固定资产投资增速由2011年的26.8%降至2015年的15.4%，下降了11.4个

百分点，其中合肥都市圈内降幅最大的属淮南市，由 2011 年的 30.4% 下降到 2015 年的 3.5%，2014 年固定资产投资一度跌至－5.7%，淮南市属于资源消耗型城市，正积极探索具有淮南特色的产业转型新路子，"十三五"规划期间坚持煤与非煤"双轮"驱动，明晰"235"产业转型路径，结合淮南实际培育主导产业促进高成长性产业发展。淮南市正处于经济社会发展转型的阵痛期，固定资产投资增速放缓。合肥市及圈内其他城市经济体量达到一定规模时，固定资产的高投入带来的地区生产总值的高指标增速难以为继，受到国际经济低迷和进出口贸易难以好转的影响，国内消费市场萎靡不振，需要进一步创新市场调节机制，稳出口、稳投资，刺激消费，处理好拉动经济增长的"三驾马车"，进一步推进供给侧改革，也就是生产要素的供给和有效利用。

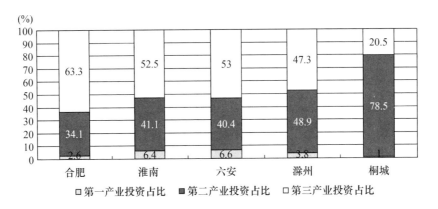

图 2－21　2015 年合肥都市圈五市三产投资占比对比图

2015 年合肥都市圈进出口总额达 407.22 亿元，其中合肥市进出口总额居第一位，达 203.38 亿元，桐城市 15.13 亿元，居于末尾，由图 2－22 可以看出除极核城市合肥市以外，滁州市进出口总额远超过六安、淮南、桐城 3 个地缘城市，滁州作为南京都市圈的成员，拥有省内城市无法替代的地缘优势，拥有滁州产城融合示范区等多个发展平台，包括苏滁现代产业园、滁宁高教科创城、汊河江北水岸科技新城三个组成部分，进出口具有一定优势。总体来说，合肥都市圈未来发展需要"内强外扩"，更多使用外资，提升合肥都市圈吸引外资能力，合肥都市圈市场开放度不够，以内资主导，因此以后的发展中要从政策、环境等多方面吸引外资，对外开放市场越大，本地经济增长才能越快，效率越高。

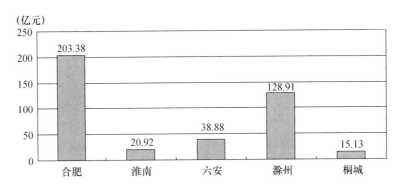

图 2－22　2015 年合肥都市圈五市进出口总额对比示意图

综上，合肥都市圈现阶段属于较为明显的投资驱动型，外向型经济偏弱，吸引外资能力有限，市场开放度不够高。都市圈中心城市以投资驱动为主要发展动力。

2. 都市圈内部路网密度偏低，与东部地区发展尚有差距

路网稀疏，密度上存在较大差距。南京、武汉、成都、郑州、合肥等城市100公里半径范围内高速公路网密度已达到300公里/万平方公里以上，为圈层式发展奠定了可达性的基础。与这些城市相比，合肥仅有193公里/万平方公里，差距较大，仅占这些城市的50%～60%，这也与尚未形成圈层结构的发展现状相关。

表2-8 高速公路里程与路网密度对比

中心城市	100公里半径内高速公路里程（公里）	高速路网密度（公里/万平方公里）
南京	1166	371
武汉	1121	357
成都	975	311
郑州	1095	349
合肥	606	193

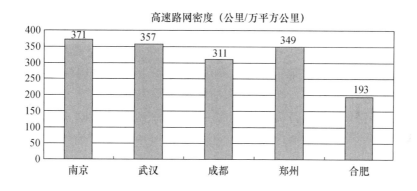

图2-23 高速公路网密度对比

区际骨干交通网络是城市群之间交通联系的主要依托，合肥都市圈需要不断地完善综合运输通道和区际交通骨干网络，强化城市群之间的交通联系，缩小东、中、西部区域城镇化差距。当前，合肥都市圈主要是加强与长三角、中部其他城市之间骨干网络薄弱环节的建设，促使骨干网络由量变向量、质并重发展的态势。因地制宜，差异化建设发展都市圈交通。合肥都市圈交通建设发展的出发点是加强舒城、定远等中小城市与核心城市合肥之间快捷的交通运输网络，发挥核心城市的辐射带动作用，推进经济圈整体协调发展。

3. 都市圈城市空间分布结构较为分散，没有形成完整合理的城市体系

合肥都市圈位于长江中下游沿江城市地带核心地区，是以合肥为中心的经济区域带。合肥都市圈连南接北、承东启西，地理位置特殊，城市类型丰富，是长三角带动中西部地

区发展的重要传导区域，在国家长江经济带发展战略中具有重要地位。合肥都市圈包括合肥、淮南、六安、滁州、桐城五市，历史上这里是吴楚文化的交汇地带、南北文化的交融区域，同时也是近代文明兴起之地，集历史、近代、现代特色文化于一身，融吴楚文化、南北文化、中西文明于一体，具有兼容并蓄、富有活力和创新精神的多元文化特征。

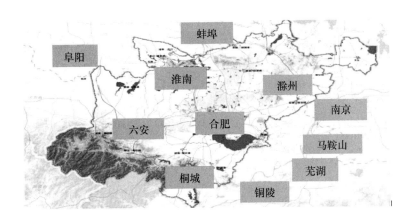

图 2 - 24　合肥都市圈成员城市现状分布示意图

对半径 100 公里范围进行研究发现，成都、武汉、南京、郑州，以龙头城市为核心，通过多个方向点轴带动、集聚发展，形成较为集聚的城镇群，集聚程度虽有不同，但在50~80 公里已基本呈现出圈层发展态势。而合肥 100 公里半径范围内，各城市基本呈分散发展，一方面轴带较少，已有的轴带联系也较弱，缺乏空间上的集聚；另一方面尚未形成集聚圈层和完整的体系结构，城镇分布比较零散，缺乏竞争力。

综上，合肥经济圈的战略升级虽然已经具备了必要的基础条件，但也还有一些短板需要弥补。

第三章 向都市圈战略升级的指导思想与目标

一、指导思想

高举中国特色社会主义伟大旗帜，以邓小平理论、"三个代表"重要思想、科学发展观为指导，坚持创新、协调、绿色、开放与共享的五大发展理念，以推进支撑合肥都市圈一体化发展为导向，以改革开放和机制体制创新为动力，积极推进新型工业化、新型城镇化和服务业现代化；以合肥建设长三角世界级城市群副中心为统领，积极推进基础设施对接、产业协作、生态共建和公共服务共享，深化与拓展圈内城市合作领域，逐步扩展都市圈空间范围，实现圈内城市一体化、同城化与国际化的协调发展，逐步把合肥都市圈建设成为全省核心增长极乃至国内有重要影响力的区域增长极。

二、发展原则

（一）核心引领

以全球化视野、国际化标准打造合肥为长三角世界级城市群副中心，全面提升合肥都市区国际化水平，充分发挥区域核心城市、中心城市对合肥都市圈城镇化的支撑引领作用，点轴推进城镇空间集聚，构建主副结合、均衡发展的都市圈圈层空间结构，引导人口向核心城市、县城和重点镇集聚，培育产城融合的城市组团，建设特色鲜明、分工合理的城市合作体系，形成与长三角全面对接、辐射中西部的开放空间新格局。

（二） 协调发展

协调城乡发展，坚持城镇化发展与社会主义新农村建设相结合，形成以城带乡、城乡互动的新局面；协调人口与经济布局，积极引导皖北等较落后地区人口向合肥都市圈集聚，促进全省异地城镇化发展；协调城镇空间布局，加快合肥区域性特大城市建设，形成开放式、网络化、对接长三角的城镇空间格局。

（三） 创新跨越

实施超常规跨越式发展战略，改革创新，抢抓机遇，加快建设，激发创新创业主体活力，夯实创新创业载体，营造创新创业浓厚氛围，积极推进科技创新和机制体制创新，促进合肥都市圈内城市经济发展大跨越，城市功能大改观，区域竞争力大幅提升。

（四） 区域共享

以提升合肥都市圈整体竞争力为目标，推动都市圈一体化建设进程；推进合肥都市圈和沿江城市带、皖北城市群在产业发展、生态建设、环境保护、城镇空间与基础设施布局等方面的共享发展；以长三角产业升级和结构调整为契机，主动承接长三角地区产业转移。

（五） 生态优先

顺应全球绿色发展浪潮，以转变经济发展方式为主线，突出循环经济与节能减排，高起点、高标准构建循环产业体系和生态城镇体系，严格保护区域生态安全格局，建立稳定的区域生态网络；合力推进流域水环境、大气环境治理，强化重点矿区、重点污染源及重点污染区域的环境综合整治。

三、升级目标

区域与区域之间、城市与城市之间的协作关系通常要考虑到彼此之间的竞争和合作关系，而竞合关系随着城市与区域的发展不断演进变化，具体可分为三个阶段（见表3-1）。合肥都市圈内城市以合肥市为核心，处于合作性竞争的阶段，城市之间对圈内资源加以有效利用，共同分享各自的优势，同时提升区域的吸引力，降低区域的开发成本和运行成本。在这个阶段可以通过空间重构、产业重组、资源共享、交通共建等方式实现区域合作，消除城市间的恶性竞争和资源浪费等内耗现象，强化城市间经济要素的流动和配置效率，形成城市与区域发展的命运共同体。

表 3-1 区域竞合发展阶段特征分析

区域协作发展阶段	主要发展特征	基本发展概况
初级阶段	对抗性竞争	城市之间表现出很强的对抗性，很多策略针锋相对，都将邻域城市视为对手，互不相容。如近年来各大城市纷纷编制战略规划，通过SWOT分析，集中自己的优势力量，提出几项竞争战略，既可以实现与同级别城市间的竞争，又可以打压周边城市。中国的城市发展在全球化和全球化竞争的背景下发生，同时以"分税制"为标志的地方分权，使城市在政治经济中变得"实在化"，城市政府在追求财政收入或政绩的动力驱使下展开了对人才、资金、技术、市场等各种资源的全方位的竞争，使得城市之间的较量与角逐变得惊心动魄，城市营销也充满着火药味
中级阶段	宽容性竞争	当区域经济发展到一定阶段后，城市之间的联系越来越紧密，迫切要求城市之间展开对话、协商、合作，才能寻求有效地解决对策和共赢的发展路径。同时那些区域经济发达、产业集群度高的地区成为国际资本追寻利润的舞台，这种情况下城市之间相互利用对方优势来培育自己的外部环境，同时突出自身的核心竞争力，以期在更高的视野下、更大的市场中获益。这一阶段是十分矛盾与尴尬的，既承认对方对自己有利，又担心在竞争中失利，与对抗性竞争来比，是一项实质性的进步，双方的内心深处都有彼此合作的心声
终极阶段	合作性竞争	周边城市由过去的竞争对手变为战略性的合作伙伴。对手的竞争优势资源不再是自身的消极因素，而是有价值的，应该加以有效利用，共同分享各自的优势，同时提升区域的吸引力，降低区域的开发成本和运行成本。通过区域空间重构、产业重组、资源共享、交通共建等方式实现区域合作，消除城市间的恶性竞争和资源浪费等内耗现象，强化城市间经济要素的流动和配置效率，强调城市间资源共享，发展共荣，风险共担。这将构建一个全方位、多层次的分工协作格局，使区域整体利益得以实现

向都市圈升级，经济圈需经历合作领域拓展深化与空间范围扩展两个共生协调的过程。经济圈向都市圈升级，圈内城市的合作领域除了继续深化产业分工合作、转型升级，打破要素流动的市场界限外，逐步拓展基础设施共建、公共服务共享、生态环境共治等多目标、多领域的都市圈建设内容，实现都市圈在产业发展、基础设施、公共服务、生态环境四项要素的统一规划与组织协调，从而推进都市圈稳健快速的增长。

（一）近期目标

合肥经济圈向合肥都市圈升级，近期升级以空间集聚发展为主，进一步打破地市间的市场界限，自由流动的要素会追逐集聚经济所带来的外部收益，以合肥建设全国有影响力的区域性特大城市为统领，深化区域合作，加快推进一体化进程，将合肥都市圈建设成为安徽省核心增长极，长江三角洲辐射中西部的门户和新兴的增长极。

近期圈内城市主要合作领域是围绕空间一体化、产业协同发展和基础设施建设一体化三个方面。空间一体化就是要形成组织严密、运转协调的城镇等级体系。在这一体系中，不仅城市与腹地高度统一，合为一体，还要求城市之间在空间上联系紧密，产城融合，促进特色小城镇建设，不存在边缘化地区，形成多核心和生产要素高度密集的星云状结构的大都市带。

产业一体化，即通过各市产业整合、集聚，协同发展，构建分工明确、联系紧密的区域产业结构分工合作体系。这就要求根据比较优势形成产业分工与协作，实现区域内产业结构合理化，以提升产业的整体竞争力。根据区域产业集聚理论，区域中的一些主导产业，在生产上或者产品配置上有着密切联系，或者在布局上有相同的指向性，这些产业按一定比例布局在区域的某个优越的地区内，可以形成一个高效率的生产系统，改善企业生产的外部环境，从而使区域整个生产系统的总体功能大于各个企业和组成部分的功能之和。

交通通信设施一体化，交通通信基础设施如同人的脉络，将区域各组成部分连为一体。应逐步完善道路网络，公交卡异城通用、区号一体化等交通服务一体化。没有便捷、完善的交通通信设施网络，区域内的商品、要素等的流动就要受到限制，也就必然无法实现区域经济的一体化。因此，加快区域内各省市间基础设施的连接，形成发达的地区交通枢纽，发挥其对国民经济的巨大带动作用，是区域一体化发展的重要内容。区域内各组成部分要以区域高速公路等快速干道建设为契机，加快城市通道的配套和衔接，共同完善交通、物流网络。

表 3 - 2　近期合肥都市圈城市合作主要领域

	合肥	淮南	滁州	六安	桐城
合肥					
淮南	ABC				
滁州	ABC	ACB			
六安	ABC	ACB	ACB		
桐城	ABC	ABC	ABC	ABC	

注：A 为空间一体化；B 为产业发展一体化；C 为基础设施建设一体化；D 为生态环境治理一体化；E 为公共资源共享一体化。

（二）中远期目标

合作领域的深化必定会带来都市圈空间范围的收缩与扩张，要素向核心城市（合肥）集聚形成都市圈职能空间的收缩与不同城市新的功能分类；而出于分工与合作的激励，有越来越多的城市融入都市圈物质空间范围内，形成都市圈物质空间范围的扩张。在职能收缩与物质扩张的背景下，都市圈形成典型的中心——外围空间结构和功能互补的城市体系。

中远期以空间共享发展为主，通过合作推进产业重组整合协同发展、基础设施构建、公共服务共享、生态环境共治等举措，向同城化与国际化都市区迈进，打造内陆地区新型城镇化先行区、国家经济发展新高地，形成以合肥为枢纽，淮南、六安、滁州、桐城为重要节点，各种运输方式有效衔接的一体化综合交通体系；继续向东拓展都市圈空间，与芜马城市组群融合，形成同城化与国际化的高度一体化都市圈，建设成为长江经济带有较大影响力的区域性增长极、世界级城市群副中心。

因此，合肥都市圈城市除了继续拓宽基础设施、产业发展一体化合作领域外，更应该重视生态环境治理和公共资源共享的合作，加强碳交易、林权交易、公共资源交易、科技创新共享等平台建设，深化区域的进一步合作。

表 3 - 3　中远期合肥都市圈城市合作主要领域

	合肥	淮南	滁州	六安	桐城
合肥					
淮南	BEDC				
滁州	BEDC	BEDC			
六安	BDEC	BDEC	BEDC		
桐城	BEC	BEC	BEC	BDEC	

注：A 为空间一体化；B 为产业发展一体化；C 为基础设施建设一体化；D 为生态环境治理一体化；E 为公共资源共享一体化。

第四章　合肥都市圈升级扩容的实证分析

随着合肥经济圈（合肥、六安、滁州、淮南、桐城）在经济总量、产业发展、基础设施建设、资源与环境治理、人才队伍建设、城市化等方面的不断发展，合肥经济圈已初步具备了一定的发展规模，使得合肥经济圈向合肥都市圈的升级成为了可能。然而合肥都市圈与同属长三角城市群体系中的南京都市圈（南京、镇江、扬州）、杭州都市圈（杭州、嘉兴、湖州、绍兴）、苏锡常都市圈（苏州、无锡、常州）、宁波都市圈（宁波、舟山、台州）相比，无论是经济体量还是发展阶段上都存在较大的差距，这显然与国家层面予以合肥都市圈在长三角城市群中的战略地位不相符。同时，目前合肥都市圈的发展也遇到了发展不平衡问题，诸如单核极化发展、水路先天短板等一系列的瓶颈问题，这在很大程度上阻碍了合肥都市圈的进一步发展。

合肥都市圈的扩容既是形势所迫，也是大势所趋。只有通过扩容才能使合肥都市圈的发展迈上新台阶，也才能从根本上解决合肥都市圈在发展过程中所面临的诸多问题。唯物辩证法认为任何事物的变化都是由量变到质变的过程，量变到一定程度引起质变，量变是质变的基础和必要的准备，质变是量变的必然结果。合肥都市圈的扩容是量的积累，也必将会是质的提升。合肥都市圈的扩容方向关系到合肥都市圈的发展前景与未来，所以必须要立足现实、科学合理地加以客观分析，从实证的角度明晰合肥都市圈扩容的方向，为合肥都市圈的扩容提供科学有效的决策支持。

一、合肥都市圈扩容相对差距

（一）合肥都市圈与长三角其他都市圈的经济总量差距

从 GDP 与规模以上工业总产值这两项指标来看，合肥都市圈的 GDP 为 9110.67 亿元，只占排名首位苏锡常都市圈的 31.63%，同时与排名第四位宁波都市圈的 12650.31 亿元相比也具有一定的差距，而规模以上工业总产值达到 14993.32 亿元，也仅占排名首位苏锡常都市圈的 25.26%，同样远低于其他都市圈。就固定资产投资总额与地方一般预算收入这两项指标来看，合肥都市圈的固定资产投资总额为 9481.06 亿元，也只占排名首位苏锡常都市圈的 48.06%，虽然高于排名末位宁波都市圈的 7637.37 亿元，但是并未突破 10000 亿元，地方一般预算收入仅占排名首位苏锡常都市圈的 30.59%，仍远落后于其他都市圈。综上可以看出，合肥都市圈的经济总量与长三角其他都市圈相比，仍存在一定的差距。

表 4-1 经济总量主要指标

都市圈	GDP （亿元）	规模以上工业总产值 （亿元）	固定资产投资总额 （亿元）	地方一般预算收入 （亿元）
合肥都市圈	9110.67	14993.32	9481.06	917.62
南京都市圈	17240.09	30503.14	10823.87	1659.63
杭州都市圈	20118.25	34144.47	12055.62	2138.43
苏锡常都市圈	28295.48	55900.76	14252.96	2857.04
宁波都市圈	12650.31	19355.07	7637.37	1417.15

资料来源：以上数据来源于《安徽统计年鉴》（2016）、《江苏统计年鉴》（2016）以及《浙江统计年鉴》（2016），部分数据为计算整理所得。

（二）合肥都市圈与长三角其他都市圈的中心城市辐射能力差距

从反映中心城市辐射能力的四项指标来看，虽然合肥在固定资产投资总额上居于第二位，达到了 5851.9 亿元，但是在 GDP、人均 GDP 与社会消费品零售总额这三项指标上却居于末位，合肥的 GDP 仅为排名首位苏州的 37.65%，人均 GDP 仅为排名首位杭州的 51.64%，社会消费品零售总额仅为排名首位杭州的 46.41%，表明与其他都市圈相比，合肥都市圈中心城市合肥的辐射能力要远弱于其他都市圈的中心城市，合肥的辐射能力还有待加强。

表 4-2 中心城市辐射能力比较主要指标

都市圈	GDP （亿元）	人均 GDP （元/人）	固定资产投资总额 （亿元）	社会消费品零售总额 （亿元）
合肥都市圈	5660.27	73102	5851.90	2183.65
南京都市圈	9720.77	118171	5425.98	4590.17
杭州都市圈	10050.21	139653	5556.32	4697.23
苏锡常都市圈	14504.07	136702	5965.44	4461.62
宁波都市圈	8003.61	136773	4506.58	3349.63

资料来源：以上数据来源于《安徽统计年鉴》（2016）、《江苏统计年鉴》（2016）以及《浙江统计年鉴》（2016），部分数据为计算整理所得。

（三）合肥都市圈与长三角其他都市圈的对外开放水平差距

从反映对外开放水平的四个指标来看，合肥都市圈与其他都市圈相比均处于劣势，尤其是在出口总额与进口总额上与其他都市圈相比，差距相对更为明显，合肥都市圈的出口总额只占排名首位苏锡常都市圈的6.28%，仅占排名第四位南京都市圈的33.05%，同时，合肥都市圈的进口总额也只占排名首位苏锡常都市圈的5.24%，也仅占排名第四位南京都市圈的28.67%，可以看出合肥都市圈与其他都市圈相比，在对外开放水平方面的差距是十分明显的，合肥经济圈向合肥都市圈的升级面临十分严峻的挑战。

表4-3　对外开放水平主要指标

都市圈	出口总额 （亿美元）	进口总额 （亿美元）	实际利用外资 （亿美元）	旅游外汇收入 （万美元）
合肥都市圈	162.03	73.64	41.63	47825
南京都市圈	460.87	275.55	54.88	75579
杭州都市圈	1089.91	287.7	116.80	373814
苏锡常都市圈	2449.47	1569.1	109.23	248032
宁波都市圈	963.87	368.53	44.28	104654

资料来源：以上数据来源于《安徽统计年鉴》（2016）、《江苏统计年鉴》（2016）以及《浙江统计年鉴》（2016），部分数据为计算整理所得。

（四）合肥都市圈与长三角其他都市圈的产业结构水平差距

合肥都市圈的第二产业增加值占GDP比重远高于其他都市圈，但是第二产业从业人员占总从业人员比重却远低于其他都市圈，这表明合肥都市圈整体仍处于工业化的快速发展阶段，结合合肥都市圈的第三产业增加值占GDP比重、第三产业从业人员占总从业人员比重可以看出，合肥都市圈的产业结构仍以第二产业为主导，第三产业发展仍需进一步加强，合肥都市圈的产业结构水平仍有待提高。

表4-4　产业结构水平主要指标

都市圈	第二产业增加值 占GDP比重（%）	第二产业从业人员占 总从业人员比重（%）	第三产业增加值 占GDP比重（%）	第三产业从业人员占 总从业人员比重（%）
合肥都市圈	52.28	30.15	34.97	38.10
南京都市圈	46.57	41.09	49.37	45.46
杭州都市圈	47.74	50.07	47.98	38.71
苏锡常都市圈	48.53	55.76	49.50	37.95
宁波都市圈	45.48	46.12	47.79	42.02

资料来源：以上数据来源于《安徽统计年鉴》（2016）、《江苏统计年鉴》（2016）以及《浙江统计年鉴》（2016），部分数据为计算整理所得。

（五）合肥都市圈与长三角其他都市圈的技术创新水平差距

从专利申请受理量与专利申请授权量这两项较为常用的反映技术创新水平的指标来看，合肥都市圈的专利申请受理量达到 40868 件，只占排名首位苏锡常都市圈的 20.89%，也仅占排名第四位宁波都市圈的 49.53%，而合肥都市圈的专利申请授权量达到 20535 件，占排名首位苏锡常都市圈的 20.37%，同样仅占排名第四位南京都市圈的 43.33%，表明合肥都市圈与其他都市圈相比技术创新水平相对较低，仍需要加强技术创新的活力和动力。

表 4 - 5　技术创新水平主要指标

都市圈	专利申请受理量（件）	专利申请授权量（件）
合肥都市圈	40868	20535
南京都市圈	105816	56188
杭州都市圈	154059	114717
苏锡常都市圈	194227	118624
宁波都市圈	85722	68661

资料来源：以上数据来源于《安徽统计年鉴》（2016）、《江苏统计年鉴》（2016）以及《浙江统计年鉴》（2016），部分数据为计算整理所得。

二、合肥都市圈扩容的多重利好

从合肥都市圈与同属长三角城市群体系中的南京都市圈、杭州都市圈、苏锡常都市圈、宁波都市圈在经济总量、中心城市辐射能力、对外开放水平、产业结构水平与技术创新水平等方面的对比可知，合肥都市圈的扩容是必要的。然而，必要性只是合肥都市圈扩容的原因，并未解释合肥都市圈扩容的意义，合肥都市圈扩容的意义具体体现为以下几点：

（一）改善都市圈不平衡发展现状，形成"双核互动"格局

2015 年合肥的 GDP 为 5660.27 亿元，分别是滁州的 4.34 倍、六安 GDP 的 5.57 倍、淮南的 6.28 倍、桐城的 24.92 倍，2015 年合肥的人均 GDP 为 73102 元，分别是滁州的 2.24 倍、六安的 3.40 倍、淮南的 2.77 倍、桐城的 2.43 倍。可见当前合肥都市圈呈现出合肥一核独大的极化发展问题，都市圈内城市之间的发展十分不平衡。而 2015 年芜湖的 GDP 为 2457.32 亿元，人均 GDP 为 67392 元，均仅次于合肥，位于全省第二，是全省经

济发展水平仅次于合肥的城市。2016 年安徽省第十次党代会报告指出，要支持芜湖加快建成长江经济带具有重要影响力的现代化大城市。鉴于此，在合肥都市圈融入芜湖之后，可以尝试将其打造成为合肥都市圈的副中心，与合肥形成"双核互动"的发展格局，改善合肥都市圈的不平衡发展现状，实现由合肥一核独大向合芜双核互动的转化。

（二）弥补都市圈水路先天短板，抢占内河航运制高点

港口是开放型经济发展的"桥头堡"，而合肥都市圈在陆路交通与航空交通快速发展的同时，水路交通相对进展缓慢，仅有的合肥港并不属于深水港。而南京都市圈拥有亚洲最大内河港口之一、长江流域水陆联运和江海中转枢纽港的南京港；杭州都市圈拥有集装卸储存、中转换装、临江工业、现代物流、旅游客运等功能于一身的综合性亿吨港口的杭州港；苏锡常都市圈拥有国务院批准对外开放的一类口岸，具有集装箱、件杂、散货、液体化工等综合通过能力的常州港；宁波都市圈拥有货物吞吐量连续 7 年位居世界港口第 1位、集装箱吞吐量排名世界港口第 4 位的宁波舟山港。随着芜湖与马鞍山的融入，作为长江水运第五大港、煤炭能源输出第一大港，安徽省最大的货运、外贸、集装箱中转港，国家一类口岸的芜湖港，以及长江十大港口之一、长江南京段以上第五个亿吨港口的马鞍山港，必将在很大程度上促进合肥都市圈的水路交通发展，弥补合肥都市圈的水路先天短板，为合肥都市圈在长三角城市群甚至长江经济带中争夺内河航运中心地位，抢占内河航运制高点注入强大活力。

（三）构建都市圈多通道联系，加速都市圈之间的融合发展

如今都市圈之间的连接通道已不再是简单的单一通道而是复杂的多通道。同时，作为沪宁合杭甬发展带的两个重要组成部分，合肥都市圈与南京都市圈如何实现融合发展显然是一个十分重要的问题。目前合肥都市圈与南京都市圈的联系主要是合肥—滁州—南京这一单通道，两个都市圈的联系相对不够紧密。随着芜湖、马鞍山的融入，合肥都市圈与南京都市圈的联系则可以由原先的合肥—滁州—南京这一单通道扩展为合肥—滁州—南京与合肥—芜湖—马鞍山—南京组成的双通道，这必将加快合肥都市圈与南京都市圈的融合发展速度，促进两大都市圈之间的人流、资金流、物流和信息流等生产要素的沟通和交流。

（四）增强都市圈科技创新实力，实现创新驱动发展

当前我国经济原有的经济增长动力正在逐步衰减，要素驱动模式难以为继，经济发展正面临着新的困难和挑战，需要强化科技和产业组织方式创新，加快实现创新驱动新常态。合芜蚌国家自主创新示范区目前拥有上市公司数达 49 家，占全省的 55%，高新技术企业总数达 1701 家，占全省的 53.9%，建有科技企业孵化器 47 家，其中国家级 10 家，孵化面积 112.3 万平方米，建立众创空间 19 家，其科技创新能力居于全省前列。安徽省第十次党代会强调要将合芜蚌国家自主创新示范区建设成为科技体制改革和创新政策先行

区、科技成果转化示范区、产业创新升级引领区、大众创新创业生态区。对于合肥都市圈而言，如果能将芜湖与蚌埠纳入怀中，必将为都市圈增添更强劲的创新引擎，大幅地提高都市圈科技创新实力，加快合肥都市圈从要素驱动、投资驱动为主向以创新驱动为主的发展方式转变，为实现创新型"三个强省"建设目标注入更大的活力和动力。

三、合肥都市圈扩容的方向分析

合肥都市圈扩容的方向分析离不开对省内各城市与中心城市合肥之间的相互引力的分析，因此课题组在城市综合发展水平评价的基础之上采用引力模型测算出各城市与合肥的相互引力大小，在此基础上进一步对合肥都市圈的扩容阶段与方向进行深入分析。

（一）各城市与合肥的综合发展水平评价

1. 指标体系构建

依据科学性、可操作性以及数据的可获得性等原则，并参考有关文献，课题组认为评价城市综合发展水平可以考虑 5 个主要因素和 13 个指标变量，具体内容如表 4 – 6 所示：

表 4 – 6　城市综合发展水平评价指标体系

	一级指标	二级指标	指标单位
城市综合发展水平	基础设施水平	人均城市道路面积	X_1（平方米/人）
		城市用水普及率	X_2（%）
		城市燃气普及率	X_3（%）
	对外开放水平	出口总额	X_4（亿美元）
		进口总额	X_5（亿美元）
	产业结构水平	实际利用外资	X_6（亿美元）
		第二产业增加值占 GDP 比重	X_7（%）
	技术创新水平	第三产业增加值占 GDP 比重	X_8（%）
		三种专利申请受理量	X_9（件）
		三种专利申请授权量	X_{10}（件）
	公共服务水平	每万人占有医院床位数	X_{11}（张/万人）
		每万人占有医生数	X_{12}（人/万人）
		每万人拥有公共交通车辆	X_{13}（标台/万人）

资料来源：以上指标变量数据来源于《安徽统计年鉴》（2016）以及各城市的国民经济与社会发展统计公报，部分数据为计算整理所得。

2. 指标权重确定及数据标准化

本课题指标权重确认方法采用变异系数法，并参考相关研究成果，数据标准化方式采用总和标准化的方式，具体处理过程如下：

$$\text{变异系数为：} V_j = \frac{S_j}{\overline{X_j}} \tag{4-1}$$

$$\text{平均值为：} \overline{X_j} = \sum_{i=1}^{17} X_{ij}/17 \tag{4-2}$$

$$\text{标准差为：} S_j = \sqrt{\frac{1}{16} \sum_{i=1}^{17} (X_{ij} - \overline{X_j})^2} \tag{4-3}$$

$$\text{权重为：} \lambda_j = V_j \Big/ \sum_{j=1}^{13} V_j \tag{4-4}$$

$$\text{采用总和标准化：} X'_{ij} = \frac{X_{ij}}{\sum_{i=1}^{13} X_{ij}} \tag{4-5}$$

$$\text{城市综合发展水平：} D_i = \sum_{j=1}^{13} \lambda_j X'_{ij} \times 100 \tag{4-6}$$

上述式中：$i = 1, 2, 3, \cdots, 17$；$j = 1, 2, 3, \cdots, 13$

3. 评价结果

利用式（4-1）~式（4-6）可计算出都市圈外围城市与合肥的综合发展水平，如图4-1所示。由图4-1可以看出，合肥作为都市圈的核心城市，其综合发展水平处于绝对优势地位，远高于都市圈外围城市。都市圈外围城市中，芜湖的综合发展水平达到了125.53，是排名第二位铜陵的1.54倍，更是排名末位亳州的5.02倍，表明芜湖在都市圈外围城市中居于绝对领先地位。铜陵、马鞍山与蚌埠的综合发展水平均达到了70以上，相对高于其他都市圈外围城市，而亳州、黄山、宿州、池州、阜阳、淮北等的发展水平均低于40，发展水平相对较低。

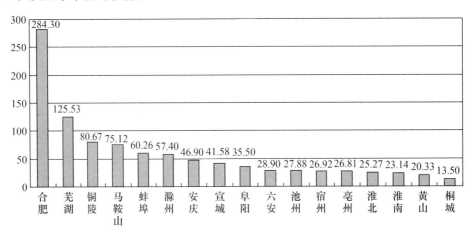

图4-1 各城市与合肥的综合发展水平

（二）各城市与合肥之间的相互引力

课题组借鉴相关学者的研究成果，利用改进的引力模型研究各城市与合肥之间的相互引力关系，构建的引力模型如下：

$$G_{j1} = D_j D_1 / d_{j1}^2 \qquad (4-7)$$

式（4-7）中：G_{j1}表示都市圈外围城市 j 与合肥之间的相互引力，D_j表示都市圈外围城市 j 的综合发展水平，D_1表示核心城市合肥的综合发展水平，d_{j1}为城市 j 与合肥之间的最短公路里程，$j=1$，2，3，…，16。课题组利用百度地图获取都市圈外围城市与合肥的最短公路里程（见表4-7）。

表4-7　各城市与合肥之间的最短公路里程　　　　单位：公里

淮北	亳州	宿州	蚌埠	阜阳	淮南	滁州	六安
278.4	322.2	238.4	149.8	218.4	101.9	132.4	74.6
马鞍山	芜湖	宣城	铜陵	池州	安庆	黄山	桐城
153.6	151.3	211.9	162.8	195.4	175.5	320.6	106.5

利用式（4-7）可计算出都市圈外围城市与合肥之间的相互引力，如图4-2所示。由图4-2可以看出，都市圈外围城市中，芜湖与合肥的引力值达到1.559，远高于其他外围城市与合肥的引力值。马鞍山、铜陵、蚌埠这3个城市与合肥的引力值超过或接近1，引力值也相对较高。其余外围城市与合肥的引力值均处于0.5以下，引力值相对较低。

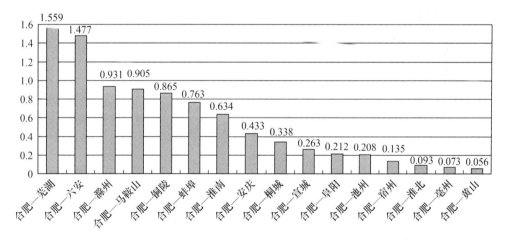

图4-2　各城市与合肥之间的引力值

（三）合肥都市圈扩容阶段分析

依据图4-1中的都市圈外围城市综合发展水平以及图4-2中的都市圈外围城市与合肥之间的引力值，本书认为合肥都市圈的扩容应大体分为以下三个阶段（见图4-3）：

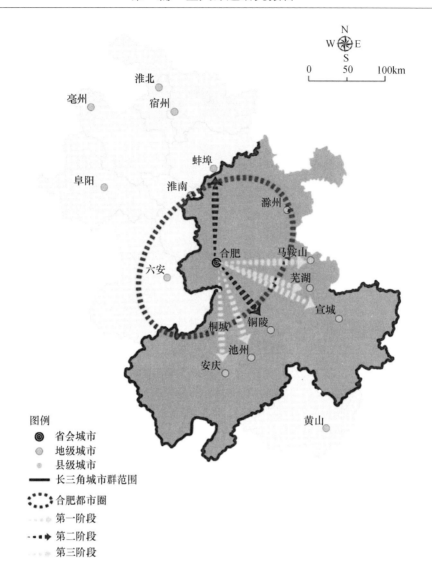

图4-3　合肥都市圈扩容阶段

　　第一阶段，重点是向芜湖、马鞍山两个方向进行拓展，将芜湖、马鞍山融入到合肥都市圈之中。首先，芜湖、马鞍山在都市圈外围城市中的综合发展水平分别居于第一位和第三位，二者的融入必然有利于合肥都市圈整体水平的大幅提升，同时芜湖、马鞍山与合肥的引力值在所有都市圈外围城市中也居于第一位和第四位，芜湖、马鞍山的融入也符合都市圈拓展的一般规律。其次，芜湖的无为县与马鞍山的含山县、和县均属于原巢湖市的组成部分，本身即为合肥都市圈的成员之一，这也为芜湖、马鞍山融入合肥都市圈打下了良好的基础，且2016年6月出台的《长江三角洲城市群规划》也从国家层面上对芜湖、马鞍山融入合肥都市圈予以了充分的肯定，因此芜湖、马鞍山融入合肥都市圈是必然趋势。

　　第二阶段，重点是向铜陵、蚌埠两个方向进行拓展，将铜陵、蚌埠融入到合肥都市圈之中。总体来看，这两个城市的综合发展水平居于都市圈外围城市的前列，且与合肥的引力值也相对较大,属于合肥都市圈扩容的相对有利方向。具体来看,铜陵凭借合福高铁的优势,其与合肥的最短通勤时间仅为 36 分钟,已属于"1 小时通勤圈"的范围,并且铜陵的进出口总额在都市圈外围城市中仅次于芜湖,对外开放水平相对较高,铜陵的融入对于提高合肥都市圈整体对外开放水平将大有裨益。蚌埠作为都市圈外围城市中除铜陵之外唯一的一个属于"1 小时通勤圈"范围的城市,同时也是全国重要的综合交通枢纽,以及合芜蚌国家自主创新示范区的主要成员,蚌埠的融入对于扩大合肥都市圈辐射范围以及提高合肥都市圈科技创新水平将起到十分关键的作用。

第三阶段,重点是向安庆、宣城和池州三个方向进行拓展,将安庆、宣城和池州融入合肥都市圈之中。虽然这三个城市的综合发展水平以及与中心城市合肥的相互引力值在都市圈外围城市中并不算十分突出,但是,一方面这三个城市作为皖江城市带承接产业转移示范区的重要组成成员,享受国家与安徽省许多的优惠政策,具备较大的发展潜力。另一方面作为长三角城市群的成员,这三个城市未来必将能够在长三角城市群"建设具有全球影响力的世界级城市群"这一目标下获得例如基础设施共建、产业协同发展、公共服务共享等诸多发展优势,发展潜力相对较大,同时这三个城市的融入也能够为合肥都市圈积极融入长三角城市群提供更多的沟通与协调机会。作为这一阶段的第一步,可以考虑从行政区划调整入手,率先把桐城市纳入合肥市版图。这无论从"1 小时通勤圈"的空间距离还是从多年来作为经济圈成员的合作成效看,都有一体化的充分理由。更重要的是,桐城文化也将在很大程度上能够丰富合肥大湖名城的城市文化内涵。

需要指出的是,合肥都市圈扩容的宗旨是谋求各城市在平等协商基础上的合作共赢与互利互惠,因而都市圈外围城市需要打破自家"一亩三分地"的思维定式,积极融入合肥都市圈,在增强自身综合发展实力的同时做大做强合肥都市圈。

第五章　向都市圈战略升级的路径探索

一、空间一体化

空间一体化就是要形成组织严密、运转协调的城镇等级体系。在这一体系中，不仅城市与腹地高度统一，合为一体，还要求城市之间在空间上联系紧密，不存在边缘化地区，形成多核心和生产要素高度密集的星云状结构的大都市带。这要求利用都市圈内城市各自不同资源禀赋及城乡发展特色基础，走错位发展的道路，构建城乡统筹发展的生态格局。

（一）优化城镇体系

合肥都市圈应形成由"特大城市—大城市—中等城市—小城市—镇级市—小城镇"构成的城镇规模等级结构。

特大城市：规划城市人口规模大于500万，1个，即合肥市，其中心城区城市人口规模550万人左右。

大城市：规划城市人口规模在100万~300万，共3个，即淮南市、六安市和滁州市。其中淮南市中心城区城市人口200万人左右，六安市中心城区城市人口120万人左右，滁州市中心城区城市人口140万人左右。

中等城市：规划城市人口规模在50万~100万，1个，即巢湖市。

小城市：规划城市人口规模在10万~50万，共17个，即肥东、肥西、桐城市、长丰县、庐江县、凤台县、舒城县、寿县、霍邱县、金寨县、霍山县、叶集试验区、定远县、天长市、全椒县、来安县、明光市。

镇级市：规划城镇人口规模在5万~10万，共19个，即高刘、花岗—严店组合城镇、下塘、双墩、龙桥—矾山组合城镇、潘集区（袁庄）、平圩、柘皋—栏杆集组合城镇、高皇、毛集、炎刘、冯井—马店组合城镇、炉桥、板桥、乌衣、秦栏、铜城镇、汉河、新渡—双港组合城镇。

小城镇：规划城镇人口规模小于 5 万，约 200 个左右（城镇归并后），即忠庙、黄麓、三河、长临河、小庙、紫蓬、汤池、罗河、泥河、官亭、曹庵、上窑、芦集、正阳关、姚李、周集、三十铺、孔城、金神、青草、大关、吕亭等。

（二）明确城镇分工

合肥都市圈形成由"都市圈核心城市—地区性中心城市—县级中心城市—中心镇—一般镇"五级城镇分工体系。

1. 都市圈核心城市

合肥。合肥是全国重要的科研教育基地、现代制造业基地、高新技术产业基地、现代服务业基地、区域性交通枢纽，安徽省省会，合肥都市圈的综合服务中心，区域性旅游会展、商贸物流、金融信息中心。未来将会发展成为长三角世界级城市群副中心城市。

2. 地区性中心城市

滁州市、淮南市和六安市。

滁州市：滁州市是合宁之间的新型区域性中心城市，合肥都市圈对接长三角的桥头堡，承接产业转移示范基地。

淮南市：国家重要能源基地，安徽省北部的重要中心城市，合肥都市圈带动沿淮、辐射皖北的重要门户。

六安市：连接合肥都市圈和武汉城市圈的纽带及合肥都市圈带动皖西发展的重要门户，安徽省加工制造业的重要基地之一，是具有滨水园林特色的现代化宜居城市。

3. 县级中心城市

坚持分类发展。从与中心城市关系、发展基础及潜力看，分为卫星城、中等城市和特色小城市。从产业基础及资源环境特色看，分为生态宜居城市、综合性城区、新型工贸城市、特色旅游文化城市。

4. 中心镇

19 个镇级市是都市圈产业基础好、交通便捷、文化特色、资源环境承载力较高的中心镇，规划逐步向小城市方向发展，培育成为县域主要增长极。

5. 一般镇

一般镇是指除了中心城、县城、中心镇以外的其他镇，是面向农村地区、连接城市和农村的桥梁，发展基础教育、卫生医疗、商贸流通服务和支农服务等行业，作为一般农村服务中心社区，完善基本功能。

表 5 – 1　县级中心城市分级分类发展指引

卫星城市	肥西县（上派镇）	合肥卫星城市，合肥都市区南部副中心	综合性城区
	肥东县（店埠镇）	合肥卫星城市，合肥都市区东部副中心	综合性城区
	长丰县（水湖镇）	合肥卫星城市，合淮一体化的桥头堡	生态宜居城市
	全椒县（襄河镇）	滁州卫星城市，新滁城南部副中心	综合性城区
	来安县（新安镇）	滁州卫星城市，新滁城北部副中心	综合性城区
	凤台县（城关镇）	淮南卫星城，都市圈沿淮副中心	生态宜居城市
	凤阳县（府城镇）	蚌埠卫星城，国家历史文化名城，都市圈沿淮副中心	特色文化旅游城市
中等城市	巢湖市	全国著名的旅游胜地，合肥都市圈沿江辐射的门户	特色生态旅游城市
	桐城市	历史文化名城、山水旅游宜居城市，合肥都市圈辐射皖西南的门户	特色文化旅游城市
	天长市	安徽省东部地区的新型工业城市，苏皖对接桥头堡	新型工业城市
	明光市	合肥都市圈北部山水田园生态城市	特色生态城市
	庐江县（庐城镇）	合肥都市圈山水旅游宜居城市，合肥市域南部中心	特色文化旅游城市
	舒城县（城关镇）	合肥都市圈重要的旅游度假基地和加工制造业基地	新型工贸城市
	定远县（定城镇）	合肥都市圈新兴交通节点城市	新型工贸城市
	寿县（寿春镇）	国家历史文化名城，合肥都市圈重要旅游基地和制造业基地	特色文化旅游城市
	霍邱县（城关镇）	合肥都市圈沿淮地区重要节点城市	新型工贸城市
特色小城市	霍山县（横山镇）	合肥都市圈大别山地区重要增长极	生态宜居城市
	金寨县（梅山镇）	中国重要的红色旅游目的地，大别山生态旅游城市	特色生态文化城市

（三）区域空间结构

合肥都市圈形成"一核、三心、五带、多极"的区域空间结构，如图 5 – 1 所示。

图 5 – 1　合肥都市圈区域空间结构

"一核"为合肥都市区，包括合肥主城区及其半径30公里左右的区域。

"三心"包括淮南中心城区、六安中心城区和滁州中心城区。

"五带"为连通区域的五大城镇产业发展（轴）带，包括合滁宁发展带、合淮蚌发展带、合六叶发展带、合桐安发展带、合巢芜发展带。

"多极"包括巢湖、桐城、天长、明光、舒城、庐江、霍山、金寨—叶集、凤阳、定远等县城；巢北新城、淮南煤化工基地、定远盐化工基地、新桥空港、金寨现代产业园、汊河产业新城、乌衣产业新城等产业基地在内的多个增长极。

二、产业发展一体化

（一）总体要求

坚持一体化导向：面向市场，依托制度创新、技术创新以及发达的都市圈及周边区域性基础设施网络，与上海、南京、苏锡常等地区错位发展具有强大辐射功能的现代产业集群，加强圈内各城市之间主导产业发展的横向联系，实现优势互补，推动产业链整合，促进产业转型升级、协同发展。

坚持绿色化导向：产业发展应与区域的资源、环境相协调，大力发展循环经济，实现清洁生产。严格执行环境影响评价制度，共同保障都市圈整体生态环境趋于优良。

坚持市场化导向：以市场为导向大力发展现代农业，吸引国际制造业转移，做大做强本地优势企业，积极发展区域性产业集群，改造提升传统服务业，积极发展新兴服务业，构建面向整个都市圈的服务业体系。形成高度发达、布局合理的以现代服务业、先进制造业、现代农业为支撑的都市圈产业发展新格局。

强调保障就业和提高农民收入：都市圈产业发展取向应充分强调就业优先的发展模式，产业发展要与扩大就业、推进城市化、深化改革、扩大开放相结合。正确处理发展技术密集型产业和劳动密集型产业的关系，拓展发展领域，创造更多的就业岗位。通过大力推进城市化带动区域产业的发展，通过发展城市型服务业完善城市功能和提升城市现代化水平。加速农村剩余劳动力的转移，加快农业产业结构调整，切实提高农民的收入水平，形成产业发展、城市化、农村现代化互动发展的良好局面。

（二）战略性新兴产业集核式发展

在我国经济发展进入"新常态"的背景下，战略性新兴产业继续保持良好发展态势，在支撑经济增长、改善人民生活、引领创新驱动等方面均发挥着越来越重要的作用。"十三五"时期我国将把战略性新兴产业作为重要任务和大事来抓，要重点培育形成以集成电路为核心的新一代信息技术产业、以基因技术为核心的生物产业以及绿色低碳、高端装备与材料、数字创意等突破十万亿元规模的五大产业。加快发展战略性新兴产业是实施创新驱动发展战略的先导力量，既能创造新供给、提供新服务，又能培育新消费、满足新需求，是实施供给侧结构性改革的重要举措，也是"补短板"的重要内容。要进一步完善产业政策环境，提高供给体系质量和效率，推动新兴产业供给和需求的有效衔接。

2015 年 9 月，安徽省政府确定了第一批 14 个战略性新兴产业集聚发展基地，其中合肥都市圈拥有合肥新站区新型显示产业集聚发展基地、合肥高新区集成电路产业集聚发展基地、合肥高新区智能语音产业集聚发展基地、合肥、芜湖新能源汽车产业集聚发展基地、滁州市经开区智能家电产业集聚发展基地、马鞍山经开区先进轨道交通装备产业集聚发展基地、芜湖鸠江经开区机器人产业集聚发展基地、芜湖三山经开区现代农业机械产业集聚发展基地 8 个基地；2016 年 8 月安徽省政府确定了第二批 8 个省战略性新兴产业集聚发展基地，其中合肥都市圈拥有合肥市高新技术产业开发区生物医药和高端医疗器械产业集聚发展基地、合肥市包河经济开发区创意文化产业集聚发展基地、六安市霍山高桥湾现代产业园高端装备基础零部件产业集聚发展基地、芜湖市新芜经济开发区通用航空产业集聚发展试验基地、马鞍山市博望高新技术产业开发区高端数控机床产业集聚发展试验基地 5 个基地。

总体来看，目前合肥都市圈内战略性新兴产业规模在持续增长，一些战略性新兴产业占全部工业产值比重虽有所上升，在省内战略性新兴产业具有较高的比重，但远未形成支柱产业，产业链也不够完整，支撑力不足。同时，产业布局"碎片化"，规划协调不足，产业基地内空间布局分散，发展缺乏主线，基地建设与区域资源禀赋、区域优势、产业基础、制度环境等不完全契合。

1. 一级核心：合肥

与区域内其他城市相比，合肥市在新型信息技术、新能源、高端装备制造、生物制造、新能源汽车、节能环保、新材料、应急产业等方面具有突出的技术优势和比较优势，应发挥战略性新兴产业作为产业转型升级的引擎作用，按照"龙头企业—大项目—产业链—产业集群—产业基地"的发展思路，聚焦重点产业、重点领域、关键核心技术，引导人才、技术、资本、土地等资源要素向战略性新兴产业集聚，加快壮大战略性新兴产业规模，推动产业结构向中高端迈进。

（1）新型信息技术聚焦新型显示、集成电路、软件及智能语音、量子通信等重点领域，打造有国际竞争力的新一代信息技术产业集群。

——新型显示。以京东方、彩虹、乐凯、三利谱、友达等企业为龙头，集中优势资源，做大做强显示面板，支持发展玻璃基板、偏光片、驱动 IC 等核心配套产业，不断完善产业链条，增强产业技术创新能力。

——集成电路。以特色晶圆制造为核心，以模拟集成电路 IDM 模式为创新发展的突破口，推进面板驱动芯片、家电变频芯片、存储器芯片、汽车电子芯片模块等核心芯片国产化，实现"合肥芯""合肥造""合肥产"和"合肥用"的一条龙解决方案。

——软件。抢抓以人工智能为引领的认知革命契机，把智能语音产业作为发展人工智能的切入点，发展包括人机交互、知识管理、学习推理等核心技术。抓紧落实"部省市"

共同推进语音产业发展机制，加快中国（合肥）国际智能语音产业园建设，推动科大讯飞等龙头企业做大做强，引进一批龙头企业和配套企业，打造"中国声谷"，进一步推动智能语音在智慧城市、信息消费、大数据等领域的广泛应用。

——消费电子。依托前期在智能可穿戴产品的先发优势，以满足现代人智能生活需要，发展平板电脑、智能手机、可穿戴智能产品、虚拟显示等高端消费电子，探索柔性化生产、个性化定制的运营模式，开创消费者新需求。

（2）新能源。以打造低碳城市为目标，坚持特色化、规模化、国际化发展方向，依托大企业大集团大项目带动作用，以太阳能光伏为核心，全力打造"中国光伏第一城"和具有国际影响力的光伏产业集群。推进分布式智慧能源集成创新平台建设，建立智慧能源集成示范基地。积极开拓风能、生物质能等领域，构建集总部经济、研发、实验、制造、销售为一体高附加值新能源产业体系。

（3）高端装备制造。聚焦机器人、燃气轮机、高端数控机床、精密制造、新型轨道交通等重点领域，打造国内重要的高端装备制造产业集群。大力发展工业和服务机器人，加快建设全国性智能制造产业集聚区。加快推进分布式能源、车船动力和通用航空动力燃气轮机的研发设计及产业化，拓展车船、航空、分布式能源等市场应用，规划建设燃气轮机产业基地。大力推进精密制造等技术产业化和数控装备发展，打造零件、特定领域部件和整机"三大集群"，规划建设国家强基技术产业化基地。抢抓合肥市地铁网建设机遇，大力发展轨道交通整车产业及相关配套周边产业，建设有全国影响力的轨道交通产业基地。

（4）生物制造。聚焦生物医药、医疗器械、生物农业等领域，依托北大未名生物经济研究院、合肥离子医学中心等创新平台，坚持本土培育与引进龙头并举，支持同路生物、安科生物、天麦生物、华润神鹿、龙科马、今辰药业等企业完善产业链条和做大做强，拓展大健康产业，打造国内一流、国际知名的生物产业集群。

（5）新能源汽车。加快新能源汽车产业聚集基地建设，以整车为龙头，培育并带动动力电池、电机、汽车电子、高效变速器等产业链加快发展。推进纯电动汽车、深度混合动力汽车的研发和产业化，积极支持燃料电池汽车的关键技术研发。

（6）节能环保。以打造千亿级节能环保产业创新中心及产业基地为着力点，全力打造集技术研发、产业孵化、制造和服务于一体的节能环保产业体系，形成具备较强的国际及区域产业合作和竞争能力的节能环保产业。

（7）新材料。围绕合肥市新型显示、集成电路、汽车、家电等优势产业，选择产业发展急需、对产品升级换代起作用的关键材料为切入点，做好重点新材料的批量稳定生产和规模应用。重点发展车用轻质高强环保材料、光电子材料、微电子材料、电子陶瓷材料、高性能膜材料、新型功能陶瓷材料、纳米功能材料、3D打印材料、表面工程用高性能靶材料、新型储能电池关键材料、先进高分子材料等。

（8）应急产业。加强公共安全应急产品研发、应用、试验和生产，着力突破制约应急产业发展的技术瓶颈，重点发展紧急救援装备制造、公共安全应急产品、应急医疗器械及药品等产业集群。努力在反恐安全、信息安全、交通安全、防灾减灾安全相关突发事件监测、预警、处置、救援的相关产业链和产品线上，形成先发优势。继续建设公共安全应急产品研发、试验、应用、生产基地，依托高新区首批"国家应急产业示范基地"建设，打造国家处理突发应急事件综合保障平台。

2. 二级核心：滁州

发挥合肥创新高地的作用，推进合肥科学中心、中国家电研究院安徽分院等创新创业平台开放共享，争取国家更多创新项目向都市圈倾斜；着力加强供给侧结构性改革，找准区域产业分工定位，进一步密切智能家电、先进装备、新型化工等领域的配套协作，加快推进定远与肥东、明光与肥西等共建园区建设，形成各具特色、优势互补的现代产业格局。

（1）新能源汽车产业。按照"龙头企业→产业链→产业基地"的发展思路，以安徽猎豹、近海汽车、长久汽车、国泰新能源汽车、瑞能新能源汽车、天康新能源专用车、北汽福田欧辉新能源城市公交车和校车、嘉远电动车、天康动力锂电池、沃特玛动力锂电池等为支撑，以新能源汽车产业链为纽带，以整车企业为引领、核心零部件企业为主体，打造完整的具有核心竞争力的新能源汽车产业体系；以大中型新能源客车、中低速新能源轿车和电动专用改装车开发及产业化为龙头，带动电机、电池、电控、变速器、相关材料等零部件产业的全面快速发展；坚持核心关键技术的自主创新原则，结合引进技术、联合设计和合作制造等方式，推动高端技术支撑产业优势发展；加大招商力度，利用滁州市场的影响力，吸引更多产业链上游、下游企业入驻基地，做到"建链、补链、强链"，完善和优化产业链的结构，推动产业链质和量的提升，增强产业集聚效应，把新能源汽车产业基地建设成为我国具有核心竞争力的新能源汽车整车和关键零部件生产基地、新能源汽车技术创新中心。

（2）智能装备产业。开展高档数控机床及成型装备关键技术研究，提高加工精度和可靠性。瞄准多通道、多轴联动等高性能数控系统产品，开展高端、专用、大型、重型数控成型装备及其系统集成和研发。力争机器人产业在关键零部件、整机制造、系统集成及大规模示范应用方面取得突破，强化机器人产业集群配套能力建设，完善机器人产业链。大力发展工业智能成套装备及成套自动化生产线，立足仪器仪表、智能传感器、在线监测系统、液压/气动/密封件及系统、齿轮传动、伺服装置等关键零部件和配套产业，提高柔性制造、精密制造、智能控制等关键工艺水平，实施智能装备制造示范工程。

（3）新一代电子信息产业。重点发展新型平板显示、集成电路等核心基础产业，突出"高端化、成套化、特色化"，推动新一代移动通信、下一代互联网核心设备和智能终端的研发及产业化。突破产业链的关键环节和产业瓶颈，打造上中下游密切衔接、配套完善的产业体系，实施分层次发展战略。

（三）完善圈内现代服务业体系

1. 发展目标

依托枢纽型都市圈的交通、区位优势，核心型都市圈的战略地位以及文化型都市圈的特色，以资源共享、互利互惠为原则，通过对都市圈内各类大型跨区域服务设施的整合发展，构建功能完善、竞争有序、全面协调发展的都市圈现代服务业体系。形成以合肥为核心，都市圈一体化发展，文化科教特色鲜明，辐射安徽省及长江中下游地区的区域性服务枢纽。

2. 重点领域

（1）现代物流。依托快速交通通道，推动物流园区、物流通道、枢纽场站等物流基础设施建设，打造一批区域性物流中心，提升合肥现代物流中心地位。加快发展第三方物流，引进和培育骨干物流企业，推动物流业与制造业联动发展。大力发展食品冷链、邮政快递、汽车、电子产品等行业物流，建立物流产业联盟、电子商务平台和公共信息系统，推动龙头企业构建全国性物流网络。加快建设合肥航空物流园区和综合保税物流园区，大力发展航空物流、保税物流和多式联运，建设合肥内陆无水港，建设辐射全国、连通世界的现代物流基地。

（2）金融服务。完善金融运营体系，扩大金融市场规模和经营范围，逐步实现金融保险业的商业化和国际化。加快资本市场建设，增强直接融资能力，建立都市圈统一的货币市场和资本市场，实现都市圈内各城市的同城票据结算；加快整个都市圈金融电子化建设。依托滨湖国际金融后台服务基地，积极引进国内外金融机构、后台服务中心、金融外包服务企业落户，建设金融集聚核心功能区。鼓励国内外金融机构在合肥都市圈设立区域总部和分支机构。扶持发展中小型商业银行、小额贷款公司，以及农村信用联社、村镇银行和农业保险公司等地方中小金融机构。推动企业进入主板、中小企业板和创业板及"新三板"上市融资，鼓励企业通过债券市场融资。积极发展风险投资、产权交易、信用担保、信托、典当市场，提供多元化金融产品与服务。

（3）科技服务。发挥都市圈各城市科技教育的潜在资源，积极推进非义务教育的产业化进程，进一步做大做强科技教育服务业。整合都市圈的教育资源，集中建设高水平的大学城。形成多层次、开放式的教育发展格局。重点发展研究开发、技术转移、检验检测认证、创业孵化、科技金融等科技服务业。推动科技、创意企业孵化园区建设，创建一批企业工业设计中心。培育和引进一批拥有知名品牌的科技服务机构和龙头企业，创新科技服务业态，延展科技创新服务链，促进科技服务业专业化、网络化、规模化、国际化发展，为提高合肥都市圈产业竞争力提供重要保障。

（4）电子商务。积极参与"互联网＋"行动计划，推动移动互联网、云计算、大数据、物联网等与现代制造业结合，促进电子商务健康发展。加强与国内外知名电商的战略合作，搭建安全便捷的商业交易应用服务平台，建设全国重要的电子商务中心，研究探索建设跨境网购物品集散分拨中心。以电子商务推动传统商业模式创新，实现实体购销渠道和网络购销渠道互动发展，推动名牌名店商业街区建设。加强发展快递服务业，促进快递服务与电子商务、制造业在更高层次合作，打造一体化产业链、供应链、服务链，实现快递业与相关产业的"无缝对接"和联动发展。加快推进合肥国家电子商务示范城市建设。

（5）商务服务。充分发挥合肥都市圈教育、人才资源的优势，发展综合咨询业，包括信息、财务、金融、管理、法律等的一系列整体的咨询服务，咨询业在服务对象上要向企业倾斜。以国际商务、会计事务、人力资源服务、专业会展等为重点，大力发展高端商务服务业。积极发展信息服务业，建设合肥软件服务外包基地。规范发展法律咨询、工程咨询、认证认可、信用评估、广告等商务服务业。建设中央商务区，集中布局商务服务机构，引进国内外大型企业设立地区总部、营销机构和服务中心，发展总部经济。

（6）文化产业。以万达文化旅游城、寿县古城、中国（合肥）非物质文化遗产园、志高文化科技动漫产业园、金领欢乐世界文化科技产业园、大通矿山公园、红街、梅山和独山为重点，构建一批旅游文化产业聚集区。以中庙—烔炀旅游新城、肥西淮军圩堡、桐城文化博物园、孔城老街等为重点，构建特色旅游文化产业聚集区。

（四）推进传统产业转型升级

1. 发展目标

合肥都市圈内城市以工业4.0为指向，落实《中国制造2025》、"互联网＋"等国家战略，加快推进制造业传统优势领域供给侧结构性改革，推广使用智能制造生产模式，实施品牌战略，支持企业瞄准国内外标杆企业推进技术改造，推动生产方式向柔性、智能、精细转变，加快工业化和信息化融合，通过技术工艺创新、信息技术融合和商业模式创新，推动传统产业改造升级，促进传统优势产业高端化、智能化、绿色化和品牌化。

2. 重点领域

（1）家用电器。以合肥、滁州为重点，加强有效供给引导家电技术和生产模式的突破。围绕"智慧家庭、健康生活"，加快高端家电产品的研发更新。加快信息技术、工业设计等与家电产业融合，提升从研发到核心零部件生产、整机制造、物流、售后服务的家电产业链整体竞争力，打造世界级智能家电产业集群。

（2）装备制造。以合肥、滁州、六安、桐城为重点，着力提升装备制造业基础工艺、基础材料、基础零部件、基础制造装备的研发和系统集成水平。瞄准高精度、高性能、高附加值装备制造产品，开展高端装备制造技术研究。加快工程机械、成套设备等产品升级换代，积极发展船舶及海洋工程装备、轨道交通装备、节能环保装备、农机装备、能源装备、应急安全装备等行业，力争在数控机床、基础制造装备等领域加快突破，形成新优势，建成全国重要的装备制造业基地。

（3）汽车及零部件。以合肥、桐城为重点，坚持自主品牌建设和与知名车企合作并举，支持骨干车企产品和技术升级，持续提升整车及关键零部件研发和制造水平，打造全国重要的汽车及零部件研发制造基地。

（4）食品加工。以六安、滁州、桐城为重点，围绕消费升级、精深加工、创新引领、食品安全的总体要求，突出食品安全及品牌效应，强化企业质量安全主体责任，提高农产品加工转化率、资源综合利用率和产品市场占有率，增加中高端食品消费品比重，发展方便、快捷、休闲、营养保健型产品，建成长三角地区重要的安全食品加工示范基地。

（5）新型化工。以淮南、滁州为重点，以盐化工、煤化工及农用化工为基础，开展重点领域和关键技术研究，提高装备水平，改进生产工艺，促进化工产业绿色、高端发展。发展高附加值精细化工，推动化工产品结构向精深方向发展，大力发展新型安全环保装修涂料、多元混合复合肥料、生物农药等，建成中东部地区具有影响力的新型化工产业基地。以提升工艺、装备水平为重点，支持子午线轮胎及配套专用材料发展，支持高档新型橡胶板、管、带系列化生产，建成国内重要轮胎生产基地。积极发展差别化复合型纤维、功能化高性能纤维、高性能服装面料、装饰用纺织品以及汽车用、农用、医用等产业用纺织品。

（五）拓宽旅游业协同发展路径

1. 发展目标

以山、湖、城、泉、文等资源为依托，以都市休闲、商务会展、红色旅游、山地旅游和温泉养生为主打产品，以都市圈旅游合作组织联合开展推介活动，探索都市圈收费景点同城同待遇，试点开通补贴式圈内旅游直通车，引导客源"内循环"，共塑区域旅游品牌。实现旅游产业的聚集化、一体化发展，成为华东、华中旅游协作的枢纽区，安徽旅游南北联动的中心区，全省旅游集散中心，在全国有影响力的旅游目的地。

2. 空间布局

根据旅游资源分布、综合交通网络、城乡布局等形成的空间结构，将合肥都市圈的旅游空间布局确定为"一核、四区、两环、一带"。

——一核。是将合肥市作为核心，以区域性特大城市建设为契机，以商务会展、科教人文、休闲度假、文化体验为品牌，以休闲城市和商务旅游城市为方向，以国际机场、高速公路、高速铁路为外向大通道，立足大合肥旅游同城化，建设联动东西、辐射南北、立足中部、面向全国的现代化区域性旅游中心城市和旅游集散中心。

——四区。

（1）多彩大别山旅游区。四区为六安市的大别山区域。以绿色旅游、红色旅游、古色旅游和休闲度假为发展重点，构建国内著名旅游目的地。与河南、湖北的大别山区域深度合作，共建大别山旅游品牌。以天堂寨旅游区、白马尖旅游区等为重点，构建一批以5A级旅游景区为龙头的精品景区。以兰溪旅游度假区、万佛湖旅游度假区、佛子岭旅游度假区等为重点，构建一批国家级、省级旅游度假区。

（2）巢湖休闲度假旅游区。为合肥市的巢湖及环巢湖区域（巢湖市、庐江县、肥西县、肥东县等）、安庆的桐城市。以历史文化体验、休闲运动和温泉养生为发展重点，构建国家级旅游度假基地和国内著名旅游目的地。以巢湖风景区、三河古镇、孔城老街等为重点，构建一批以5A级旅游景区为龙头的精品景区。以环巢湖旅游度假区、半汤温泉度假区、汤池温泉度假区、岱山湖旅游度假区、紫蓬山旅游度假区、仙龙湖旅游度假区等为重点，构建一批国家级、省级旅游度假区。

（3）琅琊山——人明文化旅游区。以历史文化体验和山水休闲度假为发展重点，加强与宁镇扬城市群的旅游一体化，构建国内著名旅游目的地。以琅琊山风景区、凤阳明中都及明皇陵旅游区、小岗村旅游区等为重点，构建一批以5A级旅游景区为龙头的精品景区。以大琅琊山旅游区、白鹭岛生态度假区、女山湖旅游度假区、跃龙湖旅游度假区、全椒儒林—神山旅游区、凤阳山生态度假区等为重点，构建一批国家级、省级旅游度假区。

（4）八公山——淮河风情旅游区。为淮南市、合肥市的长丰县、六安市的霍邱县和寿县。以历史文化体验和山水休闲度假为发展重点，建设区域型旅游目的地，是合肥都市圈与皖北旅游联动的重要区域。以八公山、大通矿山公园、寿县古城、临淮岗水利枢纽、中国（合肥）非物质文化遗产园等为重点，建设以5A级旅游景区为龙头的精品景区。以上窑—高塘湖休闲度假区、焦岗湖旅游度假区、城西湖—城东湖旅游度假区等为重点，构建一批国家级、省级旅游度假区。

——两环。充分发挥合肥市作为全省旅游中心城市和旅游集散地的作用，以合肥市为枢纽，高速公路网为主线，构建东、西两条旅游环线。

（1）皖中"两山一湖"旅游环。为合肥市—六安市—安庆市—合肥市，以高速公路为轴，串联大别山、天柱山、巢湖等重点旅游区，可称为皖中"两山一湖"金三角。

该旅游环是皖西旅游线路组合的主体，可形成生态观光、文化体验、都市休闲和温泉养生的复合型产品。主要亮点为：都市休闲、巢湖温泉、三国文化、大别山生态、红色文化、天柱山生态、黄梅戏文化等。

（2）巢湖—皖江—琅琊山旅游环。为合肥市—滁州市—南京市—马鞍山市—芜湖市—合肥市，以高速公路为轴，串联巢湖、大琅琊山、采石矶、芜湖主题公园等重点旅游区，构建跨区域的旅游环线。

该环线是皖东旅游线路组合的主体，可充分发挥合肥市、南京市两个省会城市的旅游集散功能，将合肥都市圈、皖江城市带和宁镇扬城市群三个区域有机结合，构建区域旅游协作产品。主要亮点为：都市休闲、巢湖温泉、诗词文化、明文化、主题公园等。

——一带。为宁—合—武高铁旅游带，包括滁州市、合肥市和六安市，是南京—武汉高铁旅游带的重要组成，是合肥都市圈在华东、华中旅游合作中发挥独特作用的重要支撑。

本旅游带除了滁州、合肥、六安三个城市外，还串联起大琅琊山、巢湖、大别山旅游区，并形成诗词文化、三国文化和红色旅游的文化组合，可称之为皖中"两山一湖"旅游带。

3. 产品开发与线路设计

重点开发以红色旅游、古寨旅游、修学旅游、休闲旅游为主的产品系列。加强都市圈内旅游资源、产品开发和旅游市场营销整合，大力发展区域旅游和城市旅游，形成统一的合肥都市圈旅游整体形象。

在加强风景名胜资源和历史文化资源保护的前提下，实现都市圈旅游品牌建设与联合发展。首先应突出六安、合肥、桐城、淮南、滁州等中心城市旅游的统筹发展，形成都市圈旅游发展一体化的基本框架，组织与都市圈内其他具有特色旅游资源区域的互动发展。充分挖掘和发挥各自优势，加强旅游要素特色和功能的互补，消除旅游项目低水平重复建设，促进区域旅游经济效益的整体提高。根据都市圈旅游空间的特点有序组织都市商务之旅、都市休闲之旅、文化之旅、古运河之旅、长江之旅、修学之旅等特色旅游线路。

4. 依托体系

依托都市圈城镇空间组织结构，发展旅游城镇，加快构建中心旅游城市、旅游城市和特色旅游镇相互支撑的三级旅游城镇网络。加强区域性道路干支系统建设、旅游专用道路建设、旅游景区道路建设，形成便捷畅通的旅游交通网络。

（六）加强农产品产供销一体化合作，大力发展现代农业

1. 发展目标

以增加农民收入为中心，以市场需求为导向，加速实现资源优势向产业优势、传统农业向现代农业的转变，扩大供肥蔬菜基地共建规模，在销售市场、展会平台等方面加强合作，逐步建成融经济、生态、文化功能为一体的现代都市型农业。

2. 发展重点

（1）继续推进供肥蔬菜基地合作共建。与合作共建各县（市）政府签订合作共建协议。目前已经制定了《合肥经济圈合作共建蔬菜基地项目和资金操作规程》，其总体要求：一是建立了有进有退的进退机制；二是进一步放宽各地项目建设的主动权，实行一县（市）一策，各地可根据本地实际确定奖补的对象和奖补标准；三是适度扩大奖补资金的使用范围，项目资金可用于基地生产及为其配套的奖补（不含基础设施建设）；四是项目实行备案制，项目结果报合肥市备案，合肥市委托第三方进行绩效考评；五是以后对各地的奖补资金根据每年的绩效考评动态调整等。

（2）推进农产品精深加工基地建设。积极发展规模种养业，提升都市圈副食品供应的服务功能；围绕优势农产品及农业产业链，培育龙头企业，提升农业产业化经营水平；推动发展无公害、绿色和有机农产品，树立品牌，提升农业产品的外向化功能；促进农产品流通市场体系建设，提升农产品在国内外流通的集聚和扩散功能；提高农业利用外资水平，积极发展创汇农业，提升农业的开放度。

食品及农副产品加工业基地项目包括建设六安瓜片、霍山黄芽、庐江"白云春毫"、桐城小花和舒城小兰花、滁菊保健茶等特色、优质茶叶精深加工基地。建设高标准加工厂房，提升生产研发能力，进行无公害产品的开发生产。

建设以优质稻谷、油菜为主的粮油精深加工基地，扩大优质粮油产品的加工份额，促进稻米精深加工的食用稻米油、米糠油等高附加值产品，主要分布在合肥、六安、桐城等重点市（县）。推进八公山、谢家集区豆制品加工产业集群项目，皖西白鹅及羽绒深加工基地项目。建设以伊利乳业、千喜鹤食品、丰大集团、黑牛集团、养元饮品、银鹭食品、盼盼食品等企业为龙头的食品加工产业集群。

（七）产业空间组织：推进"一核四极五带"工业布局

按照市场经济的发展要求，创造有利于都市圈各类产业发展的物质环境、政策环境、空间环境。实现生产要素跨市域优化配置，促进产业的集群化发展，提高产业空间的集约化程度和综合效益，统筹规划培养多层次的专业性园区，使其成为合肥都市圈发展产业、引进外资、研发创新的主要空间。积极推进"一核四极五带"工业布局，形成分工合理、优势互补、协调发展、各具特色的优势产品和优势企业，建设具有区域特色和较强竞争力的产业发展带，实现合肥都市圈产业空间与城镇空间的整体效应。

1. 一核四极，协同发展

以合肥为核心，以淮南、六安、滁州、桐城为四极，增强高端要素集聚和综合服务功能，提高自主创新能力和城市核心竞争力。抓住建设"一带一路"和长江经济带世界级产业集群的机遇，协同推进产业升级、技术创新和集约发展，增强现代工业和人口集聚能力。推动城市之间产业融合、配套协作，加快形成具有国际影响的世界级产业集群。

合肥一核。发挥合肥作为长三角城市群副中心、国际化都市区、全国综合交通枢纽的作用，紧紧围绕打造皖江示范区升级版和合芜蚌自主创新试验区升级版，壮大提升汽车、家用电器、装备制造、电子信息、食品及农副产品加工等优势产业，培育发展集成电路、智能制造、光伏新能源、新材料、节能环保、生物医药和公共安全等战略性新兴产业，辐射带动周边地区工业发展，建设全国重要的战略性新兴产业集聚区、国家高技术产业基地和国家新型工业化产业示范基地。

淮南、六安、滁州、桐城四极。充分发挥区域性中心城市作用，优化提升城市功能，大力发展先进制造业和现代服务业，加快产业结构优化升级，推动形成产业链和产业集群，增强创新能力，促进区域整体优势的发挥和国际竞争力的提升。

——淮南市。发挥煤电资源优势，加快建设成为国家重要的煤电基地、新型煤化工基地和煤机装备制造业基地，延长产业链，提高资源综合利用率。

——六安市。利用丰富的矿产资源和农业资源，重点发展铁矿深加工、汽车零部件、纺织服装、食品饮料、医药化工等产业，积极发展临空产业，建设重要的加工制造业基地、冶金工业基地和农产品加工基地。

——滁州市。提升发展家用电器、盐化工、硅基材料、电子信息、生物制药和节能环保等产业，建设重要的家用电器基地、新型化工基地和新材料基地。

——桐城市。密切与合肥的经济联系，积极发展配套产业，壮大印刷包装、家纺服装、汽车配件、机械制造、农副产品加工等产业，建设重要的包装印刷基地和农产品加工基地。

2. 五带联动，打造五大产业发展轴线，促进产业集聚发展

合滁宁工业发展带。依托合宁高速等交通廊道，发挥滁州毗邻长三角、民营经济活跃、矿产储量大、特色农产品资源丰富的优势，重点发展家用电器、精细化工、电子机

械、非金属材料、农产品深加工等产业，推进与南京都市圈经济一体化发展，形成合肥都市圈对接南京都市圈的前沿，辐射皖东地区经济发展。

合淮工业发展带。依托合淮阜、合九路、合淮大道等交通廊道，发挥合肥先进制造和淮南煤电资源优势，重点发展平板显示、装备制造、汽车零配件、新材料、新型化工等产业，注重区域环境综合治理，建成分工明确、布局合理、功能协调的先进制造业密集带，辐射带动皖北地区发展。

合六叶工业发展带。依托合六叶高速公路、合六大道等交通廊道，发挥邻近合肥新桥国际机场的优势，重点发展电子信息、生物医药、智能制造、农产品深加工、航空修造等产业，促进产业集聚，形成特色优势产业集聚区。合理保护和开发生态资源，形成与生态保护相协调的高技术产业和新兴临空产业发展带，辐射带动大别山地区经济发展。

合巢工业发展带。依托合巢芜交通廊道，发挥合肥和芜湖的核心极化作用，重点发展汽车及零配件、机械电子、新型化工、新型建材、农产品深加工等产业，加快城镇发展，注重水环境保护与生态建设，建成特色鲜明、布局合理、生态良好的工业发展带，成为长江经济带和皖江城市带的重要组成部分，辐射带动环巢湖地区经济发展。

合桐安工业发展带。依托合安、合铜高速公路以及合九铁路等交通廊道，充分考虑资源环境容量和生态保护要求，重点发展轻工纺织、新材料、节能环保、生物制药、矿产资源开发等产业，积极发展循环经济，形成生态产业集聚、城镇发展有序的新型产业带，拓展合肥都市圈向皖西南地区辐射带动的范围，辐射带动皖西南地区经济发展。

图 5-2　五大产业发展轴线

三、基础设施建设一体化

（一）总体原则

围绕打造合肥半小时、1 小时城际通勤圈，加快推进重大交通基础设施项目规划建设，重点构建满足区域整体发展要求的基础设施网络，集聚发展、集约经营，发挥基础设施对城乡建设、产业布局、要素流动的引导作用，创造集聚条件，推进都市圈城市化与区域一体化发展进程，按照市场规则，促进区域基础设施区域化，实现跨市域共建共管和共用共享，避免重复建设和资源浪费，按照适度超前的原则，进一步完善基础设施，改善人居环境和投资环境，促进都市圈率先实现现代化。

（二）铁路建设

1. 进一步完善干线铁路网络

在"十二五"规划的基础上，进一步实现以合肥为中心，与各成员市紧密连接的铁路运输网络，使合肥成为路网性铁路枢纽。继续"十二五"期间未完成项目，加快客运专线的建设，形成合肥与都市圈内其他城市的快速客运通道。推进北沿江铁路（庐江—无为—和县—南京）建设，推动合肥都市圈内沿江地区经济发展。加快客货分线运输规划建设，继续推动合庐铜（合肥—庐江—铜陵）铁路建设及其与阜六铁路的衔接，共同构筑华东南北铁路第三通道，缓解华东地区南北向铁路运输压力，保障东部地区能源供应。统筹煤电产业布局，增加煤炭外运通道运输能力，加快对现有铁路的改造，实现提速扩能，加快推进阜淮、淮南铁路（淮南至合肥段、水家湖至蚌埠段、合肥—宣城段）电气化扩能改造项目和合九铁路电气化改造项目，加快铁路专用线建设。

"十三五"期间，从合肥都市圈对外交通在既有沪汉蓉通道、京福通道、华东第二通道的基础上，规划合肥—西安高铁线，打造亚欧大陆桥南陆桥加强合肥都市圈与关中—天水城镇群的联系，合肥至西安的旅行时间由 15 小时缩短至 3 小时；积极争取将连宿蚌—合蚌—合安九铁路提升为国家高速铁路，从而沟通东南亚与华中地区、西南地区；积极争取京九第二通道，利用商合杭—合安九高铁形成京九高铁的第二通道，同时预留阜阳—六安—合肥通道，预留郑合高铁的线位，为以后与中原城镇群的联系提供更为便捷的条件。

2. 城际轨道建设

从合肥都市圈对内交通需要上来看，随着合肥都市圈地区旅客运输需求快速增长，要充分发挥城际轨道运力大、速度快、成本低、全天候的优势，为城市间旅客运输提供正点、便捷快速的交通服务，建设以合肥为中心，以合六、合滁宁、合淮、合安为主轴的城际交通网络，基本形成"30分钟交通圈"和"30分钟生活圈"。建设合肥—淮南市域铁路、建设合肥—新桥机场—六安城际铁路、合肥—六安市域铁路、合肥—桐城—安庆城际铁路、合肥—滁州—南京城际铁路、巢湖市域铁路、合肥—芜湖—宣城城际铁路、合肥—马鞍山城际铁路，构成区域4条城际、4条市域铁路，形成较为完善的都市圈城际轨道交通网络。同时为了加强都市圈内成员城市之间的联系，论证和规划淮六铁路，谋划合舒桐轻轨。

专栏1　都市圈轨道交通近期建设重点

都市圈对外铁路：加快推进商合杭客运专线建设，规划合肥—西安高速铁路、合肥—连云港高速铁路、郑州—合肥高速铁路、六安—安庆—景德镇普通铁路。增加淮南南站—寿县站—六安站城际铁路，为合肥都市圈对外交通连接线，东北接京沪高铁，西南接沪汉蓉高铁、沪汉蓉高铁二线。

都市圈内铁路：规划建设合肥—安庆—九江城际铁路（其中合肥至安庆段线路全长162千米，计划总投资521.8亿元）、合肥—滁州—南京城际铁路（全长134千米，计划总投资152亿元）、合肥—明光城际铁路（计划总投资40亿元）、合肥—定远城际铁路（定远境内30千米，计划总投资30亿元）、阜六安城际铁路、合肥淮南轨道交通（全长67.2千米，行车速度200千米/小时，计划总投资110.6亿元）、市域轨道六安快线（合六城际）（全长80千米，高架形式）；合肥—舒城—桐城市域铁路；建设北沿江铁路、六武铁路、淮六铁路。

（三）公路建设

以加强合肥都市圈与周边地区互联互通为重点，继续加快高速公路网建设。以加快合肥都市圈内部沟通为重点，加快城际快速通道建设，加密、改造、升级干线公路。依托合肥主城区建立"1小时通勤圈"，依托六安、淮南、桐城、滁州主城区建立"半小时通勤圈"。

1.加快建设都市圈内高速公路网

加强国家和区域高速公路及连接线的建设，加快现有高速公路的扩容改造，建成基本通达合肥都市圈内所有县域，连接各地级市和周边城市的高速公路骨架网。重点建设济宁—祁门高速、北沿江高速、徐州—福州高速，继续推进蚌淮高速至宁洛高速连接线建设，此线路贯通后将使合淮阜、合徐、蚌淮、宁洛、徐明等多条高速公路形成区域性高速公路网，对进一步促进沿淮经济带与长江三角洲、华东地区经济交流具有十分重要的意义。以合肥为中心，构建区域性高速公路，以淮蚌高速公路为起点，向东与合徐高速公路交会后至滁州，规划建设淮滁高速公路。巢湖至庐江、舒城、六安规划新建一条高速公路连接线，起点马鞍山西枢纽，连接常合高速、合巢芜高速、合安高速、济祁高速、六潜高速、合六叶高速，途经巢湖、庐江，在舒城县与合安高速交会，再经舒城至六安，与合六叶高速连接，全长为199.3公里。连接合巢芜、常合、合安、合六叶、德上、六潜六条高速。缓解合肥整个南边交通压力，同时可作为合肥绕城南循环通道。都市圈内规划建设金寨—霍山—舒城高速公路、霍山—英山高速公路。

专栏2　都市圈高速公路近期建设重点

加快推进"十二五"已规划项目续建工作，包括北沿江高速公路、徐福高速、蚌淮高速至宁洛高速公路延伸段。

都市圈对外高速：规划巢宁高速、合巢芜高速、六铜高速、济祁高速桐城段（重点建设与合安高速互通立交）、沿淮高速；合宁高速改扩建（四改八，全长89千米，计划投资69亿元），规划建设淮南市北部西连济祁高速、东接淮蚌高速的高速北环线。

都市圈内高速：规划滁州—淮南高速（全长125.06千米，计划总投资82.46亿元）、合明盱高速公路（双向四车道，全长135千米，计划投资46.5亿元）、滁淮高速至合宁高速连接线（双向四车道，全长33千米）、明巢高速（全长110千米）、滁州—天长高速（双向四车道，全长66千米）、巢湖—庐江高速、桐城—岳西高速。

2. 加快国省道的改造升级建设

新建与改造升级并重，优化公路运输网络，提高公路网的通达性和灵活性。大力实施连接合肥和周边城市国省道建设和改造升级，提升干线公路通达深度。"十三五"期间，要继续推动合六南通道六安段、S241洛水公路（淮段）改建工程，G206合安路改建工程，S101合相路改建工程定远段、S311乌曹路改建工程定远段、德州至上饶高速寿县至肥西段、滁州定远—肥东梁园公路定远段改建工程。推动合淮路升级、S316庐城至桐城、定远县道路改造提升工程。此外，为了加强各成员市之间的公路联系，需要打通各市的断头路。

专栏3　国道近期建设重点

G330合铜路（庐城至枞阳段）、G346巢庐路（盛桥至庐城）、G312西大路（柘皋至滁州界）新改建为一级公路，合淮路改建为一级公路（全长12.28千米，双向四车道，设计速度80千米/小时），G206桐城段升级改造（按照双向6车道标准建设），谋划建设G312肥东段、G329肥东段，S316庐城至桐城改造（升级为一级公路，全长26千米），G312叶集段恢复工程。

定远县道路改造提升工程，包括G329、G328、S334、S309等"六纵五横"省国道提升工程，总里程230公里。

S344 朱巷至吴圩道口、S312 机场至 G206 连接线、徽州大道南延线（按照省道一级公路双向 6 车道建设，全长 20 千米）、桐舒公路（升为省道，全长 25 千米）、长丰西路延伸工程（道路总长 5.5 千米）、S228 庐镇至桐城段（X010）、S228 桐城至枞阳段、S228 桐城至舒城段，S456、S25、S203 六安市区至下塘镇段。

（四）港口建设

合肥港作为全国 28 个内河主要港口之一，有必要打造成为通江达海、联系江淮的区域性航运中心，加大航道建设力度，充分发挥水运的优势，提高航道现状等级、提高航道通航标准，形成干支结合的航道网络。此外，提升航运能力，加快合肥都市圈水运发展，有利于节约利用土地资源，减少能源消耗，降低运输成本，减少环境污染，对于完善综合运输体系，改善投资环境，加快产业结构优化升级，促进社会经济加快发展有重要意义。

（五）内河航道建设

远期依托上海国际航运中心，打造三条出海通道（第一出海通道，沟通上海洋山港，衔接长江深水航道，实现江海直达；第二出海通道，通过合裕线/兆西河—芜申运河—杭甬运河，沟通宁波—舟山港；第三出海通道，通过江淮运河—淮河至巢湖段，沟通江苏沿海港口）；完善内河航道网，形成三条通江通道（合裕线升级改造为二级航道，其中合宁高速以北段远期改造为城市旅游景观航道；结合引江济巢，兆河—西河提升为二级航道，远期作为江淮运河通江主要通道；规划白石天河—菜子湖线为三级航道，作为入江西通道）；加快打造一条江淮运河通道，途经淮河、京杭运河到达长江，加强长江与淮河航运沟通，激活皖西老区航道网，加强合肥都市圈与皖江城市带承接产业转移示范区的经济融合；重点建设派河港区、居巢港区、龙桥工业园作业区，打造通江达海、贯通江淮的区域性航运中心。

专栏 5　港口码头近期重点项目

合肥港派河港区中派综合码头工程、合肥港巢城港区二期工程、合肥港店埠河港区循环经济示范园作业区、庐江港区龙桥作业区码头、合肥港巢城港区迪士尼码头工程、派河港区肥西住宅产业化基地、店埠河港区三汊河作业区建材码头集中区、环巢湖旅游码头工程、合肥港 LNG 动力船舶改造（油改气）、窑河—高塘湖航道复航及码头建设。

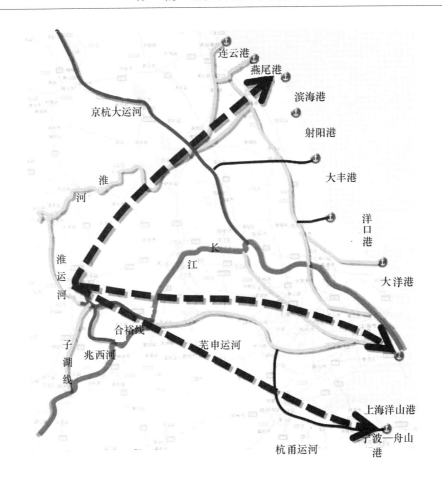

图 5-3 合肥都市圈远景航运规划布局

"十三五"期间，继续推进合裕线航道的改造升级工程，以及兆西河航道改造升级工程。规划将淮河航道六安市段、丰乐河、杭埠河提升为三级航道，淮南段、滁州段提升为二级航道。将丰乐河、沿岗河、杭埠河、双口河、池河、白塔河、滁河航道和茨淮新河提升为四级航道。规划打通淮南市境内西肥河—淮河—瓦蚌湖—江淮运河三级航道，打通泥河三级航道。

专栏6　内河航道近期重点项目

江淮运河工程（含引江济巢菜子湖线）（整治河道306千米）、兆西河航道改造工程（整治航道93千米）、合肥港通江一级航道工程、合裕线丰乐河航道（丰乐镇至中庙段）升级改造工程（整治航道30.6千米，升级为三级航道）、淮河航道整治（六安段、淮南段、滁州段，包括淮南市淮河岸桥、孔李大桥建设）、双口河—金神航道整治（疏浚为四级航道）。

打通西肥河—淮河—瓦蚌湖—江淮运河（规划为三级航道）、打通泥河航道（三级）、茨淮新河航道（四级）、江淮运河。

（六）航空枢纽近期建设重点

随着经济全球化的发展，以及"一带一路"倡议的实施，形成与经济社会发展相适应的航空运输体系，完善都市圈内完整的立体化综合交通运输体系，将有效改进投资环境。"十三五"期间继续推进和完善新桥机场二期工程配套设施，新建交通中心（GTC），逐步形成临空型产业园区，打造合肥空港新城。继续推进新桥国际机场的集疏运体系建设，尽快启动合六城际轨道交通建设以及机场与合肥中心城区快速轨道联系的研究。同时规划和建设桐城、巢湖滨湖新区、庐江、肥东、肥西、舒城等地通用机场。加快推进淮南山南新区、桐城市、六安独山异地航站楼前期工作，逐步形成合肥都市圈异地候机楼网络，为旅客提供高效便捷的航空服务，增强合肥机场的辐射能力。

专栏7　航空枢纽近期重点建设项目

新桥机场一期工程配套设施，新建交通中心（GTC）、滁州机场（按照4C级标准新建民航机场）、滨湖通用机场、庐江白山—同大通用机场、长丰通用机场、巢湖通用机场、肥西通用机场、肥东通用机场、桐城通用机场、天堂寨支线机场、舒城通用机场。

（七）综合交通枢纽建设

为实现区域综合交通一体化，实现功能合理分工，要重点完善综合交通枢纽体系，形成以合肥国家级综合交通枢纽为核心，六安、滁州、淮南为多极，合肥都市圈中其他市县为节点的综合交通枢纽体系。

"十三五"期间，针对现存的问题，在新桥国际机场建设集机场、城际轨道为一体的，以机场为主体的综合客运场站。在合肥站、合肥南站、合肥西站建设集高速铁路、城际铁路、普通铁路、公路客运、轨道交通、BRT等为一体且以铁路为主的综合客运场站。其中合肥南站集沪汉蓉客运专线、京福高铁、合安城际、综合客运汽车枢纽站、轨道1号线、4号线、5号线、BRT等多种方式为一体的大型综合场站，是合肥市对外的交通门户。远期在合肥市域打造7座以铁路为主体的综合客运场站：巢湖东站、巢湖站、肥东站、肥西站、北城站、水家湖站、庐江站，整体提升合肥市的铁路枢纽地位。其中巢湖东站是集商合福客运专线、公路客运等为一体的综合客运场站；巢湖站是集淮南线、公路客运等为一体的综合客运场站；肥东站是集商合杭客运专线、沪汉蓉客运专线、宁西铁路等为一体的综合客运场站。

"十三五"期间加快推进六安火车站的改建工作，形成集沪汉蓉客运专线、合西客运专线、合六城际铁路、宁西铁路、阜六安城际铁路、六武铁路、六庐铜铁路、公路客运等为一体的大型综合客运枢纽。在六安中心城区与东部新城范围内科技路、城西大道、城北路、新阳大道城际轨道站及金寨、寿县霍山、霍邱、舒城建设以铁路为主体的综合客运场站。

加快推进新建商合杭铁路淮南段暨淮南南站建设，同时衔接淮南城际铁路。力争"十三五"末建成通车，在淮南东站、淮南南站形成集高速铁路、城际铁路、普通铁路、公路客运、轨道交通、BRT 等为一体且以铁路为主的综合客运场站。在淮南站、凤台火车站建设以铁路为主的综合客运场站。

"十三五"期间全面完善滁州高铁站综合客运枢纽，进一步提升服务水平，实现公路、铁路、城市公交、机场无缝换乘。形成集京沪高铁、合滁连客运专线、合滁宁城际铁路、淮滁城际铁路、京沪普通铁路、公路客运、城市轨道交通等为一体的大型综合客运枢纽。加快推动桐城客运东站、客运南站、南部新城客运站和嬉子湖旅游集散中心的建设工作。其中客运东站为高速铁路主导型区域级综合客运枢纽，按照一级站建设，承担公路、合安城际铁路综合换乘。客运南站主要服务于桐城市南向的对外公路客运需求，按照二级站建设；桐城南部新城客运站也是公路、合安城际铁路相结合的综合客运枢纽，与香铺高铁站结合按照二级站建设。

表5-2 客运枢纽"十三五"规划重点项目

序号	项目	建设年限	备注
1	合肥站一体化改造	2016～2020	
2	淮南南站	2016～2020	
3	六安火车站	2016～2020	改为一级站
4	桐城客运东站	2016～2020	按一级站
5	桐城客运南站	2016～2020	按二级站
6	合肥汽车客运东站	2016～2017	
7	合肥汽车客运北站	2016～2017	
8	肥西上派汽车客运站	2016～2017	
9	巢湖西门客运站	2016～2020	
10	巢湖半汤汽车站	2016～2020	
11	水家湖汽车客运站	2016～2020	
12	桐城南部新城客运站	2016～2020	按二级站
13	桐城香铺高铁站	2016～2020	按二级站
14	新城汽车	2016～2020	改为一级站
15	新安汽车站	2016～2020	改为三级站
16	舒城客运东站	2016～2020	按一级站

表5-3 货运枢纽近期重点项目

序号	项目	备注
1	合肥乾龙园现代物流项目	2016～2020 年
2	安徽摩登康道物流园	2016～2020 年
3	合肥公共物流园（平台）项目	2016～2020 年
4	宝湾（合肥）国际物流中心二期工程	2016～2020 年

序号	项目	备注
5	合肥公路港物流基地二期工程	2016～2020 年
6	普洛斯肥东物流园项目	2016～2020 年
7	合肥经开区派河港综合物流园	2016～2020 年
8	中国合肥农产品国际物流园项目二期工程	2016～2020 年

四、生态环境治理一体化

(一) 发展目标

从区域生态环境的整体性出发，通过分析各生态要素间的相互关系，共同保护水源地生态环境，共同进行以涵养水源、保持水土、调蓄洪水、防风固沙、绿化造林、维系生物多样性、污染治理和废物综合利用为目标的环境治理，环境保护体制机制保障有力，联防共治的机制发挥作用，损害群众健康的突出环境问题得到基本解决，生态环境安全得到保障，基本建成产业绿色发展、资源高效利用、环境有效保护的生态都市圈。

(二) 重点领域

1. 推进环保体制机制改革

统一协调区域的产业准入和退出政策，统一协调环境功能区划，以保护饮用水源安全为最高标准，优化排污总量分配与组合。加强城市空间格局和目标定位的协调，统一规划跨区域的城市生活垃圾、医疗废物、危险废物处置，大气环境质量联防联控，核与辐射防控及环境监督等环境基本公共服务设施。打破行政体制障碍，创新合作机制，优化资源配备，控制区域内污染转移和违法排污。推进环保执法信息共享，形成监管合力，提升执法效率。到"十三五"中期，基本理顺合肥都市圈的环境管理、监察、监测管理体系，建立环境同治机制。

2. 实施环境功能区管理

根据资源禀赋和环境容量，合理确定不同区域环境基本公共服务设施及服务范围，采取分区实施、分类指导的原则，划定优化开发、重点开发、限制开发和禁止开发区，不同区域实施有区别的环境政策，优化产业布局。在禁止开发区域内，不进行除景观保护、文化展示等用途以外的项目建设，除兴建与保护需要直接相关的建筑之外，不兴建其他建筑；在限制开发区域内，发展绿色无污染农业，依法保护基本农田，不兴建除农业综合开发、土地整理和村镇建设等项目以外的一般产业项目；在重点开发区域，坚持环境与经济协调发展，科学合理利用环境承载力，加快推进工业化和城镇化，加快环保基础设施建设，严格控制污染物排放总量，做到增产减污。在优化开发区域，坚持环境优先，大力发展高新技术，加快传统产业技术升级，把提高增长质量和效益放在首位，率先完成排污总量削减任务，做到增产减污。

3. 开展区域大气联防联控

以改善合肥都市圈空气质量为目的，以增强区域环境保护合力为主线，以全面削减大气污染物排放为手段，建立统一规划、统一监测、统一监管、统一评估、统一协调的区域大气联防联控工作机制，全面防控大气污染。优化区域产业结构和布局，加大大气污染物防治力度，加强能源清洁利用，加强机动车污染防治，完善区域空气质量监管体系，致力于促进二氧化硫、氮氧化物、颗粒物、挥发性有机物等重点污染物减排，控制复合型大气污染蔓延，酸雨、灰霾和光化学烟雾污染明显减轻。

五、公共资源共享

（一）发展目标

实施"一核引领，五轴联动"发展战略。以"合淮、合六、合桐、合巢、合滁"五条发展轴引导带动都市圈社会公共服务一体化和同城化发展，以六合滁为重点发展轴，加快建设淮南和桐城。巩固和放大都市圈公共服务专题合作成果，逐步推进医疗、养老、失业等社保关系无障碍转移接续，促进住房公积金、公共交通、个人征信等信息交换共享，实现信用信息互用。

都市圈社会公共服务体系构筑完善，城乡协调的社会公共服务网络基本形成，基本公共服务均等化实现，域内社会公共服务呈现均衡发展布局，圈内社会公共服务设施实现标准化配置，社会公共服务信息化水平明显提升，社会公共服务平台基本建成，社会公共服务供给保障和绩效评价制度逐步完善，民众满意度明显提升。

（二）重点领域

1. 加强科技创新合作

积极推进圈内共享的高端平台建设，推进产学研协同创新。圈内各地市科技部门不定期地组织圈内城市高科技企业发展经验交流会，谋划促进科技成果转化若干政策措施、促进新型研究院建设发展意见，强化市场导向，创新产学研模式，推进协同创新平台体制机制改革。

加快建设创新创业载体，提升自主创新能力。加快高新技术目前企业培育，针对初创型、成长型、成熟型不同阶段，建立市级高新技术企业培育梯队。目前按照国家高新技术企业认定工作新规则，完善高企辅导、培训、认定（复审）和统计工作体系，市与县（市）区、开发区加强联动，通过召开"千企大会"、赴各工业园区专题培训等方式，加强高新技术企业培育、申报和复审工作。

深化拓展科技创新服务，优化创新发展环境。加快科技金融结合，设立天使投资基金支持高层次人才，组织科农行、徽商银行召开两次银企对接会，开展创新贷和科技小额贷。完善天使投资办法，制定天使投资股权转让和损失核销尽职免责制度，充分发挥天使投资支持合肥市初创期科技企业的作用。加强知识产权运用和知识产权保护。

2. 加强公共教育交流合作

坚持落实教育优先发展战略。在省级政府教育统筹改革引导下深化都市圈教育领域综合改革，促进各成员城市各级各类教育联动一体化发展。建立都市圈教育资源统筹统配机制，重点扶持和解决困难地区教师待遇、师资培训、教学资源等方面的短缺和不足问题。着力提高普惠性学前教育覆盖率，巩固和提高义务教育学校标准化建设成果，改善薄弱落后地区基本办学条件。推进普通高中多样化、特色化发展。推动职业教育资源一体化统筹，构建都市圈现代职业教育体系。实施高等教育质量提升工程。加强民族教育、特殊教育，提倡鼓励终身教育。

普惠性学前教育。提高普惠性学前教育覆盖率，统筹构建覆盖都市圈全域、布局合理的学前教育公共服务体系。构建政府主导下社会广泛参与的幼儿园举办体制，鼓励优质公办幼儿园举办分园或合作办园，鼓励社会力量举小幼儿园，逐步完善县、乡、村学前教育网络。加强幼儿教师队伍建设，加快小区配套幼儿园建设。

九年义务教育。全面提升都市圈义务教育质量，统筹规划都市圈中小学校布局，加快推进义务教育均衡发展，切实缩小城乡间、区域间、校际间差距。在全面完成义务教育学校标准化建设任务的基础上，改善薄弱学校和寄宿制学校基本办学条件。公共教育资源重点向农村、边远、贫困区域倾斜，实施"教师下乡、孩子进城"的双向交流计划，完善城乡义务教育学校的资源共建共享和对口交流支援制度。落实农民工随迁子女在流入地接受义务教育政策，完善后续升学政策。统筹推进义务教育学生营养改善计划。

普通高中教育和职业教育。巩固提升普通高中教育，完善以政府为主导、多种方式并举的普通高中家庭经济困难学生资助政策，推动普通高中多样化发展。促进普通高中和中等职业教育协调发展。积极推进都市圈内统筹发展职业教育，全面推进现代职业教育体系建设。坚持学校教育、职业培训和就业指导相结合，推行工学结合、校企合作、顶岗实习的职业教育人才培养模式。统筹都市圈内中等职业教育与高等职业教育、继续教育资源，促进交流合作。强化职业教育的校级监控与评价，构建绩效评价体系。

高等教育。整合都市圈内高等教育资源，优化教育结构，引导部分地方本科高校向应用型转变，满足区域经济发展对人才总量、人才层次、类型和规格的多样化需求。增强高等学校学科专业的社会适应性，扩大高等学校办学自主权，建设建立优良的制度环境、舆论环境、法律环境和社会环境，为高等教育发展创造更好发展空间。支持一个高校对接一个县（区），一个院（系、所）对接一个乡镇（街道），提升高等教育对区域经济服务力度与服务水平。

3. 推动公共医疗卫生对接共享

加快健全公共医疗卫生制度，推进管理体制和机构改革，逐步完成所有公立医院体制改革。按照人人享有基本医疗卫生服务的目标要求，加快健全完善都市圈公共卫生服务体系、城乡医疗服务体系、药品供应和安全保障体系，建立都市圈医疗卫生合作机制，提高基本医疗卫生服务的公平性、可及性和质量水平，打造健康都市圈。

公共医疗服务。扩大城乡医院对口支援力度，鼓励都市圈共建友好医院，推进优质医疗资源结对合作，开展"周末医疗"活动，推行乡村卫生服务一体化管理。推行城市高水平医师下乡扶持、乡村医生进城进修的双向流动机制，鼓励都市圈各地互派专家开展疑难病例讨论，支持新技术和新项目共建共享。加快建立分级诊疗、双向转诊和全科医生基层医疗机构首诊制度。加强以全科医生为重点的基层医疗卫生队伍建设，以三级综合医院和有条件的二级医院为临床培养基地，以社区卫生服务中心和专业公共卫生服务机构为实践基地，建设全科医生培养实训网络。推进实施副主任以上级别医师多点执业备案制度，支持自由多点执业，无须通过原工作单位批准。按照"大病不出县""小病不出社区"的要求，加强以县级医院为龙头、乡镇卫生院和村卫生室为基础的三级医疗卫生服务网络建设，健全以社区卫生服务为基础，社区卫生服务机构、医院和预防保健机构分工协作的城市医疗卫生服务体系。完全实现居民医疗费用域内直接结算。建设三级医院与县级医院远程医疗系统，加强公立医院信息化建设。

公共卫生服务。全面实施国家基本公共卫生服务项目，逐步提高人均基本公共卫生服务经费标准。都市圈内人均基本公共卫生服务经费不少于 80 元/人·年（规划末期）。实施国民健康行动计划，根据经济社会发展水平和疾病防治工作需要，逐步增加重大公共卫生服务项目。合并、调整与完善重大疾病防控、计划生育、妇幼保健等专业公共卫生服务网络，提高对严重威胁人民健康的传染病、慢性病、地方病、职业病和出生缺陷等疾病的监测、预防和控制能力。提高公共卫生服务和应急救治处置能力，推进紧急公共卫生和重大事件病人抢救治疗。完善卫生监督体系，建立食品安全标准及风险评估、监测预警、应急处置体系和饮用水卫生监督监测体系，尤其是健全和完善基层食品安全、卫生监督和监测网络。

4. 统筹社会保障，建立社会保障服务共享合作机制

建立健全覆盖都市圈全域的劳动就业公共服务和社会保障体系，建设都市圈社会保障一体化合作机制。落实完善促进就业创业政策，推进高校毕业生就业促进计划和青年创业计划，实施农民工职业技能提升计划，落实好失业保险"援企稳岗"政策。推进社会保险扩面征缴，落实实施工伤保险省级统筹，根据省统一规定和部署增加企业退休职工基本养老金。提高重点优抚对象抚恤和生活补助、城乡社会救助对象补助水平，全面实施临时救助制度，完善重特大疾病医疗救助政策，推进都市圈统筹发展。推进都市圈各成员城市

间住房公积金异地使用。

就业创业公共服务。建立健全都市圈全覆盖的劳动就业公共服务体系。以高校毕业生、农村转移劳动力、城镇就业困难人员和零就业家庭为重点服务对象，全面提升就业全过程公共服务能力，努力创造平等就业机会，积极构建和谐劳动关系。统筹城市就业和农村劳动力转移就业，加快建设城乡统一规范的人力资源市场，促进形成城乡劳动者平等就业制度。积极扩大城镇新增劳动力就业，做好高校毕业生就业工作，鼓励和引导大学生面向农村、面向基层就业。坚持实施扩大就业发展战略，大力发展现代服务业和社会服务业，吸引更多的城乡劳动者进入新型社会经济领域就业。加强区域内合作与交流，通过集约化发展将都市圈内的经济由点及线及面，将就业由都市圈内某一市某一点扩大到区域内的全面就业，做到共同发展共同面对共同受益。坚持以创业带动就业。放宽政策约束，简化行政审批，为创业行为提供便利。扶持初始创业。明确创业扶持群体，鼓励大学生创业，在就业压力大的环境下为毕业大学生提供创业指导和资金支持。完善创业服务。都市圈内各市县区的人力资源和社会保障部门要成立创业服务中心，提供一站式服务。建立创业实训基地，建立创业孵化基地。

社会福利。发展儿童福利事业。完善以家庭养育为基础、基本生活费为保障、福利机构为依托的儿童福利服务体系。统筹建设都市圈孤残儿童福利保障经费增长机制，将社会散居孤儿纳入保障范围。规范家庭寄养模式，完善孤儿成年后安置政策，实施残疾儿童报告制度。完善残疾人社会保障和服务。建立健全贫困残疾人生活补助和重度残疾人生活护理补贴制度，完善和落实残疾人社会保障制度和医疗保障制度。加大流浪乞讨人员的救助力度。积极开展经常化主动救助服务，及时为流浪乞讨人员、流浪困难群众提供临时救助服务。深化殡葬改革。大力宣传国家殡葬政策，认真落实惠民政策，加强殡葬管理，完善便民惠民的殡葬服务网络，规范殡葬服务。

社会救助服务。统筹都市圈社会救助资源，加强重特大疾病医疗救助，同步实施临时救助制度。提高城乡低保、农村五保的保障标准，逐步实现各项社会救助保障标准与居民收入增长水平同步提高。加快完善申请救助家庭经济状况核对信息平台，提高社会救助对象认定工作的效能和准确率。实施精准救助积极推进"救急难"工作。充分发挥各级社会救助作用，健全政府主导、民政牵头、部门配合的协调机制。

基本养老服务。全面推进都市圈养老服务体系建设，推动养老服务机构健康发展。整合利用现有资源，加快专业化老年养护机构和社区日间照料中心建设。农村地区建立村一级养老日间照料中心，加强对农村失能、失独、空巢等特殊困难老人的社会服务工作。加大对社区日间照料中心管理和监督力度，确保社区养老服务场所正常运转和使用。提升居家养老专业化服务水平，大力培养培训具有资质的专业养老服务人员。通过政府引导扶持发展民办养老机构，鼓励发展医养结合养老服务。

社会保障服务共享合作机制。联合成立都市圈一体化就业创业工作协调机构，定期召开就业创业工作联席会议，实现就业创业政策互惠、就业岗位信息互通。完善社会保障制度体系，共同研究都市圈社会保障问题，推进建设社保关系无障碍转移接续机制，社会保险经办业务互认确定机制。建立一体化维权体系，构筑都市圈统一的劳动者合法权益互联互查机制。推进建设都市圈住房公积金异地使用合作机制。

第六章　政策建议

一、保障机制

　　加快合肥经济圈向合肥都市圈战略升级，既是经济发展过程中城市系统发展的自组织过程，也是政府权力干预建设城市圈的他组织过程。政府行为这只"有形之手"在都市圈跨区域治理中有极大影响力，政府主导的地方治理机制体制创新，既是城市圈发展的动力，也可能成为城市圈可持续发展的障碍。而传统区域公共管理机制暴露的"低效率""权威碎片化""职能分散化"等问题使区域公共管理陷入困境。响应党的十八大提出的构建"党委领导、政府负责、社会协同、公众参与、法治保障"五位一体的社会治理新格局的要求，结合党的十八届三中全会通过的《中共中央关于全面深化改革若干重大问题的决定》中要求"坚持系统治理"的原则，本书认为构建以现代科层制为基础的整体性治理机制是合肥城市圈升级发展的优选道路。

（一）整体性治理模式：一种新的区域公共管理思路

　　20世纪90年代，西方世界反思新公共管理，面对政府改革导致的"碎片化问题"开始了一轮新的寻求"公共部门协调机制和改革"的运动，提出"整体性政府""网络治理""水平化管理"等各种理念。这些理念的根本就是整体性治理，即从政府自身出发，强调以协调、合作和整合为取向的治理理念和方式。根据该理论，佩里·希克斯和帕却克·登力维提出了整体性治理模式（Holistic Governancet）。[①] 该模式及其制度化可以有效地"跨界合作治理"以解决复杂棘手的公共问题，增进区域合作价值。

　　整体性治理是在批判传统官僚制基础上发展起来的一套完整的理论，其主要内容包

---

① Perri. Holistic Government. London：Demos，1997；Governing in the Round：Strategies for Holistic Government. London：demos；1999；Towards Holistic Governance：The New Reform Agenda. New York：Pal‑grave，2002.

括：整体性治理强调预防、公民需求和结果导向；强调整体性整合、技术整合、目标和手段的增强；重视信任、责任感、制度化。[①] 从理论渊源上看，整体性治理是多学科融合的结果，所蕴含的逻辑包括整体主义、系统取向，也是政府治理模式不断发展的结果。希克斯认为社会组织间差异的存在，是组织冲突和碎片化产生的原因，整体性治理就是要在"求同"和"化异"之间寻找解决之策，保证公共利益的最大化。整体性治理强调的是整体通过互惠互利的途径达到的一种整合。通过对区域合作的层级、功能、公私部门进行整合，提出了整体性的运行框架。它是在批判科层制的基础上进行的创新，主张管理从分散走向集中，从部分走向整体，从破碎走向整合。

（二）构建整体性治理模式的机制

1. 建立区域利益协调机制

利益协调机制是社会系统变化中协调不同利益主体间的相互关系和发挥功能、作用的方式。在社会转型时期建立健全能够全面表达、有效平衡和科学调整社会利益的利益协调机制，有利于妥善处理复杂的利益关系，为构建社会主义和谐社会奠定基础，同时也是构建和谐社会的基本要求。[②] 任何一个区域作为一个相对独立的社会系统都必然会存在一些不同的利益主体，这些利益主体在区域内和谐相处并推动区域的发展，需要有被各种利益主体认可的机制来维系、协调和平衡区域合作的关系。

合肥都市圈作为响应行政号召和顺应经济发展需要而诞生的合作区域，也有相应的不同利益主体，最直接的一种利益主体就是以行政区划方式确立的各地方政府及其所属地方企业和居民。都市圈内 5 个城市各有各的不同利益，在区域政府合作中，为了各自的利益，各地方政府都有自己的行为倾向。在合肥都市圈一体化规划的设想下，根据各城市的产业优势、资源优势和区位优势等的差异，各个城市应有自己的功能区定位，如定位为环境保护区的六安，定位为都市圈核心区的合肥等。由于城市定位的不同获益相差甚远，这就需要建立有效的区域利益协调机制，来平衡发展过程中各方的利益所得和损失，以此推动区域内各地方政府间合作的顺利进行，进而完成区域一体化、国际化的发展目标任务。

建立和健全区域利益协调机制是一个逐步完善的过程，首先需要建立起通畅的利益表达和沟通渠道。在一体化发展背景下区域政府合作过程中，都市圈内各地方政府需要搭建一些有效的沟通平台，将现有的沟通渠道和方式制度化和长期化，如成立凌驾于各城市之上的都市圈办公室以及各行业的协会组织等，并就存在的利益分歧从行政和商企两个层面双管齐下进行深入的探讨和协商。其次要完善利益纠纷解决机制，及时地化解各种利益纠纷。一是加强都市圈内司法合作，完善司法救济机制，援助弱势群体，提高他们的维权能力，实现利益救济途径的公平、公正；二是组建利益协调机构，搭建跨区域的调解、和解以及仲裁渠道，并将调解程序制度化，降低利益协调的成本；三是专题专办，就每一合作

---

① 曾凡军，韦彬. 整体性治理：服务型政府的治理逻辑［J］. 广东行政学院学报，2010（1）.
② 李君如. 社会主义和谐社会论［M］. 北京：人民出版社，2005.

专题中的利益协调问题达成一定的区域性规章，并加强都市圈内联合执法力度，确保各项规章制度贯彻落实。

2. 建设生态补偿机制，完善生态共建共保机制

生态补偿是以维护自然生态系统功能、促进人与自然和谐相处为目的，运用财税费、市场等多种手段，在协调生态环境保护的相关利益方间利益关系的基础上均衡相关各方环境保护责任与义务，并实现环境保护外部效益内部化的一系列制度安排和政策措施。[1]

合肥都市圈位于长江中下游沿江城市地带核心地区，连南接北、承东启西，地理位置特殊，城市类型丰富，是长三角带动中西部地区发展的重要传导区域，在国家长江经济带发展战略中具有重要地位。都市圈的生态保护问题不仅关系到都市圈的建设发展，而且也影响到长江经济带的发展。而搞好都市圈内的生态建设，务必要加快建设生态补偿机制，完善生态共建共保机制。以健全的生态补偿机制来协调相关利益关系，使以承担生态保护而非发展经济为主的城市从不承担或少承担生态保护责任的经济发达区获得相应的经济补偿。加大对六安水源地保护的有效投入，建立大别山重要生态功能区的省内生态补偿机制。加大采煤塌陷区综合治理，加大支持巢湖生态文明示范区建设力度，最终形成生态联保联防新格局，建成中部地区乃至全国的生态示范区。优化都市圈内土地利用空间格局，建立土地利用规划指标调剂、耕地保有量、基本农田保护面积易地代保，以及新增耕地指标有偿调剂使用制度。加大合肥航空港经济试验区土地政策支持力度。[2] 这些生态保护和建设区域为整个都市圈提供生态产品服务的同时放弃了更多发展工业经济的机会，故都市圈作为一个整体应当为它们的付出买单。这就需要通过圈内政府合作来协调，有效地实现对承担生态保护任务的区域进行生态补偿。

目前，都市圈发展刚刚起步，圈内生态补偿机制尚不健全，诸如相关的法律法规还不完善，生态补偿缺乏法律保障；现有的生态补偿力度不够，不能激起生态保护区的保护动力，如"合肥—六安的大别山水环境生态补偿机制"，六安因保护上游水质而放弃发展经济的机会，合肥因而每年补偿六安4000万元作为保护上游水质造成的损失。六安认为补偿金不足以支持其所承担的责任，可能导致保护力度有限；生态补偿的市场机制缺位等。都市圈生态补偿机制建设任务任重而道远。

首先，加强政府在生态补偿机制中的主导作用。在财政上加大支持力度，提高生态补偿投入标准，加强地方专项资金配套，规范生态补偿资金的使用、管理办法。按照城市主导功能定位的不同，实行不同的生态补偿政策，并根据生态保护贡献的不同对补偿标准进行定级。

其次，积极探索市场化的生态补偿模式，并以此拓宽生态建设和生态补偿资金的来源渠道。按照"谁投资、谁受益"的原则，支持鼓励社会资金参与生态建设与环境污染整治的投资、建设和运营。[3] 把生态建设、环境治理和用水价格以及城乡土地开发结合起

① 王芃. 论中国生态补偿制度的完善［D］. 郑州：郑州大学，2006（1）.
② 合肥经济圈：打造全国有影响力的都市圈［EB/OL］. 合肥在线，2015 - 08 - 30.
③ 万军，张惠远等. 中国生态补偿政策评估与框架初探［J］. 环境科学研究，2005（2）.

来，对积极参与到环境保护和生态建设中的企业或私人可以让其在用水和土地开发中获取优惠性的效益，对有破坏生态、污染环境行为的要求其付出相应的经济代价。

最后，建立健全生态补偿机制的保障体系。都市圈一体化发展模式打破了传统行政区划，故在此背景下建立生态补偿机制是一个区域性的系统问题，生态补偿机制的保障体系也就必须建立在都市圈内各个政府合作的基础之上。在都市圈政府合作中制定生态补偿政策，拟定生态补偿标准和生态环境监测技术指标体系，公平合理安排生态补偿资金，并从各地政府中抽调人手组成专门的联合监督管理机构，强化对生态补偿执行的监督。

3. 建立整体性治理信任机制

信任，是指在不知道或不能确定未知或不可能知道他人行动的条件下，相信他人未来可能行动的心理预期。信任是一种社会资本，以信任为支撑的协同管理在协同者之间能够产生安全感和确定感，从而达成协作意愿。在一个共同体中，信任水平越高，合作的可能性也越大。[①] 对都市圈内政府合作整体性治理而言，建立信任是政府合作的前提和基础，具有不可或缺的作用。在区域公共管理政府合作过程中，合作一方最为担忧就是在自己采取行动后，另一方不能采取相应的合作行动，构成"搭便车"行为，从而影响己方和整体利益。故在行动者和组织之间建立信任是整体性治理的一个关键要素，是区域政府合作的一种核心凝聚力，是合作达成的黏合剂。[②] 信任是政府合作基础的前提，同时也是政府合作的保障。有着信任基础的政府合作参与者间存在一定的默契，当参与者的行为有违背合作理念时，会形成一种与集体信任相冲突的认知，而集体信任会自动对这种认知进行规制，同时也会潜在地约束违背合作的行为，以维持合作的良好秩序。这便是信任的一种秩序功能。信任的秩序功能将会随着人类走向后工业社会而得到加强，在未来的合作秩序中，信任有望成为最为基本的支撑力量。[③]

信任机制在合肥都市圈一体化发展中的作用非常重要，其决定了都市圈整体性治理模式的成败。合肥都市圈五城市政府合作的整体性治理信任机制的构建需要从以下几方面着手：一是加强地方政府信任度建设。地方政府要认识到信任度建设的重要性，在政府行为中要"言必行，行必果"，建立广泛的社会信任，获取公众的信赖和支持。建设政府诚信名片，是一个道德自律、自我强化教育的过程，同时也是一个需要外力推动的事情，这就需要上级政府加强对下级政府的道德教育和加强地方政府之间的沟通。只有经常性的相互交流沟通才能相互了解，从而才有可能建立信任。二是加强地方政府信任度管理。信任度管理包括信任契约管理和信用度管理。契约型信任出于防范人的非理性可能引发的行为需要，其价值本身就是一种积极的不信任。对于这种抽调了人的非理性存在的信任更需要有一个理性的管理。政府信用度是政府合作的基础，没有信用度的政府，一般是少有人愿意与之合作的。[④] 三是加强地方政府信任度评价。在区域公共管理合作中，合作主体会自觉地对其他主体进行信任度评价，并以此决定合作态度。在区域政府合作整体性治理中，建

① 高建华. 区域公共管理视域下的整体性治理：跨界治理的一个分析框架［J］. 中国行政管理, 2010（11）.
② 高建华. 论区域公共管理政府合作整体性治理信任机制构建［J］. 商业时代, 2010（11）.
③ 张康之. 论组织化社会中的信任［J］. 河南社会科学, 2008（4）.
④ 黄建钢, 李百奇. "合作型政府"视域中的诚信政府［J］. 探索与争鸣, 2008（12）.

立地方政府信任度评价指标体系，加强对地方政府信任度评价有利于在法律约束之外，为区域政府合作保持高信任度而建立起一种内在的道德约束，这种潜在的道德约束将在实现公共利益的过程中，促进地方政府对正义的追求。[①]

4. 建立激励和约束机制

在战略管理中，激励指人类活动的一种心理状态，具有激化和强化人的动机，推动并引导人的行为朝向预订目标的一种管理方式。约束则是与激励相对应，每个人要对自己的经济行为负责，要建立起相应的监督约束机制。对于都市圈中各地方政府合作也是如此。在区域政府合作整体性治理过程中，各地方政府虽然是整体性治理的参与者，但是要使得这些参与者有效配合或服从治理的整合、协调行为必须要有相关的激励和约束机制。尤其是在都市圈一体化发展背景下，就必须在都市圈内有效地协调利益关系，重新整合有限的资源，实现区域内的资源自由流通和有序共享，这必然要求各地方政府的积极参与才能完成。有效的激励政策可以激发和强化政府参与的积极性，在区域利益分配前可以先拿出一部分设立激励基金，用于对积极配合的地方政府进行奖励。同时在区域合作中，各市政府在争取地方利益最大化时也难免会出现行为失范，这就要求建立相应的约束机制，对违背区域合作整体性治理的行为和损害整体利益的行为进行约束和惩罚，并可就此成立专题专项的相应监督机构组织，联合执行监督任务。

合肥都市圈整体性治理进程中也应当采取相应的激励和约束机制以推动区域合作的健康发展。对于政府合作的激励不外乎几个方面：一是行政激励。可对五政府间的合作进行评估，并由省委省政府对其贡献做出行政方面的激励支持。对于市政府以下各行政部门间的合作亦可由其上级行政机关对其对做出行政激励。具体的行政激励主要表现为政策的偏向、行政负责人的升迁等。二是财税激励。财税激励表现为对激励对象的财税支持，主要手段为财政支持和税费减免。对都市圈内政府合作推动建设的项目应予以财政上的大力支持，如以"1小时通勤圈"和"1小时生活圈"为目标构筑的交通网络化的现代交通体系，以及打造"合淮同城化"、滨湖地区综合开发、交通一体化、泛巢湖旅游等建设规划。对于各市间经济产业合作可以予以一定的税费减免优惠，以此支持都市圈内产业的跨区域合作性发展。三是制度环境激励。都市圈合作制度化是区域政府合作的一个重要的目标层次，合肥都市圈内五市已经拥有良好的合作氛围，而这种近似制度环境的合作氛围对推动区域合作的进一步发展有无可比拟的激励作用，所以加强区域政府合作的制度环境建设是大势所趋。

激励之外还需要有所约束，二者相辅相成。在都市圈区域一体化建设背景下，政府合作整体性治理过程中的约束机制主要是针对破坏合作的地方政府行为和跨越合作边界的行为。由于各城市的主体功能定位不同，其发展方向各异，短期内不同地区从区域合作发展中的获利就不均衡。尤其是承担着保护生态环境任务的限制开发区和禁止开发区，它们更多是要以保护生态为建设目标，从而也就放弃了一个发展经济的机会。这些地区难免出现不顾大局、偏于地方经济发展而出现破坏生态建设的行为。这些行为又反过来破坏区域政

① 谢新水．论合作治理中的公共承诺机制［J］．理论探讨，2010（1）．

府合作整体性治理的大局，不利于整体利益。为防患于未然和惩戒违规行为，都市圈政府应建立相应的事前约束机制和事后处理机制。参照激励机制，约束手段亦可从行政、财税、制度环境三方面来考量。以行政权力来强制执行，迫使各地方政府切实贯彻既定的主体功能区规划和都市圈办公室出台的相关决议，对贯彻不力和阳奉阴违的行政机构和个人予以问责、惩戒；以财税手段为调节杠杆，对违反主体功能发展定位的产业征收重税、罚款乃至查封；以制度环境建设潜在约束，让违规行为成为和谐合作大潮中的孤岛。

5. 重建政府绩效评估机制

为了促进都市圈一体化、同城化发展，必须重新建立政府绩效评估机制，包括绩效评价体系、动态评价和反馈机制。政府绩效评估是改进政府管理、提高政府效能的重要手段和工具。当前我国的政府绩效评估还处于发展阶段，一般分为四个类型：对一级政府的绩效评估；对政府职能部门的绩效评估；对政府专项工作或项目的绩效评估；对行业系统的绩效评估。在具体的地方政府绩效评估实践中，由于政府目标的多元性，其投入和产出的难以量化以及非营利性，政府绩效考核指标难以明确，最终致使绩效评估体系难以标准化。又因为，评估过程中部门职责不明，管理制度不健全，评估主客体间信息不对称，导致绩效评估工作难以顺利开展。有鉴于当前政府绩效评估的困境，要建立完善的政府绩效评估机制，在明确相关政府部门职责、规范管理行为、实现政务公开透明的同时，具体还要从以下方面着手：一是统一绩效评估的思想认识，由片面追求 GDP 走向全面协调可持续发展；二是改进政府绩效评估的逻辑前提，由全能政府走向有限政府；三是改变政府绩效评估的价值取向，由政府本位走向社会本位；四是重修政府绩效评估的目标定位，由内部控制走向外部问责。①

在都市圈一体化的发展背景下，政府绩效评估机制的建立健全需要有效结合各城市发展定位的差异，建立不同的政府绩效评估体系，也需要不同的评价指标。合肥都市圈五城市在发展程度、资源优势和交通区位等方面各不相同，城市发展的定位也将有所差异，因此对各市政府的绩效评估应有不同的标准。作为中心城市的合肥，应偏重于经济、文化、政治等指标的评估；作为资源型城市的淮南市和滁州市，应偏重于节约开发和生态保护并举的发展定位；作为大别山生态区的六安等应该侧重于资源环境保护功能区发展，限制开发或者禁止开发。依据不同城市的发展定位制定相应的政府绩效评估指标体系，使其有效反映地方政府在都市圈建设中所做出的贡献。合理的政府绩效评估指标的建立有利于各地方政府能跳出一味跟风、盲目追求 GDP 的怪圈，安于本市的主体功能定位区的建设，有助于推进都市圈内政府合作整体治理的发展。一个完善政府绩效的评估机制还应有相应的动态评价和反馈机制与之相配套。所以除了针对不同功能定位城市制定相应绩效评价指标体系之外，还需要对都市圈一体化建设的进度进行分阶段把握，制定不同阶段的具体指标，及时地掌握指标变量变化的情况且做出评价，并以此为依据适时调整评价指标体系。

① 申喜莲. 政府绩效评估创新研究 ［D］. 北京：中央民族大学，2012 - 04.

（三）构建整体性治理模式的保障

合肥都市圈五市作为一个整体来发展，必须建立与之相对应的一体化治理机制，而整体性治理是实现这一任务的重要治理理念。整体性治理模式是区域公共社会管理模式的创新，在具体区域事务管理上表现为一种制度的变迁。因此，要构建都市圈整体治理机制就必须破除对旧制度的路径依赖，实现体制框架创新，在各方博弈中协调并形成利益新格局，重构都市圈一体化发展的动力结构，并进行相应的法制建设和对新的组织制度下的格局建立相关的监督机制。这个过程就是都市圈政府整体性治理机制构建的一个具体路径。

1. 再造组织结构

合肥都市圈整体性治理模式的建立，也就是从传统的"碎片化"治理向一体化治理的发展，本质上是区域发展模式的制度变迁过程。由于路径依赖的存在，区域政府合作的整体性治理仍受到旧制度的阻碍，整体性治理的"整合、协调"与传统的"分散化、碎片化"相冲突，必然增加了制度更替的成本。破解这种路径依赖所造成的制度更替冲突，构建都市圈政府整体性治理的模式就必须要进行组织创新，再造组织结构。

（1）进行组织制度创新。制度是任何一个组织赖以生存的基础。合肥都市圈五市政府的合作还停留在很浅显的层面，政府间的合作缺乏合法性和权威性的保障，这是制约政府合作"广度"和"深度"发展的一个重要的制度"瓶颈"。针对这些问题，要围绕构建区域政府合作新模式来进行组织制度环境创新，提高政府合作的权威性和合法性，促进区域政府合作有法可依，有章可循。鼓励推动区域政府合作的地区性中介机构的组建，并在税收上予以减免；加大政府合作相关研究的投入支出，建立各种区域发展咨询机构和论坛。[①] 健全信息公开制度和领导人定期会晤机制，运用各种渠道与方式及时准确地向合作方政府传递自身发展动向，增进区域政府间的交流与沟通。建立区域政府间合作的问责机制，并使之刚性化、程序化、常态化，对于严重阻碍区域政府合作和经济、社会、环境协调发展的地方政府，应加大问责力度。[②]

（2）进行组织文化创新。突破原有文化认知的束缚，营造一个新的区域协作、整合良好的政府合作氛围，有助于政府间的互信和区域政府合作组织认同感的形成。长期以来，地方政府文化奉行的都是"官本位""地方本位"等狭隘的思想，缺乏大局意识和服务意识。在一体化建设的背景下，构建区域政府整体性治理模式，必须清醒意识到问题的存在，进而建设良好的政府合作组织文化体系。地方政府应树立"以人为本""情为民所系，权为民所用"的民本思想，以构建"人与人、人与自然和谐发展"为可持续发展目标，强化区域大局意识，坚持整体最优原则，在合作中寻求发展，在发展中共同壮大。

2. 重构利益格局

路径依赖之所以存在负面效应，就是因为在旧路径下存在一个旧的利益格局，区域政

---

① 韩刚，杨晓东. 制度创新：东北三省区域政府合作的突破口［J］. 哈尔滨市委党校学报，2008（1）.
② 谢宝剑. 基于路径依赖视角的中国区域一体化发展研究［J］. 学术研究，2012（1）.

府合作模式的发展必然会破除原有的利益格局，作为原有利益格局里的既得利益者不愿意拱手让出自己的利益，必会与新兴利益获得者和新兴利益集体产生冲突，并产生阻碍作用。故整体性治理模式作为区域合作社会公共管理的新路径，必须要有与此相匹配的新利益格局。新利益格局要以追求整体利益最大化为目标，以寻求地方共同利益为核心。新利益格局的重构首当其冲是建立区域利益协调机制，把因利益冲突而造成的合作成本降到最低，同时平衡区域合作中因利益冲突而造成的矛盾，为新利益格局的确立提供一个缓冲的空间。

新的利益格局不仅要平衡各方利益，更重要的是要突出共同利益。新利益格局中共同利益的存在和凸显是都市圈整体性治理的基础，这种共同利益需要在合作中得到实现，同时又需要在高度合作中共同分享。尤其是在合作发展的背景下，各市功能定位和发展程度的不同，短期内获取的利益是不均衡的，即便是通过一些财税政策和政绩考核制度实现了协调，但依旧会缺乏长远协同发展的动力，而共同利益的存在就可以填补这个空缺。如都市圈发展到最后，地方政府间的合作上升到政治、经济、文化的高度一体化，此时的发展成绩也就不分彼此，这便是最大的共同利益。当然这个共同利益需要从一个共同问题的治理或是一个区域公共服务产品的供给慢慢发展而来。要实现合肥都市圈发展的这一过程，需要不同地方政府在合作博弈中建立互信，抛去地方本位，为实现共同的经济区发展而在建设各自发展定位和区域合作上不遗余力。

3. 重构动力结构

构建都市圈整体性治理模式，在一定意义上也就限定了区域政府合作发展的边界。在任何一个有边界的范畴内，都必将有着其特有的动力结构。故打破原有的政府合作路径依赖，构建新的合作治理模式自然也需要重构合作系统动力结构。合肥都市圈整体性治理模式的动力结构可以概括为原动力、牵引力、助推力、支撑力"四力合为"。[①]

（1）以区域共赢为目标建立健全区域利益协调机制，形成都市圈内政府合作的原动力。在推动区域一体化的进程中，要打破原有行政区划对市场的约束，实现区域市场无壁垒化，然而这样必然会导致一些地区会在自由市场中短期性地丧失一些利益，这就需要有合理利益补偿机制去弥补这种利益损失。同时在长远的发展中，因城市定位和发展方向的不同，不同城市直接享受到的发展果实会出现不均等，这就需要有良好的利益分享机制去一起分享都市圈发展的胜利成果。只有利益的均衡和共享才能真正从根本上推动区域一体化的发展，方能为长远的稳步发展提供不竭的原动力。

（2）坚持可持续发展的战略，走以人为本的和谐发展道路，形成都市圈整体性治理模式发展的牵引力。在合肥都市圈一体化、同城化发展背景下，可持续发展和和谐发展的理念是前提和指南。在区域政府合作整体性治理中，坚持走可持续发展和以人为本和谐发展的路子，必然会受到社会和国民的支持，并由此形成带动区域发展的强大牵引力。

（3）加强区域交通和信息网络的互联互通建设，形成都市圈整体性治理的助推力。区域政府合作整体性治理强调"整合"和"协调"，这两者都要求加强区域内各地方政府

---

① 李金龙、李思怡. 动力机制与组织创新：我国大都市区政府合作的基本路径 [J]. 学习论坛，2010（4）.

之间的联系，而这需要建成互联互通的区域基础公共交通和信息网建。区域基础公共交通设施建设主要涉及区域各市间的交通运输网络及其配套设施建设，良好的区域基础公共交通设施体系能有效地实现区域各市间市场要素的顺畅流通，进而推动区域经济一体化的发展。区域信息网络建设主要体现在以互联网和现代通信工具为技术手段的电子政务的发展和社会网络信息交流平台的建设，高水平的区域信息网络建设能够有效构建区域合作网络自动化平台，推动区域政府合作整体性治理深度和广度上的发展。

（4）明确不同城市发展定位，形成都市圈整体性治理的支撑力。以一体化、同城化和国际化为发展目标，合肥都市圈形成了由合肥、淮南、六安、巢湖、桐城五大城市中心城区以及环巢湖地区等组成的城镇密集区，成为聚合合肥都市圈区域发展的"心脏"；形成了东西向三条发展轴——合巢芜发展轴、合宁发展轴和合六发展轴，以及南北向两条发展轴——合桐安发展轴和合淮蚌发展轴，这五条发展轴构筑成都市圈区域发展的"骨架"；形成沿江发展带、沿淮发展带和环巢湖发展带，这"三带"成为都市圈区域发展的"动力"；大力推进三河—杭埠—同大—水湖—曹庵—杨公—谢集—八公山风景区—寿春—双港—新渡等城镇组团建设以及交通枢纽性组团和旅游组团建设等，这种支撑合肥都市圈经济发展功能的"多组团"，成为建设合肥都市圈区域发展的"支点"。合肥都市圈各个城市的主体功能定位，它们相互补充、互为支撑，形成"一区、五轴、三带、多组团"的布局结构体系，使都市圈犹如一个完整的一体。

4. 强化法制建设

法律是区域一体化的一种制度保障，但是中国现行法律体系中尚未有关于推动区域一体化的明确条款。目前区域政府合作主要依赖地方政府行政长官会晤或会议所达成的一些不具有法律效用的协议，这些协议完全是建立在相互信任基础上的行政契约，一旦这种信任被破坏，在地方利益冲突面前这种行政契约将一文不值。没有法律的制度保障，自然相关的监督机制也是寥寥无几了，即便存在，也不过是一种空谈。没有法律作为后盾的监督没有任何震慑力。在都市圈整体性治理中强化法制建设为区域合作提供法律保障，健全监督机制为区域合作保驾护航是极其必要的。

都市圈整体性治理的目标就是为了实现区域政治、经济、文化上的一体化，各个城市进行不同的发展定位并形成对整体的支撑力，在区域一体化的发展前提下，最终实现"小政府、大社会"的终极目标。"小政府、大社会"必然是一个法治的社会，完善的法律体系和健全的监督机制是一个完整法治社会的制度支撑，所以都市圈整体性治理理念中必然包含着强烈的法治精神和监督理念，并加大联合执法和监督的力度。这需要一个漫长的摸索过程，可以分如下几步进行：

第一步，五市政府可以基于合作内容建立一系列专题的地方规章，由都市圈办公室和都市圈合作联席会议赋予其法律效用，并对违反规章行事的地方政府予以规定的联合制裁，如在区域利益分配上减少其该得份额乃至一定期限内取消分配资格等。随后，一段时期内将行之有效的规章上报上级政府部门，建议在此基础上建立具体的地方合作法规，并可在更广的区域内推行。

第二步，在区域合作宣传上加强法制建设宣传，让更多的个人和单位机构了解并遵行已形成的相关规章或法规，让社会舆论倾向成为有力的法制建设助推器。

第三步，在强化法制建设的同时，健全监督机制。在区域政府合作相关的法制建设初期，因形成的规章是小范围和区域性的，可由区域政府合作相关机构来承担监督责任，如都市圈建设领导小组办公室。都市圈建设领导小组办公室对都市圈内政府合作规章执行情况进行直接监督的同时，还可以发动个人、企业参与进来，积极推动舆论监督的同步进行。

待都市圈合作法制建设发展到一定阶段后，成立专门的监督机构，加大都市圈的联合执法力度，并对区域政府合作行为进行监督。等到它发展成熟后，即可将这类监督机制直接纳入我国司法监督体系。

二、保障措施

（一）遵循的原则

促进合肥经济圈向都市圈升级发展，结合其发展的近期、中期和长远目标，构建都市圈内五市一体化、同城化和国际化发展模式需要遵循一定的原则。合肥都市圈要完成一体化、同城化发展，最终走向国际化，目标任务任重而道远。这个目标任务是一个逐步自我完善的系统过程，在这个过程中我们必须坚持可持续发展和整体最优原则。

1. 可持续发展原则

合肥都市圈可持续发展的实质就是实现圈内五座城市的资源、人口、经济、环境等相关社会发展要素的协调发展，以达到资源得以合理利用、人口适度、经济发展、生态环境得到保护、社会健康发展的一种和谐状态。可持续发展涉及三大原则，即公平性原则、可持续原则、共同性原则。公平性原则要求实现代际公平和代内公平，即在对资源和环境的消费上不可透支的同时，同代人之间、不同地区之间都是公平的。在合肥都市圈发展过程中，圈内各政府要在区域合理规划基础上确保公平，既不可一味地追求 GDP 而过度开发资源和破坏环境，也要确保都市圈内各市有同等的发展机会和机遇。可持续原则意在强调经济和社会发展不可超越环境和资源的承载能力，保持发展的可持续性，在合理利用不可再生资源和永续利用可再生资源的前提下，实现经济、社会和生态的协调发展。这是都市圈内各城市政府推进一体化建设的一种边界，是区域发展的目标，也是底线。在此原则下，区域政府合作才能真的和谐、长远。共同性原则主要体现在圈内公共问题的解决上。在环保问题上，依靠各个城市自己来治理是行不通的，都市圈需要联防联控，建立环境应急联动响应和专家沟通机制，强化环境信息通报，有效应对区域大气和水污染，共建环境友好型的都市圈；在资源问题上，要推进公共资源的共享，都市圈逐步推进医疗、养老、失业等社保关系无障碍转移，促进住房公积金、公共交通、个人诚信等信息交换共享，搭建圈内人才需求信息共享平台，继续与圈内城市互派优秀干部和专业技术人才挂职交流。

与上海、杭州等都市圈相比，合肥都市圈还处于发展阶段，但合肥都市圈内的5个城市是安徽省经济发展较好较快的区域，拥有较好经济基础和交通及区位优势。在环境资源上，除了丰富的水资源（如合肥、六安等）外，都市圈内城市还拥有比较丰富的岩石资源（如定远）、煤炭资源（如淮南）以及矿产资源（如滁州），但这些资源大多属于不可再生性资源，用一点就少一点，而且其开发利用对生态环境破坏力大，且恢复较难。因此，在进行都市圈区域规划建设过程中，需要对都市圈内环境资源统筹集约开发，遵循可持续发展原则。把握好资源开发的"度"，而这个"度"需要通过都市圈内的政府合作来共同核定，并在经济、环境、人为决策三者之间建立一个系统的可持续发展指标体系。

2. 整体最优原则

整体最优原则是企业战略管理中的一个理念，它意在将企业视为一个整体，强调整体最优而非局部，它不强调企业某一部门或局部的重要性，而通过制定共同的企业宗旨、目标来协调各部门、各单位的活动，以此形成合力，并把这种集中起来的优势用在关键的地方，实现整体利益的最大化。事实上，一个区域内的政府合作联盟发展到一定高度也就如同一个企业一样，可以将其视为一个整体，各地方政府即是这个企业中的不同部门，要实现这个企业利益的最大化，就必须在以整体最优化行动原则的前提下，制定能够共同遵守的行为准则，在共同目标的引领下，集中优势力量共同解决区域内的难题，实现区域一体的飞跃式发展。

长三角城市圈规划的合肥都市圈由5个城市构成，包括合肥、淮南、六安、滁州和桐城，是一个涉及多个地市政府的区域，但在2016年2月安徽省十二届人大六次会议提出推动"合肥都市圈"一体化发展战略后，这5个城市也就达成以区域一体化为目标的区域合作联盟，而各市政府就是该合作联盟的执行者。随着合肥都市圈建设的推进，给这些原来就有一定合作基础的区域政府合作联盟提出了进一步合作的需求。合肥都市圈规划要求进一步打破原有的行政区划，要求在产业合作、交通通信、环境治理等方面加强合作，从都市圈整体利益角度来规划，谋求区域集体利益最大化，推动合肥经济圈向合肥都市圈升级发展。而整体最优是集体利益最大化的一种体现，坚持这一原则也是区域走向一体化，实现可持续长远发展的必然要求。

（二）具体建议

为了加快合肥经济圈向合肥都市圈的升级发展，加速构建以现代科层制为基础的整体性治理机制，本书认为，尚需要下列相关的具体配套政策措施。

1. 增强"合肥都市圈"的认同感，强化协作共赢理念

增强"合肥都市圈"的认同感有助于都市圈内5个城市实施整体性治理。尽管自"合肥都市圈"这一概念提出以来，都市圈内城市均给予了十分积极的响应，但由于经济发展和利益需求等差异，各城市对"合肥都市圈"的理解存在差异。圈内城市认为目前

"合肥都市圈"还仅仅停留在口头上，并没有实质性的进展，对都市圈内各个城市的经济发展推动作用不大，各地政府人员对"合肥都市圈"的认同感不强。因此在推进合肥都市圈建设的工作中，经常会遇到诸如管理政策与体制等方面的障碍，解决难度较大。一些城市对合肥都市圈促进经济发展的意义认识不够，过分强调自身利益，认为合肥都市圈的发展造成了其人才与企业的外流，将合肥的"辐射效应"片面地理解为"虹吸效应"，以至于对合肥都市圈的建设产生了质疑，没有形成对建设"合肥都市圈"的认同感，不利于整个都市圈的发展，因此有必要打消它们的顾虑，积极协调与反馈圈内城市在合肥都市圈建设中遇到的问题与存在的困难，增强它们对建设"合肥都市圈"的认同感。

建议每个地方政府成立专门的合肥都市圈办公室，加大各个地区对口部门的联系，增强都市圈内的合作，而不是每次靠发改委部门来联系各个部门，这样往往达不到想要的效果。都市圈内各地政府还要定期开展相同部门之间座谈会，加强工作对接，工作汇报以及都市圈内城市每个对口部门之间的联系，为都市圈内城市之间开展合作提供条件。在实际开展工作中，由合肥市政府牵头，建立人才流转机制、旅游联盟、异地公积金、圈内城市电话区号一体化等实质性合作，让每一个圈内市民切切实实地感受到合肥都市圈带来的好处，从而不仅加强政府人员对都市圈的"认同感"，更是加强每一个都市圈内的市民对合肥都市圈的"认同感"。

2. 提升基础设施一体化水平，打造现代综合立体交通体系

积极把合肥都市圈交通基础设施一体化融入长三角城市群发展战略，站在长三角城市群的层面，建设现代综合立体交通体系，打造大动脉、大通道、大枢纽、高起点的实施战略规划，统筹铁路、公路、水路、航空，实行一体规划、布局统筹、建设统筹，实现规划区域内交通基础设施布局、建设标准及时、有效统筹，解决都市圈内城市之间交界地的道路修建问题，加强圈内城市之间交通规划的对接，避免重复建设、各种运输方式互不衔接和能力不配套等问题，让交通资源发挥最大效益，形成现代化区域交通体系。

（1）发挥规划引领作用，推进项目建设。尽快编制合肥都市圈交通基础设施一体化综合发展规划，实现合肥都市圈整体交通布局、建设、运营、管理、服务设计的相互衔接。分层次建设合肥都市圈综合交通网：一是立足于整个都市圈的综合交通运输网；二是立足于局部综合交通网；三是专项综合交通运输网。大力发展快速路及高等级公路，重视都市圈内城际公路网的建设，在提高路网密度的同时，合理调整路网系统的功能层次。加快都市圈内交通互联互通，围绕打造合肥1小时城际通行圈，重点推进合肥与经济圈内城市间的城际轻轨项目、合连高铁建设，加强对都市圈对内对外的县际农村道路的规划建设，加快滁淮、合宁的改扩建以及省、县、乡道路的连接线进行全面的规划和改造提升。

（2）优先发展圈内交通运输，加大政策和资金支持力度。加快都市圈内交通运输一体化，使合肥都市圈交通系统有效地支持并促进企业竞争力的提升及社会发展。同时要加快实现都市圈交通运输市场管理的一体化，突破合肥都市圈行政区划界限，整合优势资源，拓展发展空间，扩大腹地范围，通过交通运输市场一体化来推进合肥都市圈经济一体化。可考虑设立交通专项发展基金，用于都市圈交通基础设施建设。同时各圈内城市也要创新理念，寻找交通基础项目融资新平台。积极争取上级扶持资金，用足、用好、用活上

级部门对交通建设方面的相关优惠政策和扶持资金，大力争取国家政策性金融机构信贷支持；充分利用资本市场，转变政府融资模式，从依托融资平台融资转向发行债券融资。

（3）做好顶层设计，加强沟通协调。受行政区划限制，合肥都市圈内各城市只能就本辖区内的交通体系和基础设施进行规划建设，对辖区外的问题无能为力。如果仅仅依靠各城市之间平行的沟通，不但沟通成本高，而且难以形成一致意见和最优方案，因此推进合肥都市圈交通基础设施一体化发展需要成立省级层面的合肥都市圈交通基础设施一体化领导小组或设立统一指挥的合肥都市圈交通协调委员会，建立综合管理机构，处理日常事务，形成定期和不定期的协商制度，打破条块分割、政出多门、彼此矛盾的局面，从合肥都市圈层面、全省层面对合肥都市圈交通基础设施一体化进行整体协调、整体规划、整体推进。同时，由于各城市处于不同的区位、具有不同的发展水平，对交通基础设施的现实需求并不相同，因此合肥都市圈交通基础设施一体化发展需要兼顾各城市的利益诉求，加强交流沟通，防止个别城市出于自身利益大包大揽，也要防止一些城市"等、靠、要"的消极应对。

3. 完善产业链配套建设，共建区域产业体系

（1）深化园区合作共建。共建产业园区的都市圈两地政府间应加强沟通协调，秉承优势互补、权责对等、利益均沾、长期合作的原则，理顺园区的管理体制与运行机制，为共建产业园区高效运作创造良好的外部环境。转出地方政府要根据转型升级目标，结合政府资源与市场机制，积极推动有条件的中小企业到共建产业园区投资，推进关联产业协同转移和产业链整体转移。承载地方政府在税收、用地等方面应为转移企业提供各项优惠政策，鼓励高科技、成长型企业落户共建产业园区，鼓励本土企业与转移企业的融合发展。两地政府要搭建平台促进两地企业多层次地互动沟通和创新资源的双向流动。重点推进定远与肥东、明光与肥西共建园区建设，六安合肥市级共建园区建设，鼓励都市圈内优质双创平台跨区域建立分支机构。

（2）推进蔬菜基地共建。加强优质、精细和无公害蔬菜的推广和质量认证，在桐城、六安、淮南、滁州建设一批高水平无公害蔬菜生产基地，加快蔬菜生产的设施化、工厂化建设，提高蔬菜产业的现代科技含量。加强都市圈内城市间的合作项目对接，不断拓展合作项目的范围。利用合肥雄厚的工商资本与都市圈内其他城市优越的资源合作共建一些品质更高的农产品直供基地。同时要明确蔬菜基地合作的时间，统筹对蔬菜基地建设的财政预算编制时间。通过组织农业展销会等活动加强都市圈内城市在农业方面的技术交流与项目合作。加大对合作共建基地的财政补贴，提高各城市在蔬菜基地共建上的积极性。

（3）促进区域旅游合作。树立大旅游观念，编制旅游合作发展规划，合肥都市圈内的各级政府、旅游管理部门、旅游企业和广大从业人员必须树立大旅游的观念，加强彼此间的合作。由政府牵头、聘请专家，编制区域旅游合作发展规划。加强市场合作开发，开展旅游联合促销。合肥都市圈区域旅游合作最好的纽带是市场开发的合作，能够直接带来经济效益，增强合作的意向和信心市场。合作开发首先是互为市场，互相促进本地居民到对方旅游地去旅游，互为客源和接待地。其次是互相为对方引进区域外游客，包括宣传促销，建立交通接待组织等。再次是开发合作经营跨地域旅游产品和线路，推出旅游便利化

服务措施，打造"合肥都市圈旅游"品牌，共同推进促销。最后筹办合肥都市圈旅游交易会，建设合肥都市圈无障碍旅游区。办好高峰论坛，筹备举办合肥都市圈旅游交易会，集中展示各城市的旅游资源、旅游接待设施和旅游产品。

4. 开展科技合作交流，营造创新发展良好生态

（1）制定科技合作路线图，建立组织保障体系。合肥都市圈科技合作的机制创新是一个复杂的系统工程，在科技合作之初就应加强战略规划、做好顶层设计，让领导层和实施层对科技合作的总体部署、阶段性任务、重点工作、保障机制等达成统一认识，并按照"政府牵头、专家参与、统筹协调、利益兼顾"的思路，建立健全科技合作的组织保障体系。

（2）共建科技基础平台，完善信息共享机制。合肥都市圈应大力加强科技基础设施建设领域的合作，完善已有科技基础条件平台的共享共用机制，共建满足区域创新需求的科技基础条件平台，提高科技资源利用效率，同时在都市圈范围内推广一批成功的经验和工作举措，实现圈内大数据中心的对接，促进都市圈内科技共同发展。并建议都市圈有关部门联合对现有的大型科学仪器、设备、设施、自然科学资源等进行整合、重组与优化，率先相互开放重点实验室、工程技术中心等实验平台。

（3）促建协同创新机制，推动人才柔性流动。合肥都市圈科技合作要大力推进协同创新，既要提高不同区域之间开展协同创新的意识与能力，组织高校人才交流，也要建立以区域内企业为主体的产学研协同创新机制。都市圈内部城市可联合组建协同创新平台，合作培养协同创新团队，共同实施协同创新项目，携手打造协同创新成果转化基地，更要进一步完善市政府与高校、科研院所的会议联席制度，形成有效的协商议事机制，加强高校和科研院所的信息交流与沟通协调，促进科技资源整合和产学研结合。

（4）突出管理体制创新，构建长效交流机制。合肥都市圈科技合作要打破地域、行业、部门和所有制的界限，推动创新要素在区域内便捷流动，降低流动成本和交易成本。激励和引导科技人员尽可能在本地区实现成果转化，通过人力资源管理创新来调动广大员工的创新热情，齐心协力地发展壮大企业，联合建立激发科技人员创新创业的积极性、主动性。促进都市圈内同步开展工作，比如同步设立创新券制度、天使投资基金、风险补偿基金，解决科技创新所面临的资金短板问题，力争实现创新券能够同城同圈使用。引导更多高校和科研机构建立长期稳定的合作关系，鼓励它们在都市圈内不同城市建立分支机构。

5. 推进公共服务区域协同，优化区域发展环境

要积极推进公共资源的共享，巩固和放大都市圈公共服务专项合作成果，逐步推进医疗、养老、实业等社保关系无障碍转移，促进住房公积金、公共交通、个人诚信等信息交换共享，搭建圈内人才需求信息共享平台，做好合肥都市圈大企业、领军企业建立的向各类双创主体开放技术、配套、营销等资源的网络平台，龙头企业或研发机构通过网络将部分设计、研发任务分发交付的公共设计平台，大中型制造企业通过互联网聚集跨区域标准产能，实现规模标准化产品订单的协同制造平台，利用多媒体技术建立的面向行业的知识

产权、标准、成果、培训等知识内容的创造和汇集的大数据服务平台，检验检测和高校研究机构面向行业开放检验检测设备和科研设施的协同创新公共服务平台，面向行业共性需求提供的智能车间、智能工厂、绿色车间、绿色工厂等共享管理和监控服务平台等专业化服务平台推动建设工作，同时继续与圈内城市互派优秀干部和专业技术人才挂职交流。加强都市圈博物馆、图书馆、文化馆等交流，促进文化资源互动、互融。

6. 开展环境联防联控，加强区域生态合作治理

开展环境联防联控，涉及大气污染、水污染、生态补偿机制等各方面，需要合肥都市圈圈内成员的协商共同推进。一是大气污染的联防联控，首先建立合肥都市圈大气环境监测与信息共享平台，建立这个平台有助于促进都市圈内城市间的空气质量监测数据传递，做好区域性的空气污染治理工作；其次建立机动车黄标车数据共享平台，目前机动车尾气对大气污染里面的 PM2.5 和 PM10 贡献率非常高，建立这个平台有助于我们共同推进黄标车限行的系统建设，同时也能禁止黄标车异地的检测。二是水污染的联防联控，推动跨界河流的上、中、下游签订联防联控协议，完善生态补偿机制，共同推进流域的治理。三是加强区域共同的环保科技交流，特别是要发挥合肥在环保科技上的区域优势，应给予都市圈内其他城市这方面更多的支持，加强都市圈内其他城市的合作。四是共同推进区域生态补偿机制，加强研究、推动生态补偿科学化、规范化，尽早建立合肥都市圈联合研究小组，研究建立自然资源和生态环境统计监测指标体系，探索定量化的自然资源和生态环境价值评价方法，开展资源耗减、环境损失估价方法等课题的研究工作，研究制定合肥都市圈生态补偿标准，推动生态补偿规范化。目前合肥市、六安市、淮南市、滁州市、桐城市共同签署了《合肥经济圈环境污染联防联治合作框架协议》，共同推进合肥经济圈的生态文明和环巢湖流域示范区的建设，以此为契机，推动合肥都市圈全方位、宽领域的环境联防联控。

本课题参与人员名单：

课题组组长：
　　胡　艳　合肥区域经济与城市发展研究院　院长、教授、博导

课题组成员：
　　黄永斌　合肥区域经济与城市发展研究院　博士
　　夏永久　安徽建筑大学建筑与规划学院　博士、副教授、硕导
　　李亚平　安徽大学经济学院　博士
　　时浩楠　安徽大学经济学院　博士研究生
　　姚　远　安徽建筑大学建筑与规划学院　硕士研究生
　　汪　玲　安徽大学经济学院　硕士研究生
　　詹翮翮　安徽大学经济学院　硕士研究生

合肥建设环巢湖国家旅游休闲区政策研究

课题负责人　方叶林

　　2015年8月国家旅游局同意合肥市开展创建环巢湖国家级旅游休闲区试点工作。合肥市创建环巢湖国家旅游休闲区，是安徽省在推进皖南国际文化旅游示范区、大别山国家旅游扶贫实验区建设之后的又一重要举措，也是贯彻《国务院关于促进旅游业改革发展的若干意见》《国务院关于依托黄金水道推动长江经济带发展的指导意见》，推动合肥城市转型升级的重要举措。

　　国家旅游休闲区是指以休闲旅游为主要业态，融合生态、观光、文化、健康、运动、养生、研学等要素于一体的全域型旅游目的地，设立的主要目的是解决开发限制因素较多，休闲旅游资源与设施不足，生态环境优越地区休闲旅游的创新发展的问题。国家旅游休闲区主要特征包括：全域性、保护性、创新性、共享性。在对环巢湖旅游发展现状、存在问题总结的基础上，借鉴国内外相关案例，提出环巢湖国家旅游休闲区的战略定位与政策建议，同时提出国家旅游休闲区的验收标准，从而更好地指导创建工作。

一、背景与意义

（一）创建背景

1. 经济发展新常态

2014 年 5 月习近平总书记在河南考察时首次提及"新常态"，"中速度""优结构""新动力""多挑战"是新常态下中国经济发展的新特点。作为兼容性强、拉动力大、覆盖面广的产业，旅游业所呈现的活力和良好发展态势，有望进一步成为各地区优化产业结构、激发经济发展内生动力、促进改善民生的重要引擎。旅游业是经济新常态下区域经济新的增长点，并逐渐成为宏观经济不可分割的一部分。

作为宏观经济中作用越来越重要的旅游产业，旅游经济增长方式必须适应新常态要求。合肥市创建环巢湖国家旅游休闲区，有利于转变旅游增长方式，提升旅游发展质量，推动旅游业融合发展，符合经济新常态潮流。

2. 旅游发展新形势

当前国内旅游发展面临着一系列新形势，是合肥市创建环巢湖国家旅游休闲区必须考虑的现实问题。①消费大众化。随着全面建成小康社会持续推进，旅游已经成为人民群众日常生活的重要组成部分。自助游、自驾游成为主要的出游方式。②需求品质化。人民群众休闲度假需求快速增长，对基础设施、公共服务、生态环境的要求越来越高，对个性化、特色化旅游产品和服务的要求越来越高，旅游需求的品质化和中高端化趋势日益明显。③竞争国际化。各国各地区普遍将发展旅游业作为参与国际市场分工、提升国际竞争力的重要手段，纷纷出台促进旅游业发展的政策措施，推动旅游市场全球化、旅游竞争国际化，竞争领域从争夺客源市场扩大到旅游业发展的各个方面。④发展全域化。以景点为特征的景点旅游发展模式向区域资源整合、产业融合、共建共享的全域旅游发展模式加速转变，旅游业与农业、林业、水利、工业、科技、文化、体育、健康医疗等产业深度融合。⑤产业现代化。科学技术、文化创意、经营管理和高端人才对推动旅游业发展的作用日益增大。云计算、物联网、大数据等现代信息技术在旅游业中的应用更加广泛。产业体系的现代化是旅游业发展的必然趋势。

3. 产业转型新要求

旅游产业转型升级与旅游经济提质增效是经济新常态下旅游发展的重要现实问题，也是关乎供给侧改革的重要内容。2015 年 4 月《国务院关于依托黄金水道推动长江经济带发展的指导意见》中，把合肥定位为与南京、杭州并列的长三角城市群副中心城市，明确沪宁合为长三角两大主轴带之一，合肥都市圈、皖江城市带承接产业转移示范区、合芜蚌自主创新综合实验区以及安徽省全域全部纳入长三角。"高""富""绿""美"是合肥市转型发展的新方向，旅游业是合肥市产业转型的重要载体，创建环巢湖国家旅游休闲区是合肥市产业转型的重要抓手。

"十三五"时期旅游发展方式必须有质的突破，"互联网＋"时代的到来为旅游发展插上腾飞的翅膀，旅游发展是高科技产品转化的重要依托，旅游发展逐渐趋于"高端化"。旅游业从本质上看是关联性很强的第三产业，旅游发展对促进地区产业升级、引导居民致富、促进社会公平具有重要意义。旅游发展有利于推动合肥市"绿色"发展理念的推进，环巢湖国家旅游休闲区周边生态环境优美，发展休闲度假产业潜力巨大，"绿色"发展理念是环巢湖国家旅游休闲区发展的生命线。此外，旅游产业的发展对推进合肥市的"美"也具有重要意义。

4. 区域交通新格局

与以往相比，高铁时代的到来极大地提升了居民出游半径，使长途旅行成为可能。2016 年 6 月 29 日李克强主持国务院 139 次常务会议，审议并原则通过了《中长期铁路网规划（2016～2030）》（以下简称《规划》），《规划》勾勒出新时期"八纵八横"的高速铁路网。"四纵四横"时代，合肥只接入了沪汉蓉一个干线通道，但到了"八纵八横"时代，除了沪汉蓉，合肥还接入了京深高铁、合福高铁、合杭高铁、合郑高铁、合蚌连高铁。此外，合肥还规划了这样几条城际铁路：合六城际、合淮蚌城际、合宁城际、合芜城际、合安城际。高铁时代的到来为合肥旅游发展提供了机遇，也为环巢湖国家旅游休闲区创建提供了便利的外部条件。

未来合肥市将形成"米"字形高铁网络格局，加上已有的以合肥为中心的高速公路网络、新桥国际机场，以及依托巢湖接入长江黄金水道等条件，合肥市的对外交通条件得到彻底改善，最终形成"承东启西、通南达北"的区位优势。与此同时，合肥市城市公交系统、旅游交通系统以及轨道交通系统也在不断优化中，将逐步实现景区、酒店与交通场站的无缝对接。全国交通综合枢纽的战略定位和内外部交通的全面改善为合肥市旅游发展及其发挥旅游集散地功能提供了条件。

5. 市场营销新要求

据研究，安徽省在 2007 年之前处于准工业化阶段，2007～2009 年处于工业化初级阶段，2010～2011 年进入了工业化中级阶段，2015 年进入工业化高级阶段。在此背景下，省内居民旅游需求已经步入了大众化阶段，普通居民对旅游的需求将会出现大幅增长，并逐步成为安徽旅游市场中重要的潜在消费者。大众休闲时代的到来，极大地促进了全民旅游需求，在"十三五"时期，旅游市场面临着一系列新形势：首先，"整体营销"逐渐取代"分散营销"，环巢湖国家旅游休闲区内各景点（区）应形成"一盘棋"意识，统一旅游形象、宣传口号及行动方案。其次，"文化营销"逐渐超越"产品营销"，从产品的专项营销，到深入挖掘地方文化精神和内涵，以文化支撑品牌，充实品牌个性与品牌内涵，塑造具有地方特色的旅游品牌。再次，"资源营销"逐步让位于"情感营销"，从资源营销、产品营销转变为特定主题情感营销，唤起和激起旅游者的情感需求，寓情感于营销之中。最后，"主动营销"逐步代替"被动营销"，从不分市场、不分重点、不分区域的传统营销，到主动捕捉市场信息，主动做好市场分析，积极运用新媒体，客户明确、手法明确、目标明确的主动营销。

6. 区域合作新形式

长三角地区地域相连、人缘相亲、文化相融、经济相通、要素流动、优势互补，使该地区成为中国经济增长最为活跃的核心之一，合肥邻近长三角核心地区，强化与长三角其他地区的合作具有天然的优势。《国务院关于依托黄金水道推动长江经济带发展的指导意见》中，明确将合肥市定位为长三角城市群副中心城市，合肥市区位优势进一步提升，为区域合作提供了新的平台。合肥市经济圈是中国经济发展最为活跃的地区之一，经济的迅速发展为区内合作提供了有力的物质基础。合肥雄踞皖中，"承东启西、通南达北"的交通格局为环巢湖国家旅游休闲区吸引周边长三角、中三角、环渤海、珠三角及全国其他地区客源提供了交通保障。在当前条件下，区域旅游合作的内容与形式都发生了很大的改变：未来需要形成资源共享、产品联动、客源互流、信息互通、市场共建、管理互动、利益双赢的局面。

未来几年，合肥将构建区域协作新格局，塑造具有较大国际影响力的城市形象；加强城乡协调，优化空间布局，构建都市区发展新格局；提升交通能力，建设全国性综合交通枢纽；保障民生，完善公共服务体系，构建幸福城市；增强市政及安全设施服务能力，完善城市支撑体系；提升软实力，彰显特色，打造"美丽合肥"。

7. 城市规划新定位

自 1958 年合肥市第一轮城市规划开始，到 2016 年 5 月国务院原则同意《合肥市城市总体规划（2011～2020）》，目前合肥市一共进行了四轮规划。最新一轮城市规划对合肥市城市定位为：合肥是安徽省省会，长三角城市群副中心城市，国家重要的科研教育基地、现代制造业基地和综合交通枢纽。未来发展方向为：逐步把合肥市建设成为经济繁荣、和谐宜居、生态良好、富有活力、特色鲜明的现代化城市。

2006 年安徽省委省政府提出建设"省会经济圈"的战略决策，2009 年正式更名为"合肥经济圈"，安徽省"十三五"规划建议中提出"合肥都市圈"战略升级。2016 年 4月 10 日，"合肥经济圈"升级为"合肥都市圈"后召开第一次会商会。2016 年 6 月《长江三角洲城市群发展规划》明确合肥都市圈包括合肥、芜湖、马鞍山三市。2016 年 11 月省政府通过《长江三角洲城市群发展规划安徽实施方案》，明确提出了七大主要任务：将合肥打造成长三角世界级城市群副中心城市；积极打造沿江发展带；打造具有国际竞争力的产业创新基地；构建高等级、一体化、网络化的基础设施体系；构筑辐射全国、面向亚太的开放新高地；强化生态安全保障；推动一体化发展体制机制创新。

8. 旅游发展新理念

随着旅游业的飞速发展，旅游发展理念也在不断创新。其中，对全国旅游业有着重要影响的理念就是"旅游+""+旅游"思维和全域旅游概念的提出。"旅游+""+旅游"思维本质上体现了旅游发展的融合战略,一方面旅游发展要主动与一产、二产及三产融合,另一方面其他产业向旅游行业延伸产业链,旅游业也要积极面对,"旅游+"与"+旅游"思维极大地拓展了旅游发展领域,为发展大旅游奠定了坚实的基础。

全域旅游理念是点状旅游向面状旅游的拓展,是单部门发展旅游向社会系统发展旅游的拓展,是全民参与旅游、共享旅游发展成果的新型思维。国家旅游局发布的《关于开展"国家全域旅游示范区"创建工作的通知》(旅发〔2015〕182号)是全域旅游从理念向实践落实的重要推动力,是地方践行全域旅游的重要指引,目前巢湖市已经纳入国家创建"全域旅游示范区"首批名单。"旅游+"思维和全域旅游的理念为合肥创建环巢湖国家旅游休闲区发展理念和空间拓展提供了新的思维。

(二)相关经验

1. 美国经验

国家旅游休闲区起源于美国,国家旅游休闲区建设的主要目的是提升国民生活品质、缓解国民旅游休闲供需矛盾、改善公共福利、促进城乡统筹发展与新型城镇化建设。美国经验主要有以下七点:

(1)设立原因:主要是弥补国家森林公园体制的不足,适应国民休闲需求。美国国家公园体制限制开发较多,同时巨额的资源保护补贴也给政府带来财政负担,为解决此问题,国家旅游休闲区应运而生。国家旅游休闲区在空间上更加接近客源地区,在产业发展上更为多元联动,在开发限制上更加灵活可操作,其收益广泛惠及当地居民。

(2)土地特征:美国国家旅游休闲区土地是国土利用的新功能区,它是介于保护性国土资源(如风景区和遗产地等)和高密集度开发利用国土资源之间,有着较好的自然与历史文化旅游资源,可供民众休闲旅游的国土资源。

(3)空间分布:国家旅游休闲区在美国的分布并不追求地理空间或行政区划上的绝对均衡,全美50个州中有23个未设国家旅游休闲区。其在西海岸和东海岸经济实力较强的州分布密度较明显,在国家公园集中但经济偏弱的中西部各州则仅有稀疏分布。

(4)设立标准:主要包括一级设立标准与二级设立标准。

(5)主管机构:最初由隶属农业部的国家垦务署和隶属内政部的国家公园管理局签署跨机构备忘录建立,现有42个国家旅游休闲区的主管机构,21个为农业部下属的国家林业局,20个为内政部下属的国家公园管理局,1个为内政部下属的土地管理局。

(6)管理机制:国家公园管理局和林业局直接负责国家旅游休闲区的统筹管理工作,并在各自下属管理部门的配合下实施垂直管理模式;国家旅游休闲区始终贯彻"公益性理念",管理者只有照看与维护的义务,没有随意支配的权利,管理人员收入来自公共财政拨款;国家旅游休闲区原则上要求地方政府与原住社区、特许经营商等协作建立多方参与、权责利平衡、依法监督、公众参与的管理体制;国家旅游休闲区在规划工作上强调系统性与标准化。

(7)经营模式:采取特许经营模式,将管理者和经营者分离。管理部门只提供后勤服务及部分旅游纪念品销售，区内餐饮、住宿等门类服务设施的经营必须以公开招标的形式征求经营者。特许经营者在经营规模、经营质量、价格水平等方面必须接受管理者的监管。

美国国家旅游休闲区设立标准

○一级设立标准：A. 应该拥有充足的用地（无量化限定）；B. 设计上应具有较高休闲活动容量；C. 必须拥有一项区域性重要吸引物；D. 政府性开发必须旨在以大型项目带动休闲产业发展；E. 交通条件必须可供400公里半径内客群便利进入；F. 户外休闲活动是首要的资源管理目的；G. 必须以休闲活动为优先功能。

○二级设立标准：A. 靠近居民密度较高的地区；B. 靠近户外休闲活动供给不足的地区；C. 政府构建休闲设施容量不足的地区；D. 新增休闲活动相关设施应具高性价比；E. 可用于公立蓄水片区的最优化休闲开发；F. 休闲功能必须优先于其保护或资源开发功能；G. 开发计划应该遵循国家休闲计划的目标；H. 选址应向经济发展需求更迫切的地区倾斜。

2. 韩国经验

韩国波门湖度假区是各方协作合作开发成功的典型代表。1972年，韩国庆州被世界银行选为优先发展地区，波门湖被确立为建设成新型旅游度假区。韩国波门湖旅游度假区地处庆州市，位于首尔东南400公里处。庆州拥有韩国最著名最具有历史意义的遗址，从公元前57年至公元935年，庆州是锡拉王国的首都，建立了许多国王墓地、佛教寺庙、著名宗教神龛和其他宗教历史遗址，许多遗迹被指定为韩国国家公园。

波门湖度假区的兴建为庆州带来了良好的经济和社会效益，促进了庆州基础设施的建设，直接或间接地提供了就业机会，湖区环境得到了有效保护，间接地保护了庆州地区的历史、文化遗址。波门湖旅游度假区的成功有以下因素：①政府前期在旅游设施上的巨大投入。1970年，韩国政府亲自出面向世界银行表示希望取得对韩国旅游设施发展的经济援助，在此基础上，世界银行和韩国政府达成协议，即旅游设施的重点是把波门湖建设成新型度假区。②各部门的通力协作。度假区的开发不像某个单一的旅游项目的开发，它是一种多角度、全方位的系统工程，甚至可以说是办一个小社会。波门湖度假区开发中涉及庆州市发展办公室、农业发展总公司、庆州市政府、韩国电力公司、庆州市开发办公室和庆州市旅游局、通信部、文化部等部门的通力协作。③多元的融资渠道：低息贷款、政府投资、私人投资。度假区的规划项目受韩国政府的资助，一些规划项目由庆州市开发办公室和庆州市旅游公司资助，其中不少资金是世界银行贷款。另外，度假区成功吸引了巨大的私人投资。庆州市旅游公司的盈余全部留在度假区内部用于新的项目开发，这使得度假区走上了一条边开发边建设的良性循环道路。④诱人的投资政策。度假区的开发在基础设施和一部分服务设施上投下巨资，但大量的规划项目仍需要私人资本来完成。为此，政府采取了诸多优惠政策吸引了私人投资饭店、综合公寓楼、36洞高尔夫球场及高尔夫俱乐部等一大批的娱乐和康体设施，有效地增加了度假区项目，丰富了游客的旅游活动。⑤度假区本身及周边优越的资源优势。⑥度假区的开发完全融入庆州市地区开发之中。⑦度假区主题明确：集娱乐性、康体性、商务性于一体。度假区从建设伊始就确立了其鲜明的主题：娱乐性、康体性、商务性。

⑧旅游设施的亲水性及建筑的风格化。⑨切实使度假区城镇或村镇居民受益，村镇成为削弱度假区季节性的调节器。⑩良好的环保理念、严格的贯彻实施。

3. 国内经验

2015 年 10 月，国家旅游局确定了首批 17 家国家级旅游度假区名单，分别为吉林省长白山旅游度假区、江苏省汤山温泉旅游度假区、江苏省天目湖旅游度假区、江苏省阳澄湖半岛旅游度假区、浙江省东钱湖旅游度假区、浙江省太湖旅游度假区、浙江省湘湖旅游度假区、山东省凤凰岛旅游度假区、山东省海阳旅游度假区、河南省尧山温泉旅游度假区、湖北省武当太极湖旅游度假区、湖南省灰汤温泉旅游度假区、广东省东部华侨城旅游度假区、重庆市仙女山旅游度假区、四川省邛海旅游度假区、云南省阳宗海旅游度假区、云南省西双版纳旅游度假区。其中江苏省阳澄湖半岛旅游度假区与环巢湖旅游发展比较类似。

阳澄湖半岛旅游度假区位于苏州工业园区东北部的阳澄湖畔，距苏州市 37 公里，离昆山市中心 11 公里，与苏州工业园区近在咫尺。全区总面积 61.72 平方公里，水域面积 43.02 平方公里。半岛度假区立足于高端精品和绿色生态的总定位，围绕"国家级旅游度假区和现代化、国际化、园林化的新型滨水休闲养生度假胜地"的总目标，打造以高端养生养老、精品会议和主题度假酒店、主题娱乐、文化项目、商业项目、生态农业、生态居住等多种特色功能于一体的综合性新型旅游度假胜地。

度假区当前主要功能结构为"一带、两岛、四园、八区"。其中，一带——田园风光带；两岛——莲花岛和美人腿半岛；四园——渔乡人家园、垄上采耕园、古屿湿地园、体验作坊园；八区——宗教文化区、动感游乐区、民俗文化区、主题宾馆区、湖居地产区、果林种植区、田野体验区、花卉植物区。

阳澄湖半岛旅游度假区成功的模式可总结为"旅游 + 地产 + 拍摄基地"。阳澄湖半岛旅游度假区将湖面岛屿进行了充分的开发和利用，开辟了特色的岛屿游赏项目，将岛屿作为游客的主要游乐场所，充分利用湖面的自然景观，营造良好的旅游度假氛围。在岛上适当地进行房产开发，其中湖居地产占总用地比例为 17%。此外，阳澄湖半岛"美丽水乡"与"摩登都市"等风光，成为众多饮食作品的取景场地，如电视剧《何以笙箫默》中"美国"的取景场地，电影《私人订制》中范伟探访半岛的重元寺等。

（三）创建意义

1. 促进供给侧改革视角下旅游发展转型升级

旅游休闲产业具有强大的关联性和先导性，创建环巢湖国家旅游休闲区是合肥经济社会转型升级的重要推手。环巢湖国家旅游休闲区建设将秉承全域旅游的新理念，使环巢湖旅游成为合肥乃至安徽旅游的增长极和引爆点，从而推动以下三次转型：一是旅游转型，从单纯的观光旅游向观光、休闲、度假等复合型旅游转变；二是产业转型，环巢湖国家旅游休闲区的创建将引领环巢湖区域各相关产业的深度融合和系统集成，推动现代服务业的加速发展，从而推动合肥经济结构的调整转型；三是社会形态转型，环巢湖国家旅游休闲区将以全域旅游的新概念营造城市、小城镇、乡村互融、互动，城市基础设施和服务设施由市民与游客共用、共享的新型城市发展形态。

2. 发挥对其他地区旅游发展的示范引领作用

国家旅游休闲区建设顺应旅游业发展的趋势，紧扣旅游市场的脉搏，体现旅游业发展的崭新要求。"环巢湖国家旅游休闲区"的创建实现了从旅游景区到旅游休闲区的重大转变，是一次重大的突破、创新。创建环巢湖国家旅游休闲区，是贯彻国务院促进旅游业改革发展若干意见、促进旅游投资与消费的重要举措，也将在旅游休闲区建设标准、休闲运动业态培育、旅游消费促进等方面为全国走出一条新路，并为今后的休闲区建设探索新的经验，提供成功的范例，引领今后一段时间内旅游业的发展。

3. 响应"大湖名城、创新高地"的城市品牌

合肥雄踞皖中，是安徽省乃至长三角地区极具潜力的旅游中心城市，旅游发展对合肥市城市建设具有重要的意义。环巢湖国家旅游休闲区的创建是"大湖名城，创新高地"建设的重要抓手，是建设宜居、宜业、宜游城市的重要载体，可以充分弘扬城市文化、城市品牌，提高城市知名度、城市影响力，可以让市民和全国乃至国外的游客体验、感受、分享合肥城市发展的成果和魅力，从而提升城市形象。

4. 为促进旅游发展动力模式研究提供理论支持

区域旅游发展动力机制研究是地区旅游经济增长的理论支撑，对研究"旅游资源非优型"城市旅游发展路径具有重要的现实意义。以往学界总结安徽省旅游发展存在着以下问题：①缺少一个可以统领安徽省全域旅游发展的核心城市，即旅游中心城市不突出；②区域旅游发展差异明显，旅游发展呈现出"北冷、中温、南热"的总体格局；③山岳型旅游地发展具有典型性，城市旅游仍需进一步提升；④省会城市合肥市旅游资源不突出，与周边武汉、南京、上海等地旅游发展仍存在一定差距。合肥市被学界定位为"旅游资源非优型省会城市"，旅游发展所依托的核心旅游资源不突出。创建环巢湖国家旅游休闲区有利于促进"旅游资源非优型城市"转型升级，从根本上改善安徽省旅游发展格局，创新区域旅游经济增长动力机制的理论内涵。

二、现状与问题

（一）发展现状

1. 社会经济现状

2015 年，合肥地区生产总值 5660.3 亿元，财政收入 1000.5 亿元，全社会固定资产投

资累计完成 2.36 万亿元，规模以上工业总产值达到 9300 亿元，社会消费品零售总额达到 2183 亿元，城镇居民人均可支配收入达到 32080 元，农村居民人均可支配收入达到 15890 元。

近年来合肥市经济发展迅速，是中国经济增长速度最高的省会城市之一。2005 年合肥市 GDP 为 1056.21 亿元，2015 年底 GDP 为 5660.30 亿元，2005～2015 年合肥市 GDP 增长了 4 倍多。经济的高速发展带动了社会其他产业的发展，尤其是旅游经济的发展。2005 年合肥市旅游总收入为 57.35 亿元，相当于 GDP 的 5.43%；2015 年合肥市旅游总收入为 975.88 亿元，相当于 GDP 的 17.24%，2005～2015 年合肥市旅游每年保持近 32% 的增长率，旅游业逐渐成为合肥市的支柱产业。

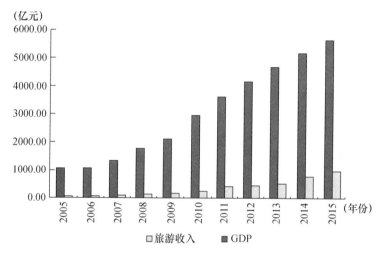

图 1　合肥市 2005～2015 年旅游总收入及 GDP

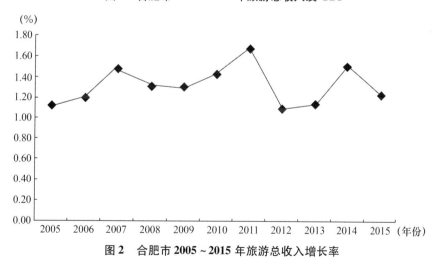

图 2　合肥市 2005～2015 年旅游总收入增长率

2. 资源现状分析

环巢湖地区旅游资源丰富，旅游资源核心要素可总结为：水、文、绿、山、养、红、古、食。这八大要素是区域旅游资源的构成基础，也是未来国家旅游休闲区创建的资源依托。总体而言，环巢湖旅游资源综合评价如下：

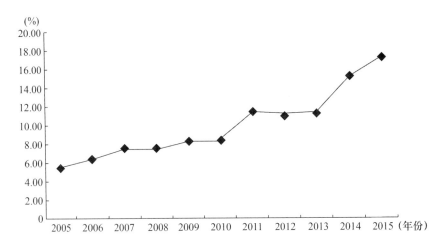

图 3　合肥市 2005～2015 年旅游总收入占 GDP 比重

（1）资源数量众多，核心资源特色突出。《环巢湖国家旅游休闲区总体规划》确定了规划总面积约为 2000 平方公里（包括巢湖水域面积），片区内旅游资源丰富。资源单体基本涵盖 GB/T18972—2003 中 8 个主类，核心旅游资源突出，巢湖风光、三河古镇、中庙姥山岛等景区逐渐成为区域旅游的核心引爆点。

（2）组合条件较好，便于进行组团开发。环巢湖地区兼具水、文、绿、山、养、红、古、食等多种资源要素，在沿湖周边形成集聚，便于进行组团开发，形成各有特色的旅游功能区。从资源空间组合看，基本围绕环巢湖呈带状分布，从而形成了生态、养生、乡村、休闲和文化等主题，便于集中进行组团开发。

（3）观光条件一般，休闲度假潜力巨大。从资源性质看，环巢湖地区大部分旅游资源虽然不具有很高的观光旅游价值，但是具有休闲度假旅游产品开发的良好基础。温泉适合开发为健康疗养类旅游产品，微地形比较适合形成大地景观，开发康体运动型旅游产品，生物产业可以结合健康产业，形成特色度假旅游产品，古巢国文化比较适合开发成体验类旅游产品，万达文化旅游城比较适合打造成为文化旅游集聚片区。

（4）开发条件良好，潜在市场容量充足。随着合肥市逐步融入长三角城市群及“一带一路”倡议的推进，环巢湖地区将获得更加优越的开发条件。长三角城市群是中国经济最为活跃的地区之一，与上海、南京、杭州等地相比，合肥市旅游发展市场仍有较大的盈利空间，市场竞争压力相对较小，面临的潜在市场容量充足。

（5）资源集聚显著，六大旅游产品形成。巢湖天然的地形使得旅游资源集中分布在沿湖周边，以旅游资源为依托，逐步形成了六大旅游产品体系：养生休闲度假旅游产品、文化休闲体验旅游产品、乡村田园生活旅游产品、城市风情旅游产品、研学旅行旅游产品、特殊体验旅游产品等，这六大产品是环巢湖未来项目打造、业态提升、品牌创建及市场营销的基础。

3. 市场现状分析

为了深入分析环巢湖国家旅游休闲区客源市场，课题组人员分别于 2016 年 6 月 26

日、2016 年 7 月 31 日、2016 年 8 月 2 日对环巢湖地区进行问卷调研,详见附件。调研结论如下:

(1)客源市场。环巢湖国家旅游休闲区客源市场省内与省外大致呈 3∶2 的比例,合肥自身市场占环巢湖国家旅游休闲区省内客源市场的一半以上,紧邻安徽的江苏、河南、湖北、山东 4 省是环巢湖国家旅游休闲区的主要省外游客市场,占省外市场的一半以上,是未来旅游市场营销的重要地区。调查还发现,外国游客非常稀少,境外市场是远期旅游市场营销的重要方面。

(2)游客结构。游客以中、青年旅游者为主,主要由学生、企业管理人员、工人等构成;旅游目的以休闲度假、观光、文化体验为主,娱乐、商务活动、公务活动占有一定的比重;旅游者以中等收入阶层为主。未来需面向大众观光、文化体验和休闲度假市场策划和开发相应的旅游项目。

(3)出游方式。游客出游方式以家庭出游和伙伴式出游居多,其次为个人出游及单位组织出游,环巢湖地区团队与散客市场并存,未来需进一步重视亲子类旅游项目,同时为散客提供便利。交通方式以自驾游和公共汽车居多,主要是由近程市场决定的,未来需要完善自驾旅游服务配套建设。游客目前以 1 日游居多,延长游客逗留时间是今后旅游发展的重要任务。

(4)核心吸引物。巢湖风光是吸引游客的主要因素,其次是三河古镇与万达文旅城,具有当地特色的景点仍是最能吸引游客的因素,因此未来旅游项目应该更多地融入地方文化,核心吸引物主要分布在巢湖西岸,未来旅游支撑政策需要进一步向东部倾斜。

(5)游客意见。游客意见主要体现在"水"上,"水"是环巢湖国家旅游休闲区经营成败的关键,水问题主要表现在三方面:一是水污染,虽已得到改善,但还需要进一步提升;二是排水系统,由于沿湖地区地势较低,在进行旅游项目策划时,需要最好的洪水预警机制;三是与水相关的旅游项目,需要进一步提升。沿湖合理的商业化是必需的,但在商业化的同时也要保持当地的文化。

(6)综合评价。总体而言,游客对环巢湖地区旅游发展综合评价较高,尤其表现在服务水平与旅游景区两方面,单位来旅游购物、休闲娱乐与旅游住宿仍需要进一步提升。

4. 前期创建行动

环巢湖国家旅游休闲区创建涉及各级政府部门,前期各级政府主要创建行动如下:

(1)2014 年 12 月,省政府《关于促进旅游业改革发展的实施意见》提出,创建环巢湖国家级休闲度假旅游区,开发环巢湖休闲度假游精品旅游线路。

(2)2015 年 8 月,国家旅游局批复同意合肥市创建环巢湖国家旅游休闲区。

(3)2015 年 11 月,合肥旅游局召开《合肥市旅游业发展"十三五"规划》,确定环巢湖国家旅游休闲区为"十三五"时期合肥市旅游发展三大创建任务。

(4)2016 年 1 月,三河古镇国家 5A 级景区揭牌仪式暨创建环巢湖国家旅游休闲区工作汇报会上,吴存荣对环巢湖国家旅游休闲区前期的工作表示肯定。

(5)2016 年 2 月,合肥市政府与省旅游局签署《创建全国旅游标准化试点城市合作备忘录》,提出以环巢湖国家旅游休闲区创建为契机,推进标准化建设。

（6）2016 年 3 月，合肥市政府 62 次常务会，原则通过《环巢湖国家旅游休闲区工作方案》。

（7）2016 年 3 月，全市旅游工作会议召开，确定环巢湖国家旅游休闲区为 2016 年五大重点工作之一。

（8）2016 年 4 月，合肥市规划局和合肥市旅游局启动《环巢湖国家旅游休闲区总体规划》第一轮招标。

（9）2016 年 6 月，合肥市规划局面向社会各界力量征集"金点子"，共同为环巢湖休闲旅游出谋划策。

（10）2016 年 8 月，《环巢湖国家旅游休闲区总体规划》第二轮招标完成，确定"一湖、两城、十二镇"的空间布局，规划核心面积约 2000 平方公里。

（11）2016 年 10 月，合肥市政府与省农行举行环巢湖国家旅游休闲区项目合作备忘录签约仪式。

（二）存在问题

根据前期调研及相关研究结果，环巢湖地区旅游发展主要存在以下问题：

1. 管理体制存在问题

合肥行政区划的调整及环巢湖国家旅游休闲区创建工作领导小组的成立，从政府层面优化了环巢湖旅游发展管理体制，但管理体制问题解决缺少市场参与及行业协会的监督协调，景区多重身份、景区经营各自为政、政府参与过多等问题仍然存在。

2. 服务设施不够完善

市场型旅游目的地及湖泊型旅游目的地的双重性质，决定了旅游服务设施配套及其他服务设施在环湖旅游发展中的地位。旅游信息服务设施、旅游交通设施、旅游安全保障设施、购物休闲娱乐设施分布不均衡，仍需进一步完善。

3. 产品结构比较单一

产品结构虽然逐渐丰富，但整体上仍较为单一，主要表现在：①当前环巢湖旅游产品主要以观光游览为主，休闲度假为辅，虽然涌现出部分旅游新业态，但总体上仍以观光游览为主。②产品附加值不高，产业链较短，缺乏后劲。③缺少核心拳头产品，品牌不突出。虽然 5A 级景区数量上实现了突破，但高级别的品牌旅游资源相对缺乏，旅游产品核心竞争力不足。④旅游产品体系仍需完善，缺少统一形象包装，旅游产品形象的文化内涵仍需深入挖掘。⑤旅游经营的市场化程度不够，导致旅游经营管理的市场化程度不高，旅游产品线路没有充分考虑游客参与性。

4. 旅游业态组合不佳

环巢湖业态发展存在以下几个问题：①环巢湖旅游业态丰富，业态组合状况欠佳。

环巢湖周边虽然有大量的旅游业态，受水域及地形的影响，基本上围绕巢湖呈松散的环形分布，客观上不利于旅游业态的集聚发展，业态组合状况较差。②新型旅游业态没有充分融入文化、体验、特色要素。环巢湖优秀文化没有充分融入新型旅游业态，使得旅游业态发展缺少"地气"；旅游业态发展没有充分调动游客的体验性，使得旅游新业态缺少"人气"。旅游业态发展创新性不足，使得旅游新业态缺少"灵气"。③业态发展没有充分考虑市场化因素。在当前条件下，市场化是制约环巢湖旅游业态发展的主要因素。

5. 核心景区仍需拓展

核心景区的带动作用是区域旅游快速发展的关键，环巢湖各地区经济水平及产业状况各不相同，使得核心景区对整个区域旅游发展的带动作用效果不一。三河古镇、万达文旅城、半汤古温泉、汤池温泉等景点辐射能力都是区域性的，很难辐射全区。此外，核心景区串联线路不完整，缺少统一形象包装，对外形象宣传各自为政，以及旅游产品存在较强的替代性，导致了核心景区拓展力度不够，进而影响旅游业发展。

6. 中心城市有待完善

环巢湖地区旅游发展依托的"两城"分别为合肥市与巢湖市。近年来合肥市城市地位逐渐提高，已经与南京、杭州并列成为长三角城市群的副中心城市，有能力作为国家旅游休闲区的核心依托区。行政区划的调整客观上影响了巢湖市旅游发展的平台，巢湖市总体发展状况与合肥市仍存在一定差距，未来仍需加快城市旅游功能提升。环巢湖国家旅游休闲区依托的核心城市中，未来在政策上向巢湖市倾斜。

7. 文旅融合存在不足

环巢湖地区文化资源丰富，但文化与旅游深度融合发展仍存在一定不足：①缺少核心文化旅游产品，"厚重"文化很难"轻松表达"；②仅有的文化类旅游产品仍停留在观光阶段，文化要素没有融入休闲度假及特殊体验类旅游产品；③文化旅游产品开发不成体系，旅游宣传营销没有充分融入文化要素。

8. 旅游形象定位不准

"大湖名城、创新高地"作为合肥城市形象充分突出了合肥市的城市品牌，但仍不能代表环巢湖整体旅游形象：①城市形象代表的是城市产业基础、资源状况及发展战略，而旅游业在合肥市总体产业中所占比重较少，这样的口号不能突出旅游业位置。②环巢湖地区旅游资源核心要素可归纳为水、文、绿、山、养、红、古、食，旅游形象内涵需要围绕核心要素进一步扩充。③旅游形象宣传没有很好地借助"互联网＋"，也没能很好地针对年轻游客提出针对性策略。

三、目标与战略

（一）指导思想

以转型升级、提质增效为主线，以改革创新为动力，紧紧围绕"大湖名城、创新高地"的城市品牌，以"创新、协调、绿色、开放、共享"五大理念引领环巢湖国家旅游休闲区创建工作。坚持创新性、引领性、示范性原则，推动旅游产品向观光、休闲、度假、体验并重转变，旅游开发向注重资源节约、生态环保和文化传承转变，旅游服务向标准化与个性化有机统一转变，为我国旅游休闲区建设积极探索、提供经验。

（二）法律法规

1. 巢湖生态文明先行示范区生态保护与建设总体规划

2013 年 6 月，合肥启动编制《巢湖生态文明先行示范区生态保护与建设总体规划》，为将巢湖生态文明示范区上升为国家战略提供规划支撑，助力巢湖流域顺利获批国家级生态文明先行示范区。规划以"生态保护优先"为总体方略，统筹保护、修复、治理三大关系，兼顾生产、生活、生态三大功能，调控水质、水量、水流三大要素，探索了一条从区域分治到流域综治、从工程治污到源头减排、从单一治水到生态修复的大湖流域保护修复治理新模式，以及生产空间集约高效、生活空间宜居适度、生态空间山清水秀的可持续发展新路径。

2014 年 7 月 22 日，国家发改委、财政部和国土资源部等 6 部委联合下发通知，批准安徽省巢湖流域等地区为第一批国家生态文明先行示范区。示范区包括合肥、芜湖、马鞍山、六安、安庆 5 市的 19 个县（市、区），总面积 2.21 万平方公里，其中以合肥市为核心区，《巢湖生态文明先行示范区建设方案》实施期限为 2014～2018 年。巢湖生态文明先行示范区的建设目标是，到 2018 年巢湖水体质量显著改善，成为具有持续自净能力的生态大湖；各项生态环保指标均位居全国前列；示范区主题功能定位开发格局基本建成；初步形成生态环境保护和经济社会发展相协调、相融合，可复制、可推广的生态文明建设典型模式。

《巢湖生态文明先行示范区生态保护与建设总体规划》为国家旅游休闲区创建提供了生态环境保障，环巢湖地区是中国中东部最后一块处女地，优越的生态环境也是国家旅游休闲区得以建立的基础。

2. 环巢湖文化旅游规划基本框架

2015 年 6 月市人大通过《环巢湖文化旅游规划基本框架》（以下简称《基本框架》），大致确定了环巢湖旅游发展的基本问题，《基本框架》包括环巢湖规划体系、环巢湖旅游目标体系、环巢湖地理格局、环巢湖旅游交通体系、环巢湖旅游服务体系、环巢湖旅游产品体系。《基本框架》环湖规划体系战略层面应以《合肥市"1311"城市空间发展战略规划》为指导，总体层面应以《合肥市城市总体规划》《巢湖生态文明先行示范区实施方案》《巢湖生态文明先行示范区总体规划》为指导。环湖旅游发展功能定位为建设"首个国家休闲旅游试点区——环巢湖国家旅游休闲区"；形象定位为"众恋有巢、大爱成湖""巢居天下、心悦城湖"等；总体目标为"具有地方特色和国际化标准的湖泊休闲旅游目的地""安徽省四驾马车总体旅游发展格局重要一员"。环湖旅游地理格局为"一湖、两城、十二镇、十八景、二十四咀"。环湖旅游交通体系为：一级道路（环湖大道）、二级道路（风景道）、三级道路（绿道）及游船码头与水上线路。此外《基本框架》还对环湖旅游服务体系与产品体系进行了论述。

环巢湖地区既是生态环境优美之地，也是文化资源集聚之地，《环巢湖文化旅游规划基本框架》勾勒出未来国家旅游休闲区文化发展基本思路，具有规范指导意义。

3. 合肥市"十三五"旅游业发展规划

2016 年是"十三五"开始之年，合肥市在"十二五"期间取得了骄人的成绩，尤其表现在旅游业方面。《合肥市"十三五"旅游业发展规划》（以下简称《规划》）将环巢湖国家旅游休闲区创建作为"十三五"期间合肥市旅游发展三大创建任务之一，确定了"绘制目标蓝图、确立发展重点、编制发展规划"的建设方向；提出了"成立旅游休闲区统一管理机构、建立全方位协调发展机制、组建环巢湖旅游发展集团"的管理模式；重点发展"温泉养生度假、旅游特色小镇、乡村休闲度假、滨水康体运动、环湖生态休闲"等产业。

《规划》还提出了"十三五"时期合肥旅游发展的四大板块：环巢湖休闲度假旅游集聚区、主城城市风情旅游集聚区、滁河干渠城郊休闲旅游集聚区及环城乡村生态旅游集聚区，其中环巢湖休闲度假旅游集聚区是最重要的板块。创建环巢湖国家旅游休闲区具体工作包括：编制总体规划、成立管委会、组建旅游发展集团、打造重点产品、建设环湖一级游客集散中心、完善旅游公共服务体系等内容。环巢湖国家旅游休闲区创建列入合肥市"十三五"旅游发展规划，并作为重点内容，充分显示了该项工作的急迫性与重要性。

《合肥市"十三五"旅游业发展规划》系统总结了国家旅游休闲区所处大合肥"十二五"期间的基本现状，为环巢湖国家旅游休闲区前期创建工作指明了方向。

4. 关于开展"国家全域旅游示范区"创建工作的通知

全域旅游是指在一定的行政区域内，以旅游业为优势主导产业，实现区域资源有机整合、产业深度融合发展和全社会共同参与，通过旅游业带动乃至统领经济社会全面发展的一种新的区域旅游发展理念和模式。2015 年国家旅游局发布《关于开展"国家全域旅游示范区"创建工作的通知》，提出了国家全域旅游示范区主要考核指标：①旅游业增加值占本地 GDP 比重15%以上；②旅游从业人数占本地从业总数的 20%以上；③年游客接待人次达到本地常住人口数量的 10 倍以上；④当地农民年纯收入 20%以上来源于旅游收入；⑤旅游税收占地方财政税收 10%左右；⑥区域内有明确的主打产品，其丰度高、覆盖度广。2016 年巢湖市被确定为全国首批全域旅游示范区，成为环巢湖国家旅游休闲区创建的又一品牌。在全域旅游时代，应树立全新的资源观、全新的产品观、全新的产业观、全新的市场观，促进旅游发展提质增效。

国家旅游休闲区本质上属于一项促进民生的工程，而不仅是旅游工程，国家旅游休闲区创建还必须要有全域旅游的观念，既要跳出旅游发展旅游，也要就旅游发展旅游。

5. "十三五"旅游业发展规划

2016 年12 月，国务院印发《"十三五"旅游业发展规划》（以下简称《规划》），《规划》提出"十三五"期间我国旅游业发展的四大目标。一是旅游经济稳步增长。到 2020 年，旅游市场总规模达到 67 亿人次，旅游投资总额 2 万亿元，旅游业总收入达到 7 万亿元。二是综合效益显著提升。旅游业对国民经济的综合贡献度达到 12%以上。三是人民群众更加满意。"厕所革命"取得显著成效，旅游交通更为便捷，旅游公共服务更加健全，带薪休假制度加快落实，市场秩序显著好转，文明旅游蔚然成风，旅游环境更加优美。四是国际影响力大幅提升。入境旅游持续增长，出境旅游健康发展，与旅游发达国家的差距明显缩小。

《规划》共分为八大章节，从把握机遇、转型升级、创新驱动、协调推进、绿色发展、开放合作、共建共享、深化改革八个方面对未来 5 年内中国旅游发展方向及重大问题进行了论述，同时指出了未来一段时间中国旅游发展的九大趋势：旅游的战略引擎作用凸显，大众度假时代全面来临，旅游将走向多产业融合之路，旅游将与产城一体化深度融合，旅游对于扶贫意义重大，"互联网＋"将带来新的发展局面，区域联合在旅游发展中的作用将更加凸显，旅游将极大地促进生态文明建设，旅游发展关乎国民的幸福指数。

《"十三五"旅游业发展规划》提出未来 5 年甚至更长一段时间内的五大发展理念："创新、协调、绿色、开放、共享"，既是指导社会发展的重要理论，也是国家旅游休闲区创建的基本指导思想。

（三）目标体系

1. 总体目标

2017 年底前，建成全国第一个国家旅游休闲区，为国家旅游的改革发展探索出一条新的路径。把环巢湖国家旅游休闲区建成"美丽中国生态旅游"示范区、"中国古镇名村文化旅游"示范区、"中国研学旅游"创新区、"中国康体养生养老"示范区、"国际休闲运动旅游"示范区。

2. 具体目标

（1）建设"美丽中国生态旅游"示范区。环巢湖国家旅游休闲区坚持"大保护、中规划、点开发"，处理好保护与开发的关系，加强环巢湖旅游资源的保护性利用和对国土资源的集约性开发，重点发展生态旅游和休闲运动产业，与环巢湖国家生态文明示范区相得益彰，要在生态文明建设和生态旅游发展上进行示范和引领。

（2）打造"中国古镇名村文化旅游"示范区。推动环巢湖十二镇建设，合理布局旅游服务设施与基础设施，实现城乡基础设施均衡化，统筹城乡发展。对环巢湖的古镇、名村在严格保护的前提下进行适度的旅游开发，开展休闲度假，探索新型城镇化建设新路径，建设一批看得见山、望得见水、记得住乡愁的特色旅游名镇。

（3）创建"中国研学旅游"创新区。发挥国家级文化和科技融合示范基地优势，依托知名院校、科研院所、高新企业、科教场馆、地质遗址，打造中小学校外素质教育基地，发展"合肥科教游"和"合肥工业游"等特色旅游，打造研学旅游"合肥模式"。

（4）打造"中国康体养生养老"示范区。大力推进环巢湖健康、保健、医疗、养老产业与休闲产业的融合发展，重点发展温泉养生养老、生态养生养老、医疗保健养生养老项目。同时，努力把半汤、汤池打造成中国一流的养生、养老示范基地。

（5）打造"国际休闲运动旅游"示范区。大力发展休闲运动产业，引进水上运动、低空飞行、汽车营地、山地运动等户外休闲项目与新型业态；推动体育与旅游的融合发展，提升环巢湖马拉松赛、自行车公开赛的国际化水平，积极争取举办国际铁人三项赛，提升都市区国际化水平。

（四）创建战略

通过创新驱动、品牌带动、产业融合、整体协同、旅游国际化五大具体战略的实施，推动环巢湖国家旅游休闲区创建工作。

1. 旅游创新驱动战略

将改革创新作为环巢湖旅游发展的强大动力，积极推动旅游发展理念、体制机制、旅游产品、旅游科技、旅游业态、市场营销、旅游管理和旅游服务创新，将旅游体制机制改革、旅游新产品开发和旅游改革实验区建设作为创新发展的重点，不断增强旅游创新能力和旅游发展活力。

2. 旅游品牌带动战略

以旅游品牌建设为龙头，建设一批具有强大知名度和影响力的旅游目的地品牌、旅游产品品牌、旅游企业品牌和旅游管理与服务品牌，打造一批旅游强镇、强村、强区（景区）和强企，带动区域旅游理念更新、旅游精品开发、旅游质量发展、旅游市场推广、旅游产业转型和旅游行政治理，引领和推动环巢湖地区旅游业的科学发展、创新发展、加快发展和可持续发展。

3. 旅游产业融合战略

在积极推进旅游与经济转型、城市发展、美丽乡村、社会发展等方面融合的同时，加大旅游与文化、科教、体育、农业、工业、林业、商业、环保、水利等相关产业和行业的融合力度，积极发展休闲农业、海洋旅游、健康运动、休闲娱乐、养老养生和文化创意等产业，努力拓展旅游产业新领域，注重培育旅游产业新业态，打造满足全方位市场需求，涵盖全时段旅游消费，包含多类型、多层次、多环节业态要素，上下游产业有机衔接的全旅游产业链，为旅游业持续快速发展建立新优势。

4. 旅游整体协同战略

大力整合资源，凝聚合力、上下齐动、行业互动、区域联动、协同发展。强化城市与旅游功能融合共生，实施城市建设与旅游开发一体化，推动城市功能的旅游化和休闲化；强化城乡联动，推动城市与乡村旅游一体化，更好地发挥旅游业在统筹城乡发展中的作用；强化行业联动，推动旅游产业之间和企业之间合作和融合互动，拓宽旅游发展的新空间，承接新增量，培育新产业，创造新优势；强化区域联动，走互利共赢的道路，促进区域旅游的一体化发展，提高环巢湖地区旅游的国际国内竞争力。

5. 旅游国际化战略

坚持以扩大开放促进旅游发展，进一步加大环巢湖旅游业的对外开放力度，立足国际旅游视角，按照国际的公认标准或惯例，有针对性地构建配套的旅游产品或服务系统。进一步加强国际旅游合作，扩大国际交流和宣传促销，推动价值观念国际化、旅游形象国际化、旅游产品国际化、旅游服务国际化、旅游营销国际化、旅游管理国际化、旅游环境国际化、旅游经济国际化，将环巢湖国家旅游休闲区打造成国际知名的旅游目的地。

（五）基本定位

国家旅游休闲区不同于国家旅游度假区，其概念内涵要大于后者，前者从本质上说属于一项民生工程，而后者仅仅是旅游上的概念。国家旅游休闲区是指以休闲旅游为主要业态，融合生态、观光、文化、健康、运动、养生、研学等要素于一体的全域型旅游目的地，设立的主要目的是解决开发限制因素较多，休闲旅游资源与设施不足，生态环境优越地区休闲旅游的创新发展的问题。主要特征包括：全域性、保护性、创新性、共享性。

（1）全域性。国家旅游休闲区发展属于全域旅游范畴，其发展不能仅仅依靠某个景区，而是依靠全域带动，同时依托高速发展的城市，国家旅游休闲区为城市居民及外地游客提供了休闲旅游场所，而城市为国家旅游休闲区创建提供服务配套及市场腹地，两者最终形成良性互补的局面。

（2）保护性。优越的自然环境是国家旅游休闲区设立的最重要条件之一，也是国家旅游休闲区吸引旅游者及当地居民的最重要旅游资源。因而，国家旅游休闲区应该坚持保护性开发的原则。

（3）创新性。国家旅游休闲区是一种新的国土利用形式，休闲旅游发展必须创新，主要体现在管理体制、业态打造、配套设施、市场营销、产品项目等方面。

（4）共享性。国家旅游休闲区目标市场不仅包括外来游客，更重要的是当地居民，国家旅游休闲区创建的不仅是一项旅游工程，更是一项便民惠民工程，最终的目的是为了满足居民日益增长的物质文化需求。

国家旅游休闲区创建必须要充分考虑区域旅游发展现实，环巢湖旅游的五个基本属性决定了旅游发展的定位与思路。

一是湖泊型旅游地的基本属性。考察国内外湖泊旅游发展成功的案例，基本上以休闲度假为主，辅之以其他商业业态。湖泊型旅游地的基本属性决定了未来休闲度假的方向。

二是市场驱动型旅游地的基本属性。资源与市场是区域旅游发展最重要的两大因素，与黄山不一样，环巢湖旅游发展属于市场驱动型，决定了设施配套在创建环巢湖国家旅游休闲区中的重要作用。

三是全域型旅游目的地属性。环巢湖国家旅游休闲区面积约为 4000 平方公里，这决定了封闭式景区型旅游目的地建设不太可行，因此国家旅游休闲区创建在吸引外来游客的同时，应该更加注重当地居民利益，将国家旅游休闲区创建视为一项促进民生的工程。

四是城市依托型目的地属性。环巢湖国家旅游休闲区背靠中国经济增长最快的省会城市合肥市，为国家旅游休闲区的发展提供了广阔的市场腹地，实现"城""湖"的联动是未来发展的市场保障。

五是文化型旅游地的本底属性。环巢湖地区固然是生态环境优美之地，但更是具有浓厚江淮风情的人文之地。三将故里、楚汉文化、包公文化、三国文化、淮军文化、古巢文化、红色文化等文化资源十分丰富，"厚重文化，轻松表达"是未来文化资源开发的主要思路。

（六）验收标准

根据以上定义，结合前期实际调研及相关分析，设计国家旅游休闲区创建验收标准，如表 1 所示。国家旅游休闲区创建验收包括四大基本条件与七大验收标准。四大基本条件为：①当地生态环境得到进一步改善；②休闲旅游产业具有一定规模；③形成一套精简高效的管理体制；④游客及当地居民满意度较高。七大验收标准分别为：①国家旅游休闲区创建重视程度（60 分）；②旅游休闲产业发展对生态环境的影响（70 分）；③产品项目与旅游业态的创新性（80 分）；④旅游基础设施的完善程度（60 分）；⑤配套服务设施的完善程度（40 分）；⑥旅游发展对当地经济发展的促进作用（40 分）；⑦居民及游客的满意度（50 分）。

《国家旅游休闲区创建验收标准》共 400 分，达到 240 分为验收合格，达到 320 分为验收良好，达到 360 分为验收优秀。其中，七大验收标准每项分数最低值为 36 分、42分、48 分、36 分、24 分、24 分、30 分，否则即使总分值超过 240 分，但验收结果视为不合格。

表1　国家旅游休闲区创建验收标准（讨论稿）

国家旅游休闲区创建重视程度（60分）	1. 成立国家旅游休闲区创建领导小组（10分）	
	2. 按照"多规合一"要求编制相关规划（10分）	
	3. 创新国家旅游休闲区管理体制（10分）	
	4. 制定相对完善的创建工作计划（10分）	
	5. 确保旅游用地得到落实（10分）	
	6. 出台相关政策支持创建国家旅游休闲区（10分）	
旅游休闲产业发展对生态环境的影响（70分）	1. 当地旅游资源的相关保护措施（10分）	
	2. 重大项目对生态环境的影响（10分）	
	3. 游客旅游休闲活动对生态环境的影响（10分）	
	4. 旅游基础设施及相关配套服务设施对生态环境的影响（10分）	
	5. 当地旅游企业的节能减排措施及排污设施（10分）	
	6. 重点景区环境容量的核定与控制（10分）	
	7. 政府对生态环境投入资金（10分）	
产品项目与旅游业态的创新性（80分）	1. 产品项目（40分）	1.1　国家级及世界级旅游产品数量（10分）
		1.2　旅游产品/项目的奇异程度（10分）
		1.3　旅游产品/项目的季节性（10分）
		1.4　夜间旅游产品/项目（10分）
	2. 旅游业态（30分）	2.1　旅游老业态的种类、数量及组合状况（10分）
		2.2　新型旅游业态的种类、数量及组合状况（10分）
		2.3　新老旅游业态的组合状况（10分）
	3. 产品项目与旅游业态的宣传营销的创新性（10分）	
旅游基础设施的完善程度（80分）	1. 旅游厕所便捷度（10分）	
	2. 旅游集散体系完善程度（10分）	
	3. 旅游咨询服务体系完善程度（10分）	
	4. 旅游信息化覆盖程度（10分）	
	5. 旅游住宿设施完善程度（10分）	
	6. 旅游购物适宜度（30分）	6.1　购物点的方便程度（10分）
		6.2　购物点分布是否合理（10分）
		6.3　旅游购物线上与线下的结合程度（10分）
配套服务设施的完善程度（40分）	1. 旅游交通完善度（10分）	1.1　对外交通便捷度（2分）
		1.2　景区内部交通便捷度（2分）
		1.3　景点之间交通便捷度（2分）
		1.4　交通沿线景观美化程度（2分）
		1.5　游步道、休憩点完善程度（2分）
	2. 自驾车服务体系完善程度（10分）	
	3. 导引标识系统的完善程度（10分）	
	4. 无线网络的便捷度（10分）	

续表

旅游发展对当地经济发展的促进作用（40分）	1. 旅游收入及旅游人次的增长率（10分）
	2. 旅游业对当地 GDP 的综合贡献（10分）
	3. 旅游业对当地就业和新增就业的贡献（10分）
	4. 旅游对农民居民增收的综合贡献（10分）
居民及游客的满意度（50分）	1. 旅游安全状况（10分）
	2. 文明旅游程度（10分）
	3. 旅游市场秩序（旅游投诉、投诉处理、旅游诚信经营）（10分）
	4. 当地居民对休闲设施满意度（10分）
	5. 外地游客对旅游环境满意度（10分）

四、政策与建议

（一）主要政策

1. 创新管理体制，为创建工作提供组织保障

组建由创建领导小组、环湖管理委员会、环湖旅游投资集团公司三方负责的管理方式，改革旅游行政监管方式，推动旅游行政监管方式，推动建立公开透明的市场准入标准和运行规则。

（1）成立创建领导小组。由国家旅游局、安徽省政府、省旅游局、合肥市旅游局及沿湖各地旅游管理部门组成，统筹协调各项改革的推进工作，全面规划设计创建的总体框架和具体实施意见。

（2）组建环湖管理委员会。环湖管理委员会主要负责片区旅游管理活动，规范旅游企业经营。环湖管理委员会由政府、企业、高校人员组成。

（3）创建环湖旅游投资集团公司。环湖旅游投资集团公司主要负责片区旅游经营活动，通过市场机制，发挥其统筹市场开拓、市场融资、资源开发的作用。

（4）改革旅游行政监管方式。从注重"事前审批"向加强"事中监管""事后问责"转变，提高政府的依法履职能力。健全旅游监管体系，完善旅游质量监管机制、质量评价考核机制、质量准入退出机制和质量发展激励机制。

（5）推动旅游行业组织有序发展。进行旅游协会和行业中介组织的改革，扶持旅游中介组织有序发展，明确职能定位，使协会和中介组织切实承担起服务会员和自律管理的职能，可尝试将环湖旅游饭店星级和 A 级景区等级评定移交到旅游协会。

（6）推动建立公开透明的市场准入标准和运行规则。鼓励旅游行业在体制机制、项

目产品、经营管理等方面开展创新，为推动旅游业转型升级探索路径、积累经验。

2. 完善服务设施，为创建工作提供设施保障

环巢湖国家旅游休闲区本质上属于市场依托型旅游目的地，服务设施是市场依托型旅游目的地成功发展的关键。服务设施方面未来可采取以下支持政策：

（1）大力推进"厕所革命"。按照《旅游厕所质量等级通用要求》《旅游厕所质量等级分级要求》，大力推进环湖旅游"厕所革命"，尤其做好乡村旅游厕所整体改造，倡导以商建厕、以商管厕、以商养厕，推进厕所无障碍化，积极倡导文明如厕。

（2）进一步完善旅游交通服务体系。首先，开设环湖旅游巴士，方便环湖居民及学生群体节假日旅游需求；其次，完善环湖自驾车服务配套体系，确保主要景点拥有足够停车位；最后，完善旅游交通标识体系，完成3A级以上景区在高速公路等主要公路沿线标识设置，完成乡村旅游点等在公路沿线标识设置。

（3）完善旅游公共服务体系。首先，加强旅游集散体系建设，形成便捷、舒适、高效的集散中心体系，在环湖5个地区建立设立旅游集散中心。其次，完善旅游咨询中心体系，旅游咨询中心覆盖主要旅游中心区、3A级以上景区、重点乡村旅游区以及机场、车站、码头、高速公路服务区、商业步行街区等。再次，完善环湖旅游风景廊道建设，以现有交通网线为基础，加强沿线生态资源环境保护和风情小镇、特色村寨、汽车营地、绿道系统等规划建设，形成品牌化旅游廊道。最后，推进残疾人、老年人的旅游公共服务体系建设。

（4）加强旅游标准化工作。发挥旅游标准化在环巢湖国家旅游休闲区创建中的规范、引领和促进作用，认真贯彻实施国家标准、行业标准和地方旅游标准。鼓励环巢湖旅游企业制订完善旅游产品和服务质量的企业标准，编制质量手册，强化产品特色，完善服务流程，提供差异化、定制化和个性化服务。加大旅游标准宣传与推广力度，充分利用各种媒介，通过论坛、讲座、展览、出版书籍等多种形式，进行旅游标准化的宣传和贯彻工作。完善旅游标准化推广机制，充分发挥各级旅游行政管理部门、旅游行业协会、中介组织和旅游企业在旅游标准化建设与实施中的积极作用，提高实施效果。

3. 提升产品项目，为创建工作提供物质基础

当前环巢湖地区基本形成养生休闲度假旅游产品、文化休闲体验旅游产品、乡村田园生活旅游产品、城市风情旅游产品、研学旅行旅游产品、特殊体验旅游产品六大旅游产品体系，产品项目打造是环巢湖国家旅游休闲区创建成功的关键因素。

（1）依托重点景区。景区是产品项目落实的重要依托，未来应重点依托三河古镇、滨湖万达文旅城、滨湖湿地公园、中庙姥山岛、郁金香高地、半汤古温泉、汤池温泉等地，落实重点产品项目。

（2）整合旅游形象。未来旅游形象打造，应依托"大湖名城、创新高地"总体城市形象，突出"湖""城""新"三大自然、人文、社会要素，避免各地区（景区）各自为政的局面出现。围绕着三大要素可进一步设计环巢湖地区总体旅游形象标志，作为对外宣传营销的统一符号。

（3）优化空间布局。按照分类指导、分区推进、重点突破的原则，全面推进跨区域资源要素整合，加快旅游产业集聚发展，构筑新型旅游功能区，构建旅游业发展新格局。环湖旅游空间布局应在依托现有资源的基础上突出差异，如包河区滨湖地区可重点发展旅游文化产业，肥西县依托三河古镇重点发展古镇旅游，庐江县重点发展高端民宿产业，巢湖依托半汤温泉及高科技产业基地重点发展健康养生旅游，肥东重点发展生态度假旅游产业。

（4）引入新型业态。在合理布局"食""住""行""游""购""娱"等传统业态的同时，需要进一步引入新型旅游业态，重点支持新型旅游业态发展，如槐林昆虫王国、巢湖温泉音乐节、槐林特色渔网产业、低空飞行旅游等。达到旅游区业态种类齐全，各类型旅游业态都能获得发展的局面。

（5）融入特色文化。"厚重文化、轻松表达"，对于环巢湖周边丰富的文化资源，可通过以下八种方式轻松展现给旅游者：震撼唯美的景观化塑造、博物陈列的馆藏式展示、精彩生动的表演式展现、情景互动的活动式体验、科技支撑的智能化再现、主题文化的集聚式打造、文化延伸的商品式开发、文旅融合的产业化拓展。

（6）重点开发一批研学旅游产品。未来的滨湖湿地公园（湿地研学）、紫薇洞景区（金钉子地址遗迹、喀斯特地貌）、巢湖湿地、半汤古温泉等景区可作为重点推荐产品。进行定点宣传，加强与合肥工业大学、安徽大学、安徽师范大学等高校的长期合作，并建立固定的合作关系，将环巢湖打造成为全国四大科教城市之一、合肥市乃至长三角地区的固定研学旅行基地。

（7）积极开发家庭亲子旅游产品。重点做好以下几点：①在保证安全的前提下，突出亲子旅游产品的"趣味性""寓教于乐性"。②针对儿童处于不同阶段的家庭，采取不同的目标市场宣传策略，学龄前儿童应以家长为宣传主体。③强调参与性，推出一批既能满足儿童，又能让家长参与的旅游项目。

（8）推进品牌创建。围绕旅游目的地品牌、旅游产品品牌、旅游企业品牌和旅游管理与服务品牌，构建多元化的旅游品牌体系。整合区域旅游资源，通过文化提升、精品打造、特色彰显、品质强化、品牌推广、产业创新、环境优化和国际化推进，将环巢湖国家旅游休闲区打造成具有世界知名度和竞争力的国际区域旅游胜地。

4. 优化旅游市场，为创建工作创造持续动力

针对环巢湖地区学生游客、省内游客、家庭旅游占主导的市场特征，未来应根据这三类市场出台相关政策，优化调整当前市场结构。

（1）积极利用本地市场。国家旅游休闲区创建是一项民生工程，当前游客以周边市场为主，因此积极利用本地市场是当前市场开拓的主要措施。首先，给予入住环湖酒店的游客、到环湖旅游的游客价格上的优惠；其次，重点开拓研学旅游市场、自驾车旅游市场、健康养生旅游市场、商务会展旅游市场；最后，进一步完善购物、住宿、交通等旅游基础设施，满足本地游客休闲需求。

（2）大力开拓省外市场。省外市场，尤其是周边江苏、河南、浙江、山东、上海等地，是未来国家旅游休闲区旅游市场结构优化的主要方向。省外市场的开拓以休闲度假为

主，努力提升省外市场消费层次；此外，条件成熟时可考虑开通合肥连接周边主要城市的旅游专列，方面省外市场。

（3）努力吸引境外市场。当前境外市场比重相对较小，但境外市场是中长期旅游市场开拓的重点。一方面需要完善环湖景点导引系统，方便国外游客；另一方面境外旅游市场开拓应以自然山水类旅游资源为主，如中庙姥山岛、半汤温泉。

5. 加强宣传营销，为创建工作营造良好环境

通过创新旅游市场宣传营销推广，最终达到促销重点化、产品组合化、队伍专业化、渠道多样化、形象持续化、区域合作化。具体可实施"八个一"旅游宣传营销对策。

（1）一句好的旅游宣传口号。围绕"大湖名城，创新高地"的城市形象，通过公开征集的方式筹集环巢湖国家旅游休闲区形象口号。

（2）一个好的旅游徽标。引入企业形象识别系统（CIS），公开征集环巢湖旅游徽标。底纹可设计成巢湖形状，核心要素突出"城""湖"两大核心要素。

（3）一张好的导游图。将环巢湖所有景点通过导游图串联起来，导游图力求简洁明了，方便游客记住。

（4）一本好的旅游手册。将环巢湖地区代表性的景点、旅行社、酒店、导游编制成旅游手册，为旅游提供配套信息。

（5）一部好的旅游风光片或微电影。将巢湖风光、沿湖美景、特色古镇、城市风情通过风光片或微电影形式展现给旅游者。

（6）一个好的旅游网站与自媒体营销平台。游客主要通过互联网获取环巢湖旅游资讯，旅游网站建设应与自媒体平台建设相结合，发展智慧旅游。

（7）一支好的宣传促销队伍。好的宣传促销队伍应由政府、企业、协会三方联合组成，针对不同的目标市场，采取不同的宣传促销方案。

（8）一个好的主题促销活动。定期举办各种促销活动，如通过美食节、音乐节、温泉节、体育节等活动引导旅游宣传。

6. 完善人才队伍，为创建工作提供智力支持

合肥市为四大科教城市之一，是中国最重要的科研中心，各大高校培养不同层次的旅游管理人才，为创建工作提供了强有力的智力支持。

（1）设立国家旅游休闲区人才智库。依托国家重点人才工程、项目、重点学科等，培育一批具有国际影响力的旅游科研机构、高等院校和新型智库，同时将旅游人才队伍建设纳入地方重点人才支持计划。

（2）实施重点人才开发计划，支持创建工作。主要包括：行政领导干部轮训、经营管理人才开发、专业技术人才开发、实施万名旅游英才计划、导游素质提升、旅游人才援助、人才工作平台建设等。

（3）发展现代旅游职业教育。以环巢湖国家旅游休闲区创建为契机，加强对旅游职业教育改革发展的统筹指导和综合保障，加快建立适应旅游产业发展需求、产教深度融合、中高职有机衔接、布局结构更加合理的现代旅游职业教育体系。

7. 促进旅游惠民，为创建工作提供群众基础

全域型旅游目的地的性质决定了旅游发展在服务外来游客的同时，也需要服务当地居民。环巢湖国家旅游休闲区创建过程中，可推进"旅游惠民七件实事工程"，具体来说包括以下内容：

（1）方便游客旅游咨询。在合肥骆岗机场、新桥国际机场、合肥火车站、合肥高铁南站设立旅游咨询中心，在环湖重点景区（点）如三河古镇、半汤古温泉、郁金香高地等地设立50个旅游咨询点，统一旅游标识，提供咨询服务，免费发放3万份旅游宣传资料。

（2）强化品质旅游保障。力争符合国家标准的旅游厕所达到40个，提供旅游医疗应急服务的景区达到50家，新建、改扩建旅游景区游步道100公里，旅游交通引导牌380块。在旅游黄金周、小长假期间，环巢湖重点旅游景区实时向社会公布景区舒适度指数。

（3）提高行政审批效率。对环巢湖地区涉及申请设立旅行社及相关事务的，旅游局审批（核）时间均缩短为15个工作日。对环湖旅行社申请办理入境旅游团队邀请函的，3日内办结。

（4）增加旅游就业岗位。以环巢湖片区的旅游景区、饭店、旅行社、农家乐旅游点为重点，扩大旅游就业容量，解决环湖居民就业问题，为社会提供更多的就业机会。

（5）扶持乡村旅游发展。对环湖乡村旅游发展给予积极支持，加大产品开发、宣传促销和基础设施的建设力度，着力推进乡村休闲、红色旅游、生态旅游发展。合肥市用于乡村旅游和旅游扶贫的扶持资金逐年增加。

（6）提供智慧旅游服务。引导、支持更多的旅游企业为游客提供更加便捷的无线上网和在线网络服务。完善环巢湖国家旅游休闲区旅游政务网、信息网和12301旅游热线服务功能，开通"巢湖微旅游"平台，发行智慧旅游休闲卡。

（7）打造诚信旅游环境。实施旅游线路成本公示制度，定期发布旅游质量失信企业名单，开展诚信购物活动和环巢湖游客满意度调查，培育若干家诚信旅游单位诚信旅游线路。进一步加强旅游安全、文明旅游和核心价值观教育，营造更好的旅游环境。

8. 创新旅游标准，树立国家旅游休闲区品牌

国家旅游休闲区创建，通过创造性形成一批旅游品牌，如"美丽中国生态旅游"示范区、"中国古镇名村文化旅游"示范区、"中国研学旅游"创新区、"中国康体养生养老"示范区、"国际休闲运动旅游"示范区，进而树立国家旅游休闲区品牌优势，进而指导全国其他地区旅游休闲区创建。

（1）"美丽中国生态旅游"示范区。生态旅游示范区是以独特的自然生态、自然景观和与之共生的人文生态为依托，以促进旅游者对自然、生态的理解与学习为重要内容，提高对生态环境与社区发展的责任感，形成可持续发展的旅游区域。环巢湖地区生态环境优越，具有打造成为国家生态旅游示范区的天然优势。根据中华人民共和国国家标准《国家生态旅游示范区建设与运营规范（GBIT 26362—2010）》，完善环巢湖地区"美丽中国生态旅游"示范区建设。

一是环巢湖地区未来申报国家生态旅游示范区应以湿地型生态旅游示范区为主要目标，以《巢湖生态文明先行示范区生态保护与建设总体规划》为指导，积极编制《环巢湖生态旅游示范区规划》。

二是示范区规划按照整体优化原则、生态优先原则、生境范围原则、市场导向原则、容量控制原则制定总体规划，确保规划有效实施。

三是按照生物多样性、资源丰富性、价值独特性指标评价生态旅游资源；根据土地、水资源、森林、岩石与岩洞、系统整合、自然资源的保护与利用、示范区外围等指标对生态环境质量进行评价；根据传统文化的保护与利用、建筑、历史文化、自然文化、民族民俗文化、宗教文化等指标对传统文化保护进行评价；根据交通、自配停车场地、停车场或码头与景观不相协调、区内交通、特色交通方式和工具、给排水工程等指标对基础设施进行评价。此外，还需要考虑服务设施、安全、卫生、区域统筹、公共环境与社区参与、市场营销、综合管理、培训与教育等指标。

四是注重游客满意度调查，按照《国家生态旅游示范区游客满意度调查》问卷，找出短板，积极改进。

五是环巢湖生态旅游示范区应突出"美丽中国"，在融入地方文化的同时，也需要具有国际视野，要在全国生态文明建设和生态旅游发展上起到引领作用。

（2）"中国古镇名村文化旅游"示范区。环巢湖周边分布着大量古镇名村，其中最具特色的有 12 个，分别为：中庙、黄麓、炯炀、中垾、柘皋、散兵、槐林、盛桥、白山、同大、三河、长临河，这 12 个古镇各具特色，是未来创建"中国古镇名村文化旅游"示范区的重点。

一是按照企业主体、资源整合、项目组合、产业融合原则，打造一批聚焦康体养生产业，兼顾历史经典产业，具有独特文化内涵和旅游功能的特色古镇名村，以新理念、新机制、新载体推进产业集聚、产业创新和产业升级。

二是创新理念，借助"互联网＋"促进古镇名村旅游业态提升。在条件允许的古镇名村，可重点打造互联网创业小镇、云计算产业小镇、基金小镇等新型产业模式，创新旅游发展模式。

三是集聚提升。在创新的前提下，同类产业集聚在一起，带动产业链各个环节的合作以及同类企业之间的有序竞争，才能提升产业发展的层次，在经济转型提质的道路上突出重围。相比于以往泛泛而谈的产业"集聚"，古镇名村将体现更强的集聚效应和产业叠加效应。

四是融合发展。古镇名村特有价值就在于产、城、人的有机融合。在人文、生活、旅游的完整配套下，特色小镇内的企业不仅可以获得创业所需的各类资源，其生活需求、精神需求也可获得较高程度的满足。完善古镇名村设施配套，吸引高新技术人才和创业创新人群。

五是市场主导。古镇名村的发展应以市场主导、政府引导为主，市场主体的力量应在古镇名村的建设中起主要作用，政府应当思考和谋划如何调动这些市场主体的发展活力，为古镇名村的开发和建设注入新鲜血液。

（3）"中国研学旅游"创新区。2014 年国务院《关于促进旅游业改革发展的若干意见》中首次明确了"研学旅行要纳入中小学生日常教育范畴",按照全面实施素质教育的要求,将研学旅行、夏令营、冬令营等作为青少年爱国主义和革命传统教育、国情教育的重要载体,纳入中小学生日常德育、美育、体育教育范畴,增进学生对自然和社会的认识,培养其社会责任感和实践能力。按照教育为本、安全第一的原则,建立小学阶段以乡土乡情研学为主、初中阶段以县情市情研学为主、高中阶段以省情国情研学为主的研学旅行体系。加强对研学旅行的管理,规范中小学生的集体出国旅行。支持各地依托自然和文化遗产资源、大型公共设施、知名院校、工矿企业、科研机构,建设一批研学旅行基地,逐步完善接待体系,鼓励对研学旅行给予价格优惠。环巢湖地区研学旅游资源丰富、市场广阔,创建"中国研学旅行"示范区具有一定的优势,未来创建示范区选点可着重考虑以下几点:

一是运营良好。选择运营良好的旅游区(点)作为研学旅行示范区的依托。环巢湖周边的紫薇洞、三河古镇、滨湖国家湿地公园等地可作为未来研学旅行的依托。

产品丰富。整合策划一批修学旅游产品,加快形成"六个一"(一堂课、一本书、一台戏、一个景点、一家旅行社、一处特色旅馆)的研学旅游产品体系。

二是主题突出。以科技、文化、历史、革命教育、体育、生物、影视、动漫、探秘、拓展、升学等为特色,具备至少一个主题,体现研学与旅游的有机结合。

三是服务规范。内部管理到位,能提供良好的配套服务,环境整洁、卫生良好,厕所达到国家2A级旅游厕所标准。配有从事科普教育的专业人员,平均每50名学生配备至少1名讲解员。

四是安全有序。安全管理制度健全,制定完善的安全应急预案,配备数量充足的安全管理人员,设有专门的安全应急通道,有安全监控系统并确保各类安全设施设备运作良好。

五是政策优惠。针对不同性质的研学旅游群体,给了研学旅游者提供特殊的价格或服务优惠。

(4)"中国康体养生养老"示范区。中华人民共和国旅游行业标准《国家康养旅游示范基地(LB/T051—2016)》对康养旅游的定义为:"指通过养颜健体、营养膳食、修身养性、关爱环境等各种手段,使人在身体、心智和精神上都达到自然和谐的优良状态的各种旅游活动的总和。"康养旅游分为康养旅游核心区与依托区,未来可依托国标,大力发展康体养生养老产业。

第一,基本要求:环境、旅游经济水平、无障碍设施、产业联动与联合、旅游服务管理等条件要达到国标要求。

第二,康养旅游核心区基本要求包括资源与环境、产品与服务;依托区基本要求包括旅游接待设施与服务(旅游住宿设施与服务、旅游餐饮设施与服务、购物设施与服务)、公共服务(旅游交通服务、公共休闲服务、旅游信息咨询服务、旅游导向标识服务、旅游安全健康保障服务、旅游便民惠民服务、教育宣传、旅游厕所和环境卫生)等方面按照国标要求建设完善。

第三,环巢湖地区最具建设"中国康体养生养老"示范区的是中黄炯地区与半汤古温泉。前者包括中庙、炯炀及中庙姥山岛,康体养生养老资源条件优越,但离主城区距离较远；后者位于合巢经开区半汤，区位优势突出，且具有半汤古温泉这一知名品牌。

第四，两大区域核心区资源与环境、产品与服务基本达到要求，未来服务质量仍需进一步提升；两大区域依托的核心城市均为巢湖市，巢湖市在旅游接待设施与服务及公共服务方面仍需进一步提升。

（5）"国际休闲运动旅游"示范区。作为五大淡水湖之一，广阔的水域为水上运动提供了场地依托，环湖周边的山地可打造成为山地休闲运动基地，环湖周边特色小镇可作为环巢湖运动的服务配套基地，环巢湖大道的全线贯通，为休闲运动提供了极大的便利。山、水、镇、路的有机结合，使环巢湖"国家休闲运动旅游"示范区创建条件更加优越。示范区创建，主要思路有以下几点：

第一，打造立体化运动体系。坚持陆地、水面、山体和空中各种休闲运动全面发展，引进水上运动、低空飞行、汽车营地、主题村落、辟谷禅修、养生养老、山地运动、沙滩运动等户外休闲项目，突出发展户外休闲。

第二，引入国际知名运动项目。如铁人三项赛，该项运动起源于美国夏威夷，属于新兴综合性运动竞赛项目。比赛由天然水域游泳、公路自行车、公路长跑三个项目按顺序组成，运动员需要一鼓作气赛完全程。

通过举办赛事提升知名度。举办一年一度的环巢湖国际马拉松赛；举办形式新颖、活泼的半程马拉松、特步马拉松比赛；举办环巢湖全国自行车赛、青春毅行、环巢湖龙舟赛和巢湖渔火音乐节等活动，在条件许可的情况下，举办环巢湖帆船赛，打造环巢湖品牌赛事。

第三，完善旅游服务配套体系。环湖二十四咀可作为环湖运动赛事的综合补给中心，进一步完善住宿、餐饮、购物等基本功能（环湖二十四咀分别为：施口、红石咀、黑石咀、中庙、白衣庵、高速云水湾、芦溪湿地、烔炀河口、鸡裕河口、唐咀、沿湖村、柘皋河口、灵龟眠月亭、蛇山村、姥坞村、莲塘村、高林村、黄林村、青龙咀、张堂咀、齐咀、庙咀、幸福村东、幸福村西）。

第四，完善体育赛事宣传营销。广邀社会媒体赛事期间进行报道，加强互联网宣传营销，开辟专门的环巢湖运动旅游网站，争取邀请知名运动员前来参赛，发挥名人效应。

（二）相关建议

1. 创新旅游发展理念

（1）牢固树立"六种观念"。一是要牢固树立战略产业观念，旅游业就是环巢湖地区的战略性支柱产业；二是要牢固树立市场经济观念，市场是检验产品项目的重要标准，充分发挥市场在资源配置中的基础性作用；三是要牢固树立转型发展观念，下大力气转变旅游业发展方式，推进旅游产业转型升级，真正使旅游业走内涵式集约化发展的道路；四是要牢固树立以人为本观念，使旅游的发展惠及环巢湖周边居民，以游客满意度来衡量和检验各项工作的成效；五是要牢固树立精品旅游观念，有效整合旅游资源和各类社会资源，创新性地开发旅游精品，完善产品体系，增强旅游产品的核心吸引力和市场竞争力；六是要牢固树立产业融合观念，大力推进旅游与文化、体育、农业、工业、商业等相关产业和行业的整体联动与融合发展，形成旅游业带动相关产业发展，相关产业支持旅游业发展的大旅游产业格局。

（2）坚持遵循"六项原则"。一是坚持政府主导与市场主体相结合，发挥政府的主导功能，建立健全市场运作机制，充分发挥市场配置资源的基础性作用；二是坚持效益提升与规模增长相结合，更加注重从"量"的扩张转变为"质"的提升，通过优化旅游产业结构、延伸产业链条、延长游客逗留时间、增加人均消费、推进节能环保，努力提升旅游综合效益；三是坚持重点突破与区域协同相结合，加快旅游产业梯度推进，优化旅游空间布局，在重点发展中心城区和重点景区的同时，推动旅游发展相对薄弱地区的旅游开发和产业提升，形成环巢湖旅游协调发展、共同发展的格局；四是坚持产业融合与自我发展相结合，进一步加强旅游业与相关产业和行业的融合力度，努力拓展旅游产业新领域、挖掘旅游产品新业态、培育旅游消费新热点；五是坚持旅游发展与保护环境相结合，旅游的发展不应该以牺牲环境为代价，旅游发展反而有利于环境保护；六是坚持城市旅游与乡村旅游相结合，充分发挥"两城"对环巢湖旅游发展的支撑作用，大力推进周边乡村旅游，带动农民就业致富，促进城乡旅游互动。

2. 支持旅游业态创新

国家旅游休闲区成功与否的关键还是体现在业态创新方面，一方面需要合理整合现有旅游业态，打造一批具有怀旧风格的"老业态"；另一方面需要利用现有资源，积极开拓新业态。未来可重点打造一批老业态集聚区，如包河区苏拐风情街集中打造老合肥记忆，半汤街道重点打造老巢湖记忆等。通过创造、挖掘、组合、移植、模仿、综合等手段，实现传统旅游业态向新型旅游业态转变。传统旅游业态向新型旅游业态转变有以下四种方式：积极打造商、养、学、闲、情、奇六大新业态；通过与第三产业交叉融合形成的新业态；通过与其他一二产业进行融合渗透产生的新业态；旅游业与信息化融合产生的新业态。

3. 突出旅游规划引导

以"整体保护、全面规划、局部建设"为理念，集中人力物力，在省旅游局的指导下，着手编制《环巢湖国家休闲旅游休闲区总体规划》，该规划要求是一个多规合一的顶层规划，用来引导形态、业态、文态和生态四态合一。同时编制合肥市创建国家旅游休闲示范区行动计划，制定环巢湖国家旅游休闲区试点工作方案，明确创建目标和重点任务，有计划、分步骤地逐步落实。突出环巢湖生态优势，优先发展休闲度假产品，依托大湖、温泉、古镇、湿地公园、花海花谷等资源，加强环巢湖生态和旅游服务设施建设，明确创建的任务、要求、责任主体、经费来源、时间表和路线图。

4. 加大财政支持力度

政府财政安排支持旅游业发展的专项资金应根据财力增长逐年有所增加。加强财政手段和金融手段的协调配合，设立环巢湖旅游产业投资基金，探索建立旅游发展投融资平台，引导社会资金进入旅游领域，扶持旅游大项目、大集团建设。省级财政安排使用的各种产业、外贸、节能、文化、城镇与新农村建设等有关专项资金，对符合条件的旅游产业项目给予倾斜和支持。政府要加大对旅游宣传促销、重点旅游项目开发、旅游公共服务设施建设和旅游教育培训等的财政支持力度，使各项工作能够顺利开展。

5. 加大旅游金融支持

引导和鼓励各类金融机构开发和推广适应旅游业发展需要的个性化金融产品。允许环湖旅游景区、旅游饭店、旅游车船公司等旅游企业探索以特许、营运、收费等经营权和股权质押贷款的方式进行融资。鼓励金融机构逐步加大对环湖旅游业的信贷支持力度，加大对符合条件的重点旅游企业的授信额度。鼓励符合条件的旅游企业集团设立财务公司等非银行金融机构。鼓励产业投资基金、私募股权基金（投资公司）、创业投资机构以及合格的信用担保机构积极面向中小旅游企业开展业务。进一步完善旅游企业担保体系及运行模式，建立旅游风险基金，发挥农村金融机构、小额贷款公司的作用，增加旅游中小企业、"农家乐"经营户融资渠道。积极支持符合条件的旅游企业上市融资，通过发行股票和企业债券、项目融资、产权置换等多种方式筹集资金。

6. 加强旅游用地支持

在符合土地利用总体规划和国家土地供应管理政策的前提下，适当增加旅游业发展土地供应，优先保障列入环巢湖旅游发展重点项目的建设用地。积极支持利用荒山、荒地、荒滩、垃圾场、废弃矿山、岛屿等开发旅游项目。新建旅游项目取得国有建设用地使用权，一次性缴付土地出让金有困难的，可以分期缴付，但在土地出让合同中依法约定的分期缴纳全部土地出让价款的期限原则上不能超过1年，且首次缴纳比例不得低于全部土地出让价款的50%。充分利用农村土地流转政策，积极发展各类旅游。

7. 合力推进创建工作

省发展改革部门要把环湖旅游基础设施、旅游重点项目建设和旅游产业政策纳入年度国民经济和社会发展计划统筹安排。旅游、财政、建设、国土资源、农业、林业、水利、文化、宗教、体育、渔业、环境保护等部门，要共同搞好旅游资源的综合利用、开发和管理。公安、交通运输、民航、铁路、工商、物价、安全生产监管、质量技监、检验检疫和边防检查等部门要加强旅游运输、安全、物价、市场秩序、公共卫生、食品安全、出入境和口岸开放等方面的管理。宣传部门和新闻媒体要大力营造有益于环湖旅游业发展的舆论环境，大力宣传和推介环巢湖旅游，在全社会形成关注旅游、支持旅游、参与旅游的浓厚氛围。外事、外宣、贸促会等部门要为对外旅游宣传促销活动提供积极的支持和必要的便利，努力营造部门联动、合力兴旅的良好氛围。

8. 加强旅游品牌建设

坚持以人为本，大力实施旅游品牌带动战略，营造环湖旅游品牌成长环境，强化旅游企业品牌建设的主体作用，精心打造一批知名的环湖旅游目的地品牌、旅游产品品牌、旅游企业品牌和旅游管理与服务品牌。完善旅游品牌体系，树立旅游品牌形象，丰富旅游品牌内涵，鼓励开展旅游品牌创新，积极开展旅游品牌示范工程，加大旅游品牌宣传推广力度，提高旅游品牌经营效益，走出一条具有国际影响、中国特色和环湖特点的旅游品牌建设之路，依靠旅游品牌的提升，提高旅游产业素质和发展水平。

9. 推动产业转型升级

加快转变旅游业发展方式是合肥市旅游业的重要战略任务。要积极转变旅游发展理念，按照旅游功能综合化、旅游服务品质化、旅游活动低碳化、旅游产业融合化、发展方式集约化的要求积极推动环湖旅游业的转型升级。在继续扩大旅游规模的同时，更加注重旅游发展质量和效益；更加注重旅游资源的综合利用、旅游市场的综合开发和旅游目的地的综合建设，提高综合效益；更加注重发挥旅游业的教育文化功能，促进旅游业为人的全面发展服务；更加注重运用现代科技特别是信息技术，提升旅游业现代化水平；更加注重提高游客满意度，创新服务方式，形成旅游服务质量持续提升和旅游市场规范有序的长效机制；更加注重普惠国民，让旅游、休闲成为普遍性需求，保障国民旅游权益；更加注重资源环境保护，推进旅游节能减排，倡导绿色消费，实现绿色发展。

10. 争取新的优惠政策

一是提请省政府与国家公安部、外交部等部门协调，将72小时过境免签政策适用区域扩大至合肥市，努力吸引境外市场。二是提请省政府批准设立省级环巢湖国家旅游休闲区创建委员会，确定为正处级建制，并在财政、税费、用地、行政审批等方面赋予优惠政策。三是在市场宣传促销上给予更大的优惠政策，对各地旅游局参与的境外旅游营销活动比照商务、外事部门人员出国规定执行；对重大旅游节事活动视同经贸活动给予支持；鼓励支持到主要入境游客源国和地区设立旅游办事处或派驻人员进行营销推广；完善对旅行社参加境外旅游会展、广告投放的扶持政策，调动旅行社组织招徕境外游客的积极性。

（三）主要任务

政府在环巢湖国家旅游休闲区创建中主要扮演以下角色：首先是领导者，其次是协调者，再次是监督人，最后是参与者。在创建环巢湖国家旅游休闲区过程中，政府主要任务包括：完善管理体制、提供资金支持、发挥监管作用、整合社会资源、负责招商引资、加强宣传营销、促进便民惠民。具体来说，主要任务包括：

1. 完善管理体制

主要包括：成立创建领导小组（已完成）、组建环湖管理委员会、创建环湖旅游投资集团公司、改革旅游行政监管方式、建立环湖创建工作考核绩效机制、制定国家旅游休闲区验收标准、建立快速高效的环湖审批工作机制等。

2. 提供资金支持

为环湖旅游厕所标准化建设、环湖旅游集散中心完善、环湖旅游咨询、环湖旅游标识系统、环湖旅游信息化、环湖旅游生态环境整治、巢湖水污染治理、旅游宣传营销、部分旅游项目建设提供资金支持。

3. 发挥监管作用

充分发挥政府在环巢湖国家旅游休闲区建设中的监管作用，主要监管内容包括：旅游资源的保护、项目建设对生态环境的影响、巢湖水污染、夏季洪水水患、环湖旅游企业节能减排措施、旅游景区容量、游客的不文明行为、旅游经营中的欺客宰客行为、景区内部乱建乱拆等。

4. 整合社会资源

整合社会各方面资源，完成《环巢湖国家旅游休闲区总体规划》；合理引导舆论，营造良好的创建环境；发挥合肥高校集聚优势，设立国家旅游休闲区人才智库；给予环湖企业土地、资金、税收等支持；出台相关政策，促进旅游业与其他产业融合；引入世界500强企业，完善环湖基础设施及商业业态。

5. 负责招商引资

主要包括环湖重大旅游项目（健康养生、研学旅行、文化体验、科创中心、创客基地、低空飞行、温泉度假、生态休闲等）、重大商业项目、部分旅游基础设施、环湖旅游企业落地，以及五大示范区创建的招商引资工作。

6. 加强宣传营销

主要包括主题类旅游产品宣传营销（包括生态类、养生类、研学类、康体类、度假类等），重大旅游节庆宣传营销，重要体育赛事活动宣传营销，省外、境外旅游市场拓展，旅游网络营销的完善，旅游形象策划（可通过网络征集环巢湖旅游形象策划方案）、旅游口号（如有巢故里·大美湖城、览百里巢湖·游千年合肥、休闲养生中心·科研创新之地）等。

7. 促进便民惠民

环巢湖国家旅游休闲区创建需要上升到民生高度，促进便民惠民的主要措施包括：方便游客咨询、强化品质旅游保障、提高行政审批效率、增加旅游就业岗位、扶持乡村旅游发展、提供智慧旅游服务、打造诚信旅游环境、妥善安置环湖居民拆迁等。

总之，环巢湖国家旅游休闲区创建，应以"创新、协调、绿色、开放、共享"五大思想为引领，以体制机制改革为基础，旅游宣传营销为手段，文旅深度融合为根基，产品项目提升为抓手，中心景区提升为目的，旅游业态创新为亮点，特色小镇打造为重点，旅游便民惠民为根本，配套设施完善为支撑，国家级示范区创建为平台。通过多方努力，多边协调，多部门合作，多区域联动，最终建设国内首个国家级旅游休闲区。

附件　环巢湖国家旅游休闲区市场调研报告

为了深入分析环巢湖国家旅游休闲区客源市场，课题组人员分别于 2016 年 6 月 26 日、2016 年 7 月 31 日、2016 年 8 月 2 日对环巢湖东区的三河古镇、滨湖地区、半汤古温泉、郁金香高地、长临河古镇等景点进行问卷调研。一共投放问卷 400 份，回收有效问卷 395 份，问卷有效率为 98.75%。根据收集到的问卷，对环巢湖国家旅游休闲区旅游市场进行分析，结论如下：

一、客源市场构成

1. 性别与年龄结构

在被调查的游客当中，男性游客占 57.14%；女性游客占 42.86%。旅游者年龄结构主要集中在 19～35 岁，占 60.00%；其次为 36～45 岁，占 15.50%，可见中青年游客市场是目前环巢湖国家旅游休闲区旅游客源的主体。

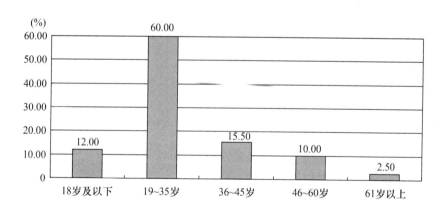

附图 1　环巢湖地区游客年龄结构

2. 国内游客来源地分析

当前环巢湖国家旅游休闲区省内市场与省外市场所占比重分别为 60.44%、39.56%。合肥及阜阳是省内市场的主体，分别占省内市场总份额的 54.87%、9.73%；其次为六安、安庆，分别占省内市场总份额的 7.96%、6.19%。江苏与河南是省外市场的主体，分别占省外市场总份额的 17.33%、14.67%，其次是湖北与山东，分别占省外市场份额的 12.00%、8.00%。环巢湖国家旅游休闲区市场应立足于合肥都市圈、长三角等近程客源地。

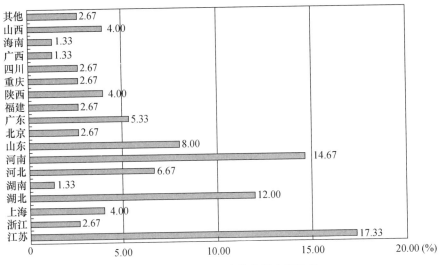

附图 2　环巢湖地区省外旅游市场结构

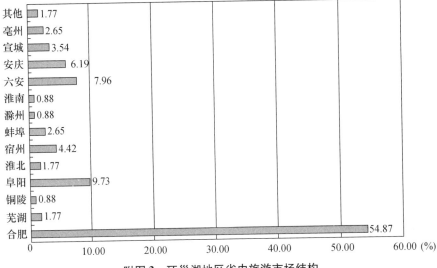

附图 3　环巢湖地区省内旅游市场结构

3. 职业结构

在被调查的游客中，旅游者的职业主要有：学生、企事业管理人员、工人等，比例分别为：35.94%、17.19%、13.02%。其他各职业则相对较为分散。

4. 受教育层次结构

来环巢湖地区的游客中：本科文化程度比例最高（34.74%），其次为高中/中专文化程度（24.74%）、大专（21.58%），其他所占比例较小，说明了受访者中游客的文化程度整体较高。

5. 经济收入

来环巢湖国家旅游休闲区的游客中月收入3001～5000元的占28.49%，2001～3000元的

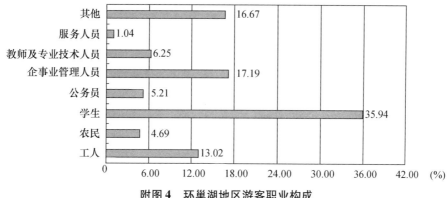

附图4　环巢湖地区游客职业构成

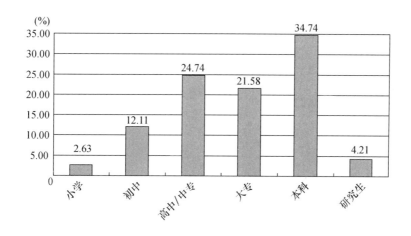

附图5　环巢湖地区游客学历构成

占17.44%，500元以下的占17.44%，5001~10000元的占16.86%。可见收入水平以2001~5000元者居多。随着人们收入水平的提高，在兼顾中低收入者的旅游需求的基础上，适度开发中高档旅游产品，是环巢湖开发旅游消费潜力值得关注的方面。

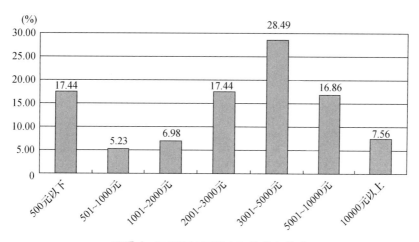

附图6　环巢湖地区游客经济收入构成

二、旅游消费行为

1. 信息来源

旅游者通过互联网了解环巢湖地区的占首要地位（42.56%），其次是电视宣传（13.85%）、书籍（7.69%）、报纸杂志（6.15%），而从其他渠道了解环巢湖地区的旅游者占总数的20.51%，说明环巢湖地区对外宣传的销售渠道开始多样化。

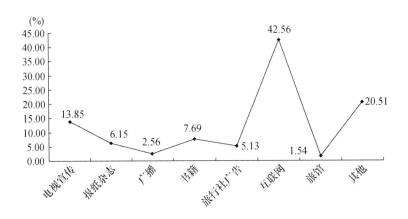

附图7　环巢湖地区游客旅游信息获得渠道

2. 外出旅游的方式

家庭出游和伙伴出游比重最大，分别占32.23%和28.91%；个人出游及单位织出游分别达到23.70%和6.64%，说明环巢湖地区旅游者团队与散客兼有，下一步在巩固团体市场的同时更要关注散客市场。

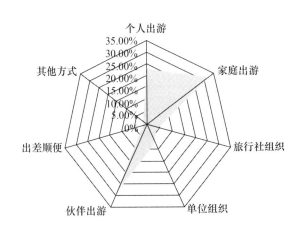

附图8　环巢湖地区游客出游方式

3. 旅游目的

游客来环巢湖地区旅游的目的以休闲度假、观光、文化体验为主，分别占总数的 30.11%、26.39%、22.68%。其次是娱乐（7.81%）、商务活动（2.97%）、公务活动（2.60%）、探亲访友（2.23%）等。环巢湖国家旅游休闲区创建，当前应立足于休闲与观光业态打造，特殊兴趣旅游不是当前旅游发展的重点。

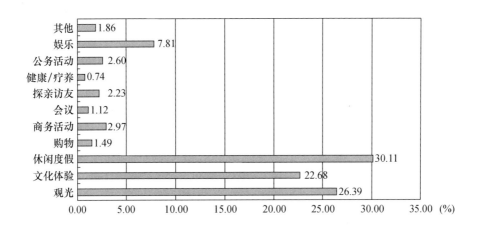

附图 9　环巢湖地区游客旅游目的

4. 旅游者的出行方式

调查显示，自驾车到环巢湖地区旅游的占 34.88%，其次是乘坐公共汽车，占总数的 26.98%，而乘坐火车和飞机的分别占 21.40% 和 2.33%，这说明环巢湖国家旅游休闲区的旅游者多以短途游客为主。

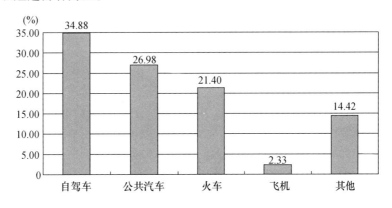

附图 10　环巢湖地区游客出行方式

5. 游客打算停留的时间以及总花费

调查显示，旅游者来环巢湖地区多为 1 天，占 31.68%。其次为停留 1.5 天和停留半天，分别占 28.57% 和 14.91%。说明旅游者在环巢湖地区停留时间相对较短，主要为短程旅游者。

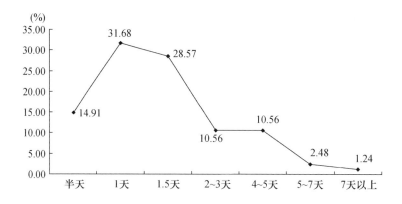

附图 11　环巢湖地区游客计划停留时间

游客在环巢湖地区的花费也不高，多为 301～500 元，占 28.99%，游客花费在 501～700 元占 24.85%，花费 101～200 元的占 14.79%。消费在 701 元以上的游客所占比例比较小，共约占 5.92%。未来应开放更多的参与性旅游项目，以增加游客在此的停留时间，进而增加旅游消费。

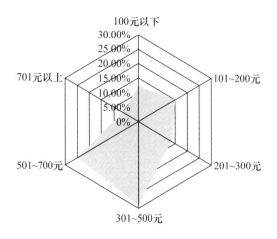

附图 12　环巢湖地区游客计划花费

三、旅游消费需求

1. 旅游者认为最吸引游客的旅游要素

调查显示，最吸引游客的旅游要素是巢湖风光，所占比例高达 26.04%，其次是三河古镇与滨湖万达文旅城，分别占 24.53%、15.47%，其余所占比例均在 10% 以下。说明水域风光、文化创意及历史古镇是未来主打旅游产品，具有一定的优势。

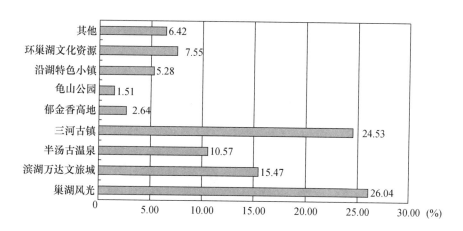

附图 13　环巢湖地区吸引游客景点（区）

2. 游客意见与建议

有超过 30% 的游客认为巢湖水污染有待进一步改进，环湖排水系统有待完善，主要与 2016 年气候有较大关系。认为商业化严重、物价贵的占总数 14.49%，认为未来应该加强景区之间的联系与合作的占总数的 13.77%。

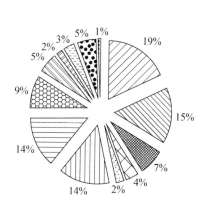

斜纹 巢湖水污染有待进一步改进
斜纹 排水系统有待完善
网格 交通不方便，需要改善
空白 景区配套设施需要提升
网格 娱乐体验设施较少
空白 商业化严重、物价贵
横线 加强景区之间的联系与合作
网格 景区知名度宣传不到位
斜纹 文化挖掘不够，特色需要强化
斜纹 缺少人文关怀
横线 旅游项目缺少趣味性与参与性
圆点 增加亲子类旅游项目
网格 其他

附图 14　环巢湖地区游客游览意见

3. 游客对旅游发展的综合评价

游客对环巢湖旅游评价结果表明，游客整体印象较好，优良度（包括较好与很好）高达 69.79%。游客对服务水平（73.02%）、旅游景区（72.87%）优良度感知较高，游客认为环巢湖地区的旅游购物、休闲娱乐和旅游住宿方面有待进一步提高和改善。

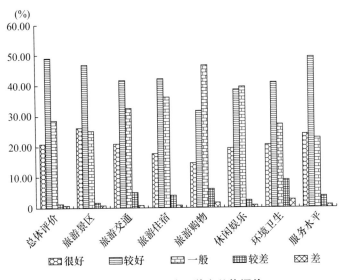

附图15　环巢湖地区游客总体评价

附：《合肥建设环巢湖国家旅游休闲区政策研究》问卷主要内容如下：

1. 您的性别_____，您的年龄_____，您来自哪里？_____。

2. 您的职业_____。

A. 工人　　　　　　　B. 农民　　　　　　　C. 学生　　　　　　　D. 公务员

E. 企事业管理人员　　F. 军警人员　　　　　G. 教师及专业技术人员

H. 服务人员　　　　　I. 离退休人员　　　　J. 其他

3. 您的学历_____。

A. 小学　　　　　　　B. 初中　　　　　　　C. 高中/中专　　　　D. 大专

E. 本科　　　　　　　F. 研究生

4. 您每月的经济收入_____。

A. 500 元以下　　　　B. 501 ~ 1000 元　　　C. 1001 ~ 2000 元　　D. 2001 ~ 3000 元

E. 3001 ~ 5000 元　　F. 5001 ~ 10000 元　　G. 10000 元以上

5. 您来旅游获得信息的渠道_____。

A. 电视宣传　　　　　B. 报纸杂志　　　　　C. 广播　　　　　　　D. 书籍

E. 旅行社广告　　　　F. 互联网　　　　　　G. 旅馆　　　　　　　H. 其他

6. 您外出旅游的主要方式_____。

A. 个人出游　　　　　B. 家庭出游　　　　　C. 旅行社组织　　　　D. 单位组织

E. 伙伴出游　　　　　F. 出差顺便　　　　　G. 其他方式

7. 您外出旅游的主要交通工具_____。

A. 自驾车　　　　　　B. 公共汽车　　　　　C. 火车　　　　　　　D. 其他

E. 轮船

8. 您旅游的目的是_____。

A. 观光 B. 文化体验 C. 休闲度假 D. 购物

E. 商务活动 F. 会议 G. 探亲访友 H. 健康/疗养

I. 公务活动 J. 娱乐 K. 其他

9. 您打算在本地停留多长时间_____。

A. 半天 B. 1 天 C. 1.5 天 D. 2~3 天

E. 4~5 天 F. 5~7 天 G. 7 天以上

10. 您打算在本地花费多少_____。

A. 100 元以下 B. 101~200 元 C. 201~300 元 D. 301~500 元

E. 501~700 元 F. 700 元以上

11. 您认为巢湖国家旅游休闲区最能吸引您的地方是_____。（如果以下都不是，请您自行填写）

A. 巢湖风光 B. 滨湖万达文化旅游城

C. 半汤古温泉 D. 三河古镇

E. 郁金香高地 F. 龟山公园

G. 沿湖小镇 H. 环巢湖文化资源

I. 其他

12. 您对环巢湖旅游发展的整体评价_____。

A. 很好 B. 较好 C. 一般 D. 较差 E. 差

13. 您对旅游景区的评价_____。

A. 很好 B. 较好 C. 一般 D. 较差 E. 差

14. 您对旅游交通的评价_____。

A. 很好 B. 较好 C. 一般 D. 较差 F. 差

15. 您对旅游住宿的评价_____。

A. 很好 B. 较好 C. 一般 D. 较差 E. 差

16. 您对旅游餐饮的评价_____。

A. 很好 B. 较好 C. 一般 D. 较差 E. 差

17. 您对旅游购物的评价_____。

A. 很好 B. 较好 C. 一般 D. 较差 E. 差

18. 您对休闲娱乐的评价_____。

A. 很好 B. 较好 C. 一般 D. 较差 E. 差

19. 您对环境卫生的评价_____。

A. 很好 B. 较好 C. 一般 D. 较差 E. 差

20. 您对服务水平的评价_____。

21. 您认为当前环巢湖旅游发展存在哪些问题？未来可在哪些方面进行改进？

_____。

本课题参与人员名单：

课题组组长：

    方叶林　安徽大学商学院　博士、讲师

课题组成员：

    章尚正　安徽大学商学院　教授

    李东和　安徽大学商学院　博士、教授、副院长

    刘法建　安徽大学商学院　博士、讲师

    丁　娟　安徽大学商学院　博士、讲师

    王丹丹　安徽大学商学院　硕士研究生

    钱　藏　安徽大学商学院　硕士研究生

合肥重点中心镇产业特色发展研究

课题负责人　胡登峰

重点中心镇的概念不同于中心镇、重点镇等概念。重点中心镇一般是指中心镇中的重点镇，是在农村经济的快速发展进程中形成的，具有特色鲜明、经济发达、功能齐全以及较强带动作用的特点。由于经济全球化和区域城市化的发展，客观上要求重点中心镇建设走上一个新的高度。这点在安徽乃至我国行政管理体制中，也有多方面实践案例，例如建设设置副县级镇。在本书中，我们将不完全考虑重点镇现有的行政设置，主要结合中心镇自身产业发展、经济实力、地理位置等要素，以及在合肥都市圈经济发展中的实力和未来发展需要，来衡量和评价哪些镇是重点中心镇。

本书认为特色产业作为产业的一个类属必然具有产业的一般属性：同类性与规模性。产业是具有某种同类属性的经济活动的集合。因此，构成特色产业的经济活动也必然具有这样或那样相同或相似的属性；另外，特色产业具有规模性或群体性。结合本次研究，认为镇域特色产业应该支撑本地经济发展，吸收大部分本地就业，可能在合肥都市圈范围内形成重要经济社会影响的产业。

关于产业与镇之间的关系，主要体现为城镇化建设过程中，不同产业带动镇域经济发展的模式存在差异，产城一体化应该成为多数小城镇建设的核心和关键点。国外众多城镇发展成功案例对合肥重点中心镇建设的最大启示是利用合肥不同地域的不同产业特色并顺应经济发展趋势来发展小城镇，即采取自身优势资源与世界新经济浪潮相结合的发展模式，可简略表示为：（优势资源＋新兴产业）×全球定位。目前小城镇发展模式受到各方重视，并逐渐演化为以某一产业为基础的"特色小镇"模式。

本书结合合肥重点中心镇和特色小镇发展模式，我们认为合肥作为高技术产业和传统产业相互兼容、并存发展的区域，既要发挥好行政资源优势，同时也要鼓励通过各种市场化机制提升重点中心镇建设。在我们的研究中，认为"特色小城镇"与"重点中心镇"之间是相互融合发展的。打造"特色小城镇"有利于提升"重点中心镇"经济实力和加快社会发展历程，同时打造"特色小城镇"产业有助于实现"重点中心镇"产业提升，并有助于形成本地区产业特色。

本书研究合肥重点中心镇特色产业意义在于：一是合肥重点中心镇产业发展以产业价值提升为使命，助力合肥"创新高地"建设；二是合肥重点中心镇产业发展以发挥历史文化价值为重点，支撑和塑造合肥本地文化发展；三是合肥重点中心镇产业发展以承接产业转移为中心，发挥合肥城市集聚功能；四是合肥重点中心镇产业发展以产业和城市融合发展为目标，提升合肥城市发展内涵和空间。

根据研究，我们结合本书研究目标，以产业发展为侧重点，以五大发展理念为指导，同时结合安徽省关于合肥四大发展带的发展要求，综合基于五大发展理念的合肥重点中心镇选择及合肥受四大发展带影响和带动的镇开展分析，本书综合了这两种选择标准，确定了合肥重点中心镇名单。

合肥重点中心镇名单

各县（市）	名单
长丰县	吴山镇、下塘镇、双墩镇、庄墓镇、杨庙镇
肥东县	撮镇镇、长临河镇、桥头集镇、梁园镇、白龙镇
肥西县	桃花镇、三河镇、花岗镇、山南镇、紫蓬镇
庐江县	泥河镇、汤池镇、同大镇、盛桥镇、矾山镇、龙桥镇、万山镇
巢湖市	柘皋镇、黄麓镇、中垾镇、炯炀镇、槐林镇、夏阁镇、银屏镇、散兵镇

关于如何打造重点中心镇特色产业，我们认为：明确合肥重点中心镇建设牵头部门；完善重点中心镇基础设施及公共服务设施；加速重点中心镇镇域特色产业转型升级；提升重点中心镇镇域特色产业层次；建立健全镇域特色产业支撑体系。

第一章 重点中心镇产业发展相关理论及经验借鉴

一、基本概念及产业发展相关理论

（一）重点中心镇内涵

重点中心镇的概念不同于中心镇、重点镇等概念。中心镇属地理概念，是县（市）域内一片地区中周围若干个乡镇的中心，在较长时期内具有相对的稳定性。重点镇则是根据一定的标准、为实现一定的目的而确定的，具有一定的人为因素和较强的政策导向，是处于动态变化中、有阶段性的。重点中心镇是指中心镇中的重点镇，是在农村经济的快速发展进程中形成的，具有特色鲜明、经济发达、功能齐全以及较强带动作用的特点。重点中心镇主要定位为小城镇中区位较优、实力较强、对周边农村和乡镇具有较大吸引辐射能力、发展前景广阔，并能与省、市、县（市）城镇体系有机融合的城镇。它既是县（市）内一定片区的中心，也是若干一般小城（集）镇的中心，起着片区首位城镇的作用。

由于经济全球化和区域城市化的发展，客观上要求重点中心镇建设走上一个新的高度。这点在安徽乃至我国行政管理体制中，也有多方面的实践案例，例如建设设置副县级镇。在本书研究中，我们将不完全考虑重点镇现有的行政设置，主要结合中心镇自身产业发展、经济实力、地理位置等要素，以及在合肥都市圈经济发展中的实力和未来发展需要，来衡量和评价哪些镇是重点中心镇。

（二）产业及特色产业内涵

20世纪90年代末以来，随着全球和国内的经济结构调整，我国各区域产业结构趋同现象越来越受到关注。对地方产业和特色产业的研究，自然成为理论工作者和政策制定者需要系统深入探讨的一个全新的课题。

主导产业是一个国家或地区的产业体系中处于技术领先地位的产业，它代表产业结构演变的方向或趋势；支柱产业是指在国民经济中所占比重最大，具有稳定而广泛的资源和产品市场的产业。无论是主导产业还是支柱产业，都着重强调其经济功能。发展主导产业或支柱产业的目的是为了促进国民经济增长、优化国家或地区产业结构，一般都是地方产业经过长期积累而形成的产业群落。对地方政府来说，除了关注主导产业和支柱产业外，一般比较注重培育的是特色产业，特色产业发展中有可能就是主导产业或者支柱产业，也可能既非主导产业也非支柱产业。

目前，关于特色产业的内涵，国内学者对其理解不一，至今没有形成统一的认识。路富裕认为[①]，特色产业是指以资源、技术、人才、区位等方面的优势为基础，在县及其以上的范围内，以特色产品为龙头，以市场为导向，依托特色龙头企业，集聚生产经营企业，形成具有较长产业链、较好前景、较强特色、高知名度的特色规模经济。郭京福等[②]把特色产业定义为"以特色产品、特色资源为基础，以现代工业、农业技术为依托，以市场经济运行方式为手段，围绕特色产品、特色资源进行综合开发形成的区别于其他传统产业，具有鲜明的地域性、不可替代性、可持续发展性和竞争性，且经济效益较高，发展前景广阔，能生产开发满足公众需要的特色产品的产业体系"。

本书认为特色产业作为产业的一个类属必然具有产业的一般属性：同类性与规模性。产业是具有某种同类属性的经济活动的集合。因此，构成特色产业的经济活动也必然具有这样或那样相同或相似的属性；另外，特色产业具有规模性或群体性。产业是一个集合概念，是某种同类属性经济活动的总和。

（三）产业发展相关理论

1. 比较优势理论

比较优势概念最早是由托伦斯提出的，后经大卫·李嘉图的提炼与推广，成为国际贸易理论的基石。近年来，比较优势概念所包含的内容几经变化，最初比较的内容是劳动成本，后来比较总要素成本，又发展到比较价格。林毅夫认为，现代经济学所指的比较优势是从各地经济要素的比重结构来分析的，主要包括三个方面：一是各地的资本拥有量；二是各地的劳动拥有量；三是各地的自然资源拥有量。如果一个地区拥有相对较多的劳动力，以及相对较少的资本，则这一地区就应该致力于发展劳动密集型产业，使用劳动密集型技术，生产劳动密集型产品。反之，如果资本相对丰富，劳动力相对稀缺，则发展资本密集型产业，使用资本密集型技术，生产资本密集型产品。自然资源亦如此。合肥市重点中心镇在产业发展过程中，应结合各镇在资本、劳动力和自然资源上的比较优势，考虑重点是发展劳动密集型产业还是资本密集型产业，抑或自然资源型产业。

① 路富裕. 把特色产业做大做强 [J]. 探索与求是，2001.
② 郭京福，毛海军. 民族地区特色产业论 [M]. 北京：民族出版社，2006.

2. 要素禀赋理论

赫克歇尔·俄林认为贸易产生的唯一原因是各国间资源的差异。不同国家和地区的自然资源不同，生产要素的禀赋也不同，生产某一商品所需要的自然资源比例不同，这些即是要素禀赋理论的主要内容，其中涉及两个概念：要素禀赋和要素密集度。要素禀赋是指一个国家或地区中两种生产要素量的比重大小，比重大则说明要素丰富，比重小则说明要素相对稀缺。要素密集度是对产品而言，是生产某种产品所投入两种生产要素的比例。要素禀赋理论是比较优势理论的继承和发展，尽管该理论仍然认同差异是决定区域经济发展方向的根本因素，但与比较优势理论不同的是该理论认为要素禀赋的差异是区域生产分工的决定因素。根据这一理论，合肥重点中心镇之间可根据各自要素禀赋的差异进行分工，发展本镇特色产业，形成一镇一特色、一镇一产业。

3. 竞争优势理论

比较优势理论和要素禀赋理论基本上是静态的理论体系，为了克服传统理论的缺陷，一些经济学家开始在比较优势和要素禀赋理论的框架之外寻求新的理论框架和分析角度。20世纪80年代，迈克尔·波特以"竞争三部曲"对比较优势理论进行了全面质疑，并提出了竞争优势的概念。他认为国家兴衰的根本在于能否在国际市场中取得竞争优势。竞争优势的关键在于能否使主导产业具有优势，优势产业的建立有赖于提高效率，提高效率的源泉则在于企业是否有创新优势。在竞争优势理论分析框架下，波特提出了著名的"钻石模型"，认为能够加强企业创造竞争优势的因素包括四种，即生产要素、需求状况、相关产业和支持产业表现以及企业的策略、结构和竞争对手的表现。合肥市重点中心镇的企业在分析本企业的竞争优势时可主要从这四个方面入手，充分了解本企业在市场中的竞争地位。

4. 区域经济非均衡理论

区域非均衡发展在区域经济学中比较常见，是其研究的核心内容之一，该理论最初是针对发展中国家赶超发达国家的一种途径而言。非均衡发展理论既包含非时间变量也包含时间变量。前者的主要代表是冈纳·缪尔达尔的循环积累因果论、阿尔伯特·赫希曼的不平衡论、佩鲁的增长极理论、弗里德曼的中心—外围理论和弗农等的区域经济梯度推移论；后者则主要是指威廉姆森的倒"U"形理论。非均衡发展理论是指二元经济中区域经济发展的过程是非均衡的，随着经济的发展，二元经济逐步向一元经济过渡。重点中心镇在行政辖属上是各地域单元中的核心乡镇，在地理位置上是镇域范围内若干个乡镇的中心，是能够带动一片地区发展的增长极核，同时也是新型城镇化和网络化城市体系的有机组成部分，是积极稳妥推进城镇化、完善城乡基础设施的着力点，将在缩小城乡差距、推进公共服务均等化发展、推进城乡一体化中发挥不可替代的战略性节点作用。

5. 产业集群理论

集群作为一种经济现象在西方出现比较早，最早对集群进行研究的是亚当·斯密，他认为，集群是由一群具有分工性质的中小企业为了完成某种产品的生产联合而形成的群体。波特认为，产业集群是指处于同一个特定产业领域的、相互联系的公司和相关组织在地理上集中的现象。从产业集群的定义来看，产业集群不仅包括企业、供应商、金融机构及相关厂商，还包括由于产业延伸而涉及的销售商、顾客、辅助产品制造商、基础设施供应商、政府、专业化培训、信息、研究开发、标准制定的机构以及行业协会和其他相关的民间团体等组织。因此，产业集群超越了一般的产业范围，形成了在某一特定区域内的多个产业相互融合、众多类型机构相互联结的共生体，构成这一区域产业特色的竞争优势。产业集群的发展程度已经成为考察某个地区或某个经济体发展水平的重要指标之一。产业集群一旦形成，民间经济固有的发展活力经过集聚后将加倍放大，从而为地方经济形成日益完整的产业链条和合理的资源配置格局奠定基础，同时为地方经济的拳头产业形成和技术创新奠定基础，最终为我国走新型工业化道路找到有效途径。温州柳市镇的低压电器产业集群就是强有力的一个例子，也为合肥重点中心镇的产业发展提供了经验借鉴。

二、国内外重点中心镇产业发展模式和经验借鉴

（一）国外小城镇产业发展模式和经验借鉴

近些年，小城镇模式受到重视，并逐渐演化为以某一产业为基础的"特色小镇"模式。从表1-1可以看出，无论是美国还是欧洲发达国家，都非常注重通过产业引领来实现小镇的发展。而这种产业的分布也非常广泛，包括高新技术、金融业、农业、旅游业、工业等。

表1-1 重点中心镇建设的国际实践

国家	地区	小镇特色	产业特点
美国	硅谷	高新技术企业小镇	高新技术企业集聚
	格林尼治	对冲基金小镇	对冲基金
	佛罗里达	SpruceCreek 航空小镇	航空航天产业
瑞士	达沃斯	温泉度假、会议、运动度假胜地	休闲旅游
法国	格拉斯	农业产业化小镇	花卉种植及香水业
	依云	旅游疗养小镇	文化旅游
丹麦	卡伦堡	循环经济小城镇	"工业共生体系"
德国	蒙绍市	城乡地带科技型小镇	科技型企业集聚

达沃斯（Davos）位于瑞士东南部格劳宾登州格里松斯地区，靠近奥地利边境、17公里长的山谷里，是阿尔卑斯山系最高的小镇。小镇自然资源丰富，拥有高山积雪、森林以

及湖泊山谷等。当地人口仅有 1.3 万，曾因地处偏僻高山而人迹罕至。从 19 世纪开始，凭借高海拔、空气优势，以及绝佳地形和降雪条件，逐步从瑞士夏季避暑疗养胜地发展成为欧洲高山滑雪运动首选地。20 世纪以来达沃斯作为国际冬季运动中心，客流及知名度持续快速攀升。在这种条件下，1971 年日内瓦大学教授克劳斯·施瓦布始创世界经济论坛前身。经历 40 多年的发展，论坛已成为全球政界、企业界及民间社团研讨世界经济问题的最重要平台。达沃斯"以自然环境得名，借世界级论坛盛名"的发展道路值得借鉴。

国外众多城镇发展成功案例对中国重点中心镇建设的最大启示是利用国内不同地域的不同产业特色并顺应经济发展趋势来发展小城镇，即采取自身优势资源与世界新经济浪潮相结合的发展模式，可简略表示为：（优势资源 + 新兴产业）× 全球定位。

第一，依托优势资源。优势资源通常是与生俱来的，且具有独特性、排他性和竞争性的比较优势。如达沃斯的高山地理环境及其气候条件下形成的天然滑雪场，韦尔维耶传统工业重镇积累的劳动力、企业总部等要素集聚及作为欧洲物流中心的产业配套优势。

第二，对接新兴产业。现代新兴产业指知识技术文化等高端要素密集、增长空间大、物资消耗少、综合效应好，对区域经济社会发展具有重大引领带动作用的产业。如达沃斯发展世界级会议及赛事。

第三，锁定全球定位。即依托全球性资源优势，瞄准全球产业制高点、参与全球化分工协作、提升在全球价值链中的地位。如美国硅谷中，苹果、谷歌、Facebook 都从这里诞生，而今享誉世界。

（二）国内城镇产业发展模式和经验借鉴

1. 工业主导型城镇产业发展模式和经验借鉴

乐清市柳市镇是浙江省经济十大强镇之一，是"温州模式"农村工业化的典型地区。柳市低压电器产品生产兴起于 20 世纪 60 年代末，到 80 年代早期，初步形成集群式分布。这里生产的低压电器，其规模、品种和产值均居全国第一，是中国最大的低压电器产销基地和出口基地。当地已领到生产许可证的企业近 4200 家，其中通过美国 UL、欧共体 CE 等认证的有 200 多家，225 家企业通过了 ISO9000 系列质量认证，拥有"正泰""德力西"两个低压电器行业仅有的"中国驰名商标"，是国内同行业持证最多、质量最优的生产基地。2002 年初，柳市获得中国电器工业联合会和中国机械工业联合会授予的"中国电器之都"称号。柳市镇在 2014 年中国综合实力百强镇榜单上位列全国第 17 位，省内第一位。

第一，生产因地制宜的拳头商品。乐清面海背山，主要靠公路运输，地理环境和交通条件的不便使得改革开放前柳市经济基础十分薄弱，无法发展资源密集型产业。低压电器的品种繁多，各品种之间的零件和零件生产设备具有较大的通用性，初期投资较少。其次产品主要是手工装配，且体积普遍较小，可分散到各家各户生产，是劳动密集型产业。柳市发展低压电器符合当地实际，符合柳市人多地少的特点。

第二，培养农民的集体从商意识。城镇集群性企业的建立和发展主要还是依靠农民自身的努力。创业者必须具备超前的市场经济观念、吃苦耐劳的品格、有关商品生产和经营的丰富知识和经验、先进的管理理念、卓越的胆识、良好的协作精神、在逆境中有不屈不挠的意志等素质。

第三，形成政府支持的融资渠道。目前，柳市多数企业是由民间资本支持的，这与申请贷款的繁杂手续有很大关系。在柳市镇，民营经济在经济总量中占据主导地位，因而各级政府都高度重视民营经济的发展，金融机构对民营企业的资金支持与国有企业是一视同仁的。在融资问题上，放宽政策，保证农村企业发展所需的资金供应。

2. 旅游主导型城镇产业发展模式和经验借鉴

乌镇作为中国江南的六大名镇之一，有着 1300 年的建镇历史。除了拥有江南的小桥流水人家的水乡风情和精致典雅的民居建筑外，它也极富历史与文化气息，是当代文豪茅盾的故居。乌镇于 1999 年开始启动古镇保护和旅游开发工程，2000 年开始推向市场。自 2001 年乌镇东栅旅游景区正式对外开放到 2007 年开放西栅景区，乌镇景区发展日趋成熟。乌镇在发展过程中进行分区控制，坚持"修旧如旧"和"原汁原味的江南水乡"理念，采取灵活多样的手段发展博物馆式的古镇，保持古镇原始风貌。以旅游业为支柱产业，发展基础设施、休闲等三产行业，着力打造全国一流的休闲度假古镇，把乌镇发展成为集旅游观光、休闲度假、商务会展为一体的旅游胜地，形成了独特的"乌镇模式"，最终实现"让世界了解乌镇，让乌镇走向世界"的远景目标。

第一，对旅游地形象进行定位并进行品牌传播。旅游地形象定位要尊重地方历史文脉，同时要突出其独特性、兼具思想性和艺术性。乌镇对外的宣传口号为"一样的古镇，不一样的乌镇"，宣传乌镇"小桥、流水、人家"的江南水乡特色，用原汁原味的"枕水人家"吸引了大量游客。

第二，开发特色旅游节目，突破静态观光产品层次。古镇旅游产品的转型由静态的观光到复合的观光、休闲、度假旅游产品的开发，注重深挖地方文化内涵，突出产品的地域特色，打造差异化的新产品，提升古镇旅游的文化品位，保护传统文化的真实性，实现古镇旅游产品的升级。乌镇自主开发了香市、童玩节等节事活动，突破了静态的观光产品层次，深入挖掘文化内涵，让游客领略原汁原味的古镇风情。

第三，建立"大旅游"发展观念。这里的"大旅游"有以下两层含义：一是指旅游目的地在空间上可以扩展。由于空间区域的有限性，以及城镇的旅游承载力的限制，城镇旅游地发展到一定阶段需要加强与外部的合作，如江南六镇的串联互动等。二是指旅游业对旅游目的地的贡献不仅在于旅游业本身，还在于它对其他产业的巨大拉动作用上。例如与旅游业强关联的农业、渔业、地产、会展、环保、手工业等都会在旅游业的带动下逐渐发展起来。

3. 新兴特色小镇产业发展模式和经验借鉴

综观沿海经济发达省份的特色小镇产业发展模式，值得借鉴的经验很多，余杭的"梦想小镇"就是其一。占地 3 平方公里的余杭"梦想小镇"，采用"互联网创业小镇"和"天使小镇"双镇融合发展，是当前特色小镇建设中的"翘楚"。该小镇于 2015 年 3

月 28 日启用，已经集聚基金及投资机构 58 家，资本管理规模超过 115 亿元；引进孵化器公司 7 家；申报入驻项目近 100 个，创业团队人数超过 2000 人。其目标是在 3 年内集聚大学生创业者 10000 名，创业项目 2000 个，基金（管理）及相关机构 300 家。

表 1－2　梦想小镇内涵建设三大构成

创业生态系统建设	为处于不同发展阶段的创业企业和团队全程提供有针对性的专业化孵化服务，构建"创业苗圃＋孵化器＋加速器"的全程孵化链条。创业苗圃以孵化创新创业团队和项目为目标，在苗圃内"育苗"成功的团队和项目进入孵化器。孵化器以孵化初创期企业为目标，从孵化期毕业的高成长性企业进入加速器。加速器主要以培育孵化器毕业的高成长性企业为目标，促进企业快速进一步发展壮大
人才服务体系建设	要致力于创新招才引智模式，建设公共技术服务平台，鼓励为科技创业孵化链条建设专业领域的公共实验室，为企业提供基本的技术研发、产品或工艺设计等服务，并实现数据、软件、装备、设施等共享资源。用多种方式建立检验检测服务平台、专业领域的技术专业渠道。同时，引入专业化服务机构。引进或培育第三方服务平台，与提供财务金融投资、法律、人力资源、贸易展会、技术转移、项目申报、政策信息、国际合作、股改上市等服务的专业机构合作，为企业提供全面且专业的增值服务。此外，还有创新服务运用模式，探索新型的孵化模式，采用市场化的运营手段，通过为企业提供高端服务实现盈利来反哺公益服务的投入。与专业园区运营商合作，根据区域产业链发展，按需求、有目的地为科技城输送企业，也为企业寻找更大的发展空间
金融服务体系建设	一是鼓励天使投资。支持科技创业孵化链条搭建天使投资网络，探索互联网金融下的"研究院＋孵化器＋交流论坛"三位一体发展模式，吸引天使投资人投资项目团队以及早期创业企业。二是引导社会资金。设立天使投资引导基金、创业投资产业发展基金，与创业投资机构合作筛选出优质企业并跟投，引导民间资本不断向科技资本、创业资本、产业资本转化。三是创新金融产品。建立创业贷款风险池，与银行、保险、担保、信托等金融机构合作，积极创新面向科技创业企业的金融产品，进一步降低初创期企业融资成本，缓解融资难问题。四是发展资本市场。鼓励管理人员持股孵化，并建立相应上市培育、上市辅导的退出机制，发展多层次资本市场

梦想小镇的主要做法及经验借鉴如下：

第一，孵化与基金叠加，扼住创业生态圈的关键环节。梦想小镇采用"互联网创业小镇"和"天使小镇"双镇融合发展。其中，互联网创业小镇重点鼓励和支持"泛大学生群体"创办电子商务、软件设计、大数据、云计算、动漫设计等互联网相关领域的企业。天使小镇则重点培育和发展科技金融、互联网金融，集聚天使投资基金、股权投资机构、财富管理机构。通过孵化与基金叠加，梦想小镇紧紧抓住创业中最关键也是最艰难的两个环节，让"人才"与"资本"无缝对接。

第二，以赛促创，大力支持"泛大学生群体"创新创业。梦想小镇着力支持"泛大学生群体"创新创业。据杭州工商局统计数据，杭州大学生创业的企业多达 8876 家，创业大学生 1.9 万余人，其中以浙大为主，电子、计算机相关领域最火，创业氛围远超清华、北大。梦想小镇所在地刚好毗邻浙大、杭师大等高校，并且专设浙大校友孵化器，把人才这张王牌牢牢抓在手里。为此，杭州未来科技城管委会根据大学生创新创业特点，主动搭台、以赛促创，打造"创业先锋营"，以比赛选拔的方式优中择优，将主要扶植对象"泛大学生"聚集起来。

第三，强化政府服务职能，优化公共配套设施。余杭区政府及有关部门专门制定《关于加快推进梦想小镇—天使小镇建设的若干意见》《关于加快推进梦想小镇—大学生互联网创业小镇建设的若干意见》，以此形成两个方面的政策支持。同时，筹建创业服务中心，努力提供专业化的创业服务，确保政策落实到位。未来科技城管委会作为梦想小镇的管理方，则在互联网思维下转变服务意识，打造一站式服务大厅和"云平台"服务系统，实现"线上＋线下"的特色服务组合。此外，区政府与未来科技城管委会围绕小镇产业形态与发展要求，不断优化公共配套设施，力争将小镇建设成为宜业、宜居、宜游的魅力小镇。

三、合肥重点中心镇产业发展独特地位和产业发展特征

（一）合肥重点中心镇产业发展独特地位及作用

合肥重点中心镇产业发展以产业价值提升为使命，助力合肥"创新高地"建设。在未来，合肥重点中心镇的产业发展注重以创新为导向，注重人才、科技、资本、信息等高端要素集聚，注重挖掘历史人文等各类要素资源的潜力，不断优化要素投入结构和投入方式，营造能够实现持续推动创新创业的发展环境。对外把最新的产业创新信息、新业态、新的商业模式甚至创新人才导入到本区域来；对内通过协同推进特色产业创新战略联盟和区域创新体系建设，不断地完善重点中心镇内市场主体的创新合作交流机制，促进区域内创新资源、信息和成果等互通共享，形成紧密精细的区域创新网络，提升产业价值，为合肥"大湖名城、创新高地"建设发挥重要作用。

合肥重点中心镇产业发展以发挥历史文化价值为重点，塑造和提升合肥本地文化。合肥作为国家历史文化名城，其重点中心镇的底蕴在于历史人文内涵、可持续性也在于历史人文内涵，必须把注重历史人文内涵的挖掘作为合肥重点中心镇产业发展的重要基础。对历史经典产业类重点中心镇发展，要推动产业、文化、旅游的深度融合。对一些以新兴产业为主体的重点中心镇建设，也要从初始条件上设定好科技人文传承发扬的基本导向，在传统和现代的结合中体现人文的丰富内涵，在产业生态位中滋养出人文品质，使重点中心镇避免成为单一物质产品的生产加工基地，而是成为一个真正的融创新、文化、旅游于一体的产业特色发展平台。

合肥重点中心镇产业发展以承接产业转移为中心，发挥合肥城市集聚功能。合肥作为皖江城市带承接产业转移示范区的重要区域，要围绕重点中心镇产业定位，积极承接产业转移，加快产业集聚区建设，培养出新的经济增长点，迅速形成核心增长极，为区域内劳

动人口提供就业空间。合肥重点中心镇承接产业转移，发挥率先、带动、辐射、示范的中心作用，解决自身发展问题的同时，发挥合肥这一中心城市的集聚扩散效应，加快生产要素的自由流动，降低经济社会的运行成本，强化城市之间、城乡之间的专业化分工协作，促进经济技术水平的提高，最大限度地实现资源有效利用。

合肥重点中心镇产业发展以产业和城市融合发展为目标，提升合肥城市发展空间和内涵。合肥市"十三五"发展规划强调按照"产城融合、集聚布局、集群发展"思路实现要素集聚，产业是城市发展的基础，城市是产业发展的载体，两者相互影响、不可分割。合肥重点中心镇产业特色发展的目标是促进合肥产城融合。产业与城市"融合发展"的实质是以融合促发展。城市化必须以产业作为支撑，产业需要依靠城市功能发挥形成产业发展外部环境，同时城市化本身也促进了产业延伸和新产业形成。坚持产城融合理念，合肥重点中心镇通过城市与产业互动发展，特别是特色产业培育，形成产业在区域"嵌入"，把产城融合发展作为提升合肥城市发展空间的重要途径。

（二）过去阶段合肥镇域产业发展特征

1. 传统农业对镇域产业发展具有重要影响

关于镇域产业的发展问题，通用的理论基本思想是假设区域内产业由农业产业向工业产业及第三产业为主导产业演化。传统农业在镇域发展的早期阶段起着重要作用，同时受镇域交通区位、人口、农业耕作方式等影响，在一定程度上决定了镇域未来的产业发展方向。从目前合肥众多的镇域产业发展情况来看，传统农业仍占据重要位置。例如肥东县传统农业基础较好、特色明显的牌坊乡，其特色蔬菜产业是合肥市规模最大的反季节蔬菜生产基地、全国第三大杭椒生产基地。庐江县泥河镇的传统农业基础雄厚：大井万亩圩区是天然的鱼米之乡；黄坡湖万亩水面是绿色水产养殖的理想之所；洋河、沙溪的万亩山地是风景秀丽的林果基地；垅畈相见的泥河西南盛产粮食和经济作物。可见，传统农业奠定了这些镇域发展现代农业或食品、农副产品加工业的基础，对镇域的产业发展具有重要影响。

2. 交通位置、人口特征等因素决定了镇域产业发展速度

镇域产业发展存在的诸多问题，归根到底在于自身吸引外地资本的条件不够。如果软件和硬件环境落后，会造成企业成本升高，降低企业的利润，难以对企业产生吸引力。因此交通位置、人口特征、配套设施、相关及支撑性机构等因素成为镇域产业发展速度的主要制约因素。例如，位于高速公路出入口地区的镇域，其车流、货流能直接由出入口进出高速公路，使镇域与周边区域能够产生方便、有效的联系，高速公路提升了这类镇域的区位条件、投资环境和发展潜能，进一步促进了镇域空间的发展。对于另一类远离高速公路出入口的镇域，则无法与高速公路建立快速便捷的联系，很可能在发展机会上被其他镇域所代替而导致一定的衰落。又如，一个镇域中的人口结构中，农业人口占比过大，从事工业和服务业的人口就会过少，工业和服务业相关企业前来投资就会缺乏劳动力和技术人才，该城镇的主导产业和龙头企业也一定会是农业企业，制约了第二、第三产业的发展。

3. 文化旅游资源禀赋决定了产业发展存在优先序

资源禀赋理论认为各地区资源禀赋的不同构成是贸易的基础，各地区应该生产并出口密集使用供给相对充裕、价格较为低廉的商品，而进口密集使用供给相对不足、价格较为昂贵的商品，以获得比较利益和更有效地利用本地区的生产要素。对于合肥有些镇域来说，文化旅游资源就是其供给相对充足、价格较为低廉的"商品"，优先发展这些"商品"有利于其获得较大的比较利益，以及获得经济的有效发展。例如，汤池镇拥有得天独厚的温泉资源，因此汤池镇以温泉为主体，优先发展旅游业，已形成了5大自然风景区，其旅游景点别具特色，吸引了12家省、市、县单位来汤池投资，建成了12处的休闲疗养中心。同时旅游业的发展带动传统农业向现代农业过渡，逐渐形成生态旅游农业，已建成了200亩的科技示范园，成为带领全镇发展农村经济，进行农业结构调整推广示范的场所兼旅游场所。

4. 都市圈中心城市对周边城镇产业发挥辐射带动作用且具有波纹特征

都市圈的扩散效应使得中心城市的制造业向周边城市或地区转移，低附加值服务业也在巨大的商务成本压力下从中心城市的商业区逐渐转移。扩散效应对周边城镇来说，接收中心城市的产业扩散能够促进本城镇的产业快速发展。合肥作为都市圈中心城市对周边城镇产业发展的辐射带动作用正是都市圈扩散效应的体现，且这种扩散效应还具有波纹特征，距离中心城市越远，受中心城市辐射带动的作用也就越小。

例如位于合肥东城核心区域的撮镇镇，是合肥交通优势最为突出的镇，其受合肥辐射带动作用十分明显，现已形成了以汽车零部件生产、机械制造、农副产品深加工为主要支柱产业的工业体系，同时其物流产业也得到了快速发展。上派、桃花等镇的产业发展同样受益于合肥中心城市的辐射带动，尤其是在《合肥主体功能区规划》将店埠镇、撮镇镇、上派镇、桃花镇、双墩镇纳入合肥主城区之后，这一特征将更为明显。再如位于庐江北部、巢湖南岸的同大镇现已成为合肥市重要的粮食果蔬供应基地，5年来，汽配产业开展集群式招商，并凭借汽车零部件产业荣获安徽省产业集群专业镇称号。而距离合肥52公里的长丰县朱巷镇受都市圈中心城市的辐射带动作用就不如靠近合肥周边的一些城镇，其产业发展依旧以农业为主。都市圈扩散效应的波纹特征在长丰县的体现特别明显（见图1-1）。

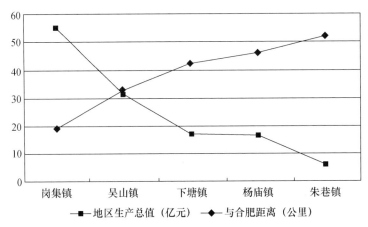

图1-1　2015年长丰县部分镇地区生产总值与合肥距离关系

5. 新兴特色小镇产业处于起步与培育阶段

《国家"十三五"规划纲要》中提出，因地制宜、分类施策推进各具特色、富有活力的休闲旅游、商贸物流、现代制造、教育科技、传统文化、美丽宜居等特色小镇建设，促进特色小镇持续健康发展。特色小镇发展已经提上了国家日程，从目前情况看，合肥小城镇的产业结构层次低、产业结构单一，大多数城镇仍以手工业和传统农业为主导，缺乏先进工业和服务业的引领，产业还未形成特色，新兴特色小镇建设尚处于起步和培育阶段，根据合肥主体功能区规划及小城镇建设要求，需要进一步围绕智慧生态科技小镇、文旅小镇、农业小镇、山水主题小镇、创业孵化小镇等做好产业的进一步谋划和创建。

第二章　合肥市重点中心镇选择及分类

到 2015 年末，合肥市共有 65 个建制镇，其中属于县（市）政府驻地城关镇 4 个，合肥市辖区所辖建制镇 9 个。由于以上这两类建制镇所具有的特殊性，其建设标准应高于一般建制镇，因此，我们所研究的对象确定为除以上两类建制镇以外的其他建制镇，合计 52 个。从量大面广的小城镇中选择和培育重点中心镇，须建立合理的评价指标与选取方法。在研究中，我们坚持选取的方法必须遵循科学性与可行性相结合、定性分析与定量评价相结合，同时考虑统计数据的可获性与可比性等，选取方法与标准还必须易操作和通俗易懂。

一、合肥重点中心镇选择

（一）重点中心镇选择的基本原则

总量控制与分区遴选原则。经国务院批准实施的《安徽省城镇体系规划（2011～2030）》要求，全省重点抓好 90 个左右重点中心镇的规划建设，但在现有发展的基础上，根据发展要求，应适当扩大范围。同时由于合肥各县（市）经济条件比较好、人口规模大、发展较快，各县（市）的重点中心镇数量可选择 4～6 个。重点中心镇的选取采用以县（市）域为单元，择优遴选的方法。

逐步筛选与优先考虑原则。针对镇域经济本身的特点，重点中心镇的设置拟采用逐步筛选的方法。同时，2014 年已经评出的国家重点镇，以及具有国家级及省级称号的建制镇（除城关镇及市辖区所辖建制镇）将作为优先考虑者直接进入重点中心镇初选名单。

择优精选与动态发展原则。2003 年安徽省确定的合肥市 5 个重点中心镇以及在县（市）域城镇体系规划中已确定为重点培育和发展的建制镇，有下列情况之一的：在城市发展中已进入城市规划区范围；不再属于县（市）域城镇体系规划中确定的重点发展镇；由于乡镇撤并使其行政区划发生变化的，或拟进行乡镇调整的；发展缓慢、规划建设管理工作相对滞后的，将视具体情况进行调整。

（二）安徽省早期重点中心镇遴选依据

关于重点中心镇的遴选及条件，2003 年安徽省建设厅、安徽省发展计划委员会、安徽省财政厅对推荐确定省级重点中心镇提出意见，建议推荐上报的重点中心镇要具备以下条件（见表 2 - 1），这一推荐标准对于课题组现阶段确定合肥重点中心镇名单具有一定的借鉴意义。

表 2 - 1　2003 年安徽省重点中心镇推荐条件

	条件	合肥名单
安徽省重点中心镇推荐条件	在当地有一定的规模（经济发展规模、镇区人口规模、小城镇建设规模）	肥西县三河镇、长丰县双墩镇、肥东县撮镇镇、庐江县汤池镇、居巢区柘皋镇
	有一定的区位优势和资源优势，有明显特色的小城镇	
	有初具规模的主导产业和支柱产业，并对当地政府税源和农民财源有重大影响	
	发展基础良好，发展前景广阔	
	在当地一定区域内具有较大影响，并能辐射带动周边区域的发展	

根据各市推荐和省直关部门审核，省政府确定了肥西县三河镇等 63 个镇为全省重点中心建制镇作为发展重点，扶优扶强，以点带面，加快小城镇建设步伐，并提出对重点中心建制镇，要实行动态管理，对发展缓慢的，将取消资格；对一般中心建制镇中发展快的，可适时增补为重点中心建制镇，以鼓励先进，加快全省小城镇发展。经过十几年发展以及区域调整变化，这一重点中心镇名单已不适应当前实际的发展情况，应当及时做出调整。

（三）基于五大发展理念的合肥重点中心镇选择

重点中心镇在新型城镇化发展、提升县域经济、加快民营经济发展、促进城乡统筹发展过程中发挥着重要作用。合肥要打造"大湖名城、创新高地"，重点中心镇是支撑合肥创新发展的基础和平台。重点中心镇选择要兼顾地区发展，协调好各区域重点中心镇数量。绿色是永续发展的必要条件，绿水青山就是金山银山，重点中心镇的建设要把好山、好水、好风光融入城市，大力发展绿色低碳经济。合肥处于"一带一路"、长江经济带重要节点，重点中心镇助力合肥打造长三角城市群副中心，要实行更加积极主动的开放战略，全面提升合肥开放型经济水平。合肥重点中心镇作为"城市之尾、乡村之首"，是县（市）域内一片地区中周围若干个乡镇的中心，是能够带动周围一片地区发展的增长极核，要突出与周边乡镇的共享发展。因此合肥重点中心镇的选择必须遵循"创新、协调、绿色、开放、共享"五大发展理念。

在政府财力等要素调控能力有限的情况下，重点中心镇建设摊子铺待过广或普降"毛毛雨"，不仅眼前成效不明显，从长远看，还会产生新的浪费，应当集中力量、财力和其他社会资源，选择部分中心镇，重点培育、着力打造，努力发挥其示范引领作用。课题组建议，在确定合肥重点中心镇时要在创新、协调、绿色、开放、共享五大发展理念的指导下，从产城融合发展、区域经济协调发展、城镇未来发展潜力等角度考虑，选择人口达到一定规模、区位优势明显、经济发展潜力大、服务功能较完善、规划管理水平较高、科技创新能力较强的建制镇。鉴于数据可获得性影响，课题组主要从常住人口、规模以上工业总产值、农民人均纯收入以及建成区面积四个指标来选择合肥重点中心镇（各建制镇详细数据见附件一）。课题组在选择合肥市重点中心镇时优先考虑了具有国家级及省级称号的建制镇（见附件二）。另外课题组根据掌握的各镇产业发展情况，对于产业基础较好、特色明显、发展势头和潜力较大，且具有一定空间优势的小城镇，适当放宽了规模以上工业总产值指标。根据以上各种条件，课题组遴选出了以下重点中心镇名单（见表 2 - 2）。

表 2 - 2　遴选出的合肥重点中心镇名单

各县（市）	名单
长丰县	吴山镇☆、下塘镇△☆、双墩镇◆、庄墓镇
肥东县	撮镇△☆●◆、长临河镇☆●、桥头集镇☆、梁园镇
肥西县	桃花镇◆、三河镇△☆●、花岗镇△☆、山南镇、紫蓬镇
庐江县	泥河镇☆、汤池镇☆、同大镇、盛桥镇、矾山镇、龙桥镇
巢湖市	柘皋镇☆、黄麓镇☆、中垾镇、炯炀镇、槐林镇

注：△表示安徽省扩权强镇试点镇；☆表示全国重点镇；●表示全国发展改革试点镇；◆表示全国综合实力千强镇。

在这里需要特别指出的是，按照合肥环巢湖特色小镇建设的重点，长临河、中庙、黄麓、炯炀、中垾、柘皋、槐林、散兵、白山、盛桥、三河、同大等环湖十二镇是未来合肥推进新型城镇化的重要载体，已建成的环巢湖旅游大道将合肥到巢湖城区、庐江城区的距离缩短到 40 分钟车程以内，极大地提高了环巢湖交通便利。合肥正依托"大湖"烘托"名城"，把环湖十二镇打造成个性鲜明、环境优美、经济繁荣、宜居宜业宜游的现代特色小镇，让人们共享"生态红利"、分享"绿色福利"。

（四）打造合肥都市圈，直接受到四大发展带影响和带动的镇

安徽省"十三五"规划提出加速经济圈一体化，以合肥为中心，促进合芜发展带、合淮蚌发展带、合铜发展带、沿江发展带建设，引领推动合肥经济圈向合肥都市圈战略升级，努力成为全省核心增长极乃至国内有重要影响力的区域增长极。在这一发展战略部署下，合肥部分小城镇发展未来将直接受到四大发展带的影响和带动，这部分小城镇即使目前的发展条件或基础并不突出，但未来的发展潜力较大。

受合芜发展带影响的镇比较集中地分布在合芜高速公路附近，例如位于高速公路出入口地区的撮镇镇、柘皋镇、夏阁镇等，其车流、货流能直接由出入口进出高速公路，提升了这类小城镇的区位条件、投资环境和发展潜能，使小城镇与周边区域能够产生方便、有效的联系，提升了小城镇的发展空间。合淮蚌发展带上的吴山镇、下塘镇、杨庙镇、庄墓

镇等类似于此。合铜发展带是合肥都市圈连南接北的主廊道，受其影响和带动的镇主要分布在庐江县内，例如同大镇、万山镇、庐城镇、泥河镇等。从空间布局来看，合肥、芜湖、铜陵等市均位于沿江发展带上，而沿江发展带对庐江县和巢湖市部分城镇产业发展的带动作用更为明显。根据以上分析，表2－3列出了四大发展带影响和带动的合肥相关镇名单。

表2－3　四大发展带影响和带动的镇

四大发展带	名单
合芜发展带	撮镇镇、桥头集镇、烔炀镇、中垾镇、柘皋镇、夏阁镇、银屏镇
合淮蚌发展带	双墩镇、吴山镇、下塘镇、杨庙镇、庄墓镇、白龙镇
合铜发展带	三河镇、同大镇、万山镇、泥河镇、矶山镇、龙桥镇
沿江发展带	泥河镇、矶山镇、龙桥镇、盛桥镇、槐林镇、散兵镇、银屏镇

综合上面基于五大发展理念的合肥重点中心镇选择及合肥受四大发展带影响和带动的镇开展的分析，课题组综合了这两种选择标准，最终确定了30个重点中心镇，具体名单如表2－4所示。

表2－4　合肥重点中心镇名单

各县（市）	名单
长丰县	吴山镇、下塘镇、双墩镇、庄墓镇、杨庙镇
肥东县	撮镇镇、长临河镇、桥头集镇、梁园镇、白龙镇
肥西县	桃花镇、三河镇、花岗镇、山南镇、紫蓬镇
庐江县	泥河镇、汤池镇、同大镇、盛桥镇、矶山镇、龙桥镇、万山镇
巢湖市	柘皋镇、黄麓镇、中垾镇、烔炀镇、槐林镇、夏阁镇、银屏镇、散兵镇

二、合肥重点中心镇类型划分

基于以上对重点中心镇遴选条件和确定原则的梳理，以及本书对合肥各重点中心镇现有产业发展基础、资源禀赋、人文历史等情况的掌握和认识，借鉴外省及外国的经验，本书认为，重点中心镇产业特色发展需要在重点中心镇类型划分这个关键问题上形成共识，从而为合肥重点中心镇的产业发展勾画一个粗线条的框框。

（一）关于类型划分

根据重点中心镇的现有镇区面积、人口规模、产业基础、资源禀赋、人文历史，以及发展态势和前景等,可以将合肥重点中心镇划分为四类,即工业主导型、商贸流通型、文化旅游型以及现代农业型。

工业主导型重点中心镇的特征是镇域工业有一定规模,工业增加值占比较大,从而使更多乡镇企业集聚,吸纳农村剩余劳动力,促使人口集聚,带动服务业,推动城镇发展。商贸流通型重点中心镇的特征是基于传统的商品集散地的地缘优势,通过改善市场基础设施,拓宽市场交易范围,从而形成较大规模的客流、物流、信息流,发展沟通城乡的专业性市场。文化旅游型重点中心镇的特征是借助当地特色资源发展旅游业,以保护历史文化资源和生态环境为基准,通过"旅游、商贸、房地产、生态农业"多维产业互动和"旅游区、镇区、产业园、周边乡村"区域联动,使旅游业为核心的产业链进行前向和后向的延伸。现代农业型重点中心镇的特征是以市场为导向,将农业生产过程中的产前、产中、产后各环节连接成一个完整的产业系统,以生态农业旅游区和农产品加工区为空间载体,以增加就业岗位、提高农民收入为核心。

(二) 关于指标体系

重点中心镇既有别于一般城市,又有别于一般小镇,确定和设置重点中心镇划分类型的指标体系,是重点中心镇产业发展的重要依据。总体而言,重点中心镇的财政收入、农民人均纯收入、人口规模、建成区面积、工业产值等指标应当明显优于其他同类小城镇。本书重点就工业主导型、商贸流通型、文化旅游型、现代农业型四类重点中心镇设置指标体系,具体内容如表2-5所示。

表2-5 重点中心镇指标体系

重点中心镇类型	常住人口 (万人)	工业产值 (亿元)	农民人均纯 收入 (万)	建成区面积 (平方公里)	其他指标
工业主导型	4~5	70~120	1.2~1.5	4~5	2~5平方公里工业园区
商贸流通型	3~4	40~70	1.1~1.3	3~4	商贸流通业产值1亿元以上
文化旅游型	2~3	10~40	1.0~1.2	2~3	游客年接待量50万人次以上;旅游综合收益2亿元以上;3A级景区1个以上
现代农业型	2~3	—	1.0~1.2	1~2	农业产值比重最大

根据这些基本指标及未来发展实际需要,合肥重点中心镇类型划分如表2-6所示。

表2-6 合肥重点中心镇类型划分

类型	名单
工业主导型	撮镇镇、桃花镇、花岗镇、吴山镇、下塘镇、双墩镇、中垾镇、梁园镇、紫蓬镇、龙桥镇、槐林镇
商贸流通型	柘皋镇、泥河镇、万山镇
文化旅游型	三河镇、汤池镇、长临河镇、黄麓镇、烔炀镇、银屏镇、散兵镇、矾山镇、夏阁镇、桥头集镇
现代农业型	同大镇、盛桥镇、庄墓镇、山南镇、杨庙镇、白龙镇

各种类型的重点中心镇其产业发展的方式存在较大区别，后面在分析合肥重点中心镇产业未来发展方向及路径选择时，首先要立足各镇自身环境和资源禀赋，把握区域分工和社会分工带来的发展机遇，充分发挥区位优势、资源优势和产业优势，坚持和把握重点中心镇产业发展的特色。例如撮镇、吴山等镇可以围绕现有的工业基础和民营经济环境，大力优化提升传统产业，引进发展高端新兴产业，打造工业主导型重点中心镇；柘皋、泥河等镇可以立足于当地的自然资源和优越的区位优势，大力发展商贸业和现代物流，打造著名的商贸流通型重点中心镇；三河、汤池、长临河等镇可以依托丰富的历史文化和旅游资源，坚持保护和开发并重，彰显区域特色、体现村风民俗、传承优秀文化，打造特色文化旅游型重点中心镇；同大、盛桥、山南等镇可以围绕现有的现代农业基础，加快建设现代农业示范基地，大力发展绿色经济以及经济作物、园艺作物，开展农业标准化生产和农产品精深加工，培育高效生态农业和休闲观光农业，延伸农业产业链，推进农业产业化和第一产业、第三产业化，打造现代农业型重点中心镇。

第三章　合肥重点中心镇产业发展现状及存在的问题

一、合肥重点中心镇产业发展现状

(一) 工业主导型重点中心镇产业发展迅速

伴随着《合肥经济圈城镇体系规划 (2013～2030)》的不断完善，合肥经济圈的范围逐渐明晰，作为核心动力的"合肥都市圈"在实现合肥市成为全国性综合交通枢纽、长三角世界级城市群的副中心、引领区域发展的国际化都市区、内陆开放合作的新高地中发挥了重要作用。工业主导型重点中心镇借助于合肥都市圈的辐射带动作用，其产业近年来得到了快速发展。下塘镇是合淮工业走廊的重要节点，介于省会合肥与能源城市淮南之间，距离合肥外环高速入口仅 10 公里，是合肥市北部重要的工业基地。在合肥都市圈的辐射带动下，经过几年快速发展，下塘镇逐渐发展成以铝深加工产业为支柱的重点镇，尤其是正式启动下塘工业园规划建设之后，铝深加工产业已经成为吸纳就业最多、财政贡献最大、发展速度最快的支柱产业。

(二) 商贸流通型重点中心镇产业发展渐成规模

借助合肥都市圈极大的交通便利以及商贸流通型重点中心镇本身的交通及地理位置优势，近年来，商贸服务业发展规模逐渐扩大。例如柘皋镇已经成为巢北最大的商品集散地。柘皋镇的交通区位优势十分明显，水、陆交通便捷。省道 331 与合芜高速交叉穿境而过并在镇区交会，柘皋河连巢湖通长江，且可常年通航，系一天然黄金水道。现已建有商贸、竹木、粮油、牲畜、蔬菜批发五大专业市场，辅之以四树、华联、天润发等多家超市及临街 2000 多个商业门面和各类摊点。各类商品品种齐全，日客流量达 4 万～5 万人，年商品成交额达 2 亿元。

（三）文化旅游型重点中心镇产业发展特色明显

合肥的资源型城镇包括自然资源型和历史文化资源型，三河、汤池等镇借助其得天独厚的自然资源与历史人文资源大力发展旅游业，近年来合肥这类文化旅游型的重点中心镇的旅游业得到了快速发展，并突出了本地特色。例如汤池镇围绕"大合肥地区休闲养生度假首选目的地"打造国际温泉度假区，经过多年努力，以金孔雀温泉度假村为代表的一批旅游企业相继落户，建成了以相思林、金汤湖、白云禅寺为代表的旅游景点，不断地提高汤池旅游的知名度和游客认可度。2015 年汤池游客接待量达 130 万人次，旅游收入3.9 亿元。三河古镇以"千年古镇、生态水乡、名人故里、美食天堂"的旅游定位打造了国家 5A 级景区，其以水乡古镇为特色，荟萃了丰富的人文景观，具有典型的"小桥流水人家，水乡古镇特色"。在饮食方面，三河传统饮食文化源远流长，它取南北菜系之长，集徽、川、淮扬菜之大成，形成自己独具特色的菜肴风味，有"游在黄山，食在三河"的美誉。此类重点中心镇的旅游业发展特色明显。

（四）现代农业型重点中心镇产业发展规模扩大

发展现代农业是中央为促进农业农村经济又好又快发展提出的新任务，是从根本上解决"三农"问题的必由之路，对推进新农村建设、构建和谐社会具有重大而深远的意义。安徽是一个农业大省，合肥作为省会城市，在发展现代农业、加快推进农业现代化方面发挥了带头示范作用。例如位于庐江北部、巢湖南岸的同大镇，着力培育了优质粮油、家禽、水产、蔬菜、葡萄、苗木花卉六大产业，全镇集中连片流转土地 6.7 万亩，家庭农场76 家，农民合作社 46 家，农业产业化龙头企业 29 家。近年来同大镇向合肥输送了 6 万多吨优质、新鲜、无公害的时令蔬菜，现已成为合肥市重要的粮食、果蔬供应基地。合肥现代农业型重点中心镇的产业发展规模在不断扩大。

二、合肥重点中心镇产业发展存在的问题

根据课题组在调研中收集到的材料，我们整理了部分重点中心镇产业在发展中存在的一些问题，如表 3-1 所示。

（一）工业主导型重点中心镇产业发展中存在的问题

合肥工业主导型重点中心镇的工业发展基础较好，主导产业较鲜明，但在发展中也存在一些问题。首先是合肥工业主导型重点中心镇的现有企业规模偏小，龙头企业较少，工

表 3 - 1　各类型部分重点中心镇产业发展中存在的问题

类型	重点中心镇	问题
工业主导型	花岗镇	因基础设施继续建设问题，招商引资项目落地难；农业科技含量不够高，农业基础设施抵御自然灾害的能力不强
	撮镇镇	发展定位不明晰、专业人才缺乏、产业质量不高、招商引资不足、社会管理难度加大
	吴山镇	企业融资困难；技术人员招聘及培训困难；吴王大道破坏严重，路况差，严重影响企业生产材料和产品的运输；自来水厂供水不稳定，经常性停水给企业生产带来严重阻碍
	下塘镇	销售网络建设不完备；基础设施配套不完善；土地瓶颈制约发展；建设融资困难
	烔炀镇	集聚区产业规模总量不大；集聚区功能混杂；粉尘污染重；基础设施不完善；建设用地指标紧缺
商贸流通型	泥河镇	企业融资困难；企业创新管理较弱；生产服务业相对滞后；产业园基础设施投入较少
	柘皋镇	缺少人才，乡镇工作环境和生活条件相对艰苦，难以吸引优秀人才，加上进入渠道窄，且优秀人才容易被上级部门挖走，缺少人才制约产业发展；缺少资金，全年的财政收入少且主要用于卫生、教育、基础设施等改善民生方面，产业发展缺少资金
文化旅游型	三河镇	景区内旅游基础设施不够完善，接待能力偏低，旅游产业带来的经济效益不够明显；缺乏与古镇景区相匹配的大项目投入，受遗产保护及区域空间限制，旅游产业发展受到阻碍；农村生态观光没有形成规模及特色，同时乡村生态观光核心景区的古镇相对独立，旅游互动联系不强
	汤池镇	基础设施建设主要以政府投入为主，因财政预算有限，导致投入不足；乡村旅游品牌影响力不足；旅游市场互动不足
	黄麓镇	土地问题是瓶颈之一；三产比例不协调，二产比例过高，三产服务业及社会公共服务水平不能适应发展需求；缺少发展资金和人才
现代农业型	盛桥镇	发展特色产业的思路还需拓宽，结构调整力度不大；苗木与花卉企业规模小、产业链条短，带动农户效果不显著；打造知名品牌农家乐方面做得还不够，真正在沿湖有知名度和影响力的农家乐数量还比较少
	同大镇	工业产业效益下滑，后续增长乏力，发展后劲不强；工业产业总量不大，大项目、好项目不多，转型升级任务艰巨；农业产品结构不优，农业产业化水平不高，农民增收、农业增效的渠道不宽；技术设施建设不完善，制约着产业发展，特别是旅游产业的扩大和发展
共性问题		规划制定滞后；基础设施建设投入不足；公共服务体系落后；土地建设指标紧缺；招商引资力度不足；专业配套人才缺乏；产城尚未融合发展

业发展规模不大、实力不强、质量不优。

其次是由于过去发展基础和条件限制，引进了一些发展水平参差不齐、产业层次较低、效益偏低的企业，导致现在创新能力不足，产业链条短、价值链偏低，主导产业集聚带动能力有限，竞争力较弱。

同时新上项目规模不够大，准入门槛相对偏低，对重点中心镇工业经济起到支撑作用的大项目较少，增长方式比较粗放，园区发展质量还有进一步提升的空间。

（二）商贸流通型重点中心镇产业发展中存在的问题

合肥商贸流通型重点中心镇产业发展较其他类型速度较慢，且这类城镇的数量并不多，发展中也存在一些问题。一是商贸流通业市场主体总量偏少、流通总量小，民营企业规模小、质量不高。二是商业网点规划滞后，缺乏整体统一规划布局以及各种商业网点的规模、数量、集聚区比例不协调，导致商业布局不尽合理。三是商业网点规模较小，辐射范围不广、影响力小，有关职能部门仍存在重工轻商的观念，对连锁经营、物流配送、电子商务等新型流通方式的扶持力度也不够，导致商贸流通业综合竞争力较弱。

（三）文化旅游型重点中心镇产业发展中存在的问题

合肥文化旅游型重点中心镇产业在发展过程中显现出来的问题主要表现在以下几个方面：

一是景区内旅游基础设施不够完善。例如宾馆、道路、公车、停车场、公厕等设施的质量和数量均达不到要求，导致景区接待能力偏低。

二是旅游业态单一。观光式旅游缺乏丰富内涵和新意，没有高远立意和深度开发，核心景区的旅游产品单一，旅游项目匮乏，现有项目趣味性不强、吸引力不足，旅游产业带来的经济效益不够明显。

三是旅游市场互动不足。乡村旅游品牌知名度还不够大，接待的游客基本上是合肥周边地区居民的周末自驾游，在游客留不住这个问题上比较突出。

四是没有建立"大旅游"发展观念。合肥文化旅游型重点中心镇没有加强与外部的合作，例如汤池等镇与环巢湖十二镇以及环巢湖十二镇之间没有形成串联互动；同时文化旅游业对与其强关联的农业、渔业、会展、环保、健康养老、手工等产业的带动能力也不足。

（四）现代农业型重点中心镇产业发展中存在的问题

生态农业发展缺乏青壮年劳动力。合肥小城镇的相当一部分劳动力，特别是青壮年劳动力，大量外出务工，50岁以上的老人担起了目前农业生产的重任，这部分人员中基本都是小学以下文化，他们熟悉的是传统种植，对农业产业化和特色农业的建立相当陌生，无法满足农业产业化发展的需求。

生产方式落后。目前重点中心镇现代农业的经营方式主要为农户承包经营，农户在自己承包的耕地上各自为战，进而形成小而全的局面，尽管总体规模较大，但品种布局凌乱分散，生产状态无序，缺少整体规划。

种植技术水平不高，种植不够科学，管理不够规范，种养基地少，集约化程度不高，统一的标准化和规范化操作推进慢，致使特色产业产量低，深度加工不够，经济效益不明显，农民的积极性不高。

（五）各类重点中心镇产业发展存在诸多共性问题

1. 规划制定滞后于产业发展

部分重点中心镇还没有制定工业集聚区规划、产业发展规划、土地利用规划、旅游资源开发规划等各项专项规划，导致重点中心镇及其产业发展无序缓慢。例如梁园镇因缺少专门的产业发展规划，结果产业被动招商、盲目布点。梁园镇的总规中对产业功能分区也是泛泛而谈，而且5年前确定的七大功能分区，随着高速路口的拓宽和国家整体产业的发展，已经不符合区位发展条件或已经沦为落后产能。

2. 产业配套的基础设施建设投入不足

合肥重点中心镇产业发展在基础设施建设方面投入普遍不足。大部分城镇的大交通的网络尚未形成，水电气管网设施落后，自来水厂生产能力有限，时常供水不稳定，有的城镇至今未通燃气，镇区道路和镇域内村村通道路标准不高，虽然有政府建设资金投入改善，但相对于庞大的改造量还是捉襟见肘，同时污水收集处理等环保设施普遍缺乏。汤池镇的旅游业发展受到了道路、公车、标志标牌、停车场、公厕等基础设施条件的一定限制。有的工业园区水、电、气、路、通信、信息、排污、绿化以及土地平整等"七通一平"基础设施不到位、不完善问题，不仅影响了产业发展，同时也影响了招商引资。吴山镇自来水厂供水不稳定，经常性的停水给企业生产带来严重阻碍。

3. 产业相关联的公共服务体系落后

在公共服务配套体系方面，各重点中心镇在教育、卫生、文化、体育等方面，公共服务设施尚未根据城镇发展需要健全完善。在工业发展基础较好和旅游资源丰富的重点中心镇，这一问题尤其突出，因公共服务体系落后问题，工业发展留不住人才、丰富的旅游资源优势未能变成经济优势和产业优势。例如下塘工业园没有配套建设银行、公交、商场、超市、酒店等服务行业，严重滞后的公共服务设施对园区企业员工的生活造成了一定影响。

4. 产业急需的土地建设指标紧缺

土地是发展之本，重点中心镇的建设用地指标较少，建设用地供需矛盾凸显。我国的土地管理机制是规划管理和指标管理双重约束机制，一是要从区域地理位置的角度进行管理；二是要从土地性质也就是从土地用途角度进行总量控制的管理。对于合肥市重点中心镇，不管是非农产业还是农产品加工业和农产品商贸物流业都需要非农用地进行配套，非农用地资源的供应总量决定了重点中心镇产业发展的可能性。政府对重点中心镇产业发展的最大政策支持是增加城镇建设用地供给。课题组在调研时，土地指标紧张是被各镇反映最多的问题，有的镇建议在市级层面上考虑降低基本农田保护率，增加允许建设区规模，分年度分配农转用指标和占补平衡指标，以解决建设土地紧缺问题。

5. 与产业相关招商引资力度不足

近年来，合肥重点中心镇在招商引资上，项目明显减少，项目存量和质量均不容乐观。且在引进的项目中，体量较小的企业偏多，而龙头型企业和总部类项目偏少，造成了产业集群效应难以发挥、招商引资难度和压力不断增大、税源渠道有限等问题。

6. 产业发展的专业配套人才缺乏

从经济社会发展的实际需求、强化社会管理创新、服务支撑项目建设等多方面来看，重点中心镇在招商引资、城市规划、资本运作、工程管理、环境保护等方面的专业技能型、复合型人才短缺的矛盾日益凸显。人才需求对重点中心镇产业的发展起着引导和支撑作用。产业配套人才关系着重点中心镇的产业布局、产业结构、区域持续发展等方面，相关配套人才的数量和质量是保证产业转型及产业机构优化的必要支撑。

7. 产城尚未有效融合发展

目前合肥重点中心镇的产业和城镇发展尚未融合，城镇人气对产业的辐射作用没有发挥，产业的财气也尚未充分带动城镇发展。受土地利用性质、路网等基础设施建设条件的限制，一些城镇的商贸业和工业是分离开来的，即使是食品加工企业也很少就地销售，同时当地的劳动者大部分选择外出打工，只有少数选择就近就业，这就造成了产业与城镇发展的分离。

8. 产业带动能力相对较弱

合肥各镇的产业发展基础较为薄弱、镇域经济发展以简单的规模扩展为主、优势资源开发深度不够、劳动者素质不高、科技成果转化率低、科技进步对经济增长贡献度不高等。大多数小城镇的经济发展仍处于要素积累阶段，传统支柱产业竞争力不强。

第四章　合肥重点中心镇产业发展总体思路及发展路径

一、合肥重点中心镇产业发展总体思路

合肥重点中心镇产业发展总体思路是：以科学发展观为指导，根据重点中心镇不同类型，在主导产业、城镇风貌和人文历史环境等方面突出特色发展，围绕"产业、文化、旅游"三位一体、"生产、生活、生态"三生融合、"工业化、信息化、城镇化"三化驱动、"项目、资金、人才"三方推动，分类推进以产业示范、旅游休闲、风貌特色、历史文化为主导的重点中心镇产业发展。

一是从资源优势出发，确定主导产业。产业是人口合理聚集、城镇健康发展的基础。从重点中心镇的自然资源、人口结构、产业基础等条件出发，因地制宜，确定重点中心镇发展的主导产业和支柱产业。应充分考虑区域定位，做好重点中心镇建设和产业发展的规划设计，防止重复建设和低水平恶性竞争。依托主导产业，形成拳头产品，引领市场发展。

二是推动产业聚集，提高规模效应。产业集群发展，通常指的是相互独立又相互联系的产业，按照区域化布局、产业化经营、专业化生产的要求，发挥各自比较优势，在地域和空间上形成的高度集聚的集合和融通发展。在重点中心镇区域范围内，推动形成产业聚集，可以畅通产业信息、增强产业活力、节约交易成本，形成产业抱团发展，提高产业发展的规模效应和综合竞争力。

三是培育龙头企业，发挥带动效应。龙头企业是产业发展的代表，是产业先进生产力的掌握者。在一定程度上，龙头企业的发展水平代表着一个地方产业的发展水平。要加大对龙头企业的支持，在财政支持、税费优惠、用地用电、产品流通等领域要加大扶持力度。鼓励和引导龙头企业与产业链条上的小微企业、个体工商户、农民等各相关主体，建立公平的利润分配机制，充分发挥龙头企业对产业发展和经营主体发育的引领和带动作用。

四是发展配套产业，提高综合发展能力。在重点中心镇区域范围内，第一、第二、第三产业发展都具有一定的基础和条件。要结合各自条件和发展阶段，进一步挖掘产业的内涵和潜力，推动相关配套产业发展。特别是要稳定第一产业、做强第二产业、做活第三产业，大力发展农产品加工、乡村旅游、休闲农业等产业，促进产业功能拓展，提升产业文化内涵，实现第一、第二、第三产业融合互动，提高三次产业综合发展能力。

五是突出特色优势，创新品牌市场。重点中心镇产业特色发展，主要体现是特色产业、特色产品和特色服务。发展特色产业，不能墨守成规、千篇一律，要加强创新和品牌建设。大力开展品牌创建，发展品牌产业、品牌产品和品牌服务，提高品牌的知名度、美誉度，用特色品牌占领市场。

六是产城融合共建，促进公共服务一体化。产城融合是新阶段经济发展的必然产物，符合城镇化发展的客观规律。有产必有城，有产则城立城兴，有城无产则城衰城空。产业自身发展不仅能够为城镇居民提供各类产品和公共服务，丰富城乡市场供给，还能推进城乡资源平等流动，带动城市公共产品和服务向乡村延伸。要把产城融合共建摆在重点中心建设的重要位置。树立"以产立城、以产兴城、以产聚人"的发展思路，实现产、城、人的融合发展。

二、合肥不同类型重点中心镇产业发展路径

分析合肥重点中心镇产业发展路径，首先要立足各镇的自身环境和资源禀赋，把握区域分工和社会分工带来的发展机遇，充分发挥区位优势、资源优势和产业优势，坚持和把握重点中心镇产业发展的特色。

（一）工业主导型重点中心镇产业发展路径

工业在国民经济发展中仍占据重要位置。合肥重点中心镇区域内自然资源丰富、生态环境优美，适宜开发的土地、淡水等后备资源宽裕，农村剩余劳动力、农副产品和工业原料供给充足、价格低廉，对工业发展具有极大优势。工业主导型重点中心镇应选择并大力发展适宜的工业产业，带动小镇的经济快速发展，同时促进第一、第二、第三产业协调发展。

产业集群发展是重点中心镇实现经济快速增长的根本路径，现代企业间的竞争已经不是单个企业与单个企业之间的竞争，而是企业组团之间的竞争，是产业集群之间的竞争，重点中心镇工业走产业集群道路是未来发展的必然趋势。例如未来撮镇镇的物流产业、槐林镇的渔网产业应大力推动集群式发展，从集群内部发现和培植龙头企业，注重龙头企业品牌建设，围绕大企业集团的发展，发挥中小配套企业的作用，扩大集群规模，稳固和延伸产业链。

实行产城联动。将产业发展与推进城镇化统一起来，在工业发展中，充分利用城镇的

基础设施、人才、资金、技术优势，依托城镇配套各种资源，以最小的发展成本谋求产业的集群发展；同时，依托技术含量高、产业关联大、整体优势强的特色产业集群，从更高要求、更广范围、更深层次上规划建设与产业带动相配套的产业城，最终实现产城融合。比如桃花镇以汽车及配套、家电及零配件、新材料、机械及装备制造四大主导产业的集群式发展推动城镇化建设，最终实现产业与城市发展的有机融合。

优化项目引进。市场竞争已经从企业单兵作战向产业集群发展的模式转变，重点中心镇必须为企业集群发展创造条件，要重点引进、发展好市场前景好、科技含量高、经济效益优、辐射能力强的重大项目，以项目推动产业创新集群发展，例如促进下塘镇的铝深加工产业、吴山镇的机电产业发展时，应加强对本行业优秀项目的引进，结合重点中心镇建设，鼓励产业集群中具有较强创新能力的企业和研发机构，合理配置研发资源，研究开发行业关键性技术与共性技术，促进技术共享、扩散。

培育产业集群。优化产业选择，从重点中心镇整体发展出发，围绕产业联动。在招商引资、产业政策和产业服务方面形成合力，重点突破发展几大特色产业、打造特色企业，对重点中心镇按照功能进行板块细化，发展产业聚集化，着力形成"一镇 N 特"的产业集群发展新格局。例如龙桥镇境内龙桥工业园区未来可重点培育矿业采选以及后续硫基化工、精细化工、金属矿产品深加工等产业集群，形成本地特色化发展格局。

（二）商贸流通型重点中心镇产业发展路径

现代商贸物流作为一种先进的组织方式和管理理念，受到各级政府、企业、研究机构的普遍重视并迅速发展。现代物流在提高经济运行质量与效益，增强企业和国民经济整体竞争力，优化资源配置，改善投资环境，促进经济发展中发挥着重要作用。合肥作为省会城市、长三角世界级城市群副中心的地理位置，重点中心镇发展商贸物流有着更加突出的现实意义。

1. 立足扩规模，重点建设和改造商业设施

一是编制柘皋镇、万山镇等商贸流通型重点中心镇的商业网点规划。根据合肥城市总体规划，按照"中央商务区、二级商业带、三级社区商业网"的功能布局，编制重点中心镇的商业网点规划，优化配置商业资源，构建商业经济圈。二是推进专业批发市场改造建设。完善市场功能，扩大吞吐量，增强辐射力，形成内外贸易一体化，"大市场、大流通、大商贸"的市场流通新格局。主要以规划调整、提档升级为核心，改造壮大已建成的专业批发市场，例如泥河镇、柘皋镇等要重点建设农业生产资料、农机具交易、物流、粮食批发交易等市场的改扩建任务，同时做好建筑材料交易市场、蔬菜水果批发市场、绿色食品城及小商品交易市场的建设工作。三是完善提升城镇功能。把激活市场与城市经营、交通建设，提升城市整体功能统筹兼顾。推进城镇建设，加快城镇基础设施的规划、建设，完善配套城镇功能；不断加强城镇管理，实施城市"绿化、亮化、净化、美化"工程，改善人居环境，搞好小城镇规划和建设，使城镇化水平逐步提高；加快交通、能源基础设施重点项目建设，缓解交通能源制约矛盾。

2. 立足上水平，全面提高商贸物流业的竞争力

一是优化配置商业资源。柘皋镇、泥河镇等应积极编制和实施"城市商业网点"，对其镇内现有商业设施进行改组改造和提档升级，以优化商业设施资源；发展连锁经营、电子商务等现代流通和电子信息管理系统，以优化商业科技信息资源；培养职业商业企业家和一批中高级商业管理人才，建立高素质企业经营团队，以优化商业人才资源。总体上提高商业核心竞争力和规模效益，实现商业资源向商业资金的转变、商业资金向商业资本的转化。

二是面向省内大市场与全国市场接轨。构建商业信息平台，使合肥各重点中心镇的商流、物流、信息流与省内市场连接、与全国市场接轨；加快发展总代理、总经销等现代经营模式，由"从商到商"到"从厂到商"，争取扩大知名品牌生产企业在合肥地区的总代理、总经销权，使合肥成为中部地区的商贸物流中心。

三是实施品牌战略，提高商品档次、质量。例如，泥河镇要引进、汇集国内外食品行业的名企、名牌、精品、名品，扩大名特优新商品的经营比重；加强食品质量管理，严格执行市场准入制度；创造品牌，开发、挖掘、打造和包装柘皋、泥河、万山优质农副产品、土特产品、地方名特风味小吃等品牌。

四是通过招引嫁接改造现有商业企业和现有商业网点。引进知名企业进驻，用国际商业模式和现代经营理念来提升现有商业企业的档次和管理水平；引进国内外知名连锁企业，对重点中心镇的杂货店、小百货店等商业网点进行改造、提升档次；通过招商引资和吸纳民间资金对现有专业市场的设施进行改造，改善经营环境，提高品位档次。

五是整顿规范市场。对农资、粮食、蔬菜、苗木花卉、食品等市场加大整顿监管力度，规范市场交易行为，打击假冒伪劣，重点加强食品市场的整顿规范工作，实行和落实市场监管责任制，建立健全农村监控网络和有关举报制度、有关部门联席会议制度、定期检查制度，加大新闻媒体舆论监督力度。

3. 立足增辐射，构建中部地区商贸物流中心

一是以交通体系为依托，完善物流运输平台。完善已有交通设施，加快建设与周边地区连接的高等级公路，形成快捷的出境通道，打造辐射周边的大物流通道，构建中部地区商贸物流中心。

二是以规模仓储和自动化管理为支撑，发展存储配送平台。在各重点中心镇形成仓储物流园区和配送中心相互衔接的网络结构，提供强大的存储配送平台。以撮镇物流产业园等为依托，形成仓储、配送、包装、运输、信息服务物流园区，加强物流配送中心的管理，逐步实现仓库立体化、拆零商品配货电子化、物流功能条码化、配送过程无纸化。

（三）文化旅游型重点中心镇产业发展路径

文化旅游作为发展最快、前景最广的朝阳产业，也是关联性强、外向度高的综合性产业，在合肥这类重点中心镇第三产业中处于重要地位。以建设环巢湖旅游综合体为目标，

将旅游业作为合肥经济结构战略性调整的主攻方向，统筹旅游业与其他产业协调发展，整合旅游资源，优化发展环境，坚持从大旅游、大产业、大发展的高度谋划，充分挖掘优势资源，将旅游业培育成合肥的特色优势产业。

一要突出特色旅游的重点，着力推进景区升级。以三河镇、汤池镇、长临河镇、黄麓镇、烔炀镇等为中心，建设高品位的环巢湖旅游带，定位品位高端，在发展中完善，形成精品旅游线路；三河、汤池、长临河等旅游景点，要进一步提升特色，融入特色人文资源，提升文化品位。此外，丰富旅游产品，开发参与性较强的旅游项目。

二要加强三河、汤池等镇基础设施建设，完善配套设施。高起点编制重点中心镇生态旅游规划和基础设施建设规划，加快旅游景区基础设施和配套工程建设，近期重点建设旅游公路、景点游步道、停车场和旅游宾馆等建设项目。以重点中心镇镇区及合肥市区为载体，全面提升旅游配套和服务功能。开辟自驾车景观大道，完成重点景区标识、标牌系统建设。积极扶持农家游、生态蔬果采摘基地建设。

三要挖掘文化特色。围绕合肥吴楚文化、淮军文化和焦姥文化、巢父文化等文化特色，研究历史资料，收集整理民间传说，深入挖掘文化中的特色，形成农耕文化与民族文化相互交融的厚重文化底蕴，用于景区景点的特色文化改造，提升生态旅游、观光旅游的文化品位。

四要注重宣传促销。合肥作为连接东西部区域的重要节点城市，要强化宣传营销，以特色为根、文化为魂，高标准策划四季旅游节庆活动。瞄准主流媒体，组织开展环巢湖旅游品牌集中宣传，吸引外地游客，提升旅游人气，拓展客源市场。广泛开展与周边区域的旅游合作，推动信息互通、市场共拓、客源共享、互利共赢。加强行业监管，规范旅游市场秩序，创造更加安全、规范、诚信的旅游环境。

（四）现代农业型重点中心镇产业发展路径

现代农业型重点中心镇是合肥市现代农业发展的重要区域，现代农业发展较快，已经进入全面转型升级阶段，并且已经初步形成了以绿色食品加工、现代苗木花卉为主题的新型工业集群。围绕这类重点中心镇现代农业发展的良好基础，适宜将其打造成为全省乃至全国重要的绿色农产品及优良苗木花卉生产基地，发展区域特色现代农业是推进合肥农业产业化进程、促进第一产业升级和探索促进农民增收的重大课题。

合肥现代农业型重点中心镇的现代农业基础良好，农业产业化在经济发展整体战略格局中占有重要地位。例如同大镇、盛桥镇、山南镇等良好的生态环境、自然资源和产业基础优势，为推进农业产业化发展提供了必要条件，奠定了坚实基础。发展现代农业要加强农业产业基地建设，扶强扶壮龙头企业，全力构建绿色农产品生产加工体系，形成市场牵龙头、龙头带基地、基地连农户的农业协调发展格局。

做大基地，夯实农业发展基础。以打造重要的农产品生产加工基地为目标，加大现代农业基地的基础设施建设力度，提高规模化、标准化、科技化水平。依托绿色农业示范区、绿色食品原料标准化生产基地优势，通过市场拉动、龙头牵动、政策驱动、服务促动等措施，积极调优种植业内部结构，大力发展有机、绿色、无公害特色农业。

做强龙头，发展壮大农产品加工业集群。合肥适宜构建以绿色农产品加工业为主体、以食品工业为主角、以其他优势特色产业为补充的新型工业体系，要着力培育一批辐射面广、带动力强的农产品生产加工规模企业，形成粮油产业、蔬菜产业、苗木花卉产业、食品产业等现代优势农业。

打造品牌，全面提升现代农业发展档次。挖掘并有序开发特色、优质农产品地理环境资源，做好产品标志认证与开发管理工作，引导企业树品牌、提档次，全面提升特色绿色食品的市场占有份额和竞争力。

拓宽市场，搭建农产品销售平台。首先发展会展经济，以会展经济为载体，推动特色农业发展与畅通流通渠道的有机结合，努力开拓销售市场。例如承办绿色食品交易会等。其次充分利用区内外展会平台，向外界宣布合肥名特优产品和现代农业发展成果。最后是打造合肥物流集散地，建成系列大交易市场，形成较为健全的市场流通网络体系。

三、合肥部分重点中心镇产业特色发展

以上分析了合肥重点中心镇产业特色发展的总体思路和不同类型重点中心镇产业的发展路径，具体到每个镇，其产业发展也存在很大区别，本部分选取部分重点中心镇，根据其产业现有发展基础（见附件三），具体分析其产业未来发展思路。

（一）撮镇镇产业发展思路

结合撮镇镇发展实际和拥有全省唯一一家省级商贸物流开发区，确定发展定位为：商贸服务型物流示范区、快递物流集聚发展先导区、产城融合发展引领区和综合配套改革创新区。

商贸服务型物流示范区。依托合肥及周边城市大型商圈、批发市场、专业市场，为商贸企业提供运输、配送、仓储等物流服务以及商品展示、电子商务、融资保险等配套服务，大力发展一般商业和大宗商品贸易业务，提升货运中转和集输能力，形成资金、技术、信息、人才等要素流通中枢，打造安徽领先、长三角一流的商贸服务型物流园区。

快递物流集聚发展先导区。适应电子商务和网购快速发展的新趋势，加快建设快递物流产业园区，吸引规模以上的大型核心企业入驻，引导各大知名快递企业在区内设立分拨中心、仓储中心、呼叫中心以及信息中心，完善覆盖合肥全市的快递配送网络，实现电子商务快件的仓配集散和快速配送，打造以电商服务为明显特征的快递物流产业集聚区。

产城融合发展引领区。充分考虑人口、土地、资源、环境等各方面的承载能力，将开发园区纳入城市总体规划控制范围，按照城市新区的建设要求规划建设，统筹安排各项建设用地布局。以城市功能完善吸引产业集聚，以产业集聚促进人口集中，实现产业、生态、人口、文化、空间的多向融合，形成以产兴城、以城促产、产城互动发展格局，打造产城融合发展引领区。

综合配套改革创新区。以申报战略性新兴产业集聚发展基地、合肥市建设全国流通领域现代物流示范城市和一级物流园区布局城市为契机，积极探索，大胆实践，开展物流服务业制度创新，促进项目集中、产业集聚、资源集约、功能集成，探索人与自然和谐相处的文明发展之路，加快建设先进展示交易平台，构筑便捷的商品贸易通道，创新商贸监管服务体系，打造现代物流综合配套改革创新区。

（二）泥河镇产业发展思路

1. 做大做强主导产业——食品加工

依托泥河镇食品产业的重点企业，如海神黄酒、江南醇酒业、味甲天酿造、海神面业、禾源粮贸、星海悯农等企业，重点发展食品加工业，促进其主导产品做大做强，促进其重点企业形成规模，发展成为大企业大集团。

2. 延长配套产业链——加工机械及食品包装

食品机械及配套设备。食品产业的发展壮大离不开加工机械及配套设备，食品产业的创新和档次的提高，也要求加工机械及配套设备的性能的提高。因此，做大做强食品主业的主导产品必须积极培育食品加工机械及配套设备，根据泥河镇食品产业集群发展的需要，重点发展食品加工机械及配套设备，主要包括：加工一条龙生产线、包装一体机等相关生产技术和设备。

食品包装业。食品产业的发展壮大离不开食品包装业的发展，没有美观大方的食品包装，食品产业也难以发展壮大。因此，做大做强食品产业必须培育具有现代水平的包装业，结合泥河镇实际，应重点发展以彩印包装为主的各种包装产品。

3. 建设支撑体系——现代服务业

为了全面提升产业集群专业镇的功能和档次，按照"高起点规划、高标准设计、高质量建设、高效能管理、高效益经营"的要求，重点建设食品产业现代服务业，积极筹建专业交易中心、创业培训中心、技术研发中心、质量检测中心和仓储物流中心"六大中心"。

专业交易中心。积极筹备建设食品产品专业交易中心。通过交易中心建设，发挥市场的产业集聚效应，扩大产业集聚优势，吸引相关企业进一步向交易中心所在地集聚，在建设好食品产品专业交易中心的基础上，以此为契机，逐步完善原材料交易市场、人才交流市场。

创业培训中心。重点建设泥河镇小企业创业培训中心。按照"政府推动、业主开发、银行支持、市场化运作"的原则，进行滚动开发建设。通过小企业创业培训中心建设，专门为泥河镇食品产业的发展培训技术人才和熟练工人，提高职工的技能和素质，为创业孵化提供服务。

信息服务中心。为了满足泥河镇产业集群内小企业发展的需要，结合泥河镇地区发展的实际，积极建设泥河镇食品产业信息服务中心，在泥河镇产业园区内，建设配套的硬件设施和专业人员，加强与中国中小企业网及省、市中小企业网站的联络，传递信息，发挥对食品信息的集散和向导功能。积极办展（会）、参（会），找大客户，接大订单，引高级人才，引高新技术，为泥河镇食品中小企业提供各类信息服务，实施产业结构调整，使产业集群顺利实现由传统工业向现代工业转变。

技术研发中心。为了满足泥河镇食品产业集群专业镇内中小企业对技术的需求，要建立面向泥河食品产业中小企业发展需求的共性技术为主要内容的技术研发中心，设立专门的机构和场所，依托合肥市和省内高校院所的技术优势，为食品中小企业提供技术咨询、技术服务、技术培训和成果交易转让，聘请相关专家为中小企业提供技术指导，进而帮助中小企业解决技术难题。依托泥河食品产业集群专业镇内龙头企业，建立企业技术研发中心，加大科技投入，加大自主创新力度，不断研发新产品。

质量检测中心。为了提高泥河镇食品产品的质量，提高市场竞争力，在泥河产业园区中筹建食品产品质量监督检测、检验中心，增添必要的检测、检验设备和仪器，配备专职产品检测检验人员，资源共享，创新服务，为产业区的全体企业提供检测检验技术服务，并起到监督产品质量的作用。

仓储物流中心。依托泥河镇产业园形成的食品产品专业交易中心、信息服务中心、创业培训中心等，依托龙头骨干企业，利用泥河高速公路道口的地理条件，引进专门从事仓储物流的知名企业来泥河投资，建设专业化、社会化的食品产业仓储物流配送中心，为食品产业提供一个高水平的物流中心。

（三）同大镇产业发展思路

以农业增效、农民增收为核心，以农业经营体制机制创新为动力，以新型农业经营主体为依托，以特色果蔬基地建设为抓手，大力发展高效生态农业和现代都市农业，实现农业第一、第二、第三产业融合发展，走产业高效、产品安全、资源节约、环境友好的农业现代化道路。在发展路径上，要拓展发展新空间、培育产业新优势。

1. 拓展区域发展空间

打造四条特色农业经济带：一是打造旅游农业经济带。沿巢湖、杭埠河水域，依托环湖大道和栖凤洲生态湿地公园旅游资源，以灵台、北闸为核心区，集中连片新建2000亩休闲观光农业，带动环巢湖旅游农业的发展。二是扩建蔬菜经济带。沿合铜路、新白路，以薛家圩村为核心区，辐射二龙、施丰等村，每年新增设施蔬菜面积600亩以上，重点打造二龙辣椒基地和紫荆露地韭菜基地及薛家圩村光伏设施农业示范区。三是做大葡萄产业经济带。沿盛同路，以永安村为核心区，辐射南闸、刘墩等5个村，每年新增优质葡萄种植面积200亩，支持紫圩坊酒业公司采取"公司+基地+农户"的模式，改良品种，建立酿酒葡萄种植基地。四是提升优质稻麦经济带。沿新白路，种植优质水稻、小麦3万亩。通过良种良法，鼓励春生公司、潘英友家庭农场等新型经营主体，创立品牌，建立优质稻麦绿色标准化生产示范基地。

2. 拓展网络经济空间

实施"互联网＋"行动计划，推动现代农业与互联网深度融合，发展物联网技术，建设农业服务平台，加强产销对接。创新农业商业模式，培育新兴业态。

3. 培育主导产业

要在扩大规模、提升品质、延长产业链和品牌建设中培育农业主导产业。突出农业招商。围绕农产品加工、延长产业链招商，围绕特色农业、观光农业，发展旅游业招商。要加强农产品品牌培育。采取多种形式，宣传老品牌，加大对"同大圩"葡萄、"紫荆"韭菜、"二龙"辣椒、"紫圩坊"葡萄酒的宣传力度，将其打造成全市乃至全省知名农产品品牌。

（四）黄麓镇产业发展思路

黄麓镇应紧抓"文体休闲、健康养生、现代农业、生态涵养"这一发展理念，按照重点发展两头（山麓文旅休闲片区、现代农业示范园片区），逐步完善中间（临湖综合服务片区），全力推进中部生态养生片区的发展时序，着重推进：

1. 富煌工业园区——以产业布局优化与转型引导为主

富煌工业园区现以钢构结构为主，综合建材、服务、水产、智能公交等综合产业园区。在巢湖地区对生态环境保护与旅游发展的大背景下，原有产业门类已经不能满足未来发展的要求，未来富煌工业园区需结合黄麓镇功能定位，引导产业升级与转型。

2. 滨湖片区——打造"临湖"休闲综合体

借助环巢湖旅游发展趋势，融合科教园区、张疃、黄麓湿地等人文与生态资源，打造环巢湖休闲旅游综合体。集黄麓镇创智、文化与生态优势，以现状良好的生态资源为基础，控制滨湖片区发展建设规划，落实科教园区已有项目，塑造滨湖特色风貌小镇，强调城镇开发与生态融为一体，融入环巢湖大旅游格局。

3. 大小黄山片区——打造"揽山"养生综合体

以相隐寺、洪家疃、黄麓师范、张治中故居等资源为依托，结合现状良好的山水田园环境优势，开发养生、养老项目，打造"揽山"养生综合体。注重该片区与地形地貌结合，通过小组团、小尺度、低密度的空间控制策略，形成与生态环境融为一体的田园型村镇村落群。

（五）花岗镇产业发展思路

按照肥西县分片区"五大功能"定位和产业发展规划的要求，花岗镇的主导产业和特色产业是工业和农业，近年来花岗镇着力培育主导产业，发展壮大特色产业。

工业方面。花岗工业聚集区于 2005 年获县政府批准，2006 年 5 月经合肥市人民政府批准，2006 年 6 月开始建设，规划面积 14.2 平方公里，2013 年花岗工业聚集区纳入"1331"产城融合示范区总体规划。肥西产城融合示范区是合肥市"1331"城市空间战略规划和转型发展的有机组成部分，示范区坚持"以人为本、产业引领、交通为先、生态为基"的理念，规划建设控制面积为 100 平方公里，规划总用地面积 42.61 平方公里，形成"一轴（合安路发展轴）三核（1 个商务服务核心、2 个生活服务核心）三翼（三条生态廊道）四片区（1 个综合服务配套板块、1 个生活服务配套板块、2 个工业产业板块）"的空间结构，着力打造产业—城市—环境功能互补型的示范区、生产—生活—生态有机衔接型的示范区、田—园—城空间科学合理搭配型的示范区和美好—幸福—和谐梦想型的示范区和"产城融合示范区，城乡统筹新载体"。产城融合示范区以装备及汽车零部件制造业、电子信息及智能家电业、新材料及新能源产业和苗木花卉及特种水产种植业四大产业为主导产业。

农业方面。花岗镇的省级现代农业示范区成立于 2011 年，规划面积 10.16 万亩，其中核心区面积 3 万亩，目前入园企业 35 家。示范区主导产业包括高档精品苗木、高效水产养殖和农业休闲观光等。

（六）下塘镇产业发展思路

未来几年，因新农村建设的推进，城镇化率的继续提高；既有房屋设施的更新改造；消费结构升级，在交通、包装等方面应用的增加；新能源、消费电子、绿色施工等新的应用领域的扩大等因素影响，我国对铝深加工产品的需求还会增加，但是高增长的时代已经结束，这对铝加工业既是机遇也是挑战，这要求企业要能积极对照节能减排要求，淘汰落后产能，生产设施大型化，更新换代，积极寻求高端行业的合作机会，走创新发展的道路。

未来下塘镇可依托广银亚铝项目这一平台，致力于高、精、尖铝挤压型材的设计与制造，即将铝产品拓展到包括各类工业型材、航天航空、轨道交通、汽车制造、电子电器、通信科技、IT 等多个领域。利用亚铝拥有的先进技术、资力丰富的优秀管理团队、市场的开发力、技术力量、销售团队、产品质量及服务体系，同时利用广银铝业掌控铝行业上游丰富的资源和雄厚的资金实力，整合"广投"与"亚铝"各自在中国铝产业链上游与下游的出色表现，形成上、下游铝行业的有机体，优势互补，组合成一个强强联手的铝行业平台。在新平台建成后，全面提升带动镇区铝产业水平，建设全系列、全领域、技术领先的国内铝材、铝制品及高端产品平台，全面提升中国铝加工水平。

展望未来，依托广银—亚铝的强大力量，将打造的平台带入金融领域，通过资本市场来进行长期战略发展，并在国家"一带一路"的发展战略带动下抢夺国内外市场，以龙头企业带动园区发展，积极培育小微企业，对铝产业相关项目进行储备孵化，以平台促发展，以发展建平台，最终实现协同发展、和谐共赢的典范。

（七）吴山镇产业发展思路

遵循"工业园区化、园区产业化、产业集群化"的发展理念，按照调整结构、壮大规模、提升层次、做大总量的总体要求，以科技创新为动力，以招商引资为引擎，促进工业经济由粗放型向集约型转变，由要素驱动型向创新驱动型转变，实现吴山镇工业经济又好又快的发展。并根据吴山的地形特点，考虑未来吴山镇区与魏老河旅游区、合肥经济圈的关系，以及吴山镇的产业发展特点，向南、向北同步发展，逐步形成沿206国道及合淮阜高速公路发展的带形城市。

机电生产类。以电线电缆、电力电气、机电加工为主导产业，进一步发展机电产业园。园区现有绿宝集团、中国德力西控股集团、知名企业及力和机械、福晟机械、源田玻璃等一批小优企业已投入生产，另有安徽易开车业有限公司、合肥创键机电科技有限公司正在建设。

静脉产业园。以已入园的合肥市皖中报废汽车回收有限责任公司项目为主体，围绕报废汽车综合利用的核心，打造报废汽车的回收、拆解、汽车零部件再制造、报废汽车其他拆解物分拣加工为主体的全产业链协作模式。未来园区除了进行与报废汽车行业相关的再生资源项目外，还将引进汽车自动变速箱再制造项目、汽车发电机和启动机再制造项目、废铝加工项目、废钢加工项目。建立完整的报废汽车回收、拆解、再制造产业链，极大地提高了报废汽车产业的附加值，推进合肥市整合行业的升级优化。

现代化农业园。结合龙门寺现代农业示范园、安徽江淮园艺科技有限公司等已入园项目，进一步完善规划，加大投入，完善园区内功能配套，招引实力龙头企业。整合人文、生态、农业、田园、水库、休闲等多种资源，精心打造优质、高产、高效的现代观光农业示范基地，建设集农业生产、农业科技开发、花卉苗木种植、生态农业休闲观光为一体的综合性农业企业园。

第五章 合肥重点中心镇产业特色发展对策建议

一、明确合肥重点中心镇建设牵头部门

合肥市"十三五"规划已经开始实施，重点中心镇建设依然停留在概念和一般号召阶段。本书认为，无论是从维护政府规划的权威性，还是从重点中心镇建设的必要性而言，都必须把重点中心镇建设当作一项非常重要的工作。当务之急是明确牵头部门，建议由市发改委牵头，相关部门配合，成立重点中心镇建设领导小组，科学制定重点中心镇建设方案，明确建设的阶段性目标、政策措施、建设重点、考核奖励和试点时限等。各地据此进一步实化、量化、细化，明确重点中心镇名单，成立领导机构，健全工作机制，扎实有序地推进重点中心镇建设工作。建议重点中心镇审批政策明确市、县两级创建层次和创建、培育两级名单，为各地结合自身实际条件培育重点中心镇提供支撑。

二、完善重点中心镇基础设施及公共服务设施

重点中心镇的发展需要完善的基础设施和公共服务设施条件支持，包括道路、市政、社会事业等各方面。在重点中心镇对外竞争中，基础设施和公共服务设施的完善度是衡量其竞争力的一个重要因素。因此，加大对重点中心镇基础设施项目的投入，建设和完善进镇道路、自来水厂、污水处理厂、自来水供水网、垃圾收集处理转运网、通村公交网等基础设施，建成较为完善的供水、供气、道路、绿化以及污水、垃圾处理等基础配套设施。同时，加大对重点中心镇社会事业项目的投入，完善重点中心镇的教育、科技、文化、卫生、体育、计生设施配套，使重点中心镇的学校、医院、社区卫生服务中心、福利院、菜市场、居民健身设施、文化活动中心、公厕等公益性设施进一步完善，为重点中心镇产业发展创造良好条件。

三、做好重点中心镇产业特色发展规划

(一) 以规划为引导,加强平台载体建设

从当前合肥市重点中心镇的发展环境来看,粗放式的经济发展方式成为制约镇域经济可持续发展的重要因素。做好产业特色发展总体规划是培植各重点中心镇特色产业的重要环节。要以镇域自身优势资源为依托,在培育过程中必须把产业发展与发挥镇域特色、优势结合起来,把产业特色发展与改善发展环境结合起来,把产业特色发展与循环可持续结合起来,以企业为主体,以园区、基地建设为载体,以科技管理服务部门为支撑搭建产业平台,加快推进产业集群建设,切实将独特的区位优势加快转化为发展优势,继续壮大镇域经济实力,活跃镇域经济发展全局,全力保持经济平稳较快发展,提高区域核心竞争力。

(二) 科学选择和培育重点中心镇特色产业

各重点中心镇在本地产业选择和培育上,应根据自身所处的地理位置和拥有的环境资源条件以及合肥都市圈现有的产业发展基础,对自身的优势和劣势进行科学地分析,通过系统的市场调研和产业预测准确进行目标定位,选准未来产业的发展方向。

重点中心镇在本地产业的选择和培育上,应注意下列问题:第一,本地产业的选择和培育要与自身的地理位置、环境资源条件相匹配,有利于发挥自身优势,增加产业的持续发展能力;第二,本地产业的选择和培育要注意与合肥都市圈大产业的关联性;第三,本地产业的选择和培育不能急功近利,要有长远发展的战略眼光;第四,本地产业的选择和培育不能以牺牲重点中心镇的生态环境为代价;第五,偏远地区镇域(例如庐江南部镇、长丰县城北部镇)产业的选择和培育可以优先考虑劳动密集型产业,这将有利于吸纳更多的劳动力,增加重点中心镇的人口聚集度;第六,本地产业的选择和培育对处于不同经济状态的重点中心镇要采取不同的方式。

四、加速重点中心镇镇域特色产业转型升级

(一) 依靠科技进步促产业转型,积极打造镇域特色产业品牌

依靠科技进步是实现富民强镇的有效途径,要想提升特色产业市场竞争力必须依靠技

术创新，将科技、知识、信息、资本、管理等现代生产要素与传统种植业、养殖业中土地、劳动力等传统的生产要素相结合，以科技为原动力推动欠发达城镇特色产业的快速发展。支持花岗镇现代农业示范区建设，将先进管理经验和专业人才引入示范区，聘请省内外相关专家、技师及业内成功人士等对示范区农民进行定期培训，进一步提高从业人员的专业技术能力和从业素质。加快盛桥镇生态绿色产业发展，依靠先进种植技术促进苗木花卉产业转型升级，着力打造现代农业种植产业基地，重点培育经果林、有机蔬菜等产业。

（二）依靠创新促转型，夯实中心镇产业发展

围绕培育特色产业、发展新兴产业和现代服务业、改造提升传统产业等重点，加强科技创新，完善公共平台，推动泥河镇围绕农产品加工组建信息和技术公共服务平台项目，推进吴山镇汽车产业项目及黄麓镇科教项目和旅游项目落地，推进企业规模化、品牌化，加快中心镇产业转型发展。同时，建议每个中心镇培育 1 个以上特色主导产业，不断提高主导产业在经济总量中的比重。

（三）依靠集聚促转型，促进产业集群（园区）发展

推进中心镇工业功能区提升强园，完善基础设施和公共平台，提高园区土地利用率和产出率。建设一批文创产业园（旅游文化街道和产业园）、物流基地、商贸旅游综合体、商业特色街等现代服务业集聚平台，推进槐林镇渔网产业集聚区、三河镇旅游度假区、汤池镇慢生活体验区、撮镇镇物流基地、中埠镇锚链产业集群、泥河镇食品产业集群建设。依托现代农业园区、农业主导产业示范区、特色农业精品园加快发展高效生态农业。支持符合条件的园区积极申报国家级试点基地拓展区、省市级服务业集聚区，同时加强园区整合，提升园区发展层次。

五、提升重点中心镇镇域特色产业层次

近年来，合肥中心城区的社会服务功能进一步强化，要素集聚能力、对外辐射能力进一步加强，但同时也存在产业发展面临土地、资源等要素瓶颈，调整和优化产业空间布局、转变发展方式成为一项异常紧迫的任务。合肥周边中心镇，例如花岗、下塘、同大等镇已经具有一定的工业基础，其承接能力较强。依托区县（市）产业协作，加快建设一批产业协作基地和产业转移园区，共同引导和推进城区第二、第三产业向中心镇有序转移，鼓励支持央企、省、市属大企业和"徽商回归"企业到中心镇发展，通过承接、引进优质企业转移来加快产业转型，促进中心镇特色产业发展。另外，从合肥重点中心镇的经济发展实际来看，一些城镇充分挖掘传统优势，大力发展旅游休闲业、现代农业等，有

意识地培养、锻造、延长旅游休闲产业链和现代农业产业链，催生新的发展形态，成为富民强镇的重要支撑。在当前经济发展由要素驱动向创新驱动转型的大环境下，利用技术、制度、管理等方面的创新，提升产业层次，发展新动能，强化内生增长，增强镇域经济发展活力，是镇域经济发展的一条新出路。

六、建立健全镇域特色产业支撑体系

（一）加强科技支撑体系建设

建立健全镇域特色产业科技服务支撑体系，促进特色产业发展要素的有效耦合和联动，促进技术本地化开发困境、创新服务平台与条件缺失、本地技术人才缺乏、技术信息获取渠道不畅、新技术成果推广体制难以运行等问题的解决。确立依靠科技进步与产业创新支撑镇域特色产业发展的理念，寻求县域特色产业创新能力提升的路径，把发展镇域经济的重点从扩张总量转向量质并举上来。

（二）加强人才队伍建设，发挥人才带动作用

采取多种形式加强重点中心镇建设人才培养，特别要注重引进和培养城镇规划、管理人才，为重点中心镇建设提供智力支持和人才保障。人才缺乏是制约小城镇建设发展的又一"瓶颈"，城市规划、建设、管理等诸多方面和环节均存在人才严重不足的问题。建议有关部门加强城镇化建设人才培养；采取定向帮扶和挂职的方式，引导各类专业技术和管理人才"下沉"基层一线；允许重点中心镇制定特殊政策引进急需人才；有条件的地区应在中心镇成立规划建设管理所，充实专业规划、建设人才。同时积极吸引高水平人才队伍创新创业，带动重点镇、特色镇产业发展。

（三）提高重点中心镇，特别是特色镇土地建设指标

市政府每年可以适当安排一定的建设用地指标，专项用于重点中心镇及特色产业发展建设。建议参照重大项目用地指标管理办法，实行重点中心镇，特别是特色镇建设用地指标单列、独立申报，加大用地政策支持力度，尽可能地缓解重点中心镇建设用地矛盾。建议重点中心镇土地政策明确对如期完成年度指标的小镇按实际使用土地指标的50%给予配套奖励，3年内未达成规划目标加倍倒扣用地指标。同时，鼓励重点中心镇开展迁村并点、土地整理，开发利用荒地和废弃地，节约集约用地，坚持建设用地自我解决、自求平衡。

附件一 合肥 52 个小城镇相关指标情况

		2015 年常住人口（人）	2015 年规上工业总产值（亿元）	2015 年农民人均纯收入（元）	建成区面积（平方公里）
长丰县	庄墓镇	13358	4.84	11281	3.25
	杨庙镇	23500	22.5	12510	2
	吴山镇	46813	—	13043	4.2
	岗集镇	61000	—	14040	6
	双墩镇	150000	18	14442	10
	下塘镇	88997	32.26	13440	5
	朱巷镇	29088	1.07	10996	3.75
肥东县	石塘镇	68520	4.6	17741	2.2
	包公镇	64287	4	13063	1.98
	撮镇镇	128438	276.1	15830	15
	长临河镇	32501	1.487	14114	2
	桥头集镇	53268	32.8	14991	0.21
	白龙镇	71810	6.2	12896	3
	元疃镇	29123	8.8	12902	9.1
	八斗镇	72316	8	12655	8.23
	古城镇	35840	8.59	14226	1.5
	梁园镇	45000	9.03	13982	2
	陈集镇	25800	1.14	13630	3.6
肥西县	桃花镇	72000	650	—	—
	紫蓬镇	35000	33.09	14891	—
	山南镇	80000	—	—	—
	花岗镇	112000	47.7	14769	—
	官亭镇	96000	13.7	14925	—
	三河镇	80000	31.8	15601	4.71
	丰乐镇	59000	4.87	—	—
庐江县	泥河镇	54742	10.14	13090	4.45
	矾山镇	44250	10.89	10683	3.6
	冶父山镇	—	18.75	—	0.74
	罗河镇	53212	12.64	12479	3.8
	乐桥镇	52382	0.28	9832	2.51
	万山镇	43698	9.83	12500	4.2
	汤池镇	43800	3.51	11360	3.2
	金牛镇	30936	5.5	11848	—

续表

		2015 年常住 人口（人）	2015 年规上工业 总产值（亿元）	2015 年农民 人均纯收入（元）	建成区面积 （平方公里）
庐江县	郭河镇	44333	8.58	12057	1.8
	柯坦镇	59802	4.21	10512	—
	石头镇	35430	—	9367	9
	龙桥镇	55000	10.33	10135	—
	同大镇	62387	16.77	12525	2.6
	盛桥镇	56676	14.99	11446	2.89
	白山镇	44993	5.11	10945	—
	白湖镇	81208	8.93	10832	—
巢湖市	苏湾镇	47290	1.56	10665	2.5
	栏杆集镇	52427	—	11036	4.2
	柘皋镇	85000	18.5	11901	5
	夏阁镇	67253	26.11	11096	0.95
	中垾镇	34375	20.67	11619	3.6
	炯炀镇	62335	12	11757	4.81
	黄麓镇	38978	69.54	11653	5.5
	银屏镇	32126	19.02	11252	1.3
	散兵镇	40260	16.49	11318	0.98
	槐林镇	77132	87.91	11622	4.1
	坝镇镇	26311	4.7	11456	2

注："—"表示数据未取得。

附件二　合肥市具有国家及省级称号的建制镇

称号	合肥名单
安徽省扩权强镇试点镇	下塘镇、岗集镇、三十头镇、撮镇镇、桥头集镇、三河镇、花岗镇、高刘镇、小庙镇
全国重点镇	吴山镇、下塘镇、撮镇镇、长临河镇、三河镇、花岗镇、汤池镇、泥河镇、柘皋镇、黄麓镇
全国发展改革试点镇	撮镇镇、岗集镇、三河镇、井岗镇、长临河镇
全国综合实力千强镇	井岗镇、南岗镇、上派镇、双墩镇、庐城镇、桃花镇、小庙镇、撮镇镇

附件三　合肥部分重点中心镇产业发展基本情况

1. 撮镇镇物流产业发展基础

撮镇镇位于合肥东城核心区域，现辖全省唯一一个省级商贸物流开发区。开发区总体规划面积 55 平方公里，东起店埠河，南到南淝河，规划控制面积 10 平方公里，其中一期规划面积 7.4 平方公里。截至 2015 年，开发区建成区总面积 7.12 平方公里，仓储总面积达到 260 万平方米。

附表 1　2013～2015 年开发区物流运营主要指标

年份	2013	2014	2015
物流运营总收入（亿元）	98.4	112.3	132.3
税收总额（亿元）	4.1	4.5	4.8
利润（亿元）	2.8	3.3	3.7
货物吞吐量（万吨）	4320.6	4956.4	5287.7
就业人数（万人）	1.1	1.4	1.6

2015 年，园区货运量达 1454.8 万吨、吞吐量达 5287.7 万吨（见附表 1），多式联运主要是以铁路、公路、水运为主，单位面积物流强度达到 650 万吨/平方公里·年，投资强度 280 万元/亩，税收总额 4.8 亿元。园区入驻物流企业 50 家，总收入达 132.3 亿元，全区从业人员 1.6 万人，带动相关产业就业岗位超过 100 万个。入驻企业全部通过环评和安全验收，节能减排连续 3 年万元 GDP 能耗下降在 5% 以上。园区入驻物流企业 50 家，年营业收入超过 2 亿元的物流企业 7 家，5A 级 1 家，4A 级 3 家，A 级及以上物流企业 18 家。

2015 年，开发区内规模以上工业企业 61 家，高新技术企业 45 家，全年累计实现规模以上工业产值 276.1 亿元。物流企业为制造业企业提供供应链计划、采购物流、入厂物流、交付物流、回收物流、供应链以及信息追溯等集成服务。开发区已形成冷链物流、商贸物流、工业物流、快递物流等为主的大型物流配送中心。直接服务江淮汽车、合肥百货、安徽建工、安徽中烟、皖北煤电、奇瑞汽车、安徽国贸、铜陵有色、海螺集团、马钢集团等 12 家中国 500 强企业。铜陵精达铜材、安徽中鼎控股、安徽楚江投资、安徽天康、安徽正大源饲料、安徽中杭、安徽丰原、安徽鑫港炉料、合肥世纪精信机械制造 9 家 500 强制造业企业。快递物流产业园 2014 年在开发区正式挂牌运营，是安徽省首家快递物流专业园区，是合肥市主要的快递物流分拨中心，承担合肥市 70% 的快递物流分拨业务。

2. 泥河镇食品产业发展基础

泥河镇位于庐江县南部，始建于明朝，历史悠久，物阜民丰，为庐南商贸和工业重镇，素有"鱼米之乡""皖中明珠"之称，曾获"市十佳乡镇""省环境优美乡镇"等多个称号，是安徽省扩权强镇试点镇之一，2014 年被评为全国重点镇，2015 年入选安徽省产业集群专业镇。全镇总面积为 183.5 平方公里，人口 9.8 万人，其中集镇常住人口 2.2 万人。

泥河镇交通便捷，四通八达。合铜黄高速公路、合铜高等级公路和在建中的庐铜铁路穿境而过。上海、南昌、武汉、杭州、南京、黄山、芜湖等城市当日可达；向北 20 公里即可抵合九铁路庐江站；水路由集镇中心顺黄泥河而下，过巢湖下长江，往来便捷，与周边市县和多镇四通八达，晴雨天皆可通行。镇内村级公路四通八达，晴雨皆宜。泥河镇物华天宝，资源丰富。天井万亩圩区是天然的鱼米之乡；黄坡湖万亩水面已成为绿色水产养殖的理想之所；洋河、沙溪的30000亩山地是风景秀丽的林果基地，深度开发大有可为；垅畈相间的泥河西南盛产粮食和经济作物，发展农副产品加工前景广阔。

泥河镇食品加工产业经过多年培育和发展，特别是近几年来，通过实施科技创新工程，加快企业技术创新，推广应用新技术，改造生产设备，提升技术水平，使食品加工产业获得了长足发展，产业集聚效应进一步显现。食品加工产业在泥河镇逐步形成了独特的技术优势和产业特点。

产业规模不断壮大，骨干企业带动明显。泥河镇食品加工产业发展很快，骨干企业在市场竞争中不断成长，规模不断壮大。现在泥河镇规模以上的工业企业有：海神黄酒、江南醇酒业、味甲天酿造、海神面业、禾源粮贸、星海悯农6家，在这些骨干企业的带动下，泥河镇的食品加工产业方兴未艾，一批食品加工企业正在兴起。

建设特色产业园区，产业集群初步形成。随着产业规模的不断扩大，泥河镇适时提出了"立足食品加工业，推动工业强镇"的战略思想。为进一步做大做强食品加工业，以镇工业园区为载体，实施招商引资和激活内资"双轮驱动"战略。到目前为止，建成区面积达0.5平方公里，入园企业中食品加工企业6家，已投产6家，年产值10.14亿元。至此，泥河镇食品加工业实现了由家庭作坊生产到园区规模集约化生产的第二次转变。生产方式也实现了机械化，生产力得以大幅提升，并带动了原材料生产、信息、网络、物流等相关产业的配套发展。全镇食品加工类的产品也大大丰富了，成为集白酒、黄酒、料酒、调料、面条、大米等多类型的食品生产基地，实现集群化发展的良好态势。

销售市场不断拓展，外向型经济发展迅速。泥河镇食品加工业涉及食品、包装、机械、物流等多种行业，拥有白酒、黄酒、调料等多个类别几百个品种，销售市场遍及30多个省市，有的出口创汇，外向型经济发展迅速。目前，海神黄酒正在和中食盐洽谈合作，2012年投资1.6亿元，建成6万吨黄酒生产项目，成为了庐江县政府重点建设项目。江南醇酒业随着销售市场的不断扩大，目前正在工业园区预征地280亩，计划投资5亿元，使生产能力提高到年产1万吨原浆白酒。

企业机制比较灵活，综合服务能力增强。泥河镇早在20世纪80年代就已发展私营经济，形成了一批产权清晰、责权明确的面粉企业。在生产经营过程中，政府只加以引导而不施以干预，90年代又进一步深化改革，把镇属企业全部改制为民营企业，使经济主体符合生产力的发展要求，由于企业机制比较灵活，企业已成为自主经营、自负盈亏、自由发展、自我约束的市场主体和竞争主体，企业的活力不断增强，内部管理水平不断提高，专业化生产体系逐步完善，产品市场空间拓展到全国乃至国际市场。

3. 同大镇现代农业发展基础

同大镇位于庐江北部，巢湖南岸，由同大圩和石大圩组成，镇域面积118平方公里，辖21个村，人口8.9万，耕地10万亩。境内交通便捷，水系发达。新合铜路穿境而过，环巢湖大道沿湖岸线5公里；白石天河和杭埠河南环北绕，小南河横贯东西，圩内沟渠密布，属典型的江北水乡。土地肥沃，物产丰富，素有"鱼米之乡"美誉，是合肥市重要的粮食、果蔬供应基地。

近年来，同大镇农业产业化稳步发展。着力培育优质粮油、家禽、水产、蔬菜、葡萄、苗木花卉六大产业，鼓励规模化、标准化、产业化生产，降低生产成本。连续成功举办了八届庐江（同大）葡萄文化旅游节，游客量从最初的1万人左右发展到现在的30万人左右。注册了"同大圩"牌葡萄商标，取得同大葡萄绿色食品认证，加快"同大圩"葡萄省、市名牌农产品创建工作。2015年新增供肥蔬菜生产基地3400亩，从而使该镇供肥蔬菜基地面积达1万亩。几年来，同大镇共向合肥市周谷堆市场输送了6万多吨优质、新鲜、无公害时令蔬菜，同大供肥蔬菜在合肥市的知名度越来越高。全镇集中连片流转土地共计6.7万亩，种养大户170户，家庭农场76家（省级2家、市级3家、县级12家），农民合作社46家，农业产业化龙头企业29家（省级1家、市级12家、县级16家），其中市级农业产业化龙头企业安徽春生农业科技公司投资建设现代农业科技园，共流转土地1.1万亩。

4. 黄麓镇产业发展基础

巢湖市黄麓镇位于巢湖北岸，东与烔炀接壤，西接秀美姥山，南滨浩渺巢湖，北靠葱翠"西黄山"，是著名"和平将军"张治中先生的故乡，素以"文化之乡"著称。镇区距省会合肥55公里，到巢湖市35公里，属省会半小时经济圈。旅游快速通道、庙中路、黄师路穿境而过，地理位置优越，交通便捷，区位优势明显。

黄麓镇镇域总面积83平方公里，其中集镇建成区5.5平方公里。全镇下辖9个村（居）委会，总人口4.5万人，其中镇区常住人口1.8万人。近年来，黄麓镇按照"半岛之心、书香黄麓"的目标定位，坚持把城乡统筹与美好乡村建设相结合，以推进新型工业化、农业生态化和特色城镇化为重点，科学规划，突出重点，多措并举，有效地推进了黄麓镇经济社会发展，也形成了特色鲜明、层次突出的产业格局。

工业上以富煌集团主导的富煌工业园区不断发展壮大，2006年被核准为省级工业园区，目前已完成建成区2平方公里。集团下辖十多个分子公司，近百个系列产品，同时园区成功引进了国真电器、弘济电子、宏源电子、雷氏农业科技等一批项目落户建设，总投资16.8亿元的富煌重钢三期建设项目正在积极开工建设中，特别是富煌的成功上市为下一步发展提供坚实后劲。

农业上以巢湖北岸现代农业示范园为依托，全力打造农业现代化，成功引进金贝壳、绿鑫、远帆、加侨、鑫光青麓等实力公司进驻黄麓。全镇共完成12000亩土地流转，集生态观光、旅游休闲为一体的生态示范，其园区已初具规模。

三产服务业突出科教产业和旅游产业发展。目前安徽建筑大学城市建设学院已建成招生，安徽省组织干部学院已开班办学，省检察官培训学院、省法官培训学院、合肥师范学院、省医学高等专科学校、安徽公安职业学院已完成土地规划报批手续，即将入驻建设。新型科教产业园已初具雏形。旅游产业立足黄麓自身资源，采用点面结合、联动发展的建设思路，重点实施了洪家疃美好乡村建设、旅游名村建设，相隐寺禅文化升级改造，沿湖湿地建设、生态观光农业建设等项目，旅游产业经整合、润色已悄然兴起。

文化自然资源情况。黄麓镇虽不大，但依山傍水，环境优美，境内拥有千年古刹相隐寺，百年名校黄麓师范，西黄山风景区犹如一座天然氧吧，张治中故居、全国传统村落（洪家疃）更是承载着悠久的历史文化，同时拥有 16 公里的沿湖岸线和芦溪咀、花塘河天然湿地，国家级非物质文化遗产掇英轩纸笺加工技艺更是锦上添花。黄麓兼具了丰富的人文、历史和自然资源。得益于张治中先生创办的黄麓师范文化积淀，黄麓镇群众重教尚文，民风淳朴，全镇校园文化、企业文化、群众文化红红火火。先后被评为全国亿万农民健身先进乡镇、全国文明村镇、全国环境优美乡镇和全国重点镇。

5. 花岗镇产业发展基础

近年来，花岗镇围绕"新型工业强镇、产城融合示范镇、生态美好新市镇、省级新型发达镇"目标定位，科学谋划，大力推动产业发展。花岗镇地处省城合肥南大门，是合肥城市规划主要组成部分，镇域面积 245.2 平方公里，现辖 30 个村（社区），人口 11.2 万。是安徽省首批扩权强镇试点镇，安徽省经济发达镇试点镇，安徽省生态镇，合肥市产城融合示范镇，合肥市 2009 年、2010 年"十强十快"镇，该镇 2011～2014 年连续 4 年被评为合肥市科学发展先进乡镇。花岗镇作为肥西建设合肥西南国际新城区的主战场，区位优势明显、综合基础较好、产业体系完备、要素保障有力、规划体系完善、发展潜力巨大。

花岗镇按照肥西县分片区"五大功能"定位和产业发展规划的要求，产业初具规模：①肥西产城融合示范区，规划控制面积 100 平方公里，一期规划面积 42.6 平方公里，目前，已入驻企业 81 家，其中百亿元以上有祥源花世界旅游生态园项目，10 亿元以上有卓达绿色新材料产业基地项目企业 22 家，亿元以上产值企业 11 家，主导产业有新材料、电子、医药、汽车零部件、机械加工等，初步形成产业集聚效应。②现代农业示范区，规划核心区 3 万亩，辐射面积 10 万亩，已入驻安徽省绿溪洲农业科技发展有限公司等几十家省级龙头企业。

6. 下塘镇产业发展基础

素有"千年古镇、工业新城"之称的下塘镇是合淮工业走廊的重要节点，介于省会合肥与能源城市淮南之间，距离合肥外环高速入口仅 10 公里，是合肥市北部重要的工业基地。经过几年的努力，下塘镇逐渐发展成以铝深加工产业为支柱的重点镇，尤其是正式启动下塘工业园规划建设之后，铝深加工产业已经成为吸纳就业最多、财政贡献最大、发展速度最快的支柱产业。

项目集聚较快，产业基础初步形成。2011 年 11 月，在下塘镇洽谈引进基础上，长丰县人民政府与广西广银铝业有限公司签订了 45 万吨铝加工及其配套项目投资协议。在广银铝业这一"大鳄"的吸引下，相关企业纷至沓来，截至目前，铝深加工产业又进一步延伸了型材加工、精密制造、家电制造三大主导产业链，分别落户项目 18 个、11 个、8 个，协议投资分别达到 52.1 亿元、16.9 亿元、7.4 亿元，牵头项目分别为广银铝业、元富电子、华帅智能家电等；2015 年特色产业企业达 37 个，实现产值近 11 亿元，上缴税金超 3000 万元，拥有相关实用新型、外观设计等 23 项专利。

产业转移加快，产业承接空间大。确定铝深加工产业为主导产业后，承接东部发达地区产业转移可行性进一步加强，尤其是与省、市、县主导产业互补性强，新型显示、集成电路、智能机器人、太阳能光伏等产业的发展，为该镇主导产业的延伸提供了较大的发展空间。尤其是广银与广东亚铝合作的方案已进入运行阶段，待项目全部顺利实施后，亚铝的商标、专利、技术及销售网络等优势，将能进一步释放铝工业园目前生产产能，大幅度增加产量，盘活工业园资产，打通铝产业链。

7. 吴山镇产业发展基础

吴山工业集聚区于2006年6月经合肥市发展计划委员会批准成立，位于吴山镇井岗和五十埠两社居委境内，距外环高速9公里，与合淮阜高速吴山下道口无缝对接，206国道穿区而过。规划面积为15平方公里，建成面积达3.6平方公里。建成区还有300亩土地可用。如园区车左路、百花大道、牌碑路向北延伸，修建杨庙路，可提供2500亩建设用地。吴山镇坚持园区建设"规划先行、高标准、高起点、一步到位"的理念，以大投入推动大建设、大发展，顺利完成合淮路改造、35千伏输电线路、吴山污水处理厂及污水管网等县重点工程建设。一期园区框架拉开，实现"六通一平"，完成工业园区内15.6公里的"三纵六横"道路网建设，22.6公里雨、污分流排水管网铺设，37公里供水管网埋设，10.6公里燃气中压管网铺设，园区内4300亩土地征收和平整工作。

经济发展。2015年吴山镇工业总产值达38.9亿元，固定资产投资达28.3亿元，工业投资达25.5亿元，规模以上工业企业数达28户，招商引资到位资金达27.5亿元，财政收入达6730万元。相继被评为安徽省产业集群镇、全国重点镇、全省首批千年古镇、合肥市文明乡镇，为实现"十三五"高起点开局奠定了坚实的基础。

招商成效。至今全镇累计引进招商引资项目69个，其中工业项目64个。皖中报废、福晟机械等54个项目建成投产；易开车业等5个项目在建；安徽中柘等5个项目签约筹建；立邦装饰涂料等3个项目洽谈推进。众多企业形成了产业集群专业镇的"雁群效应"，工业发展势头强劲。

农业发展。依托龙门寺省级现代农业示范园和江淮园艺科研园引进了龙之歆果蔬、汇力农林、省农科院园艺所瓜蒌基地等6个农业项目，累计投资近4.2亿元，流转土地近万亩。培育壮大了科鑫养猪等5家市级农业产业化龙头企业，初步形成了以制种科研、果蔬种植和畜牧养殖为主的特色农业发展格局。

附件四　环湖十二镇产业未来发展方向及路径

需要单独提出来的是，未来环湖十二镇可围绕休闲旅游、健康养老、科教发展等产业打造产业鲜明、生态环境优美、社会资源进步、功能设施完善的区域经济社会中心。

1. 环湖十二镇发展基市方向

突出旅游资源，打造休闲特色名镇。依托环巢湖旅游大道和水路交通网络，将环湖十二镇山水、人文、传说、古迹、田园、湿地、美食和生态等特色旅游资源有机串联起来，加强新型旅游产品的创新培育，让三国文化、淮军文化、巢居文化、巢湖神话等历史文化资源转化为丰富的旅游产品。加强与省内、长三角、国内外旅游圈的合作，开展多层次、多渠道的国内外市场营销，以大事件（巢湖国际旅游节、中国智慧旅游城市论坛等）带动、大平台依托、全媒体推广，打响环湖小镇旅游品牌，打造知名的旅游观光休闲目的地。

突出生态环保，打造商务会议特色名镇。借鉴瑞士达沃斯、北京国内外商务会议小镇的建设经验和经营理念，加强生态文明建设和自然环境保护，在城镇规划、建筑设计、资源利用、产业布局、经济发展等多方面注入"生态"理念，真正以生态为底、绿廊为链、河流为脉，打好生态基础。创新观念，加强与国家级专业协会联系，争取诸如世界湖泊论坛、中国城镇化论坛等全国性大会在当地落地，带动住宿、酒店等基础设施建设，带动会展经济以及观光、旅游、休闲等产业的发展。

突出产业示范，打造品牌产品特色名镇。以"产业有特色、基地有规模、产品有品牌"为目标，把调结构、树品牌、添活力作为环湖十二镇产业发展的工作重点，大力发展设施农业，打造烔炀万亩草莓基地、黄麓万亩葡萄基地、白山万亩苗木基地，建设集生态种植、观光娱乐为一体的若干现代农业示范区。加大对具有一定规模的槐林渔网、中垾锚链等园区经济的扶持，打造若干园区经济特色镇。加强对同大等产业基础较好、配套服务发达的小镇的开发建设，打造若干重大产业功能区产业配套服务特色镇。

突出历史文化，打造人文内涵特色名镇。加强对历史遗存、古群落的修复保护。加大对同大、长临河、烔炀、柘皋四个历史文化老街区，以及中国历史文化名镇的保护性修复，做到修旧如旧、传形传神，展现古镇的历史脉络；加大对六家畈古民居、三湖梅、洪家疃等的整治保护，提炼和再造民俗风情；加强对唐咀水下居巢古国、银山智人等遗址的开发，挖掘和弘扬文化遗产；进一步传承和发扬环湖流域的吴楚文化、淮军文化和焦姥文化、巢父文化等，让民俗文化大放光彩。

2. 加快环湖十二镇建设基市路径

环湖十二镇建设本身不一定需要按照现有建制镇建设要求，可以根据区域资源、产业现有特色以及未来发展方向，有选择性地在十二镇基础上培育发展"特色小镇"或者"迷你小镇"，小镇建设的目标在于聚焦特色产业集群和文化旅游、健康养老等现代服务业，兼顾电子商务、旅游休闲、科教、智能制造、孵化器和总部经济等新兴产业和集聚地。鼓励以社会资本为主投资建设特色小镇。要坚持政府引导、企业主体、市场化运作，鼓励以社会资本为主投资建设特色小镇。每个小镇要明确投资建设主体，注重引入龙头企业，以企业为主推进项目建设，鼓励采取企业统一规划、统一招商、统一建设的发展模式。

（1）按照"一镇一风格"建设特色小镇。在能够发挥现有小镇基本设施基本建设框架条件下，按照"一镇一风格"建设要求，有选择性地突出特色打造，彰显产业特色、文化特色、建筑特色、生态特色，进而形成"一镇一风格"。在建制镇建设已经难以做到整体打造的情况下，在符合城乡规划、土地利用总体规划要求下，相对于现有乡镇建成区中心，有选择性地在城乡结合部或者以连片开发建设为宜，有选择性地打造特色产业和小镇风貌，形成独具匠心、体现特色文化和生态特色的小镇。

（2）按照"景区＋小镇"体制打造特色小镇。适合发展景区的地方，要重点打造"景区＋小镇"体制和发展模式。突出历史文化传承，注重保护重要历史遗存和民俗文化，挖掘文化底蕴，开发旅游资源，所有特色小镇则要按3A级以上景区标准建设，旅游产业类特色小镇要按4A级以上景区标准建设，并推行"景区＋小镇"管理体制。

（3）按照"产业＋小镇"打造特色小镇。在环湖十二镇区域范围内，根据现有产业及未来所能承担和转移的合肥当地产业及外来产业，做好细分产业和小镇之间的融合，每个细分产业原则上只规划建设一个特色小镇，每个小镇要根据资源禀赋和区位特点，明确一个最有基础、最有优势、最有潜力的产业作为主攻方向，差异定位、错位发展，挖掘内涵、衍生发展，做到极致、一流。每个细分产业原则上只规划建设一个特色小镇（旅游产业类除外），新引进的重大产业项目优先布局到同类特色小镇，增强特色产业集聚度，避免同质化竞争。

（4）按照"平台＋小镇"打造特色小镇。打破惯性思维和常规限制，根据产业定位量身定制政策，打造创新创业平台，吸引企业高管、科技创业者、留学归国人员等创新人才，引进新技术，开发新产品，做大做强特色产业。

3. 特色小镇建设与周边镇关系

在具体规划建设中，特色小镇的发展秉持四大发展理念：产业定位摒弃"大而全"，力求"特而强"，避免同质竞争，错位发展，保证独特个性；功能体系摒弃"散而弱"，力求"聚而合"，重在功能融合，营造宜居宜业的特色小镇；城镇形态摒弃"大而广"，力求"精而美"，形成"一镇一风格"，多维展示地域文化特色；制度设计摒弃"老而僵"，力求"活而新"。

结合政策文件及有关案例，我们从特色小镇的内涵出发，认为特色小镇其特色有4个维度，分别为产业维度、功能维度、形态维度和制度维度；其发展路径也表现为上述4个维度。

（1）产业维度。特色小镇的产业应具有一定的创新性和特色，并且能和周边镇及其他区域产业或者自身形成一定长度的产业链，发展绿色低碳型产业，产业的经济开放性和生产效率较高。

（2）功能维度。特色小镇的功能应与周边城镇具有一定的集聚度及和谐度，经济、社会和生态等各功能之间协调发展，功能结构合理，公共服务功能均等化程度较高。

（3）形态维度。特色小镇就是要全面体现"特色"，除了特色产业以外，在空间上也要体现明显的特色，其建筑、开放空间、街道、绿化景观和整体环境都要体现相应的特色，这种特色与周边镇既有历史和文化联系，又具有自身基本特征，同时在小城镇建设上具有较为统一和鲜明的风貌特征，城乡空间形态和环境质量协调发展，投资的空间环境品质较好。

（4）制度特征。特色小镇在一定意义上也是一个特殊政策区，应围绕特色小镇的发展目标，建立起与其发展相适应，设计能力相激励的产业、资金和人才进驻制度，以保障特色小镇可持续发展的环境治理和收益共享。

参考文献

［1］毕波，丁帅夫，牛雨．城乡统筹背景下青岛市重点中心镇选择与布局的探索［A］．中国城市规划学会，南京市政府．转型与重构——2011 中国城市规划年会论文集［C］．中国城市规划学会，南京市政府，2011：9.

［2］徐红权，徐建刚，王志强．基于 GIS 的江苏省重点中心镇选取方法研究［J］．安徽师范大学学报（自然科学版），2006（1）：83–87.

［3］王志强．新时期江苏省重点中心镇的选择初探［J］．城市发展研究，2005（4）：7–10.

［4］杨利民．中国扎兰屯特色产业发展研究［D］．中央民族大学，2013.

［5］周健．推进我国新型城镇化的新途径：小城镇产业城乡间融合［J］．新疆农垦经济，2015（12）：69–73.

［6］卫龙宝，史新杰．浙江特色小镇建设的若干思考与建议［J］．浙江社会科学，2016（3）：28–32.

［7］盛世豪，张伟明．特色小镇：一种产业空间组织形式［J］．浙江社会科学，2016（3）：36–38.

［8］厉华笑，杨飞，裘国平．基于目标导向的特色小镇规划创新思考——结合浙江省特色小镇规划实践［J］．小城镇建设，2016（3）：42–48.

［9］李俊华．新常态下我国产业发展模式的转换路径与优化方向［J］．现代经济探讨，2015（2）：10–15.

［10］李晓翠．我国新型小城镇产业布局评价体系研究［J］．工业技术经济，2015（6）：36–44.

［11］扈万泰，王力国．重庆城市发展新区小城镇产业发展探索［J］．城市发展研究，2015（6）：11–16.

［12］刘翠娥．河北省县域产业集群的形成与发展研究［D］．天津大学，2007.

［13］赵小芸．旅游小城镇产业集群动态演化研究［D］．复旦大学，2010.

［14］杨富田．新常态下吉林省县域产业结构调整研究［D］．吉林大学，2016.

［15］谭宁．县域产业集群转型升级的作用、发展瓶颈和成功案例［J］．云南社会科学，2014（4）：76–80.

［16］刘菊芹．县域产业集群社会资本效应实证分析——以陕西户县纸箱产业集群为例［J］．西安财经学院学报，2014（5）：34–39.

［17］高菁．小城镇产业优化路径研究［D］．浙江大学，2013.

［18］金逸民，乔忠．关于小城镇产业发展问题的思考［J］．中国人口·资源与环境，2004（1）：64–68.

［19］刘红娜．我国城乡统筹与小城镇产业集群互动发展研究［D］．东北林业大学，2013．

［20］郑鑫．产业集群与小城镇发展［D］．河北经贸大学，2005．

［21］吴建瓴，田焱，秦文文．成都市小城镇产业发展研究［J］．农村经济，2011（3）：96－99．

［22］孙浩．山东省小城镇产业集群发展研究［D］．江西农业大学，2015．

［23］朱桢博，李嘉林．西南地区小城镇产业规划分析［J］．山西建筑，2012（28）：3－5．

本课题参与人员名单：

课题组组长：

　　胡登峰　　安徽皖北经济社会发展研究院　　院长

课题组成员：

　　卢俊义　　安徽皖北经济社会发展研究院　　外聘专家

　　潘　燕　　安徽皖北经济社会发展研究院　　助理研究员

　　李佩莹　　安徽皖北经济社会发展研究院　　助理研究员

第二篇

日常课题研究报告

▶ 合肥促进基金多样化发展研究
▶ 合肥加快应急产业发展对策研究
▶ 合肥水资源管理中长期对策研究
▶ 合肥农产品电子商务发展研究
▶ 合肥古村落文化旅游资源研究

合肥促进基金多样化发展研究

课题负责人　何　芸

第一章　绪论

一、研究背景与意义

（一）研究背景

当前我国正处于经济结构调整和产业结构升级转型的关键时期，以要素投入为特征的粗放型经济增长模式存在不可持续性。加快调整的步伐，实现产业模式和经济增长模式的根本性转变是我国未来经济社会需着力解决的重要问题。股权投资基金作为多层次资本市场体系的重要组成部分，是我国实现经济结构调整和产业转型的重要工具。这主要表现在：第一，股权投资基金不仅能够为高科技企业，特别是成长性中小微企业提供稳定的资金支持，还能通过基金运营约束企业，为企业提供公司治理、产业链整合等全方位的增值服务；第二，股权投资基金以其资金来源多元化和资金运用市场化，搭建起资金和优质项目之间的平台，让更多资金和成长性企业、高科技产业相结合，既解决了过剩资金流向和盈利问题，也引导资金投向符合国家战略需求的产业，实现投融资结构体制的健全和完善；第三，股权投资基金为理顺政府和市场关系、实现政府行政引导手段和市场资源配置手段的有机结合提供了长效机制，是规避市场失灵和政府失灵的重要金融创新。

安徽省是"泛长三角"区域的重要组成部分。天然的区位优势使安徽省成为长三角产业转移最为有利的承接地。为了抢抓长三角地区产业优化升级和产业外迁的大好契机，安徽省加强了与长三角地区的区域经济合作。股权投资基金有利于建设良好的融资服务平台，深化区域金融合作，加强广泛的产业对接，构建产业合作长效工作机制，推动区域产业联动发展和产业转移有序承接，充分发挥产业承接载体的作用。毫无疑问，以皖江示范区为龙头的工业园区已成为安徽省招商引资增量扩容和外向型经济提档升级的强大引擎，通过加快股权投资基金的多样化发展，引导资金、人才和技术等生产要素向优势产业聚集，提高资源优化配置的效率，提升产业竞争力。在国内经济的持续低迷和复杂多变的经济形势下，产业承接工作也将面临严峻的挑战。产业资本在转移和流动过程中，不可避免地会给承接地带来重复建设、无序竞争、环境污染和产业结构失衡的风险，而这些问题单靠市场机制的自发调节是无法解决的，因此必须要充分发挥政府的引导和宏观调控作用。

合肥市作为皖江城市带和合芜蚌自主创新实验区的核心城市，近年来发展速度迅猛。"十二五"期间，合肥主要经济指标保持年均"两位数"增长，其中全市生产总值（GDP）在 2015 年实现 5660.3 亿元，按可比价格计算，比上年增长 10.5%，分别快于全国、全省 3.6 个和 1.8 个百分点；创新实力得到显著增强，2015 年战略性新兴产业产值达到 2700 亿元，高新技术企业增加到 1056 户，发明专利申请量和授权量分别增长 27.1% 和 80.5%，自主创新主要指标全部进入省会城市"十强"。尽管如此，合肥市与国内发达城市相比，无论在经济总量上还是在产业结构上仍有不小的差距。合肥需要依托科技创新，加快推动新型工业化发展及产业结构升级转型，在此过程中，股权投资基金具有不可替代的重大作用。合肥市股权投资基金是否已发挥对重点产业的促进作用？还存在哪些优势和不足？从文献资料来看，相关研究非常稀少。我们有必要调研并掌握合肥股权投资基金发展情况，结合合肥市的产业特色，总结国内先发地区发展股权投资基金的成功经验，分析合肥推进基金多样化发展的优势和不足，提出切实可行的对策和建议。

（二）研究意义

股权投资基金是一种独特的基金，它在进行股权投资的同时，还要向被投资企业提供额外的增值经营管理服务。研究合肥股权投资基金的发展现状和存在的问题具有深刻的理论和现实意义。

1. 理论意义

从理论角度而言，现阶段很少有学者针对股权投资基金的作用机制进行深入分析。本书将对股权投资基金的特点、种类和作用机制进行理论分析，这将丰富股权投资基金的理论研究成果，同时也为政府制定有效政策促进股权投资基金多样化发展提供理论依据。

2. 现实意义

从现实角度而言，本书将有利于把握合肥市股权投资基金的发展现状，找到和先进地区发展的差距，有针对性地提出相关政策。股权投资基金的多样化发展，对于拓宽中小企业融资渠道、推进产业结构升级和经济健康发展，都具有十分重要的意义。目前合肥市股权投资基金发展状况究竟如何？和先进地区相比差距在哪里？合肥市股权投资基金在发展过程中存在哪些障碍和制约因素？应从哪些方面进行政策上的改进？这些问题都关系到股权投资基金的健康发展和产业结构升级目标的实现。本书通过对合肥股权投资基金发展现状和比较分析，结合合肥股权投资基金的案例分析，总结出合肥在促进基金多样化发展中的优势和不足，并有针对性地提出新政策，这对促进合肥市经济增长具有积极的现实意义。

二、研究内容、研究方法和数据来源

本书在对股权投资基金进行理论分析的基础上，对目前国内外先进地区发展股权投资基金的经验进行梳理和深入分析，探索股权投资基金发展需要的共性和环境条件。在此基础上，针对合肥市股权投资基金发展的现状和问题，提出促进合肥基金多样化发展的政策设计。本书研究内容和方法如图 1-1 所示。

本书所有数据来源于私募通数据库和实地调研，数据截至 2016 年 8 月。

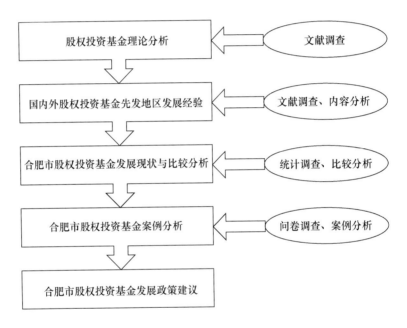

图 1-1　本书研究内容与方法

第二章　股权投资基金理论分析

一、股权投资基金的定义

股权投资基金区别于证券投资基金，是一种权益投资机构，具有直接作用于相关产业的作用，和实体的结合程度高，是与实体产业的发展和运营直接相关的金融创新形式。

肖宇（2010）认为，"股权投资基金是指向特定对象募集资金，由专业的基金管理机构管理，主要是对未上市企业进行股权投资并提供增值服务的集合投资计划，投资收益由投资者共享，投资风险由投资者共担"。王慧彦（2010）提出，"股权投资基金是指以非公开方式向特定投资者募集基金资金，并以所募资金投资于具有高成长性的非上市公司的股权的基金，其投资对象主要是非上市公司的股权"。张斌、巴曙松（2011）提出，"股权投资基金是现代投资银行业金融创新的标志性产物，是融合了传统商业银行融资功能、传统投资银行的市场研究和交易等功能的各种类型的基金"。夏荣静（2014）认为"股权投资基金是指以非公开的方式向少数特定投资者募集资金，主要向未上市企业进行的权益性投资，最终通过被投资企业上市、并购或管理层回购等方式退出而获利的一类投资基金"。

综合前人的研究成果，本书认为，股权投资基金是指通过非公开募集股权资本形式建立投资基金，对非公开交易企业股权进行投资，并提供经营管理服务的利益共享、风险共担的集合投资制度。

二、股权投资基金的特点

股权投资基金作为一种新型的金融机构，具有与其他金融机构不同的一些特点。

1. 募集资金的过程是非公开的

由于股权投资基金流动性较差，风险相对较高，因而其募集资金只能采用私募方式面向合格投资者。主要资金来源为金融机构、大型企业、养老基金、捐赠基金、政府、富有个人等有一定风险承受能力、具有长期资金来源的机构或个人。如果公开募集资金就要称之为公募股权投资基金而不是股权投资基金了，有的公司甚至转而上市。股权投资基金一旦转为上市公司，就不能再按股权投资基金办法来管理，而必须按上市公司的要求进行信息披露，因而就不再是本书的研究对象。

2. 投资对象主要为未上市公司股权，也包括上市公司非公开发行的股权

股权投资基金投资未上市公司股权是因为未上市公司快速成长阶段将带来股权价值的大幅提升，因而一般投资于中小企业，因为这些企业爆发性成长的可能较大。也有专门从事并购的股权投资基金投资暂时陷入财务困境的大型企业股权，由于这些陷入困境的大型企业股权价格一般较低，当等到市场好转或企业渡过一时的财务困难时，企业的价值回升也会带来股权价值的大幅提升。

3. 遵循财务投资策略

股权投资基金投资股权的目的与产业投资不同，不是为了长期持有进入某一个产业，而是力图寻求在所投资企业整体价值得到社会认可后，并不再具有高成长性之前的某个最佳时机实现股权价值升值后退出获利，因而它属于财务投资者，一般不谋求所投资企业的控股权，较少参与日常经营管理。

4. 投资的专业性强

股权投资基金相对于证券投资基金而言，对基金管理者的素质要求更高。股权投资基金不仅要独具慧眼发现企业的投资价值，而且还要通过增值服务帮助企业创造价值。投资者必须对所投资企业所处的行业有深入的了解，还须具备企业经营管理方面的经验，这样投资者才能做出正确的投资决策，并有能力对所投资企业实施监督。投资者往往还需要利用自身的资源、专长和经验向所投资企业提供必要支持，以实现价值增值。因此，股权投资基金由专家进行管理，人力资本在股权投资基金的作用巨大。

5. 投资期限长，流动性差，风险性较高

股权投资基金是一种实业投资，所投资企业的股权实现价值增值需要较长时间；股权投资基金投资对象主要是非上市企业股权或上市公司非公开发行股权，往往不存在公开交易市场，大多数只能通过股权转让或日后公开上市后退出，流动性较差。

三、股权投资基金的分类

（一）引导型股权投资基金

引导型股权投资基金是指"由政府出资设立，依照市场化模型进行运作的具有政策导向型的股权投资基金"，即政府引导基金。不以盈利为目的，采用市场化模式运作是引导型股权投资基金的特征。引导基金以实现各种既定的政策目标如创业扶持、产业战略升级为目的，是政府职能的延伸，是国家实现产业结构调整，进行宏观调控的重要经济手段。

私人部门的股权投资机构，出于风险的考虑，在进行项目选择时较少投资处于种子期及初创期的高新技术企业，由此带来的市场失灵或市场缺陷需要财政资金的投入。传统的公共财政直接拨付方式虽可以在一定程度解决科技创新资金匮乏的问题，但资金使用效率低下是无法解决的痼疾。在缺乏监督的情况下，不仅无法保障资金投入效率，且激励机制的不健全也可能影响科技创新活动的展开及科技型中小企业的培育。而创新的引导基金模式通过设立合理的让利制度，可以吸引民间资本进入这些领域，放大财政资金的杠杆效应，扩大创业资金的供给量。创业投资引导基金像以色列的 Yozma3 及美国小企业公司投资计划都是引导基金的杰出代表。2008 年，我国在国家确立政府引导基金组织和设立的法律基础上，各地方政府应声而动纷纷开始尝试政府引导基金，以促使地方高新技术企业的早期发展。

（二）非引导型股权投资基金

非引导型基金是纯商业化的股权投资基金。与引导型基金相比，非引导型基金在投资理念、投资方式等方面都有明显不同。从投资理念来看，引导型基金有明确的政策目标，而非引导型基金始终是以实现利润最大化为目标；从投资方式来看，引导型基金一般较少直接投资于创新项目，更多的是采用"母基金"形式参股其他基金，而非引导型基金一般以股权形式参股高科技企业，直接投资于创新项目。因此两种类型的股权投资基金在资金募集、投资、投后管理、退出等各个环节上都有很大区别。

按照投资企业所处的不同阶段，非引导型股权投资基金又可以分为以下不同类型。

1. 天使投资基金

天使投资基金，是指富有的个人出资协助具有专门技术或独特概念的原创项目或小型初创企业，进行一次性的权益性投资，通常单笔投资金额较小。天使基金的别称是"3F"，即"Family""Friends"以及"Fools"的简称。现在主要从社会的视角出发，主要的研究对象是以机构形式存在的天使投资基金，而并非是家人、朋友或其他背景的"个人天使"。天使投资基金　股投资于企业的种子期和初创期，其资金规模较小。

2. 风险投资基金（VC）

风险投资基金又叫创业基金，是当今世界上广泛流行的一种新型投资机构。它以一定的方式吸收机构和个人的资金，投向于那些不具备上市资格的中小企业和新兴企业，尤其是高新技术企业。风险投资基金无须风险企业的资产抵押担保，手续相对简单。它的经营方针是在高风险中追求高收益。风险投资基金大多以股份的形式参与投资，其目的就是为了帮助所投资的企业尽快成熟，取得上市资格，从而使资本增值。一旦公司股票上市后，风险投资基金就可以通过证券市场转让股权而收回资金，继续投向其他风险企业。风险投资基金一般投资于企业的初创期和成长期，从投入到退出的时间一般在 5 ~ 8 年，投资规模较小。

3. 私募股权投资基金（PE）

私募股权投资基金主要针对已经形成一定规模的，并产生稳定现金流的成熟企业进行的权益资本投资，包括风险投资后期的私募股权投资，而这其中收购资本和夹层资本在资金规模上占很大的一部分。从投资特征来看，私募股权投资是以股权形式为主的一种高投入、高风险、高收益的投资，其核心理念是令投资的资产增值，然后将这部分资产卖出，以从中获取收益。私募股权投资基金一般投资于企业的扩张期和成熟期，从投入到退出的时间一般在 2 ~ 3 年，投资规模相对偏大。

除此之外，国内还出现了券商直投、基金中的基金（FOFs）等创新形式的股权投资基金，发展势头迅猛。其中，券商直投指证券公司直接对未上市项目进行股权投资，以期通过上市或并购等方式退出并获取投资收益。证券公司直投业务既包括投资于新兴初创企业、发展扩张企业等以单个企业的发展前景为遴选标准的风险投资业务，也包括投资于基础设施建设、国家支柱产业等以产业为导向的投资业务。在整个业务过程中，证券公司既可以以自有资金投资入股以获取股权收益，又可以通过提供金融中介服务获取佣金作为利润，因此可以说，券商直投业务是证券公司传统的自营业务和资产管理业务的拓展和延伸，是证券公司的创新业务之一。目前，国内监管部门将券商直投的业务范围限定为对拟上市公司的投资（Pre - IPO）。而基金中的基金（FOFs）并不直接投资股票或债券，其投资范围仅限于其他基金，通过持有其他股权投资基金而间接持有权益资产，它是结合基金产品创新和销售渠道创新的基金新品种。

四、股权投资基金的作用机制

（一）资金配置机制

科技创新的基本特征是周期长且投入大，科技创新技术转化、产品化及产业化的过程都表现为资金匮乏，股权投资基金最基本的功能就是解决科技创新及产业升级过程中的资金问题。

1. 引导型股权投资基金的资金配置

在科技创新基础研究、技术开发及商品化阶段，创新主体主要是科研院所及处于种子期和初创期的高新技术企业，科技研究仅表现为创意，并未形成具体实物，存在较大的不确定性，创新主体的资金流也仅表现为研发开销的资金流出，却缺乏相应收益而产生的资金流入。因此，依据市场机制运行的商业化金融机构会选择规避，导致资本无法在科技创新活动中聚集，市场失灵问题难以避免。引导型基金的积极协调于此就显得尤为重要，资金配置的来源上仍采用财政拨付资金，运营上借助市场化运营模式，发挥财政资金的杠杆放大效应，同时克服了商业化股权投资基金的市场失灵问题。

2. 非引导型股权投资基金的资金配置

科技创新的风险多样性及对资金的持续需求，使得单一的金融手段不论从资金持有量及风险偏好上都无法满足科技创新主体的创新全过程。创新最活跃的主体高新技术企业，需要借助多样化且多层次的金融工具创新组合满足资金需求。我国金融体系是倚重于银行的间接融资体系，但商业银行的稳健经营原则导致银行无法满足高新技术企业长期稳定的资金需求。而非引导型股权基金以"高风险、高收益"的经营理念，向高新技术企业注入中长期权益资本，通过培育提升企业价值获得收益，从而使高新技术企业以高新技术和高成长潜力换取稳定且充足的资本，是高新技术企业理想的融资通道，因而非引导型股权投资基金成为科技金融体系的重要组成部分。

此外，高新技术企业在发展规模、发展阶段及技术创新层次上的差异都会形成对资金、内部管理及风险把控的不同需求，多层次、多样化的非引导型股权投资基金体系能够契合高新技术企业的需求。

种子阶段的企业还处在技术的研究开发阶段。从资金配置角度而言，企业资金需求量较小，风险却很大，无法吸引大型商业银行或资本市场投资，更多资金源自于创业者自身积累或自筹资金、政府创业投资或独具慧眼的天使投资。

初创阶段的企业对资金的需求量大而风险高，且并不存在较好且完整的商业经营记录，无法顺利获得商业贷款，因而需要其他途径的资金进入以满足企业的存续，风险投资基金（VC）以股份的形式参与投资，不需要风险企业的资产抵押担保，契合了初创期企业的资金和风险管控需求。

成长阶段的高新技术企业已经初具规模，经营业绩提高，市场占有率及产品品牌的形成会获得更多大型商业银行的青睐，因而该阶段资金来源将有部分来自于商业银行，风险投资基金（VC）和私募股权投资基金（PE）亦可以更大规模地参与企业成长。

成熟阶段的高新技术企业在不断进行产品升级并推出更高科技水平的产品，从而使得企业获取更多的经济与社会效益。资金需求主要是企业经营过程中产生的费用。私募股权投资基金联合商业银行、资本市场等金融机构共同助力企业创新活动，同时实现基金投资目的。

可见，创新的层次性和阶段性及企业所具有的不同规模和生命周期决定了为企业技术创新提供融资支持的股权基金必然是一个多层次、多样化的基金体系。如表 2 - 1 所示，股权投资基金体系中各具特色的基金机构与其他金融机构和市场将为不同规模、处于不同创新周期的创新主体提供更有针对性的资金配置方式。

表 2 - 1　高新技术企业创新周期各阶段的资金需求及资金配置

生命周期阶段	期限（年）	成功率	风险	最低收益率	适合的金融机构	金融支持形式	数额（元人民币）
种子期	7 ~ 10	不足10%	极高	50% ~ 70%	天使投资、政府引导基金、准政府部门	风险投资等股本金、专项拨款	几十万元
初创期	5 ~ 10	20%	很高	40% ~ 60%	天使投资基金、风险投资基金	风险投资、优先股等	百万元
成长期	3 ~ 5	不足50%	高	35% ~ 50%	风险投资基金、私募股权基金、商业金融机构	风险投资、可转换优先股等	千万元
扩张期	3 ~ 5	接近70%	中	30% ~ 40%	风险投资机构、私募股权基金、商业银行、三板市场、商业金融机构等	三板市场融资、担保贷款、无担保可转债以及优先股等	千万元
成熟期	2 ~ 5	90%	低	20% ~ 30%	私募股权基金、券商直投、主板市场、二板市场、商业银行、债券市场等	资本市场融资、商业银行贷款等	百万元

资料来源：李建伟. 技术创新的金融支持——理论与政策［M］. 上海：上海财经大学出版社，2005.

（二）激励约束机制

具有股权性质的股权投资基金通过股权契约对高新技术企业产生激励与约束。一般而言，股权契约对企业内部人员所产生的激励及约束机制主要为外部股东的"用手投票""用脚投票"及外部治理机制。早期的高新技术企业获得创业风险投资资金，创业风险投资机构也就因为股权关系成为高新技术企业的股东，股权契约中所赋予的股东权利使得创业风险投资机构能监督企业的创新项目，积极参与经营管理中的重大决策，达到约束企业内部人员的目的。

在实际运行过程中，股权投资基金并非采用单一股权方式约束或激励高新技术企业的创新与经营管理过程，更多地采用市场化手段和金融工具的创新，如采用附加期权的担保契约等方式，在保障作为委托方的金融中介机构利益的同时，达到约束高新技术企业科技创新投入及减少企业内部人员道德风险的目的。

（三）风险分担机制

我国融资体系仍采取银行主导模式，科技创新的高投入、高风险特征导致以稳健性经营为宗旨的商业银行敬而远之。我们根据股权投资产品和商业银行信贷产品的风险与收益性高低，将其分类并分布于坐标系里，设立四个投资风险收益组合区间（见图2-1）。①区间的投融资对象为高风险与低收益组合，该区间适合天使投资基金的股权投资，而对一般商业银行融资来说则风险收益极不匹配；②区间的投融资对象为高风险与高收益组合，该区间适合风险投资基金（VC）投资，而对一般商业银行来说虽然有获得高收益的可能性，但也存在相对较高的风险性；③区间的投融资对象为低风险与高收益组合，该区间适合私募股权投资基金（PE）投资，对商业银行融资并不适合；④区间投融资对象为低风险与低收益组合，该区间适合IPO或增发股票，对商业银行一般贷款也非常适合。从图2-1中可以看出单纯依赖银行信贷，由于风险和收益的严重不匹配，初创期和成长期高科技企业无法获取充裕的创新资金支持和高效的风险分担，而多样化的股权投资基金可以有效地解决这一难题。

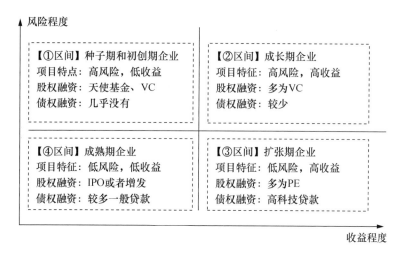

图2-1　股权融资与债权融资的风险收益均衡分析

第三章 国内外促进股权投资基金多样化发展的政策剖析和启示

一、国外政策剖析与启示

高科技企业是当今世界高新技术创业发展中最活跃的企业群体，是提高国家综合国力与国际竞争力的重要生力军，也常常是新的产品和商业模式的创造者和全新技术的源泉。世界各国在促进股权投资基金发展方面有许多成功经验，通过制定和实施相关政策，支持和帮助科技型企业发展，促进了科技进步与创新。

（一）美国

1. 政策分析

美国是市场主导型金融体系，因此，美国政府在促进股权投资基金多样化发展中，主要通过制定和实施相关政策改善外部环境，减少金融市场对科技企业的融资约束，并进一步发挥股权投资基金对科技发展的支持。对于政府在该领域中的角色和作用，美国在从一开始的主动介入慢慢转变为市场的引导者和配角。具体政策包括：

第一，实施 SBICs 计划，扶持中小企业。1958 年美国出台的《小企业投资法案》（SBICs 计划），明确政府以风险补贴、债务担保和权益担保等方式，鼓励民间资本创办小企业投资公司（SBICs），向小企业提供长期贷款或股权投资。SBICs 由政府监督、私人经营。SBICs 计划的实施带动了私人资本投资中小企业的热潮。

第二，通过财政出资和税收政策鼓励风险投资基金发展。具体内容包括：

（1）建立创业投资母基金，政府出资建立创业投资"母基金"，即"基金的基金"，不直接对项目进行投资，通过母基金参与发起创立新的专业性风险投资机构。如美国加利福尼亚新型创业投资基金。

（2）对风险投资实施税收优惠政策。美国政府为了鼓励私人风险投资的发展，将风险企业的所得税税率由 1970 年的 49% 降至 1980 年的 20%。这一措施的实施使美国风险投资在 20 世纪 80 年代初期大约以每年 46% 的速度激增。1981 年制定的《股票选择权促进法》，准许把股权作为对投资者的报酬，并把纳税环节由行使选择权推迟到出售股票。此外，通过税收抵扣，鼓励富有经验的企业家——"商业天使"以个人方式投向种子期的科技型企业。

第三，建立多层次的资本市场。美国资本市场分层在金融工具风险特征、交易组织形式、地理空间三个维度上同时展开，形成了由五个层次构成的多层次资本市场体系。第一个层次是纽约证券交易所（NYSE），即所谓的蓝筹股市场。第二个层次是纳斯达克（NAS-DAQ，全称全美证券交易商协会自动报价系统）市场，该市场主要面向成长型企业。第三个层次是 OTCBB 和粉单市场。其中，OTCBB 是一个电子报价系统，对上市公司未提出财务方面的最低要求。在粉单市场上交易的股票没有任何财务要求和信息披露要求。第四个层次是地方性柜台交易市场。第五个层次是私募股票交易市场，该市场是一个专为合格机构投资者交易私募股份的专门市场。多层次的资本市场体系满足了美国不同类型、规模和发展阶段的企业的多样化的融资需求，也为股权投资基金的退出提供了多元化的渠道。

第四，完善社会信用体系，建立信息披露制度。美国是当今世界信用经济最发达的国家，社会信用体系已相对成熟，其强大的辐射功能对美国股权投资基金的长期发展具有重要促进作用。此外，美国也有着较为完善的信息披露制度，这大大降低了市场主体获取相关信息的成本，且容易获得包括企业价格、竞争能力、融资能力等在内的大量信息。而基金本身也会定期地向投资者公布资产情况、负债规模、投资结构等信息。

2. 政策效果

科技企业发展进程中的最大障碍就是融资困难，这是由其自身信用状况和在融资体系中的弱势地位所决定的，尤其是在科技创新活动中，由于经营风险大、可担保财产有限，更是难以获得相关的资金支持，严重阻碍了科技企业的创新活动。因此，为维护科技企业的利益，充分发挥其在经济中的重要作用，美国政府利用财政税收政策，改善创新型科技企业的融资体系，这也是美国支持科技企业科技创新政策的一个重要特征。

美国自 20 世纪 70 年代后期以来，其制定的一系列适应不同类型、不同成长阶段小企业特点的金融政策，极大地促进了小企业的成长，直接引发了以小企业创新为载体的新经济革命，给美国带来了近 20 年的经济繁荣。

目前美国政府在推进中小企业科技创新的政策中，更注重风险投资机制的运用，除了直接财政参与风险投资以外，更主要的是借助扶持和保障措施，从 80 年代以来美国高科技中小企业的风险投资发展非常迅速，而且正是由于美国风险投资业的蓬勃发展，创新型中小企业才能在发展初期获得充足的资金支持并不断发展壮大，成为美国科技创新的生力军。

（二）以色列

1. 政策分析

以色列是政府主导型模式的代表，政府直接参与科技企业孵化的全过程，通过种子基金与政府引导的风险投资基金，为初创期的科技型中小企业提供充分的金融服务与管理帮助，具体政策包括：

第一，推出政府主导的"种子基金计划"和"风险投资计划"。在以色列推出的众多种子基金计划中，"科技孵化器"计划最为成功。"科技孵化器"计划通过对技术开发的最早且风险最大的第一阶段给予"高科技创新企业"全力支持，从而有效地实现了政府资金与商业资金、风险资金在不同开发阶段的互为补充，更快地推动了高科技创新产品的开发以及新兴高科技企业的诞生，进而吸引和带动其他私人资本和风险资本陆续跟进、投资高科技创新企业，从而使得身无分文，但具有"创新思想"的创业者能够开发出全新的高科技产品，并且孵化其形成具有市场开拓能力的高科技企业。而风险投资计划中的"YOZMA 计划"是最有特色的，这一政府引导基金计划，吸引了境外的风险投资资本的广泛参与，不仅解决了中小企业发展初期的融资问题，而且还带来了规范的市场运作方式和经验，是以色列创新型企业发展的关键力量。而风险投资基金市场能够发展形成，以色列政府在其中扮演了重要的角色。"共担风险、让利于人、甘当配角、合同管理、及时退出"是以色列政府扶持风险投资发展的主要经验。

第二，规范的政府引导基金退出机制和创新的期权激励政策。在"科技孵化器"计划中，以色列政府对政府的退出机制做出了严格的规定，在创业企业获得成功后的 5 年内的任何时候，创业者本人或其他风险投资者都可以收购政府所持有的全部股权，脱离政府的科技孵化器，并解除向孵化器纳税的相关义务。只要企业提出这一股权回购要求，政府必须无条件施行，不能以任何理由拒绝。在"YOZMA 计划"中，通过给予期权的方式鼓励私人投资者按照事先商定的优惠价格在约定期限内收购 YOZMA 拥有的股份。这一方面激励了私人投资者加强对风险投资公司的监管，促进风险投资公司获得高效益；另一方面为以后风险投资业发展成熟时政府引导资金的退出做了很好的铺垫。最终，10 只子基金中的 8 只基金行使了该赎回权利。

2. 政策效果

在政府主导实施的"科学孵化器计划"的带动下，1991～2013 年底，以色列政府资助了 1900 个公司，拥有总额超过 730 亿美元的累计政府投资。其中 1600 多家企业已经成熟并离开了孵化器。这些企业中，有 60% 已成功募集私人投资。该孵化器的工作覆盖了研发的各个领域，特别是在生命科学（包括医疗设备）、清洁技术和信息通信技术方面。

1993 年启动 YOZMA 计划，以色列政府出资 1 亿美元作为初始基金并成立 YOZMA 创业投资有限公司负责计划实施，其中的 8000 万美元通过 YOZMA 公司分为 10 份，直接吸引私人风险资金 1.2 亿美元。在此基础上，公司设立了 10 只封闭期为 10 年的风险投资基金 YOZMAI，经过 4 年发展就带动以色列风险投资业发展到 20 亿美元规模。1997 年底，政府风险资金按照规则全部收回，退出市场，以色列风险投资市场基本形成。截至 2015 年 6 月，在 NASDAQ 上市的以色列企业跃居世界第二位，仅次于美国。

完善的进入与退出机制是以色列种子基金与政府引导基金的共同特点，以色列通过法律法规的形式规定了政府的无条件退出原则，体现了以市场为主体、政府解决市场失灵的宗旨，值得我们借鉴与学习。

（三）德国

1. 政策分析

德国是银行主导的金融体系，依赖混业经营的全能银行等金融中介实现资本的供需对接。虽然如此，德国政府也通过制定和实施相关政策促进股权投资基金的发展，概括起来主要体现在以下几个方面：

第一，制定股权投资扶持政策，并明确政府的引导作用。在德国股权投资的发展中，政府直接调节的色彩相较于美国更重，1975 年德国风险投资公司（WFG）成立，公司由 29 家银行和德国政府共同设立，其主要任务就是为中小企业技术创新提供资金，政府承担该公司损失的 75%，有效增加了全社会股权投资资本，极大地弥补了股权投资市场对初创期企业支持的不足，并引导股权投资市场有效支持国家重点产业和经济发展。

第二，制定并完善股权投资基金相关法律。为鼓励股权投资基金的发展，德国政府在 1987 年颁布的《股权投资基金管理公司法》，将股权基金管理公司作为一种新的法律组织确立下来。一般股权投资的载体以基金的形式出现。德国的监管法规对股权投资基金的各种组织形式都是允许的，也没有对外国的投资者进行限制。

第三，改革税收制度。税收制度是政府推动股权投资基金市场发展的重要政策手段。2000 年的税改内容包括明确股权投资基金管理公司是一个资产管理公司，对股权投资基金的投资类别进行了区分，针对每一种投资类别进行了不同的税收政策，更重要的是股权投资基金通过卖出投资公司股权获得的投资收益不需要缴纳资本利得税。这些改革措施极大地提升了股权投资基金的投资热情，使得此后中小企业成为股权投资有利的交易对象。

2. 政策效果

德国早在 20 世纪 60 年代中期，就由银行和私人投资成立了第一家私募股权基金公司，但直到 80 年代，股权投资基金仍发展缓慢，进入到 90 年代后，股权投资基金快速发展，势不可当。2009 年，金融危机对股权投资的冲击和影响很大，美国、英国、法国、德国均大幅下降，到 2010 年初才得到缓解并恢复发展。

从近些年的投资规模看，2008 年第四季度股权投资投入总量等于 2010 年全年投入总量的 44 亿欧元，2009 年第一、第二季度由于受金融危机影响，没有投入，到第三季度才开始恢复，但主要用于收购和并购企业；2010 年又步入新的发展轨道，全年投资 930 多家，收购 97 家，占近几年风险投资总额的 15%。

（四）国外政策启示

1. 针对企业的不同阶段，采取不同的股权投资基金支持政策

如果以"研发活动到生产经营活动"的线性模式划分，政府财政资助的形式取决于

企业在不同阶段的市场失灵原因、程度和资金需求规模。在企业发展的不同阶段，企业遇到的主要问题大致可分为三类：一是研发资金不足；二是缺少成果转化资金和早期批量生产资金；三是缺少生产经营资金。针对企业在不同阶段遇到的问题，股权投资基金政策有所选择、有所侧重，政府选择不同的资助和支持方式促进股权投资基金发展，并进一步促进科技型企业的研发、生产等活动的经验非常值得我们借鉴。

2. 政府引导基金的大力支持是股权投资基金发展的基础

不论是市场主导型金融体系的美国，还是政府主导型金融体系的以色列，均把政府引导基金作为推动股权投资基金发展的重要举措。通过政府引导基金的诱导作用，吸引了大量的民间资本参与到股权投资体系中，参与到科技创新中来，对各自国家的科技创新起到了巨大的推动作用。为了支持小企业的科技创新和发展，美国政府设立了一家专门的政策性金融机构——小企业局。与美国相比，以色列政府引导基金对科技创新的支持力度则更为强大。以色列通过"科技孵化器"和"YOZMA 计划"，直接在高科技企业的种子期和初创期提供财政资金支持，有效解决了科技创新的市场失灵问题。

3. 完善的税收激励政策是股权投资基金发展的重要推动力

税收激励实质上是对科技投入的支撑，是政府将应收的税款让渡企业用于科技开发。因此，在制定支持股权投资基金及创新企业的税收政策时，首先要着眼于鼓励创新性企业的研发投入和提高企业研发的积极性上。因此我国税制对企业自主创新的激励大部分是通过税率减免、区域优惠来实现的。显然，这种政策激励未能收到良好效果。发达国家及一些发展中国家普遍采用抵扣、投资抵免、技术开发基金等灵活多样的税收优惠手段，还有专门针对鼓励股权投资基金投资和股权转让的税收优惠政策等，这些都有重要的参考借鉴意义。

4. 信息披露制度的建立和完善是股权投资基金健康运行的保障

信息披露是平衡投资者与基金发起人、管理人信息不对称的有效手段，真实、全面的信息披露不仅可以保证投资者的利益，而且它还可以促使基金自身的健康发展。美国要求在基金募集、管理运作的全过程都需要信息披露。在基金募集阶段，发起人必须向投资者披露自身的经营状况、募集说明书以及基金投资风险等事项；在运营阶段，基金管理人必须定期向投资者报告基金经营管理状况，在做出重大决策时要向投资人提供真实、准确、完整的信息，这些经验具有重要的参考意义。

5. 健全的多层次资本市场体系是完善股权投资基金退出机制的保障

美国在科技创新方面独占鳌头在很大程度上归因于其拥有世界上最为发达的资本市场和风险投资市场，并且形成了资本市场、风险投资和科技产业相互联动的一整套发现和筛选机制。健全的多层次资本市场为股权投资基金可以以市场化方式退出提供了制度保障，丰富了股权投资基金的退出渠道，使股权投资基金在得到高回报的同时也实现了自身的良性循环发展，成为科技进步和经济可持续发展的强大动力。

二、国内政策剖析与启示

我国中央政府对股权投资基金的健康发展非常重视，先后出台了一系列政策法规和文件，包括《国务院办公厅转发发展改革委等部门关于创业投资引导基金规范设立与运作指导意见的通知》（国办发〔2008〕116 号）、《关于实施创业投资企业所得税优惠问题的通知》（国税发〔2009〕87 号）、《国务院办公厅关于金融支持小微企业发展的实施意见》（国办发〔2013〕87 号）、《中共中央国务院关于深化体制机制改革加快实施创新驱动发展战略的若干意见》（中发〔2015〕8 号）、《国务院关于大力推进大众创业万众创新若干政策措施的意见》（国发〔2015〕32 号）、《国务院关于促进创业投资持续健康发展的若干意见》（国发〔2016〕53 号）等文件。从政策内容来看，中央政府对股权投资基金的性质、宗旨和培育机制作出系统顶层设计，对推动创业创新、服务经济结构调整发挥了重要作用。

各级地方政府在中央纲领性系列文件指导下，纷纷出台适应本地区特色的相关政策文件。本书组选取了杭州、南京和苏州作为先进城市代表，这些城市与合肥市同属于长三角经济带，都是区域内中心城市，剖析这些城市在促进股权投资基金发展中的先进经验对合肥更具有借鉴意义。

（一）杭州

1. 政策分析

杭州国际化水平很高，金融投资生态环境多年来一直良好，这和杭州市的行政治理以及开放协调的政府政策分不开。针对杭州市股权投资基金发展状况，杭州市政府出台了一系列的政策措施（见表 3 - 1）。

表 3 - 1　杭州市股权投资基金相关政策总结

政策类别	政策名称	推出时间	政策要点
引导基金相关政策	《关于杭州市创业投资引导基金管理办法的通知》	2008 年	杭州市创业投资引导基金的纲领性文件，明确引导基金的性质和市场化运作方式，明确采用参股和跟进投资方式，吸引民间资本，投入符合杭州市高新技术产业发展规划的领域
引导基金相关政策	《杭州市蒲公英天使投资引导基金管理办法（试行）》	2014 年	杭州市天使投资引导基金的纲领性文件，明确政府成立天使投资引导基金，并采用阶段参股的引导方式，投资天使投资企业和天使投资管理企业

政策类别	政策名称	推出时间	政策要点
人才引进政策	《关于在杭留学回国等人员子女入（转）杭州市区中小学有关事项的通知》等	2008 年	对各类人才实施购房、落户等优惠政策，子女享受入学优惠政策
综合类政策	《关于促进我市股权投资业发展的实施办法》	2010 年	杭州市发展股权投资基金的综合性政策文件，对落户杭州的股权投资企业在办公用房补助、税费减免和高管激励等方面进行扶持
	《杭州市人民政府办公厅关于进一步促进我市股权投资业发展的补充意见》	2012 年	进一步加大对落户杭州的股权投资企业在税费减免、税收奖励和高管激励等方面的扶持力度
	《杭州市人民政府关于加快我市私募金融服务业发展的实施意见》	2015 年	对落户杭州的私募金融机构强化财政扶持、落实税收优惠、大力招引人才、推进集聚区建设

通过对这些政策进行具体分析，我们可以发现：

第一，明确政府在引导基金中的主导作用，并强调市场化运作方式。杭州市政府对于创业投资引导基金和天使投资引导基金的设立和资金来源、阶段参股和跟进投资的具体运作方式及退出机制、基金的监管等各方面都有明确的规定。同时，强调按照"政府引导、科学决策、市场运作、承担风险"的原则进行市场化投资运作，引导社会资本投资高科技种子期、初创期企业。

第二，不断优化股权投资等金融服务业的发展环境，加快金融业集聚发展。杭州市政府对各类落户在杭州的私募基金和股权类投资企业都有相关的优惠政策，例如房产税、土地使用税等可以酌情减免，营业税税收可以按比例返还等；对于股权投资企业的办公住房、规模和投资方向都有专项补助和奖励；对股权投资企业的高管享受相关住房补贴和子女就学、奖励等政策。这些政策在吸引股权投资基金集聚杭州，支持股权投资业发展的同时，也拓宽了杭州市高科技企业直接融资的渠道，推进企业创新和产业转型升级。

2. 政策效果

杭州市是中国股权投资最活跃的地区之一，在股权投资业发展中具有举足轻重的地位。杭州市将股权投资行业确定为区域金融发展的重要金融业态，股权投资业呈现出蓬勃发展的态势。杭州市坚持政府性母基金和市场化私募母基金并举，继续发挥杭州产业母基金、政府引导基金的作用，协助组建省级产业母基金，推进各类产业投资母基金、风险投资母基金、创业投资引导基金的发展。同时，注重金融投资环境的建设以及政府引导的作用，多只知名 VC 和 PE（如摩根士丹利、红杉资本等）落户杭州，培育出一批新秀本土投资机构，如天堂硅谷、浙江华睿、浙商创投等，各类股权投资基金发展迅速。

仅就数量来说，2007 年杭州仅有各类投资机构 35 家，截至 2016 年 8 月，杭州市各类政府引导基金有 4 家，基金规模均在数十亿元以上。各类非引导型股权投资基金累计达 568 家，其中风险投资基金（VC）达 276 家，私募股权投资基金（PE）达 271 家，天使基金、券商直投和 FOFs 基金若干，已初步形成较为完善的多元化股权投资基金体系，对高新企业创新促进作用逐步显现，产业转型升级效果显著。杭州已形成文化创意、旅游休闲、金融服务、电子商务等十大支柱产业，且发展势头迅猛。

（二）南京

1. 政策分析

为了促进南京市股权投资基金发展，鼓励有条件的企业利用股权投资基金投资，实现将南京打造成区域金融中心城市的目标，南京市政府推出了一系列的政策措施（见表3-2）。

表3-2 南京市股权投资基金相关政策总结

政策类别	政策名称	推出时间	政策要点
引导基金相关政策	《南京市政府创业投资引导基金管理办法（试行）》	2009年	南京市创业投资引导基金的纲领性文件，明确引导基金的性质和市场化运作方式，明确采用参股和跟进投资方式，明确引导基金的管理和退出方式
人才引进政策	《中共南京市委关于聚焦"四个第一"实施创新驱动战略打造中国人才与科技创新名城的决定》	2011年	大力引进海内外领军型科技创业人才，建设创新创业人才集聚区
专项基金政策	《南京市紫金科技创业投资基金暂行管理办法》	2011年	对由政府设立的紫金科技创业投资基金进行界定，对其管理机构、设立和资金来源作出规定，明确基金采用直接投资、跟进投资和参股方式投资南京市进入科技创业企业数据的企业，明确基金的退出方式和监督管理
综合类政策	《促进全市股权投资基金发展实施办法》	2011年	南京市发展股权投资基金的综合性政策文件，对落户南京的股权投资企业在开办资金补贴、税费减免方面进行扶持。对股权投资基金的投资对象、方式、退出机制均予以安排；建立股权投资基金园区，增强集聚效应

对南京市股权投资基金各项政策进行总结，我们可以得到以下结论：

第一，重视政府在股权投资业发展中的引导作用。南京市政府在加强创业投资引导基金引导作用过程中，采用阶段参股和跟进投资模式，积极吸引社会资本，发挥财政资金的杠杆作用。同时，政府更直接出资设立资金科技创业投资基金，采用直接投资、跟进投资和参股模式投资南京科技创业企业。专项投资基金项目短期内可以直接面向企业，解决企业融资难题，但从长期来看，财政资金使用效率较低，也难以避免财政资金对社会资本投资的"挤出效应"。

第二，构建区域股权投资中心，增强集聚效应。在集聚区建立"一站式"创投服务平台，建立健全股权投资综合服务体系，增强投融资服务效果，并进一步强化河西"省级创业投资集聚发展示范区"建设,综合运用财税政策,鼓励天使投资、创业投资、产业基金等各类股权投资基金在河西集聚发展,提升集聚区股权投资集聚度,鼓励建邺区的"基金 + 孵化器"模式创新。

第三,建立健全风险补偿机制,探索风险投资与科技资本的创新发展。发达国家经验表明,建立科技创新融资多元化风险补偿机制,能有效地缓解科技创新融资约束。南京市在此方面做出积极尝试,对风险投资机构的融资提供担保,拓展风险投资资金来源,对风险投资机构的投资亏损进行补偿,通过金融创新,优化创业投资风险补偿流程,实现风险分担、收益共享,降低投资风险。培育、挖掘优质项目资源,鼓励企业开放股权,引进战略合作伙伴。逐步完善私募股权基金二级市场,打造私募股权基金份额报价平台,试点私募股权基金份额交易,增强私募股权基金流动性。

2. 政策效果

南京作为江苏省的政治、文化、经济中心,其金融基础规模位居全国前列。在南京市政府相关政策的引导下,南京市股权投资机构发展迅猛,不论是在股权投资机构的数量上,还是在注册资本、管理资金规模上均取得巨大的进步。截至 2014 年 6 月,南京市各类股权投资机构已达到 246 家,注册规模 232 亿元。当年新增股权投资机构 30 家,新增注册规模 27 亿元,新增股权投资总额 17 亿元,其中科技创业投资 13 亿元。

(三) 苏州

1. 政策分析

苏州市是股权投资基金发展较为发达的城市之一,政府出台的股权投资基金相关政策非常丰富,具体如表 3 - 3 所示。

表 3 - 3 苏州市股权投资基金相关政策总结

政策类别	政策名称	推出时间	政策要点
引导基金相关政策	《苏州工业园区创业投资引导基金管理暂行办法》	2010 年	由苏州工业园区管委会颁发的园区创业投资引导基金的纲领性文件,明确引导基金的管理方式,明确采用参股和跟进投资两种投资方式,明确引导基金的风险补贴和退出方式
	《苏州市初创期科技型企业创业投资引导资金实施细则(试行)》	2012 年	苏州市创业投资引导资金的政策文件,明确引导资金的支持对象是注册地在苏州的创投机构,采用风险补助方式对创投机构提供支持
	《苏州市天使投资引导资金实施办法》	2014 年	苏州市天使投资引导资金的政策文件,明确引导资金的支持对象为在苏州范围内注册登记的天使投资机构,支持方式包括奖励补贴、风险补贴、阶段参股、跟进投资和投资保障等

续表

政策类别	政策名称	推出时间	政策要点
综合类政策	《关于促进苏州工业园区股权投资产业发展的若干意见》	2010 年	苏州市工业园区发展股权投资产业的综合性政策文件，对落户苏州工业园区的股权投资企业在注册登记、备案管理、扶持政策和规范管理等方面加以明确，其中扶持政策包括税收优惠、发展奖励、办公用房补贴和高管奖励等政策
	《关于促进苏州股权投资企业规范发展的通知》	2012 年	规范苏州市股权投资企业的设立、资本筹集与投资领域；健全苏州市股权投资企业的风险控制机制；明确股权投资管理机构的基本职责；建立股权投资企业信息披露制度；加强对股权投资企业的备案管理和行业自律
人才引进政策	《关于实施苏州工业园区"金鸡湖双百人才计划"的若干意见》	2010 年	对引进的高层次人才和紧缺人才在购房补贴、优惠租房、薪酬补贴、培训补贴、博士后补贴、专项补贴、落户入学、出入境便利、人民币汇兑、后勤服务十个方面给予重点政策支持

通过对苏州市出台的股权投资基金政策进行分析，我们可以得到以下结论：

第一，创新政府引导模式，营造良好发展环境。传统的运作模式是财政资金直接投资、直接管理科技创业企业，这样的模式投资效率低，创新效果差，苏州市创新性地设立股权投资基金母基金（FOF 基金），按照市场规律和专业化要求进行运作管理，为投资基金的持续健康发展提供体制机制保障。

第二，建立面向全苏州市的纯公益性的科技金融超市服务平台。服务平台集聚整合科技企业、政策、银行、保险、创投、担保、租赁等资源，以实体平台服务和网上平台相结合的方式，形成企业与金融机构之间常态化的信息互通、业务互联的"沟通渠道"，面向科技企业开展科技信贷、创业投资、科技保险等科技金融服务，在解决科技企业破解融资难、融资贵问题的同时，为苏州市股权投资基金提供了丰富的科技企业库和项目资源。目前超市服务平台建立了 7084 家的科技型企业库，并与 130 多家金融机构、创投机构等科技金融机构建立了合作关系，依托苏州自主创新广场开展了 23 场投融资对接交流活动。

第三，积极吸引人才，实现人才与企业的有机结合。苏州市创业投资为吸引和集聚高层次人才提供载体和平台，2011 年 7 月，经中央人才工作协调小组批准，"千人计划"创投中心在东沙湖股权投资中心设立，吸引了大量海内外经验丰富的创业投资人才，接近 70 人入选国家"千人计划"创业人才，5 人入选"千人计划"创投人才，累计支持近 500 名海归人才回国创新创业。苏州国际精英创业周已成功举办了六届，累计落户项目达到 1267 个，其中创业投资提供资金支持的项目占 30% 左右。苏州创业投资较好地呼应了创新创业人才对资本和管理的需求，促进了人才创业与风险资本的有效对接。

2. 政策效果

近 20 年来，苏州股权投资快速发展，走到了江苏省的前列。它的股权基数金额大、种类多，已建立起以股权投资母基金为基础、风险投资基金和私募股权基金为主体，其他各类基金协调发展的股权投资基金体系。

在股权投资母基金方面，苏州市成功探索了股权投资母基金（FOF）的市场化运作模式，为扶持创投企业和新兴产业发展发挥了重要作用。2006 年，由国家开发银行和中新创投共同出资，设立了苏州工业园区创投引导基金，规模 10 亿元。该基金是国内最早的 FOF 基金之一，同时开创了国有企业参与设立的 FOF 市场化运作的先河。至 2009 年，该母基金完成全部投资，共投资 16 只基金，规模 33 亿元，覆盖 200 多个企业项目。2010 年 12 月，国开金融和苏州创投分别依托国家开发银行和苏州工业园区政府发起设立总规模 600 亿元的国创母基金，分 PE 板块（国创开元母基金）和 VC 板块（国创元禾母基金）分别运作，为国内层级最高、规模最大的股权投资 FOF 基金，首期规模 150 亿元。截至 2015 年底，国创母基金（一期）完成全部投资，累计投资 53 只子基金，合计规模逾千亿元，成功支持了近600 个企业，充分发挥了资金杠杆作用。区别于传统的政府引导基金以及普通的私募股权投资基金，苏州地区 FOF 更加凸显出其运作机制的市场化和投资链条的完整化。

在非引导型股权投资基金方面，苏州同样发展迅速。截至 2015 年 11 月底，苏州市共有各类股权投资基金 642 家，认缴出资总额 670.49 亿元，其中出资额最高为 50 亿元，有7 家超过 10 亿元，213 家超 1 亿元。其主要特点表现在：一是增长迅猛，总量在江苏省遥遥领先。二是分布相对集中，主要集中在苏州工业园区（309 家）。三是投资人以外地人居多，在股权投资企业中约有 70% 的投资人来自外地。

（四）国内政策启示

1. 充分发挥政府在股权投资业发展中的主导作用

股权投资业的发展对于科技创新、调整产业结构、转变发展方式、全面提升产业水平、增强核心竞争力都发挥着重要的作用。政府及有关部门要进一步解放思想，高度重视股权投资基金工作，切实保证国家促进股权投资业相关政策的落实到位，通过一系列鼓励、优惠的政策、措施引导和扶持股权投资业发展，促进企业科技创新，并发挥企业在科技创新中的主体作用。

2. 充分发挥财政资金整合社会资源的杠杆作用

各地实践证明财政资金建立的引导基金能够发挥后发优势，在推进股权投资业集聚区建设中发挥引领作用。财政资金的杠杆作用和放大效应，撬动多倍社会资金进入创业投资领域。政府发展引导基金过程中，要加强监督管理职能，提高运作的市场化程度，完善其市场化运作机制。同时，要根据各地区经济基础、产业结构和投资项目的特点，结合本地产业政策、科技政策和区域优势，因地制宜选择合适的政府引导基金运作方式。

3. 强调资金支持和引导服务相结合

从各地实践看，提高科技型企业快速形成运用市场化资源能力是各地政府制定政策的基本依据。因此，各地政府不但强调股权投资业的资金支持能力，而且强调对科技型中小企业的引导和服务。以苏州科技金融超市服务平台为例，该服务平台隶属于苏州市科学技术局，是苏州市公益性科技中介服务专门机构。服务平台将当今先进生产力四大要素的资本、技术、人力资源和知识信息进行有效整合，面向苏州市科技型中小企业建立了一套完善的科技服务功能体系和专业化服务平台，推动科技成果市场化，促进高新技术产业化，提高企业技术创新能力，并为企业的创业创新提供规范专业的科技投融资服务。

4. 强调配套支持政策对股权投资基金的推动作用

股权投资业的发展离不开政府的配套政策支持，特别是在股权投资业还处于发展的初级阶段。从各地实践来看，政府出台的配套支持政策不仅覆盖了政府引导型基金，也覆盖了包括天使、风险投资和私募股权投资等多元化的非引导型基金体系。配套支持政策也非常多元化，对政府引导基金一般都通过税收优惠、风险补贴政策、阶段参股、跟进投资和投资保障等让利方式让社会资金获取引导基金收益的大部分，从而吸引社会资金的进入。对非引导型基金的配套优惠政策一般包括开办资金补贴、发展奖励、税收减免与优惠、办公用房补贴、高管激励政策和风险补偿政策等，这些政策可以吸引更多的精英团队，提高股权投资基金的投资积极性，加快科技企业创新步伐，实现产业转型升级。

5. 重视多层次资本市场体系建设，完善股权投资基金退出机制

股权投资基金最终都会通过一定的渠道退出以实现收益，因此一个完善的退出机制对股权投资基金是十分重要的。目前我国的资本市场发育尚不成熟，无论是在当前的主板还是创业板，均面临IPO门槛过高、过会率较低的窘境，如果只是单纯依靠推动企业上市实现股权投资基金退出是不现实，也是不可能的。各城市在此背景下，积极探索，创新完善股权投资基金退出机制。以杭州为例，杭州市通过并购重组、股权转让、管理层收购、IPO等多元化退出渠道，依托浙江省股权交易中心、新三板、创业板、主板等市场，对非上市企业提供股权交易平台，尽早实现资本增值和投入产出的良性循环，逐步形成募集、投资和退出功能完善的股权投资业发展环境。

第四章 合肥股权投资基金发展现状与比较分析

一、合肥市股权投资基金发展现状

（一）合肥市引导型股权投资基金发展现状

1. 政策环境不断改善

2014年5月，合肥市在全国率先推出扶持产业发展的"1＋3＋5"政策体系，该政策体系是指《合肥市扶持产业发展政策的若干规定》《合肥市政府投资引导基金管理办法》《合肥市天使投资基金管理办法》《合肥市财政资金"借转补"管理办法》《合肥市促进新型工业化发展政策》《合肥市促进自主创新政策》《合肥市促进现代农业发展政策》《合肥市促进服务业发展政策》《合肥市促进文化产业发展政策》（即1个若干规定、3个管理办法和5项具体政策，简称"1＋3＋5"政策体系），在这一政策体系中明确了基金（包括政府投资引导基金和天使投资基金）成为产业扶持的主导方式，通过基金投入的资金占整个产业政策资金的比例不小于50%。2015年、2016年又分别在2014年"1＋3＋5"政策体系基础上进行了微调，进一步完善政策的具体条款。其中涉及基金政策的调整包括增加了增信类产品等新的政府引导基金投入方式，并精简了政策操作流程。

"1＋3＋5"政策体系的出台和完善为合肥市政府引导基金的发展提供了政策指导，为合肥市创造了良好的科技创新氛围，既有利于优化整合配置各种科技金融资源，又有利于营造技术创新环境，在鼓励、引导和支持企业成为自主创新主体方面起到了很好的推动作用。

2. 财政投入资金不断增长

2014年合肥市政府投资引导基金成立，该母基金根据支持方向不同，下设两个二级母基金：创业投资引导基金和产业投资引导基金。其中创业投资引导基金主要用于引导社会资本向初创期、成长期的中小企业投资，特别鼓励投资处于种子期、起步期的初创期企业。产业投资引导基金主要用于引导社会资本投向符合经济结构调整和产业升级方向的行业和企业。

实现财政资金引导、放大等杠杆作用，提高财政资金使用效益，推动产业转型升级。2014 年，合肥市政府安排财政资金 4.27 亿元，其中，1.6 亿元设立创业投资引导基金（公司制），由国控公司作为管理机构；出资 2.27 亿元设立产业投资引导基金（公司制），由兴泰控股作为管理机构。2015 年，合肥市政府安排财政资金 13.75 亿元作为引导基金，其中，3.06 亿元设立增信类产品，10.69 亿元用于各类股债权投资（包括 2 亿元用于创业投资引导基金，8.69 亿元用于产业投资引导基金）。自 2014 年起到目前为止，引导基金总规模已达到 31.77 亿元，财政投入资金呈逐年递增态势。

3. 引导效应初步显现

合肥市政府投资引导基金自成立起，就对合肥市重点产业、关键企业的发展予以支持。目前，引导基金已与德丰杰、海通证券等国际知名、国内一流的投资机构合作设立 15 只子基金，撬动社会资本 85 亿元，重点关注智能制造、半导体、TMT 产业、节能环保、文化医疗等领域；引导基金还围绕合肥新型显示、新能源汽车、集成电路、智能语音等十大战略性新兴产业，出资 7.655 亿元设立 10 只子基金，完成各重点产业项目投资 33 个，投资额达 22.314 亿元，其中包括通富微电等合肥市级层面重点项目 12 个、投资额达 3.775 亿元。

在发挥"基金丛林"集聚效应的同时，合肥还在积极筹备合肥市大健康产业投资基金和集成电路产业投资基金两只专项基金的组建工作。其中大健康产业投资基金以扶持合肥大健康产业发展为目的，初步基金总规模为 100 亿元，目前已与中融信托、复星国际、泰康人寿等国内知名机构进行接洽。集成电路产业投资基金围绕集成电路上下游进行布局，对于合肥构建集研发、制造、封测、模组为一体的完整集成电路产业链意义重大，目前已与多家国内外知名投资机构进行深入洽谈，力争将全球优质集成电路产业资源向合肥集聚。

此外，为丰富和创新中小企业金融服务方式，引导基金还参与设立大湖名城系列增信类产品，其中以大湖名城创新基金和"政保贷"最具代表性。大湖名城创新基金通过股权投资、债权投资等方式，重点支持合肥优质中小企业，目前大湖名城基金规模已达 12.1 亿元，累计发放 16.045 亿元，贷款户达 99 户。"政保贷"是在企业提供一定担保的基础上，由企业风险保证金和政府风险补偿金共同作为增信手段，建设银行按政府风险补偿金 10 倍放大贷款的合作额度，向中小微企业发放的信贷产品，目前政保贷项目基金出资 0.26 亿元，累计发放 3.5188 亿元，贷款户达 93 户。

（二）合肥非引导型股权投资基金发展现状

合肥市非引导型基金种类繁多，主要包括天使投资基金、风险投资基金（VC）、私募股权投资基金（PE），因而我们既需要了解其总体的发展情况，又需要分种类来分析各种股权投资基金的发展现状。

1. 非引导型股权投资基金总体情况

从每年成立的基金数量来看,基本呈现逐年增长趋势。目前合肥市共有各类股权投资基金管理机构72家。如图4-1所示,2010年及以前成立的基金管理机构有15家,2011年成立10家,2012年成立8家,2013年成立2家,2014年成立14家,2015年成立20家,2016年6月前,已有3家基金公司成立。

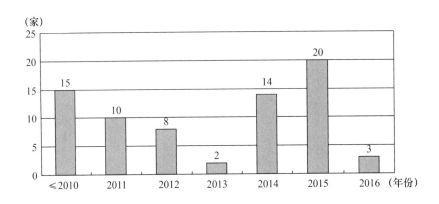

图4-1　合肥市非引导型股权投资基金每年成立数量

资料来源:私募通数据库。

从基金规模来看,大基金、中等基金、小基金均有分布。如图4-2所示,注册资本量在1亿元以上的大规模基金有12家,其中,20亿元以上的有3家,1亿~20亿元的基金有9家;注册资本量在1000万~1亿元的中等规模基金有22家,其中,1000万~5000万元的基金有15家,5000万~1亿元的基金有7家;注册资本量1000万元以下的小规模基金有22家。另有16家基金无注册资本数据。可见,合肥市股权投资基金规模基本遵循市场规律,分布较均匀。

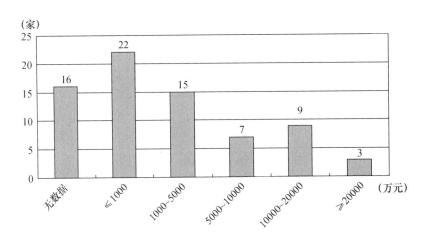

图4-2　合肥市非引导型股权投资基金规模分布

资料来源:私募通数据库。

从基金投资规模来看，呈现加速增长趋势。合肥市非引导型股权投资基金在 2010 年及以前的累计投资额达到 31.49 亿元，自 2011 年开始累计投资额稳步增长，达 41.09 亿元，2012 年达 66.62 亿元，2013 年出现短暂下滑，投资额仅达到 67.62 亿元，但从 2014 年开始，投资规模再一次进入快速增长阶段，2014 年达 121.94 亿元，2015 年达 274.82 亿元。以上数据说明，随着时间的推移，合肥市股权投资基金对高科技企业和产业的投资规模除个别年份外，都处于加速增长态势，股权投资基金处于快速发展阶段，对企业和产业的资金配置效应在不断的增强。

2. 非引导型股权投资基金分类情况

（1）合肥市天使投资基金发展现状。合肥目前拥有两家天使投资基金，分别是高新区天使投资基金和合肥市天使投资基金。

成立时间上，两家基金成立时间都较晚。其中，高新区天使投资基金成立于 2012 年 10 月，是安徽省第一只由政府全部出资设立的天使投资基金，旨在解决高新区内初创期企业融资难的问题。合肥市天使投资基金成立于 2014 年，是合肥市第一只市级层面政府出资设立的天使投资基金，主要聚焦全市科技型中小企业创新创业，为创业初期项目提供资金支持。

基金规模上，两家基金都是超亿元的大型基金。其中，高新区天使投资基金注册资本 2 亿元；合肥市天使投资基金市财政安排 3.09 亿元，目前到账资金 2.1975 亿元。

运作情况上，两家基金均良性发展。截至 2016 年 6 月，高新区天使投资基金累计投资项目 38 个，累计投资额 1.8 亿元，多家企业估值获得大幅度提升。合肥市天使投资基金审批投放项目 53 个，其中高层次人才团队项目 37 个，种子期、初创期科技型企业项目 16 个，完成签约放款项目 45 个，投资金额达 2.58 亿元。

投资效果上，两家基金均有所建树。其中，高新区天使投资基金投资领域涉及芯片设计、TMT、电力电子、新材料、新能源、高端装备制造、生物医药等多个行业。所投企业中有 2 家挂牌新三板，5 家启动新三板挂牌工作，累计已退出项目 5 个，其中回购项目 4 个，被并购项目 1 个，并购收益账面回报超过 13 倍。合肥市天使投资基金重点选择行业为战略性新兴产业，技术处于国际国内一流水平、团队有管理资本运营经验、市场有巨大空间的项目，主要涉及电子信息、新材料、公共安全等十多个行业。2015 年全年，合肥市天使投资基金已投资 28 个项目，实现总收入 2.65 亿元，提供就业岗位约 1200 个，新增拉动社会投资累计 3.13 亿元，新增获得各类政府补贴收入 1012.25 万元，所投企业已有 1 家挂牌新三板。

总之，天使投资基金在合肥虽然起步晚，数量少，规模相对较小，但从成立开始，就受到政府的重点关注和支持，目前运营状况良好，处于稳步增长状态。

（2）合肥市风险投资基金（VC）发展现状。截至 2016 年 8 月，合肥市共有 32 家风险投资基金，如安徽创投基金、鼎信创投资金等知名风险投资机构。

每年成立数量上，如图 4-3 所示，合肥市风险投资基金成立于 2010 年之前的有 10 家，2010 年成立 3 家，2011 年成立 4 家，2012 年成立 5 家，2013 年成立 0 家，2014 年成立 5 家，2015 年成立 4 家，2016 年至今成立 1 家。数据表明，自 2013 年以来，合肥市风险投资基金每年成立数量逐年递减，增长放缓。

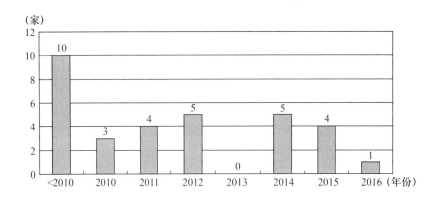

图4-3　合肥市风险投资基金每年成立数量

资料来源：私募通数据库。

基金规模上，合肥市风险投资基金的注册资本量存在较大的差异，多则高达几亿元，少则只有几百万元，其中以合肥创投基金最高，资金量有 8 亿元。如图 4-4 所示，资本量在 500 万元以下的小规模基金有 11 家，资本量在 500 万~5000 万元的基金有 10 家，资本量在 5000 万~1 亿元的基金有 3 家，资本量在 1 亿元以上的大规模基金仅有 4 家。

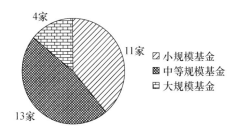

图4-4　合肥市风险投资基金规模情况

资料来源：私募通数据库。

基金投资规模上，由图 4-5 可知，截至 2010 年合肥市风险投资基金累计投资规模达 11.4875 亿元，其后每年的累计投资规模分别是 14.63 亿元、19.96 亿元、19.96 亿元、20.48 亿元、20.64 亿元，2016 年无可得数据。数据表明，合肥风险投资基金的投资规模处于不断递增中，但自 2013 年以来，投资规模的增长速度放缓，其发展进入了瓶颈阶段。

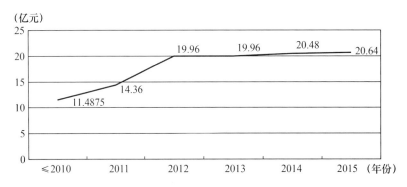

图4-5　合肥市风险投资基金投资规模情况

资料来源：私募通数据库。

从基金运营情况来看，合肥市风险投资基金的历史投资事件共计 58 次，投资产业主要在生物技术、IT 软件、娱乐传媒、新材料、电子信息、环保等高新技术产业，但也有部分投资于能源矿产、建筑工程等传统行业。投资区域也不局限于合肥，既有安庆、滁州等安徽省内城市，也有北京、上海等安徽省外区域，可见其并没有投资区域的限制。细化后我们发现，在 32 家风险投资基金中，只有 15 家存在历史投资事件，其中安徽创投一家就存在 14 起历史投资事件，即合肥风险投资基金有相当一部分没有过投资行为，类似于"僵尸企业"，真正的风险投资行为只存在于一部分基金中，这说明合肥市风险投资基金的投资缺少激励，活力不足，且尚有很大的提升空间。投资阶段上，我们发现，合肥市风险投资基金基本选择在企业的初创期和成长期进入，也有一小部分在企业扩张期进入，这说明其在投资阶段上对初创期存在偏好，符合风险投资基金的机构特征。

从基金退出情况来看，合肥市风险投资基金历史退出次数共计 11 次，但分布非常不均，仅合肥创投就占了 7 次，其余 4 次分别为 4 家基金公司所有。合肥市股权投资基金退出次数少，分布不均，究其原因主要在于基金基本是在近 5 年内新成立的，投资时间多集中在 2013 ~ 2016 年，其投资收益一般要经历 3 ~ 5 年以上才能实现，因此，未来 5 年内，合肥市风险投资基金将进入退出高峰期。从退出方式来看，合肥市风险投资基金主要采用并购和 IPO 方式退出，而且以 IPO 方式退出共计 8 次，可见合肥市风险投资基金更偏好 IPO 退出方式，亦反映出退出渠道相对较狭窄。投资收益来看，IPO 的平均账面回报倍数达到 3.2，并购方式的平均账面回报倍数约为 4.2。

（3）私募股权投资基金的发展现状。截至 2016 年 8 月，合肥市共有 38 家私募股权投资基金，如合肥兴泰投资、安元投资等。

每年成立数量上，如图 4 - 6 所示，合肥市私募股权投资基金成立于 2010 年之前的有 2 家，2011 年成立 6 家，2012 年成立 2 家，2013 年成立 2 家，2014 年成立 9 家，2015 年成立 16 家，2016 年至今成立 1 家。数据表明，2013 年以前，合肥市私募股权投资基金一直处于平稳发展阶段，但自 2013 年以来，合肥市私募股权投资基金呈现爆发式的增长，增长势头迅猛。

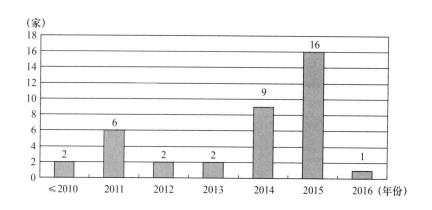

图 4 - 6　合肥私募股权基金每年成立数量

资料来源：私募通数据库。

基金规模上，合肥私募股权投资基金和风险投资基金一样，存在各个基金差异较大的特点，其注册资本数量高者，可达几亿元甚至几十亿元，例如安元投资基金管理有限公司资本数量为100亿元，合肥中轩能源投资管理有限公司资本数量为50亿元，低者则仅有几百万元，例如合肥科泰众心股权投资合伙企业资本数量为300万元。如图4-7所示，注册资本在1亿元以上的大规模基金有6家，占全部基金数的15.8%；注册资本在0.1亿~1亿元的中等规模基金有12家，占全部基金数的31.2%，注册资本小于0.1亿元的小规模基金有8家，占全部基金数的21%。另有12家基金无数据。

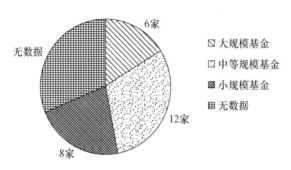

图4-7　合肥私募股权投资基金规模情况

资料来源：私募通数据库。

基金投资规模上，由图4-8可知，截至2010年合肥市私募股权投资基金累计投资规模达20亿元，其后每年的累计投资规模分别是26.45亿元、46.45亿元、47.25亿元、101.04亿元、253.75亿元，2016年无可得数据。以上数据表明，合肥风险投资基金的年投资增长额度在不断加大，其增长速度加快，说明其正处于高速发展阶段。

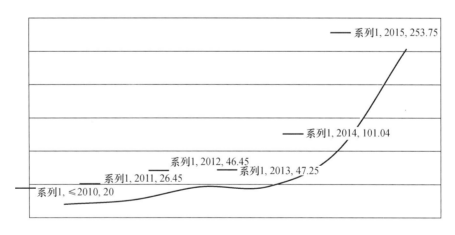

图4-8　合肥私募股权投资基金年投资增长额度情况（亿元）

资料来源：私募通数据库。

从基金运营情况来看，依据私募通数据库资料可知，合肥市私募股权投资基金的历史投资事件共计52次，在其投资事件中，其投资产业既包括高新技术产业，也包括传统的制造产业，甚至在同一只基金下，其投资的产业也存在多样化。例如安徽省皖投铁路投资管理有限公司，其投资的产业就包括软件、房地产开发经营、电器机械及器材制造、新能源、其他机械制造、其他电器机械及器材制造、其他能源及矿产等；安徽创元股权投资合伙企业投资的产业包括新能源、新材料、新媒体、节能环保、机电一体化、医药化工、文化教育等。投资区域不局限于合肥，既有安徽黄山等省内城市，也有江阴、徐州、威海等周边省的城市，更有深圳、三亚等地理位置相对较远的区域，可见合肥的私募股权投资基金在投资区域的选择上并没有限制。与风险投资基金一样，在 38 家私募股权投资基金中，只有 20 家存在投资事件，这表明有相当部分的私募股权基金处于休眠状态，宝贵的资金资源没有得到合理开发利用，这是存在于合肥私募股权基金领域的急需解决的难题。投资阶段上，我们发现，合肥市私募股权投资基金基本选择在企业的成熟期进入，也有一小部分基金将投资阶段前移，选择在天使轮或初创期进入，符合私募股权投资基金的机构特征。

从基金退出情况来看，查阅私募通数据库，合肥市私募股权投资基金尚未出现退出事件，原因在于基金投资事件多发生于 2015 年和 2016 年，其投资收益和退出一般要经历 2 年以上才能实现。

二、合肥市股权投资基金比较分析

（一）合肥市引导型股权投资基金比较分析

1. 成立时间

与杭州、南京和苏州相比较来看，合肥市政府引导基金的成立时间均晚于这三座城市。其中，苏州市早在 2006 年就成立了苏州工业园区政府引导基金，杭州市政府引导基金成立于 2008 年，南京市政府引导基金成立于 2009 年，而合肥市引导基金是在 2014 年才成立的。可见，从成立时间来看，合肥市的政府引导基金相比于其他城市起步较晚。

2. 基金数量与规模

从基金数量和规模来看，合肥市政府引导基金与其他城市相比，存在着基金数量少、规模小的问题。杭州政府基金规模庞大，资金实力雄厚，其中创投引导基金规模达 56 亿元，参股 40 家创投基金，连续 6 年荣获全国最佳政府引导基金称号；产业投资引导基金规模 40 亿元，与中银浙商、IDG、经纬中国等 6 家机构合作设立了子基金，子基金规模达 102 亿元；蒲公英天使投资引导基金规模 7.3 亿元，投资项目 63 个。

而合肥目前仅拥有一只政府引导基金，其下设创投引导和产投引导两只二级母基金。自 2014 年到目前为止，引导基金总规模已达到 31.77 亿元。从引导基金数量和规模上看，合肥虽然比不上杭州，但是由于合肥政府引导基金成立时间较短，结合时间来考虑，合肥政府引导基金的发展势头还是不错的。

3. 基金结构

从基金结构来看，合肥市政府引导基金与其他城市相比，存在着基金结构简单、层次单一的问题。同样以杭州为例，杭州市目前拥有4只政府引导基金，其中政府创投引导基金扶持商业性创业投资机构对初创期企业进行投资；蒲公英天使投资引导基金通过引导，鼓励天使投资机构对种子期和初创期企业实施投资和配套服务；美国硅谷引导基金是国内首个政府性质的海外孵化器和引导基金，它以政府投资让利资源的方式通过与硅谷当地众多专业孵化器进行渠道合作，集中多个合作伙伴的项目资源成为硅谷孵化器的专业孵化基地，杭州硅谷孵化器的竞争优势显著，为今后引进高层次人才回杭州创业起着直接的促进作用；产业引导基金通过政府的引领示范，引导各类资本投向杭州市重点产业领域和重大投资项目。杭州市已经形成"创投引导基金+天使引导基金+硅谷引导基金+产业引导基金"四位一体的引导基金体系，对创业资本从种子期培育到初创期成长，再到成熟期发展实现全方位引导和服务。

合肥目前仅一只政府引导基金，下设创业投资引导和产业投资引导两只二级母基金，针对天使投资的引导基金还属于空白，类似美国硅谷引导基金之类的机构也未见踪迹。总体来看，合肥政府引导基金结构较简单，层次单一，产品种类较少，尚未形成一个完整的引导基金体系，对创业资本的引导作用相对比较有限。

4. 基金运作方式

合肥市政府引导基金的运作方式与其他三个城市有所差异，通过阶段参股、直接投资、跟进投资和设立增信类产品方式运作，引导社会资本投向合肥市主导产业和战略性新兴产业，促进优质资本、项目、技术和人才向合肥集聚。而杭州市政府引导基金的主要运作方式是阶段参股和跟进投资，主要支持其他创投基金和初创型科技企业。苏州市政府引导基金采取阶段参股和跟进投资的运作模式；南京市引导基金也主要采用参股和跟进投资两种出资方式，秉着参股不控股的引导原则引导社会资金投资于符合南京市经济社会发展规划以及产业政策的成长型企业。表面上看，合肥市政府引导基金的运作方式比其他城市更丰富，但从政府引导基金的性质、宗旨和引导效果来看，直接投资并不适宜作为基金运作模式之一而长期存在。

（二）合肥市非引导型股权投资基金比较分析

1. 总量比较分析

本节选取了在基金发展上较为典型的城市——杭州、苏州、南京和合肥进行比较，这几个城市都处于长三角地区，且地理位置相近，通过比较来发现合肥在基金发展情况中存在的一些问题。

（1）每年成立数量。将杭州、苏州、南京和合肥四个城市的各类基金按其每年成立数量汇总，结果如图4-9所示。

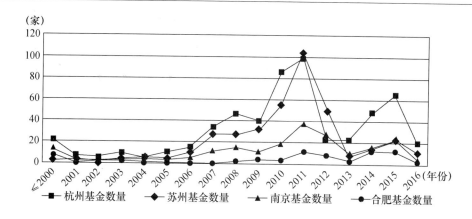

图 4-9　各城市非引导型股权投资基金每年成立数量对比图

资料来源：私募通数据库。

从图 4-9 中可以看出四个城市基金的整体数量呈逐年递增趋势，在 2008~2011 年增长迅猛，但在 2012 年、2013 年出现明显下滑，这与当时经济增速放缓、资本流动性下滑的背景相关，整个行业进入深度调整期，但自 2014 年开始，随着国家和省市相关政策的出台，IPO 重启和新三板扩容及股权二级市场的完善，股权投资基金市场逐步走向全面复苏。从城市来看，杭州、苏州、南京的股权投资基金数量在各个时间段成立的数量都领先于合肥，其中杭州和苏州尤为明显。

（2）分类基金数量。从整体数量来看，杭州、苏州和南京的基金总数均比合肥多。其中，杭州最多，达 568 家，苏州次之，有 395 家，南京和合肥分别有 225 家和 72 家。各城市的私募股权投资基金（PE）和风险投资基金（VC）的数量均占股权投资基金的大多数，FOFs、券商直投和天使基金的数量则较少。

对于私募股权投资基金（PE）来说，杭州共计有 271 家，苏州有 133 家，南京和合肥相对比较少，分别有 86 家和 38 家。对于风险投资基金（VC）来说，杭州、苏州、南京的该类基金数目较多，分别有 276 家、254 家和 118 家，而合肥该类基金总数还没有过半百，只有 32 家。此外，就 FOFs 基金而言，杭州有 2 家，苏州有 3 家，南京和合肥尚未出现该类型基金。合肥还尚未出现券商直投基金，杭州、苏州和南京数量也比较少，分别有 2 家、1 家和 2 家。对于天使投资基金，杭州的数量最多有 17 家，苏州和南京分别有 4 家和 1 家，合肥目前只有 2 家天使投资基金（见表 4-1）。

表 4-1　分类基金数量汇总表

单位：家

地区	FOFs	私募股权投资基金（PE）	风险投资基金（VC）	券商直投	天使基金	基金总量
杭州	2	271	276	2	17	568
苏州	3	133	254	1	4	395
南京	0	86	118	2	1	225
合肥	0	38	32	0	2	72

资料来源：私募通数据库。

可见，合肥市非引导型股权投资基金无论是总量还是分类基金数量，与其他城市相比都有不小的差距，基金类型也不如其他城市丰富，基金体系还需要进一步完善。

（3）基金规模。将各城市各类基金管理资本分别按总量、平均值、最大值、最小值比较，结果如表4-2所示。

表4-2　各城市各类基金管理资本对比　　　　　　　　　　　　单位：百万元

		杭州	苏州	南京	合肥
FOFs	总量	800	5201.1	0	0
	平均值	800	1733.7	0	0
	最大值	800	5000	0	0
	最小值	0	1.1	0	0
私募股权投资基金（PE）	总量	55898.16	38771	27612	25849.4
	平均	798.55	969.3	812.1	994.20
	最大值	10000	33668	14169	10000
	最小值	1	0.6	0	1
风险投资基金（VC）	总量	60675.27	63401.54	64571.9	2064.75
	平均	477.75	288.19	672.62	76.47
	最大值	20000	29100	40000	800
	最小值	0.3	1	1	1
券商直投	总量	120	600	700	0
	平均	60	600	350	0
	最大值	100	600	500	0
	最小值	20	600	200	0
天使投资基金	总量	636.95	350	10	400
	平均	53.08	175	10	200
	最大值	300	200	10	200
	最小值	1.05	150	10	200

资料来源：私募通数据库。

从表4-2中可以看出，合肥市在各个基金的管理资本总量上远远落后于杭州、苏州和南京这三个城市。其中，杭州的私募股权投资基金（PE）和风险投资基金（VC）管理资本规模较大，苏州的FOFs和风险投资基金（VC）管理资本规模较大，南京则是风险投资基金（VC）管理资本规模较大。而合肥市在各类基金管理资本的最大值、平均值都落后于其他三座城市。

2. 基金分类比较

（1）FOFs基金比较分析。FOFs又称为母基金，是一种专门投资于其他证券投资基金的基金。FOFs并不直接投资股票或债券，其投资范围仅限于其他基金，通过持有其他证券投资基金而间接地持有股票、债券等证券资产，它是结合基金产品创新和销售渠道创新的基金新品种。

目前合肥尚未出现 FOFs 这一创新的基金类型，与其他城市相比，差距显著。以苏州为例，目前已成立 3 家 FOFs 基金（元禾资本、苏州金晟硕业和开晟东南股权投资）。其中元禾资本成立于 2010 年 9 月 1 日，管理资本 50 亿元，已产生 16 次投资事件，属于特大型基金，对苏州其他股权投资基金的发展起到良好促进作用，其自身也产生了丰厚的投资回报。

（2）天使投资基金比较分析。天使投资基金作为一个独立的合法实体，负责管理整个投资的机会寻找、项目估值、尽职调查的全过程。天使投资基金的出现使得天使投资从根本上改变了它原有的分散、零星、个体、非正规的性质，是天使投资趋于正规化的关键一步。

将杭州、南京、苏州和合肥四个城市的天使投资基金进行对比分析（见表 4 - 3），我们可以看出，在基金数量上，合肥目前仅有 2 家天使投资基金，仅比南京略好，落后于其他城市，其中杭州遥遥领先，数量达到 17 家。在基金成立时间上，各地普遍在 2014 年左右开始成立天使投资基金。基金规模上，各地差异显著，以杭州为例，杭州天使投资基金的管理资本从 100 万元到 3 亿元不等，相比较来说，合肥天使投资基金虽然数量少，但管理资本量巨大，都属于亿元级别的大基金。但同时我们关注到，合肥的天使投资基金都是政府出资设立的，社会资本考虑到风险并未涉足，相比较来说，杭州、苏州等地的天使投资基金发起人更多的是企业、自然人等投资者，在天使投资引导基金的作用下，社会资本、民间资本积极涌入，基金市场越发繁荣，初步形成了较完善的天使投资基金体系。

从基金运营情况来看，各地天使投资基金都非常活跃，以杭州为例，其 17 家基金机构，有 15 家发生过投资行为，其中投资最多的天使湾创投历史投资次数达 113 次。合肥天使投资基金投资活动同样活跃，两家基金公司累计投资次数达 54 次。从投资产业来看，四个城市并没有明显差别，基本一致，均以高新技术产业为主。从投资区域来看，基本在满足本地创业企业需求的基础上，逐步扩大到北京、上海等发达地区。各地的天使投资基金在投资阶段上主要集中在天使轮和初创期投资。

从基金退出情况来看，因各地天使投资基金成立时间都比较晚，投资期限较短，投资收益正逐步显现，因而各地天使投资基金还未发生退出事件，投资回报等还未可知。

表 4 - 3　各城市天使投资基金情况对比

城市	天使基金数目	主要成立时间	平均管理资本规模（百万元）
杭州	17	2014 ~ 2016 年	37.7
苏州	4	2013 ~ 2015 年	87.5
南京	1	2013 年	10
合肥	2	2012 ~ 2016 年	200

资料来源：根据私募通数据库整理所得。

（3）风险投资基金（VC）比较分析。从基金每年成立数量来看，根据私募通数据库，将杭州、苏州、南京和合肥四个城市风险投资基金（VC）每年的成立数量进行汇总，结果如图 4 - 10 所示。

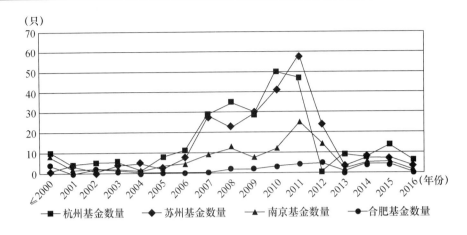

图 4 - 10　各城市风险投资基金（VC）每年成立数量对比图

资料来源：私募通数据库。

　　由图 4 - 10 可知，2000 年之前杭州已成立 10 家风险投资基金（VC），其次是南京有 8 家风险投资基金，苏州和合肥基本还没起步，分别只成立了 3 家和 1 家。2006～2011 年，各地每年成立的风险投资基金（VC）数一直在增长中，但在 2011 年，苏州当年成立数量超过了杭州，跃居第一。而合肥依然排在最后，仅有 3 家。2011 年及以后，虽然杭州和苏州成立的风险投资基金数量较上一阶段有所下降，但在四个城市中扔排前两位，南京较上一阶段成立数目有所上升，成立了 65 家风险投资基金，合肥虽然仍排最后，但是较以前成立数目有了大幅度上升，成立数目有 18 家。

　　由以上可知，合肥风险投资基金（VC）与其他城市相比，成立时间晚，机构数目少，市场影响力小，基金的发展与壮大还需要政府的引导和关注。

　　从基金规模来看，我们将风险投资基金（VC）的管理资本分成 5 个档次：小于或等于 1000 万元、1000 万～1 亿元、1 亿～10 亿元、10 亿～100 亿元、大于 100 亿元，其中大于 100 亿元的可称为特大型基金，1 亿～100 亿元的为大型基金，1000 万元以下的为小型基金。

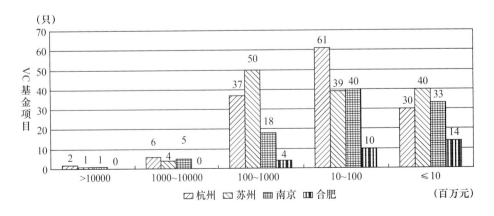

图 4 - 11　各城市风险投资基金（VC）管理资本规模对比图

资料来源：私募通数据库。

各城市风险投资基金（VC）资本规模比较如图 4-11 所示。基金的管理资本反映的是基金的规模，管理资本越大说明基金的资金越雄厚，基金抵御风险获得高收益的能力越强，因此基金规模往往越大越好。从图 4-11 可以看出，在管理资本规模低于 1000 万元的小规模基金，杭州、苏州、南京的风险投资基金数目差别都不大，合肥相对较少为 14 家。管理资本规模为 1000 万~1 亿元的杭州有 61 家，苏州和杭州差不多，均为 40 家左右，合肥有 10 家。管理资本规模在 1 亿~10 亿元的苏州最多，有 50 家，杭州次之有 37 家，南京 18 家，合肥 4 家。管理资本规模为 10 亿~100 亿元的杭州、苏州、南京数目相差不大，均在 5 家左右，而合肥为 0。同样管理规模大于 100 亿元的特大型基金，杭州有 2 家，苏州、南京各 1 家，合肥为 0。可以看出与其他城市相比，合肥风险投资基金（VC）管理资本量较少，规模普遍较小，缺少特大型和大型基金，合肥市需要积极培育大型和特大型基金。

从基金运营情况来看，首先将风险投资基金（VC）的历史投资次数按总量、平均值和单只基金投资事件最大值对杭州、苏州、南京和合肥进行比较。从表 4-4 可见，合肥风险投资基金（PE）在各项指标上都明显落后于其他三个城市，历史投资次数总量最多的仍是杭州，但苏州的单只基金投资事件最大值最高，南京的历史投资次数平均值则高于其他三个城市。这说明杭州、苏州和南京经济基础较好，创新企业和项目多，风险投资基金市场已初具规模。投资产业来看，四个城市没有明显差别，基本一致，均以高新技术产业为主。

表 4-4　各城市 VC 历史投资次数对比　　　　单位：次

	杭州	苏州	南京	合肥
投资事件总数	986	720	675	58
投资平均次数	3.57	2.83	5.72	1.81
单只基金投资事件最大值	155	310	232	14

资料来源：根据私募通数据库整理所得。

从投资区域来看，各城市的风险投资基金（VC）都主要集中在本地，然后便是北京、上海、广州等发达地区，全国其他地区也略有涉及。由表 4-5 可知，苏州、杭州、南京投资于本地、服务于本地的 VC 基金数目都超过了一半，而合肥仅达到 1/3，这与合肥经济基础相对较差、可供风险投资基金（VC）投资的创新企业和项目相对较少有关。投资阶段上，各城市风险投资基金（VC）差别很小，均主要投资于企业的初创期和成长期，成熟期投资也略有涉及。

表 4-5　各市 VC 投资于本地项目占比　　　　单位：%

	杭州	苏州	南京	合肥
VC 投资于本地区项目占比	57.25	63.55	52.83	33.33

资料来源：根据私募通数据库整理所得。

从基金退出情况来看，合肥市风险投资基金（VC）与其他城市相比，在退出事件总数、退出平均次数和单只基金退出事件最大值这三个指标上差距显著（见表 4-6）。相比较而言，杭州的历史退出事件次数占据首位，达到 221 次，南京紧随其后，达到 208 次，苏州也达到了 129 次，而合肥仅有 11 次退出事件。从退出方式来看，各城市采用的退出方式有股权转让、IPO、并购和公司回购四种，但 IPO 是回购的主要方式，其投资回报在四种方式中也是最高的。

表 4 - 6　各城市 VC 历史退出次数对比　　　　　　单位：次

	杭州	苏州	南京	合肥
退出事件总数	221	129	208	11
退出平均次数	0.8	0.51	1.76	0.38
单只基金退出事件最大值	41	27	96	7

资料来源：根据私募通数据库整理所得。

（4）私募股权投资基金（PE）比较分析。从基金每年成立的数量来看，根据私募通数据库，将杭州、苏州、南京和合肥四个城市私募股权投资基金（PE）每年的成立数量进行汇总，结果如图 4 - 12 所示。

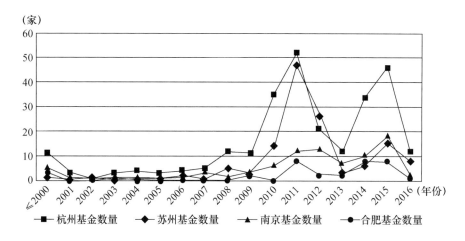

图 4 - 12　各城市私募股权投资基金（PE）每年成立数量对比图

资料来源：私募通数据库。

从四个城市整体情况来看，虽然私募股权投资基金（PE）在 2011 ~ 2013 年成立的基金数有所下降，但整体数量呈逐年递增趋势，尤其是 2009 ~ 2011 年和 2013 ~ 2015 年，私募股权投资基金（PE）的数量增长明显。

从地区上看，杭州的私募股权投资基金（PE）在 2000 年以前成立的只有 11 家，在 2001 ~ 2007 年成立的基金数比较稳定，在 2009 ~ 2010 年和 2013 ~ 2015 年这两个时间段基金成立的数量增长迅猛，在 2011 ~ 2013 年成立的基金数有所下降，但还是维持在 200 家以上。目前杭州的私募股权投资基金（PE）共有 271 家。

苏州的私募股权投资基金（PE）在 2009 年以前成立的数量都比较少，在 2010 年、2011 年和 2012 年这 3 年成立的基金数较多，分别为 14 家、48 家和 27 家，2013 年以后成立的基金数又有所回落。目前苏州的私募股权投资基金（PE）总共有 136 家。

南京的私募股权投资基金（PE）和苏州相类似，在 2010 年以前成立基金数比较稳定，一直维持在个位数水平，2011 年、2012 年、2014 年和 2015 年这 4 年成立的基金数有所上升，分别为 12 家、13 家、10 家和 18 家。目前南京的私募股权投资基金（PE）总共有 86 家。

合肥的私募股权投资基金（PE）相比于前三个城市逊色不少，直至 2009 年才有基金成立，目前仅达到 38 家。

此外，从成立时间来看，杭州明显领先于其他三个城市，苏州和南京紧随其后，合肥相比较而言每年成立的私募股权投资基金（PE）数量均比较低。

从基金规模来看，我们将私募股权投资基金（PE）的管理资本分成 5 个档次：小于或等于 1000 万元；1000 万~1 亿元；1 亿~10 亿元；10 亿~100 亿元；大于 100 亿元，其中大于 100 亿元的可称为特大型基金，1 亿~100 亿元的为大型基金，1000 万元以下的为小型基金。

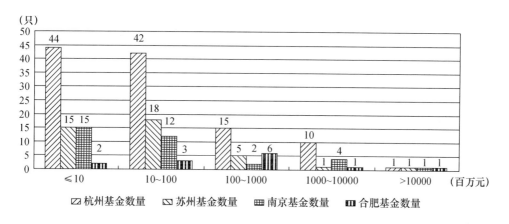

图 4 – 13　各城市私募股权投资基金（PE）管理规模对比统计图

资料来源：根据私募通数据库整理所得。

各城市私募股权投资基金（PE）资本规模比较如图 4 – 13 所示。基金的管理资本反映的是基金的规模，管理资本越大说明基金的资金越雄厚，基金抵御风险获得高收益的能力越强，因此基金规模往往越大越好。从图中可以看出管理资本规模小于 1000 万元的小规模基金杭州有 44 家，苏州和南京都有 15 家，合肥有 2 家，管理资本规模为 1000 万~1 亿元的杭州有 42 家，苏州和杭州差不多，分别为 18 家和 12 家，合肥有 3 家。管理资本规模为 1 亿~10 亿元的杭州最多，有 15 家，合肥次之有 6 家，南京 2 家，苏州 5 家。管理资本规模为 10 亿~100 亿元的杭州和南京数目相差不大，分别为 10 家和 4 家，而合肥和苏州一样只有 1 家。同样管理规模大于 100 亿元的特大型基金，杭州、苏州、南京和合肥各只有 1 家。虽然从图 4 – 13 上看合肥私募股权投资基金（PE）中的大多数管理资本量较小，但从侧面亦可以反映出杭州私募股权投资基金（PE）发展蓬勃，社会资本和民间资本积极涌入，市场潜力巨大。

从基金运营情况来看，首先将私募股权投资基金（PE）的历史投资次数按总量、平均值和单只基金投资事件最大值对杭州、苏州、南京和合肥进行比较。从表 4 – 7 可见，合肥私募股权投资基金（PE）在各项指标上都明显落后于其他三个城市，历史投资次数总量最多的是杭州，南京的历史投资次数平均值和单只基金投资事件最大值都高于其他三个城市。将管理资本与历史投资次数结合来看，管理资本较高的一般来说历史投资次数也相对较多，那些管理资本低于1000万元的PE基金其投资次数基本为1次。投资产业普遍涉猎较广，包括电信、网路旅游、网上招聘、金融、电商、化工、IT、房地产等多个产业。从投资区域来看，各城市私募股权投资基金（PE）主要集中在本地及上海、北京、广州等发达地区。从投资阶段上我们发现，各城市私募股权投资基金（PE）略有差异，其中杭州私募股权投资基金（PE）的投资阶段各个时期都有涉足，较多是在企业初创期和扩张期进入；苏州私募股权投资基金（PE）的投资阶段主要涉及初创期、扩张期和成熟期；南京亦是如此；合肥私募股权投资基金（PE）的投资阶段主要在扩张期和成熟期。从投资阶段来看，其他城市的私募股权投资基金（PE）和风险投资基金（VC）的界限较模糊，而投资阶段前移更有利于基金发挥对高科技企业的资金扶持和创新服务功能。

表4-7　各城市PE历史投资次数对比　　　　单位：次

	杭州	苏州	南京	合肥
投资事件总数	621	200	264	54
投资平均次数	2.29	1.47	3.07	1.02
单只基金投资事件最大值	136	130	167	13

资料来源：根据私募通数据库整理所得。

从基金退出情况来看，合肥市私募股权投资基金（PE）与其他城市相比，差距更大，迄今为止，合肥市私募股权投资基金（PE）尚未发生退出事件，其退出方式和投资回报也无法衡量（见表4-8）。相比较而言，杭州的历史退出事件次数和单只基金退出事件最大值均占首位，分别是120次和57次，苏州、南京紧随其后。从退出方式来看，各城市采用的退出方式有股权转让、IPO和并购三种，各有偏重，杭州多采用股权转让方式，苏州更偏重IPO方式，这与各城市股权投资基金二级市场发达程度有关。从投资收益来看，IPO的账面回报率最高，平均约为6.23倍，而股权转让的账面回报率平均约为1.5倍，并购的账面回报率平均约为1.09倍。

表4-8　各城市PE历史退出次数对比　　　　单位：次

	杭州	苏州	南京	合肥
退出事件总数	120	61	23	0
退出平均次数	0.44	0.45	0.27	0
单只基金退出事件最大值	57	43	6	0

资料来源：根据私募通数据库整理所得。

（5）券商直投基金比较分析。相比其他类型的直接投资机构，证券公司的直投基金具有以下优势：专业优势，借助内部研究及投资银行团队提供的一系列专业意见，券商在投资、分析及执行投资专案方面的多元竞争优势；融资优势，大型券商在资本市场上具有广阔的融资渠道，得以创造性地实现有吸引力的投资结构，确保顺利地执行复杂的金融交易；退出优势，借助 IPO 和兼并收购等方面的经验，券商在投资退出上具有更大的灵活性。另外，国内外的相关研究也表明券商直投业务对被投资企业的财务绩效具有积极的影响，而且这些影响会随着证券公司持股比例和声誉两大特征值的变化而变得更加显著。随着券商持股比例增大，提供的融资额也增大，因此企业的债务需求额就更小，企业的偿债能力也更好。

券商直投基金虽然优势很多，遗憾的是合肥尚未出现此类基金。相比较来看，杭州目前有两家券商直投，管理资本量分别为 1 亿元和 2000 万元，历史投资事件数量分别为 10 次和 2 次，投资的地区为北京市和上海市，投资阶段为新三板定增和 AB 轮。而苏州拥有一家券商直投（东吴创投），成立于 2010 年，管理资本量为 6 亿元，历史投资事件数量为 6 次，投资地区分布广泛，投资阶段在 A 轮。南京有两家券商直投（华泰紫金和巨石创投），管理资本量分别为 5 亿元和 2 亿元，历史投资事件数量分别为 14 次和 1 次，投资地区分布广泛，投资阶段都在扩张期和成熟期。

虽然从基金数量和管理资本量来看，杭州、苏州和南京的券商直投还处于起步阶段，但已初步显现对创业资本的积极影响。合肥市应积极鼓励本土券商进行创新，尽快成立合肥市本土券商直投基金。

三、存在问题

将合肥市与其他城市进行比较后可以发现，合肥市股权投资基金，包括引导型基金和非引导型基金在政府扶持、投资行为、退出机制等方面存在问题。

（一）政府扶持力度有限

从政府引导基金来看，合肥的政府引导基金虽然管理规范，但是政府引导基金起步比较晚，政府投入资金总量有限，与杭州、苏州等地相比合肥市政府引导基金的资金投入还存在不小的差距。以杭州为例，自 2008 年起，对所设立的创投引导基金每年投入 2 亿元，目前该基金已达到 56 亿元规模，此外，2014 年投入 7.2 亿元组建天使投资引导基金，并计划用 3 年时间投入 150 亿元组建产业引导基金。而合肥市分别在 2014 年和 2015 年仅投入资金 4.27 亿元、13.75 亿元，2016 年的财政投入资金量数据缺失，政府尚未形成对引导基金的长效资金投入机制。

从非引导型基金来看，政府对各类基金的扶持主要通过地方法规，明确各类非引导型基金可以享受的优惠政策。合肥市与其他城市相比，提供的优惠政策较单一，主要在股权转让价格上让利于非引导型基金或创业企业。相比较而言，杭州、苏州和南京等地的优惠政策更加丰富、层次感更强，包括从吸引基金公司开办新机构到基金高管人员的安置政策，从基金公司缴纳税收进行优惠到产生损失后的风险补偿等各个方面。这些优惠政策对基金公司产生强烈吸引力，创业资本规模不断扩大，并形成非引导型基金集聚区。

（二）股权投资基金资本运作管理困难重重

一方面，基金募集难度加大。合肥市政府引导基金的来源一部分是财政资金，占比较小，通过募集其他社会资本，共同参股组建创投基金。从各参股基金的资金构成来看，政府和国有投资机构的资本占大头，民间资本比例相对较低，财政资金的杠杆作用和放大效应较小。特别是近年来，国内外资本市场受宏观经济形势影响，企业估值普遍回落，行业进入深度调整期，民间资本募集难度进一步加大。

另一方面，合肥市本地初创期企业获得投资有限。合肥市引导基金旨在引导创投资本向具有发展潜力而缺乏资金的科技型中小企业融资，以期扶持中小企业快速成长壮大。实际运作中，部分参股基金出于风险控制和盈利目的，或未能及时地找到合适的早期项目，在资金投向上，更多倾向于成长期、成熟期或拟上市企业。非引导型基金同样存在可供投资的项目少、利润低等问题。

（三）股权投资基金退出机制有待完善

股权投资基金的退出渠道主要有 IPO、被投企业回购、其他企业并购或产权交易所出售等。其中，上市退出是资本预期的退出渠道，如今在证监会待审的企业达数百家之多，上市退出的预期已很难在短期内实现。合肥市引导基金参股基金目前处于投资期，退出尚未提上日程，但很快也将面临退出回收，亟须拟定相关政策措施，完善资本退出机制，以保障财政资金的安全高效运作。

退出机制的完善，需要多层次资本市场作为制度保障，在股权投资基金短时期内通过IPO 难以实现时，通过新三板、区域产权交易中心实现股权交易就显得尤为迫切。合肥市目前需要依托安徽省产权交易中心等服务平台，加快推进股权投资基金的多层次退出渠道建设。

（四）科技金融服务平台有待发展

合肥与其他城市相比，科技金融服务平台成立时间晚，入驻企业库数量少，与金融机构、创投机构的合作关系还处于起步阶段。以苏州为例，苏州早在 2011 年就建立起科技金融服务平台，以实体平台服务和网上平台相结合的方式，向科技企业开展科技信贷、创业投资、科技保险等科技金融服务，目前超市服务平台建立了 7084 家的科技型企业库，与 130 多家金融机构、创投机构等科技金融机构建立了合作关系，依托苏州自主创新广场开展了 23 场投融资对接交流活动。而合肥市依托一融网，于 2015 年 12 月才建立起合肥科技中小企业金融服务平台，目前合肥注册企业有 4274 家，但仅有 21 个项目获得融资。本土金融机构、创投机构对平台关注度不高，提供的投融资对接交流活动也相对较少。合肥市科技金融服务平台要真正发挥中介服务作用，解决科技企业融资难、融资贵的问题，服务意识和服务内容都有待于提高和完善。

第五章　合肥市股权投资基金案例分析

一、引导型基金——合肥创业投资引导基金

合肥市政府创业投资引导基金（以下简称引导基金）成立于2014年，是合肥市政府引导基金的二级母基金之一。合肥市产业投资控股集团公司是引导基金的唯一受托管理企业，产投集团直接负责引导基金阶段参股、跟进投资、直接投资等方面的管理和运营。引导基金是以合肥市产业发展为导向，重点投资于符合合肥市优势主导企业、战略性新兴产业及科技型的初创期、成长期中小企业，特别鼓励投资处于种子期、起步期的初创期企业，以推动合肥市创新、创业和产业转型升级。

（一）基金概况

自2014年起，集团受托管理政府引导基金总规模已接近30亿元，其中，基金审批规模50.23亿元，市创投引导基金拟出资10.74亿元，撬动社会资本杠杆4.67倍。资金来源中政府财政出资约占25%，其余为开拓市场所获得的社会资本。基金投资方向紧密围绕合肥市优势主导和战略性新兴产业，对于新兴产业的发展具有良好的促进作用，德丰杰雷名创业投资基金是安徽省内第一只中外合作混合基金，对于创业投资引导基金加强与国际的密切合作具有重大意义。直接投资累计安排投资5.9亿元，已完成出资3.05亿元，带动社会资本总投资超过50亿元，有效地推动了地方产业的集聚和升级发展。

（二）运营状况

1. 运作模式

基金运作模式主要采取阶段参股模式运作，同时，经管委会批准，引导基金可采取跟

进投资、直接投资、设立增信类产品和经市政府同意的其他投资方式运作。基金采用不同的模式运作，其经营状况有显著的差别，我们根据不同的运作模式，分别分析创业投资引导基金的运营状况。

（1）阶段参股。截至2016年9月底，创投引导基金已审批通过11只主题基金，其中9只子基金已设立。基金审批规模50.23亿元，市创投引导基金拟出资10.74亿元，撬动社会资本杠杆4.67倍。目前各子基金已到位资金15.207亿元，其中引导基金已出资3.4亿元。目前，各子基金共已过会32个项目，过会投资金额约为5.42亿元，占已出资金额的35.64%。其中已设立的子基金共已投资项目24个，总投资额约为4.22亿元，占已出资金额的27.75%。其余已设立的子基金共已过会待投资项目8个，拟投资额超过1.2亿元，占已出资金额的7.89%。主题基金投资方向紧密围绕合肥市优势主导和战略性新兴产业，分别关注智能制造、半导体、TMT产业、医疗、节能环保、文化等领域。已投项目中有10个项目落地合肥，共计投资约为2.46亿元。待投项目中有4个项目为合肥项目及拟落地合肥项目，拟共计投资约为0.48亿元。

（2）直接投资。截至2016年9月底，市创投引导基金直接投资过会项目6个，累计安排投资8.4亿元，带动社会资本总投资超过50亿元。投资领域涵盖了集成电路、新型显示、工业机器人等合肥主导产业及战略性新兴产业，有效地助推了地方产业的集聚和升级发展。

（3）跟进投资。截至2016年9月底，市创投引导基金跟进投资过会项目1个（长毅（IDEA）机器人与自动化项目），安排投资金额0.5亿元，出资比例达到49.55%。项目由德丰杰基金投资（500万美元）并引入该市。项目主要产品为工业机器人与自动化，计划总投资4亿元。

2. 退出方式

截至2016年9月底，合肥市产业投资控股公司管理的创业投资引导基金尚无基金退出情况。通过对引导基金调查，基金的退出方式有：公开上市、并购、原始股东回购、产权交易市场转让。不同的运作模式的退出方式相关事项并不一致，具体规定如下：

（1）阶段参股模式下的退出方式。要求在有受让方的情况下，引导基金可以随时退出；参股创业投资机构的主发起人不先于引导基金退出；自引导基金投入后3年内转让的，转让价格为引导基金原始投资额；超过3年的，转让价格为引导基金原始投资额与按照转让时中国人民银行公布的同期贷款基准利率计算的收益之和，参股创业投资机构发生清算，按照法律程序清偿债权后，按合同约定，剩余财产首先清偿引导基金；引导基金参股设立创业投资机构时，不得作为普通合伙人承担无限责任，不得干预参股创业投资机构的日常运作，若存在违法、违规和偏离政策导向情况的，可按照合同约定行使一票否决权。

（2）直接投资模式下的退出方式。形成的股权退出价格原则上按照市场化原则确定，或者按照协议退出。

（3）跟进投资模式下的退出方式。管理机构退出时须事先约定引导基金的优先清偿权，创业企业发生清算时，按照法律程序清偿债权人的债权后，剩余财产首先清偿引导基金。

3. 风险控制和监督管理

在市政府领导下，成立合肥市政府投资引导基金管理委员会（以下简称管委会），作为引导基金的最高决策和监督机构。引导基金委托商业银行进行托管，托管银行具体负责引导基金资金拨付、清算和日常监管，并定期向管委会报告资金运作情况。

在投资产品上，要求引导基金不得用于股票、期货、房地产、金融衍生品等投资，也不得用于赞助、捐赠等支出，引导基金的闲置资金只能用于存放银行和购买国债，经管委会批准后方可参与认购支持该市中小企业融资的金融产品。

引导基金要按月向管委会报送引导基金投资运作、资金使用等情况，并抄送相关部门；及时报告运作过程中的重大事件，并于每个会计年度结束后的4个月内提交经注册会计师审计的年度会计报表。管委会负责对管理机构履行职责情况和引导基金投资形成的资产进行日常监督，并委托社会中介机构对引导基金运作情况进行审计，必要时由审计部门对引导基金进行审计。

而基金管理公司在日常的基金运作中，为降低委托代理问题，对参股基金和直投项目也有一系列的监督方式，包括：建立集中管理制度；投资决策前的可行性分析及财务情况调查；派驻CFO加强对企业的管理；派驻至少1名联络员参与投委会并实行一票否决权；确定投资以后，安排专人跟踪负责。

4. 绩效评价

目前对引导基金的绩效考核主要依据以引导基金总体保值增值和符合合肥市产业发展导向为原则，对基金引导效果、社会效益、风险控制及内部管理、引导基金退出及可持续性，进行总体绩效考核。并且绩效评价结果作为市政府安排政府投资引导基金规模、确定各类型投资方式所占比例的重要依据，并据此计提管理机构管理费和奖励。

（三）存在问题

根据本书对合肥创业投资引导基金的调研情况，我们认为引导基金在以下几个方面存在问题，并进行详细说明：

1. 政策性目标与资本商业性目标相冲突

在合肥市政府创投引导资金的推行过程中，容易出现政策性目标与商业性目标相冲突的问题，这也是政府引导基金在运作阶段遇到的重要问题。对于很多社会资本来说，收益最大化是最重要的投资目标。因此，具有盈利前景的行业受到了普遍重视，风险较小、回报大、发展成熟的企业成为投资的热点。但是，政策性目标的实现是政府资金的重要投资目标，引导资金往往较为重视资金引导与区域创业企业的发展，但这些企业的发展还不够成熟，仍处于发展的初期阶段，政府资金的投入面临着较大的风险，片面地要求引导基金保值增值，会让管理机构陷入两难境地。

2. 多重委托代理问题难以解决

创投引导基金管理模式易产生多重委托代理。通常来说，商业性创业投资基金的委托代理关系是出资人、创业投资家和创业企业家这三方面主体的关系。但是，如果引入政府引导基金的管理模式，那么这种委托代理关系就会发生变化，会形成一种更为复杂的多重委托代理链。其中，政府、母基金管理公司和子基金是一层关系，而子基金内同时又包含商业性投资基金所具有的委托代理关系，也就是出资人—创业投资家—创业企业家这一层级的关系。如此反复委托代理关系链条会导致政府引导资金的运作风险大大增加，多种委托代理关系不仅会增加委托代理相关的费用，增加委托代理所需成本，而且会在一定程度上增加基金运作的风险。另外，创投引导基金由于处于这种复杂的委托代理关系之中，也会出现投资信息不对称等一系列的问题。

3. 运营模式存在缺陷

合肥市创投引导基金目前主要采用阶段参股作为运营模式，要求参股基金在投资过程中满足一系列原则，其中最重要的是投资于在合肥登记注册的中小企业的金额不得低于全部投资额的50%，其中，初创期企业的投资比例不得低于30%。从调研结果来看，参股机构普遍反映因合肥市创新项目少、企业创新能力弱，导致参股机构处于"无项目可投"的尴尬境地，若长此以往，将很难吸引到足够多的优秀创投机构入驻合肥，也不利于合肥市基金丛林目标的实现。

此外，合肥市创投引导基金还在采用直接投资运作模式，这种运作模式容易产生"挤出效应"，抢占非引导型基金的市场空间，同时基金在运作过程中常常不知及时退出，从而严重降低政府风险资本的效率，背离了政府引导基金的"引导本质"。直接投资项目在退出过程中也存在着国有股权招拍挂与现有国有资产管理规定冲突的问题。从先进国家和地区的经验可以发现，政府引导基金已经不再采用直接投资运作模式，多采用阶段参股和跟进投资方式，这两种运作模式更有利于政府资金"引导本质"的实现。

4. 客观的绩效评价缺失

目前合肥市尚未出台政府引导基金绩效评价的具体办法，这将带来一系列问题：第一，考核办法不明确，导致管理的多辆马车以及责权利范围不明确，不利于基金的有效运作；第二，管理机构没有具体的绩效评价办法作为依据，无法更好地行使其直接管理权，通常导致的结果是由于管委会的组成成员较多，项目审批周期往往较长，不利于基金投资项目的运作（市场需求的时效性）以及新项目的接洽与合作。

5. 激励机制不健全

已有的激励机制是计提管理机构管理费和奖励。根据实地调研结果，就阶段参股的管理费而言，市场型基金的管理费以累进的方式按实际投资额的2%收取，政府引导基金以累进的方式按实际投资额的0.5%收取，合肥落地项目以不累进的方式按实际投资额的0.5%作为管理机构负责政府引导基金的管理费用，但这相对于基金运作过程所需人力成本是远远不够的，不足以支付管理人员成本，给管理机构的健康运营带来巨大压力，并且目前的奖励机制不健全，也不利于对管理人员产生明显的激励作用。

（四）案例小结

通过对合肥创业投资引导基金的案例分析我们发现，创投引导基金发展时间较短却已取得很大进展，但是在运作过程中存在一些问题，以下是所获得的一些启示。

（1）缺少具有专业投资能力的管理人才是创投引导基金的运作效率较低的人才因素。政府引导资金的管理与运作具有很强的复杂性，被称为"基金中的基金"，是股权投资基金的重要资金来源。在管理的过程中，需要专业化的管理人才进行投资运作。但目前合肥市的政府引导基金在管理上还缺少高水平的专业管理人才，为此，必须着力提高基金管理人员的专业水平与行业才能，建立并完善基金管理人才的培养机制。此外，引导基金的管理运作涉及很多法律法规，管理机构迫切需要专业的法律顾问对日常运营进行监管。

（2）缺乏恰当的投资存续期限和强制清算制度，难以发挥政府引导基金的最大效用。根据国内外创业投资经验，一般来说，要经过7~10年的时间才能真正获得收益，引导基金的过早和过晚退出都会影响投资效果，太早退出还未产生效益，太晚退出资金有可能被套牢或产生挤出效应。在强制引导基金退出的同时，需要辅之以多层次资本市场建设，探索扩大场外市场交易，拓宽基金退出的市场渠道。

（3）尚未出台的绩效评价办法和不健全的激励机制导致引导基金运作效率低下。根据对其他城市的现状及政策梳理，得出如下经验借鉴：政府引导基金不仅要重视投资带来的经济效益，还要注重社会效益。为了促进政府引导资金的规范化运作，可以分别制定政策性目标与经营性目标的双重考核机制，并将这两个方面充分结合。完善引导基金的评价体系建设，科学合理的绩效评价考核体系是创投引导基金发挥作用的重要条件，运用细化、量化、合理化的评价标准对投资效益（包括社会效益和经济效益）进行评估和测算，能够更好地发挥引导基金的杠杆作用，加速促进引导基金的合理投向。

（4）多重委托代理导致的管理成本增加和信息不对称是引导基金运作的风险来源。对此，政府需要转变角色，引导基金的监督与管理应充分走向市场，应当在引导基金的管理链中充分引进市场机制，妥善解决代理问题。针对目前存在的审批时间周期过长的问题，政府在此过程中的主要工作就是制定相应的游戏规则，简化审批流程，提高引导基金运作效率，促进引导基金的规范化运作，这样才能维持市场的平稳有序进行。

二、非引导型基金——安徽兴皖创业投资有限公司

安徽兴皖创业投资有限公司成立于2010年8月20日，注册资本5亿元，其中国有股持股比例为80%，核心业务定位于初创期风险投资和扩张期成长投资。主要投资领域为新材料、信息通信和农药化学，并对相关行业有深入的研究和相当的资源积累。

（一）基金概况

安徽兴皖创业投资有限公司是经基金协会批准成立的一只市场化创投基金，其自成立 10 年以来，已有 6 年的成长和发展历程，主要投资领域为新材料和信息通信等行业，公司对外投资已初具产业链优势，可以为被投资企业提供系统高效的服务以及与被投资企业之间的协同合作。自 2010 年以来，兴皖创投先后投资于广信农化、江淮园艺、泰达新材、东芯通信、山河药铺、盛世骄阳等创新企业，投资金额大到 9000 万元，小到数百万元，为高科技企业高效运营和创新服务提供了有效的保障。

（二）运营状况

1. 基金投资策略

在基金管理资本构成中，兴皖创业投资有限公司主要为政府财政出资和国企、民企及上市公司的闲置资金，其中国有股持股比例高达 80%，民间资本、社会资本占比偏低。投资模式上，以参股创业企业为主，但不拥有企业的控制权。投资行业主要集中在新材料、信息通信和农药化学领域。投资阶段上，基金主要投资于企业生命周期阶段的初创期和成长期。常见的基金退出渠道有公开上市、原始股东回购、并购、产权交易市场转让及破产清算，兴皖创投主要以原始股东回购和并购作为主要的退出渠道。

2. 基金运营策略

根据课题组对兴皖创投的调研发现，兴皖创投的投资项目主要来源于四个渠道，分别是自行开拓市场进行发掘、客户上门自荐、第三方机构推荐、通过创业者社区和平台寻找投资对象，较少获得政府指定项目。在具体的投资决策过程中，该基金投资决策时间一般需要 2 个月以上。另外，在该基金看中投资企业投资价值因素中，我们发现，相对于产品技术创新性和高收入、高利润的企业特征，基金更关注于企业的业绩高增长和企业是否存在优秀的管理团队。当基金对项目进行首轮投资后，其对后续投资持积极的态度，一般会对其进行后续投资，除非被投资企业发展发生重大转折。在基金对目标企业进行投资后，会对目标企业进行相关的管理行为，比如帮目标企业再融资，优化产品定位和商业模式，帮助企业拓展业务和进行人力资源方面的支持，而对企业关注的其他项，如完善公司治理和财务、法律辅导则较少涉及。

（三）存在的问题

就目前合肥兴皖创投基金的发展现状，本书认为该基金存在的问题在合肥的非引导型股权投资基金中十分具有代表性，其问题具体有以下几个方面：

1. 政府指导与市场作用纠缠不清，干扰了市场秩序的正常运作

目前合肥市在基金发展目标定位中存在一定偏差。政府在基金市场发展过程中，应该起到市场外管理人的作用，而不应该进场管理，甚至直接进场参与投资，与民夺利。合肥目前正处于资金充裕、创新项目少的大环境中，非引导型基金发展中本就困难重重，而政府却组织更多的基金进场，且基金以政府资金为主要来源，LP 与 GP 利益分割存在缺陷，造成政府引导基金有很强的投资冲动，易造成市场失灵。合肥非引导型基金在发展过程中，并没有收到较好的政府政策帮扶作用，财政专项补贴、税收优惠、资本利得豁免等优惠政策缺失或未落到实处，这些都成为了基金发展中面临的障碍。

2. 高层次人才缺失阻碍了股权投资基金的健康发展

投资基金的运作过程不仅是简单的资本注入，而是要结合企业发展战略、投资融资规划、财务税务管理、经营理财管理及科技研发等众多专业知识，只有具有这些综合知识储备、极强的专业素质和丰富实践经验的综合型投资管理队伍，才能够在一系列的专业投资决策管理中完成项目选择、资本注入、适当时机退出获利等运作。目前合肥基金市场上缺少优秀的相关技术产品项目评估人才，这既会导致投资基金管理绩效水平总体偏低，也会降低企业从投资基金进行融资的吸引力，对投资基金的发展产生消极效应。

3. 巨大的风险制约了股权投资基金的投资热情

股权投资基金需要从基金募集、基金成立、登记备案、基金委托管理、投资实施、项目管理、基金增值与分红到基金退出与清算，这是一条很长的经营管理链条，由于存在较高的委托—代理成本和企业价值评估的不确定性，股权投资基金存在巨大的风险。其中涉及股权投资基金募集风险、基金运营风险、相关公司治理风险、基金退出风险、政治风险等。虽然股权投资基金会采取一定的风险控制策略，包括具有法律约束力的合同、股份调整和其他风险控制方法，但在外部法律环境和相关法规不健全的背景下，风险控制手段仍显单一，这些不利因素抑制了股权投资基金的投资热情。

4. 基金自身存在的不足影响了基金业的发展

本书通过对兴皖创投调研发现，股权投资基金自身也存在着制约基金业发展的因素，包括缺少高层次复合型人才、创新意识不强、管理经验不足、获取项目信息和市场需求信息渠道狭窄、基金知名度低、决策环节长及决策效率低等问题。这些因素中一部分是由于合肥市股权投资基金尚处于初级发展阶段，人才、创新意识、管理经验和知名度的不足会随着基金业的发展和基金市场的壮大逐步得以解决；另一部分是由于合肥市股权投资基金的外部环境尚需完善，特别在信息平台建设方面，合肥市目前尚处于起步阶段，需要通过法律法规、配套政策等逐步完善。

（四）案例小结

通过对合肥兴皖创投基金的案例分析，我们获得以下启示：

1. 明确政府定位，合理发挥政府引导作用

政府在合肥股权投资基金的发展过程中一方面存在重要作用，但另一方面因为其作用影响深远，政府需要在做出投资行为前考虑对合肥市基金市场的影响。目前合肥的基金业投资环境是资金多而优秀的项目少，政府更应该以市场化方式对创投机构和项目进行引导和孵化，推进好的产品和技术的产生，限制有效的资源浪费，管理好市场秩序，从源头上推进股权投资基金的稳步成长。尽量减少行政手段，避免干预股权投资基金的市场化投资行为。政府应该做好管理者的身份，而不应该以管理者和参与者的双重身份参与市场竞争。

2. 积极引进具有综合投资能力的高层次基金管理人才

在股权基金的发展过程中，相关产品项目的评估性人才起到至关重要的作用。在管理的过程中，需要专业化的管理人才进行投资运作。但目前合肥的股权基金在管理上还缺乏高水平的相关综合性人才，这一直是股权基金在运作中面临的重要问题。为此，必须着力提高基金管理人员的专业水平与行业才能，建立并完善基金管理人才的培养机制，不断地培养他们的专业能力，使他们不仅具备发现投资价值与创投企业的能力，而且还兼具提供增值服务价值的能力，并能够对投资区域进行合理限制。

第六章 合肥市促进股权投资基金多样化发展的政策设计

一、合肥市促进股权投资基金多样化发展政策设计的指导思想和原则

（一）合肥市促进股权投资基金多样化发展的指导思想

深入贯彻落实《中共中央国务院关于深化体制机制改革加快实施创新驱动发展战略的若干意见》（中发〔2015〕8号）、《关于修订印发实施创新驱动发展战略进一步加快创新型省份建设配套文件的通知》（皖政办〔2015〕40号）等文件精神，以培育更多的科技创新型中小企业、增强新的发展优势为目标，以投资基金制度创新为突破，构建科技金融合作平台和服务体系，改善投资基金支持科技创新创业环境，加快科技创新和成果转化，促进高新技术产业快速健康发展，形成各类基金协同支持创新发展的良好局面，为建设创新型城市提供有力支撑。

（二）合肥市促进股权投资基金多样化发展的原则

1. 坚持统筹规划原则

各级政府和科技、金融部门要深刻认识股权投资基金在提高企业自主创新能力中的重要性和紧迫性，加强多部门沟通与协调，统筹规划科技与金融资源，形成合力，实现科技资源与金融资源的有效对接。

2. 坚持政策引领原则

要充分发挥引导和推动作用，将股权投资基金作为合肥市区域科技创新体系建设的重要组成部分，优化政策环境，通过财政投入，撬动更多的社会资源，引导社会资本和民间资金参与科技创新。

3. 坚持市场导向、企业为主原则

遵循"市场在资源配置中起决定性作用"的规律，让市场在股权投资基金多样化发展中起决定性作用，转变政府职能、简政放权让利。坚持企业是技术创新主体，探索建立符合科技型中小企业发展特点和需求的新型股权投资基金管理体制和运行机制，丰富基金产品及服务。

4. 坚持协调发展原则

加强政府各部门之间的协调和衔接，发挥各项政策的激励和诱导作用，形成政策合力。最终形成政府引导基金、创业天使基金、创业风险投资、私募股权投资、产业资本等多元投入、有机联系的共同支持科技创新创业的投融资基金服务体系。

二、合肥市促进股权投资基金多样化发展政策框架

（一）坚持服务实体，促进高科技产业发展

股权投资基金是改善投资结构、增加有效投资的重要手段。实体产业特别是高科技产业是股权投资基金服务的对象，也是股权投资基金生存的土壤。总结先进地区的经验，我们发现发达的高科技产业为股权投资基金提供了充足的投资项目，股权投资基金又为高科技产业进行融资服务和资源配置，二者相辅相成，缺一不可。因此，要实现合肥市股权投资基金的多样化发展，离不开高科技产业的培育和发展。为此，合肥市首先要加快高科技产业化的体制机制改革，充分运用激励机制调动科研人员开展科技研发和科技成果转化的积极性，推动高科技产业化；其次要以成果转化为目标，构建区域性政产学研协同创新体系，促进企业、大学、研究机构充分发挥各自的能力优势，加速技术的推广应用和产业化；拓宽高科技企业融资渠道，支持各类金融机构发展，构建良好高科技产业化环境，其中针对股权投资基金而言，要发挥各类股权投资基金的重要作用，扩大投资规模，建立起以政府资金为引导、民间资本为主体的创业资本筹集机制和市场化的创业资本运作机制，引导和支持民间资本参与高科技产业化，实现股权投资基金和高科技产业的高度融合。

（二）加强政府引导和政策扶持

要使合肥市股权投资基金发挥更大的效益，各政府部门要加强协调，加强政府引导，完善股权投资基金各项扶持政策，并将各项扶持政策落到实处。

1. 完善股权投资优惠政策

合肥市应尽快出台促进股权投资业发展的优惠政策和管理办法，为合肥市股权投资基金发展营造一个良好的政策环境。目前合肥市已出台扶持产业发展的"1+3+5"政策体系，但整个股权投资业还缺乏统一的法律法规的整体性支撑，现有的扶持政策在扶持对象、基金组织形式、税收、激励机制等方面还需要进一步完善。借鉴国内先进地区的经验，政府需更好地发挥政府引导基金作用，明确政府定位，弱化对引导基金的盈利要求，改变"保值增值"的评价标准。

对于非引导型股权投资基金，合肥市要在现有政策基础上加大配套政策扶持力度，要通过人才引进政策、办公用房补助、税收优惠政策、高管激励和产生损失后的风险补偿等更丰富、全方位政策措施，鼓励股权投资基金投资种子期、初创期的科技型企业，鼓励更多的股权投资基金进入合肥，形成合肥的股权投资基金集聚区。

2. 鼓励多样化股权投资基金体系的形成

合肥市与杭州、苏州等先进城市相比，引导型基金和非引导型基金都存在着结构简单、层次单一的问题。合肥市应尽快出台相关政策，鼓励多样化股权投资基金体系的形成，这有助于为科技型企业提供从种子期到成熟期的全方位服务，也有助于科技成果转化效率的提高。

针对引导型基金，合肥市应建立起财政资金长效投入机制，每年保持对创业投资引导基金2亿元、产业投资引导基金6亿~8亿元、增信类产品3亿元的财政资金投入，并积极组建孵化器引导、天使投资引导等新型引导基金，尽快构建起"孵化器引导+天使引导+创投引导+产投引导"的引导基金体系。

针对非引导型基金，合肥市应培育多元化投资主体，鼓励各类机构投资者和个人依法设立公司型、合伙型股权投资基金，鼓励并规范发展合肥市券商直投基金和创业投资母基金（FOFs），积极鼓励包括天使投资人在内的各类个人从事创业投资活动，壮大天使投资人群体。鼓励成立公益性股权投资联盟等平台组织，促进各类型基金间的信息交流与合作，形成包含天使投资、创业投资、私募投资、券商直投、母基金等在内的多样化非引导型基金体系。

3. 建立股权投资与政府项目对接机制

优秀的项目是股权投资基金生存和发展的土壤，面对目前"钱多项目少"的局面，合肥市要开放现有全面创新改革试验区域、双创示范基地、自主创新试验区、高新区、科技企业孵化器、众创空间等项目（企业）资源，充分利用政府项目资源优势，搭建股权投资与企业信息共享平台，打通创业资本和项目之间的通道，引导股权投资基金投资于国家科技计划，形成科技成果转化。

（三）增强基金管理机构的运作能力

1. 多渠道拓宽股权投资基金资金来源

资金是促进股权投资行业发展的支柱，也是促进创新性企业发展的新鲜血液。合肥市的股权投资基金，无论是引导型基金，还是非引导型基金，资金结构中来自政府和国有背景的仍占主体地位，现有的民间资本并未得到恰当利用。因而，要在政府的引导下，积极拓宽股权投资基金的资金来源，在风险可控、安全流动的前提下，大力培育和发展合格投资者，允许适当比例的养老金、保险金、商业银行、大型企业（国有企业、民营企业）、大学基金等各类机构投资者参与股权投资，从而扩大合肥市股权投资的资金规模。

2. 建立股权债权等联动机制

股权债权等联动机制有助于拓宽股权投资基金的资金来源，提高其运营能力。合肥市应尽快建立起股权投资基金和其他各类金融机构的长期合作机制，并进一步降低商业保险资金进入股权投资领域的门槛，推动投贷联动、投保联动、投债联动等新模式的发展，不断加大对股权投资基金的投融资支持。现阶段合肥市可以选择在部分商业银行和股权基金开展试点，推进投贷联动金融服务模式的创新。同时，鼓励合肥市各类型股权投资基金及其股东依法依规发行企业债券和其他债务融资工具融资，以此增强基金资金运作能力和投资能力。

3. 出台政府引导基金绩效评价体系

政府引导基金要注重经济效益。因为只有投资盈利，才能吸引社会资本的介入，真正起到示范带动作用，才能完善自我输血功能，扩大引导基金规模，为高科技研发提供更多的担保、补偿等资金支持，形成良性循环；同时，政府引导基金还得注重社会效益，在投资过程中准确把握投入时机，投资那些具有发展前景但还没有被民间资本看中又急需资金支持的种子期高科技项目，体现政府对某一行业或产业的战略意图，从而吸引社会资本的进入。

因此，在构建适合引导基金发展规律的考核评价体系时，要提高政府引导基金的风险容忍度，改革政府引导基金以"成功率"作为标准的绩效考核方式。转而从引导基金对产业发展的引导作用出发进行绩效考核。同时，将阶段评估与阶段融资制度相结合，这有助于减轻信息不对称和所有者缺位问题，保证引导基金发挥最大效益。因此，在对引导基金进行绩效评估时，应视其是否根据特定的历史条件，较好地平衡了管理团队的管理费比率和业绩分成比率。在创业投资发展早期，因管理机构尚未建立起过往业绩，其管理费率最好低一些，而业绩分成比例则可高一些。

4. 加强股权投资基金行业的自律

加快推进合肥市股权投资基金行业协会的建设，该协会作为基金行业自律组织，实施日常自律监管。基金的发起和运作可以由相关法律约束，而行业道德约束、维护行业利益、提高行业整体水平等问题要依靠行业协会完成。要充分发挥行业协会在行业自律管理和政府与市场沟通中的积极作用，加强行业协会在政策对接、会员服务、信息咨询、数据统计、行业发展报告、人才培养、国际交流合作等方面的能力建设，支持行业协会推动股权投资行业信用体系建设和社会责任建设，维护有利于行业持续健康发展的良好市场秩序。协会在监管业务上接受行政监管部门的指导，并在监管制度体系框架下，制定行业公约和自律规则。

5. 提高股权投资人才水平

股权投资人才水平的高低直接影响着整个基金行业的运作水平高低。因而培育高素质的股权投资人才显得尤为迫切。对股权投资人才的培养，一方面要打造培育专业人才的外部环境，如整个社会营造一种激励创新、创业文化，鼓励新兴产业；另一方面构建适应高素质专业人才不断成长的机制，培育具有技术、金融、财务、管理等知识的复合型人才。

在具体实施过程中，要给予股权投资人才补贴，对符合合肥人才引进政策的给予相应奖励，积极引进高层次股权投资专业人才；加强项目合作学习和内部培养人才，积极推动股权投资从业人员与国内外知名院校和机构的合作交流，将股权投资人才培养纳入合肥市的人才培养计划；建立股权投资人才梯队和人才档案，组织成立股权投资家协会，进行行业务交流活动，形成合肥独享的股权投资人才队伍。

（四）完善股权投资基金退出机制

1. 建立有效的投资存续期和强制清算制度

国外经验表明，创业投资真正获得收益通常需要 7～10 年的时间，过早或过晚退出都会影响股权投资基金的使用效率。因此，建立起有效的投资存续期和强制清算制度的创业资本退出机制，有助于增加创业资本的流动性。针对那些对区域经济和科技进步产生重大影响的重点支持项目，根据实际情况可以适当地延长，但在达到存续期上限后，应对项目进行强制清算，这样才能推动创业投资的健康、良性发展，发挥股权投资基金的最大效应。

2. 拓宽股权投资基金市场化退出渠道

为提高创业资本的运作效率，使具有不同投资偏好的股权投资基金在不同阶段可以顺利退出，合肥市要充分发挥主板、创业板、全国中小企业股份转让系统以及安徽省股权交易中心的市场功能，畅通股权投资基金的市场化退出渠道。鼓励证券公司柜台市场开展直接融资业务。鼓励股权投资基金以并购重组等方式实现市场化退出。通过多层次资本市场的发展和场外交易市场的培育，使之成为层次不同、定位不同但相互协调发展的有机整体。

（五）优化股权投资基金发展环境

股权投资基金是科技金融体系的重要组成部分，要优化股权投资基金的发展环境，不能脱离对科技金融体系整体环境的优化。

1. 优化监管环境

合肥市在对股权投资基金进行监管中，要实施更多的普惠性支持政策措施，创新监管方式，营造公平竞争的发展环境。首先，要建立起适应股权投资行业特点的宽市场准入、重事中事后监管、适度而有效的监管体制；其次，要加强信息披露和风险揭示，引导股权投资基金建立以实体投资、价值投资和长期投资为导向的投资估值机制；再次，要建立起股权投资基金的清查清退制度，对不进行实业投资、从事上市公司股票交易、助推投资泡沫及其他扰乱市场秩序的股权投资基金应及时处理；最后，建立起股权投资基金的行业规范，强化股权投资基金内控机制、合规管理和风险管理机制，不断地强化行业自律和信用约束。

2. 优化商事环境

合肥市应尽快建立起基金行业发展备案和监管备案的互联互通机制，为股权投资基金的备案提供便利，放低基金的市场准入门槛，并提高工商登记注册便利化水平。促进合肥市股权投资基金行业和企业加强品牌建设，发挥品牌基金效应，提高品牌影响力和市场渗透力。

3. 优化信用环境

对于股权投资基金而言，信息透明、信用环境良好是其正常运转的良好保障。它是解决委托代理问题的有效手段，信息透明给外部社会压力的生长创造了有利条件，无论是引导基金中的二层委托问题（即引导基金、创投企业、创业企业三个行为主体的两层委托代理问题），还是非引导型基金中的委托代理问题，通过持续的外部社会压力可以给基金长期绩效带来保证；而且信息透明还可以降低股权投资参与方的成本，提高基金效率。因为信息一旦足够透明，参与方对基金的运作，如组织、程序、规则、特点、绩效的事前、事中了解有利于其在计划、决策等活动中以较低成本获得更多的参考信息，提高效率，降低代理成本和交易成本。因此，要加强全社会诚信教育；继续完善高科技企业征信体系和个人征信体系建设，培育高信用等级企业和个人；促进信用中介服务行业的市场化发展；加强基金行业协会的自律管理；建立健全失信惩戒制度。

4. 强化知识产权保护

知识产权保护状况是否完善对于股权投资基金的投资决策具有重要意义。如果知识产权保护状况不佳，企业和股权投资基金将无法获得投资安全保障和获利前景，研究开发投资的积极性会收到严重打击。因此，合肥市要完善知识产权保护相关法律法规和制度规定，加强对创业创新早期知识产权保护，健全知识产权侵权查处机制，依法惩治侵犯知识产权的违法犯罪行为，对严重侵犯知识产权的责任主体实施联合惩戒，这些措施有助于合肥市创造鼓励股权基金投资的良好知识产权保护环境。

5. 健全中介服务体系

完善以数据为核心的科技金融服务平台发展，鼓励依法设立有利于促进全市股权投资行业发展的会计、征信、信息、托管、法律、咨询、教育培训等各类综合性服务机构。中介服务机构应依照法律和行业规范开展经营活动。支持各类中介服务机构积极参与全市股权投资活动，提供技术信息、市场预测、项目评估等专业化服务，不断健全股权投资所需的社会化服务体系。同时，积极创新中介服务手段，利用"互联网＋"发展机遇，运用互联网技术，采用O2O线上线下服务模式，搭建"物理平台"与"信息平台"相结合的立体式服务网络，从单一的受理窗口拓展到网站、APP、手机报、微信微博等多种应用入口的立体创业创新服务体系，为科技金融服务需求者（科技企业）和科技金融服务提供者（银行、投资机构等）搭建无缝对接的"零距离"互动平台。

三、合肥市促进股权投资基金多样化发展的保障体系

（一）组织协调保障

1. 建立协同工作机制

由合肥市政府牵头，会同市金融办、发展改革、经济和信息化、财政、工商、税务、人行、银监、证监、保监以及知识产权等部门，建立市促进股权投资基金发展工作联席会议制度，充分发挥各自优势，加强协调配合，统筹各地、各有关部门资源，形成上下联动、协同推进的工作格局。

2. 建立工作责任制

明确目标任务，层层分解任务，明确责任部门，制订工作方案，突出重点，加强督促检查，确保各项工作落到实处。深入调查研究，及时地研究新情况、新问题，有针对性地解决影响股权投资基金发展的突出问题。

（二）环境保障

1. 建立评估监测机制

开展股权投资基金的理论和应用研究，建立完善统计指标体系，加强动态监测评估，

编制发布股权投资基金发展规划和年度报告等。加强对政府引导基金的统计与监测分析，并探索建立政府引导基金引导效果评估制度。抓好促进股权投资基金宣传工作，举办各类培训交流活动，促进有关扶持政策落实，总结推广先进经验，形成有利于创新创业的良好氛围。

2. 加强区域协作和国际交流

加快长三角区域一体化步伐，进一步扩大全市科技金融服务联盟，鼓励股权投资机构积极参与联盟建设，健全合作交流机制，推动劳动力、资本、技术等要素跨区域流动和优化配置，建立企业信息交流平台，加强与周边区域的合作。创新科技产业园区合作共建模式，组织开展各类基金专项活动，鼓励股权投资机构为科技创业计划、大学生科技创新创业大赛等提供服务。举办基金论坛，开展基金培训，普及基金知识，营造全社会关心股权投资基金发展的良好氛围。加快国际上新模式的学习，加快实施"走出去"战略，建设国际交流平台，鼓励企业和技术人员参与其中的合作研发和交流活动。

本课题参与人员名单：
课题组组长：
　　何　芸　合肥工业大学　博士
课题组成员：
　　陈　伟　合肥工业大学　博士、副教授
　　张根文　合肥工业大学　博士、副教授
　　朱卫东　合肥工业大学　博士、教授
　　张先锋　合肥工业大学　博士、教授

合肥加快应急产业发展对策研究

课题负责人　王玉燕

随着经济发展、社会进步和公众安全意识提高，社会各方对应急产品和服务的需求不断增长。应急产业覆盖面广、产业链长、需求量大，加快发展应急产业有利于调整优化产业结构、培育新的经济增长动力、扩大社会就业、维护公共安全等重要作用，具有一举多得的现实意义。

本书研究立足全面贯彻落实《国务院办公厅关于加快应急产业发展的意见》（国办发〔2014〕63号）（以下简称《意见》）以及《安徽省人民政府办公厅关于加快应急产业发展的实施意见》（皖政办秘〔2015〕166号）文件精神，全面梳理分析合肥应急产业发展现状，分析先发国家和地区促进应急产业发展的政策措施及成功经验，剖析合肥现行政策在促进应急产业发展中的工作成效及存在的问题，研究提出合肥加快发展应急产业的重点领域、主要工作和对策建议。

一、应急产业概述及战略意义

（一）应急产业含义及基本特征

1. 应急产业含义

（1）应急产业基本含义。国办发《意见》指出，应急产业是为突发事件预防与应急准备、监测与预警、处置与救援提供专业产品和服务的产业。要理解应急产业就得了解发展应急产业是为什么服务的。根据《中华人民共和国突发事件应对法》，我国将突发事件分为自然灾害、事故灾难、公共卫生事件和社会安全事件四大类，应对过程包括预防与应急准备、监测与预警、应急处置与救援、事后恢复与重建四个阶段。应急产业就是为上述突发事件应对活动提供支撑的产业。需要说明的是，由于事后恢复与重建阶段已经进入了正常经济活动，相关产业一般就不再纳入应急产业。

应急产业是在自然灾难、意外灾害、国家安全事故以及社会卫生安全，甚至包括所有危害社会成员健康生活与个人财产等突发事故发生时或者突发之前以后，使用有关设施、工具、科技以及通信等方式为突发情况的支救工作，提供各种相关商品以及人工服务的所有经济活动的集合，该集合既包括企业主体或组织，也包括企业或组织所从事的经济活动的结果，即具有应急功能的产品和服务。应急产业虽使用"应急"渠道，但基本涵盖了消防产业、安防产业、安全产业、防灾减灾产业、信息安全产业、公共安全产业、紧急救援产业、应急通信等，涉及装备、材料、医药、轻工、化工、电子信息、通信、物流、保险等方面。

（2）应急产业与安全产业、应急救援产业。目前，理论界对于"应急产业"有界定为"安全产业"，也有界定为"应急救援产业"，也有统称为"应急产业"。应急救援产业为以公共安全需求为基础，以政府资源配置为主导，以各类企业为载体，以经济利益为驱动，使整个应急救援过程中所涉及的诸多环节整合成为一个完整的产业系统，实现应急救援的装备生产、产品提供、技术研发、服务支持等活动的专业化、规模化与一体化。安全产业是为以打击和预防犯罪为主要内容的社会公共安全领域提供产品、技术或服务的产业。应急产业相对于应急救援产业和安全产业等，是一个更广义上的概念，它既包括针对突发事件救援的应急救援产业或紧急救援产业，也包括针对常态或非常态情况下的维护社会安全的公共安全产业。

2. 应急产业基本特征

应急产业以满足应急管理的资源需求为导向，以提供应急管理所需的应急资源为核心，并以应急资源体系的核心能力建设为重点。应急产业的基本特性有：

（1）应急产业需求的刚性。在重大自然灾害、公共卫生事件、各类事故灾难、社会安全事件以及其他危及人民生命财产安全的事件发生时，对应急服务或应急产品的需求是不可或缺的，其需求不会随着价格的变化而发生波动，属于刚性需求。

（2）应急产业供给的关联性。应急产业依托于传统产业，服务于国民经济各行各业，其自身发展自然离不开其他产业的支持，同国民经济各部门都有紧密的联系，产业的关联性很大、效应性强、涉及面广、渗透性强，与其他产业有很密切的关联性、渗透性、交叉性。

（3）应急产业保障的紧迫性。"不用不急，用则急需"是应急产业根本性质，如果在紧急事件发生的开始时间内，应急物品和服务的使用效果不好，会直接导致严重的经济、社会和政治后果。

（4）应急产业的公共产品属性。由于应急产业提供的产品和服务是以满足社会公共安全需要为首要目的，应急产品的使用具有非排他性和收益上的非独占性，并且应急产品的供给也并不完全由市场支配。因此，应急产业属于公共产业的范畴。

（5）应急产业的不完全盈利性。应急产业的公共产品属性决定了应急产业不能完全以盈利为目的，它要以国家与社会的公共安全需要为主要目的，所以应急产业的市场利益与其产品生产可能会不相对称。

（6）应急产业用途的可转换性。"平时民用，急时征用"是应急产业的另一大突出特点，有些装备设备、服务常态下为民服务，突发事件发生时可以迅速转换为应急装备设备或应急服务。二者转换是可逆的。

（二）应急产业发展的理论基础

1. 公共安全理论

（1）危机与公共安全。"公共安全"一直与"公共危机"相伴而行，美国危机研究先驱 C. F. 赫尔曼（C. F. Hermann）认为，危机就是一种情境状态，其决策主体的根本目标受到威胁，在改变决策之间可获得的反应时间很有限，其发生也出乎决策主体的意料。巴顿（Barton）从危机对组织声誉产生的影响角度定义了危机，他认为危机是指会引起潜在的负面影响的、具有不确定性的大事件。这种事件及其影响可能对组织、员工、产品、服务、资产、剩余等都造成巨大损害。罗森塔尔（Rosenthal，1989）从危机的不确定性以及可能造成的后果的角度，将危机定义为"就是对一个完整的社会体系的基本价值取向和行为准则产生极大的威胁，并在较短的时间和其他外在环境无法确定的条件下，必须对其作出及时、准确决策的紧急事件"。尽管公共危机与公共安全之间的相关性很强，但两者不能等同，国内学者薛澜等认为，危机通常是在决策者的核心价值观念受到严重威胁或挑战、有关信息很不充分，事态发展具有高度不确定性和需要迅捷决策等不利情境的汇聚。他们界定了危机事件的四个基本特性：突发性和紧急性、高度不确定性、影响的社会性，以及决策本质上的非程序化。李彤（2008）从广义和狭义两个角度理解公共安全的含义，从公共安全含义出发，她将公共安全产业定义为以预防和打击犯罪为主要内容的社会公共安全领域提供产品、技术或服务的产业，并将公共安全产业分为消防技术与装备、城市交通管理技术与设施、警用器材与警用装备、安全防范技术与器材、刑事技术与器材、防伪技术与产品、网络安全技术与产品 7 大类。吴曼青（2008）从宏观角度分析了公共安全产业的选择与价值取向，坚持公共安全产业应该择发展公共安全，要有效结合"价值"和"现实"因素，不仅考虑企业基本盈利、企业现实等问题，还要兼顾公共安全这一社会责任，特别强调基于内生增长的公共安全产业发展模式，即唯有依赖技术进步，公共安全产业才能实现良性发展。张婷（2014）分析了安徽省公共安全产业的发展规模，从产业基础、科技资源、技术优势、区域优势、研发平台、政策扶持六个方面分析了安徽省发展应急产业的有利条件，同时指出安徽省公共安全产业发展存在的一系列制约因素。

（2）公共安全治理。所谓公共安全治理，是指以政府为核心的公共组织，为了保护人民的生命财产安全，而运用政治、法律、经济和管理的理论和方法，及时发现、纠正或制止各类安全隐患，提高安全管理水平和危机处理能力，对涉及公共安全的事物（如社会治安、消防安全、交通安全、质量安全等）进行管理的行为。从本质上讲，公共安全问题属于公共产品范畴，是运用公共权力的政府必须向公民提供的，也必须提供好的一项服务，公共安全问题集中反映了政府的行为责任能力。公共安全治理是政府公共权力在公共安全领域的适用，是政府重要的社会管理职能和公共服务职能。关于公共安全治理的重要性，国外学者预测，21 世纪人类将面临普遍的威胁，包括恐怖主义、技术性灾难、自然灾难、物理系统和信息系统安全、人类有意识或无意识的错误行为以及生化灾难等，因此要十分重视对相关领域安全问题的关注。林雄弟（2008）认为，公共安全问题的发生给我们带来了广泛的消极影响，公共安全问题的影响主要表现在经济、政府公信力、社会公众、国际政治四个方面。公共安全管理的一般性逻辑过程存在多种说法。例如，希斯（Heath）提出了 4R 模型，即减少（Reduction）、预备（Readiness）、反应（Response）、恢复（Recovery）；库姆斯（Coombs）认为四个基本因素是预防（Prevention）、准备（Preparation）、绩效（Performance）、学习（Learn）。学者们通过实践考察和理论思考普遍认为，当前中国城市的公共安全管理尚存在一系列问题和薄弱环节，而这是导致公共安全事件频发、公共安全形势严峻的重要原因之一。刘承水（2007）将中国公共安全管理存在的问题概括为"四多四少"：城市多应急处理，少应急管理；多单兵作战，少综合体系；多政府运作，少社会动员；多内紧外松，少公共沟通等现象，缺乏管理的系统性、科学性。智亚利（2007）主要分析了中国城市的公共安全问题，并指出当前中国城市公共安全治理中存在的三个尤为需要关注的问题，表现在条块式职责所致的职能分割，社会组织参与程度较低，公共安全法制建设落后三个方面。针对中国公共安全管理实践中存在的诸多问题，学者们从不同角度提出了若干对策和建议，贺岚（2008）认为应该从健全完善法律法规体系、加强公众防灾减灾安全意识和危机意识教育、建立灾害预警机制、建立权威的信息发布和报告机制、合理进行城市安全规划五个方面着手完善公共安全治理。董华等（2004）从维护城市公共安全与实现可持续发展的关联出发，提出五点对策：重视立法和体系建设；发挥政府主导作用；建立完善的城市安全防御体系和保障机制；把科学技术作为主要的技术手段，强化高新技术集成；动员全社会力量，齐心协力，确保城市安全和持续发展。

2. 社会风险理论

风险社会理论是由德国社会学家乌尔里希·贝克于 1968 年提出的，他认为一个崭新的形式——风险社会正在形成之中。一方面，他承认风险与人类社会是共同存在的，因为所有有主体意识的生命都能够意识到死亡的威胁；另一方面，贝克又指出，近代以后，随着人类成为风险的主要生产者，区别于传统的自然风险，风险的结构和特征也逐渐发生改变并开始具有现代性。

（1）社会风险成因研究。从社会风险的起因来看，风险社会理论的主要建构者普遍认为社会风险来源于现代性的后果。以约翰·达莱德为首的耶鲁大学的研究小组把"攻击必定是挫折的后果"这一假设作为他们的出发点，即假定"发生攻击行为必定先有挫折；反之，受挫折后必发生某种形式的攻击行为"。尼尔·斯梅尔塞认为从恐慌到大规模的革命均属于一种规范定向的运动。J. C. 戴维斯通过阐明相对剥夺理论的基本思想，并以此解释一系列重大革命事件产生和爆发的根源。美国著名学者塞缪尔·P. 亨廷顿提出了现代化动乱论。关于社会风险成因可总结为：第一点，都认为一部分社会成员的利益受损是导致社会风险的根源；第二点，挫折导致社会风险。这是西方学者在解释社会风险起因时共同的理论前提。

（2）社会风险管理理论。传统社会认为风险有一定的规律可循，可以根据历史的经验记载或统计数据，推算出风险发生的概率和损失规模，也就是说，风险还是能够量化和预测的。所以，在传统的有关风险的研究中，多数学者的学术思想与分析普遍从"客观"或"实体"观念出发，以实证思维为指导思想，运用工程、物理、技术等理论、工具与方法，通过对风险及其管理问题进行分析，形成风险管理的相关理论。随着现代化的不断推进，出现了大量新的风险类型，这些风险很多都是由人为因素导致的，大部分情况无法根据概率对风险进行精确计算。部分学者试图从主体和客体的互动视角解决问题。由此出现了从"主观"或"建构"观念出发，以后实证思维为指导思想，运用社会、文化、人类文化等理论、工具与方法，对风险及其管理问题进行主观或建构性的分析，形成了有关风险管理的"主观"或"建构"的风险管理理论。

3. 应急管理理论

美国危机研究先驱 C. F. 赫尔曼（C. F. Hermann）编著的《行为危机：国际研究视角》中，以全新的决策角度把危机管理的含义界定为对事件中决断者产生危害的一种情形，在这样的具体情境中，决断者做出具体性反应的时间是受到限制的，而且事件的发展趋势经常是和决断者预测的方法方向不同，从此，危机管理中出现有关对应急管理机制的研究。史蒂芬·菲克（Steven Fink）于 1986 年出版的《危机管理——对付突发事件的计划》一书，对危机预防、危机应对计划、危机识别、危机隔离、危机处理、危机通信和危机决策等危机管理各方面的具体内容都进行了比较详细的阐述，并形成了危机管理的基本理论体系。David A. Mcentire（2007）将应急管理看成一种学科与职业，其应用科学技术、规划与管理来应对极端事件。这里的极端事件可能导致人员伤亡，财产重大损失，扰乱社会生活的事件。William L. Waugh Jr.（2003）则将应急管理看做风险管理，"应急管理是使社会能够承受和应对环境、技术风险，以及它们所导致的灾害"。Haddow 和 Bullock（2006）将应急管理简要定义为"应对风险与规避风险的学科"。关于应急管理模型问题，目前学界相对认同的是最基本的三阶段模型、分克（Fink）的四阶段生命周期模型、密特罗夫（Mitroff）的五阶段模型。最基本的三阶段模型分为危机前、危机中、危机后三个阶段。芬克（Fink）的四阶段生命周期模型：第一阶段是征兆期，有线索显示有潜在的危机可能发生；第二阶段是发作期，具有伤害性的事件发生并引发危机；第三阶段是延续期，危机的影响持续，同时也是努力清除危机的过程；第四阶段为痊愈期，危机事件得以完全解决。密特罗夫（Mitroff）的五阶段模型：第一阶段为信号侦测，第二阶段为探测和预防，第三阶段为控制损害，第四阶段为恢复阶段，第五阶段为学习阶段。应急管理理论从应急管理的定义、经历的阶段和模型等方面对应急产业发展的思维逻辑和具体措施都具有重要的启示。

4. 应急产业发展对策理论

余廉等（2008）从宏观和微观两个层面构建了应急救援产业的发展战略，从宏观角度，将应急产业发展的 10 年划分为基础阶段（1~2 年）、架构阶段（3~5 年）、成熟阶段（6~10 年），基础阶段的主要任务是开发专属应急救援产品，架构阶段的主要任务是建立基本产品序列，成熟阶段的主要目标是实现应急救援活动的专业化、组织化、规模化、市场化，建立我国应急救援产业完整体系；从微观角度，余廉等认为要区分社会机构和国有企业的职责和分工，涉及民生、国家安全或专业性程度极高的应急救援和应急产品，要由国家机构或国有企业承担，而积极吸纳社会机构参与到应急产业市场化过程中，作为主力发展应急救援产业的国有企业，也可以通过应急产业的发展来拓宽原有产业链，改善企业外部经营环境，提高企业的管理水平，在政策战略构想方面，认为应该从强制性政策、支撑性政策、激励性政策三个方面着手。在应急产业发展方向上，王锦辉（2008）认为我国应急产业应采取以下三个方面的路径选择：一是应急装备的生产和维护；二是应急平台建设和维护；三是应急教育、咨询和服务。王彦峰、马新华等则在讨论建立我国紧急救援业的可能性时指出，我国的紧急救援产业应充分利用保险业、外资企业、国家合作工程、进出口活动等资金来源，建立完善的应急产业化运作体系，推动紧急救援产业的发展。关于应急产业发展的动力机制模型，唐林霞和邹积亮（2011）运用产业自组织理论，提出了应急产业发展的内在驱动力和外在驱动力，市场需求驱动、技术创新驱动、政府政策扶持是应急产业发展的外在驱动力，经济利益驱动和竞争与协作是应急产业发展的内在驱动力，并且根据这种系统动力机制，提出促进应急产业发展的诱导性政策、管制性政策、指导性政策三种政策。

（三）应急产业发展效应及战略意义

1. 应急产业发展效应

（1）社会效应。一方面，有利于增强全社会应对突发事件的能力。我国复杂多变的公共安全形势对应急产业发展提出了挑战。当前，我国工业化、信息化、城镇化和农业现代化深入推进，各种传统的和非传统的、自然的和社会的风险、矛盾交织并存，各类突发事件发生概率更高、破坏力更大、影响力更强，尤其在食品安全、生产安全、信息安全等领域，公共安全形势严峻复杂，防控难度不断加大。发展应急产业能为防范和应对突发事件提供物质保障、技术支撑和专业服务，提升基础设施和生产经营单位本质安全水平，提升突发事件应急救援能力以及全社会抵御风险能力，对于保障人民群众生命财产安全、维护国家公共安全具有重要意义。

另一方面，有利于合理发挥政府和市场的作用。政府在各类突发性事件中负有重要责任，但并不意味着政府必须包办一切。无论是从应急能力提供还是应急效率方面看，政府均有其局限性，首先处理应急事件单位由于资金有限，缺乏专业的设备与装备；同时其科技投入不足，缺乏相关的专业技术和专业人员。应急产品和服务具有公共产品的属性，其社会效益往往高于经济效益，相关单位施救人员积极性较低，导致在需要施援时，施援效率低和救援质量不理想。应急产业的发展有利于改变以往政府包办的不足，并向专业化、社会化的应急服务转变，使政府与社会力量相互补充，形成更加缜密的应急保障体系。

（2）经济效应。第一，有利于培育新的经济增长点。随着经济的发展、社会的进步、人民收入水平的提高，各个产业发展预防突发事故、人民安全意识不断提高等，这会使得全社会对应急服务和应急产品有更大需求，应急产业未来市场前景广阔。应急产业是新兴、综合性产业，具有覆盖面广、产业链长、行业交叉等特点，涉及消防、安防、安全应急、信息安全、应急通信装备、环境监测与应急产品、应急指挥平台、防灾减灾装备、防抗旱器材、反恐装备、食品安全监测设备等领域，基本涵盖了消防产业、安防产业、安全产业、防灾减灾产业、信息安全产业等。我国经济增速已从高速转向中高速，增长结构由中低端转向中高端，发展动力从传统增长点转向新增长点，经济发展进入新常态，加快发展应急产业，对增强经济活力，扩大社会就业意义重大，有望培育为新的经济增长点，成为新常态下推动我国经济社会发展的重要力量。第二，有利于调整优化产业结构。应急服务企业和应急装备企业包括大量的备灾活动中的物流、仓储专业公司；传播安全生产管理专业技能的培训公司；与灾害防御和救援相关的信息处理与技术服务公司；安全风险审计顾问公司；救援技术研发公司和引进国际先进技术建立的特种救援产品制造公司等。这些新兴企业的成长有助于提高现代服务业和先进装备制造业在国民经济中的比重和地位，也有助于产业结构的优化。

2. 合肥发展应急产业的战略意义

（1）推动合肥市产业结构升级。发展应急产业是"新常态"下优化产业结构，催生新业态，增强经济活力，扩大社会就业的重大举措。虽然应急产业作为一个自成体系的独立产业还是属于新兴产业，但它所包含的应急救援设备制造、应急信息系统建设、应急培训服务等与生产制造业、信息业、服务业，甚至运输业、仓储业等国民经济其他部门都有很强的关联性、交叉性和渗透性，它是脱胎于传统产业的新产业。因此，合肥市目前相当一部分企业都可以在原生产线基础上进行产业结构升级转型，进入应急产业领域。同时，有很多中小型厂商在应变能力和应用研发能力上极有优势，又有制造、电子、通信等产业的发展或生产经验，应急产品生产也可以在原有生产基础上进行改进，转型为应急产品生产企业速度快、成本低，是产业结构转型、产业创新的结果，同时推动合肥市产业结构转型升级，代表着未来产业发展的新方向。

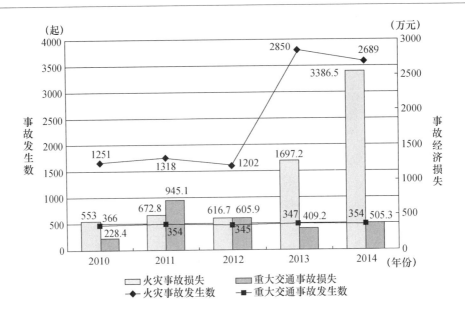

图 1　2010～2014 年合肥市火灾事故及重大交通事故情况

资料来源：历年《合肥统计年鉴》。

（2）保障合肥市稳定发展。灾害的发生与工业化发展速度息息相关。工业化和城市化迅速发展势必在安全、环保、防疫等方面提出更加严格和紧迫的要求。

近年来合肥市发展势头强劲，2015 年规模以上工业增加值为 2255.65 亿元，比上年增长 11.3%，伴随着经济的发展，工业化进程的推进，突发事件发生概率也会增大（见图 1）。合肥市火灾事故发生数由 2010 年的 1251 起增加到 2014 年的 2689 起，经济损失由 553 万元增加到 3386.5 万元；2010～2014 年重大交通事故基本在 350 起左右，经济损失由 228.4 万元增加到 505.3 万元。突发公共事件通常具有紧迫性、突发性、复杂性、广泛性、灾难性等特点，无论是防范突发事件、处置突发事件以及突发事件的事后恢复都要依靠各种应急物资做保障。提高抵御风险、防范应对突发事件的能力，关键要靠科技和产业支撑。合肥市应急产业的发展，将提高政府和个人应对各种突发事件的能力，为经济的发展、社会的稳定保驾护航。

（3）助力打造长三角世界级城市群副中心。应急产业是为突发事件的预防与应急准备、监测与预警应急处置及救援提供专用产品和服务的产业，涉及装备、材料、医药、轻工、化工、电子信息、通信、物流、保险等，以专用产品和服务为主。合肥市依托科研优势大力发展应急产业，有利于提高公共安全基础水平，维护人民群众生命财产安全；同时提高现代服务业和先进装备制造业在国民经济中的比重和地位，有助于产业结构的优化，有助于合肥建设长三角世界级城市群副中心进程的加快，加快与上海市的对接，缩小与杭州、南京的差距。因此合肥市在平台打造、城市建设、产业升级、公共安全基础设施建设等方面，全方位融入国际化大都市的条件更加有利。

二、合肥市应急产业发展现状及优势

（一）已取得的发展基础

1. 省市政府大力支持，重点建设应急基地

（1）安徽省将应急产业作为战略性新兴产业重点支持，全面建设应急产业基地。安徽省高度重视应急产业发展，在国家确定的环保、新材料等七大战略性新兴产业基础上，明确将公共安全产业作为战略性新兴产业，简称"7 + 1"，作为六大军民结合高技术产业之首，重点予以支持。安徽省将应急产业作为"合芜蚌自主创新综合配套改革试验区""合肥国家科技创新型试点城市"和"皖江城市带承接产业转移示范区"的先导性产业和全省战略性新兴产业，设立安徽公共安全创业投资基金支持公共安全产业做大做强。合肥市出台了《合肥公共安全产业发展规划（2009 ~ 2017）》，以合肥高新区为核心，培育若干个年销售收入超百亿元的公共安全企业，重点打造以食品、交通、火灾、信息安全为主的公共安全产业集群，并围绕制约公共安全产业发展的政策、科技、资本、人才、体制机制等实施创新，促进合肥公共安全产业发展壮大，建成国家公共安全产业研发和生产基地。

（2）合肥高新技术开发区成功获批国家应急产业示范基地。根据国务院办公厅 2014 年 63 号文精神，为促进应急产业发展，提高处置突发事件应急保障能力，做好国家应急产业示范基地，工业和信息化部、国家发展改革委、科技部三部门制订并印发了《国家应急产业示范基地管理办法（试行）》。应急产业示范基地是指为满足国家公共安全和处置突发事件需要，以促进应急产业聚集发展为目标，对应急技术研发、应急产品制造和应急服务发展具有示范、支撑和带动作用且产业特色鲜明、依法设立的各类开发区、工业园区（聚集区）以及国家规划重点布局的产业发展区域。2015 年 10 月，国家首批应急产业示范基地正式授牌，合肥高新区作为首批 7 个国家级应急产业示范基地之一获得授牌。合肥高新区一直致力于公共安全应急产业的发展，辖区集聚众多骨干、龙头企业，产业规模日益壮大，已基本形成完备产业链条和特色产业集群，经济与科技带动效果显著。高新区国家应急产业示范基地在全市应急产业发展中起着核心示范带动作用，并且产业各项经济指标在全市占比达 95% 以上。涉及应急产业领域主要为反恐安全、信息安全、交通安全、防灾减灾以及食品安全。合肥市以高新区成功获批"国家应急产业示范基地"为契机，全力推进应急产业，目前已基本形成完备产业链条和特色产业集群，其经济与科技带动效果显著。

2. 产业规模不断扩大，经济贡献持续增强

合肥市应急产业产值、营业收入等规模指标不断提升，为推动经济增长注入新的活

力。合肥高新区是全省最大的应急产业集聚基地，产值规模占比接近全省的70%（见图2）。2015年，基地完成工业产值186.5亿元，较2014年增加10.49%；完成营业收入347.4亿元，较2014年提升24.07%；实现税收17.1亿元，比2014年提高52.68%。产业利税水平高，利税率达20.2%，高于全市其他战略性新兴产业4.7个百分点。2016年，基地产值目标为250亿元，较2015年增加34.04%。2016年1～8月，已完成工业产值169亿元，占年度目标的67.60%；基地营业收入目标为500亿元，比2015年增加34.05%；基地完成营业收入318亿元，占年度目标500亿元的63.60%。基地税收目标为20亿元，比2015年增加16.96%；已完成税收11.4亿元，占年度目标的55.50%。"十三五"期间，合肥高新区将推动应急产业成为高新区乃至合肥市的支柱产业，基地产业规模突破800亿元，为合肥市打造第七个千亿产业奠定基础。这就表明，自成功获批国家应急产业示范基地以来，合肥市应急产业开始迅速发展，产业规模不断扩大。另外，2015年，应急产业对合肥市战略性新兴产业增长贡献仅次于平板显示、光伏新能源，复合增长率高达31.8%，为省、市战略性新兴产业增长做出了较大贡献。

3. 产业集群优势明显，龙头引领作用增强

近几年来，合肥市大力推动应急产业集聚发展，一批龙头企业在主要应急技术与产品重大应用方面国内领先。以示范基地为例（见图3），2014年底，基地共有应急企业220家。1年建设期内，通过招商引资新入驻企业27家，计划投资约10.66亿元。因此，2015年底，应急企业数量增加至247家，较2014年增长了12.27%。目前，在谈项目13个，预计投资额超35亿元。通过招商推介活动有针对性接触70余家企业，其中有意向入驻企业30余家。到2016年底，基地应急企业数量将增加到280家，较2015年上升13.36%。同时，基地内龙头企业积极开展并购活动，2015年，通用环境借壳上市公司的国通管业，成为基地内第七家应急产业上市公司。

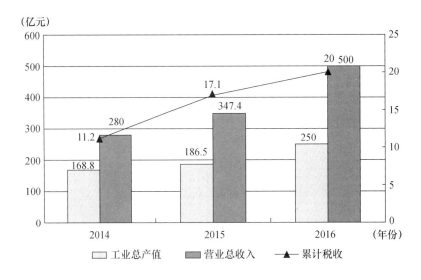

图2　合肥市高新区应急产业示范基地发展情况

资料来源：《高新区应急产业年度报告》。

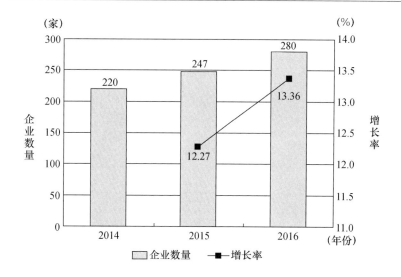

图3　合肥市高新区应急产业示范基地应急企业数量情况

资料来源：《高新区应急产业年度报告》。

另外，基地以培育龙头企业为抓手，充分发挥龙头企业的示范引领作用，一批龙头企业在主要应急技术与产品重大应用方面国内领先。以中国电子科技集团公司第38研究所（以下简称"中电科38所"）为龙头，以自主知识产权的军民融合及人工智能技术企业为基础，已形成快速发展态势。中电科38所的应急指挥通信系统已多次完成通信瘫痪情况下多频段通信设备的互联互通，雷达成像技术可以全天时、全天候对灾区的受灾情况进行探测成像；工大高科的铁路智能调度技术为探明2011年甬温高铁事故原因发挥重要作用；恒大江海排水泵技术多次应用在全国特重大矿井透水救援中。2015年，中电科38所约实现销售收入78亿元，同比增长41.12%；实现净利润约5.9亿元，实现税收超2.99亿元。截至2015年底，中电科38所下属成员企业数达7家，其中四创电子、华耀田村、华耀电子、博维信息、博维科技5家企业产值过亿元。中电科38所成员企业营业总收入达118亿元，支撑着基地产业规模的半壁江山。同时，合肥赛为智能有限公司、安徽华米信息科技有限公司、安徽皖通科技股份有限公司、安徽泽众安全科技有限公司、安徽航天信息有限公司等大力发展应急产业相关项目及技术研发，也已成为基地的龙头支撑企业。

4. 三大产业融合发展，产业协同效应显著

目前，合肥市已初步形成以工程机械、生物医药、公共安全三大产业协同发展的局面，共同推动合肥市应急产业迈上新的台阶（见图4）。其中，工程机械产业方面，形成以经济开发区日立建机公司、合力股份等重点企业为支撑的产业集群。拥有安徽叉车集团、神马科技、合锻机床3个国家级技术中心，1个国家技术创新示范企业，以及应流机电、中辰轻机等11家省级企业技术中心。生物医药产业方面，形成以高新区生物医药重点企业为龙头的产业集群。拥有生物医药企业417家，国家认定企业技术中心1个、省级企业技术中心4个、市级企业技术中心4个；省级重点实验室2个。公共安全产业方面，形成以高新区公共安全产业园为支撑的产业集群。拥有四创电子、科大讯飞、阳光电源等知名企业150余家，国家级企业技术中心6家、国家级工程技术研究中心5家、省级技术研究中心32家。

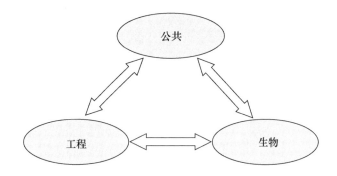

图4　合肥市应急产业协同现状

5. 链条门类不断齐全，区域特色优势明显

近年来，合肥应急产业发展较快，覆盖了反恐安全、信息安全、交通安全、防灾减灾、食品安全、城市安全以及环境安全等重点领域，拥有一批核心技术和专利产品，形成了一批市场开拓能力强、成长性较好的公共安全产品制造企业，公共安全产业已经具备了一定的比较优势和区域特色。以信息技术的应用与创新为基础，形成了监测预警、预防防护、处置救援、应急服务等较为完整的产业链条。

6. 创新能力持续增强，产品科技含量较高

2015年底，基地已完成的各类成果转化超过200项，其中重大技术成果8项；新认定的高新技术产品、软件产品、创新产品和重点新产品达到50项，其中获省级以上认定的新产品6项；企业新申请专利183项，其中新增发明专利授权50余项。基地获批以来，新增高新技术企业5家。2015年底，基地内龙头企业主导和参与的各项标准累计27项（国家标准18项、行业标准9项），涉及航天航空、安全云平台、交通安全、城市消防、智慧城市、军工等各业务方向，为应急技术在相关领域的应用提供了重要支撑。

7. 科技资源总量丰富，平台带动作用显著

基地拥有国家级企业技术中心6家、国家级工程技术研究中心5家、省级技术研究中心32家。合肥公共安全技术研究院自成立以来，先后组建了智能传感、微波光子学、极限粒子源成像、硅基光电集成、视频感知、微电子封装、城市安全系统工程等10余个专业研究中心。同时，成功获批第三批国家海外高层次人才创新创业基地，建设了国家电磁波空间应用国际联合研究中心、安徽省智能传感工程实验室、安徽省公共安全应急信息技术重点实验室、合肥市太赫兹工程技术研究中心等创新平台，旨在聚合公共安全技术领域的优势资源，共同打造官产学研为一体的公共安全产业创新平台。另外，高新区应急产业获省部级以上奖项325项，多项位居世界领先水平。其中，国盾量子的"多光子纠缠及干涉度量"获国家自然科学一等奖；三联交通的"中国道路机动车交通事故主要预防技术研究及应用"获国家科技进步一等奖；工大高科的"CRI2002企业铁路智能运输调度综

合信息平台"获国家科技进步二等奖；科大讯飞的"智能语音交互关键技术及应用开发平台"获国家科技进步二等奖。产业关键技术获得的国家级奖项更是不胜枚举，在全省占比超 60%。

8. 重大项目稳步推进，支撑引领不断加强

合肥市在大力推动应急产业集群以及协同发展的同时，不断强化重大项目的支撑引领作用。截至目前，基地内重点建设项目 46 个，其中，续建项目 17 个，新开工项目 28 个，储备项目 1 个，总投资 58 亿元，固定资产投资 28 亿元，截至 2015 年底已完成投资 12.5 亿元。其中，中电科技公共安全产业园一期项目总投资 17.02 亿元，研发中心楼已建成投用；赛为智能全自主飞行空中机器人关键技术研发及集成产业化项目总投资 7 亿元，生产基地全部建设投用；四创电子平安合肥示范工程项目总投资 5.37 亿元，工程全部建设投用；安徽协创大型物联网技术研发生产项目总投资 3.5 亿元，正在开展前期工作，计划 2016 年正式开工建设；皖通科技路网管理与应急处置综合数据平台系统总投资 2.49 亿元，已在进行项目研发，计划 2017 年完成投用。

（二）发展存在的主要问题

1. 应急产业规模不大，产品类别较为单一

安徽省及合肥市高度重视应急产业发展，明确将应急产业作为第八大战略性新兴产业重点予以支持，合肥市应急产业获得了一定的发展。但与相关行业相比，无论是产业规模还是企业规模、数量相对偏小。例如，2015 年，合肥市应急产业产值接近 200 亿元，虽较 2014 年增长了近 11%，但这两年产值占战略性新兴产业比重均约为 7%，占工业总产值比重均约为 2%（见图 5），远远低于光伏及新能源产业等新兴产业。目前合肥市应急产业产品主要涉及公共卫生、社会安全、个体防护、设备设施防护、现场保障、生命救援等多方面，虽然为全市突发事件的预防和处置以及应急产品供应提供有力保障，但有多项重大灾害应急领域没有涉及，仍然具备很大的发展空间。

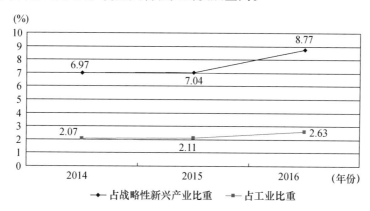

图 5　合肥市应急产业规模情况

资料来源：笔者计算得到。

2. 市场需求培育不足，发展空间相对有限

目前合肥市居民的公共安全理念尚处在提升阶段，应急产业潜在市场还没有完全转化为实际需求，市场发展空间相对有限。一是家庭自主购买应急产品意愿不强，全民应急消费需求尚未有效激活。虽然政府多次组织应急产品进家庭的活动，通过财政补贴给予支持，但没有达到预期效果。公众大多没有意识到应急产品的重要性，认为这些东西可能永远用不上，抱有"灾害离我很远"的侥幸心理。二是机关企事业单位配备应急产品缺乏相应规范，尚未对应急产品构成有效拉动。日本等发达国家要求高层建筑必须配备的逃生绳索、缓降器等应急装备还没有纳入我国强制配置标准，地震救援、环境应急、卫生应急等救援队伍和应急避难场所还没有从国家层面制定装备配备规范。企事业单位配置应急产品随意性大，一些学校、医院等公共场所没有配备逃生设施，一些危险行业企业不按规定将安全自救用品列入职工劳保范畴。三是常态与应急条件下确保企业均衡生产的需求机制尚未形成。由于上述两大因素，应急产品需求不稳定，并且一旦需要的时候，订单要求时间短，这就导致企业生产计划性差，容易造成"常态吃不饱，应急吃不了"的局面。

3. 关键装备发展缓慢，核心竞争能力较弱

近年来，受研发平台以及重大项目的支撑，合肥市应急产业和技术装备也已经取得了较大的发展。但是突发事件的处置现场情况非常复杂，对应急技术装备的适应性、可靠性、安全性要求很高，而合肥市由于应急产业起步非常晚，产业整体的自主创新能力依然不强，一些产品技术含量还不高，部分关键技术产品需从外地购买，没有形成核心的技术竞争力，存在以下一些主要的问题：一是应急技术创新缺少系统性的目录指导，企业、科研院所开展应急科技研发时存在一定的盲目性和重复性；二是应急产业的科技资源分散，缺少统筹和整合，核心应急装备技术研发支撑条件不足；三是应急技术和产品体系条块分割，不同领域的应急技术拥有单位之间缺少交流和合作，导致核心应急装备系统之间互不配套、互不兼容，影响救援效率的提升；四是有效产学研应用合作机制尚未建立，应急技术创新成果产业化和市场渠道还不畅通。

4. 政策扶持力度不够，中小企业面临困境

目前，引导合肥市应急发展的政策体系尚未形成，对应急产业扶持力度不够，产业发展的投入不足。自获批国家应急产业示范基地以来，合肥高新区一方面获取国家、省、市产业扶持政策不够，另一方面区域产业政策制定缺乏上级指导，产业政策向基地汇集程度不高。在制度设计方面，合肥目前尚未建立应急产业统计制度、应急救援补偿制度和应急产品认证制度。另外，合肥市应急产业以民营中小企业为主，受经济下行压力影响，许多企业反映存在不同程度的资金压力，如资金短缺难以扩大生产、用工成本增加、资金回笼较慢等。另外如一些规模较小的企业反映研发人才引进困难、订单不充足、缺少实验环境等，在一定程度上制约了相关应急产业企业发展。

5. 应急服务发展滞后，社会化程度比较低

合肥市应急管理工作推进时间不长，从整个应急产业链上来看，社会参与程度低，应

急服务市场化机制尚不成熟。事前预防环节上，灾害、灾难等突发事件的风险评估、监测预警等活动一般是由政府或应急企业直接承担，社会参与的很少。应急救援环节上，大部分大型企业自建的救援队伍除处置本企业突发事故外，因得不到相应补偿，很少参与其他企业以及社会上的事故救援，制约了救援的市场化进程。在灾后救助环节，群众损失主要靠政府补助，市场化的巨灾保险机制难以推开。

（三）合肥加快发展应急产业的优势

1. 科技资源优势

合肥市在应急产业领域有较强的科技资源。中国科学技术大学、合肥工业大学、安徽大学、中国电子科技集团公司 38 所、合肥市公共安全研究院、清华大学合肥公共安全研究院等高校和科研院所在应急产业领域有较强的研发能力，拥有量子通信技术、应急信息技术等一些国际、国内领先的公共安全产业领域科技成果，火灾科学国家重点实验室、煤矿瓦斯治理国家工程研究中心、交通部打捞局芜湖打捞设备研发中心等研发平台具备一定的比较优势。

2. 产品市场优势

合肥市拥有一批应急产品生产企业，部分企业的产品有较高的技术含量和市场占有率。四创电子、皖通科技和工大高新等企业为城市安全、高速路网和铁路交通安全提供的监测预警产品有较高的市场知名度；科大立安等企业在消防装备和器材方面有较大发展潜力。

3. 产业集聚优势

合肥市应急产业已呈集聚发展态势。合肥市依托科研优势大力发展公共安全产业，合肥高新区基本形成公共安全产业集聚区，产业集群涵盖了交通安全、消防安全、信息安全、矿山安全和电力安全五大类，拥有一大批技术领先的生产企业和产品，合肥高新区被工信部、国家发改委和科技部列入国家应急产业示范基地。

三、发达国家及国内先发地区应急产业发展经验借鉴

应急产业是紧随时代需求发展的一个新兴产业，是应对突发事件的基础保障。随着经济的持续发展与应对突发事件的需要，世界各国政府积极加大对应急产业发展的支持力度，规范应急产业市场，培育和发展应急产业。

（一）发达国家应急产业发展模式

发达国家从 20 世纪 80 年代初期已经着手打造自己的应急管理机制。经过多年探索，大都形成了适应本国需要的运行良好的应急管理体系，积累了包括应急管理法规、管理机构、指挥系统、应急队伍、资源保障和信息透明等领域丰富的实践经验。以美国、英国、日本等国家为例，分析和总结发达国家应急产业的发展模式。

1. 美国应急产业的发展

美国应急产业的发展主要采用"政府主导、其他产业带动、联合发展"的模式（见图 6）。美国的建筑、消防、煤矿生产、食品和药物生产等领域的发展较好，很大程度带动了美国应急产业的发展，加之政府的大力支持与引导，使得美国的应急产业发展较为迅速，其产业链体系也较为完善。美国的应急产业主要集中在制造业、电子商务，提供服务的第三产业（如提供相关咨询、派遣救援队携带装备进行现场救援等）。其应急管理是从应对自然灾害逐渐发展起来的。因而，其应急产业的建立也是从各个应急领域逐步发展而来的。如应对地震、火灾等自然灾害时，使得美国在防震救灾装备、培训、应急救援服务等应急产业方面发展最为成熟，不仅产品齐全，还专门建立了 fireworld 网站。在应急物流服务业方面，美国 FE－MA 下设有物流管理的专门单位，对应急物资进行专门的规划、存储和配送。美国应急产业电子商务发展也较为成熟，一些国际知名的网站整合了各公司各种类型的应急产品，品种齐全丰富，支持全网订购，这对应急产品供应链的整合发挥了巨大的作用。美国对突发事件处理主要采用"分级管理、统一指挥、统一行动"的模式。美国的应急管理经过多年的积累形成了适应本国需要和运行良好的应急产业管理体系，包括应急管理法规、管理机构、指挥系统、应急队伍、资源保障等。

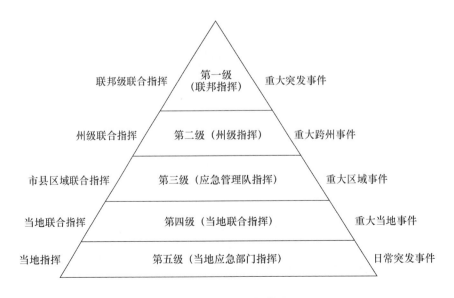

图 6 美国应急指挥模式

2. 日本应急产业的发展

日本应急产业发展的主要模式为"政府引导、辐射带动、集聚发展"。由于日本是一个灾害频繁的国家,为了应对自然灾害以及突发事件,日本政府十分重视应急产业的发展,积极引导公众产生危机意识,修订应急法律法规,提供应急产业发展的优惠政策,以此推动应急产业的发展。在这样的条件下,日本的应急产业逐渐发展成为日本的一项特色产业,尤其是在应急日用品、房屋建筑等方面。在建筑房屋方面,日本推出了《日本建筑标准法律》和《地震灾害防护的特殊措施法律》,对应急设计建筑业进行了防灾相关标准规范,并且提供津贴强化基础设施及建筑物的防灾标准,同时加大对避难场所、抗灾公寓等专用类应急设施建筑的规划力度,将公园、学校、体育馆等作为避难所,将其作为应急设施建筑业的重点,并保证学校、公路、铁路等基础设施抗震性和完全性,建立起基本完善的应急避难场整体规划。同时还筹备建设"抗震救灾公寓"设施,该公寓拥有粮食仓库、饮用水井、医疗救护室等,并提供优惠贷款、减免税等措施鼓励此类产业的发展。

日本应急管理体系的特点包括:一是建立了完善的应急法律法规体系;二是特别重视灾害防范的研究工作;三是重视应急通信系统的建设和运用。日本建立了全政府的应急管理机制和全域合作管理体系,各级政府都有相应的应急机构并在政府管制下充分发挥政府、市场和私人部门的合作,从而可以在危机中发挥各自的地理、物资、人员等方面优势,支援受灾地区,使灾难降到最小。

3. 其他发达国家应急产业的发展

国外应急产业的发展,除美国、日本之外,英国、德国等发达国家这方面的发展也较为成熟。英国的应急处理机制为"金、银、铜"3级,"金级"主要解决"做什么"的问题,由应急处置相关政府部门的代表组成,"银级"主要解决"如何做"的问题,由事发地相关部门的负责人组成,"铜级"负责具体实施应急处置任务,由在现场指挥处置的人员组成,这样的应急处理机制使得英国对突发事件应急处置统一、高效,有效解决各部门之间长期存在的命令程序、处置方式不同和通信联络不畅、缺乏协作配合等突出问题。英国应急产业的发展模式为"医学带动、产业联动"。英国医学非常发达,整个国家都在医疗体系覆盖下,拥有非常丰富的医疗资源。正是由于医学产业的发达,带动英国应急产业的发展十分迅速,特别是在应急装备等方面,包括从医药急救箱、个人防护用品、切割工具到体积较大的急救车辆、救生筏、临时居住房屋等应急产品都十分的齐全。

德国应急产业的发展,归功于德国政府的有效支持。其政府通过财政保障,建立了应急救援支撑部门,同时积极推动应急产业化,如公共安全领域的产业化,每五年举办一次的汉诺威国际消防设备博览会是本行业最重要的展会。此外,德国拥有比较完善的应急培训机制,内政部下设有联邦救援局和技术救援部门。危机管理、应急规划及民事保护学院(AKNZ)隶属于联邦救援局,负责高层指挥人员的培训;技术救援部门拥有两个培训基地,针对负有技术救助职能的人员进行培训,培训的内容分为基础培训和技术含量较高的业务培训。完善的应急培训机制,使得德国人的危机意识十分强,处理危机能力也较强,应急管理系统十分完善。德国的应急产业发展较为迅速。

（二）国内先发地区应急产业发展经验

应急产业在我国仍然还是新兴产业。2007 年 11 月 1 日，《中华人民共和国突发事件应对法》正式颁布实施，为我国应急产业的发展奠定了法律基础。随着政府对应急管理工作的不断重视，应急管理相关的法律法规和文件逐步颁布实施，为应急产业的发展提供了重要依据。从现代产业发展来看，应急产业覆盖面广、产业链长，发展应急产业是培育新的经济增长点的重要内容，是加快产业转型升级的重点方向。我国一些发达地区意识到了应急产业的发展前景，纷纷大力发展应急产业，并且都取得了相当大的成效，特别是北京、上海、广州、深圳等地。

1. 北京市应急产业的发展

北京市应急产业发展的主要模式为"以行业为依托、政府主导、产学研联盟"。北京市在应急产业发展过程中，充分发挥政府在公共应急产业领域的主导作用，借助政府的组织资源来组合和推动公共应急产业化，政府、企业和学术部门之间以合资、技术联盟、研发联合体等创新的组织形式主导产业技术的进步，通过技术联盟实现产学研的联合创新，有效整合资源，加快促进行业的技术进步和创新能力的提高。在北京各区政府、部分大型国有企业、民营企业的相关推动下，北京市应急产业在研发和生产方面投入力度加大，包括设计、管理、标准、监测、认证、展示、物流等在内的产业体系初见雏形。企业对应急产品投资行为由以往被动、无意识状态，开始向主动、有意识状态转化，投资形式也开始由产品投入向产业投入转化，应急产业体系和上下游产业链之间的关系也逐步建立（见图 7）。

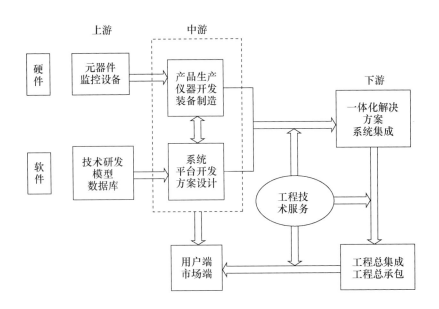

图 7　北京市应急产业链构成

北京市基本形成了"专项预案、综合管理、重点示范"的发展模式。北京市突发事件应急救助、空气重污染、涉外突发事件、核应急等专项应急指挥部组建已完成，市级专项应急指挥部达到 18 个，在全国率先启动巨灾情景构建研究工作，完成地铁反恐、城市大面积停电等 11 项巨灾情景构建专题研究，提出本市加强巨灾应对能力建设的具体任务和措施；持续推进应急预案编制修订工作，各类预案的针对性和操作性进一步增强。突发事件信息管理更加规范，信息报送更加及时准确，舆论引导更加主动有力。京津冀三省市初步建立常态交流、联合指挥、协同处置工作机制，在全国率先实现应急指挥平台互联互通，中央和地方应急联动和军地协同应急机制建设有序推进。近年来北京市妥善处置本市在利比亚人员撤离、"7·21"特大自然灾害、"10·28"天安门暴力恐怖袭击案件、马航 MH370 失事客机乘客家属安抚善后、埃博拉疫情防控等重大复杂突发事件，有效地保障了首都社会安全稳定和城市平稳运行。

2. 上海市应急产业的发展

上海作为国际型的大都市，集聚了众多的科技资源，是全国的创新中枢，对于应急产业的发展有着得天独厚的优势。经过不断地发展，上海应急产业基本形成了"以龙头企业带动、以科技为支撑"的发展模式。上海充分利用自己本身科技优势以及以一批技术经济较强、有竞争优势、有辐射带动能力和社会化生产与服务的企业为龙头，大力发展应急产业，使得上海市应急产业的发展达到中等水平，应急产品、技术和服务都呈现出蓬勃发展的态势，一批高水平食品安全检测、地质灾害监测、煤矿安全避险、高层灭火救援、应急通信和应急指挥等先进装备脱颖而出。航天、物联网、信息等高新技术在应用于应急管理中形成了一批创新成果。道路救援、航空救援、工程救援等应急服务业态发展迅速。上海经过多年的发展，已经基本形成了"分级负责，属地管理"的分层次应急预案体系以及多层次应急运行机制。上海将应急预案的范围覆盖到企业、学校和社区中去，由相关部门负责管理，这些地方作为重点的应急预案管理地点，预案基本实现全覆盖（见图 8）。

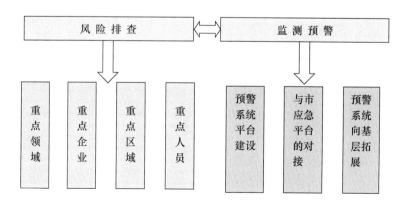

图 8　上海市应急产业运行机制

3. 广州市、深圳市应急产业的发展

近几年来，广州、深圳以提升应急管理科技水平为目标，以应急管理产、学、研一体

化为突破口，坚持"应急工作科学化，应急技术产业化，应急产业园区化"原则，努力抢占应急产业发展高地，全力推动应急产业发展，取得了初步成效。广州、深圳应急产业已经初具规模，生产的应急产品主要涉及指挥平台技术开发与应用、防控突发公共卫生和生物事件疫苗和药品、应急救援人员防护用品开发与应用、社会群体个人防护用品开发与应用、应急发电设备、应急照明器材及灯具等，覆盖了国家《产业结构调整指导目录（2011 年版）》"公共安全与应急产品"中 43 个子目录的 60% 以上。并且部分应急产品应用性处于市场领先地位。广州、深圳等地的应急企业既包括"传统"和"低端"的应急产品生产企业，又囊括应急领域的软件开发、系统集成与服务等国家重点高新技术企业，既有国内最早、最先进的工业生产领域应急安全、预警预测产品的研发生产企业，也有占据了应急产业领域高端的救援装备技术研发和服务应用产品生产企业。同时，在广州、深圳、东莞等地，应急产业从地域分布、行业类别、经营规模等方面都呈现出了集群效应。可见，广州、深圳等地及时地抓住了发展应急产业的最佳时机，加强政策引导，创造出应急产业发展的良好氛围，搭建发展平台，给应急企业创造了良好的成长机会，同时加大科技攻关力度，推进应急管理产、学、研一体化，以点带面，大力推进产业园区的建设，使得广州、深圳等地集聚了一大批应急企业，研发了一大批先进的应急装备、设备等，应急咨询服务业也日益壮大。

（三）发达国家及国内先发城市发展应急产业的启示

以上发达国家以及国内先发城市应急产业发展模式及经验对合肥市应急产业发展具有如下启示：

1. 成立具有执行力的应急管理机构

发达国家在应急管理组织机构的设置与职能上大致分为两类：一是建立综合性强的应急管理机构，实行集权化和专业化管理，统一应对和处置危机，代表国家有美国、俄罗斯、日本等。例如，美国的国土安全部和联邦应急管理局、俄罗斯的联邦紧急事务部、日本的中央防灾会议等都是高度集权的专业化应急管理机构。二是实行分权化和多元化管理，在应急管理中实行多部门参与和协作，代表国家有英国、德国、澳大利亚等。例如，英国应对具体灾难一般由所在地地方政府主要负责处理；德国应急管理机构由多个不同部门协作组成；澳大利亚应急管理以州为主体，分联邦政府、州、地方政府三个层次。

2. 健全应急产业相关法律法规

从国外发达国家应急产业的发展可以看出，健全应急产业发展的法律法规体系，是发展应急产业的必要前提和重要保障。每一项产业的发展都离不开国家法律法规的约束与指引，有了健全的法律法规体系，产业的发展才会健全。美国在重大事故应急方面，已经形成以联邦法、联邦条例、行政命令、规程和标准为主体的完备的法律法规体系，其中《美国联邦应急救援法案》《紧急状态管理法》和《国家突发事件管理系统》是三部最主要的法律。日本到目前为止，共制定有关应急管理（包括防灾以及紧急状态）的法律法规 227 部，日本的防灾减灾法律体系是一个以《灾害对策基本法》为龙头的相当庞大的体系，有基本法、灾害预防和防灾规划相关法、灾害应急相关法、灾后重建和恢复法与灾害管理组织法 5 个类型。我国虽然大大小小提出过很多关于应急产业发展的政策意见，但是应急产业法规却少之又少。只有明确了企业开展应急救援产业活动的法律地位，各类企业才能肩负起在突发事件中负有的应急救援责任，以及企业应急救援产品的调配在公共安全应急救援活动中的规则，这样才会更加有利于应急产业的发展。

3. 明确应急产业定位，确定政策作用方向

应急产品遍及各个行业，共涉及四大类突发事件，准确定义应急产业是实施有效产业政策、促进产业发展的前提。综观国外发达国家应急产业的发展，大都建立了相对较为完整的应急产品体系，对产品进行不同的分类和层次划分，根据不同的类别以及层次，国家再出台相应的政策支持以引导相应产业的发展。比如英国，因为本身医疗水平的发达，因此在应急产业进行划分上，着重发展应急医疗方面的产业，效果十分显著。目前国际上对应急产品、应急产业的划分从产品和服务形态上，分为应急装备设备、咨询服务类，从管理流程上，分为用于监测预警、现场处置防护、应急恢复重建等类别，从应用范围上，分为直接用于应急的专用产品、间接用于应急的兼用产品、有关联性的日常用品。我们可以按照这些对应急产品的应用范围、参考管理流程方面进行分类，根据合肥市的发展状况，合理制定政策、实施管理的着力点，促进产业健康发展，从而集中资源，生产最广泛和适用性强的应急产品。

4. 建立完善的应急产业管理体系

应急产业作为应对突发事件的基础保障，在全面提高应急管理能力上发挥着重要作用。综观国外应急产业发展较为完善的国家，如美国、日本、德国等国家，经过多年的探索，大都形成了适应本国需要、运行良好的应急管理体系，积累了包括应急管理法规、管理机构、指挥系统、应急队伍、资源保障和信息透明等领域丰富的实践经验。完善的应急产业管理体系，很大程度上带动了各国应急产业的发展，逐步建立了应急产业链，并使得应急产品越来越多，其种类也越来越齐全。由此可见，要想充分发展合肥市的应急产业，首先应该建立完善的应急产业管理体系，这样不仅有利于应对合肥市的突发事件，更能推动合肥市应急产业发展壮大。

5. 完善应急产业发展的支撑条件

应急产业属于战略性的民生产业，技术含量高，系统性强，涉及面广。从我国应急产业发展较为迅速的城市可以看出，促进应急产业的发展，除了需要政府的统筹规划、周密安排外，还需要提高产业组织水平，整合市场供给需求。主要包括：政府层面上建立部门间发展应急产业的政策沟通协调机制；全社会层面上建立由用户（包括潜在用户）、生产厂家、科研单位等参加的应急产业协会，组织有关应急产业和产品博览会、投资洽谈会；科研层面上，设立多种类型的应急经济技术研究会、研讨会；以市场化手段推动应急产业园区建设等。同时结合国家经济结构调整和战略性新兴产业发展需要，建立示范区，推动龙头企业的

形成；加大科技研发投入，促进产学研融合，增强原始创新、集成创新和引进消化吸收再创新能力，加快科技成果转化。加强宣传和舆论引导，大力普及防灾救灾知识，增强公民应急意识、忧患意识，着力培育、开发应急产品市场，促进有效需求的形成和培育。

四、合肥市应急产业发展目标、重点领域及主要工作

（一）发展目标

力争到 2020 年底，合肥市应急产业完成工业产值 700 亿元，占战略性新兴产业比重接近 10%，实现营业收入 850 亿元。重点发展紧急救援装备制造、公共安全应急产品、城市桥梁、地下管线监控、城市安全等产业集群。努力在反恐安全、信息安全、交通安全、防灾减灾安全相关突发事件监测、预警、处置、救援的相关产业链和产品线上占据发展先机。继续建设公共安全应急产品研发、应用、试验和生产基地，依托高新区首批"国家应急产业示范基地"建设，打造国家处理突发应急事件综合保障平台。

（二）重点领域

应急产业所涉及的领域十分的庞大，涉及安全应急、信息安全、应急通信装备、环境监测、防灾减灾装备、反恐装备、食品安全监测设备、医药、服务、轻工等十多个领域。自国家出台加快应急产业发展的意见以来，安徽省明确将公共安全产业作为战略性新兴产业给予重点支持，将应急产业作为"合芜蚌自主创新综合配套改革试验区""合肥国家科技创新型试点城市"和"皖江城市带承接产业转移示范区"的先导性产业，设立安徽公共安全创业投资基金支持公共安全产业做大做强。合肥市通过近几年的发展，应急产业也已经初具规模，但是很多方面仍然还存在着很多的不足。根据合肥市应急产业发展现状与产业基础，应当重点培育反恐安全、信息安全、交通安全、防灾减灾、食品安全、医疗应急等领域，并将其摆在优先重点发展的位置。

1. 反恐安全领域

随着时代的发展和科技的进步，人类社会的安全问题正面临着越来越大的挑战，尤其是美国"9·11"事件之后，国际恐怖活动不断加剧，国际社会反恐的形势更为严峻。合肥作为安徽的省会，中部崛起的领头羊，人口分布密集，流动性大，城市化进入了高速增长期，防止恐怖活动的发生也是合肥市在今后的发展中需要特别加强的。依托现有的高等院校、科研院所资源优势，以解放军电子工程学院、中科院合肥物质科学研究院、解放军炮兵学院等为研发平台，以中电科38所、四创电子、英科智控等为实施主体，建立合肥市"智慧城市公共安全科学与应用技术研究"联合实验室，为反恐安防技术研发应用服务，

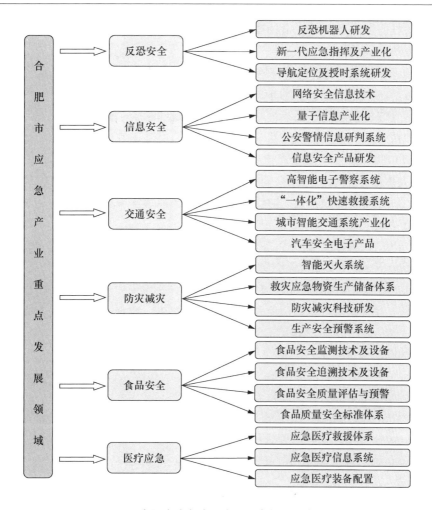

反恐安全 → 反恐机器人研发
反恐安全 → 新一代应急指挥及产业化
反恐安全 → 导航定位及授时系统研发

信息安全 → 网络安全信息技术
信息安全 → 量子信息产业化
信息安全 → 公安警情信息研判系统
信息安全 → 信息安全产品研发

交通安全 → 高智能电子警察系统
交通安全 → "一体化"快速救援系统
交通安全 → 城市智能交通系统产业化
交通安全 → 汽车安全电子产品

防灾减灾 → 智能灭火系统
防灾减灾 → 救灾应急物资生产储备体系
防灾减灾 → 防灾减灾科技研发
防灾减灾 → 生产安全预警系统

食品安全 → 食品安全监测技术及设备
食品安全 → 食品安全追溯技术及设备
食品安全 → 食品安全质量评估与预警
食品安全 → 食品质量安全标准体系

医疗应急 → 应急医疗救援体系
医疗应急 → 应急医疗信息系统
医疗应急 → 应急医疗装备配置

图9 合肥市应急产业发展重点领域及内容

大力推进特种车辆、无人机、排爆设备及各种器材、定向爆破器材、反恐救援、作战和训练装备、北斗导航技术、应急通信指挥与救援技术、微波技术等,推动合肥市反恐安防产业纵深发展(见图9)。重点推进以下工作:

(1)反恐机器人研发。反恐机器人是指可用于代替人在危险、恶劣、有害环境中执行探查、排除或销毁爆炸物、消防、抢救人质以及与恐怖分子对抗等任务。依托中科大工程学院、中科院合肥物质科研院、科大讯飞、安徽国购机器人产业公司等16家单位组成的合肥机器人产业联盟,组织开展反恐机器人研发工程,加快对反恐机器人的研发与实践,争取取得突破性的成果。

(2)新一代应急指挥装备、系统研制及产业化。以安徽省四创电子有限公司为载体,加快引进新一代应急指挥装备,同时依托现有的先进技术以及研究院的资源优势,加快对应急指挥装备的研究与探索。重点发展防爆装备、钻井装备、消防安全设施、矿用安全设备、大气监测设备、食品药品安全应急检验检测设备、救援设备、预防防护类避难硐室、盾构机、现场信息提取与分析设备、应急电源、特种车辆等。同时支持生产应急装备型骨干企业通过联合、重组、兼并等方式,组建大型公司,壮大企业规模,实现行业集聚发展，逐步改变目前生产能力低、市场规模小、销售渠道窄的状况，实现安防产品生产、供给、销售和服务一体化。

（3）导航定位和授时系统、卫星以及无线移动系统研究。重点发展北斗卫星导航授时型接收装备、民用浮空器、"动中通"卫星通信系统、新航行系统空管 S 模式二次雷达、车载系留气球检测系统、无线移动图像数据自组网系统、机场场面协同监视系统，加快导航定位和授时系统、民用浮空器等在电子和军用民事领域方面的应用，保障和支持现代武器实（试）验、战争以及智能化交通运输系统的建立和数字化地球，依托现有的中电科 38 所以及安徽四创电子有限公司现有的对于北斗卫星导航授时型接收装备、民用浮空器等项目的研究以及实践，加大对该领域的探索，加快实现科技成果转化为应用，提升合肥市的反恐安全。

2. 信息安全领域

当今是信息全球化时代，作为一种战略资源，信息的获取、处理和安全保障能力成为一个地区综合实力的重要内容。信息安全涉及国家安全、社会稳定及公民个人权益，受到普遍关注。信息安全产品种类和用途繁多，其分类方法众多。根据国标《GB/T 25066—2010 信息安全技术信息安全产品类别与代码》，信息安全产品可分为物理安全类、主机及其计算环境安全类、网络通信安全类、边界安全类、应用安全类、数据安全类、安全管理与支持类及其他类八个方面。依托现有的资源与技术，重点发展安全芯片、信息安全监测及预警系统、信息安全软件、信息安全云服务、移动信息安全、网络与信息安全容灾备份及镜像恢复设备等领域，解决目前合肥市急需的信息网络发展的网络安全和应用安全，针对一系列更深层次解决安全问题的产品，提高多层次、多方位的安全防范能力。

（1）网络安全信息技术研究。加强对网络安全信息技术的研究，特别是加密技术、身份鉴别技术、防毒杀毒软件、入侵检测系统、防火墙及反垃圾邮件软件、网络与通信等信息安全技术。以中国科技大学、合肥工业大学、安徽大学、安徽循环经济技术工程院等为研发平台，以安徽海特微波、科大讯飞、四创电子、中科邦略、安徽亿智等企业为实施载体，进行对系统安全（如操作系统、数据库）、网络安全、终端安全、信息保障、信息等级保护与安全评估等内容的研究与应用，实现安全设施逐步从外网向内网深入，从网络的互联互通安全（网络为王）向局域网应用安全（应用为王）深入，打造世界级信息技术产业集群，推出更多新的信息安全产品，鼓励信息安全企业强化品牌意识，积极开拓外埠市场，建立完善的企业生产经营模式。

（2）量子信息产业化。量子信息是量子物理与信息技术相结合发展起来的新学科，主要包括量子通信和量子计算两个领域。量子通信主要研究量子密码、量子隐形传态、远距离量子通信的技术等，量子计算主要研究量子计算机和适合于量子计算机的量子算法。量子通信以其绝对安全性、超大信道容量、超高通信速率、可远距离传输信息和高效等特点，得到全球科技界、产业界普遍重视。依托中科大工程学院、中科院合肥物质科研院以及安徽省量子通信有限公司以及其他相关企业，加快对量子信息技术的研发与实践，实现高速高效的量子通信，实用化网络量子通信，增强保真性，提升量子通信品质，加快实现科技成果产业化。建设基于量子密码的新型安全通信网络体系，积极拓展量子通信在金融、互联网、军工等领域的应用，推进量子产业园建设，孵化和引进与其相关的配套产业，推动卓越创新中心建设，建成引领全国的量子通信产业基地。

（3）公安警情信息研判分析系统。依托安徽科大讯飞信息科技有限公司以及中科大先研院，着重解决公安系统内存在的信息囚笼、信息孤岛和信息对抗现象，以及现有专用警情研判 OLTP 系统带来的数据缺乏可信性、效率很低、无法将数据转化为信息等问题，打造公安情报信息分析研判综合应用平台，实现警情分析研判中类对象的交互时序图，更加清楚地表达警情分析研判实现过程中对象之间的调用关系，使得系统最终能够实现警情报表统计、警情预警和警情预警的展示和发布。

（4）信息安全产品研发。加快对语音安全监控系统、移动应用信息安全产品、音频监控信息安全产品等的投入，同时积极与政府采购部门、招标公司、专门认证机构和行业培训机构等对接，争取在信誉保证、投标准入、资质申请及技术培训等方面给予扶持，为企业承揽工程、开拓市场提供保障。引导大资本和大厂商进入信息安全设备和仪器、监控系统，自动控制系统等现代信息安全产品领域，扶持合肥市大企业投资生产研发信息安全技术与关键产品，完善产业链条，建成国内领先的信息安全产业集群。

3. 交通安全领域

伴随着我国城市化进程和公路路网建设，为保障道路通行安全，合肥市交通安全设施已经形成并得到了快速发展壮大。人、车、路的系统全面安全性能是承载道路交通安全的根本保障，任何一个系统的安全考虑缺失，都会直接引发巨大的交通事故隐患。因此科学合理的设置道路交通安全设施是道路交通工程的应用基础，是交通安全、交通秩序、交通效率等管理工作中不可缺少的抓手。以三联交通、科力信息、邦立电子、皖通科技、富煌和利时、昌辉汽车电子等企业为实施主体，以中国科技大学、合肥工业大学、中电科38所、中科院合肥研究院智能车辆中心等为研发平台，重点发展机车安全防护、机车运行状态信息监测、公路水路运行监测、公共交通安全监测、人流监测等设备与系统，汽车电子、卫星导航、通信雷达、光纤通信技术、车辆电控技术、铁路智能运输调度技术、智能交通系统研发等，完善该市的高智能电子警察系统、"一体化"交通快速救援系统和城市智能交通系统，推动该市安全交通产业的发展。

（1）高智能电子警察系统研究。道路交通安全违法行为自动记录系统，又称为"电子警察系统"，是对道路上发生的各类交通安全违法行为进行自动取证，其中"电子"涵盖了这类设备和系统具有现代化的先进技术，包括：视频检测技术、计算机技术、现代控制技术、通信技术、计算机网络和数据库技术等，"警察"表述了设备和系统具有辅助执法功能或者是作为执法工具。作为辅助执法，就要求"电子警察"设备和系统为执法提供尽可能严谨的法律依据。依托安徽三联交通应用技术有限公司目前对该领域的研究，进一步引入高清视频技术以及视频智能分析技术，使得采集的图像能够在清晰度上有较高的提升，加强综合应用能力，从而完善合肥市的高智能电子警察系统，使得合肥市在交通安全方面得到更大的保障。

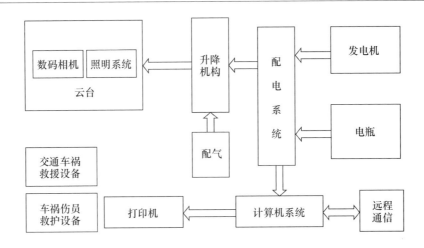

图 10　事故勘测与快速救援流程

（2）"一体化"交通快速救援系统。加快实施"一体化"交通快速救援系统，使救援过程中能够将事故现场勘查、事故现场施救及事故现场急救等功能合一，多方位系统地融合，合理安排勘察与救援时间，有效配置急救与救援工作室空间，为一体化救援系统提供可靠和专业的人机系统指导意见，使得一体化救援系统时间尽可能地缩短，在交通事故中最大可能地减少死亡比例（见图 10）。

（3）城市智能交通系统产业化。加快对城市实时交通信息发布与动态导航系统、城市智能交通系统、非接触式疲劳驾驶实时监控装置、数字化大桥、城市交通拥堵状况实时分析及服务系统、城市实时交通信息发布与动态导航系统、复合网络型道路驾驶自动考评系统、科目三实际道路考试系统、城市安全监控系统的研究与实践，通过应用智能交通系统，使得交通基础设施能够得到充分利用，交通安全水平得到大幅度提高。引导骨干企业加强与合肥高等院校、科研院所的沟通对接，在智能交通共性和关键技术领域、行业人才培养、先进技术研发等方面开展深入合作，推进智能交通工程建设，加大 LED 太阳能诱导标等新型道路交通设施应用力度。同时以技术经济实力较强、有竞争优势、有辐射带动能力的企业为龙头，比如合肥博微电子安全科技有限公司、安徽三联交通应运有限公司、安徽四创电子有限公司、安徽科力信息有限公司等，围绕一项产业或产品，带动相关企业实行专业化分工与社会化生产和服务的模式，加快智能交通系统集成、交通大数据处理及服务、车联网、基于移动互联的智能交通应用服务等产业发展。

（4）汽车安全电子产品。强化汽车上的安全电子产品的产品基础，如倒车雷达、倒车后视、360 全景可视、车载蓝牙、电子狗、行车记录仪、后视镜导航等一系列安全电子信息产品，加快电子技术、控制技术、传感器技术和新材料在汽车产品中的应用，依托现有的中电科 38 所以及江淮汽车的安全电子产品基础，通过各种类型的专业协会，把分散经营的经济主体组织起来，形成利益结合、互相依赖的社会化生产和服务体系，进而把汽车安全电子产业的各个方面、各个环节连接起来，形成一体化生产服务网络的模式。

4. 防灾减灾领域

目前各种自然灾害和人为灾害严重地威胁着人类的生存环境，成为阻碍经济发展和人民生活水平提高的重要因素。防灾减灾不仅可以减少灾害事故的危害及损失，而且能够增强人类社会抵御灾害的能力，在推动社会、经济与环境的可持续发展方面也起到了重要作用。合肥市应当坚持以预防为主、防御与救助相结合的工作方针，健全分类管理、分级负责、条块结合、属地管理为主的社会安全应急管理体制，做好防灾减灾工作。大力倡导发展防灾减灾产业，规范和完善防灾减灾产业的发展，努力推动防灾减灾产业化的进程，提升该市的防灾应急管理意识和防灾应急能力。同时，发挥专业组织的积极作用，促进企业与政府、用户之间的对接，促进企业与科研机构、社会组织之间的战略合作，有利于防灾减灾应急产业的发展和社会防灾应急能力的整体提升。

（1）智能灭火系统研究。以中国科技大学火灾实验室、中国航空集团、中国科学院合肥物质研究院、煤炭工业合肥设计研究院等为研发平台，以科大立安、工大高科、太航常青汽车安全设备公司、电力继远、安徽江河、合肥航太、三立自动化、世腾信息为实施主体，加快对火灾探测报警应用新技术、建筑物防火性能化设计方法与技术的研究与实践，强化合肥市工业场所自动消防炮灭火系统、轨道式自动消防炮灭火系统、微型自动扫描消防炮灭火装备，使合肥市在火灾探测和灭火技术上得到提升，以此保障市民的安全。

（2）救灾应急物资生产储备体系。引进国内外知名救灾物资生产企业，加强扶持和指导，鼓励其生产出符合救灾需求、技术含量高、经济实用的救灾物资；通过政府购买的服务方式储备一定数量的救灾生活用品；建立救灾物资保障信息体系，明确防灾减灾物资生产、运输、使用等环节责任，使得合肥市在发生紧急灾难时能够迅速为受灾群众提供应急产品，保证受灾群众的生活需求及安全。

（3）防灾减灾科技研发。以中国科技大学、中国科学院合肥物质研究院等为研究平台，加快对遥感探测技术、气象监测技术、预警预报技术、生命搜索定位技术、专用于灾害事故的挖掘技术、应急通信技术、移动视频技术、建筑防灾技术、生产安全技术、现场移动急救医疗技术、灾后恢复技术的研发，并对新技术、新材料、新工艺等的研发企业和组织进行专业化分工，使防灾减灾科技研发企业与减灾产品生产企业、减灾服务提供企业无缝对接，重视产业体系建设，打造集研发、制造、服务于一体的防灾减灾产业链。推动企业主体建设，形成以大型企业为龙头、中小配套企业为基础的发展格局，做大做强防灾减灾产业，为推进合肥市现代产业体系建设提供重要支撑。

（4）生产安全预警系统。以安徽江河技术有限公司、安徽四创电子股份有限公司、煤炭工业合肥设计院为载体，加快合肥市一些大型企业在矿井先进自动化综合信息平台、开度荷重一体化测控仪、隧道型紫外火焰探测器、煤炭瓦斯及城市垃圾填埋气发电厂监控管理系统、新型爆炸断路器、煤矿安全仿真培训与事故演练系统的实践，支持和引导大中型矿企规模化、标准化、集团式发展，预防企业生产过程中事故的发生。

5. 食品安全领域

食品质量安全关系国民身体健康乃至生命安全，发展食品安全产业是构建和谐社会的需要，是构建完善的食品、农产品质量安全技术支撑体系，更是提高食品、农产品质量安全水平的重要保障，坚决遏制各类食品安全违法犯罪行为，提高群众消费安全感和满意度。政府应引导相关企业积极研发新技术、新工艺、新设备以确保食品安全，借助企业与高校、科研院所的产学研创新要素，共建食品安全领域重点实验室和技术工程中心，全面整合合肥市食品安全技术资源，吸引海内外食品安全人才，创新科研体制，加大研发投入，推进自主创新和科技成果转化，产学研紧密结合，构建合肥市食品安全产业创新研发体系。重点发展合肥市的食品安全监测技术与相关设备的研发，食品安全追溯技术与相关设备的研发，建立食品安全信息评估和预警指标体系以及完善该市的食品、农产品质量安全标准体系。

（1）食品安全检测技术与相关设备研发。以安徽省农业科学院、中国科技大学、合肥工业大学、安徽农业大学为研究平台，以合肥美亚光电技术股份有限公司、安徽中冉信息产业有限公司为载体，加强快速化、智能化、便携化食品安全检测设备和免疫试剂的研发，加强快速检测技术、酶联免疫技术、胶体金技术、生物芯片技术等在农兽药残留、致病菌、毒素及动物疫病快速检测中的应用，加快研发高效、灵敏、便捷的食品安全快速检测设备，集成研发食品移动实验室，快速检测车、检测箱、毒物甄别鉴定箱，从而实现食品实时、现场、动态、快速的检测。

（2）食品安全追溯技术与相关设备的研发。重点研究 RFID（射频识别）技术与条码技术有机结合，并加强物联网技术在食品安全追溯方面的应用研发。加快推进统一的追溯信息平台建设、数据中心建设、溯源防伪实验室建设、设备研发、终端部署、示范工程建设推广、公共服务平台对接和人才培养等，实现生产记录可存储、流向可跟踪、伪劣食品可召回、储运信息可查询，同时将 RFID 技术与条码技术有机结合，充分发挥各自的优势，建立控制完整产业链的食品安全监管体系。

（3）食品安全信息评估和预警指标体系。依托 HACCP（危害分析与关键控制点）技术、安防技术以及物联网技术，建设省市两级食品质量检测和监管信息资源一体化的大平台，实现关键点检测和全程监控跟踪相结合，危害预防事前化、监管信息化、监控检测一体化，逐步形成统一、科学的食品安全信息评估和预警指标体系，以风险监测和评估的结果确定食品安全监管重点，提高食品安全工作的针对性和前瞻性。

（4）食品、农产品质量安全标准体系。密切跟踪国内外食品安全动态信息和研究成果，研究建立先进的评估方法，提高食品安全危害识别、危害特征描述、危害评估以及风险特征描述的整体技术能力。完善食品添加剂和非法添加物数据库，形成层次分明、配套齐全、统一权威的食品、农产品质量安全标准体系，基本满足食品、农产品生产、加工、贸易和消费的需要。重点加快制定无公害农产品、绿色、有机食品认证所需的产地环境标准、产品质量标准，粮食及优势农产品标准，农药、化肥合理使用标准，转基因生物安全标准，动物疫病防治标准，使主要食品、农产品生产、质量、安全、包装、保鲜等方面的标准与国家标准或行业标准相配套，使得生产经营的各环节都有相应的标准可遵循。

6. 医疗应急领域

随着各种自然灾害以及危害性人为事件的频发，严重影响到了人类的生命和财产安全，在加强监测、预警的同时，还必须规范各种应急医疗救援，提升突发事件的救援能力。以安徽医科大学、安徽中医药大学、中国科学院合肥物质科学研究院、合肥大发医学科学研究所为研发平台，以安徽龙科马生物制药有限责任公司、合肥医药健康产业园为载体，加快合肥市应急医疗领域产业的发展，重点发展生命探测仪、医疗应急救治设备、急救药品、疫苗、快速诊断试剂、便携式诊断设备等。加强产学研相结合，突破核心技术，着力扩大医疗产业应急的规模、提升发展层次、加强对外合作，按照"龙头企业—产业集群—产业基地"的发展路径，将合肥市打造成为国内领先的应急医疗产业基地。

（1）应急医疗救援体系。重点加强应急医疗救援指挥系统、监测预警系统、救治系统、评估系统和保障系统五大系统的建设，提高卫生、军队、公安、消防等多个部门之间的协同与合作，建立覆盖城乡、功能完善、反应灵敏、运转高效、持续发展的应急医疗救援体系，提升应对重大突发性公共事件的医疗救援能力，有效提高治愈率、降低病死率，以使救援体系在灾难面前发挥最大的协同救援能力，尽最大可能保障合肥市人民的生命和健康安全。

（2）应急医疗救援信息系统。整合信息技术和医疗技术，通过建立网络体系和应用软件体系，使伤病员的各类信息得到快速传输和实时共享，增强应急医疗救援的指挥控制能力，记录应急救援工作中的指挥信息、诊断信息、伤病信息、手术信息、物资信息，使救援行动中涉及的各类信息得到实时共享和高效利用，通过全过程、全功能的监控，实现卫生勤务、医疗救治、卫生装备与组织指挥的最佳匹配，全面提高多维信息综合卫生勤务保障能力。

（3）应急医疗装备配置研究。由于突发卫生事件的不可预测性和品种复杂，使得医疗应急任务类型复杂、性质需求多变，这对应急医疗工作中医疗装备的配置提出了很高的要求。因此，急需加强合肥市对应急医疗装备的配置、存储与管理的研究，使得应急医疗装备更具有针对性、灵活性和预见性，保证应急装备一直处于品齐、量足、质优的良好状态，能够随时执行突发任务，熟悉装备的应用、熟练的操作和规范的保养维修，保障应急装备在实用中及时、准确、高效地发挥作用。并且根据不同类型的灾害类型和紧急医疗救援的需求特点，配置不同类型的应急医疗装备，使得在突发事件中，应急医疗装备能够充分发挥作用，减少不必要的人员伤亡。

（三）主要工作

合肥市发展应急产业主要工作应当集中在培育市场需求、推动科技创新、强化政府引导、增强产业集聚以及创建协同体系五个方面。

1. 核心在于培育市场需求

市场需求是应急产业形成和发展的前提，而市场需求又主要来源于政府、企业和公众。应急产品应用的范围非常广泛，国家、企事业单位、社区、家庭和个人，时时事事都需要，应急产业有着广阔的发展空间。特别是先进的应急技术已成为一个新兴的和快速发展的市场领域。政府加快应急体系建设、推动企业提高安全生产水平，客观上将为应急产业发展提供市场空间。当前要着力培育、释放公众市场需求，大力推广与群众需求密切相关的应急消费品，主要通过提高基础设施安全配置标准、提高抢险救援队伍的装备配置标准、培养公民应急消费、鼓励企业参展等手段培育应急需求市场，解决应急产品市场需求不稳定问题，带动应急产业加快发展。

2. 关键在于推动科技创新

科技应用含量是检验地区灾害防御和紧急救援现代化的重要标志之一。公共安全事件的不确定性、难以预见性和迅速扩散性等特征，客观上要求应急产业的专业化、规模化发展以科技力量为支撑点和推动力。虽然近几年合肥市应急产业取得一定的发展，但由于起步较晚，部分关键装备发展缓慢，整体的自主创新能力依然不强。与发达国家以及国内领先城市相比，合肥市应急产业层次较低，重大应急装备受制于人。因此，合肥市要引导企业按照国家创新驱动发展战略要求，利用合肥建设综合性国家科学中心的战略机遇，主动瞄准监测预警、应急救援等方面的国际前沿技术，推动创新服务平台建设，加快技术装备研发。具体手段包括鼓励国内企业与合肥市设立研发和实验基地、利用军工技术优势发展应急产业等。引导企业在国家实施"中国制造2025"和"互联网＋"行动中，积极发展重大应急装备，培育新业态，推动应急产业向中高端迈进。

3. 前提在于强化政府引导

应急产业不同于其他产业，一方面要满足公众安全防护需要，另一方面要为政府履行职能和企业安全生产提供产品、技术、服务支撑，对稳增长调结构、保障公共安全等具有一举数得之效。政府在支持应急产业发展中的作用主要体现在产业引导、公共服务和市场监管三个方面。合肥市政府应当继续将应急产业作为新兴产业予以重点关注，主动从支持企业创新发展、支持企业吸纳人才、畅通产业融资渠道等多个方面加大对应急产业的引导，精准施策。一方面支持有实力的应急企业做大做强，培育形成若干大型应急产业集团；另一方面利用中小企业发展专项资金等支持应急产业领域中的小微企业。

4. 支撑在于增强产业集聚

应急产业集群是发展应急产业的重要方式，继续推动产业集聚发展，对加快合肥市应急产业发展的作用不言而喻。合肥市应当加强规划布局、指导和服务，采取中央政府、地方政府、企业、民间组织等多方投入的协同建设模式，将高新区国家应急产业示范基地建设成为集应急产品生产、应急装备制造、应急技术研发、应急物资储备、应急物流配送、科普宣传教育、实战演习培训、综合应急演练于一体的产业基地，发展产业配套完备、创新优势突出、产业特色鲜明、规模效益显著的应急产业群体，进一步完善应急产业链。

5. 保障在于创建协同体系

第一，要加快形成适应公共安全需要的覆盖预防与应急准备、监测与预警、处置与救援、灾后恢复重建的应急产品体系；第二，政府应当在信息咨询、战略培训、政策调节、协调发展等方面发挥作用，构建应急产业发展体系；第三，从顶层设计、管理体制、实施步骤、任务分工、政策保障等方面构建应急管理体系；第四，要积极推行应急救援、综合应急服务等市场化新型应急服务业态，提升应急产业对应对突发事件的综合保障能力。

五、合肥加快应急产业发展的对策建议

基于合肥市应急产业发展现状及存在问题，借鉴发达国家及国内先发地区促进应急产业发展的政策措施及成功经验，明确重点发展领域以及主要任务，进一步深化应急产业研究，增强制定政策措施的针对性极为关键。具体而言，合肥市加快应急产业发展对策包括"夯实四大基础""激发四大活力"以及"强化五大保障"等13项措施。

（一）夯实四大基础

1. 坚持政府主导，完善应急管理组织体系

应急产业作为一种社会公共性产业，其发展必须坚持政府主导的原则。加强政府领导，由市政府组织实施具有战略意义的产业化项目。首先，市政府要建立高层次、综合性强的应急管理机构，实行集权化和专业化管理，确保应急管理工作由一个统一的领导机构来统一指挥；其次，各区县政府应设立以应急管理为主要职责的议事协调机构，在应急管理中实行多部门参与和协作，来统筹和整合分散在各个部门的应急资源，加强部门间的协调，从而逐步形成适合我国国情的"市政府直接领导，应急管理委员会综合协调，各区县负责，跨部门协作，应战应急一体化"的应急管理体系。

2. 制定发展规划，明确应急产业战略定位

应急产业是关系国家、人民和社会安全稳定的战略性产业，其发展对保障公共安全和政府综合应急能力的提升有着极其重要的作用。市政府要对应急产业的发展进行统一规划，明确应急产业发展的战略定位，合理调配社会资源，分时期、分等级、有重点地对应急产业进行统一管理。为对不同时期应急产业的发展提供指导，在国务院（国办发〔2014〕63号）以及安徽省（皖政办秘〔2015〕166号）制定《意见》的基础上，制定合肥市应急产业发展规划。规划应包括：一是在分析合肥市应急产品供给、需求的基础上，确定应急产业发展的指导思想、发展目标，作为产业发展的指南。二是根据全市应急产业不同产品门类现状、优势及劣势，确定产业发展主要任务和发展重点。三是根据区域灾害种类状况，科学划定应急产业区域发展布局及产业基地。四是产业发展的系列配套政策。

3. 推动集聚发展，全面建设国家示范基地

（1）加快应急产业集聚发展。在全市国民经济"十三五"规划中，已将应急产业作为重点发展的产业纳入规划。合肥市应继续以"国家应急产业示范基地"为契机，全力推进应急产业集聚发展。以产业集聚、技术研发、科技转化、装备制造、物流贸易、产业服务六大功能为重点，培育40家产业研发机构及若干个配套机构，全面建设示范基地。加强规划布局、指导和服务，以高新区国家应急产业示范基地为依托，引导应急技术装备研发、应急产品生产制造和应急服务发展向产业园区集聚。到2018年末，应急产业示范基地实现营业收入780亿元，规模以上工业产值500亿元；培育新增企业150家、培育上市企业5家。

（2）支持应急企业做大做强。鉴于目前合肥市应急物资生产企业规模小、种类少的现状，建议以"政府引导、企业自主"的方式，鼓励支持应急物资生产企业加快发展。通过出台应急产业扶持政策，引导企业进入应急产业领域，对应急物资生产企业提供资金等政策扶持，使更多的企业有意愿从事应急产品的研发。支持有实力的企业做大做强，培育形成一批技术水平高、服务能力强、拥有自主知识产权和品牌优势的大型企业集团。利用中小企业发展专项资金等支持应急产业领域中小微企业，促进特色鲜明、技术领先、创新能力强的中小微企业加速发展，形成大中小微企业协调发展的产业格局。

（3）加快建设平台服务体系。目前已完成建设以公共数据中心为核心载体的数据支撑平台、国家级众创空间为核心载体的双创孵化平台、语音云平台为核心载体的技术支持平台。继续建设以快速手板中心为核心载体的基地装备制造支撑平台，将为应急技术在硬件产品上的应用推广提供支撑保障。依托高新区首批"国家应急产业示范基地"建设，打造国家处理突发应急事件综合保障平台。

4. 建立信息系统，共享整合应急信息资源

目前合肥市各级应急管理部门对应急信息资源的获取渠道还不完善，缺乏面向高层次应急指挥的自动化系统，没有完整的基础数据库，缺乏大型综合性数据库的支持。因此，应着手建立强大的应急产业管理信息系统，从而有效整合应急管理过程中的各种信息资源，实现应急管理的信息化，提高响应的敏捷性，提高应急管理效率。具体来说，应在制定有关法律法规和政策制度体系的基础上，依托本市政务大数据应用支撑平台，开展应急指挥大数据应用，大力整合重要风险源、重点防护目标、重要基础设施及各类应急资源等基础数据，充分利用交通管理、环境保护、人口管理、市政管理、信息安全等城市运行数据和综合分析成果，建设应急管理领域主题数据库。同时，为保证政府对应急产业与应急资源管理的权威性和及时性，需配套制定应急装备、设施规划制度，以及定期更新机制和责任制。

（二）激发四大活力

1. 培育市场需求，推广应急产品以及服务

应急产业的发展同样以经济利益为基础，市场需求为推动力。要促进应急产业市场的

发展，政府应该大力培育应急产业市场需求，扩大产业市场空间，积极推广应急产品以及应急服务。首先，坚持以市场需求为导向，采用目录清单等形式明确应急产品和服务发展方向，引导社会资源投向先进、适用、安全、可靠的应急产品和服务，推进应急产品标准化、模块化、系列化、特色化发展；其次，必须加强宣传和舆论引导，大力普及防灾救灾知识，增强公民应急意识、忧患意识，加强安全风险防范教育，激发家庭和个人在逃生、避险、防护、自救互救等方面对应急产品和服务的消费需求，着力培育、开发应急产品市场；再次，加强企业防灾减灾能力建设，创造应急产业强制性需求；最后，合理运用政府采购的引导性和示范性的作用，促进社会资本、技术、劳动力等生产要素流向应急产业领域，进而推动应急产业的扩大再生产。

2. 增强科创能力，加快关键技术装备研发

科学技术是第一生产力，科技创新是应急产业化的基础和动力。公共安全事件的不确定性、难以预见性和迅速扩散性等特征，客观上要求应急产业要以科技力量为支撑点和推动力。合肥市应当借助建设综合性国家科学中心的契机，提升应急产业自主创新能力以及综合竞争力，努力把合肥市应急产业建设成为创新资源集聚、创新能力提升、创新机制灵活、创新环境优越的创新产业。第一，积极研发应急产业新技术、新装备，加快应急监测预警设备和群测群防监测设备研发，推进安全生产、重大事故应急救援技术装备研发推广；第二，依托平安城市以及智慧城市建设，充分利用云计算、物联网、移动互联网、大数据等新技术，创新市级应急指挥平台建设模式，完善各级应急指挥平台功能，提升监测预警与风险识别、信息收集与灾情统计、趋势分析与综合研判、指挥调度与辅助决策、情景模拟与总结评估等技术支撑能力；第三，继续加强物联网等技术在道路交通、安全生产、城市管网、社会治安等领域的深化应用，推动在环境保护、森林防火、食品药品安全等领域开展示范应用；第四，充分发挥在肥央企、高等学校、科研院所的科技资源和人才优势，建设一批应急产业领域的省级和市级重点实验室、工程技术研究中心；第五，加强知识产权运用保护，促进应急产业科技成果的资本化、产业化。

3. 培养复合人才，加快应急人才队伍建设

任何产业的发展都离不开人才，而应急产业的高风险、综合性等特点，决定了产业发展对人才的要求不同于其他产业，应当建立多层次、多类型的应急产业人才培养和服务体系，重点培养创新型、复合型的核心技术科研人才和团队。支持有条件的高校设立应急产业相关专业，通过高校专业改革、强化"干中学"、加大科研院所进修与培训力度等多种渠道，加快专业、核心技术研发人才的培养。大力发展职业技能教育与培训，造就一大批高技能人才。完善相关配套支持政策，积极实施"千人计划""万人计划"及合肥市"百人计划"，培育引进创新创业团队及人才。

4. 增强开放合作，建立长三角间联动机制

合肥市应急产业要发展不仅要立足于省内发展，还要与其他区域合作，尤其是长三角地区，要积极加强交流和合作。自国家将合肥确立为长三角城市群副中心城市后，三省一

市各产业的发展应逐步建立起区域联动机制，应急产业也不例外。首先，合肥市应当树立应急产业开放合作理念，鼓励企业引进、消化、吸收国内外应急产业领域的先进技术，支持大型骨干企业参与海外应急救援处置，带动中小型应急产业企业和优势应急产品向"一带一路"沿线国家及其他海外市场发展；其次，结合长三角地区突发事件的特点，建立突发事件协同应对和联合指挥机制，加强长三角四省市风险隐患和应急队伍、物资、避难场所及专家等各类信息的共享，逐步实现数据管理系统的对接，保障四地协同处置突发事件；最后，以社会组织为纽带，搭建应急产业交往平台，组织承办国内外应急产业领域的重要会议和活动，鼓励各类机构和个人参与国内外应急产业领域的学术交流活动。

（三）强化五大保障

1. 财税政策保障

第一，充分利用相关财政资金，支持应急产业重点项目建设和构建社会应急服务试点工作，对列入产业结构调整指导目录类的应急产品和服务，在有关投资、科研等计划中给予支持。第二，对于具备实现产业化条件的应急产品，发挥政府主导作用，通过招标方式加大政府购买力度，带动市场主体的推广应用。对于应当由政府提供的、适合社会力量承担的应急产业重点领域服务项目，通过政府购买服务的方式，交由社会力量承担。第三，建立健全应急救援补偿制度，对征用单位和个人的应急物资、装备等及时予以补偿，通过探索财政性投入、风险投资引入等多种渠道和机制，实现科技创新风险的有效规避和损失的最小化，提升以科技创新推动应急产业发展的积极性。第四，全面落实适用于应急产业的税收政策。例如：应急企业开发新技术、新产品、新工艺发生的研究开发费用，未形成无形资产计入当期损益的，在按规定据实扣除的基础上，按研究开发费用的一定比例加计扣除；对应急企业在一个纳税年度内取得符合条件的技术转让所得不超过一定额度部分，免征企业所得税；将应急小微企业纳入《安徽省人民政府办公厅关于扶持小型微型企业健康发展的实施意见》（皖政办〔2015〕15号）等优惠政策覆盖范围。

2. 金融政策保障

第一，市政府应专门设立应急产业基金对符合条件的企业和重大应急项目予以支持。鼓励民间资本、创业与私募股权投资投向应急产业。第二，鼓励符合条件的应急产业企业利用企业债、短期融资券、中期票据、私募债、集合债券（票据）等债务融资工具在债券市场实现融资，鼓励符合条件的企业在主板、中小板、创业板上市融资，支持符合条件的中小微企业到全国中小企业股份转让系统（新三板）挂牌融资。第三，鼓励金融机构加大对技术先进、优势明显、带动和支撑作用强的应急产业项目的信贷支持力度。引导融资性担保机构加大对符合产业政策、管理规范、信誉好的应急产品生产企业的担保力度。第四，加大示范基地的招商引资力度。在高新区应急产业国家示范基地成立应急产业招商小组，会同各部门及省市产投集团深入挖掘项目信息，着重在北京、深圳等国内核心招商区域，以及日本和我国台湾等国家和地区开展重点项目招商工作，积极招引国际国内在应急产业上有引领作用的大项目。

3. 土地政策保障

在符合国家及安徽省产业政策和土地利用总体规划的前提下，对合肥市应急产业重点项目建设用地予以支持。加快应急产业建设项目用地预审工作进度，开辟审批"绿色通道"。对应急产业建设项目全部占用国有未利用土地的，除需报国务院和省政府审批外，由市县政府审批。对政府投资的应急食品物流园，允许以划拨土地形式委托企业建设运营。

4. 法律制度保障

实践证明，将应急管理纳入法制化的轨道，有利于保证突发性实践应急措施的正当性和高效性。应当加强应急产品质量监管，依法查处生产和经销假冒伪劣应急产品的违法行为。鼓励本市应急产品生产和服务企业参与国家、行业标准制（修）订工作，提高市场话语权。建立应急产业运行监测分析指标体系和统计制度。依托现有国家和社会检测资源，提升应急产品检测能力。完善事关人身生命安全的应急产品认证制度，对在安徽省生产的国家强制性产品认证目录内的应急产品开展认证。鼓励发展应急产业协会等社团组织，加强行业自律和信用评价。

5. 工作机制保障

（1）工作协调机制。建立由合肥市经济和信息化委、发展改革委和科技局共同牵头，教育局、公安局、民政局、财政局、人社局、国土资源局、环保局、建设局、交通运输局、水利局、商务局、卫生计生委、地税局、工商局、质监局、安监局、食品药品监管局、统计局、人防办、金融办、气象局等部门参加的应急产业发展协调机制，完善市级专项指挥部组织机构和职能，进一步建立健全定期会商和协调联动机制，统筹协调推进应急产业发展重大事项。各区县、各部门要切实加强组织领导，研究制定相应政策措施，推动应急产业加快发展。

（2）应急决策机制。进一步完善市应急委决策机制，充分发挥专家顾问的辅助决策作用，积极利用前沿技术和理论加大决策支撑力度，从而强化应急决策和集中指挥机制。专家顾问组要为全市应急管理工作出谋献策，提供决策建议、专业咨询、理论指导和技术支持；参与突发事件风险隐患评估与防范对策会商及重大项目、重大行政决策社会安全风险评估，推动健全行政决策社会安全风险评价机制。

（3）协同创新机制。要切实推进应急产业的原始创新、集成创新和引进消化吸收再创新，就需要建立市场导向下的"官、产、学、研、资"协同创新机制，充分发挥"五方"作用。

参考文献

［1］David A. Mc Entire. Searching for a holistic paradigm and policy guide. A proposal for the future of emergency management ［J］. International Journal of Emergency Management, 2003, 1 (3): 298 – 308.

［2］Dymon U. J. An analysis of emergency map symology ［J］. International Journal of Emergency Management, 2003, 1 (1): 227 – 237.

［3］Hoetmer, C. J. Emergency management: Principles and practice for local government ［J］. International City Management Association, Washington, DC, 1991: 67 – 77.

［4］Irving L. Janis. Crusial decision: Leadership in policy making and crisis management ［M］. New York: The Free, 1989.

［5］James W. Coleman, Donad R. Creessey. Social problem ［M］5th edition, Harper Collins College Publishers, 1993.

［6］Jean, Lue, Harriet Lonka. Emergency management and the information society: How to improve the synergy ［J］. International Journal of Emergency Management, 2002, 1 (2): 14 – 15.

［7］Landesman L. Y. Public health management of disasters : The practice guide ［J］. American Public Health Association, Washington, DC, 2001: 19 – 23.

［8］Mohan R. Akella, Rajan Batta, Eric M. Delmelle, Peter A. Rogerson, Alan Blatt, Glenn Wilson. Base station location and channel allocation in a cellular network with emergency coverage requirements ［J］. European Journal of Operational Research, 2005, 164 (2): 301 – 323.

［9］Mohan R. Akellaa, Cllaewon Bangb, Rob Beutnerc, Eric M. Delmellec, Rajan Battab, Alan Blatta Peter Rogerson, Glenn Wilsona. Evaluating the reliability of automated collision notification systems ［J］. Accident Analysis & Prevention, 2003, 35 (3): 34 – 36.

［10］Richard C. Larson, Evelyn A. Franck. Evaluating dispatching consequences of automatic vehicle location in emergency services ［J］. Computers & Operations Research, 1978, 5 (1): 11 – 30.

［11］Steven Pender. Managing incomplete knowledge: Why risk management is not sufficient ［J］. International Journal of Project Management, 2001, 19 (2): 79 – 87.

［12］Wybo J. L. , Harriet Lonka. Emergency management and the information society: How to improvethe synergy ［J］. International Journal of Emergency Management, 2002 (1): 183 – 190.

［13］程宇，肖文涛．应急产业技术创新的金融服务需求及政策建议 ［J］．中国行政管理，2016 (8): 100 – 104.

［14］丁鹏玉、李江涛．四轮驱动："十三五"应急产业科技创新路径选择 ［J］．国家行政学院学报，2015 (2): 124 – 128.

［15］郭翔．应急产业科技支撑体系构成与功能设计研究［J］．科技进步与对策，2014（13）：45 – 49.

［16］康光荣，郭叶波．公共安全与应急救援产业发展研究［J］．宏观经济管理，2015（8）：75 – 77.

［17］刘艺，李从东．应急产业管理体系构建与完善：国际经验及启示［J］．改革，2012（6）：32 – 36.

［18］申霞．应急产业发展的制约因素与突破途径［J］．北京行政学院学报，2012（3）：93 – 95.

［19］唐林霞，邹积亮．应急产业发展的动力机制及政策激励分析［J］．中国行政管理，2010（3）：80 – 83.

［20］魏际刚．加快发展应急产业的思路和建议［J］．重庆理工大学学报（社会科学版），2012（1）：1 – 6.

［21］余廉，邹积亮，唐林霞．基于国家应急能力建设的应急产业政策研究［J］．中国应急管理，2009（4）：18 – 22.

［22］张纪海，杨婧，刘建昌．中国应急产业发展的现状分析及对策建议［J］．北京理工大学学报（社会科学版），2013（1）：93 – 98.

［23］郑胜利．我国应急产业发展现状与展望［J］．当代中国史研究，2011（1）：119 – 120.

本课题参与人员名单：

课题组组长：

  王玉燕 合肥区域经济与城市发展研究院 博士、硕士生导师

课题组顾问：

  史向阳 合肥市人民政府应急办公室 副主任

  胡 艳 合肥区域经济与城市发展研究院 院长、教授、博导

  江三良 安徽大学经济学院 教授、博导

课题组成员：

  黄永斌 合肥区域经济与城市发展研究院 博士

  孟 静 合肥区域经济与城市发展研究院 博士

  汪 玲 安徽大学经济学院 硕士研究生

  詹翩翩 安徽大学经济学院 硕士研究生

合肥水资源管理中长期对策研究

课题负责人　江永红

第一章　水资源概念和我国水资源概况

一、水资源概念

水资源是适应人类长期生存、生产和生活所需要的，具有足够数量和可用质量的各种水。水资源也反映出其具有的使用价值和经济价值。一般认为，水资源概念有广义和狭义之分。广义的水资源是指包括地球上的一切水体及水的其他存在形式，如海洋、河川、湖泊、地下水等，也可以说成是能够直接和间接使用的水和水中物质，在社会生活和生产中具有使用价值和经济价值的水都可以称为水资源。狭义的水资源是指人类在一定的经济技术条件下能够直接使用的，可以逐年得到恢复、更新的淡水。包括河流水、淡水湖泊水、浅层地下水，其在数量上等于地表水和地下水径流的总和。

城市水资源主要结合城市用水的具体特点，对水资源概念进行演化。可将城市水资源定义为：一切可被城市利用的天然淡水资源。从广义上讲，还包括海水和可再生利用的水。根据水的地域特征，可将城市水资源分为当地水资源和外地引水资源两类。当地水资源包括流经城市区域的、储存在城市区域或能在城市区域内被直接提取的水资源和可再生利用的废（污）水资源。外来引水资源则是指通过引水工程从城市区域以外调入的地表水资源。因此，城市水资源的量是动态的。

一般而言，城市水资源具有以下特征：①系统性。表现在城市中不同类型的水之间可以相互转化。各类型水构成复杂的水循环系统，进行质量交换。城市区域内外水资源也处于同一水文系统，相互间也有密切的水力联系，不可分割。另外，城市水资源开发利用的各环节也是一个有机整体，对任何环节的疏忽都会影响到水资源利用的整体效益。②有限性。相对于城市用水需求的持续增长，城市水资源的量是有限的。相比外调水资源而言，本地水资源因属地原因，其开发成本低，也便于管理。一般城市会优先开发本地水资源，而在当前，许多城市的本地水资源已经接近或达到开发利用的极限，一些城市的地下水也已处于超采状态。同时，外来水资源因受水资源分布、生态环境、经济条件和水所有权等因素制约，能被城市获取和利用的量也不可能无止境地增加。这些都反映了城市水资源的有限性。③脆弱性。主要表现为城市水资源易被污染和易遭破坏。一方面，城市污染源点多、面广、强度大，即使为局部污染，也会因水的流动性使污染范围扩大。另一方面，地下水特别易遭破坏。当地下水开采量超过补给量时，水资源质与量就会失去平衡，由此诱发环境地质问题。④可恢复性。表现为城市水资源数量上可补给与水质上可改善。只要增加或者诱导补给，合理控制水资源使用，城市水资源便可持续利用。同时，通过水体的自净和人为手段都可以改善水质。⑤可再生性。在城市水资源利用时，被消耗的水资源仅占总体使用水资源的很少部分，大多数水因丧失特定使用价值而转化成废水或污水。废水和污水经过处理后，可作为再生资源。⑥用途的广泛性和不可替代性。水资源既是生活资料又是生产资料，也是生命的摇篮和一切生物的基础。水在维持人类生存和生态环境方面是不可替代的，它是比石油、天然气、煤更加宝贵的自然资源。

二、我国水资源概况

（一）水资源总量尚可，人均水资源不足

图1-1给出了2008~2014年我国水资源和人均水资源的基本情况。因降水、蒸发以及水资源开发利用等影响，我国水资源总量不一。2008~2014年，我国水资源总量平均约为26916.77亿立方米，占世界水资源比重的5.78%，仅落后于巴西、俄罗斯、加拿大、美国、印度尼西亚，居世界第六位，水资源总量尚可。

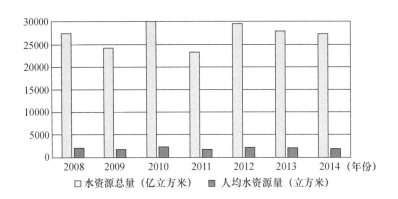

图1-1 我国水资源与人均水资源量基本情况
资料来源：《中国统计年鉴》（2008~2015）。

但是，结合人口数量，我国人均水资源占有量较低。2013年，我国人均水资源量约为2059.69立方米/人，而同期世界是6055立方米/人[①]，我国约占世界人均水资源量的34.02%。若以人均可再生淡水资源进行国际比较，仍可得出相同结论。2011年，我国人

---

① 世界银行：《世界环境报告（2015）》，http://data.worldbank.org/sites/default/files/wdi-2015-ch3.pdf。

均可再生淡水资源为 2093 立方米/人，占我国水资源总量的 19.7%。该值不仅落后于世界平均水平（6123 立方米/人，9.2%），也落后于高收入国家（8195 立方米/人，9.4%）、中等收入国家（5819 立方米/人，7.1%）和低收入国家（5125 立方米/人，4.3%）的水平。[①]

按照国际标准，人均水资源量低于 3000 立方米为轻度缺水，低于 2000 立方米为中度缺水，低于 1000 立方米为重度缺水，低于 500 立方米为极度缺水。依此标准，表 1-1 给出了 2014 年我国各省市自治区（不包括港澳台地区）人均水资源量与水资源状况。在 31 个省市自治区中，不缺水的地区有 10 个，轻度缺水的 5 个，中度缺水的 4 个，重度缺水的 3 个，极度缺水的 9 个，缺水地区达 21 个。这意味着我国绝大多数省市自治区均处于缺水状态。

表 1-1　2014 年我国各省市自治区人均水资源情况

地区	人均水资源量	水资源状况	地区	人均水资源量	水资源状况
北京	95.1	极度缺水	湖北	1574.3	中度缺水
天津	76.1	极度缺水	湖南	2680.1	轻度缺水
河北	144.3	极度缺水	广东	1608.4	中度缺水
山西	305.1	极度缺水	广西	4203.3	不缺水
内蒙古	2149.9	轻度缺水	海南	4266.0	不缺水
辽宁	332.4	极度缺水	重庆	2155.9	轻度缺水
吉林	1112.2	中度缺水	四川	3148.5	不缺水
黑龙江	2463.1	轻度缺水	贵州	3161.1	不缺水
上海	194.8	极度缺水	云南	3673.3	不缺水
江苏	502.3	重度缺水	西藏	140200.0	不缺水
浙江	2057.3	轻度缺水	陕西	932.8	重度缺水
安徽	1285.4	中度缺水	甘肃	767.0	重度缺水
福建	3218.0	不缺水	青海	13675.5	不缺水
江西	3600.6	不缺水	宁夏	153.0	极度缺水
山东	152.1	极度缺水	新疆	3186.9	不缺水
河南	300.7	极度缺水			

资料来源：《中国统计年鉴》（2015）。

（二）水资源分布不均衡

1. 水资源构成结构不均衡

按水资源构成结构进行划分，可将水资源分为地表水和地下水。从水资源构成结构来

[①]　资料来源：《国际统计年鉴》（2014）。

看，我国水资源以地表水资源为主，地下水资源量较低。除去地表水与地下水资源重复量，2014 年我国地表水资源量为 26263.91 亿立方米，地下水资源量为 7745.03 亿立方米，地表水资源是地下水资源的 3.39 倍。从各省市自治区的构成来看，在 31 个省市自治区中，除河北、山西、山东、宁夏 4 省（区）外，其他地区水资源也是以地表水为主①。

2. 水资源地区分布不均

我国水资源地区分布不均，突出表现在水资源地区分布与国土面积、耕地和人口分布不甚匹配。

长江流域及其以南的珠江、浙闽台诸河、西南诸河等流域，国土面积、耕地和人口分布占全国的 36.5%、36% 和 54.7%，而水资源却占到全国的 81%，人均水资源量为全国平均水平的 1.6 倍，亩均占有水量为全国的 2.3 倍。其中，西南诸河片人均水资源为全国均值的 15 倍，亩均占有水量为全国平均值的 12 倍。

我国北方面积为全国的 18.7%，水资源总量仅占全国的 14.4%，仅为南方的 18%。但是，北方耕地占全国的 58.3%，人口占全国的 43.2%。北方片中黄河、淮河、海河三大流域的水资源总量仅占全国的 7.5%，而人口和耕地却分别占到 34% 和 39%。尤其是海滦河片，人均和亩均水量都是全国的最低值，人均占有水量为全国均值的 16%，亩均占有水量为全国均值的 14%，是我国缺水最严重的地区之一。

3. 水资源时程分布不均

由水循环可知，自然界的水循环在时间上的变化很不稳定，因此水资源在时间分配上具有不均匀性。尤其是我国位于东亚季风区，属显著的大陆性季风气候，降水量和径流量的年内年际变化都相当大，而且贫水地区的变化一般大于丰水地区。全国大部分地区连续最大 4 个月降水量占全年的 70% 左右，南方大部分地区连续最大 4 个月径流量占全年径流量的 60% 左右，华北、东北的一些地区可达全年径流量的 80% 以上。年降水量的最大与最小比值，在南方为 2～4 倍，在北方为 3～6 倍。年径流量的最大与最小比值，在长江、珠江、松花江为 2～3 倍，黄河为 4 倍，淮河为 15 倍，海河则高达 20 倍。同时，降水量和径流量年际间还存在着连丰、连枯的现象。上述特征不仅给开发利用水资源带来了困难，也是水旱灾害频繁、农业产量不稳定的重要原因之一。

（三）水资源开发利用空间有限、用水结构较为稳定

1. 水资源开发利用日趋紧张

一方面，因我国水资源分布极端不平衡，加之特殊的地形地貌，我国水利工程建设任重道远。另一方面，确保粮食安全对水资源开发利用提出了更高要求。第三，当前粗放的用水方式，存在大量的水资源浪费和水污染等，是当前我国开发利用面临的主要挑战。整

---

① 资料来源：《中国统计年鉴》(2015)。

体上看，我国水资源开发利用已经逼近红线，开发空间十分有限。2010 年 12 月，国家颁布《中共中央、国务院关于加快水利发展的决定》。决定指出，到 2020 年，全国年用水总量力争控制在 6700 亿立方米以内……而 2014 年，我国实际用水总量为 6094.9 亿立方米，开发空间十分有限。海河、黄河、辽河流域水资源开发利用率已经达到 106%、82%、76%，西北内陆河流开发利用已接近甚至超出水资源承载能力。

2. 用水结构较为稳定

我国用水结构相对较为稳定。2008~2014 年，我国用水总量增幅较小，从 5910 亿立方米上升到 6094.9 亿立方米，仅增长 3.13%。同时，用水结构相对比较稳定。农业用水平均约占 62.43%，工业用水约占 23.30%，生活用水约占 12.44%，生态用水约为 1.82%（见图 1-2）。

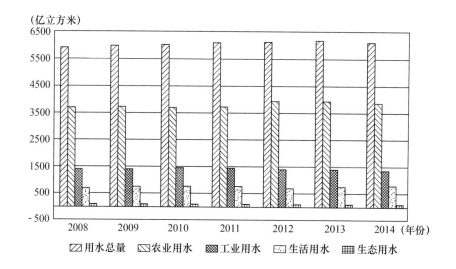

图 1-2 2008~2014 年我国的用水结构

资料来源：《中国统计年鉴》（2015）。

2008~2014 年，用水结构仅发生微小变化。在四方面用水均在增加的基础之上，也仅表现在农业用水与生活用水比重的微小提升，以及工业用水与生态用水的略微下降。

（四）水土流失与水污染严重

1. 水土流失问题突出

水土流失是土地退化和生态恶化的主要形式。对经济社会发展的负面影响是多方面的、全局性的和深远性的，甚至是不可逆的。当前，我国水土流失问题突出。据统计，中国水土流失面积达 356 万平方公里，占国土面积的 37%，约占我国国土面积的 30% 之多。每年流失的土壤面积总量达 50 亿吨。严重的水土流失导致土地退化、生态恶化，造成河道、湖泊、泥沙淤积，加剧了江河下游地区的洪涝灾害。由于干旱和超载过牧，导致草原出现退化、沙化现象。2015年，国家出台《全国水土保持规划（2015~2030)》，意味着国家已对水土流失问题有更加清醒的认识。要求到2020年，基本建成水土流失综合防治体系，新增水土流失治理面积94万平方公里，年均减少土壤流失量15亿吨。

2. 水污染严重

随着工业发展、城镇化提速以及人口数量的膨胀，我国水污染问题十分严重。全国主要流域的Ⅰ~Ⅲ类水质断面占64.2%，劣Ⅴ类占17.2%，其中，海河流域为重度污染，黄河、淮河、辽河流域为中度污染。湖泊（水库）富营养化问题仍然突出，据56个湖泊（水库）的营养状态监测显示，中度富营养的3个，占5.2%；轻度富营养的10个，占17.2%。虽然1995年后国家就启动了对"三河三湖"的治理（三河：辽河、海河、淮河；三湖：太湖、巢湖、滇池)，但是这些区域目前仍然处于严重污染的状态。同时，大部分工业和生活污水未经处理直接排入水中，农业生产中化肥和农药的大量使用，使得部分水体污染严重。水污染不仅加剧了灌溉可用水资源的短缺，成为粮食生产用水的一个重要制约因素，而且直接影响到饮水安全、粮食生产和农作物安全，造成了巨大的经济损失。

第二章　合肥市水资源现状分析

一、基础条件

（一）水文气象、河流湖泊

合肥市位于安徽省中部，面积为 1.14 万平方公里，东濒长江，西北为江淮分水岭，东北邻滁河流域。辖 4 区（包河区、瑶海区、庐阳区、蜀山区）、5 市县（肥东县、肥西县、长丰县、庐江县和巢湖市）。2011 年，合肥市行政区划调整后，巢湖作为长江中下游地区重要的淡水湖泊，承接长江、淮河两大水系，整体纳入合肥市成为合肥市内湖。为了保证数据的统一性，本书中提到的合肥市所有 2011 年之前的数据都按照 2011 年行政区划调整之后进行统计的。

第一，水文气象。主要包括以下几个方面：一是地理环境。合肥市地处中纬度由亚热带向暖温带的过渡区域，冷暖气团交锋频繁，气候表现出明显的过渡性，降水多变。合肥市位于南北冷暖气流交会较频繁的地带，具有较好的水汽输送条件，大量水汽随着东南季风和西南季风输入，春末夏初季风加强，水汽通量也随之加大，进入梅雨季节，6～7月上旬由于太平洋副热带高压西伸北挺，先后进入雨季。二是气温状况。合肥市多年平均气温为 15℃。年内最高气温在 7 月，最低在 1 月。极端最高气温为 41℃，极端最低气温为 −20.6℃。多年平均日照数为 216～2036 小时，合肥市多年平均无霜期约 227 天。三是降水量及蒸发量。受过渡性季风环流的影响，全市 1956～2010 年多年平均降水量 1037 毫米，多年平均蒸发量 800～920 毫米，降水时空分布不均，呈现汛期集中现象，其中汛期 5～9 月降水量占年降水量的 62% 左右，4～10 月降水量占年降水量的 77% 左右。全市最大最小年降水量极值比为 3.0∶1.0。[①]

[①]　数据来源于《合肥市城市水资源配置规划》。

第二，河流湖泊。合肥市境内河流，以江淮分水岭为界，岭南为长江水系，岭北为淮河水系。一是长江水系主要河流有南淝河、派河、丰乐河、杭埠河和滁河，除滁河外，各河流均通过巢湖流入长江，其中长江流域面积占全市总面积的 77.2%；二是淮河水系主要河流有东淝河、沛河、池河等，除池河外，各河流均通过瓦埠湖、高塘湖流入淮河，淮河流域面积占全市总面积的 22.8%。

由于古地质构造形成的江淮分水岭地貌格局，合肥市境内河流均发源于江淮分水岭两侧高岗地带，为山丘雨源型河流，其特点是集水面积小而分散，河道坡度大，源短流急，常流水少，是形成合肥市水资源紧缺的重要因素。

合肥市区域范围及周边较大的湖泊有巢湖、黄陂湖、瓦埠湖、高塘湖等，总面积达 986.3 平方公里，正常蓄水位对应的容积 20.4 亿立方米。巢湖是安徽境内最大的湖泊，也是我国五大淡水湖之一。跨合肥市区、肥西县、肥东县、县级巢湖市和庐江县。巢湖流域总面积 13486 平方公里，约占安徽省总面积的 9.3%，正常蓄水位 8.00 米时，湖面面积 755 平方公里，容积 17.17 亿立方米。

（二）水资源总量

合肥市 1956~2010 年多年平均水资源量为 39.76 亿立方米，其中地表水资源量为 38.60 亿立方米。全市水资源时空分布不均匀，位于合肥市南部的庐江县与巢湖市水资源相对丰富，分别占合肥市水资源总量的 28.7% 与 22.0%。水资源相对匮乏的是肥西县、肥东县、长丰县与合肥市区，分别占合肥市水资源总量的 16.4%、14.2%、11.5% 和 7.3%（见表 2-1）。

表 2-1　合肥市行政分区同步期水资源总量表

行政区	多年平均地表水资源量（亿立方米）	多年平均地下水资源量（亿立方米）	与地表水资源不重复量（亿立方米）	水资源总量
合肥市区	3.12	0.44	0.02	3.15
长丰县	4.42	1.28	0.02	4.44
肥东县	5.38	1.96	0.02	5.40
肥西县	6.10	2.34	0.48	6.58
庐江县	11.40	2.10	0.33	11.73
巢湖市	8.18	1.81	0.29	8.47
总计	38.60	9.92	1.16	39.76

合肥市全市多年人均水资源占有量为 528 立方米，低于全省 876 立方米的平均水平，也低于国际公认的人均 1700 立方米的红色紧张线，处于国内中下水平，大约相当于全国人均水资源占有量的 1/4，世界人均水资源占有量的 1/14，为缺水城市，如图 2-1 所示。

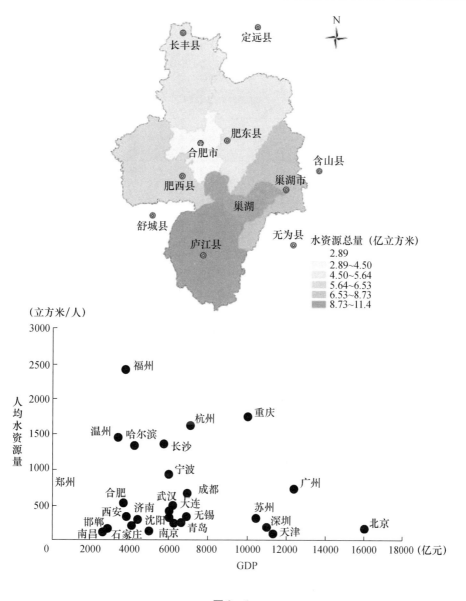

图 2 - 1

（三）水资源可利用量

依据上文的内容，可知合肥市多年平均地表水资源量 38.60 亿立方米，实际可利用量为 22.11 亿立方米，地表水资源可利用率为 57.3%。其中，长江流域可利用水量为 18.78 亿立方米，可利用率为 58.5%；淮河流域可利用水量为 3.33 亿立方米，可利用率为 51.3%。各水资源分区可利用量如表 2 - 2 所示。

合肥市地下水资源量为 9.92 亿立方米，其中不重复量为 1.16 亿立方米，平原区开采利用地下水较少；山丘区水资源量则与地表水资源量重复。因此，合肥市的水资源可利用

表 2 – 2　各水资源分区可利用量

流域	四级区	地表水资源量（亿立方米）	可利用量（亿立方米）	可利用率（%）
淮河	王蚌南岸沿淮区	4.91	2.42	49.3
	定凤嘉区	1.57	0.74	47.4
	小计	6.49	3.33	51.3
长江	南淝河区	10.78	6.49	60.2
	滁河区	2.15	1.13	52.8
	巢湖下游区	17.65	10.51	59.6
	菜子湖区	1.54	0.81	52.5
	小计	32.11	18.78	58.5
合肥	总计	38.60	22.11	57.3

总量近似地等于地表水可利用量，即合肥市水资源可利用总量为 22.11 亿立方米，可利用率为 57.3%。[①]

（四）水资源质量

1. 河流水质

截至 2015 年，合肥全市境内主要河流 18 条，总河长 930.1 千米，全年符合《地表水环境质量标准》（GB3838—2002）Ⅱ类的占 4.3%，Ⅲ类的占 64.0%，Ⅳ类的占 13.9%，劣Ⅴ类的占 17.8%；劣于Ⅲ类水的占 31.7%。水质较好的河流主要有裕溪河、店埠河、丰乐河、杭埠河、舒庐干渠、白石天河、兆河等。水质较差的河流主要有南淝河、十五里河、派河、双桥河、滁河等，主要污染指标为高锰酸盐指数、化学需氧量、氨氮、总磷等。不同水情期其水质略有不同，汛期水质优于非汛期水质。

2. 湖泊和水库水质

湖泊主要有巢湖，高塘湖、瓦埠湖属于合肥市域的水面。水库主要有董铺水库、大房郢水库，水质整体较好，近几年全年均值为Ⅱ类，为中营养。

巢湖流域多年平均入湖量约 35 亿立方米，湖面降水量约 7.6 亿立方米，但水质差（西半湖为Ⅴ类，东半湖为Ⅳ类），水资源综合利用水平仅为 25%，面临水质型缺水的风险（见表 2 – 3）。在巢湖主要入湖河流中，南淝河、派河、十五里河、裕溪河等流域内，部分高污染行业（火电、钢铁、化学纤维制造、造纸、酒业与食品行业、畜禽养殖业等）呈现出沿河沿湖布局的特征，造纸、化学纤维制造、建材水泥等行业对合肥市经济总量的贡献率较低，而污染物排放量大，环境成本较高，加重了巢湖流域污染减排压力。加之流域建设用地扩张迅速，侵占大量生态用地，湿地、林地等重要生态

---

① 数据来源于《合肥市城市水资源配置规划》。

功能用地减少了 6% 以上，特别是环巢湖地区，受水位人工调节、围湖造田、建设用地拓展等因素影响，湖滨湿地减少了 8% 以上，湖滨生态系统污染自净能力显著下降，加重污染入湖负荷。

巢湖西湖区入湖河流南淝河、十五里河和派河水质明显差于东湖区入湖河流白石天河、兆河、柘皋河。西湖区入湖河流南淝河、十五里河和派河水质长期处于劣Ⅴ类水质，这也是导致巢湖西半湖水质较差的主要原因。东湖区入湖河流水质以Ⅲ类水质为主，水质状况良好。目前，十五里河、派河、双桥河、南淝河及其支流店埠河、二十埠河为劣Ⅴ类，杭埠河与柘皋河为Ⅱ~Ⅲ类，丰乐河、白石天河、兆河、裕溪河为Ⅲ~Ⅳ类。

因此，巢湖水资源虽然丰富，但由于西半湖长期处于Ⅴ类或劣Ⅴ类，不能作为合肥市城市供水水源地，只有东半湖目前作为巢湖市的供水水源。

表 2-3 2001~2015 年巢湖主要出入湖河流水质状况

河流名称	2001 年	2002 年	2003 年	2008 年	2010 年	2015 年
南淝河	劣Ⅴ类	劣Ⅴ类	劣Ⅴ类	劣Ⅴ类	劣Ⅴ类	劣Ⅴ类
十五里河	劣Ⅴ类	劣Ⅴ类	劣Ⅴ类	劣Ⅴ类	劣Ⅴ类	劣Ⅴ类
派河	劣Ⅴ类	劣Ⅴ类	劣Ⅴ类	劣Ⅴ类	劣Ⅴ类	劣Ⅴ类
杭埠河	Ⅱ类	Ⅲ类	Ⅲ类	Ⅱ类	Ⅳ类	Ⅱ类
白石天河	Ⅲ类	Ⅳ类	Ⅲ类	Ⅳ类	Ⅲ类	Ⅲ类
兆河	Ⅲ类	Ⅲ类	Ⅲ类	Ⅳ类	Ⅲ类	Ⅲ类
柘皋河	Ⅲ类	Ⅳ类	Ⅲ类	Ⅲ类	Ⅲ类	Ⅲ类
裕溪河	Ⅲ类	Ⅲ类	Ⅳ类	Ⅳ类	Ⅲ类	Ⅲ类
双桥河				劣Ⅴ类	劣Ⅴ类	劣Ⅴ类

二、合肥市水资源的供需现状分析

（一）供水现状分析

1. 供水工程

根据《安徽水利统计年报 2012》，截至 2012 年，合肥市域共有大型水库 2 座，总库容 4.33 亿立方米，兴利库容 1.26 亿立方米；中型水库 20 座，总库容 4.37 亿立方米，兴利库容 2.46 亿立方米；小型水库 693 座，总库容 5.38 亿立方米，兴利库容 2.92 亿立方米；塘坝 14.58 万座，总塘容 6.55 亿立方米，有效塘容 6.19 亿立方米。

2012 年合肥市已建引水工程 21 处，设计供水能力 8.22 亿立方米，现状实际供水能力 6.81 亿立方米。已建成提水工程 1409 处，总装机 25.88 万千瓦，设计年供水能力 16.99 亿立方米，现状实际年供水能力 14.64 亿立方米。2010 年合肥市已建跨流域调水工程 21 处，用以解决淠河灌区农业用水，其实际供水能力达到 7.51 亿立方米。合肥市引、提水工程统计如表 2 - 4 所示。

表 2 - 4 合肥市引、提水工程统计表

行政区	引水工程			提水工程		
	数量（处）	现状供水能力（万立方米）	设计供水能力（万立方米）	数量（处）	现状供水能力（万立方米）	设计供水能力（万立方米）
合肥市区	4	1669	1744	268	30777	34196
长丰县	2	21716	24241	126	16000	19000
肥东县	10	15000	17500	310	22300	22300
肥西县	4	13000	18750	290	12300	13100
庐江县	1	16700	20000	218	33293	41616
巢湖市	0			197	31769	39712
合肥市	21	68085	82235	1409	146439	169924

2012 年合肥市地下水供水设施现状总供水能力为 4183 万立方米/年，其中浅层地下水配套机电井 792 眼，现状供水能力为 2164 万立方米/年；深层地下水配套机电井 5 眼，现状供水能力 319 万立方米/年；此外还有农村饮水安全工程自备水源，现状供水能力为 1700 万立方米/年。

根据《合肥市城市水资源配置规划》，合肥市 2011 ~ 2030 年的水资源配置规划工程将涉及合肥市主城区、新桥机场临空地区、巢北地区、巢湖城区、庐江城区、长丰城区，供水能力将有所增强。

2. 供水量

根据《合肥市水资源公报 2015》，行政区划调整后，2015 年合肥市总供水量为 30.45 亿立方米，其中地表水源供水量为 29.57 亿立方米，占供水总量的 97.1%；地下水源供水量为 0.39 亿立方米，占供水总量的 1.3%，其他水源供水量为 0.48 亿立方米，占供水总量的 1.6%。

1980 ~ 2015 年，伴随着经济社会发展、人口增加和生活水平的提高，合肥市用水量逐步增加，供水量基本呈稳增长趋势。全市供水总量从 1980 年的 15.66 亿立方米增加到 2015 年的 30.45 亿立方米，年均增长 2.7%。供水总量的增加主要体现在地表水源工程，地表水源供水量由 1980 年的 15.46 亿立方米增加到 2015 年的 29.57 亿立方米，净增 14.11 亿立方米。通过比较可看出，合肥市的用水基本呈递增趋势，但是在 2015 年虽然合肥市人口有所增加，但是供水量却有所下降，这表明合肥市的水资源管理制度实施初见成效。1980 ~ 2015 年合肥市用水变化如表 2 - 5 所示。

表 2 – 5　合肥市 1980 ~ 2015 年供水量统计　　　　单位：亿立方米

年份	地表水源供水量	地下水源供水量	其他水源供水量	总供水量
1980	15.46	0.20	—	15.66
1985	19.21	0.24	—	19.45
1990	22.57	0.30	—	22.87
1995	24.39	0.43	—	24.81
2000	22.84	0.55	—	23.39
2005	24.94	0.41	0.07	25.43
2010	31.12	0.39	0.67	32.18
2013	31.92	0.39	0.35	32.66
2014	25.99	0.39	0.27	26.65
2015	29.57	0.39	0.48	30.45

注：1980 ~ 2010 年数据来源于《合肥市水资源综合规划》，2013 年、2014 年、2015 年的数据来源于《2013 年合肥市水资源公报》《2014 年合肥水资源公报》及《2015 年合肥水资源公报》。

地表水供水多年来一直是合肥市的主要供水途径，除了合肥市区与巢湖市利用少量的其他水源外（污水回用），其余各区县均利用地表水（地下水极少利用）。地表水供水形式为蓄水、调水、引水与提水 4 种类型，且供水以蓄水工程为主导，同时对外调水依赖程度较高。2015 年地表水源供水中蓄水、引水与提水共为 26.67 亿立方米，占地表水源供水量的 80.8%；外调水 5.67 亿立方米，占地表水源供水量的 19.2%。合肥市用水结构配置较低，农业用水一直占据主导地位。

（二）需求现状分析

1. 需水结构分析

根据《合肥市水资源公报 2015》，2015 年合肥市总用水量为 30.45 亿立方米，其中综合生活（含居民生活及城镇公共）用水量为 5.30 亿立方米（其中城镇生活需水量 2.82 亿立方米，农村生活需水量为 0.65 亿立方米），占用水总量的 17.4%。

工业用水量为 5.52 亿立方米，行政区中工业需水量最大的为合肥市区（2.43 亿立方米），水资源分区中工业需水量最大的为南淝河区（3.48 亿立方米），占用水量的 18.1%。

农业用水量为 18.84 亿立方米，占用水总量的 61.9%。合肥市多年平均农田灌溉需水量为 23.73 亿立方米，50%、75% 和 95% 年份农业需水量分别为 21.20 亿立方米、29.65 亿立方米和 38.51 亿立方米。林牧渔畜需水量为 1.02 亿立方米。

生态需水量分河道内生态需水量和河道外生态需水量，参与供需平衡分析的为河道外生态需水量，主要通过人工设施为城镇绿地、环境卫生、河道补水和水土保持生态林等的灌溉水量。合肥市河道外生态需水量为 0.78 亿立方米，占用水总量的 2.6%。合肥市 2015 年用水结构比例图如 2 – 2 所示。

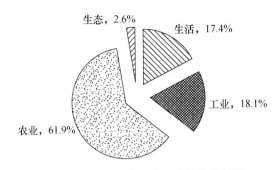

图 2 - 2　2015 年合肥市用水结构比例图

通过 2015 年合肥市用水结构可以分析得出，合肥市的用水结构中农业用水占有重要组成部分，其次是工业用水和城镇生活用水。因此，用水结构配置较低。2015 年合肥市用水量统计（行政分区与水资源分区）如表 2 - 6 所示、表 2 - 7 所示。

表 2 - 6　合肥市 2015 年用水量统计（行政分区）　　　　单位：亿立方米

分区	生活	工业	农业	生态	合计
合肥市区	3.12	2.43	0.61	0.65	6.89
长丰	0.32	0.53	2.97	0.05	3.88
肥东	0.46	0.81	3.96	0.01	5.24
肥西	0.44	0.84	2.93	0.02	4.22
巢湖市	0.49	0.67	2.86	0.05	4.06
庐江	0.39	0.25	5.52	0.005	6.16
合肥市	5.30	5.52	18.84	0.78	30.45

表 2 - 7　合肥市 2015 年用水量统计（水资源分区）　　　　单位：亿立方米

流域	分区	生活	工业	农业	生态	合计
淮河	王蚌南岸沿淮区	0.37	0.61	3.00	0.05	4.02
	定风嘉区	0.14	0.25	1.21	0.00	1.60
	小计	0.51	0.86	4.21	0.05	5.62
长江	南淝河区	3.76	5.72	4.99	0.67	12.90
	滁河区	0.18	0.23	1.48	0.01	1.98
	巢湖下游区	0.80	0.84	7.58	0.05	9.28
	菜子湖区	0.04	0.03	0.60	0.00	0.67
	小计	4.79	5.96	14.63	0.72	24.83
	合计	5.30	6.82	18.84	0.78	30.45

根据上述表格数据分析可知，合肥市区需水量主要由工业（占总用水量的 44%）、生活共占有需水总量的 86%，而长丰、肥东、肥西、巢湖市、庐江的农业需水量分别占自身需水总量的 77%、76%、69%、70% 及 90%。依据水资源分区可知，其中 81.5% 的水源来源于长江水系，约 18.5% 的水源来源于淮河水系。

根据表 2 - 6 可知，行政区中需水量最大为合肥市区（6.89 亿立方米）。占用水总量的

60%，巢湖市、庐江、肥西、肥东及长丰分别占用水总量的9%、8%、8%、9%及6%（见图2-3）。

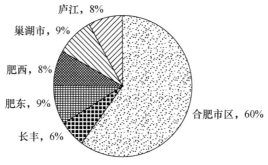

图2-3　2015年各县、市用水比例

2. 1980~2015年平均需水量分析

1980~2015年，合肥市总用水量2010年以前变化量增长明显，2010年以后用水总量增长较为稳定，其中生活（包含生态）、工业用水量增速较大，生活用水量由1980年的1.21亿立方米上升到2015年的5.30亿立方米，年均增长率为9.7%。工业用水量由1980年的0.9亿立方米上升到2015年的5.52亿立方米，年均增长率为14.7%；其占总用水量的比重也增长较快，由1980年的5.8%增加至18.1%。农业用水量相对稳定，近年来基本维持在19亿立方米左右。

根据历年来的数据分析可知，工业需水总量增长率最大，但是平均用水量呈逐渐下降趋势，这说明合肥市产业结构调整进展顺利，新兴产业以低耗水、低污染、科技含量产业为主；而农业需水总量基本不变，生活需水总量随着人口的不断增长也是有所提高的，合肥市的人均综合生活用水量指标也处于较高的水平，节水潜力较大。1980~2015年合肥市用水变化如表2-8所示。

表2-8　合肥市1980~2015年用水量统计　　　　　　　单位：亿立方米

年份	生活	工业	农业	合计
1980	1.21	0.9	13.54	15.66
1985	1.43	1.43	16.58	19.44
1990	1.84	2.33	18.7	22.87
1995	2.1	4.02	18.68	24.8
2000	2.55	4.76	16.08	23.39
2005	3.03	6.66	15.74	25.43
2010	5.16	8.08	18.95	32.18
2013	5.77	6.64	20.26	32.66
2014	5.72	5.72	15.21	26.65
2015	5.30	5.52	18.84	30.54

注：1980~2010年数据来源于《合肥市水资源综合规划》，2013年、2014年、2015年的数据来源于《2013年合肥市水资源公报》《2014年合肥水资源公报》及《2015年合肥市水资源公报》。

3. 供求现状平衡分析

从往年历史数据可以看出，多年平均及 50%、75%、95%①保证率条件下，合肥市总需水量分别为 37.58 亿立方米、35.05 亿立方米、43.50 亿立方米和 52.36 亿立方米。需水量的多年平均值如表 2-9 所示。

2015 年全市水资源总量为 49.76 亿立方米，产水系数多年平均为 0.36，产水模数为 43.48 万立方米/平方千米。合肥市当前水资源的供求现状是基本能够平衡，但是在保证率 95% 的条件下，则存在供水缺口。

表 2-9　合肥市水资源需求量多年平均值　　　　　单位：亿立方米

行政区	生活	工业		农业					生态环境	合计			
		合计	其中：火核电	农田灌溉				林牧渔畜		50%	75%	95%	多年平均
				50%	75%	95%	多年平均						
合肥市区	2.58	3.95	0.10	0.63	0.83	1.09	0.69	0.03	0.70	7.89	8.09	8.35	7.95
长丰县	0.26	0.81	0.00	4.39	6.41	8.44	5.06	0.10	0.02	5.57	7.59	9.62	6.24
肥东县	0.39	1.01	0.17	5.51	7.84	10.12	6.28	0.08	0.02	7.01	9.34	11.62	7.78
肥西县	0.39	1.39	0.00	4.08	5.50	7.22	4.44	0.04	0.02	5.92	7.34	9.06	6.28
庐江县	0.40	0.28	0.00	4.10	6.04	7.59	4.50	0.24	0.00	5.02	6.96	8.51	5.42
巢湖市	0.35	0.64	0.16	2.48	3.04	4.04	2.76	0.13	0.03	3.63	4.19	5.19	3.91
合计	4.37	8.08	0.43	21.20	29.65	38.51	23.73	0.62	0.79	35.05	43.50	52.36	37.58

三、水资源管理成效

（一）依法治水，规章制度日益健全

近年来，合肥市高度重视水资源保护和管理工作，以依法治水为前提，积极健全水资源保护与管理政策法规体系，出台了《中共合肥市委、合肥市人民政府关于加快水利改革发展的实施意见》《关于落实有关政策措施分工》；颁布实施了《合肥市水资源管理办法》《合肥市饮用水水源保护条例》《合肥市城市节约用水管理办法》《合肥市排水管理办法》等一系列地方性法规；编制了《合肥市水资源综合规划》《合肥市城市水资源配置

---

① 在进行水利计算时，将经验频率换算为保证率的概念。如对降雨而言，就是某一降水量获得保证的年份数占计算总年数的百分比。保证率为 80%，说明在长期的统计计算中，某一降水量 80% 的年份得到保证，20% 的年份不足。水文年：指与水文情况相对应的一种年度。如降水是农业用水的主要来源，一般把保证率为 25% 的降雨年份作为湿润水文年，50% 保证率的降雨年份作为平水年，75% 的年份为干旱年，接近 100% 的年份为特别干旱年。

规划》《合肥市节水型社会建设规划》《合肥市水生态保护与修复规划》《合肥市湿地保护与发展规划》《合肥市水功能区划》《合肥市水生态文明城市建设试点实施方案》《合肥市水功能区水质监测方案》《合肥市水功能区水质达标率控制目标分解方案》等有关规划和方案。

在节水方面，出台《合肥市节约用水"三同时"管理办法》，认真落实节水"三同时"制度，严格执行节水强制性标准，制定了《合肥市城市节水型生活用水器具推广应用管理工作规范》。

在饮用水方面，颁布实施了《合肥市饮用水水源保护条例》，开展饮用水水源地安全评估，编制了《合肥市董铺大房郢水库饮用水水源地防护与整治现状调查与分析报告》；制定了《合肥市城市饮用水水源地突发事件应急预案》及《巢湖市、肥东县饮用水水源地突发事件应急预案》。

在严格的水资源论证管理方面，市水务局和市发改委联合印发《关于加强建设项目水资源论证工作的通知》，从源头上把控项目审批关，规范论证报告书审查审批。

（二）稳步推进节水型社会建设

根据合肥的水资源的供需现状和合肥的未来发展规划来看，短期内合肥市水资源供给短缺风险较小，但就长期预测来看，水资源的供给缺口较大，所以推进节水型社会尤为重要。

合肥市按照《合肥市节水型社会建设试点规划》要求，在政府主导和社会广泛参与下，实现了用水总量控制目标，水资源利用效率与效益明显提高，改善了水生态环境，初步形成了政府主导、市场调节、公众参与的节水型社会运行机制，2013 年通过国家验收，达到了试点预期目标。

落实取水许可制度，分级审批。严格用水效率管理，推进节水型社会建设。强化对取水户管理：申报用水计划，加强取水计量管理，做好专项检查，并且取得了一定的效果，2014 年安徽省实行最严格的水资源制度考核，合肥市获全省第一名。

建立科学合理的用水消费模式，以节水型社会建设试点城市为契机，将节约用水贯穿于经济社会发展和人民群众生活全过程，建立健全有利于节约用水的体制和机制，建立适应水资源条件和有利于促进节约用水的水价体系。强化用水定额管理，加快推进节水技术改造。

（三）水质安全和用水安全保障性提高

（1）加强实施"铁腕治湖""河长制"手段。在干渠供水期间，采取了一系列的防治污染的措施：一是沿岸重要地段设置了安全警示牌。二是提高灌区居民或者水户的节水意识。水管单位干部职工到供水联系点，散发供水服务宣传单，宣传水工程和水环境保护等有关法律法规，向用水户们做好供水服务工作，提高灌区周边群众的节水、爱水、护水意识。三是提醒目的地段悬挂宣传标语。四是将滁河干渠列入"河长制""农村环境综合整治""三线三边"整治和"城市水源地保护联席会议"的管理和考核范围,有效地解决了干渠和水库周边存在的一系列环境保护问题。自2013年以来,共拆除搬迁畜禽养殖场28处,截污改造排污口11处,清理建筑和生活垃圾20余处,基本实现了污水截流入网,取缔畜禽养殖、遏制围库造塘、乱倒垃圾和违章搭建的目标。

(2)加大相关水利工程建设力度,保障水质安全及供水安全。近年来,通过实施董铺水库溢洪道扩建及南淝河生态补水工程、董铺水库泄洪涵洞除险加固工程、南淝河河道治理工程(在建)、董铺和大房郢两水库水源保护区生态湿地一期工程、长丰县四里河五项治理工程,总投资近10亿元,按照流域—入库河道—水库周边—局部区域—管理的不同层次进行水源地保护的总体思路治理,有效整治了入库河道,减少污染物产生量和入河入库量,加强生态湿地建设、完善隔离防护措施、加强滨水环境整治、构筑多重环库生态防线,有效保障水源地供水安全,达到生态修复、污染治理、清源补水、绿化提升、净化水质的目的,全面保障了合肥市城市供水安全和水质安全,进一步推进水生态文明城市建设。

(3)增加污水处理工程建设,提升污水处理能力。截至2015年,合肥市已经建成城镇污水处理厂26座,总规模158.5万立方米/d,其中城区12座,规模120.5万立方米/d,下辖县(市14座),规模38.0万立方米/d。

2015年全市正式投入运行的污水处理厂17座,总规模121.5万立方米/d,污水处理厂实际处理水量4.71立方米/d,其中市区实际处理水量4.05立方米/d,与2014年相比提高5.2%,四县一市处理水量0.66立方米/d,与2014年相比提升6.5%。

(四) 信息化水平建设不断提高

由于董铺、大房郢水库是合肥市主要的饮用水水源地。为了利用现代科技手段,更高效地做好防洪安全、供水安全、工程安全,实现董铺与大房郢水库重点区域的全方位监控,保护水质和保障水工程建筑物的安全。2013年2月,董铺、大房郢水库信息化系统(视频监控)集成及安装工程在完成设计与招标工作后开工建设。该工程主要包括信息采集系统、视频监控系统、闸门监控系统、信息化系统及机房建设等。

信息采集系统主要是完成各项原始数据的采集,包括水雨情信息采集系统、流量数据采集系统、大坝安全监测数据采集系统、水质信息采集系统等。其中水雨情信息采集是完成对两库周边8个雨量和2个水位站的数据采集,采集方式为通过内部局域网与合肥市水文局水雨情数据库实现数据共享。流量数据采集是通过网络与水利厅供水数据共享,实现对自来水公司在董铺水库的二、三、四、五、七水厂取水口及大房郢水库的六水厂取水口和合肥发电厂在大房郢水库的取水口供水流量数据进行采集。大坝安全监测数据采集系统主要是完成两库50根测压管的数据采集工作,由测压管内安装的钢弦式自动传感器进行观测,数据传输为光纤有线。水质信息采集是对市环保局将在两库库区内设置的5个水质监测点进行数据共享。

视频监控系统主要包括水库大坝、坝下管理区及两库周边汇水及进水口等重要区域共37个视频点。通过两库视频信息共享系统开发,实现一定范围内远程、实时监控。

信息化系统在对信息采集系统、视频监控系统、闸门监控系统等的数据进行收集和整理的基础上进行数据分析和发布，以供领导决策使用。主要包括水雨情监测系统、水资源管理系统、信息门户网站、移动综合应用系统及洪水预报与调度系统、决策支持系统及办公系统软件等。

机房建设一方面对管理处自动化控制中心办公楼机房硬件设备及软件进行改造，适应升级后新的系统要求，另一方面增设会商室，以此供防汛调度使用。本系统现已运行，大大提高了水库防汛调度、供水水量管理、水质监测及大坝安全防护等方面的管理水平。

四、水资源管理主要问题

（一）优质水资源不足

合肥市地处江淮丘陵区，地下水资源极为匮乏，其当地水资源主要为降水产生的地表径流。合肥市多年平均水资源总量为 39.01 亿立方米（不含入境水量），人均水资源量仅为 523 立方米，为人均 1000 立方米的国际水资源紧缺标准的 52%，已接近国际公认的人均 500 立方米的严重缺水线，随着市域人口的增长，人均水资源量将进一步下降[①]。

据分析，在现状工程的条件下，即使采取强化节水措施，至 2030 年合肥市域一般年份缺水量约为 6.6 亿立方米；特殊干旱年份，缺水量激增至 20 亿立方米，供需矛盾将更加尖锐。

目前，董铺水库是合肥市的主要优质水源地，但由于水库控制流域面积较小，流域面积仅有 207.5 平方公里，自产水量不足，主要依靠上游的滁河干渠引水。由于滁河引水工程是以农业用水为主，供水保证率是偏低的。合肥市引滁灌溉工程自建成以来，年均引水量一般在 6.5 亿~7.0 亿立方米，但遇到大旱年份滁河入境的水量明显不足，尤其是灌区尾部缺水更为严重，遇到连续多年干旱的情况下，很少有水能够调入合肥市境内，跨地区的协调难度较大，大城市与大农业争水的矛盾应得到充分的重视。

（二）用水效率有较大提升空间

近 30 年来，随着产业布局和结构调整、技术进步、用水管理水平提高及近年节水方面加大投入，整体水资源利用效率有了较大提高。作为约束性指标的万元 GDP 用水量由 2000 年的 1166 立方米/万元下降至 2010 年的 109 立方米/万元，万元工业增加值用水量由 1980 年的 1379 立方米/万元下降至 2010 年的 69 立方米/万元，呈良好态势发展。由于农村水利设施建设发展与节水措施的相继实施，亩均灌溉用水量呈逐年下降趋势，农业节水

---

① 数据来源于《合肥市城市水资源配置规划》。

灌溉面积仅占总灌溉面积的20%，农业灌溉水有效利用系数为0.5，节水系数还有待于提高。城镇用水节水意识仍然比较薄弱，市域生活用水节水器具普及率约为85%，用水效率偏低，节水水平有待进一步提高。

通过数据比较分析，可以看出万元工业增加值用水量及万元GDP用水量近年来下降幅度较大，农业用水变化幅度不大而人均用水幅度有一定的上浮趋势；同时选取规模接近或更大的城市对其万元GDP用水量进行比较，可以发现合肥的工业用水效率还有进一步提升的空间。合肥市用水效率变化、万元GDP用水量与其他城市、全国的对比情况如图2-4所示。

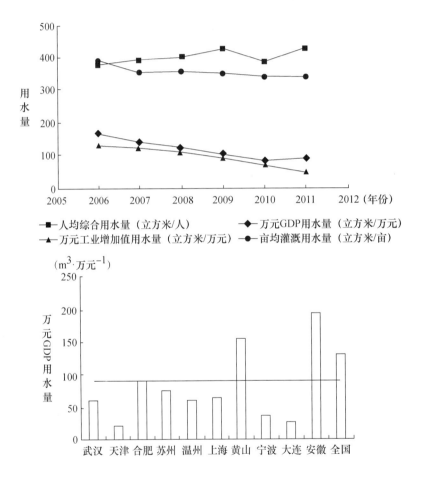

图2-4　合肥市用水效率变化、万元GDP用水量与其他城市、全国的对比情况

（三）水环境质量较差

合肥市水环境存在的主要问题是水污染严重，流经城市的南淝河、十五里河等河流没有完全实现污水截流，部分河段水质为劣V类，污染十分严重。董铺水库是合肥市目前唯一的优质饮用水源，但水质变化呈现明显富营养化趋势，由20世纪80年代的贫至中营养

发展到 90 年代末的中营养型, 水体富营养化的变化趋势应引起高度重视。

巢湖水资源比较丰富, 但目前湖水污染十分严重, 西半湖水质已达到重富营养化程度, 近年来虽然采取了一系列的治理措施, 但治理效果不明显, 富营养化的趋势没能得到有效控制, 因此于 2003 年 10 月 1 日前停止饮用巢湖水, 使得合肥市饮用水源更加紧缺。2004 年, 巢湖湖体为劣 V 水质, 总磷、总氮严重超标, 全湖平均为中度富营养化, 西半湖污染程度明显重于东半湖, 与上年相比, 巢湖水质无明显变化。

20 世纪以来, 合肥市投入了大量的人力物力对域内特别是巢湖流域水污染进行了较大规模的整治, 但是市域河湖污染负荷较重且具有长期性和复杂性, 水污染防治的形势依然严峻。主要有以下几个方面: 第一, 巢湖及环巢湖主要支流水质污染严重, 监测结果表明巢湖西半湖全年大多数时间内水质为 IV ~ V 类, 个别时段水质为 V 类, 水环境的污染严重制约着区域经济的可持续发展, 并造成了一系列的生态环境问题; 第二, 黄陂湖湿地功能退化明显, 水污染形势日益严峻, 由于围湖造田及对湿地的不合理开发, 大大缩减湖泊湿地面积, 改变了原来湖沼湿地的生态系统结构, 使生态系统的结构趋于简单, 组成种类趋于单一, 生产力降低, 削弱了生态系统自我调控能力, 作为鱼类、水禽等重要栖息地的环境条件正在逐步丧失; 第三, 随着城镇化进程的加快, 城镇生活污水及工业废水将大幅度的增加, 污染治理任务依然艰巨, 中小城镇污水处理成为未来需要重点建设的工程; 第四, 突发性水污染事故风险增大, 突发性水污染主要来源于航运过程中产生的污染量, 还有一些各类潜在的污染源、危险源逐渐增多, 高危化学品、有毒有机物的危害日益显著。

执法能力与依法治水管水的要求不相适应, 水政监察机构还没有充分发挥作用, 行政监督效能尚待提高。许多在法律上已经确立的制度, 在实践中并没有被很好执行。相对于第一个问题, 这一个问题更为突出。当然执法难是中国现阶段的一个普遍问题, 这与发展阶段人口资源压力、技术和投入水平差距等密切关联。具体到水行政执法领域, 现行政策法规贯彻不平衡, 例如水行政许可制度落实较好, 而防洪法中规定的一些制度执行明显滞后; 一些地区存在着重立法轻执法的现象, 现行法律制度没有得到很好的贯彻, 执法过程中执法不严现象依然存在。这些问题需要通过转变观念、理顺执法体制、加大执法投入等途径逐步加以解决。

(四) 未来供水安全保障性风险较高

合肥市是全省新型工业化和科学城镇化的重要承载地, 是创新型建设和区域合作的示范引领区, 也是全省建设生态宜居城市的典范, 在全省经济社会发展中占有举足轻重的地位, 然而并不优越的水资源条件使得城市发展的水资源保障压力与日俱增。

(1) 水源基础条件较差。目前, 合肥市区、长丰、肥东、肥西及庐江城区生活供水主要依赖淠河灌区和杭埠河灌区内的多座反调节水库, 这些水库在干旱年份自产水量不足, 均需依靠灌区补给水量。由于淠、杭灌区还需承担六安、淮南等城市用水以及逾 600 万亩农田灌溉用水任务, 可提供给合肥市的水量有限, 同长距离调水及明渠输水水质也存在一定的风险性。目前, 巢湖湖区及南淝河、十五里河、派河等入湖支流污染严重, 湖区水体长期处于富营养化状态, 已经不适宜承担城市生活供水任务, 仅可作为工业及农田灌溉用水。作为省会城市和发展中区域性特大城市，城市生活用水对水源、水量、水质均提出很高的要求，现有的单一补给水源既不可靠也不安全。

（2）供水网络不均衡，安全隐患较多。现状中心城区的骨干水厂布局在南部和西部，造成西南部地区水压较高，北部与东部地区供水压力低，甚至形成低压区。城市供水系统抗击突发事故能力有待加强，城区部分地区供水管线尚未改造，由此形成的低压区未能根除；部分供水管线被圈占埋压；施工挖断、爆裂供水管线引起大面积停水事故时有发生；城市供水系统存在安全隐患。

据分析，在现状工程条件下，即使采取强化节水措施，至2030年合肥市域一般年份缺水量约为6.6亿立方米；特殊干旱年份，缺水量激增至20亿立方米，供需矛盾将更加尖锐。特别是作为供水保障重心的城市供水，将面临更为严峻的挑战。

（五）水管理体制不明确，多头管理

"多龙治水"的体制表面上集中了众多部门的力量，但并未达到"团结治水"的目的。我国的水资源管理体制，总的趋势是逐步加强水资源的统一管理，从分割管理体制走向统一管理体制，目前已经形成了"一龙管水、多龙治水"的格局。水环境管理目前形成了由环保部门牵头，多部门参与的管理格局。水利部门作为水行政主管部门，环保部门作为水污染防治的行政主管部门，是对水管理负主要职责的两个部门，其他涉水部门还包括建设、农业、林业、电力、交通、卫生等政府部门。整体来看，我国的水管理由多个部门在其各自的职责范围内共同开展管理工作。

在充分肯定水管理改革取得一系列成就的同时，也会发现现行水管理体制和法规体系中存在的问题，主要包括：①水利和环保部门之间的冲突问题；②流域管理机构的能力问题；③水管理中的公众参与薄弱；④立法方面法律之间的不协调和不一致；⑤执法上的有法不依、执法不严；⑥科学化、民主化的行政决策机制不健全等。其中水利部门和环保部门之间的冲突是当前一个突出的体制问题，这一问题与水量、水质分隔管理的行政架构有关，更由于现行的《水法》和《水污染防治法》有关规定的不协调而复杂化。目前两部门在水环境管理存在职责分工不明确，导致实践中存在"两套功能区、两套规划、两套监测体系、两套数据"等各自为政的现象，这一问题在流域管理中表现得最为突出。

第三章　先发地区和城市水资源管理的经验借鉴

本部分内容主要以浙江省湖州、宁波市，上海市和深圳市作为先发地区样本。选择这4个城市主要由于其在水资源管理方面有诸多相似和相异举措，并均取得了较好成效。这些举措可以互为参照，并对合肥市水资源管理提供参考。

一、湖州市水资源管理的经验借鉴

湖州市毗邻我国五大淡水湖——太湖。尽管如此，按照国际标准，2013年，湖州市人均水资源量为1035立方米，属中等缺水城市。2016年9月，浙江省水利厅等相关部门组成考核组，对全省各设区市2015年和"十二五"时期实行最严格水资源管理制度进行了考核，湖州市获得浙江省"双优"成绩，其成绩获得离不开湖州水资源管理方面的有效举措。

（一）做大供水总量，做好"开源"工作

着眼于城乡一体化优质供水，湖州市持续推进供水水源和配套管网建设。在市本级和三县均配套建设一座大中型水库用于供水。市本级老虎潭水库自供水以来，供水管网持续向东部平原各乡镇延伸，供水范围不断扩大。德清对河口水库供水规模从4000万方/年提升至6000万方/年，率先实现了县域城乡供水一体化。截至目前，全市优质供水能力已超过2亿立方米/年，在2010年基础上翻了一番。

（二）推广中水回用技术，做好"节流"工作

湖州在浙江省较早推广中水回用技术。浙能长兴电厂中水回用设施是目前浙江省规模最大的中水回用项目，每天可处理6万吨的废水作为冷却水使用。在2016全球水峰会上，该项目荣获"全球最佳工业水处理项目奖"。除此之外，湖州先后建成长兴污水回用、夹

浦污水回用等一批中水回用工程，再生水回用率达到22.67%，处于全省领先水平。在农业节水方面，积极推广喷微滴灌节水灌溉模式，结合农田水利标准化工程和"菜篮子"工程，农业用水效率逐步提高。

（三）提高水资源的质量，做好"治污"工作

湖州在农业、工业、矿山污染等方面采取了积极措施，提高了水资源质量。农业污染方面，强势推进生猪、温室龟鳖"双控"。生活污水方面，扎实开展农村生活污水治理。工业污染方面，推进"低小散"污染行业整治提升，关停"低小散"企业。矿山治理方面，全市建筑石料实际开采量从原来2亿吨规模降至上年的3200万吨，在产矿山企业全部达到市级绿色矿山标准。由于从源头上减少了泥沙入河量，东、西苕溪矿山集中段颗粒悬浮物浓度显著下降，从以往的每升近500毫克下降到60毫克以下。

（四）建设流域性骨干工程，做好"活水"工作

湖州市抓住中央重视太湖流域水环境综合治理的重大政策机遇，大力推进太嘉河、环湖河道、苕溪清水入湖、扩大南排四大治太骨干工程，拓浚东、西苕溪等10条骨干河道，增强太湖及杭嘉湖平原的水体环流，提升水体自净能力，改善太湖和杭嘉湖平原的水生态环境。2015年，湖州全年完成水资源工程投资41.2亿元，累计完成投资80亿元，占工程总投资的70%。工程建成后包括四大溇港、东西苕溪在内的入太湖水质可保持在Ⅲ类以上，东部平原河网水质及长兴平原河网水质稳定在Ⅳ类以上。

二、上海市水资源管理的经验借鉴

据估算，上海市水体总蓄水量约5亿立方米，但由于城市化与人口规模快速扩张，受污染水体容量高达70%。2014年，上海人均水资源量仅为194.8立方米，在全国仅好于北京、天津、河北、山东、宁夏五省市区，是典型的水质型缺水城市。为此，改革开放以来，上海水务以改革为动力，遵循水的自然规律和经济社会发展规律，以水安全保障为前提，以水资源利用为核心，以水环境治理为重点，不断创新发展理念，努力提升水对城市的基础保障能力。上海市水资源管理改革历史较长，市政府采取多种有效措施，水资源管理取得了较好的发展成绩，有较好的水资源管理经验可以借鉴。

（一）保证城市水源多元化，农村集约化供水

如何保证2400多万人口的供水是上海市水资源管理的重中之重。按照"两江并举、多源互补"的水源地战略布局，上海相继建成黄浦江上游、长江口陈行、青草沙、东风

西沙四大水源地。四大水源地集体发力，有效地保障了城市供水安全。同时，郊区供水集约化建设取得明显成效。截至 2013 年底，全市共关闭郊区中小型水厂 150 座、内河取水口 94 个、深井 161 口，除崇明县以外地区其余全部实施供水集约化。目前集约化供水稳步推进，也有效保障了农村地区供水水量与水质。

（二）稳步推行水务一体化管理

以前上海主要水务类企业主要分专业和划区进行运营和管理。产业链分割不利于资源整合与成本控制，供水区域分割也造成局部供水不平衡现象。成立上海城投水务集团是推行水务一体化的典型措施。该集团按照原水、制水、售水、排水、污水 5 个专业对水务产业链进行重组，一方面整合设立运营、采购等中心平台，发挥规模效益和整体优势，进一步降低运营成本；另一方面形成专业发展能力，实现业务专业化细分，提高了运行效率。

（三）深化河道水环境治理

河道水环境治理由过去"消除黑臭、改善水质"为主转向"稳定水质、修复生态"为主。以骨干河道整治和河道生态治理为重点，实行"河道保洁"与"设施养护"全覆盖。坚持固机制、强基础、重长效、树亮点，深化完善河道长效管控机制，全市河道水环境面貌得到进一步改善。推进上海太湖流域水环境综合治理任务，制订流域水环境综合治理方案，为进一步深化太湖流域综合治理工作奠定扎实的基础。

（四）强力推进最严格水资源管理制度

以饮用水水源地安全保障为重点、以涉水事务全过程管理为抓手、以节水减排为切入点，全面推进实施最严格水资源管理。制定最严格水资源管理考核办法，建立行政首长负责制，将"三条红线"指标分解落实到 17 个区县和 19 个特大型取水用户，并积极推进水资源监控系统建设，着力体现了上海水资源管理的显著进步。

（五）规范农田水利建设和管理

按照农业规模化、专业化转型要求，以着力解决灌排能力不足、科技含量不高、管理粗放等问题为重点，编制完成了上海市农田水利规划，科学指导农田水利建设。同时，不断加大农田水利项目市级资金补贴力度，实施特定项目精准补贴。另外，健全农田水利设施检查考核机制，完善管护模式，进一步落实管护机构、管护人员、管护资金，农田水利设施管理现代化水平进一步提升。

三、宁波市水资源管理的经验借鉴

宁波市虽然为江南水乡，但却是典型的缺水城市。因受季节性缺水、水质性缺水等多种因素困扰，多年来人均水资源拥有量仅为浙江全省人均的59%、全国人均的55%和世界人均的1/6，属于全国300多个缺水型城市之一。同时，伴随着经济社会迅猛发展，每年全市工业生产和居民生活用水量以10%左右增长。面对"缺水烦恼"，宁波市采取了多种措施，科学利用水资源，切实保障城市供水安全。

（一）优水优用，分质供水

积极探索水资源开发和管理手段，努力争取优水优用，分质供水。2008年市政府在姚江北岸投资兴建了日制水能力50万吨的大工业水厂。特别是2014年市供排水集团组建后，发挥专业、技术、资金等优势，拓展工业用水市场，让好水造福于民。目前每天向北仑、镇海、大榭岛供应工业生产用水30万吨。慈东片区日供水8万吨的大工业供水管网工程也在建设中。

（二）中水利用产业化、规模化

为了形成中水利用的产业化、规模化，在通过优化引水、制水、供水，确保居民喝上优质饮用水的基础上，正在积极实行跨越式发展中水系统或再生水系统。宁波城管排水有限公司和宁波北仑岩东排水公司瞄准"生态城市""临港工业"发展的良好势头，对污水处理系统进行改造升级。据统计，仅岩东排水从2009年到2016年5月底，已累计外供再生水突破12170万吨，节约的淡水资源相当于8个西湖的蓄水量。重复利用再生水的高耗水行业企业越来越多。比如逸盛石化、亚洲浆纸、宁波钢铁、台塑热电、宝新不锈钢、北仑电厂等。

（三）实施生态供水

2005年，宁波市将下属县区水利资产重组，组建宁波原水集团，统一调配水资源，形成八大水库供应原水。水库到城市供应原水引水工程实施全封闭、有压输水工艺，主输水隧洞与外界完全隔离，避免供水过程污染。供水管网围绕城市形成近50公里的闭环，由分布在闭环周边城市水厂将水净化后输送到供水环线内，城市用水管线则从供水环线开接口，形成强大的城市供水网。

（四）跨区域合作保供水

实施供水跨区域合作。2008 年，宁波与绍兴新昌县合资建钦寸水库，项目投资超 30 亿元。宁波市占股 49%，新昌占股 51%，双方共同投资、共同移民、共担风险、共享收益。按照投资比例共安置移民 1000 多人。其中，49% 的移民被安置在宁波 6 个县市区。此举让宁波突破了 50 年的水权交易界限，成为永久的水权拥有者。目前大坝已经合拢，进入到蓄水阶段。钦寸水库的水权合作方式对全国的水权改革都有着标志性的意义。

四、深圳市水资源管理经验

深圳本地水资源缺乏，全市年平均水资源总量为 20.51 亿立方米，人均水资源量仅为 198 立方米，为全国人均水资源量的 1/11，远小于世界公认的缺水警戒线。2014 年，全市年供水总量为 19.3 亿立方米，其中 80% 为境外东江引水，城市供水依赖外调水源，成为本市供水结构的显著特点。

深圳本地水资源匮乏，人口、产业、建筑高度密集，经济发达，水资源管理问题十分突出。面对严峻形势，深圳采用先进的治水管水理念，走出了一条落实最严格水资源管理制度的新路子，保障了城市经济社会的快速发展，率先为全国新型城镇化发展和城市群建设作出了积极的探索实践，形成了若干颇具借鉴示范意义的经验。

（一）注重对污水的处置，加强对水源地的保护

截至 2014 年底，全市已建成运行污水处理厂 31 座，污水处理能力达到 479.5 万吨/天，基本满足全市污水处理规模要求。污水管道总长度约 4500 公里，较 2010 年增加了约 1000 公里。2010～2014 年，每年建成污水管网 200 公里，2015 年达 300 公里以上，2016 年进一步提速，预计每年建成 400 公里以上。源头治理与沿河截污相结合的污水处理骨干管网不断完善，可基本实现污水产生量与处理量的总量匹配。全市污水处理能力由 2010 年的 88.81% 提高到 96.50%。

为强化对水源地的保护，深圳推行水源地封闭式管理，对全市 117 平方公里重要饮用水源水库的一级水源保护区分批实施隔离围网工程。并以每 2 平方公里设置一个哨所，配备人员实行 24 小时监控，对一级水源保护区全面实施监控。同时，全市一级水源保护区水源保护林建设工程和饮用水源水库流域水土保持综合治理工程顺利推进，西丽、茜坑、三洲田、梅林、铁岗、石岩、松子坑、赤坳八座水库水土保持综合治理工程基本完成，治理总面积为 1525 公顷。

（二）强化法律规章制度

2008 年，深圳市编制《深圳市水资源综合管理试点方案》，申请国家水资源综合管理试点。2010 年，成为第一批全国水资源综合管理试点建设城市。自试点以来，先后出台《深圳市水资源管理条例》《深圳市排水条例》《深圳市计划用水办法》《深圳市饮用水源保护条例》等 30 多个法律规章，实现了水源头到水龙头、从地表水到地下水、从供排水到污水回用的全覆盖，提升了依法治水水平。同时大力开展普法宣传及深圳水务执法情况的宣传，对市民进行"惜水、爱水、节水"教育；建立公开征求意见、举报电话等形式的水资源管理监督平台，营造常态化舆论监督环境，形成全社会关注、支持和参与水资源保护的良好氛围。

（三）全方位管理水资源

充分发挥水务一体化管理优势，水务部门负责水资源从蓄水、引水、供水、用水、排水、回用等涉水事务的统一管理，做好"水"要素全流程的有效监管。为加强推进水资源保护和水污染治理等工作，深圳市政府专门成立治水提质指挥部，由常务副市长担任总指挥，切实加强对治水工作的领导。全面实施"河长制"，推行"河长"述职，通过"统一领导、分级管理、集中考核"的方式，将管理责任落实到"河长"，并对河流水环境治理工作实行严格的监督考核。

（四）以水定需，加速产业结构优化升级

近年来，深圳市将水资源承载力研究成果纳入城市总体规划与水务规划，强化水资源约束力，在区域发展、城市建设、产业布局、取水用水等项目审批中以水定需。坚持将万元 GDP 取水量作为产业导向目录的核心指标，在投资立项等产业准入中强化水资源刚性约束，以节水引导产业结构优化升级。目前，深圳市高耗水行业逐步萎缩，低水耗、低排放和高效益的先进制造业和现代服务业等新兴产业、新兴业态发展迅速，在经济保持较高速度增长的同时，用水总量不增反降，在水资源保障方面初步走出了一条可持续发展之路。

（五）节水全过程管理

深圳市始终注重节水全过程管理。2005 年该市颁布实施《深圳市节约用水条例》，成为华南地区第一个为节水立法的城市。同时，科学核定用户用水定额，实施 5 项节水审批，对全市 10 万多家单位用户实行计划用水管理，严格执行建设项目与节水设施同时设计、同时施工、同时投产的"三同时"制度。把节水技术改造纳入产业技术进步资金扶持范围，实行节水与产品升级换代相结合，建立节水产品市场准入制度，每年面向社会征

集发布《深圳市节水型工艺、设备、器具名录》，引导和鼓励用水单位和居民使用节水型工艺、设备、器具，产品数量已达 300 多种，节水型器具普及率达到了 100%。充分发挥水价的调节作用，用"超量加价，多超多付"的办法调控用水需求。通过节水"三同时"制度、节水型企业创建、节水宣传等措施，有效规范了水资源开发利用从源头到末端各个环节的节水行为。

（六）发挥市场对水资源管理的调节作用

运用价格机制，充分发挥市场在水资源管理中的调节作用。采用"超量加价，多超多付"经济手段调控用水，对居民生活用水实行 1 : 1.5 : 2 三级阶梯计量水价，对单位用户实行超计划用水累进加价收费制度。积极推进经营性水务工程进行市场融资，大力引入民间资本。坚持污水处理厂、再生水厂等经营性项目由社会资本投资建设，在污水处理行业广泛采用 BOT、TOT、BT 建设模式，多方吸纳社会资金。加大政府购买服务力度，通过公开招标确定专业化的水源保护、河道管养和排水管网运营服务队伍，城市重要滨水空间和设施管理有了显著提升。

第四章　合肥市水资源需求预测及供给平衡分析

一、预测基础条件与分析方法

基准年需水量分析主要包括城乡居民生活、工业、农业等经济社会需水，以及需要通过人工供水措施满足河湖湿地等人工生态环境的需水。基准年（现状水平年）需水量根据《合肥市水资源公报2010》《巢湖市水资源公报2010》及2000年以来的用水态势，近两年现状用水调查并结合区域供水能力进行综合分析。

（一）人口发展指标

根据《安徽省城镇体系规划》《合肥市城市总体规划（2011～2020）》等相关规划，预测至2020年，合肥市城市人口将达到1097.76万人，其中合肥市城镇人口854.52万人；预测至2030年，合肥市城市人口将达到1400万人，其中主城区1200万人，合肥市不同水平年城市人口如表4-1所示。

（二）工业发展指标

根据合肥市域范围内各市县国民经济发展规划制定的经济发展指标、生产力布局，结合供水范围内水资源利用条件，预测不同水平年合肥市城市范围内工业发展指标。合肥市不同水平年工业增加值预测如表4-1所示。

表4-1　合肥市不同水平年城市人口及工业增加值预测

水平年	人口数（万人）	城镇人口（万人）	工业增加值（亿元）
2010年	745.74	459.27	1166
2020年	1097.76	854.52	4452
2030年	1400.00	1200.00	7843

（三） 灌溉面积发展预测

合肥市域范围涉及淠史杭灌区（淠河、杭埠河灌区）、驷马山灌区两大灌区，现状有效灌溉面积达到 550.98 万亩，其中农田有效灌溉面积 55.35 万亩。

根据《淠史杭灌区续建配套与节水改造规划》《驷马山灌区续建配套与节水改造规划》和各县市农田水利规划，预测未来 10～20 年，随着大型灌区续建配套工程持续推进以及基本农田建设的投入增加，农业现代化水平将逐步提高，合肥市有效灌溉面积将逐年增加。预计 2020 年合肥市灌溉面积将达到 582.69 万亩，其中农田有效灌溉面积 576.84 万亩，较现状增加 26.49 万亩（包括恢复的有效灌溉面积，下同）；2030 年总灌溉面积达到 598.48 万亩，其中农田有效灌溉面积 588.95 万亩，较 2020 年增加 12.11 万亩。合肥市灌溉面积发展预测如表 4-2 所示。

表 4-2 合肥市灌溉面积发展预测表 单位：万亩

水平年	农田有效灌溉面积				灌溉林果地	合计
	水田	水浇地	菜田	小计		
2010 年	428.28	44.27	77.8	550.35	0.63	550.98
2020 年	456.33	107.17	13.30	576.84	5.85	582.69
2030 年	465.53	110.09	13.30	588.95	9.53	598.48

为充分揭示规划水平年合肥市水资源供需平衡态势，本次规划采用三次供需平衡的分析方法，研究节流与开源的关系，当地水资源与境外调水的合理利用关系，常规水源与非常规水源的利用关系，识别各类水资源配置工程和措施对区域缺水的缓解程度。

（四） 生态需水量

规划水平年河道外生态需水量，城镇绿化等以植被需水为主体的生态环境需水量，采用定额预测方法，湖泊、湿地、城镇河湖补水等，以规划水面面积的水面蒸发量与降水量之差为其生态环境需水量，预测 2020 年，合肥市河道外生态需水量为 1.66 亿立方米，2030 年河道外生态需水量为 2.02 亿立方米。

（五） 分析方法

1. 以现状供水能力为基础的一次供需平衡

一次供需平衡分析是基于现状用水水平和供水能力，不考虑新增节水措施的前提下，对未来区域水资源的供需特征进行分析，其目的是充分暴露在外延式发展模式下，区域水资源作为供需中可能发生的最大缺口，为合理配置节水、防污、挖潜及新增供水措施提供基础。一次平衡分析的可供水量中，包括利用现有工程调入的境外水量。

2. 以当地水资源承载能力为基础的二次供需平衡

二次供需平衡分析是在一次供需平衡的基础上，从需求端通过技术经济可行的各项强化节水措施，抑制不合理的用水增长；从供给端通过现有供水工程的进一步挖潜改造和优化布局，非常规水资源特别是再生水利用程度的提高，使一次供需平衡中出现的缺口有所下降，区域水资源供需矛盾得到缓解，同时可适当退减部分挤占的河道生态用水。在二次供需平衡分析的可供水量中，亦包括利用现有工程调入的境外水量。

3. 以境外调水补充当地水为基础的三次供需平衡

在水资源二次供需平衡分析的基础上，对仍然存在的用水缺口，进一步考虑加大对境外水（包括跨区域和跨流域调水）的利用和对当地水和境外水进行统一配置。在三次供需平衡中，境外调水量的确定充分考虑调出区经济发展和生态环境用水基本需求，与省内相关调水工程规划布局相衔接。

二、中长期需求预测及供需平衡分析

（一）一次供需平衡分析

1. 外延式发展模式需水量分析

第一，生活需水量。生活需水量采用人均日用水量方法进行预测。在外延式发展模式下，生活用水定额根据合肥市经济社会发展水平、居民生活水平，在不考虑进一步采取节水措施的情况下，分别拟定各水平年城镇综合生活和农村居民生活用水定额，结合人口预测成果，进行生活需求量和预测。

预测 2020 年，合肥市生活需水量为 9 亿立方米，其中城镇为 8.11 亿立方米，农村为 0.89 亿立方米。2030 年合肥市生活需水量为 13.10 亿立方米，其中城镇为 12.26 亿立方米，农村为 0.84 亿立方米。

第二，工业需水量。采用万元增加值用水量法进行预测，火电工业采用单位装机容量（万千瓦）用水量法进行预测。外延式发展模式下，一般工业用水定额根据未来 10 ~ 20 年合肥工业产业发展规划布局、工业结构调整，在基准年基础上不考虑进一步采取节水措施综合确定规划水平年工业定额，火电用水定额参考《安徽省行业用水定额》。

预测 2020 年，合肥市工业需水量为 16.61 亿立方米，其中一般工业为 15.35 亿立方米，火电为 1.26 亿立方米。2038 年合肥市工业需水量为 23.50 亿立方米，其中一般工业为 22.07 亿立方米，火电为 1.43 亿立方米。

第三，农业需水量。农田灌溉需水量根据农田灌溉发展面积和市域各灌溉区长系列调节计算的综合灌溉定额确定。林牧渔畜需求包括林果地灌溉、牲畜需水和鱼塘补水。分别依据林果地灌溉面积、牲畜头数和鱼塘补水面积和相应需水定额确定。林果地灌溉采用多年平均定额，鱼塘亩均补水定额根据鱼塘渗透量及水面蒸发量与降水量的差值加以确定。

预测 2020 年，合肥市多年平均、50%、75% 和 95% 农业需水量分别为 22.47 亿立方米、19.99 亿立方米、27.33 亿立方米、38.23 亿立方米；其中多年平均、50%、75% 和 95% 农田灌溉需水量分别为 21.74 亿立方米、19.26 亿立方米、26.6 亿立方米、37.50 亿立方米，林牧渔畜需水量 0.73 亿立方米。2030 年合肥市多年平均、50%、75% 和 95% 农业需水量分别为 21.54 亿立方米、19.37 亿立方米、26.58 亿立方米、37.72 亿立方米，其中多年平均、50%、75% 和 95% 农田灌溉需水量分别为 20.69 亿立方米、18.52 亿立方米、25.75 亿立方米、36.87 亿立方米，林牧渔畜需水量 0.85 亿立方米。

第四，河道外生态需水量。规划水平河道外生态需水量中，城镇绿化等以植被需水为主体的生态环境需水量，采用定额预测方法；湖泊、湿地、城镇河湖补水等，以规划水面面积的水面蒸发量与降水量之差为其生态环境需水量。预测 2020 年，合肥市河道外生态需水量为 1.66 亿立方米，2030 年河道外生态需水量为 2.02 亿立方米。

第五，需水总量。外延式发展模式下，预测 2020 年，合肥市多年平均、50%、75% 和 95% 保证率总需水量分别为 49.74 亿立方米、47.26 亿立方米、54.6 亿立方米和 65.50 亿立方米。至 2030 年，合肥市多年平均、50%、75% 和 95% 保证率总需水量分别为 60.15 亿立方米、57.98 亿立方米、65.19 亿立方米和 76.33 亿立方米。

2. 一次供需平衡可供水量分析

根据一次供需平均分析，至 2020 年市域多年平均、50%、75%、95% 可供水量分别为 36.12 亿立方米、38.25 亿立方米、38.53 亿立方米和 37.38 亿立方米。2030 年市域多年平均、50%、75%、95% 可供水量分别为 36.22 亿立方米、38.75 亿立方米、38.73 亿立方米和 37.58 亿立方米。规划水平年一次供需平衡可提供水量分析成果如表 4-3 所示。

表 4-3　规划水平年一次供需平衡可供水量　　　　单位：亿立方米

| 水平年 | 频率 | 地表水 | | | 地下水 | 非常规水源 | | | 总供水量 |
		当地	淠河灌区跨流域调水	小计		中水利用	雨水集蓄	小计	
2020 年	多年平均	28.60	6.46	35.06	0.39	0.67	0.00	0.67	36.12
	0.50	31.17	6.02	37.19	0.39	0.67	0.00	0.67	38.25
	0.75	30.17	7.30	37.47	0.39	0.67	0.00	0.67	38.53
	0.95	28.98	7.34	36.32	0.39	0.67	0.00	0.67	37.38
2030 年	多年平均	28.70	6.46	35.16	0.39	0.67	0.00	0.67	36.22
	0.50	31.67	6.02	37.69	0.39	0.67	0.00	0.67	38.75
	0.75	30.37	7.30	37.67	0.39	0.67	0.00	0.67	38.73
	0.95	29.18	7.34	36.52	0.39	0.67	0.00	0.67	37.58

3. 一次供需平均分析结论

在外延式发展模式下，即使不考虑河道内生态用水需求以现状供水能力去应对持续增长的用水需求，合肥市多年平均供水缺口将从基准年的 1.76 亿立方米增加至 2020 年的 13.61 亿立方米和 2030 年的 23.93 亿立方米。

在中等干旱年份，用水缺口增加到 2020 的 16.07 亿立方米和 2030 年的 26.46 亿立方米。在特殊干旱年份用水缺口进一步增加至 2020 年的 28.12 亿立方米。一次供需平衡分析成果如表 4 - 4 所示。

表 4 - 4 规划水平年一次供需平衡成果表　　　　　单位：亿立方米

水平年	多年平均			平水年		
	需水量	供水量	缺水量	需水量	供水量	缺水量
基准年	37.58	35.82	1.76	35.05	35.05	0.00
2020 年	49.74	36.12	13.61	47.26	38.25	9.01
2030 年	60.15	36.22	23.93	57.93	38.75	19.23

水平年	中等干旱年			特殊干旱年		
	需水量	供水量	缺水量	需水量	供水量	缺水量
基准年	43.50	37.73	5.77	52.36	36.88	15.48
2020 年	54.60	38.53	16.07	65.50	37.38	28.12
2030 年	65.19	38.73	26.46	76.33	37.58	38.75

（二）二次供需平衡分析

1. 强化节水模式下的需水量分析

第一，生活需水量。生活需水量采用人均日用水量方法进行预测。节水模式下，生活用水定额根据合肥市经济社会发展水平、居民生活水平，同时考虑节水器具推广与普及情况，参考安徽省及同类地区生活用水定额，分别拟定各水平年城镇综合生活和农村居民生活需水量和预测。预测 2020 年，合肥市生活需水量为 7.99 亿立方米，其中城镇为 7.17 亿立方米，农村为 0.82 亿立方米。2030 年合肥市生活需水量为 11.85 亿立方米，其中城镇为 11.09 亿立方米，农村为 0.76 亿立方米。

第二，工业用水量。一般工业需水量采用万元增加值用水量进行预测，火电工业采用单位装机容量（万千瓦）用水量法进行预测。节水模式下，一般工业用水定额确定采用趋势法，根据未来 10～20 年合肥市工业产业发展规划布局、工业结构调整、技术水平及节水水平，在基准年基础上综合确定规划水平年工业定额的下降幅度。火电用水定额参考《安徽省行业用水定额》。

预测 2020 年，合肥市工业需水量为 10.28 亿立方米，其中一般工业 9.02 亿立方米，火电 1.26 亿立方米。2030 年合肥市工业需水量为 11.62 亿立方米，其中一般工业 10.19 亿立方米，火电 1.43 亿立方米。

第三，农业需水量。农田灌溉需水量根据农田灌溉发展面积和市域各灌区长系列调节计算的综合灌溉定额确定。林牧渔畜需水包括林果地灌溉、牲畜需水和鱼塘补水。分别依据林果地灌溉采用多年平均定额，鱼塘亩均补水定额根据鱼塘渗漏量及水面蒸发量与降水量的差值加以确定。

预测 2020 年，合肥市多年平均、50%、75% 和 95% 农业需水量分别为 20.15 亿立方米、17.96 亿立方米、23.61 亿立方米、34.55 亿立方米，其中多年平均、50%、75% 和 95% 农田灌溉需水量分别为 19.42 亿立方米、17.23 亿立方米、22.88 亿立方米、33.82 亿立方米，林牧渔畜需水量 0.73 亿立方米。预测 2030 年，合肥市多年平均、50%、75% 和 95% 农业需水量分别为 17.34 亿立方米、14.76 亿立方米、19.69 亿立方米、32.29 亿立方米，其中多年平均、50%、75% 和 95% 农田灌溉需水量分别为 16.49 亿立方米、13.91 亿立方米、18.84 亿立方米、31.44 亿立方米，林牧渔畜需水量 0.85 亿立方米。

第四，河道外生态需水量。规划水平年河道生态需水量中，城镇绿化等以植被需水为主体的生态环境需水量，采用定额预测方法；湖泊、湿地、城镇河湖补水等，以规划水面面积的水面蒸发量与降水量之差为其生态环境需水量。预测 2020 年，合肥市河道外生态需水量为 1.66 亿立方米，2030 年河道外生态需水量为 2.02 亿立方米。

第五，需水总量。2020 年，合肥市多年平均、50%、75% 和 95% 保证率总需水量分别为 40.07 亿立方米、37.88 亿立方米、43.53 亿立方米和 54.47 亿立方米。2030 年，合肥市多年平均、50%、75% 和 95% 保证率总需水量分别为 42.82 亿立方米、40.24 亿立方米、45.18 亿立方米和 57.77 亿立方米。

2. 二次供需平衡可供水量

根据二次供需平衡分析，至 2020 年市域多年平均、50%、75% 和 95% 保证率可供水量分别为 31.16 亿立方米、30.29 亿立方米、33.86 亿立方米和 36.07 亿立方米。2030 年市域多年平均、50%、75% 和 95% 可供水量分别为 31.67 亿立方米、30.80 亿立方米、34.37 亿立方米和 36.58 亿立方米。规划水平年二次供需平衡可供水量分析成果如表 4 - 5 所示。

表 4 - 5　规划水平年二次供需平衡可供水量　　　　　　单位：亿立方米

| 水平年 | 频率 | 地表水 | | | 地下水 | 非常规水源 | | | 合计 |
		当地	淠河灌区跨流域	小计		中水利用	雨水集蓄	小计	
2020 年	多年平均	22.20	6.46	28.67	0.39	2.05	0.05	2.1	31.16
	50%	21.78	6.02	27.8	0.39	2.05	0.05	2.1	30.29
	75%	24.06	7.3	31.37	0.39	2.05	0.05	2.1	33.86
	95%	26.24	7.34	33.58	0.39	2.05	0.05	2.1	36.07
2030 年	多年平均	22.20	6.46	28.67	0.39	2.05	0.05	2.1	31.67
	50%	21.78	6.02	27.8	0.39	2.05	0.05	2.1	30.80
	75%	24.06	7.3	31.37	0.39	2.05	0.05	2.1	34.37
	95%	26.24	7.34	33.58	0.39	2.05	0.05	2.1	36.58

3. 二次供需平衡分析结论

通过节水措施的实施和对当地供水工程的进一步挖潜，预测 2020 年、2030 年合肥市域多年平均供水缺口降低至 8.91 亿立方米和 11.16 亿立方米，缺水率降低至 22.2% 和 26.1%。

相较一次供需平衡，中等干旱年份和特殊干旱年份缺水均有不同程度的缓解，但由于当地水源十分有限，仅靠提高非常规水源利用量，无法满足日益增长的用水需水特别是优质水源的需求，供需仍然存在较大缺口，必须依靠境外调水予以解决。二次供需平衡分析成果如表 4-6 所示。

表 4-6　规划水平年二次供需平衡成果　　　　　　　单位：亿立方米

水平年	多年平均			平水年		
	需水量	供水量	缺水量	需水量	供水量	缺水量
基准年	37.58	35.82	1.76	35.05	35.05	0.00
2020 年	40.07	31.16	8.91	37.88	30.29	7.59
2030 年	42.82	31.67	11.16	40.24	30.80	9.44

水平年	中等干旱年			特殊干旱年		
	需水量	供水量	缺水量	需水量	供水量	缺水量
基准年	43.50	37.73	5.77	52.36	36.88	15.48
2020 年	43.53	33.86	9.67	54.47	36.07	18.40
2030 年	45.18	34.37	10.81	57.77	36.58	21.19

（三）　三次供需平衡分析

1. 区域调水工程总体布局

在全省水资源综合规划中，根据全省水资源禀赋条件、水土资源分布特点及经济社会发展对水资源的合理需求，在经过多种规划方案研究基础上，提出了以引江济淮跨流域调水工程为主线，以国家南水北调东线、驷马山引江工程为补充的西、中、东三条调水线路，在省境形成与长江、淮河涉及合肥市域的引江济淮工程和驷马山引江工程。

2. 新增调水工程可调水量

第一，引江工程。根据《引江济淮工程规划》等相关规划成果，结合西兆河引江应急工程建设，2020 年利用已建的凤凰颈闸、凤凰颈站和西兆河引水线路，合肥市多年平均引江水量为 4.49 亿立方米，50%、75% 和 95% 保证率条件下分别为 4.11 亿立方米、5.18 亿立方米和 6.52 亿立方米。

2030 年依托引江济淮、驷马山引江等工程建设，合肥市多年平均引江水量为 6.53 亿立方米,50%、75%和95%保证率条件下分别为5.20亿立方米、6.73亿立方米和11.57亿立方米。

第二,龙河口水库供水工程。根据《安徽省中西部重点区域及淠史杭灌区水量分配方案》,2020年龙河口水库多年平均调入合肥市的水量为1.2亿立方米,50%、75%和95%调入合肥市的水量分别为1.4亿立方米、0.8亿立方米和0.6亿立方米。

第三,水源调整工程。为实现优水优用,保障未来城市用水需求,在《安徽省中西部重点区域及淠史杭灌区水量分配方案》的总体框架下,以不增加淠河灌区向合肥市域总分配水量为前提,释放优质水源供给城市,将农业用水转化为城市用水。规划至2020年置换水量达到1.99亿立方米,2030年进一步增加置换水量达到2.30亿立方米。

3. 三次供需可供水量

在二次供需平衡分析的基础上,通过新建跨流域、区域调水工程,至2020年市域多年平均、50%、75%和95%保证率可供水量分别为38.93亿立方米、37.88亿立方米、41.92亿立方米和45.28亿立方米。2030年市域多年平均、50%、75%和95%可供水量分别为42.21亿立方米、40.21亿立方米、44.70亿立方米和51.56亿立方米。规划水平年三次供需平衡可供水量分析成果如表4-7所示。

表4-7 规划水平年三次供需平衡可供水量 单位:亿立方米

| 水平年 | 频率 | 地表水 | | | | | | 地下水 | 非常规水源 | | | 总供水量 |
		当地地表水	淠河、杭埠河灌区调水	龙河口水库供水工程	引江工程	水源调整工程	小计		中水利用	雨水集蓄	小计	
2020年	多年平均	22.20	6.46	1.20	4.49	1.99	36.44	0.39	2.05	0.05	2.10	38.93
	50%	21.78	6.02	1.40	4.19	1.99	35.39	0.39	2.05	0.05	2.10	37.88
	75%	24.06	7.30	0.80	5.18	1.99	39.43	0.39	2.05	0.05	2.10	41.92
	95%	26.24	7.34	0.60	6.52	1.99	42.78	0.39	2.05	0.05	2.10	45.28
2030年	多年平均	22.20	6.46	1.20	6.53	2.30	39.24	0.39	2.51	0.07	2.58	42.21
	50%	21.78	6.02	1.40	5.20	2.30	37.24	0.39	2.51	0.07	2.58	40.21
	75%	24.06	7.30	0.80	6.73	2.30	41.73	0.39	2.51	0.07	2.58	44.70
	95%	26.24	7.34	0.60	11.57	2.30	48.59	0.39	2.51	0.07	2.58	51.56

4. 三次供需平衡分析结论

在二次供需平衡的基础上,通过调水工程建设,截至2030年平均将新增境外调水量10.57亿立方米,50%、75%和95%保证率新增调水量9.44亿立方米、10.37亿立方米和15.01亿立方米。新增境外调水将从根本上缓解合肥市域缺水情势,预测至2030年平水年份(50%保证率)和中等干旱年份(75%保证率),合肥市可基本实现供需平衡。特殊干旱年份(95%保证率),缺水量由二次供需平衡下的21.19亿立方米降低至6.17亿立方米，缺水率由 36.7% 下降至 10.7%。

通过三次供需平衡分析，可以看出特殊年份境外调水基本解决了高保证率刚性用水需求，同时通过调水可退减被挤占的部分生态用水，对区域特别是城市生活、工业用水和生态环境保护起到了保障作用。合肥市不同水平年供需平衡成果分析如表 4-8 所示。

表 4-8 规划水平年三次供需平衡成果表   单位：亿立方米

水平年	多年平均			平水年		
	需水量	供水量	缺水量	需水量	供水量	缺水量
基准年	37.58	35.82	1.76	35.05	35.05	0.00
2020 年	40.07	38.93	1.14	37.88	37.88	0.00
2030 年	42.82	42.21	0.61	40.24	40.21	0.03

水平年	中等干旱年			特殊干旱年		
	需水量	供水量	缺水量	需水量	供水量	缺水量
基准年	43.50	37.73	5.77	52.36	36.88	15.48
2020 年	43.53	41.92	1.61	54.47	45.28	9.20
2030 年	45.18	44.70	0.48	57.77	51.56	6.20

综上所述，基准年合肥市多年平均河道外需水总量为 37.58 亿立方米，可供水量为 35.82 亿立方米，河道外缺水量为 1.76 亿立方米。平水年份（50% 保证率）基本可达到供需平衡，中等干旱年份（75% 保证率）需水总量为 43.50 亿立方米，可供水量为 37.73 亿立方米，河道外缺水量为 5.77 亿立方米。特殊干旱年份（95% 保证率）需水总量为 52.36 亿立方米，可供水量为 36.88 亿立方米，河道外缺水量为 15.48 亿立方米。

在强化节水，进一步挖潜配套现有水源和适度开发新水源、合理配置水资源的基础上，未来的缺水量将有所减少。预测至 2030 年，平水年份（50% 保证率）和中等干旱年份（75% 保证率），合肥市可基本实现供需平衡，特殊干旱年份（95% 保证率）仍然存在一定缺水（缺水量约为 6.17 亿立方米），缺水率由现状的 30% 左右下降至 10% 左右。

规划水平年，由于对市域需水按强化节水方案进行控制，加大中水等非常规水源利用，同时建设跨流域、跨区域等调水工程，引入的境外水量极大缓解了合肥市缺水状况，中等干旱年份市域基本不缺水，但遇特殊干旱年份，由于降雨量锐减，大中型水库蓄水严重不足，在保证城市生活和重要工业用水的前提下，面上农业仍然会存在部分缺水，但缺水率较基准年大大降低。

第五章　合肥市水资源中长期管理对策分析

一、合肥市加强水资源中长期管理的基本思路与原则

（一）基本思路

全面贯彻党的十八大和十八届五中全会精神，认真落实党中央、国务院以及安徽省、合肥市决策部署，按照"四个全面"战略布局要求，根据合肥市基本市情，立足当前、着眼长远，牢固树立创新、协调、绿色、开放、共享的发展理念，以水资源开发、利用、配置、节约和保护为主线，坚持"库水生活、湖水生产、江水补源、多元配置"的水资源配置原则，重点建设主要水资源配置大工程。以环巢湖生态示范区建设为统领，加快环巢湖水域综合治理，优化产业布局，借鉴国内外先发地区经验，坚持政府与市场协同发力，充分发挥经济手段作用，优化水权交易、完善水价制度，改革完善各项涉水管理政策，更好地服务于美丽合肥与"大湖名城、创新高地"建设。

（二）基本原则

1. 节水优先，有效保护

积极推进节水型社会假设，推进增长方式转变，抑制需水过快增长，转变用水方式，提高用水效率。提高污水处理回用水平，以节水促减污，以限排促节水，使区域水资源得到合理开发、高效利用和有效保护。

2. 以人为市，人水和谐

优先保障城乡居民的基本用水权益，确保饮水安全，保障生产用水，改善人居环境。

根据水资源条件和水环境承载能力，合理安排城市规模，调整产业布局、产业结构，避免对水资源的过度开发、不合理利用以及对生态环境的破坏，维护河湖健康，实现城湖共生。

3. 统筹兼顾，支撑发展

兴利除害结合，防洪抗旱并举，节约保护并重。统筹协调水资源开发利用与节约保护，统筹调配地表水和地下水、当地水和外调水、常规水源和非常规水源等多种水源，综合平衡区域、行业之间对水资源和生态环境保护的要求，合理安排生活、生产和生态用水，建立公平合理、利益共享、责任共担的水资源配置与保护格局，为区域特大城市建设与发展提供有力支撑。

4. 优水优用，生态优先

结合经济社会发展和生产力布局，在优先保障居民生活用水，保障基本生态用水的前提下，合理布局工业、农业用水水源，通过水源置换，使优质水源用于居民生活用水，逐步实现分质供水。

5. 系统治理，严格双控

实施水资源消耗双控行动，全面节约和高效利用水资源，是破解合肥水资源短缺瓶颈、确保水资源可持续利用的战略举措，是助推供给侧结构性改革、加快转变经济发展方式的有力抓手，是贯彻落实绿色发展理念、加快推进生态文明建设的内在要求，是创新水资源管理体制机制、提升水治理能力的重要途径。

二、保障水资源供给的具体措施

(一) 建设水资源配置工程

全面加强合肥市水资源基础设施建设，坚持蓄引提调结合，大中小微并举，做好淠河灌区、驷马山引江工程、引江济淮、龙河口水库、应急水源工程等水资源配置工程，形成本地水源、淠河水源、龙河口水源、引江济淮四源供给，保障合肥市水资源供给。

1. 淠河灌区水资源工程

做好灌区节水改造工程。淠史杭灌区水资源有效利用率和节水技术水平仍较低，农田灌溉水利用系数不足 0.5，落后于国内先进灌区平均水平。为此，要加快淠河、杭埠河节水改造工程。根据灌区自然条件、水资源状况、农业生产等，突出节水、高效，改造灌溉设施与技术，提高灌溉水有效利用率。其中，工程节水重点放在渠道防渗、建筑物维修、更新和田间工程配套等节水改造上。非工程节水措施主要包括调整作物种植结构、扩大节水灌溉面积、改进灌溉制度等。

结合合肥市城市化发展情况，逐步改变灌区用水结构。根据《安徽省中西部重点区域及淠史杭水量分配方案》要求，进一步利用淠史杭灌区尾部的巢湖、瓦埠湖等周边水源。在巢湖水源改善条件下，重点增加巢湖水源对非生活用水的配置。在灌区分配总水量控制范围内，释放或置换灌区优质水源，逐步增加城市供水量。

2. 龙河口水库供水工程

合肥市主城区供水采用董铺和大房郢水库及淠河灌区补给的联合供水方式。根据《合肥市城市供水专项规划（2013～2020）》，规划至 2020 年合肥市管网供水服务人口将达到 650 万人，年蓄需水量为 7.0 亿立方米，日平均需水规模为 186 万吨，需最大日供水规模 230 万吨。而合肥现状董铺、大房郢水库在中等干旱年份只能提供约 0.6 亿立方米原水，加上引淠河灌区应急补源的 2 亿立方米，原水总量不足 3 亿立方米，城市用水缺口很大。在城市用水需求日益增加的背景下，单一供水水源势必增加合肥市主城区供水风险。为此，建设龙河口水库供水工程，通过水库优化调度，在兼顾各方利益前提下，向合肥市城区供水，逐步使龙河口水库成为合肥"第三大水缸"。

3. 引江济淮工程

引江济淮工程是一项以城乡供水和发展江淮航运为主，结合灌溉和改善巢湖及淮河水生态环境等综合效益的大型跨流域调水工程。项目覆盖合肥等安徽 12 个市以及河南 2 个市的部分地区，共 55 个区县，覆盖面积 7.06 万平方公里，惠及 4132 万人。工程总投资 873 亿元，其中安徽段工程总投资 801 亿元。近期可实现从长江流域调水 30 亿立方米到淮河流域，调水长度 1300 公里，调水总量近期 30 亿立方米，远期 40 亿立方米。作为重大战略性水资源配置等综合利用工程，引江济淮在合肥市域所涉及的工程区段为巢湖—瓦埠湖段。为保证引江济淮项目的顺利实施，保证合肥城市供水安全，重点在巢湖，难点也在巢湖。必须着力强化巢湖水污染综合治理，坚持标本兼治，强化污染源控制，加大引江湖水量，发挥巢湖调蓄功能，推动巢湖水体交换和污染治理。

4. 驷马山引江工程

驷马山水利工程地跨皖苏两省，是以引江灌溉、滁河分洪为主，兼有航运、城镇供水等综合利用的大型水利工程。为保证合肥供水能力，可在继续维持淠河灌区补给和建设龙河口供水工程的同时，利用滁河一级、二级、三级站及开挖渠道，结合滁河干渠综合整治，将长江水送到肥东灌区，为驷马山灌区农业和巢北地区及主城区应急输水提供水源。联通淠史杭灌区，沿滁河干渠将长江水送至管湾水库、众兴水库，大旱时可向董铺、大房郢水库补水。

5. 应急备用水源工程

合肥市现状备用水源地共 8 个，其中合肥市区 3 个，长丰城区 2 个，肥东城区 2 个，巢湖市1个。肥西城区与庐江城区尚未开辟备用水源。为此，在目前水资源配置格局下，保证"一（县）市区一备用水源"。同时，新增新水源地，逐步实现各类水源互联互备，多源并举，逐步实现江河与水库之间、水库与水库之间、城市水厂之间、城乡水厂之间的联网。新建水源地建设情况如表5-1所示。

表5-1　合肥市规划新建城市应急备用水源地

序号	行政区	备用水库	备用功能
1	合肥市主城区	淠河灌区、巢湖、长江互备	水量、水质型
2	巢湖城区	巢湖、兆河、长江互备	水量、水质型
3	庐江城区	巢湖、罗埠河	水量、水质型
4	长丰城区	庄墓河（瓦埠湖）	水量型
5	巢北地区	巢湖、长江互备	水量、水质型
6	庐南地区	张院水库、长江互备	水量、水质型
7	新桥机场临空地区	同合肥主城区	水量、水质型

资料来源：《合肥市城市水资源配置规划（2010～2030）》。

（二）努力做好巢湖"水文章"

2013年，合肥市成功申报国家首批水生态文明试点城市，为合肥第三个水试点。2014年，巢湖获批生态文明先行示范区，2015年，环巢湖获批我国首个国家级旅游休闲区。为此，要以巢湖生态先行示范区与国家级旅游休闲区建设为统领，统筹保护、治理与发展三大任务，以"污染源头减排、环湖水系截污、湿地系统净化、河流生态补水、湖区引流扩容"为治理重点，整体推进巢湖综合治理和系统保护。

1. 引江济巢，发挥巢湖水体调蓄功能

目前巢湖处于半封闭状态。推进引江济巢工程，可以扩大湖泊环境容量，加大水体流动，增强巢湖自净能力，减少水体的氮磷集聚，配合巢湖的污染治理，对于改善巢湖水质、抑制蓝藻、修复湖泊有独特作用。引江济巢后，年均引江入巢湖的水量约为12亿立方米，约占巢湖正常库容的70%，可使巢湖基本恢复至建闸前江湖交换规模，水体自然更新周期由现在的12年缩短至不足2年，恢复江湖的动态联系，增加巢湖的水体交换，以清释污，以丰补枯，有效改善巢湖水质，抑制蓝藻频发。营造水生植物群落和消浪林带，做好巢湖底泥清淤与防洪工程建设。

2. 降低入湖污染物

加大入湖河流治理力度，对南淝河、派河、塘西河、十五里河等入湖河道进行防洪处理、底泥清淤、生态护岸、湿地修复。推进生态小流域建设工程，统筹安排点源、面源、内源污染防治工程，加快推进巢湖流域丰乐河、十五里河、白石天河等14个流

域"山水林田路村"综合治理。围绕环巢湖流域建设污水处理厂及单独管网。积极实施 COD、TP、TN 等主要污染物排放总量控制制度，对城市污水处理厂执行比一级 A 更严格的排放标准，控制主要污染物入湖总量。全面治理山丘区和富磷地层的水土流失，围绕环巢湖进行人工造林，形成环巢湖生态隔离带。到 2020 年，力争巢湖水质和入湖主要河流达标率大幅提升，部分水域及支系河流氨氮和总磷等主要指标基本达到Ⅲ～Ⅳ类水平。

3. 优化环巢湖产业布局

充分利用巢湖湖光山色和温泉湿地历史文化等要素禀赋，优化环巢湖产业布局。重点开发以健康、休闲、度假、水上运动为特色的环湖旅游产业带，全力打造环巢湖国家旅游休闲区。根据《环巢湖湿地公园群建设总体规划》（以下简称《规划》），将巢湖水面及环巢湖湿地约 1130 平方公里规划为核心区，通过规划环巢湖湿地以及利用产业结构调整、退耕还湿、退塘还湖、建设特色湿地公园群等方式，充分发挥湿地对维护巢湖肌体健康、调蓄水量、净化水质的生态功能，以保护和改善巢湖湿地生态系统，维护其生物多样性、文化多样性和湿地生态景观多样性，推动环巢湖生态旅游和生态文明建设。

积极发展高效、规模化的现代生态农业，开展环巢湖现代农业科技示范园建设。加大对标准化、健康规模养殖和废弃物综合利用等重点环节的投入，鼓励分散养殖向适度规模养殖转变，支持养殖废弃物无害化处理和资源化利用。联结巢湖、沿湖湿地、公园群、乡村与传统村落，规划旅游线路，组合旅游资源，创造经济效益，实现旅游扶贫、旅游富民。

4. 打造提升环巢湖生态文明示范区

强化生态理念。倡导发展绿色 GDP 和尊重自然、顺应自然、保护自然的生态文明理念，开展生态文明教育，提高生态文明意识，构建文明、节约、绿色、低碳的消费模式和生活方式。建立严格的生态文明制度体系：完善生态补偿机制；完善体现生态文明建设要求的评价考核制度；科学划定和保护生态红线；建立环境损害赔偿和责任追究制度；严格项目准入和退出制度。

强化规划布局。落实示范区空间规划，提高空间利用效率，合理控制开发强度。按照安徽省主体功能区规划和合肥市"1331"空间发展规划，发展现代农业和休闲旅游，打造合肥现代化国际都市区的后花园，实现城镇、产业与生态文明建设同步提升，构建科学合理的城镇化格局、产业发展格局、生态安全格局。

强化转型升级。树立可持续发展战略，致力产业转型升级。快速发展电子信息、生物医药、公共安全等战略性新兴产业，大力发展以苗木花卉为代表的生态农业，加快推进旅游、健康养老、文化休闲、物流等现代服务业。

强化制度建设。严格工程变更，进一步规范示范区项目工程变更管理。强化监督，出台示范区项目监督管理办法，监察局、环湖办、审计局等单位定期监督项目建设，执行严格的问责制度，做到有错必究，确保项目合规高效推进。规范程序，按照环巢湖项目和市县大建设的规范要求，编制项目工作手册，明确项目流程，确保项目可研、初步设计、一书两证等环节办理到位。加强调度，落实"周报告、月调度、季检查"制度，定期通报项目进展情况，解决问题，编制简报，不定期深入现场了解项目进展情况。

（三）强化经济手段的作用

1. 开展水权交易

根据省政府《关于创新重点领域投融资机制鼓励社会投资的实施意见》与《安徽省中西部重点区域及淠史杭灌区水量分配方案》等文件要求，探索建立水权制度，合理界定和分配水资源使用权。为响应水权交易的需要，试点推进建设合肥水资源交易中心或平台，在水资源总量控制的基础上，集聚水资源供需信息并及时发布，遵照用水规律，利用市场机制进行地区间、流域间、流域上下游、行业间、用水户进行水权流转。按照农业、工业、服务业、生活、生态等用水类型，健全水资源使用权管理，建立分行业、分水质用水制度，进行行业间流转，避免优质水资源浪费。同时，也可探索推进水权垂直融通，用水主体各年度用水量可按照一定比例进行上下年度融通。鼓励社会资本通过参与节水供水重大水利工程投资建设等方式优先获得新增水资源使用权。

2. 改革完善价格机制

近年来，由于受上游蓄水区域城镇化影响，董铺与大房郢水库自产水比率不断下降，每年需要从淠史杭总渠购水，且购水量逐年增加，加之城市管网、用水安全设备改造投入增加等原因，城市自来水成本不断增加，合肥供水集团常年处亏损状态，需要提价。2015年12月，合肥市物价局出台《合肥市人民政府办公厅关于调整我市污水处理费、水资源费征收标准和理顺城市供水价格的通知》。按照通知精神，2016年1月1日，合肥市开始执行新的居民用水价格。通知以用水基数实施阶梯水价，根据居民与非居民确定定额标准，实行用水超定额、超计划累进加价制度，也包含兼顾居民用水负担等。目前，合肥水价总体处于正常区间，现有三级阶梯价格总体符合合肥现有经济社会发展与居民生活水平。未来水价调整的方向，则需优化阶梯价格层级。在现有的三级水价中，调整水价时应更多侧重第三级水价，拉开一级、二级与三级水价的差别，更利于发挥水价调节作用，也利于节约用水和水资源保护。同时，将家庭用户人口规模与用水基数紧密结合起来，随着用水量逐步提升，可以考虑将户籍4人口缩减至3人口，形成更为合理的人口与用水的配比。

积极推进合肥农村水价综合改革。参照《国务院办公厅关于推进农业水价综合改革的意见》等文件内容，采取政府与协商定价相结合，改革农业定价方式。确定灌溉用水定额，落实用水定额到用水主体，明确水权，鼓励用户转让节水量或政府回购。探索实行分类水价，区别粮食作物、经济作物和养殖业的用水类型，在终端用水环节探索实行分类水价。逐步推进分档水价，逐步实行超定额累进加价制度，合理确定阶梯和加价幅度，促进农业节水。建立农业用水精准补贴机制，落实节水奖励机制。

认真落实《安徽省物价局财政厅水利厅关于调整水资源费征收标准的通知》等文件精神，严格按照安徽省 2015 年水资源费标准进行征收。适时推进农业生产、农民生活以及社会应急抢险等水资源费征收。对比与先发地区用水环境指标，包括万元工业增加值用水量、农田灌溉水利用效率系数、水功能区达标率等，识别差距，树立标杆，追赶超越。稳步提高水资源费，并探索水资源费分类征收，着力体现取之于水、用之于水。

3. 严格控制水环境污染

在提高排污费收费标准，强化征收力度的同时，要逐步建立中水替代自然水源和自来水的回用成本补偿与价格激励机制，使自来水、污水及回用水三者之间形成合理的比价，鼓励中水在工业冷却、园林绿化、汽车冲洗及居民生活杂用上使用，进而提高合肥供水保证率，减少了水环境污染。依照财政部《水资源税改革试点暂行办法》等文件精神的规定，逐步推进"费改税"试点，利用税收杠杆推进水资源节约利用和水污染防治与治理。结合各项财政和金融政策，加大对重点灌区、水源地产业结构调整和优化，坚持以"水"定产业，设置主要水源地主要行业准入正面和负面清单，特别抑制高污染行业的发展。强化节水技术设备、器具等技术创新，构筑节水设备产业化推广平台，打通产—学—研推广链条。全面推进生态补偿制度，对合肥市主要河流源头区、集中式饮用水水源地、淠河灌区、巢湖等敏感河段和水生态修复治理区、水产种质资源保护区、水土流失重点预防和重点治理区，开展水生态补偿。完善大别山区水环境生态补偿工作，在淮河、长江及重要支流启动开展地表水跨界断面生态补偿。做好缜密测算，并落实到各县市，实现精准补贴，并稳步提高生态补偿标准。

（四）完善各项水资源管理规范

1. 继续严格执行最严格水资源管理制度

根据《合肥市用水总量与用水效率控制指标分解方案》，确定各县（市）用水总量控制目标，实施总量控制。认真执行《安徽省行业用水定额》，实行定额管理。认真核定取水许可申请，科学核定用水量。稳步开展取水年审制。强化建设项目水资源论证管理，特别做好前期论证及后期评估。依据《安徽省水功能区达标检测与评价办法》《合肥市水功能区划》《合肥市水功能区水质监测方案》等文件要求，科学核定水域纳污能力，确定各水功能区水质达标率控制目标，进行常态检测和通报，掌握水质动态，严格把关入河排污口的监管和审批，加强入河排污总量控制，努力提高水功能区达标率。继续强化水环境执法，全面实行"河长制"，形成河流巡查长效机制。全面加强节水基础性管理制度建设，建立和完善建设项目节水设施"三同时"制度。完善取用水计量与统计制度，提高用水计量设施安装率，规范计量设施监控管理。健全取用水统计制度，完善取用水台账，规范取用水统计。

2. 做好组织保障

进一步加强组织领导，加强部门间协调合作，全面落实最严格水资源管理制度。借鉴先发地区经验，比如上海、深圳等，瞄准涉水事务一体化管理目标，立足实际，强化协同，重组水务产业链，提高管理效率和效益。另外，要特别注意市县两级水资源管理机构的完善，管理与执法队伍建设方面，确保各项工作能够落实到人。最后，强化水资源指标检测统计工作。结合《合肥市用水总量统计工作实施方案》等文件要求，配合足量人才，强化专业队伍建设，进行用水总量、水质、农业灌溉有效利用系数等实际数据采集，准确掌握指标动态，为水资源管理决策提供依据。

3. 强化考核机制

建立并完善科学合理的考核指标体系，实施全面考核。明确各县（市）区、开发区主要领导为辖区水资源管理与保护的总负责人，重点考核"三条红线""四项制度"的履行情况。完善指标体系，进行动态考核，公告考核结果，提出整改措施，并将考核等级与项目立项审批相挂钩。探索建立生态环境恢复治理保证金制度，明确区域环境恢复治理主体的责任、义务和惩戒措施。探索资源环境损害鉴定和赔偿制度，依法追究相应责任。探索落实各地方党委与政府成员生态文明建设一岗双责制，建立健全环境保护督察制度，结合《党政领导干部生态环境损害责任追究办法（试行）》等相关文件要求，落实生态环境损害责任终生追究制。以自然资源（包括水资源）资产离任审计结果和生态环境损害情况为依据，区分情节严重程度，予以训诫、责令公开道歉、进行党规党纪处理，对构成犯罪的依法追究刑事责任。

4. 做好水资源预警与应急工作

建设合肥市水资源监控中心和各县区监控分中心。建立饮用水源水质、水量监测预警系统，掌握水源地实时信息。重点加强市区、县城和人口超过 5 万人的重要乡镇主要饮用水源地的监测能力，配备先进监测仪器，提高水量水质监测系统快速反应能力。对突发性污染事故、水质水量变化和水源工程等情况进行监控和预报，逐步建成覆盖全市水源地实时在线监测网站。合肥市域现有河流水质监测断面 27 个，湖库水质监测点 15 个，水源地监测断面 20 个。未来需进一步新增各类型监测断面和监测点，形成覆盖全市的监测网络。重点加强市界断面，重点控制断面和重点排污口的水质监测设施与监测网络建设。建设水功能区监控监测体系，坚持线上与线下综合监控，完善水功能区预警机制。建立应对特大干旱、连续干旱和突发事件的水资源储备制度和应急管理制度，提高应急管理水平。建立健全应急管理体系，包括应急监测体系、突发事件报告制度和应急处理机制。能够根据旱情和突发事件的发生发展及时有效地启动响应机制与应急预案。完善部门协调联动机制，保障抗灾和应急工作高效有序进行。

本课题参与人员名单：

课题组组长：

    江永红   安徽大学经济学院   博士、教授、硕导

课题组成员：

    吴怀琴   安徽财经大学   博士研究生、讲师

    王 力   安徽三联学院   讲师

    戚名侠   安徽大学经济学院   博士研究生

    陈璐媛   安徽大学经济学院   硕士研究生

    刘 慧   安徽大学经济学院   硕士研究生

    王诗蓓   安徽大学经济学院   硕士研究生

    陈羃楠   安徽大学经济学院   硕士研究生

合肥农产品电子商务发展研究

课题负责人　王汉姐

电子商务是现代服务业的重要组成部分，已成为当今世界发展最快、最具创新活力、带动力最强、渗透性最广的战略性新兴产业。广义的电子商务可以理解为一切以电子技术为手段进行的与商业有关的活动，狭义的电子商务是指以网络为交易平台的商务活动。农产品电子商务是指利用现代信息技术，对商流、资金流、信息流和物流进行控制，完成农产品从信息发布到物流配送等全过程的跟踪服务，即在农产品的生产、加工、运输及销售环节全面导入电子商务系统，运用现代信息技术开展与农产品产前、产中和产后相关的业务活动。

继 2010 年和 2012 年"中央一号"文件提出发展农产品电子商务之后，2014 年"中央一号"文件首次明确部署"加强农产品电子商务平台建设"，以支持农产品电子商务的发展。这是我国电子商务发展继图书、服装、3C 三大热潮之后的第四轮电子商务热潮，即农产品电子商务时代。目前，虽然合肥市农产品电子商务的发展势头迅猛，但总体上说，农产品电子商务的应用基本上处于刚刚起步的初期阶段。

一、合肥发展农产品电子商务的重要意义

（一）发展农产品电子商务是改变农村交易、生产和生活方式的重要途径

1. 发展农产品电子商务创新了农产品的交易生产形式

传统农产品交易方式简单，主要采用"面对面"的交易方式，即"一手交钱，一手交货"的现货交易和现金结算，交易规模小、交易渠道窄、交易形态低、交易效能低。而农产品电子商务则利用网络的无界性扩大了市场范围，拓展了农产品的交易渠道，加快了农产品的交易速度，增加了农产品的交易数量；随着物联网的应用，则可以及时把握市场信息，有效推动农户与市场的对接，避免生产的随意性、盲从性，避免"谷贱伤农"，把小农户组织起来，在销售环节实现规模化，进而推动农户生产方式的转变，促进农产品生产向产业化方向发展。

2. 发展农产品电子商务影响了农民的生活方式

由于农村较少有像城市那样成规模、规范的购物场所，农民购买物品相比城市显得不够方便，而随着农产品电子商务的发展，经济收入较低的农民对商品的价格极为敏感，将进一步促进农村农资产品和生活必需品的在线购买，逐渐改变他们的消费习惯，改善他们的生活条件，进而影响他们的生活方式，对传统乡土社会进行重构。

3. 物联网的应用是农产品电子商务健康发展的方向

农产品销售与农产品实体脱离是制约农产品电子商务发展的重要因素，消费者难以从互联网上确认自己购买的农产品与在网络上看到的是否一致，也难以确认农产品的新鲜程度。通过物联网技术的应用，消费者可以在购买农产品的同时对其各方面的细节进行交叉研判，了解其相关信息，诸如农产品施用的肥料、施用的农药、采摘的日期等，以此保障消费者购买决定的正确性。

（二）发展农产品电子商务是促进县域经济创新发展、转型升级的重要抓手

1. 发展农产品电子商务有利于县域经济的创新发展

农产品电子商务是依托"三网"（互联网、物联网、农产品物流信息网）将原有农产品流通方式转型成为新的商业模式，使消费者、农产品、生产者之间的通道更加高效透明，在经济整体下行的趋势下逆势发展，成为低迷形势中难得的亮点。进而促进以农村宽

带为代表的基础设施的发展、县域农产品物流覆盖体系的快速建立。

2. 发展农产品电子商务有利于农产品加工业态的转型升级

传统农产品的销售大都处在初加工状态，通过电子商务的发展，可以促进农产品价值链的升级，提高农产品的附加值和竞争力。目前，安全、绿色、健康加工的农产品已成为城市消费的主流和方向，可以充分利用农产品的功能成分，研制消费者所需的温饱型、风味型、便捷型、营养型的多元化农产品体系，促进农产品初加工、精深加工及综合利用加工的协调发展，以满足城乡居民多层次、多样化的消费需求，并创造新的市场消费需求。进而实现以电子商务带动农产品工业化、农业产业化、农业商业化，推进农产品产业链的价值延伸和价值提升。

3. 发展农产品电子商务有利于农产品产业结构的转型升级

传统农业产业结构过于单一，农产品电子商务则加快了与传统农业产业的融合发展，实现农产品的线上交易及信息共享，服务了广大的涉农群体，不仅是对传统商贸模式的一种突破，也是对传统农业产业发展模式的一种突破。农产品电子商务可以推进农产品生产的专业化、组织化、规模化、区域化，进而激活农村耕地的有序流转、农产品生产结构的调整转型。

（三）发展农产品电子商务是推动县域大众创业、万众创新的重要领域

1. 发展农产品电子商务增加了县域大众创业、万众创新的主体

发展电子商务无须店面，方便、廉价的平台可以快速走进农村千家万户，县域农产品电子商务创业孵化基地，可以大量吸引本地农民、大学生、退伍军人等草根阶层的广泛参与，激发他们就地本土创业创新的热情，找到适合自身发展的土壤，增加更多的市场主体，催生更多的"淘宝"店主、农电商经纪人、农电商合作社、农电商物流配送企业等新型经营主体，推动"打工经济"向"创业经济"转变。

2. 发展农产品电子商务扩大了县域大众创业、万众创新的空间

农产品电子商务的发展加快了与涉农相关二三产业的复合型融合延伸，突破了一二三产业传统布局的空间边界限制，催生农产品初深加工、美好乡村旅游电商、农村电商服务业等新产业，催生乡村网货体验店、提货点、配送站等新业态，催生"淘宝村""淘宝乡"、订单种植、农产品众筹等新模式，从而形成新的产业空间、成长空间和就业空间。

（四）发展农产品电子商务是促进农产品供给侧结构性改革的重要举措

1. 发展农产品电子商务可以快速解决农户小生产和市场大流通之间的矛盾

实现农产品生产与市场需求的高效对接，提高农产品生产与配套服务、农产品加工与

储藏保鲜、农产品物流运输与市场营销、农产品品质安全与品牌建设等全产业链的分工协作水平，进而提升农产品产业链、价值链的升级能力。

传统的农业生产基本上是以家庭为单位的小规模生产，农户往往根据往年的价格经验来安排生产项目，确定生产规模，因而导致农业生产安排被动，影响了农业生产整体的稳定性和农民的积极性，农产品电子商务可以将分散农民组织起来进行规模生产和经营，可以将农业生产的产前、产中、产后各个环节有机结合起来，解决农业生产与市场信息不对称的问题，使农民能够及时地了解市场信息，根据市场需求合理安排生产，避免因产量造成的价格波动，降低农业生产风险，进而提高农业和农产品竞争力，促进农业产业结构调整，推动农业产业化的发展。

2. 发展农产品电子商务可以有效地推动一二三产业的有机融合

探索种养结合型、链条延伸型、功能拓展型、技术渗透型、多元复合型等多种融合发展模式，催生循环农业、休闲农业、创意农业、精致农业等新业态，进而实现农业现代化、农村繁荣及农民增收。农村一二三产业的融合过程是城乡协调互动发展的过程，即农产品供给与城市消费市场、农业产业发展与城市资源对接的过程，还是农村产业结构改变与村镇建设对接的过程，即涉农企业向园区集中，土地向合作社集中，农民向社区集中的过程。

3. 发展农产品电子商务可以加快发展都市型现代农业

以市场需求为导向，瞄准中高端消费市场，大力推进种植业、畜牧业、渔业结构调整，为都市提供更多的名、特、优鲜活的农产品，发展唯一性特色优质农产品，高科技含量、高附加值的农产品，建设绿色农产品生产基地，着力保障"菜篮子"鲜活农产品的有效供给，进而提高农产品供给体系的质量和效率。

二、合肥农产品电子商务发展现状和存在问题

（一）合肥农产品电子商务的发展现状

自 2014 年以来，在市委、市政府的高度重视和各有关单位的共同努力下，合肥市把加快发展农村电子商务发展作为促进县市创新发展、转型升级的重要抓手，通过政策引导、示范带动、搭建平台等一系列举措，有力推动县域电子商务发展，取得了一定成效。2015 年 2 月，肥西县被省商务厅等八部门联合确定为"安徽省电子商务示范县"，同年 12 月，巢湖市入选首批国家电子商务进农村综合示范县。根据阿里研究院发布的《2014年中国电子商务示范城市发展指数报告》，合肥在全国电商百佳城市中排名第 29 位，比2013 年上升 5 位，在省会城市中排名第 8 位，比 2013 年上升 3 位，合肥市电子商务服务

指数在示范城市中排名第 14 位。但全国电商百佳县安徽省没有 1 个县入围，肥西县在全市的排名最靠前，仅名列全国第 340 位，省内排名第 13 位，长丰、肥东、庐江分别名列全国第 374 位、第 556 位、第 819 位，省内第 15 位、第 30 位、第 37 位。

1. 基础设施环境不断改善

随着"两化融合""三网融合"的推进和"智慧合肥""无线城市"的建设，合肥的网络基础设施环境日趋完善。截至 2015 年底，合肥本地光缆纤芯长度达 315.7 万千米，骨干网实际出口带宽达 1.2 吨，城市家庭宽带突破 20 米，光纤覆盖所有行政村，农村集镇具备 100 米接入能力；3G 信号城乡覆盖 100%，WIFI 热点数量已达到 5420 个，覆盖 23 万个公共区域和家庭；互联网用户数为 93.39 万户，互联网普及率为 68.2%（参见《合肥打造智慧城市 2020 年统用健康卡》，《江淮晨报》，2016 – 07 – 05）。三网融合试点市建设深入推进，广播和电视综合覆盖率分别达到 98.3% 和 98.7%，数字有线电视用户达 60 万户，IPTV 用户超过 30 万户（参见《"智慧合肥"建设五大领域齐发力》《合肥在线》2016 – 08 – 10）。

2. 电子商务网络群体活跃

合肥电子商务发展坚持引进与培育相结合，企业实力不断发展壮大。截至 2015 年底，全市网络经营主体发展到 7 万户（参见《2016 年政府工作报告》）。据市农委统计，2015 年，合肥市农产品网络销售额达到 56.6 亿元，同比增长 342.2%，销售品种达到 1300 多个，参与网上销售企业数 143 家（参见《合肥把"脉"农村电商》，《农民日报》，2016 –07 –14）。各县市也涌现出一批知名农产品电商企业，如巢湖市的巢湖市日月电子商务公司、安徽富煌三珍食品集团有限公司，肥西县的安徽易商数码科技有限公司、安徽徽众电子商务有限公司，肥东县的合肥仙临生态农业有限责任公司、安徽真心食品有限公司，庐江县的安徽省庐江县优农电子商务有限公司等在县域电子商务发展中起到了很好的示范带头作用。

3. 产业园区建设取得新进展

近年来，各县市着力加快电子商务园区规划布局和建设，强化电子商务企业和配套服务体系的集聚布局，形成特色明显、产业链清晰、服务体系完善的电子商务产业集聚区，在县域电子商务发展中起到了很好的集聚示范作用。目前，肥西县已建设了安徽电子商务产业园、安徽馨芝秀电子商务产业园，共入驻企业 40 多家，正在规划建设华南城电子商务产业园，总规划建筑面积达 50 万平方米；庐江县正在建设庐江电子商务产业园，于2016 年 5 月 1 日正式开园，已入驻企业 10 多家；肥东县建设了中国（肥东）互联网生态产业园、合肥快递产业园；巢湖市、长丰县也正在规划建设电子商务产业园。

4. 农产品电子商务资源不断拓展

近年来，合肥围绕农业全产业链建设，创新发展模式，培育了一大批农业产业化企业，产业链条不断延伸，应用电子商务的覆盖面不断扩大。截至 2015 年底，全市规模以上农产品加工业企业 536 家，占全市的 22.4%；拥有省级以上龙头企业 91 家，市级龙头企业 775 家，本土上市企业 4 家。拥有省级以上现代农业示范园区 8 个，市级现代农业示范园区 23 个、特色农业园区 44 个，农业部水产健康养殖示范场 43 个、农业部休闲渔业示范基地 2 个。拥有国家级农产品加工示范基地 2 家，省级农业产业化示范区 7 家。农村电子商务发展，离不开品牌支撑。全市农产品商标累计注册总量 1.26 万件，省级以上著名和驰名商标超过 183 个，无公害产品、绿色食品、有机农产品"三品"认证 814 个，地理标志 13 个（参见《合肥农业产业化"逆势稳进"》，《中安在线》，2016 - 03 - 19）。

5. 县域电子商务应用取得突破

2014 年以来，瑶海区的生鲜农产品电商平台——"景辉菜篮子"、肥西县的原产地生态农产品电子商务交易平台——"徽众生活网"、肥东县的农产品电商平台——仙临商城电子商务平台、巢湖市的 1 号店和淘宝网"特产中国巢湖馆"先后上线，特别是肥西的用世·生活城充分利用其 46 万平方米的实体建材家居市场资源，建设了全国首家 360 度实景展示的建材家居购物平台，合巢经开区的"三瓜公社"农村电商项目围绕民俗、文化、旅游、餐饮等多个领域，综合现代农特产品生产、开发、线上线下交易、物流等环节，正尝试着走出一条信息化时代的"互联网 + 农村"的探索之路，这些平台有力地促进了县域电子商务和农村电子商务的发展。2014 年，市农委与中邮（安徽）网络技术公司签署战略合作协议，共同打造"邮乐农品"合肥农产品特产馆已正式上线，目前已有 65 家企业上线，市邮政公司也建立了"邮乐农品"电商平台线下展示中心。

6. 电商服务平台建设卓有成效

首先重视建设县级电子商务公共服务平台。巢湖市电子商务公共服务平台 2015 年正式上线，平台集电商政策、统计分析、旅游文化、交易中心、电商培训、支撑服务、招商创业、便民服务八大功能于一体。肥西县 2015 年也建设运营了肥西县电子商务公共服务平台。其次重视建设农村电子商务服务站点。巢湖市以入选首批国家电子商务进农村综合示范县为契机，积极推进与阿里巴巴公司的合作，目前，阿里巴巴农村淘宝巢湖服务中心和 21 个村级服务站正式开业，掀起了巢湖市农村电子商务发展的新篇章。庐江县政府已与市邮政公司签订战略合作协议，计划建设 1 个县级电商运营中心，17 个乡镇电商综合服务中心，200 个"村邮乐购"农村电商服务站点，300 个农村电商网店，初步建成集线上线下为一体的邮政农村电商服务平台。肥西县利用 2008 年被商务部确定为安徽省唯一的农村商务信息网络体系建设试点县的优势，建设了"肥西县新农村商网"，依托已建成的社区便民店、农村金融、邮政、电信、供销、家电维修、连锁店、"万村千乡"市场工程农家店建设农村电子商务村级"信息工作站"，有力地带动了县域特色农副产品的销售，7 年来发布各类供求信息 18000 余条，通过"肥西县新农村商网"实现交易额近 2 亿元，有效促进了农户增收。苏宁云商也在长丰县城建立了全市首家苏宁易购电商服务中心，京东商城已在长丰县城开设长丰县服务中心，并在镇村建设了 130 个农村电商服务站点，着力解决电商最后一公里的问题。最后大力推动成立电子商务协会。合肥市电子商务协会于 2014 年 7 月 8 日成立，承办了"合肥市第二届网络购物节"，并举办了 2015 徽商互联网创新融合对话会暨合肥市电子商务协会跨年盛典。目前，该市庐江县已成立电子商务协会，肥东县、巢湖市正在筹备成立电子商务协会，以服务会员企业、推动行业自律，打造交流合作的平台。

7. 电商氛围营造渐入佳境

首先出台支持促进政策。2015 年 3 月，市政府出台了《2015 年合肥市促进服务业发展政策》，采取"借转补"、事后奖补、基金、财政金融产品等多种方式支持电子商务发展。巢湖市、肥西县、庐江县、肥东县也出台了支持电子商务发展的专项政策，肥西县、肥东县还先后出台了加快电子商务发展的意见。其次加强宣传培训。巢湖市分别在人民网、光明网、中安在线、《安徽日报》等媒体发表 30 余篇关于电子商务进农村的相关宣传报道，并在镇村营造宣传氛围，悬挂宣传条幅 500 条，刷墙广告 178 个；并制定了农村电子商务综合示范培训方案，截至 2015 年 7 月底，全市共培训人员 1765 人，提高了相关人员对发展农村电子商务的认识和参与的积极性。肥东县、庐江县也专门召开了多场农村电子商务培训会，对村干部、大学生村官、创业青年、返乡青年等进行培训。

（二）合肥农产品电子商务发展存在的问题

近年来，虽然合肥农产品电子商务发展迅速，并在 2014 年初获批国家电子商务示范城市，但由于农产品电子商务和前期图书、服装、3C 三轮电子商务浪潮有着巨大的差异，这明显在思想观念、人才储备、产业链配套、供应链成熟、盈利模式确立等方面都存在着严重准备不足。

1. 农产品电子商务的认识有待深化

虽然农产品电子商务发展势不可当，不少领导天天讲、逢会讲，但有些领导仍然对农村电子商务促进县域经济转型发展的作用持怀疑态度，并认为农产品电子商务是一个独立的产业形态，为电商而发展电商，并不太重视农电商与实体产业的结合，缺乏真抓实干的态度。农产品电子商务的发展虽已受到国家、省里的高度重视，但目前全市尚未在农村电子商务发展的理念和方向上形成共识，政府部门、网商之间的沟通渠道并不完全通畅，发展也不平衡，模式单一（多为仿照淘宝等网站），行业还处于相对无序的发展状态。而贵阳市则坚持全市一盘棋，利用现代农业大数据交易中心资源，为全市电商提供一站式服务，使农村电子商务在各区（市、县）基本形成产业聚集、错位发展的良好态势，成为贵州农村电商应用水平最高、聚集程度最高、市场规模最大的城市。

2. 农产品电子商务相关人才缺乏

农产品电子商务的"人才荒"在全国农村基本是一种普遍现象，即使有这方面的人才也都选择在城市工作创业，合肥也不例外，尽管现在城里网上购物如火如荼，然而农村大多数农民对网上交易仍兴趣不高，他们更愿意选择周边批发市场销售农产品，加之农民文化素质较低，对电子商务的相关知识了解较少，误以为电子商务只是个虚拟的概念，上网率比较低，真正懂电脑、会操作的农民不多。农村电子商务中高端人才引进难、留人难，县级以下政府部门、企事业单位普遍缺乏电子商务的专业人才；相关培训机构开设的电子商务专业普遍存在办学规模小、师资力量薄弱等问题，现有的网店美工、产品摄影、信息采集、营销推广、行情分析、活动策划等实战型电子商务人才的引进和培养远不能满足县域电子商务发展需要。因此电子商务应用型人才的短缺严重制约了农产品电子商务的发展。为此，2016 年全市各（市）县已按省农委要求，将农产品电子商务培训纳入了新型农民培训民生工程，向新型职业农民传授农产品电子商务技巧，提高他们通过网络销售农产品的能力。

3. 区域特色农产品种类缺乏

合肥辖四县一市，地处江淮浅丘陵地带，属亚热带湿润性季风气候，虽四季分明，气候温和，适宜农作物生长，但农业部《特色农产品区域布局规划（2013~2020）》里公布的 10 大类特色农产品中，诸如特色蔬菜、特色果品、特色粮油、特色饮料、特色花卉、特色纤维、道地中药材、特色草食畜、特色猪禽蜂、特色水产等，合肥在优势区域布局里几乎没有。地方特色农产品也就合肥的小龙虾，包河的大圩葡萄，庐阳的三十岗西瓜，庐江的鸭蛋及金坝芹芽，巢湖的麻鸭、白虾及银鱼干，肥东的花生及杭椒，肥西的花生、老母鸡及三河大米，长丰的草莓及吴山贡鹅等，但多数地方特色农产品龙头企业规模较小，多处于发展初期，缺乏规模优势，产业延伸链短，带动能力弱。

4. 农产品的标准化程度较低

首先，适合电子商务运营的商品主要是标准化产品，而现有的农产品绝大多数为非标准化产品，因为它本属带有生命特征的动植物，其生产不仅受限于自身基因的影响，还受到诸多外部环境因素如气候和地理条件的影响，不可控因素较多，这一物理特征为开展电子商务增加了难度。其次，国家从确保消费者身体健康的要求出发，统一制定了农产品的质量等级标准，将不同质量的农产品进行分级归类，诸如无公害农产品、绿色农产品和有机农产品，但是由于宣传缺乏力度和广度，生产者和消费者的农产品质量等级标准意识普遍淡薄。最后，管理的标准化有利于保障农产品的品质安全，也更有利于取得消费者对农产品的品质信任，但现实中农产品产销全过程，包括种植环境、生产过程、加工包装、物流运输、溯源监管等方面标准指标体系也都缺乏，尤其生产过程中化肥、农药、生长调节剂的施用数量、施用方法、施用时间、施用次数等，其标准操作流程都亟待规范。

5. 农产品物流网络覆盖率不高

据合肥市邮政管理局披露，该市已实现 84 个乡镇快递服务的全覆盖（参见《合肥市乡镇实现快递服务全覆盖》，《合肥日报》，2016-10-05），从而为农产品进城创造了一定条件，但目前仍在示范运营阶段。据介绍，快递企业以草莓为龙头产品，计划从包装、仓储、销售、运输、派送各个环节设计一套专属解决方案，为长丰特色农产品销售提供专业、优质、高效、便捷的快递服务。但与实现全市农村物流网络全覆盖的目标还有很大的距离，一是源于合肥农产品物流的主体发育不成熟，物流企业以中小企业居多，大多数电商企业自营物流，功能单一、物流理念落后、信息化程度不高，总体上处于粗放经营状态，限制了农产品物流市场的扩大，也导致了第三方农产品物流发展滞后，缺乏专业化和规模化，难以形成高效率的物流配送。二是适销对路的农产品数量少导致物流配送成本升高，有时成本高过城市数倍，加之返程空载严重，只是单向的将农产品输送城市，而未能将工业品运进农村，农村电商的物流成本自然高居不下，尤其村级基本没有服务网点，最后一公里问题尤为明显，严重制约着农户参与电子商务的积极性，这些都是造成农村电子商务发展存在物流配送难、配送成本高、物流网络覆盖率低的主要原因。

6. 农产品电子商务的盈利模式尚缺

盈利难一直都是农产品电子商务发展的痛点所在，数据显示，在全国 4000 多家生鲜电商中，实现盈利的只有 1% 的生鲜电商，基本持平的有 4% 的生鲜电商，有 88% 的生鲜电商略亏，剩下 7% 的生鲜电商则处于巨亏状态。合肥的情况和全国差不多。客观上，一些受欢迎的农产品在线下本身就供不应求，根本不需要拿到线上卖；一些产品由于生产分散，包装和质量无法统一而无法拿到线上卖；而一些没有知名度的产品，拿到线上又无人问津。主观上，不少本土农产品电子商务平台发展定位不精准、商业模式不成熟、运营队伍不专业，导致其知名度低、访问量低、运营水平低、盈利能力低。虽然农产品电子商务被比喻为"最后的电商蓝海"，但叫好不叫座，赔本赚吆喝的企业多，盈利的企业少；试水的企业多，能实现持续发展的企业少，亏本经营成为该行业的常态。农产品电子商务在经济下行态势中出现了不少虚热的现象，我们认为其痛点在于，眼下的农产品电商仅仅是为了卖掉农产品，都在致力于构建一条供给型的农产品电子商务的产业链，而供给型产业链是脆弱的，是极其容易断殉裂的，农产品电子商务的健康发展必须要具有一个共赢型的生态链为其保驾护航。

三、国内外农产品电子商务发展的经验借鉴

（一）国外农产品电子商务发展的经验借鉴

1. 渠道融合化

电子商务与传统销售加速融合，通过发挥电子商务优势，将传统销售渠道与电子商务平台有机融合起来，为交易双方提供更加便捷高效的支付、结算、订单及售后服务。例如，韩国各大超市几乎都推出了电子商务平台，利用其补充传统营销渠道存在的缺陷。再如荷兰，在已建立的十分发达的实体营销渠道和物流网络的基础上，通过电子商务与传统销售渠道的整合，有效地提升了营销渠道综合化服务的范围。

2. 市场全球化

仍以荷兰为例，由于荷兰国内具有高效的电子商务网络，世界上最大的鲜花拍卖交易市场荷兰花卉市场（Flora Holland），每天可以卖出约 2000 万枝被誉为全球化的花——郁金香。再如新西兰，乳业巨头恒天然集团建立的销售平台，吸引了全球 90 多个国家的乳制品采购商和 8 家国际乳制品公司入驻。

3. 通信服务移动化

移动通信设备已成为电子商务的重要组成部分。有调查显示，美国 31% 的智能手机用户都有使用手机进行网络购物的习惯，21% 的用户会在手机上获取和搜索商品信息，19% 的用户会通过手机查询交易信息。

（二）国内农产品电子商务发展的经验借鉴

1. 将电子商务服务覆盖到乡村

以宁夏为例，通过市场化方式建成了 15 个县级农村电子商务服务中心和 1000 个村级电子商务服务站，构建覆盖大部分乡村的电子商务服务和物流配送体系。同时，还将推动农业企业、农民合作社、农户通过各大电商交易平台销售农产品，到 2015 年底建成 5～10 个本地特色产品馆，引导农业龙头企业在第三方电商平台开设旗舰店、专卖店等，引导电商企业与农业基地和社区便利店等传统商贸企业合作，整合产品资源，深化产销衔接，发展生鲜农产品网上直销、网订店取等线上线下相结合的新型业态。

2. 启动"互联网＋农村"电子商务应用项目

以河南为例，该项目包括五大内容：一是建设农村电子商务服务体系，包括县级服务中心、村级服务站建设。二是组织农村电子商务人才培训，利用当地院校和淘宝大学师资，培养电子商务适用人才。三是构建农村物流体系，依托菜鸟物流网络，发挥社会快递资源作用，完善县、乡、村物流服务网络，解决最后一公里问题。四是推进"淘宝特色河南馆"县（市）馆建设，明确功能定位，探索协同发展新模式。五是举办县域电商应用专项活动，优选有条件的县（市），有针对性地开展洽谈对接和应用推广专项活动，营造浓厚的农村电商应用氛围。

3. 建设农村电子商务服务中心体系

以河北为例，其电子商务进农村工作规划从七个方面着手，以加快电子商务进农村的步伐：一是建设农村电商服务中心体系；二是全面开展电子商务培训；三是整合升级改造农村电子商务园区；四是加强农村地区宽带及移动网络铺设；五是改造和新建农村电子商务服务网点；六是培育农村电商服务平台；七是农村电商物流配送体系建设。

4. 推动农村电子商务发展行动

以福建为例，一是激活农村电子商务经营主体。包括支持发展第三方涉农电子商务平台、积极培育农村电子商务企业、发挥农村经济组织作用、鼓励开展农村电子商务创业四个方面。二是搭建农村电子商务产业发展平台。包括培育发展电子商务村镇和规划建设农村电子商务创业园。三是构建农产品网络销售体系。包括构建多层次的农产品网上批发渠道、拓展农产品网络零售市场、积极探索生鲜农产品网上直销、适时开展季节性农产品网上促销活动等。四是构建农村电子商务服务体系。包括多方式建设农村电子商务服务网点、增强农村电子商务服务网点服务功能、开展农村电子商务从业人员培训等。五是完善农村电子商务物流配送体系。包括充分利用现有农村商品流通服务体系，发挥乡镇商贸中心、配送中心和农村金融、邮政、快递、电信、供销等服务功能；合理规划建设产地预冷、低温运输、生鲜仓储、定制配送等全程冷链物流基础设施，推动第三方配送、共同配送在农村发展，打通农村双向流通"最后一公里"。

四、合肥农产品电子商务的发展方向

目前我国农产品电子商务正处于由成长期向发展期转型的关键时期，从合肥市实际情况来看，农产品电子商务主要应走本地化、生鲜化、绿色化的发展道路。

(一) 大力发展本地化农产品电子商务

虽然合肥的农产品缺乏特色种类，很难通过电子商务走向全国大市场，但农产品电子商务的市场前景依然广阔，完全可以走本地化发展的道路，以此规避对全国市场的不适应性。合肥城镇人口500多万，市区常住人口300多万，这表明合肥本身消费市场就潜藏着巨大的农产品刚性需求。走本地化发展道路可以充分发挥自身的区位优势：一是可以优化农产品生产的空间布局。立足省城周边的资源禀赋条件和比较优势，优先培育一批地方特色明显、类型多样、竞争力强的产业基地县。二是可以优化农产品品种的结构调整。处理好粮食作物和经济作物的比例关系，由生产导向型向消费导向型转变，发展市场紧缺、适销对路的农产品。三是可以为消费者提供本地化的系列配套服务。便于农产品电子商务服务商布局乡镇采购网点、社区体验渠道、仓储集散基地、城乡物流配送等。

(二) 大力发展生鲜化农产品电子商务

生鲜化农产品主要指农户生产的不经过加工或只进行初级加工，无法在常温条件下保存的初级农产品。生鲜化农产品曾是不被电商看好的领域，但却是城市消费者日常生活的主要食品来源。一是市场发展前景广阔。合肥市统计局《2015 年国民经济和社会发展统计公报》显示，2015 年全市蔬菜产量增长 6.1%，瓜果产量增长 7.1%，肉类总产量增长 1.8%，禽蛋产量增长 3.2%，牛奶产量增长 3.5%，水产品产量增长 2.2%。由此可以看出，合肥市居民日常生活消费对生鲜农产品的刚性消费需求日益增长。二是冷链物流成本较低。生鲜农产品因其具有时鲜性、季节性、易腐性等特点，对保鲜时效性要求高，不宜远距离运输和长时间保存，受到区域瓶颈的限制；而适宜就近就快销售，在较短的销售半径内，仓储中转及物流配送的温度都易于掌控，农产品损耗率低、物流配送成本低，质量安全又易于保障。合肥农产品电子商务可充分发挥物流距离半径小、运输时间短、安全控制能力强的本土优势，大力开拓生鲜农产品最近的市场。

（三）大力发展绿色化农产品电子商务

绿色化农产品特指"三品一标"农产品里的绿色及有机农产品。多年来由于化肥、农药及农膜的过量使用，农产品的安全性不高，农药、激素残留大量存在；而绿色化农产品则是在无污染的生态环境中生产或加工农产品，真正地源于自然，是高营养、高品质的安全环保生态食品。一是可以开发出一个潜在的消费需求市场，据中国消费者协会的市场调查显示，79% ~84% 的消费者希望购买绿色食品，目前合肥市高端消费群体对无污染的"自然"农产品已兴趣倍增。二是可以缓解农产品难卖的不利局面，生产绿色化农产品可以成为促进农民增收的一个新的切入点和突破口。三是可以倒逼农业产业结构的优化调整，调精调优调高农产品结构，提升农产品质量，促进粗放型发展方式向集约型发展方式转变。四是可以推进农产品品牌化建设，以此规避农产品的市场风险，增强绿色化农产品的市场竞争力，加快农业产业化的进程。

合肥农产品电子商务可瞄准省城时尚消费群体，尤其是那些没有时间或不愿意到农贸市场卖菜的"80 后""90 后"的都市女性上班族，她们既追求健康生活，又热衷网购时尚，只要培养了线上购买习惯，用户黏性增强，就能够提高重复购买率，消费潜力巨大。同时还可以与周谷堆传统的农贸批发市场进行品质化、差异化竞争，因为合肥本地的生鲜农产品理论上完全可以做到比外地的生鲜农产品更加快速地送到省城消费者手里，可以采取生鲜农产品网上预售、团购等方式，减少仓储和保鲜成本，可以吸引城市消费者周末时间实地查询追溯所购买农产品的质量安全，以保证消费者权益。

合肥虽然缺乏特色农产品，但《2014 ~2015 年中国农产品电子商务发展报告》分析表明，"三品一标"农产品将成为农产品电子商务的主角，其占整个农产品电子商务中的比例将超过 80%，生鲜农产品电子商务将实现"三品一标"化，占农产品交易额比例将超过 60%，而且"三品一标"农产品电子商务规范有序发展将成为促进农产品品牌建设的重要内容。而目前合肥全市农产品"三品一标"工作正在稳步推进，这些都为发展生鲜农产品电子商务创造了良好的产品资源条件。

五、合肥农产品电子商务发展的企业路径

（一）构建供给型农产品电子商务产业链

农产品电子商务的发展是一个渐进的过程，不可能全部取代传统的流通渠道，其真正的作用体现在整合更有价值的农产品供应链渠道，优化更加便捷的线上线下服务渠道，打通成本更加低廉的物流配送渠道的过程，所以合肥农产品电子商务发展的模式选择应以渠道建设为抓手。

1. 支持创建合肥农产品电子商务服务平台

该服务平台应渗透合肥农业大市场尤其合肥物联网的每一个链接，应在每个县域设立运营管理中心、体验展示中心、物流集散中心。为农产品电商发展提供咨询、培训、技术支持、网店建设、品牌培育、营销推广、物流解决、代理运营等专业化服务，尤其县域农产品样板旗舰体验展示中心，应展示农产品信息端来源、生产模式和监控、仓储物流情况等，展示"三品一标"等地方特色农产品，演示网络下单模式。

2. 支持农产品电商O2O渠道下沉社区乡镇布局

所谓电商O2O，即Online To Offline，这一表述浓缩了电子商务的三大特点，一是线上（Online）通过在线平台，实现商品信息流通和交易的电子对接；二是线下（Offline）通过实体门店，降低在线运营成本和风险，实现商品实物的体验与配送服务，获得相比实体直接交易较为便宜的价格商品，同时还降低线下门店对黄金地段旺铺的依赖；三是中间的2（To），即O2O平台，是线上商家连接生产端和消费端之间的桥梁，更多的是配合、互动、数据收集的过程，桥梁一端提供生产端更多的产品信息资源，桥梁另一端则吸引了大量消费群体，培养消费黏性，从而实现线上线下的融合互动，完美对接。

在城市，大多数居民的消费需求在社区得到满足，社区里消费群体集中度高，因而成为农产品电商接近消费群体、便利可达、上门服务的最佳入口，是城市物流配送的"最后一公里"。应支持电商和社区合作携手打造便民购物通道，让农产品电子商务纵向下沉社区化、横向复制规模化，把社区住户变成消费用户，形成稳定的社区消费群体、稳定的市场容量空间、稳定的销售渠道网络。农产品城市销售的社区终端是农产品电商在城市开展经营活动的基础支撑点和载体，为便于对终端设备运行的维护，可以是独立店面，但为了降低运营成本，最好是社区厨房的综合体，或者是与社区物业部门合作的联合体。

在农村，建立县、乡（镇）、村三级农产品电子商务集散实体服务站。因为目前大多数农民对电子商务仍持不完全信任态度，看不到实体的交易方式让他们非常担心，实体服务站的设立则可大大降低农民对单一网络交易的顾虑。实体服务站选择乡镇集市主干道，

或人流集聚区；实体服务站以加盟形式形成遍布全县的连锁"农家便利店"，各门店采用统一的品牌标示，吸收、扶持本地青年担任电商服务员兼农产品经纪人，经培训后帮助指导不熟练的农民代购代销，为农民提供手机充值、票务代购、水电气费缴纳等服务，同时鼓励其带车加盟，负责工业品的村级物流配送，解决"最后一公里"的物流瓶颈。

3. 支持打造合肥农产品物流配送服务渠道

干线物流和末端配送是生鲜农产品流通中绕不开的重要环节，而冷链物流配送是生鲜农产品电子商务发展的必然基础，是保证生鲜农产品质量安全的关键。农产品电子商务的发展有赖于冷链物流配送环节的完善，在农产品电子商务发展的初级阶段，单个电商企业的自营物流配送模式则可以在满足自身内部材料供应、农产品外销、连锁店铺供货和域外市场拓展等方面发挥积极的作用，但单个企业的物流量一般较小，企业物流系统的规模也较小，这就导致物流成本较高，它增加了企业的投资负担，其物流配送的专业化程度较低。

要创建合肥区域农产品冷链物流配送服务渠道，建立本地化的冷链物流配送服务体系，就要求做到：其一，要加大资金投入，改善农产品的物流基础设施条件。一方面，要加快实施合肥市农村道路畅通工程，争取到 2018 年底，合肥市的县道基本达到二级及以上公路标准，相邻乡镇之间主干道路达到三级及以上公路标准，"村村通"路面宽度达到5 米，以此方便农产品从田间到公路的运输。另一方面，各县要支持电商企业合理规划布局农产品加工物流配送基地建设，采取政府主导、电商主体、部门协作的方式，尤其要鼓励金融机构把农产品加工冷链物流配送基地作为涉农金融服务工作的重点，加大涉农贷款投放力度。各县要尽快建设一个较为先进的集运输、仓储、加工、理货、信息为一体的农产品加工冷链物流配送中心。其二，要整合物流资源，促进物流企业之间的联合与合作。整合现有的社会物流资源，实现农产品物流配送体系与其他社会物流配送体系的最大融合，尽可能地避免重复建设，节省资源，诸如农产品进城与邮政快递及工业品下乡配送体系的有效整合，鼓励电商企业的农产品物流外包，促进建立社会化的冷链物流配送体系，充分发挥社会物流资源参与农产品物流配送的资源功能整合优势，培育发展适时组建综合性的第三方农产品冷链物流企业，积极构建合肥区域城乡一体化的社会冷链物流配送体系。其三，要推进绿色物流，实现农产品物流配送的服务增值。农产品绿色物流，涵盖了集约资源、绿色运输、绿色仓储、绿色包装和逆向物流等内容，就是要在农产品物流过程中有效抑制环境污染和资源浪费，低成本运行，做到加工增值服务、包装增值服务、运输增值服务和配送增值服务，实现农产品物流的可持续发展。而目前我国农产品物流基本处于自然物流状态，尤其运输基本停留在使用农用车、敞篷卡车，缺乏冷链车状态。因此要实施农产品的绿色物流管理，农产品"绿色物流"的品牌形象有利于降低农产品损耗率，提高农产品市场占有率，间接地增强农产品的竞争力。诸如在农产品材料包装方面，由于其包装过于简单，许多农产品甚至不包装就直接上市，这样使农产品极易受到污染甚至腐烂变质，不利于农产品的销售。要研究提高包装技术，积极采用新型的包装材料，延长农产品的保鲜时间，尽量采用低能耗、低成本、可回收、可重复使用、可循环再生的材料包装，尽量减少农产品的重复包装，降低包装废弃物的污染。在农产品装卸搬运方面。装卸搬运是连接采购、生产、运输、存储、包装等物流活动的重要环节，在这一环节中，最容易造成农产品散落损耗，造成周边环境的污染，所以要尽量减少人工操作次数，避免多次接触农产品，采取现代化的装卸搬运手段及措施，尽可能减少装卸搬运环节，消除无效搬运，降低损耗；特别要注意消除搬运途中对农产品的品质污染，如搬运机械受到污染不清洁或机械漏油污染了农产品品质等。

4. 支持打造合肥农产品供应链网络渠道

农产品供应链是指农产品销售供应链，是指由农产品电子商务企业和农产品生产者、农产品消费者等组成的一个功能性网链结构。当今时代的农产品需求已由总量不足的供给制约逐渐转变为结构过剩的需求制约，市场竞争也已由单一主体的竞争逐渐演变为整体供应链的竞争。农产品电子商务的发展不仅需要强大的冷链物流配送服务渠道的支撑，还需要稳健的供应链网络渠道的配合。

在这一发展趋势下，农产品供应链网络渠道对于电子商务企业就显得极为重要，它强调的是农产品"从田间到餐桌"，也就是从生产到消费的过程中，供应链各参与方都能通过信息、资金和物流功能进行无缝衔接，而实际问题是，农产品供应链上的参与方都各自为阵，产供销处于游离状态，合作关系不紧密，合作水平低下，集约化、联盟化的渠道链条缺失，渠道关系不稳定。在农产品供应链上游，其主体是分散的农户、发育不成熟的专业合作社、规模小数量少的农业龙头企业；在农产品供应链中游，其主体是农产品电子商务企业，以及附属的仓储加工、物流配送企业；在农产品供应链下游，其主体是市场不确定性较大的城市消费群体。

构建一个稳健的农产品供应链网络渠道，就是要求作为供应链核心主体的农产品电子商务企业必须努力协调供应链上中下游各主体之间的关系。一要建立供应链上各个主体之间的利益分配机制，各个主体要本着"风险共担，利润共摊"的原则来进行合作，实现利益目标一致性和利益分配合理性的高度统一。二要引导农户参与农产品供应链管理，以合同的形式订立最低保护价格，确保生产活动的稳定性，使他们能够获得比较稳定的合理收益，让分散的农户对未来的合作产生信心。三要努力维持市场价格稳定，提高农产品品质和安全水平，不断满足消费者对农产品提出的要求。四要集中精力主攻某一市场，实施目标集中战略，组建战略联盟，提高整个供应链的竞争力。最终实现农产品电子商务企业和农户与消费者的产供销无缝衔接，达到农产品价值增值、农民增收和消费者满意的目标。

政府应大力支持打造合肥农产品供应链网络渠道。虽然农产品供应链网络渠道的构建属于市场行为，但在农产品电子商务发展的初期，光靠农户、农产品电子商务企业的自身力量肯定是不行的，政府的农业产业政策将起到引导和推进的作用，政府部门要从新时期农业农村经济发展的全局出发，将产业发展、区域发展、农民增收等整合在一起来统筹研究农产品供应链的扶持政策，要把发展"三品一标"农产品作为推动现代农业建设、农业转型升级、农产品质量安全监管、农业增效和农民增收的重要抓手，纳入农村农业经济发展规划，以此推进农业供给侧结构性改革，引领安全优质的农产品消费，增强生鲜农产品的竞争力，实现地方经济的快速发展。

（二）构建共生型农产品电子商务生态链

共生理论首现于生物学领域，共生概念首先是由德国真菌学家德贝里在 1879 年提出的，是指不同种属的生物体在同一生态环境里生活，生物体之间互相利用对方的生活习性共同相依为命的现象。共生的本质就是协同与合作。其实"共生"不仅属于一种生物现象，也可以拓展为一种社会现象。在农产品电子商务产业链运行过程中，也存在着与自然界类似的生物依存链，只有和消费者互惠互利、彼此依赖，农产品电子商务产业链才会健康发展。

1. 支持农产品电子商务企业与消费者建立互惠共生关系

从共生体中各单元之间利益分配的行为方式视角观察，不同的行为方式可导致不同的共生状态，如寄生、偏利共生、互惠共生。依据这一理论，利己思维下的农产品电子商务，它与消费者的关系只会呈现寄生状态，在与消费者共生过程中，能量是单向流动的，表现为消费者一方必须被动地不断地为自身提供购买力能量，这种思维指导下的农产品电子商务没有发展空间。偏利思维下的农产品电子商务，它与消费者的关系只会呈现偏利共生状态，虽产生购买力新能量，但新能量只为自身所得，有利于农产品电子商务产业链的发展，但在缺乏补偿机制的前提下，却对消费者一方没有益处，时间一长，这种产业链极容易断裂。利他思维下的农产品电子商务，它与消费者的关系则可以呈现互惠共生状态，而这一状态是最有效率也是最稳定的，它可以促使与消费者之间的合作关系长期、稳固地发展下去，并产生最大的共生能量。

2. 支持农产品电子商务企业与消费者建立连续共生关系

从共生体中各单元之间利益分配的组织程度视角观察，不同的组织程度也可导致不同的共生状态，诸如点共生、间歇共生、连续共生。用共生理论指导农产品电子商务的发展，我们不难发现，不同的信任度导致不同的购买度：比如，消费者在今天某一特定时刻购买了你的农产品，并不意味着明天乃至后天某一特定时刻还购买你的农产品，消费对象具有不稳定性和随机性，此乃"点共生"状态，因为这一产业链在消费端与消费者的接触介质是单一的，接触状况是单方面的，接触界面的生成是完全随机的也是高度不稳定的。再比如，消费者在春季某一时间间隔买了你的农产品，不意味着其他季节某一时间间隔还购买你的农产品，虽然对农产品电子商务信任度有所提高，但仍然存在着随机的成分，这种与消费者的共生关系还是存在某种不稳定性和随机性，此乃"间歇共生"状态，因为这一产业链在消费端与消费者的接触介质还是较少的，接触状况也还是少数方面的，接触界面的生成虽是必然的但还是有某种选择的，仍是较不稳定的。只有这一产业链在消费端与消费者的接触介质趋向多样化，接触状况趋向多方面，接触界面的生成趋向不仅是必然的而且还是有选择的时候，在一封闭的时间区间内与消费者才会多方面发生联系，共生关系才是比较稳定的，才会产生连续的相互作用。

3. 支持农产品电子商务企业强化与消费者之间的共生要素

从共生体内系统构成也就是共生要素的视角观察，共生体中各生物体之间共生介质越多，接触介质越好，共生程度越大，接触界面越大，共生能量就越大。同样用共生理论指导农产品电子商务的发展，我们不难发现，单一构建农产品电子商务产业链，则与消费者的共生介质太单一，共生程度肯定低，与消费者接触的共生界面太狭窄，共生能量也肯定小，农产品电子商务产业链势必容易断裂。只有在与消费者接触的过程中，尽可能选择更多更优的共生介质，提高与消费者更高的共生程度，扩大与消费者更广阔的共生界面，才能产生更大的共生能量。

有鉴于此，我们认为，住宅小区是农产品电子商务企业构建与消费者共生型农产品电子商务生态链的最佳环境入口。围绕消费者的吃穿住行，借助并推进小区物业管理的转型升级，变收费型的看家护院为服务型的多功能互利，拓展物业服务项目与范围，诸如居家养老、车辆冲洗、车内布草洗涤、家庭衣物干洗、家政服务、房屋租赁、代收快递等，夯实与消费者发展互惠共生关系的基础，双方通过协同作用和资源共享而紧密结合，获得更大的利益及发展便利空间，最广泛地增强与消费者之间的人际互信关系，进而维系农产品电子商务产业链消费端的稳定性。

运用共生理论，我们可以更加深刻地认识到，构建农产品电子商务产业链是必要的，但要想确保农产品电子商务产业链自身的稳定和发展，就应充分兼顾其他共生单元，尤其产业链终端消费者的利益与感受，争取最广泛的共生界面，依靠彼此提供所需的条件和环境，形成一种"互惠共生"的关系状态。构建共生型的农产品电子商务生态链，才能实现农产品电子商务产业链的健康可持续发展。

六、合肥农产品电子商务发展的政府对策

发展农产品电子商务是一项社会系统工程，政府需要一系列配套环节的跟进，鉴于发展初期市场机制的失灵，合肥农产品电子商务的发展急需政府的介入和调控。

（一）加大农业供给侧结构性改革

要正视合肥市农业结构趋同，大多处于产业链最低端，农产品商品化率低的现实；要着眼农产品需求正向多样化、高端化、服务化转型升级的发展趋势；以问题意识为导向，发力推进农业供给侧结构性改革，从保障"粮食安全"转变为保障"食物安全"，使农产品供给不仅数量充足，品种和质量更能契合消费者的安全需求，形成结构合理、保障有力的农产品有效供给。一是建立市场导向的农产品种养机制。引导新型农业经营主体轮作种养，转变农产品生产方式，生产高品质、高附加值的农产品。二是建立土地流转制度的创新机制。鼓励农民以转包、转让、出租、互换、入股等形式流转承包土地，促进土地相对

集中经营，提高农产品的市场竞争力。三是建立绿色化农产品的发展机制。宣传普及绿色化农产品知识，优化调整绿色化农产品结构，科学制定绿色化农产品规划，完善实施绿色化农产品补贴扶持政策。

（二）加大政府引导整合扶持力度

发展农产品电子商务，涉及众多市场主体的参与、公共基础设施的投入，不可能完全依靠市场的自发调控。政府是推动农产品电子商务发展的重要外部因素，决定着政策的导向及农产品电子商务的发展速度。一是政府要引导农民更新理念。充分利用墙体土广告、手机微信等新媒体广泛宣传，让农民了解互联网，学习电子商务知识，普及电子商务应用技术，尤其利用普及率很高的手机开发农村信息平台，让农民既了解国家的农村政策和富民措施，又了解与农产品电子商务相关的信息。二是政府要整合县区各类资源。发展农村电子商务，参与的不仅是交易双方，还需要大量的资源，涉及诸如信息交通基础设施、电子商务平台、电子商务人才、农产品供应、商务、农委、供销、邮管、工商、税务、银行、金融等，都需要县区政府联动，探索跨部门的综合协调发展，形成合力才能加快推动农产品电子商务发展。三是政府要扶持本地电商发展。鼓励草根群体创业，调研资料发现，近几年农村电子商务集聚地的形成大都为草根自主创业产生，其发端往往是依赖一些带头人的引领，草根领导者的示范在农村电子商务发展中起着举足轻重的作用，随着草根领导者的带动，在一个村乃至一个乡范围内，就会逐渐涌现出一大批农电商。

（三）加快培养农村电子商务人才

农产品电子商务能不能在农村发展起来，很大程度上取决于农民对电子商务的了解、农民的信息利用能力以及网络应用能力，要加快培养电商新农人。因为目前农村真正懂得农产品电子商务的人才并不多，要鼓励那些具备一定条件的年轻人投身农产品电子商务，诸如税收方面的减免、网络开通方面的优惠等，尽量帮助他们减少从事农产品电子商务的阻碍因素。一是开办农产品电子商务农村干部培训班，邀请电子商务领域专业人才对乡镇领导、村委干部进行专题讲座，让村委干部成为农产品电子商务的带头人，切实发挥他们在农村电子商务发展中的引领作用。二是开办农产品电子商务普通农户讲习班，以帮助农民致富为出发点，广泛培养农民对电子商务的兴趣，对一些文化水平和信息素质相对比较高的农民重点进行信息技术和电子商务知识培训，教会农民如何使用计算机，如何从网上检索到需要的信息，如何在网上进行交易。三是创建农产品电子商务创业孵化基地，尤其开展电子商务进农村典型案例的推广，引导农业主体、返乡青年开展电商创业，在创业孵化基地获得实践培训，让他们切身体会到电子商务确实能够给他们带来的经济利益。四是整合教育培训资源，发挥县市区职业中专、职业中心和乡镇成教中心与农电商人才培养的对接作用，支持开设农电商专业，定向招收农村青年"半农半读"进行系统培训，努力培养一批既懂理论，又懂业务，会经营网店，能带头致富的复合型人才。

（四）培育各类农业新型经营主体

新型农业经营主体是相对于传统小规模家庭经营农户的概念，应大力实现农业经营组织的创新，积极培育家庭农场、种养大户、农民专业合作社等。一是推进小规模家庭经营向适度规模经营转变。个体农民作为生产的主体，不能及时地了解市场信息，容易导致生产的农产品不适应市场需求，更谈不上商业运作经验和能力，不利于开展农产品电子商务，应将农民分散的小生产与变化的大市场紧密联系起来，引导和鼓励农民规范流转土地承包经营权，实现土地资源的优化配置，形成多样化的农业适度规模经营模式。二是推进分散经营向专业化、组织化经营转变。分散生产的大宗农产品要汇集到城市中去，需要一套有组织的销售网络体系和物流配送体系，个体农民无法支撑起庞大的农产品市场化的发展，组织起来的专业合作社则可以让个体农民结成一个资金、技术、信息共享的利益共同体，统一生产、统一收购，还能增强营销过程中的谈判能力，有效地解决农产品"卖难"问题。要在推进农村土地流转和发展适度规模经营的基础上，加速推进家庭农场、种养大户、农民专业合作社等新型经营主体的发展。

（五）引进培育农村电子商务市场主体

合肥农产品电子商务发展总体上仍处于起步阶段，电商企业和小微电商数量普遍少、规模小，存在着市场主体发育不健全的问题，应大力鼓励电商、物流、商贸、金融、邮政、快递等各类资本参与农村电子商务发展。一是引进培育农村电子商务企业。积极引进知名涉农电子商务企业和电子商务综合服务企业落户合肥市，重点培育一批成长性好的农村电子商务企业，发挥示范带动作用；充分发挥好农村经纪人、农村致富带头人、大学生村官的作用，鼓励大学毕业生和务工人员返乡开展电商创业，扩大电商主体的数量。二是大力培育农产品电子商务龙头企业。按照培育农产品电子商务"名企、名品"的目标，结合合肥市农业产业化"双百"提升工程，实施电子商务企业"百强企业"工程，全市重点培育100家农产品电子商务龙头企业。三是大力培育农产品物流中介组织。这一组织通常可以采用"公司＋农户""协会＋农户""大户＋农户"等形式。由于此类合作中介组织能在较大范围的时间和空间上汇集农产品需求和供给信息，而且具备对农产品进一步整理、加工或增值的能力，因而它是组织农产品大量物流的中坚力量。通过这些物流中介组织可以提高农民进入市场的组织化程度，保护农民利益，实现农产品运销规模化、系列化、集约化，提高农产品流通效率。

（六）推进农产品品牌化标准化规模化建设

发展农村尤其农产品电子商务，一定要推进数量规模化、质量标准化、销售品牌化。

1. 数量要规模化

从世界农产品经营的成功经验看，多为先有规模品质，后有品牌，规模品质支持品牌。个体农户经营，种植作物不统一，萝卜青菜样样有，无法形成种植规模、缺乏规模的农产品。一是统筹编制品牌农产品发展规划。市级层面统筹各县根据本地优势调整种植业结构，引导新型农业经营主体转变生产方式，扩大品牌农产品的种植面积，扩大品牌农产品的产业规模，做到一县几品，统一布局，防止乡镇各自为阵，发展主导产业及主打产品。二是鼓励促进土地适度规模经营。鼓励种养大户、专业合作社、龙头企业等经营主体通过转包、转让、出租、互换、入股等形式流转承包土地，参与规模化经营，采取"公司＋基地＋农户""合作社＋农户＋基地"等模式。实现农业向规模化方向发展，提高农产品的市场竞争力。三是建立县乡（镇）村三级农产品信息网络。鼓励新型农业经营主体加入农产品信息网络，将农产品信息及时地传递给农产品生产者和收购者，加大规模化经营主体与农产品收购者之间的合作。

2. 质量要标准化

标准化是农产品电子商务得以广泛开展的先决条件，目前农产品电子商务像没有名字也没有番号的士兵徒手杀入电商战场，无法辨认谁是谁。一是要加强农业标准化的标准制定。本着"有标贯标、无标制标、缺标补标"的原则，形成农产品产前、产中、产后全过程的一整套完善的标准体系；加大农业标准化知识的普及和培训，利用新闻媒体、刷墙土广告进行广泛的宣传和引导。二是要加强农业标准化的组织实施。不能注重标准制定而忽视标准实施，注重产前、产中标准实施而忽视产后标准实施，生产、加工、流通各环节必须达到有机的结合；加大农业标准化技术推广，建立农产品标准化生产基地和标准化示范园区。三是要加强农业标准化的监督力度。加大农产品监测追溯制度试点，推进农产品质量安全标识管理，消费环节如果发现农产品诸如药残肥残、催生剂添加剂残留限量超标问题，即可通过编码系统进行追溯，查阅农产品产地、用药情况、农户姓名、生产日期等追究责任。

3. 销售要品牌化

品牌是农产品质量的一个重要标志，是消费者对农产品差异化下的识别，诸如产品品种、地理位置、生产方式、产品形式、风味口感等。随着消费者对农产品的需求从温饱型向健康型、营养型过渡，消费者越来越注重质量和品牌，特色品牌农产品因其质量附加值高而最容易触网，成为开展电子商务的先导产品。一是发挥农户在品牌建设中的基础作用。对新型农业经营主体来讲，农户是其不可缺少的组成单位，是品牌农产品原材料的提供者，是由品牌农产品质量安全来决定。二是发挥政府在品牌建设中的导向作用。通过评选认定农产品品牌，制定实施农产品品牌建设的政策法规、引导新型农业经营主体培育及做优做强品牌。三是发挥新型农业经营主体在品牌建设中的决定性作用。新型农业经营主体是农产品品牌商标注册的申报主体，是品牌农产品质量的控制主体，是品牌农产品价格的决策主体，还是品牌农产品形象传播的塑造主体。

（七）推进物联网支持农产品电子商务

"物联网"是指将条码技术、射频识别技术、纳米技术、无线传感网络技术、智能嵌入技术、全球定位系统等各种信息传感设备及系统，通过接入网与互联网结合形成的一个智能网络。物联网技术的应用是现代农业的基础，农产品电子商务是推进现代农业发展的重要途径，但其发展首先必须获得物联网技术的支持。除了加强农业物联网长丰县、庐江县的省级示范县的建设，其他（市）县也可以选择一些有代表性的农产品，通过部署安防监控设备、视频图像采集设备、多参数传感器设备等农业智能装备，通过实施智能节水灌溉、测土配方施肥、水肥一体化、农机定位耕种、饲料精准投放、疾病自动诊断等一系列精准化作业，通过对农产品来源、生产、检测体系等环节进行全过程可视数字化管理，建设一批"互联网＋现代农业"示范园、示范基地，进而引导家庭农场、专业大户、农民合作社、农业企业等新型农业经营主体积极采用物联网信息技术应用于农业生产的发展模式。然后以该农产品的生命周期为主线，以物联网技术采集的农产品信息为依据，在物联网平台与农产品电子商务平台之间进行信息共享、整合切换，形成该农产品的网络营销信息，让消费者通过扫描二维码便可查询到该农产品生产全过程的全部信息。

（八）优化农产品电子商务的发展环境

这一发展系统是由农产品生产者、流通者、消费者、电子商务企业及利益相关群体与外部经济、社会、政策环境共同组成，以互联网为主要的交流、合作、竞争平台，是一个具有协同关系的动态有机整体。农产品电子商务生态系统的有序运行需要政府来提供主要的规则体系。一是优化农产品电子商务市场基础环境。加快信息化基础设施建设。加快村镇站点信息化改造，完善网购网销、缴费、充值、电子结算和取送货等服务功能；推进光纤进村入户，实现农村家庭宽带百兆接入功能。加快配套基础设施建设。加强农村公路建设，完善县乡村三级物流快递节点基础设施网络，提升农村物流配送能力。加快电子商务市场主体建设。引进农村电子商务企业，培育农产品电子商务龙头企业，培育农产品物流中介组织。二是优化农产品电子商务政策支持环境。市财政资金安排重点应由支持农产品电子商务平台载体建设转向支持线下渠道建设、绿色化农产品种养产业基地建设、绿色及有机农产品的品牌建设。对农民通过开设网店等方式销售自产农产品免征增值税；对电子商务企业向农民直接购进农产品进行销售的执行农产品增值税抵扣相关政策。三是优化农产品电子商务资源要素环境。继续发挥财政资金引导作用，在线下渠道、服务站点、产业园区、物流平台建设及融资需求等方面给予扶持。有效整合行政资源，协调电商企业与涉农部门对接打通，尤其促使电视媒体宣传资源、仓储土地资源、电商人才资源向电商企业倾斜，提高资源要素生产率。四是创造农产品电商优质优价的营商环境。形成依法以网管网机制。农产品电商发展应促进与监管并行，健全农产品电子商务的法律法规体系。形成消费者权益保护机制。杜绝低价竞争、疲劳促销、假冒伪劣、刷单等现象，使网络打假常态化。

形成绿色化农产品安全保证体系。从供给侧的品质安全提供，到中间环节的品质安全保证，再到需求侧的品质安全信任，环环紧扣，形成供需匹配的良性市场需求拉动。

（九）构建农民的现代诚信教育体系

优化农产品电子商务的社会诚信环境，诚信对需求侧消费者的购买意愿存在着非常显著的正向作用，应着力加强全社会的诚信教育，尤其加强农产品生产源头上农民的现代诚信教育。一是建立农民诚信经营信息平台。以政府门户网站为主导，采取多种形式进行舆论宣传，推动诚信体系建设，引导农民履约守信，自觉抵制和反对不诚信行为。二是建立农民诚信考评激励机制。强化农民诚信价值理念，努力营造讲诚信能获得信用社贷款、能获得政府扶持、能获得龙头企业带动的"三能"氛围。三是建立农民诚信缺失惩戒机制。建立农民经济信息档案，建立农药、化肥购买实名登记制度，严厉打击制假售假、合同欺诈、单方违约、弄虚作假等不讲诚信的行为。四是建立农民诚信发展保障机制。建立生产记录台账制度，建立农产品药残抽查制度，建立消费者代表田间巡查制度，统一定制带有电子监管码的农产品软包装。

本课题参与人员名单：
课题组组长：
    王汉姐   合肥市委党校   副教授
课题组成员：
    孙成德   安徽徽众电子商务有限公司
    陈媛元   合肥市委党校   副高级工程师
    吕晓文   合肥市委党校   副教授

合肥古村落文化旅游资源研究

课题负责人　丁　娟

　　古村落是集建筑、民宿、文化、环境、生态、文明于一体，并具有历史文化、民俗风情、艺术审美、游憩休闲、科学研究等诸多价值属性的复合体，也是一个地区传统文化的浓缩和集中展示，它是人类智慧的结晶，也是历史发展的见证。伴随着中国旅游业的快速发展，古村落也成为现代社会中体验和消费乡村文化内涵和物质生活的重要空间，取得了旅游经济的快速发展，但是旅游业的发展离不开旅游资源的开发和保护，它是旅游业发展的基础。

　　合肥地处江淮之间，巢湖之滨，承东启西，贯通南北，连接中原，具有一定的地理和区位优势。合肥还是一座具有深厚文化底蕴的历史名城，"包公文化、三国文化、淮军文化、佛教文化"——四大文化兼容并蓄。合肥作为安徽省重要的区域旅游中心城市，不仅需要依托并完善相应的旅游集散服务体系，更需要建立具有全国乃至国际意义的旅游吸引物体系。目前，环巢湖生态、乡村农业、城市风情、主题公园、包公文化、科教等地方文化资源的市场知名度和认可度较高，但体现合肥特色江淮文化的古镇、古村落类型的旅游产品还较为有限，特色古村古镇资源的深度开发，是支撑合肥江淮文化的重要资源。同时，合肥的古村落资源作为安徽中部平原文化区的重要历史文化遗存，它承载着江淮平原文化的历史传承，同时面临着现代文化和现代经济发展的冲击。合肥市具有发展古村落旅游良好的资源条件和市场基础，然而很多古村落面临着"养在深闺人不识"的尴尬境地，甚至处在即将消失的困境，一批具有全国、全省知名度的古村落亟待通过旅游业来促进保护和全面发展。这需要积极借鉴国内外古村落旅游资源开发的经验，总结相关模式，探索适合合肥古村落旅游发展现状的措施和对策，从而进一步优化合肥市旅游产品结构，促进合肥市旅游产业的全面发展。

一、我国古村落资源现状及基本特征分析

（一）我国古村落资源总体概况

古村落旅游资源具有历史文化、艺术、教育、经济、旅游等多种社会功能，集建筑、雕塑、绘画、民俗文化于一体，是有着诸多价值属性的综合体，它属于一种宝贵的复合型基本类型旅游资源，是我国旅游资源的重要组成部分。但古村落资源在早期并没有引起旅游者的关注，直到20世纪80年代中期，随着江南古镇周庄的旅游开发成功，安徽西递、宏村成功申报成为世界文化遗产，古村落才开始备受瞩目，成为新世纪旅游热点。

我国古村落数量多、分布广，包含着传统民居与建造、文物古迹等物质文化遗产以及各种传统民俗、节庆、手工艺、民间信仰等非物质文化遗产，具有极其独特的价值，常被称为自然与人类共同的作品、人类的精神家园、传统文化的寄居地、中国人的血脉空间、中国文化的"细胞"、历史的"活化石"、"民俗艺术的博物馆"等。

由于我国历史悠久、地域辽阔，有着很好的形成古村落的历史和地理条件，我国现存的古村落遍布全国各地。根据目前所查阅的文献，其数量还没有一个相对准确的数字。经过中国古村落保护与发展委员会对我国古村落的初步调查，按照他们制定的条件，我国目前保存比较完好的古村落大约有上百个。以省份标准来区分，这些古村落主要分布在安徽、浙江、江西、广东、湖南、江苏、广西、贵州、云南等地。按照地区来分则是以皖南、浙东、晋中、赣东、湘南、闽南、粤北等地最为集中。如安徽皖南地区，历史上以徽商而闻名，经济发达，因此保存下来的古村落数量在全国最多，此外，浙江楠溪江地区也保存了较多的古村落。皖南地区、楠溪江地区和江西婺源地区是我国三大古村落群分布地。

作为一种珍贵的历史文化遗产，古村落的旅游资源价值已经得到人们的广泛认可。为了促进传统村落的保护和发展，住房和城乡建设部、文化部、财政部于2012年组织开展了全国第一次传统村落摸底调查，在各地初步评价推荐的基础上，经传统村落保护和发展专家委员会评审认定并公示，确定了第一批共646个具有重要保护价值的村落列入中国传统村落名录。2013年8月6日和2014年11月17日住房和城乡建设部又陆续公示了第二批和第三批中国传统村落名录。目前，我国保存较好的十大古村落有：安徽黟县西递、宏村；福建省永定县洪坑村；江西婺源古村落群；湖南岳阳张谷英村；浙江兰溪诸葛村；北京门头沟区斋堂镇爨底下村；陕西韩城市西庄镇党家村；山西省介休市龙凤镇张壁村；福建省连城县宣和乡培田村。

当前，古村落仍然是我国农村社会的基本单元，是农民的居住地和生活、生产场所。相对其他类型的旅游地而言，古村落具有景区和社区高度重叠、兼具文物与遗产保护功能、旅游资源产权的复杂性与旅游经营专有权的不同归属、旅游社区人地矛盾的尖锐化等特征。

此外，目前中国古村落资源开发仍存在诸多问题。首先，古村落资源开发存在多重不

均衡性：一方面，品牌村落和品牌乡村旅游片区引起了旅游者的极大关注；另一方面，受制于有形资源雷同和形象屏蔽，旅游发展大潮未能辐射到众多的古村落及其所辖区域，较高的资源价值难以转化为相关产品，这也阻碍了古村落文化旅游资源的保护和传承。其次，在城镇化、新型工业化、新农村及美丽乡村建设的强烈冲击下，很多古村落未能协调好旅游资源保护和发展的关系，古村落文化景观和自然生境受到极大破坏，甚至面临消失的风险。最后，古村落内部的居民和社区是旅游发展的必要乃至核心要素，这决定了古村落旅游发展不同于一般的景区开发，是一种社区融入式的旅游参与模式。国内古村落资源开发过程中或多或少都存在着管理体制、经营模式、利益分配、利益相关者协调、社区参与等难以解决的机制问题，制约了古村落资源开发的健康、稳定和可持续发展。

（二）我国不同类型古村落资源状况及特征分析

我国古村落资源分布范围较广，既有共性的特点又有独特的个性。按照不同的分类标准，我国古村落资源可以划分为以下几种类型：

1. 按照民居类型划分

民居是组成古村落的基本单位，其类型的不同对古村落的形态等也造成了一些差异，按照民居类型划分，古村落资源可以分为庭院式、单幢式、集聚式等古村落形式（见表1）：

表1　按照民居类型划分的古村落资源类型

主要类型	细分类型	特点	分布区域	代表村落
庭院式	合院式	民居呈方形或矩形，各幢民居是分离的	我国北方	川底村、小店河
	厅井式	组成方形院落的各幢住房相互连接、屋面搭接，紧紧包围中间的小院落，院落又叫天井	我国中南部如安徽、江西等地	皖南徽州古村落等
	融合式	介于上述两种之间的过渡形式	我国长江流域，介于南北之间的地区	
单幢式	干阑式	下部架空的民居形式	南方气候炎热潮湿的少数民族地区	傣族村落
	窑洞式	穴居式民居	我国黄土高原地区	康百万大院
	碉堡式	形似碉堡的民居	四川等藏族地区	
集聚式	土楼式	属于大型民居，呈现为四、五层的楼房式，体量巨大，为圆形或方形	福建、赣南、广东等地	福建永定土楼

2. 按照文化背景和历史区域划分

区域历史文化的不同也是古村落资源分类的一个标准，按照古村落资源所处的历史文化背景和历史区域来进行划分，古村落资源大体上可以归纳为以下八类（见表2）：

表2 按照文化背景和历史区域划分的古村落资源类型

分类	特点	分布区域	代表村落
大家风范的徽派古村落	徽派风格自然古朴，隐僻典雅。不矫饰，不做作，自然大方，顺乎形势，与大自然保持和谐，以大自然为皈依；它不趋时势，不赶时髦，不务时兴。笃守古制，信守传统，推崇儒教	安徽、江西	西递村
朴实无华的西北古村落	院落的封闭性很强，屋身低矮，屋顶坡度低缓，还有相当多的建筑使用平顶。很少使用砖瓦，多用土坯或夯土墙，木装修更简单。有些地区还有窑洞建筑，除靠崖凿窑外，还有地坑窑、平地窑，其风格质朴敦厚	陕西	党家村
小巧精致的江南古村落	风格以朴素恬淡为主。表现为借景为虚，造景为实的建筑风格，强调空间的开敞明晰，又要求充实的文化氛围。建筑上着意于修饰乡村外景。修建道路、桥梁、书院、牌坊、祠堂、风水楼阁等，力图使环境达到完善、优美的境界，虽然规模较小，内容稍简，但是具体入微。在艺术风格上别具一番淳朴、敦厚的乡土气息	浙江、江苏	诸葛村、芙蓉村
富贵大气的山西大院建筑群	气势威严、高大华贵、粗犷中不失细腻，平面而又立体的表现形式，彰显出四平八稳的姿态，处处是以礼为本的建筑特色	山西	常家大院
个性鲜明的岭南古村落	鲜明的地方特色和个性，蕴含着丰富的文化内涵。注重其实用功能外，更注重其自身的空间形式、艺术风格、民族传统以及与周围环境的协调	福建、广东	福建土楼
另类浪漫的西南古村落	巴蜀文化博大精深，既有浪漫奔放的艺术风格，又蕴藏着人类无穷的想象力。依山傍水的建筑与当地的少数民族风俗紧密联系在一起，有着无穷无尽的文化气息，显露出豪迈中轻巧的一面	四川、重庆	黄龙溪龚滩
各领风骚的少数民族古村落	是壮族、傣族、瑶族、苗族等民族聚居的地区，所以此区域内的古村建筑各有其民族的特色，如傣族的干阑式、苗族的吊脚楼等。与北方四合院相比，云南最负盛名的"一颗印"建筑，在建筑风格和特色上有很大的区别，建筑形式不受约束，和自然紧密地联系在一起，极富地理特征	云南、西藏	和顺
清秀灵逸的湘黔古村落	组群比较密集，村落中大型组群（大住宅、会馆、寺庙、祠堂等）较多，而且带有楼房；小型建筑（一般住宅、店铺）自由灵活，屋顶坡度陡峻，翼角高翘，装修精致富丽，雕刻彩绘很多。总的风格是秀丽轻巧	湖南、贵州	张谷英村

3. 按照地形条件划分

我国幅员辽阔，古村落分布地域较广，按照地形条件可以将古村落资源划分成以下几种类型（见表3）：

表3　按照地形条件划分的古村落资源类型

分类	特点	分布区域	代表村落
平原型古村落	平原地区土地广阔平坦，人口多，所以规模大，分布紧密	平原地区	山东德州吕家庄、潮汕古村
山区型古村落	山区受地形的限制，规模小，民居分布分散。村落建筑风格与地域文化相关	山区地带	云南元阳哈尼族村
窑洞式古村落	村落中的建筑以窑洞为主，窑洞聚落的布局艺术根据其背景的不同而有所不同。黄土沟壑梁峁区靠崖窑洞建筑群落以峰回路转、渐次感受的变化美感受于人	黄土高原、陕北地区	李家山、海资村
水网地区古村落	村落空间格局主要以水运为依托发展而来，布局形态则顺应河流自然地形成团形。古村内部水路、桥相互交融，建筑依河而筑并刻意亲水，形成极为丰富而生动的空间层次。在古村的整个空间系统与结构中，水道和街巷作为基本骨架，起到组织人们日常生活和交通联系的脉络作用	江南水乡等水网密布的地区	常熟古村李市、碗窑古村落

4. 其他分类

按照其他不同的分类标准，古村落资源还可以划分为其他的类型。按照民族分为汉族和少数民族古村落；按照是否同姓分为同姓聚居和多姓混居古村落；按照村落防卫特点还可分为围堡式和自然式等古村落。

（三）我国古村落保护利用的模式分析

1. 按古村落古民居利用的复合度分类

按照对古村落古民居利用的复合度来划分，我国古村落保护利用的模式分为单体模式和复合模式。

单体模式并不是对整个古村落进行保护利用，而只是重点保护开发其中的某几栋建筑或者历史街巷等的模式。该模式适当允许村民以单体出让、出租使用年限，由社会组织、企业、个人租用和购买经营权等转移性保护方式，以加快古村落乡土建筑的有效保护与利用。组织、企业、个人租用和购买经营权后，会对古建筑单体内部进行改造和建筑外环境改造。内部改造一般包括对厨房的现代化改造，整治排水系统，添置浴室卫生间，基本上保持了原有风貌。外环境改造一般是对村落的道路系统、电路管道、水系等的局部改变，如铺上水泥路，连上自来水管，设计排水系统，安装路灯等。这种模式一般受乡规民约的制约，并按照传统营建手段来对民居进行保护利用，基本上保持了聚落整体的古朴氛围。

复合模式即对整个古村落进行保护利用，核心是把乡村生活与乡土建筑作为不可分割的完整系统。除了保护乡土建筑遗产个体，保护其形成的整体风貌的山形水系、道路桥梁、绿化植被等背景因素以及其形成的空间格局和自然生态环境外，还要保留村民原生态的生产生活。这种模式为古聚落的发展提供了可能，不仅保存了古建筑群，还保护了居民的独特生活习俗。

2. 按古村落古民居利用的空间分类

按照对古村落古民居利用的空间来划分，我国古村落保护利用的模式分为原址利用模式和异地利用模式。

原址利用模式即对古村落进行就地保护利用，利用的方式可以是将原来的古建筑等进行修复或再建，从而恢复古建筑的原貌和保持原有的生活氛围，如江苏、浙江等地的古村落；也可以是将已经没有人居住的古村落改造成古村落博物馆，使其成为传播古村落文化的一个重要载体，如晋中地区的乔家大院、王家大院等。这种模式能最全面地保护建筑本身具有的历史、社会、艺术价值，保护乡土建筑遗产和栖居环境的原真性。

异地利用模式即将具有突出价值的乡土建筑遗产因客观的、非迁建无以就地的各种原因，通过拆解重装的方式，严格按原样另选他处建造。易地保护通过科学地、有限制地、有规划地将独特的、典型的单体古建筑整体搬迁、异地重建，既可实现集中保护、集中管理、集中利用，又可以传播文化，是保护与利用结合的可行方式。这种模式可以"完整"地保存乡土建筑遗产本体，使其作为文化符号得以展现；还可以整合资源优势，降低管理成本。如安徽徽州潜口村明代建筑较多、价值高、分布不均，于20世纪80年代，择取十来栋典型的明代建筑遗产拆解重组成露天博物馆，形成明代山庄，它是我国首个文物建筑易地保护、整体搬迁的成功案例。

3. 按古村落利用的整合程度分类

按照古村落利用的整合程度来划分，我国古村落保护利用的模式分为景点式、景观式、分区式和杂糅式。

对古村落进行景点式开发利用的代表是乌镇。乌镇保留了原生态的生活方式，保留了一个活着的千年古镇，成为一道亮丽的风景。乌镇的保护原则是：承接古镇文脉，保持古镇风貌，力求原汁原味，做到"整旧如故，以存其真"。具体的做法可归纳为"迁、拆、修、补、饰"五个字。所谓"迁"，是搬迁历史街区内必须迁移的工厂、大型商场、部分现代民居；"拆"，是拆除必须拆除的不协调建筑；"修"，是用旧材料和传统工艺修缮破损的老街、旧屋、河岸、桥梁等；"补"，是恢复或补建部分旧建筑，填补空白，连缀整体；"饰"，是各类电线、管道全部地埋铺设，空调等现代设施全部遮掩。这"五字法"是乌镇的创意之举，很好地恢复和保持了古镇的原真风貌，得到了国内外专家的肯定和赞誉。

对古村落进行景观式开发利用的代表是婺源。婺源的景观非常好看，建筑大部分是徽派建筑，青砖黑瓦马头墙。春天的时候，黄牛、油菜花、山水、倒影都很漂亮。为了对境内古村落进行全面保护，县政府组织建筑设计专家，按照徽派建筑传统设计了3份图样，作为村民在重修或新建房屋时的选择。只要建筑外部保持了徽派风格即可，至于内部格局如何设计，村民们大可根据自家需要进行改造，这样就在整体上保证徽派建筑的统一性。

对古村落进行分区式开发利用的代表是丽江。分区建设，即原来的古镇不动，另外建一个新镇区，居民不愿意住老镇区就到新镇区去。丽江旧区存在着大量的庭院式住宅，从丽江的实际看，庭院式住宅是最符合丽江生活习惯和城市风貌的居住形式。并且，在保证整体风貌的前提下，丽江旧区对不能满足城市风貌要求的部分插建现代住宅进行了拆迁、改造。而新区是仿照旧区建的，且将原来的风格保持得很好。

对古村落进行杂糅式开发利用的代表是上海新天地。新天地原有的旧石库门里弄建于20世纪20～30年代，为中共"一大"会址保护区的控制范围。根据"一大"会址的保护要求，当地政府对周围建筑环境严格控制，以使"一大"会址周围保持原有的历史风貌、街坊格局。新天地基于其历史街区的定位，在保留历史痕迹的同时着眼于现代生活的开发，新建筑有机地融入保护区，与保留建筑共生。新天地以兴业路为界，分为南里和北里两个部分，南里以现代建筑为主、石库门旧建筑为辅，北里以保留石库门旧建筑为主。新旧对话、交相辉映，一条步行街串起南、北两个地块，从整体上体现新旧建筑对照、中西文化结合，形成"昨天、明天相会在今天"的风格。

二、合肥古村落资源现状分析

（一）合肥市古村落资源的数量与分布特征

在安徽省公布的两批古村落名录中，合肥占了17处，占全省总数的4.6%。第一批安徽省传统古村落名单合肥占了6处，分别为巢湖市黄麓镇洪疃村、肥东县长临河镇西湖村、肥东县长临河镇六家畈村、庐江县汤池镇果树村、肥西县铭传乡启明村、庐江县柯坦镇柯坦老街；第二批安徽省传统古村落名单合肥占了11处，分别为巢湖市柘皋镇北闸老街、巢湖市烔炀镇烔炀老街、巢湖市烔炀镇唐嘴村、巢湖市黄麓镇张疃村、巢湖镇苏湾镇方涂村、庐江县龙桥镇黄屯老街、庐江县白山镇齐咀村、肥西县丰乐镇河湾村、肥西县山南镇小井庄村、肥西县柿树岗乡新街村、肥西高店乡长镇回民村，详细内容如表4所示。入选的合肥市17处古村落共分布在1市3县，合肥市市区无分布，其中6处分布在巢湖市，5处分布在肥西县，4处分布在庐江县，2处分布在肥东县，详细内容如表5所示。

表4　合肥市入选安徽省传统古村落名录

批次	名录
第一批（共6处，全省228处）	巢湖市黄麓镇洪疃村、肥东县长临河镇西湖村、肥东县长临河镇六家畈村、庐江县汤池镇果树村、肥西县铭传乡启明村、庐江县柯坦镇柯坦老街
第二批（共11处，全省135处）	巢湖市柘皋镇北闸老街、巢湖市烔炀镇烔炀老街、巢湖市烔炀镇唐嘴村、巢湖市黄麓镇张疃村、巢湖镇苏湾镇方涂村、庐江县龙桥镇黄屯老街、庐江县白山镇齐咀村、肥西县丰乐镇河湾村、肥西县山南镇小井庄村、肥西县柿树岗乡新街村、肥西高店乡长镇回民村

表 5　合肥市入选安徽省传统古村落地域数量分布

地区	数量
巢湖市	6
肥西县	5
庐江县	4
肥东县	2

（二）合肥市古村落资源的特点

1. 年代久远，具有丰富历史信息

合肥市古村落的建村时间都较长，最少百年以上，多的有上千年历史（详见表6）。如庐江县柯坦镇柯坦老街、巢湖市柘皋镇北闸老街、巢湖市炯炀镇炯炀老街、巢湖市炯炀镇唐嘴村、巢湖市苏湾镇方涂村、庐江县龙桥镇黄屯老街、肥西高店乡长镇回民村都是有着上千年历史的古村落。许多古村都以一个宗族聚居而成为一个相对封闭的社会单元，一般是一村一姓或一姓多村。例如巢湖市黄麓镇洪疃村主要为洪姓与张姓，肥东县长临河镇六家畈村主要为吴姓，巢湖市黄麓镇张疃村主要为张姓，巢湖市苏湾镇方涂村早期多为涂姓，庐江县白山镇齐咀村主要为夏姓与吴姓等。由于聚族而居，因此宗族文化突出，重视教育，大部分村寨里有家族创业始祖的传说，有家族兴盛衰败的记载，也有祖传的遗训族规。同时每个宗族各有其自身严格的宗法，留存下来丰富的历史信息。

表 6　合肥市入选安徽省传统古村落存续时间

村落名称	建村时间	存续时间	村落名称	建村时间	存续时间
巢湖市黄麓镇洪疃村	明代初年	约647年	巢湖市黄麓镇张疃村	1416年	600多年
肥东县长临河镇西湖村			巢湖市苏湾镇方涂村	大禹时期	数千年
肥东县长临河镇六家畈村	1225年	791年	庐江县龙桥镇黄屯老街	唐朝	1000多年
庐江县汤池镇果树村	1416年	600多年	庐江县白山镇齐咀村	明初	700余年
肥西县铭传乡启明村			肥西县丰乐镇河湾村	约康熙年间	>500年
庐江县柯坦镇柯坦老街	唐朝	1000多年	肥西县山南镇小井庄村		
巢湖市柘皋镇北闸老街	624年	1392年	肥西县柿树岗乡新街村		
巢湖市炯炀镇炯炀老街	1174~1189年	近千年	肥西高店乡长镇回民村		近千年
巢湖市炯炀镇唐嘴村	1174~1189年	近千年			

2. 村落规划出色，与自然融为一体

作为一种传统的人类聚居空间，合肥古村落与皖南古村落一样，深受东方哲学关于"天人合一"等思想观念的影响，多数在村落的选址上比较讲究风水文化，遵循古代堪舆

学的理论，讲究"择吉而居"，建筑布局大多以"天人合一"为基本思路，例如巢湖市黄麓镇洪疃村、张疃村，庐江县白山镇齐咀村等村都是按照"九龙攒珠"的布局来设计村落的，如表7所示。

表7　合肥市主要传统古村落按村落布局类型分类

布局分类	具体名称	代表古村落
按路网水系布局分类	"九龙攒珠"制村落布局	洪疃村、张疃村、齐咀村
按地形布局分类	"船形地"村落布局	齐咀村
按集聚形态分类	"城堡式"村落布局	齐咀村

合肥古村落一般依山傍水、靠近水源，因而表现出独特的充满生机与活力的聚居空间特点，便于生存、发展、繁衍，大多数风景都比较优美。例如巢湖市黄麓镇洪疃村坐落在秀丽的西黄山南麓，庐江县汤池镇果树村群山环抱，郁郁葱葱，巢湖市苏湾镇方涂村东依涂河、南依群山，肥东县长临河镇西湖村位于巢湖北岸，庐江县白山镇齐咀村濒临巢湖南岸，与姥山遥遥相望，详细内容如表8所示。

表8　合肥市主要传统古村落按村落选址分类

依山型古村落	巢湖市黄麓镇洪疃村、庐江县汤池镇果树村、巢湖市苏湾镇方涂村、庐江县柯坦镇柯坦老街
傍水型古村落	巢湖市苏湾镇方涂村、肥东县长临河镇西湖村、庐江县白山镇齐咀村

合肥古村落在村落形态功能规划方面严谨和谐，大部分村落的水系、街巷井然有序，民舍、庭院、礼制中心、文化中心、休闲中心等错落有致。不论是村落选址、规划、布局还是单体建筑的设计、构筑，都表现出较好的环境意识和审美能力，突出一种人与自然和谐相处、融为一体的环境氛围。例如庐江县汤池镇果树村，以树名村，村中处处是树，遍地花草，自然与人文相交织；多数村落建有宗族祠堂、书院等礼制中心和文化中心，如巢湖市黄麓镇洪疃村的洪氏宗祠、巢湖市炀炀镇唐嘴村的赵氏祠堂、庐江县白山镇齐咀村的吴家祠堂等。

3. 强烈的地缘和血缘特点

古村落作为自给自足独立的生活、生产单元始终保持着小农经营、世代累居的特点。它们形成了两种主要的群体关系：以血缘关系和婚姻联结成的血缘群体及左邻右舍守望相助的地缘群体。这两重关系使村落中人口流动率降低到最小，活动范围受地域限制，各自保持独立的社会圈子，富有强烈的地缘性。这种特点一方面由于农民的传统意识根深蒂固，使城市文明难以快速渗透到广大农村，另一方面却无意中使古村落未受到外来文化冲击，保留了相当的民族性。合肥古村落多数是由一脉相承的同宗族人组建而成，例如巢湖市黄麓镇洪疃村主要为洪姓与张姓族人，肥东县长临河镇六家畈村主要为吴姓族人发展而来，巢湖市黄麓镇张疃村主要为张姓，巢湖市苏湾镇方涂村是由上古时期的涂氏血脉繁衍而来，庐江县白山镇齐咀村主要为夏姓与吴姓族人等，详细内容如表9所示。

表9　合肥市主要传统古村落主要姓氏

古村落名称	主要姓氏
巢湖市黄麓镇洪疃村	洪姓、张姓
肥东县长临河镇六家畈村	吴姓
巢湖市黄麓镇张疃村	张姓
庐江县白山镇齐咀村	夏姓、吴姓
巢湖市苏湾镇方涂村	涂姓

4. 物质形态原型保持较好

合肥古村落在其长期发展中，随着环境逐渐变化，不同经济发展阶段对合肥古村落有着不同程度的影响。在当时较高的经济基础上，会有很多物质结构的良好反映。合肥古村落不仅有典型的文物古迹，而且民居、公共活动中心、村落总体布局均完整地保持着某一时期或几个时期积淀下的特征。地理环境的相对封闭以及缺乏对外的交流使它们未受到大中城市那样的强烈冲击，在自然衰落中保持了物质形态的原型。例如肥东县长临河镇六家畈村的六家畈古民居，被称为合肥最后的一片古民居；巢湖市黄麓镇洪疃村原汁原味保留的洪氏古祠堂，庐江县柯坦镇柯坦老街、巢湖市炯炀镇炯炀老街、庐江县龙桥镇黄屯老街、巢湖市柘皋镇北闸老街的古建筑等，都忠实地保存了历史变迁的印记，详细内容如表10所示。

表10　合肥市主要传统古村落保存较好的物质资源

村落名称	保存较好的物质资源
巢湖市黄麓镇洪疃村	"九龙攒珠"村落布局形态，黄麓学校、张治中将军故居、洪氏祠堂
肥东县长临河镇西湖村	长宁寺、准提庵、吴氏旧居、百年广玉兰
肥东县长临河镇六家畈村	六家畈古民居建筑群、颐园、也是园、振湖塔
庐江县汤池镇果树村	"林海寿翁"古银杏、"大红宝珠"古山茶、白云禅寺
肥西县铭传乡启明村	刘铭传旧居、小团山香草农庄
庐江县柯坦镇柯坦老街	柯坦老街建筑群
巢湖市柘皋镇北闸老街	北闸老街建筑群、李鸿章当铺
巢湖市炯炀镇炯炀老街	炯炀老街建筑群
巢湖市炯炀镇唐嘴村	赵氏祠堂、汉代地下水城遗址遗迹
巢湖市黄麓镇张疃村	"九龙攒珠"村落布局形态
巢湖市苏湾镇方涂村	古井
庐江县龙桥镇黄屯老街	黄屯老街建筑群
庐江县白山镇齐咀村	"九龙攒珠"村落布局形态，古井、吴家祠堂、八字门、官印塘
肥西县丰乐镇河湾村	董氏祠堂等
肥西县山南镇小井庄村	古井、中国农村包产到户纪念馆
肥西县柿树岗乡新街村	龙潭古寺、中华"抗日保台"第一将唐定奎故居、堰西大墩、葛墩、周家墩、王家岗、孔大墩、许郢小墩等古遗址
肥西高店乡长镇回民村	回民生活建筑群，祯祥寺、南岳庙、华祖庙、白云庵和清真寺

5. 反映了生活的真实性

古村落是一个生活场所，这与文物有着非常大的区别。它的价值在于它有一定的传统生活内容，合肥古村落具有悠久历史所积淀下的文化内涵，保持着传统生活氛围，更是合肥历史文化的活见证，如图1所示，庐江县柯坦镇柯坦老街、巢湖市烔炀镇烔炀老街、庐江县龙桥镇黄屯老街、巢湖市柘皋镇北闸老街至今仍有很多古老的店铺，一部分传统手工艺者在这里向大家展示着中国传统文化与技艺，极具生活气息。

图1　合肥古村落村民生活形态

三、合肥古村落资源的价值分析

（一）历史文化价值

古村落被称为传统文化的寄居地、历史的"活化石"、中国文化的"细胞"等，这些称号就表明了其具有独特的历史文化价值。合肥古村落资源作为安徽中部平原文化区的重要历史文化遗存，体现了安徽中部平原的传统观念、习俗等历史文化。面临着现代文化和现代经济发展的冲击，合肥古村落资源的历史文化价值尤为凸显。

1. 历史悠久

合肥市古村落的建村时间都较长，最少百年以上，多的有上千年历史。它们在很大程度上保存了传统乡村面貌，村落内古建筑、街巷、装饰物以及民俗民风都保存较完好，富有历史感和沧桑感。在安徽省公布的两批古村落名录中的17个合肥古村落的建村历史如表11所示：

表11　合肥市古村落建村历史

村落名称	建村时间	存续时间	村落名称	建村时间	存续时间
巢湖市黄麓镇洪疃村	明代初年	约647年	巢湖市黄麓镇张疃村	1416年	600多年
肥东县长临河镇西湖村			巢湖市苏湾镇方涂村	大禹时期	数千年
肥东县长临河镇六家畈村	1225年	791年	庐江县龙桥镇黄屯老街	唐朝	1000多年
庐江县汤池镇果树村	1416年	600多年	庐江县白山镇齐咀村	明初	700余年

续表

村落名称	建村时间	存续时间	村落名称	建村时间	存续时间
肥西县铭传乡启明村			肥西县丰乐镇河湾村	约康熙年间	>500 年
庐江县柯坦镇柯坦老街	唐朝	1000 多年	肥西县山南镇小井庄村		
巢湖市柘皋镇北闸老街	624 年	1392 年	肥西县柿树岗乡新街村		
巢湖市炯炀镇炯炀老街	1174～1189 年	近千年	肥西高店乡长镇回民村		近千年
巢湖市炯炀镇唐嘴村	1174～1189 年	近千年			

2. 人文丰富

村落的形成与发展离不开人类的介入，合肥古村落在漫漫历史长河中，积累了丰富浓厚的人文资源。许多古村落是著名历史事件的发生地、历史名人的故乡，古村落的形成反映了历史的变迁，村内建筑见证了历史的发展，连古树也刻上了历史的年轮，是现代新兴村落无法企及的宝贵资源。合肥古村落中蕴含的丰富的人文资源如表 12 所示：

表 12　合肥古村落的人文资源

村落名称	人文资源
巢湖市黄麓镇洪疃村	建筑文化资源：洪家疃被称为"九龙攒珠"古村落，村里有着大量古建筑，如黄麓学校、张治中将军故居、洪氏祠堂等；名人文化资源：洪疃古村落是"和平将军"张治中将军的家乡；历史文化资源：洪疃村文风浓厚、民风淳朴，素有"文化之乡"之称
肥东县长临河镇西湖村	古建筑：长宁寺、准提庵、吴氏旧居、百年邮局、留真照相馆、东巷榨油坊等；皖中古民居特色：砖木、小青瓦结构；古树：百年广玉兰
肥东县长临河镇六家畈村	古民居资源：六家畈古民居被称为合肥最后一片古民居，共有古民居豪宅 6 大片；花园景观资源：六家畈古村落还有花园两处，系吴中英民国初年所建；宝塔建筑资源：宝塔为合肥市三县一郊唯一的古塔
庐江县汤池镇果树村	古树资源："林海寿翁"古银杏、"大红宝珠"古山茶；古建筑资源：张良衣冠家墓、白云禅寺；古村落风光资源：群山环抱中的果树村，放眼望去皆苍翠，通过美好乡村建设，如今这方水土魅力倍增
肥西县铭传乡启明村	国家重点文物保护单位、海峡两岸交流基地：刘铭传旧居；全国四大名庄之一：小团山香草农庄
庐江县柯坦镇柯坦老街	古老的街，不足几里，商铺却层叠林立，小摊更是挤满了方寸间所有的空隙
巢湖市柘皋镇北闸老街	天下第一铺：李鸿章当铺；名人：周衣冰、鲁彦周、高植、李慰农、阚家蓂等
巢湖市炯炀镇炯炀老街	传说："陷巢州，长庐州"；现存明清时期古民居、古商铺 300 余间
巢湖市炯炀镇唐嘴村	古建筑：赵氏祠堂；历史遗迹：汉代地下水城遗址
巢湖市黄麓镇张疃村	历史传说：多次击退寇盗侵犯、枪杀日寇全村人化险为夷；独特的建筑形式："九龙攒珠"建筑结构
巢湖市苏湾镇方涂村	古井；传说：大禹治水来到涂山氏部落，与涂山女娇一见钟情
庐江县龙桥镇黄屯老街	独特的生活方式：下茶馆；竹器、黄屯龙灯；特色食物等

村落名称	人文资源
庐江县白山镇齐咀村	"九龙攒珠"和"船形地"独特建筑风格的古村落；历史古迹：古井、祠堂、八字门、官印塘等；非物质文化遗产：巢湖民歌、传说故事等
肥西县丰乐镇河湾村	古建筑：董氏祠堂等
肥西县山南镇小井庄村	农村包产到户的发源地：中国农村包产到户纪念馆
肥西县柿树岗乡新街村	千年古刹——龙潭寺、中华"抗日保台"第一将唐定奎故居——唐五房圩、庐西名山——防虎山、唐大房圩、唐三房圩等；龙潭古寺、堰西大墩、葛墩、周家墩、王家岗、孔大墩、许郢小墩等共九处古遗址
肥西高店乡长镇回民村	古建筑：祯祥寺、南岳亩、华祖庙、白云庵、清真寺等；回族居民集中居住地

（二）科学研究价值

合肥市古村落很大程度上保存了年代久远的传统乡村面貌，包含众多文物古迹和传统地方民俗，具有重要的科学研究价值。合肥古村落的古建筑、街巷、装饰物的风格都是非常独特的历史遗存，展现出合肥市皖中村落特有的风貌。这些古村落为人们了解甚至研究皖中古代村落风貌提供了现实"标本"，具有科普教育和学术考查的双重功能。

1. 建筑学科研价值

（1）整体建筑布局。合肥市古村落的建筑风格集中体现了江淮地区古村落的建筑风格，具有鲜明的地方特色，是不同于皖南地区的徽派古村落、江南古村落、西北古村落和少数民族古村落的建筑风格的（见表13）。

表13　合肥古村落的建筑风格及其代表村落

建筑风格	代表村落
"九龙攒珠"	巢湖市黄麓镇洪疃村、巢湖市黄麓镇张疃村
"九龙攒珠"和"船形地"	庐江县白山镇齐咀村
"砖木、小青瓦"	肥东县长临河镇西湖村、肥东县长临河镇六家畈村
明清时期古民居风格	巢湖市炯炀镇炯炀老街、巢湖市炯炀镇唐嘴村

（2）单体建筑。合肥市古村落中的很多单体建筑具有非常鲜明的地域特色，具有极高的建筑学科学研究价值（见表14）。

表14　合肥古村落单体建筑的科学研究价值

单体建筑	科学研究价值
洪疃村的洪氏祠堂	建于乾隆年间，在祠堂前厅，虽然大多墙体已经倒塌，但重檐翘角的徽派建筑特征依旧存留，依旧能够看见几件雕琢精美的石雕隐藏在杂草中。尽管祠堂的部分墙体、顶部已经倒塌，但在祠堂正门厅堂里，主体木质结构还保留完好，顶部木椽、挑檐、梁托上布满了各种精美的雕花

单体建筑	科学研究价值
六家畈村	六家畈古民居被称为合肥最后一片古民居，共有古民居豪宅 6 大片，房屋 13 幢，正房 33 间，客厅 505 间，厢房 205 间，走巷 5 条，吴氏公、私祠各一座，望湖楼一座，花园两处。这些房屋均属徽派建筑，青砖灰瓦、齐山飞檐，每栋房屋两边都有高大的封火墙，砖雕木雕精细，建工考究
黄屯老街	镇上始建于唐朝的黄屯老街，至今已有 1000 多年历史。位于庐东南山区和水乡交接处的老街，周围群山环抱，山峦叠翠，竹木葱茏。青条石的街沿、鹅卵石的街面、青瓦粉墙的街市，每隔三四间铺子，屋顶上便高高隆起一道道防火墙。自然翘起的墙头上，几缕枯黄的蒿草，随风瑟瑟摇曳着。在这里能感受到特色手工作坊、祠堂和传统市场上丰富的民俗文化，黄屯老街是合肥境内目前为数不多保存完好的古街

2. 历史文化科研价值

现代人类对于历史文化的研究主要是依托于一些物质的和非物质的历史遗存，而这些古村落在物质的和非物质的历史遗存中都有着很丰富的资源和保障，合肥的古村落中也保留着大量的物质和非物质的遗产，如前文在历史文化价值分析中所述（见表 15），这些历史遗存为近现代的江淮文化和历史研究者提供了很好的研究案例和素材。

表 15 合肥古村落具有历史文化科研价值的资源

村落	资源
巢湖市黄麓镇洪疃村	黄麓学校、张治中将军故居、洪氏祠堂；洪疃村文风浓厚、民风淳朴，素有"文化之乡"之称
肥东县长临河镇西湖村	长宁寺、准提庵、吴氏旧居、百年邮局、留真照相馆、东巷榨油坊等反映了当地的民俗文化
庐江县汤池镇果树村	"林海寿翁"古银杏、"大红宝珠"古山茶；张良衣冠家墓、白云禅寺
肥东县长临河镇六家畈村	宝塔建筑资源：宝塔为合肥市三县一郊唯一的古塔
肥西县铭传乡启明村	国家重点文物保护单位、海峡两岸交流基地：刘铭传旧居；全国四大名庄之一：小团山香草农庄
巢湖市柘皋镇北闸老街	天下第一铺：李鸿章当铺；名人：周衣冰、鲁彦周、高植、李慰农、阚家蓂等
巢湖市炯炀镇炯炀老街	传说："陷巢州，长庐州"；现存明清时期古民居、古商铺 300 余间
巢湖市炯炀镇唐嘴村	古建筑：赵氏祠堂；历史遗迹：汉代地下水城遗址
巢湖市黄麓镇张疃村	历史传说：多次击退寇盗侵犯、枪杀日寇全村人化险为夷；独特的建筑形式："九龙攒珠"建筑结构
庐江县白山镇齐咀村	"九龙攒珠"和"船形地"独特建筑风格的古村落；历史古迹：古井、祠堂、八字门、官印塘等；非物质文化遗产：巢湖民歌、传说故事等
肥西县柿树岗乡新街村	千年古刹——龙潭寺、中华"抗日保台"第一将唐定奎故居——唐五房圩、庐西名山——防虎山、唐大房圩、唐三房圩等；龙潭古寺、堰西大墩、葛墩、周家墩、王家岗、孔大墩、许郢小墩等共九处古遗址

3. 地质考古科研价值

在巢湖北岸的烔炀镇有个村庄叫唐嘴村，因为村大人多，历史悠久，文风昌盛而闻名于巢湖南北。2006 年，考古专家在村前的巢湖水下，发现有个古城遗址，印证了"陷巢州，长庐州"的传说，中央电视台做了长达 60 多分钟《巢湖水下古城探秘》的专题报道，《人民日报·海外版》同时也报道了这一消息，并引起了很大的轰动，使唐嘴村名扬海内外，成了大名鼎鼎的明星村。因此，唐嘴村还具有极高的地质考古科研价值。

（三）艺术价值

1. 美学价值

（1）自然风光优美。合肥市古村落类型多样，分布广泛，选址考究，多数背山面水或接近山体与水域，风光秀丽，引人驻足，具有较高的自然观光价值。

洪家疃村村被山、岗和冲所包围，村子的门口有一座大塘，村子北面耸立着七座青翠的山峰大黄山（西黄山）、二黄山、三黄山、团山、稞子山、窝子山和战山。

果树村群山环抱，郁郁葱葱，鸟语花香，四季如春，景色秀丽迷人，是安徽省著名茶叶品牌"白云春毫"的生产地，区内有千年银杏，有五六百年的古山茶花，乃是一方"世外桃源"。

黄屯老街周围群山环抱，山峦叠翠，竹木葱茏。青条石的街沿、鹅卵石的街面、青瓦粉墙的街市，每隔三四间铺子，屋顶上便高高隆起一道道防火墙。自然翘起的墙头上，几缕枯黄的蒿草，随风瑟瑟摇曳着。

（2）人文艺术价值较高。合肥市古村落的整体布局与构思巧妙，富有美学及科学内涵；建筑物造型优美，比例完善，尺度适宜，建造水准与装饰水准较高；许多村落建有园林小品等多功能性景观，具有较高的艺术价值。

洪家疃被称为"九龙攒珠"古村落，村口的大塘里藏有玄机，这口叫"清水塘"的塘埂处有数个出水涵洞，这些涵洞都对应着一条巷道，这些巷道一侧都修有阳沟。民居分布在巷道间的狭长地块上，民居的天井都修了阴沟，与巷道边的阳沟是连通的，如遇到大雨，汇集的水经由巷道的阳沟直入池塘，犹如九龙戏水，这一现象被当地人形象地称为"九龙攒珠"。

齐咀村是巢湖流域具有"九龙攒珠"和"船形地"独特建筑风格的古村落，村内有古井、祠堂、八字门、官印塘等众多古迹。

2. 非物质文化遗产价值

合肥古村落中蕴藏着大量的独特民间技艺，具有很高的非物质文化遗产价值，其中主要的如表 16 所示，这些非物质文化遗产是融入古村落生活和文化之中的，一方面是古村落整体风貌特色的体现，另一方面也是人类发展历史中一颗颗璀璨的明珠。

表 16　合肥古村落中蕴藏的民间技艺

村落	民间技艺
庐江县龙桥镇黄屯老街	特色手工作坊，制作竹器、黄屯龙灯技艺
巢湖市柘皋镇北闸老街	大染坊，糖坊的染布、制糖技艺
巢湖市烔炀镇烔炀老街	织、砻、磨、糖、槽等多种作坊中的制作技艺

（四）教育价值

合肥古村落作为现代社会中的传统古村落，既具有历史文化与艺术价值，也具有乡土文化记忆。古村落的现状、乡村文化遗产的传承问题引发了人们对于现代工业文明与传统农业文明碰撞结果的反思，使得古村落的保护、开发与传承具有重要的现实意义与教育意义。此外，古村落独特的建筑风格对于研究建筑的人来说也具有一定的科考价值，古村落的珍贵人文资源对于后代来说也具有很重要的教育价值。教育价值一方面可以体现在专业教育方面，即这些珍贵的资源是相关专业在教学过程中的重要教学资料，另一方面也是对全体社会民众，尤其是青少年进行乡土文化教育最鲜活的教材。合肥古村落所蕴含的教育价值如表 17 所示：

表 17　合肥古村落蕴含的教育价值

古村落	教育价值
巢湖市黄麓镇洪疃村	洪家疃被称为"九龙攒珠"古村落，村里有着大量古建筑，如张治中将军故居、洪氏祠堂等；有专门的学校：黄麓学校；洪疃村文风浓厚、民风淳朴，素有"文化之乡"之称
肥东县长临河镇西湖村	古建筑：长宁寺、准提庵、吴氏旧居、百年邮局、留真照相馆、东巷榨油坊等
肥东县长临河镇六家畈村	古民居资源：六家畈古民居被称为合肥最后一片古民居，共有古民居豪宅 6 大片；宝塔建筑资源：宝塔为合肥市三县一郊唯一的古塔
庐江县汤池镇果树村	古树资源："林海寿翁"古银杏、"大红宝珠"古山茶；古建筑资源：张良衣冠冢墓、白云禅寺
巢湖市烔炀镇唐嘴村	古建筑：赵氏祠堂；历史遗迹：汉代地下水城遗址
庐江县白山镇齐咀村	"九龙攒珠"和"船形地"独特建筑风格的古村落；历史古迹：古井、祠堂、八字门、官印塘等；非物质文化遗产：巢湖民歌、传说故事等
肥西县山南镇小井庄村	农村包产到户的发源地：中国农村包产到户纪念馆

（五）旅游开发价值

1. 资源丰富，可开发性较好

合肥古村落以其丰富的历史信息遗存、优秀的规划布局和独有的民居建筑特色，包含较多的乡土文化类型，越来越显现出其作为旅游资源的潜力。因此古村落已经成为一种宝贵的旅游资源，具有极高的旅游开发价值。此外，合肥古村落的资源目前保护得较为完好，资源的可开发性较高。合肥古村落现有资源中可被作为旅游资源进行开发的资源如表18所示：

表18 合肥古村落可作为旅游资源进行开发的资源

古村落	自然资源	人文资源
巢湖市黄麓镇洪疃村	七座青翠的山峰：大黄山（西黄山）、二黄山、三黄山、团山、稞子山、窝子山和战山	建筑文化资源：洪家疃被称为"九龙攒珠"古村落，村里有着大量古建筑，如黄麓学校、张治中将军故居、洪氏祠堂等；名人文化资源：洪家疃古村落是"和平将军"张治中将军的家乡；历史文化资源：洪疃村文风浓厚、民风淳朴，素有"文化之乡"之称
肥东县长临河镇六家畈村	六家畈古村落有花园两处，原六家畈镇政府办公楼及门前的路北一排民房处是一座大花园，占地30亩，系吴中英民国初年所建，供其母晚年颐养，故名"颐园"。园内奇花异木近千种，有假山、池沼、小溪流水。假山上有茅亭，供游人小憩	古民居资源：六家畈古民居被称为合肥最后一片古民居，共有古民居豪宅6大片；宝塔建筑资源：宝塔为合肥市三县一郊唯一的古塔
庐江县汤池镇果树村	果树村群山环抱，郁郁葱葱，鸟语花香，四季如春，景色秀丽迷人，是安徽省著名茶叶品牌"白云春毫"的生产地，区内有千年银杏，有五六百年的古山茶花	古建筑资源：张良衣冠冢墓、白云禅寺
庐江县龙桥镇黄屯老街	老街周围群山环抱，山峦叠翠，竹木葱茏。青条石的街沿，鹅卵石的街面，青瓦粉墙的街市，每隔三四间铺子，屋顶上便高高隆起一道道防火墙。自然翘起的墙头上，几缕枯黄的蒿草，随风瑟瑟摇曳着	独特的生活方式：下茶馆；竹器、黄屯龙灯；特色食物等
肥西县铭传乡启明村	园林建设、特色农业、瓜果采摘	国家重点文物保护单位、海峡两岸交流基地：刘铭传旧居；全国四大名庄之一：小团山香草农庄
巢湖市柘皋镇北闸老街	浮槎山	天下第一铺：李鸿章当铺；名人：周衣冰、鲁彦周、高植、李慰农、阚家蓂等
巢湖市炯炀镇炯炀老街		传说："陷巢州，长庐州"；现存明清时期古民居、古商铺300余间
巢湖市炯炀镇唐嘴村	花卉苗木基地	古建筑：赵氏祠堂；历史遗迹：汉代地下水城遗址
巢湖市黄麓镇张疃村		历史传说：多次击退寇盗侵犯、枪杀日寇全村人化险为夷；独特的建筑形式："九龙攒珠"建筑结构
巢湖市苏湾镇方涂村		古井；传说：大禹治水来到涂山氏部落，与涂山女娇一见钟情

古村落	自然资源	人文资源
庐江县白山镇齐咀村		"九龙攒珠"和"船形地"独特建筑风格的古村落；历史古迹：古井、祠堂、八字门、官印塘等；非物质文化遗产：巢湖民歌、传说故事等
肥西县柿树岗乡新街村		千年古刹——龙潭寺、中华"抗日保台"第一将唐定奎故居——唐五房圩、庐西名山——防虎山、唐大房圩、唐三房圩等；龙潭古寺、堰西大墩、葛墩、周家墩、王家岗、孔大墩、许郢小墩等共九处古遗址

2. 体验旅游时代，市场广阔

当前，旅游者的旅游动机正在从求知为主向愉悦、放松为主转变，旅游需求也因此从观光旅游为主导向以休闲度假旅游为主导转变。据预测，2015 年全球休闲产业产值将占全球 GDP 的 50%。在我国，2013 年 2 月 2 日，国务院办公厅发布《国民旅游休闲纲要（2013～2020）》，标志着我国休闲产业大发展的时代已经到来。旅游市场需求的转变催生了旅游产业发展的深刻变革。2014 年出台的国务院 31 号文件也明确指出，"以转型升级、提质增效为主线，推动旅游产品向观光、休闲、度假并重转变，满足多样化、多层次的旅游消费需求"。因此，在整体旅游需求转型的背景下，合肥市应充分利用自身资源优势和旅游业发展基础，在已有休闲度假旅游发展的基础上，不断地提高休闲度假旅游品质，逐步向中高端休闲度假和深度体验复合型旅游转型。

合肥市古村落作为合肥现代化中的遗存，已成为被现代化了的乡村村落包围的一个个"孤岛"。这些古村落数量较少、资源稀缺，且村落的自然景观、乡村生活与合肥城市景观、都市生活相比有鲜明特色，给生活在现代化社会中的人们以巨大社会反差，对于游客来说是一种较强的吸引力。

合肥古村落保留了传统的人文风貌和优良的生态环境，蕴含着中华民族传统文化的深厚积淀，体现出传统的皖中居民生活方式，再加上其特别适合于自驾一族参与性休闲体验的旅游目的地特性，已经越来越受到城市文化阶层和都市青年旅游者的青睐，必将成为下一步旅游快速发展的新"蓝海"。

3. 邻近城市，交通便利

合肥市古村落与安徽省其他古村落相比，最大的优势在于地理位置优良，紧邻合肥都市圈市场，距离合肥都市圈的车程也很短，客源市场庞大（见表 19）。

此外，通过上述对于各个古村落的分析来看，现在政府对于古村落的保护与开发问题非常重视，通过新农村建设和对古建筑进行修缮等方式，古村落的基础设施有了很大的改善，可进入性大大提高。这也为古村落资源的开发提供了一个良好的基础条件。

表 19　合肥古村落地理位置及与合肥市的距离

古村落	地理位置及与合肥市的距离
巢湖市黄麓镇洪疃村、巢湖市黄麓镇张疃村	黄麓镇距离合肥市 47.8 公里，车程为 1 小时 10 分钟
肥东县长临河镇六家畈村	六家畈村位于安徽合肥市肥东县城南 25 公里处的长临河镇。其村落所在的长临河镇北与撮镇镇接壤，东与桥头集镇、巢湖市黄麓镇毗邻，南与巢湖市忠庙相连，西与合肥市滨湖新区仅一河之隔
庐江县汤池镇果树村	果树村坐落于庐江县汤池镇西部，距镇区 6 公里，距离合肥市 89.1 公里，车程为 1 小时 29 分钟
肥东县长临河镇西湖村	西湖村位于肥东县南部、巢湖北岸，距离合肥 33.4 公里，车程为 48 分钟
庐江县龙桥镇黄屯老街	距离合肥 98.7 公里，车程为 1 小时 41 分钟
肥西县铭传乡启明村	启明村地处肥西县西部，距合肥市仅 1 小时车程
庐江县柯坦镇柯坦老街	柯坦镇位于安徽省合肥市庐江县西南，镇政府所在地距合肥市 70 公里，车程为 1 小时 20 分钟
巢湖市柘皋镇北闸老街	柘皋镇距离合肥市 48 公里，车程为 1 小时 10 分钟
巢湖市烔炀镇烔炀老街、巢湖市烔炀镇唐嘴村	烔炀（古称桐杨）镇地处合肥、巢湖两城之间的中心地带，距离合肥 44.7 公里，车程为 1 小时
巢湖市苏湾镇方涂村	距离合肥 82.6 公里，车程为 1 小时 19 分钟
庐江县白山镇齐咀村	距离合肥 60.7 公里，车程为 1 小时
肥西县丰乐镇河湾村	距离合肥 40.2 公里，车程为 56 分钟
肥西县山南镇小井庄村	距离合肥 48.1 公里，车程为 1 小时 14 分钟
肥西县柿树岗乡新街村	距离合肥 45.6 公里，车程为 1 小时 6 分钟
肥西高店乡长镇回民村	距离合肥 50.8 公里，车程为 59 分钟

四、合肥古村落资源保护利用的问题分析

（一）城镇化发展对古村落的巨大冲击

1. 城镇化发展对古村落原住民的影响

随着工业化、城镇化进程的加速，一方面，农村人口大量涌向城市，相当一部分古村落面临着"空巢化"威胁，许多老建筑因闲置无人居住而加速倒塌。在调研中发现，大部分的古村落目前居住的村民基本都是老人和留守儿童，青壮年几乎 80% 在外务工，有的在外发展好的最后举家搬迁，家中的老宅最终基本荒废。有的留守老人由于家乡情结不

愿离开的，也因为年迈而无法再对老宅进行修复。另一方面，在城镇化发展的大背景下，一部分在外务工返乡人员在经济条件得到改善之后，积极对老宅进行现代化改造，由于缺乏对古建筑的保护意识，一味地崇尚现代化的城镇生活方式，因此在古村落中兴建了一大批现代住宅，有的直接将家中的老宅子推倒重建，从而对古村落的古朴风貌造成了不可逆的破坏。此外，由于城镇生活方式对古村落居民的影响，很多反映古村落传统风貌的传统民俗、传统手工艺、传统生活方式等非物质文化遗产也在现代化的大潮中逐渐消失，从而使古村落的内在精神文化风貌也遭到了毁灭性的破坏。

2. 城镇化发展对古村落用地的影响

近年来，合肥的城镇化进程不断加快，城市规模不断扩大，尤其是随着滨湖新区的建设，合肥城区的范围实现跨越式增长，人口也在不断扩张，土地利用率直线上升，城市建设用地进一步扩张。由于快速城市化，疾风暴雨式的城市建设和城市用地急剧膨胀，边缘地带的部分村落和耕地逐渐被"圈"到了城市建设用地范围内。在以大城市为中心的聚集城镇群的发展趋势以及人们对提高生活质量的渴求下，若干的古村镇被放弃了，或被推土机铲平或遭遗弃或变成了城市为圈入的村落保留一定的土地、特权和经济利益所形成的不同于一般城乡社区的"城中村"。外质的介入使村镇归属感降低，这一系列的变化不仅消磨着古村落的传统风貌，而且也吞噬着村镇的地域文化。

在调研中发现，古村落中一部分农田也已经因为无人耕种而荒废，其他可以流转的用地类型也通过各种途径被流转，成为城镇化发展需要的其他类型用地。随着用地类型的转变，古村落居民相应的生产生活方式也就随之发生了变化，城镇气息越来越浓厚，而古朴的乡村气息则越来越淡漠。

3. 美好乡村建设与古村落景观风貌保持的冲突

建设美好乡村是近年来在全国全面推进的一项乡村建设重要工作，在城镇化发展的大背景下，美好乡村建设过程中也产生了一定的城镇化倾向。古村落作为一种独特的乡村类型，其发展也产生了较为严重的城镇化倾向，使城镇型的规划布局与建筑形式成为广大村落的模板。合肥古村落的破坏都有一个共同特点，即在开发利用和建设中遭到破坏，这些行为很难得到监督，更谈不上制止和纠正。村落中一些无规划、无秩序的新建筑充斥着部分合肥古村落的各个角落，新老建筑犬牙交错，参差不齐，原有村镇格局、自然环境和历史风貌被破坏殆尽。村落中地面的硬化现象极其严重，到处都是水泥路面，有些村落经过整治，虽然整体环境看起来整洁、干净了很多，但是传统村落的风貌已经几乎看不到，给人的感觉是和城市如出一辙的建筑和生活风貌，再也无法寻找到古村落中应有的古朴自然的生活气息。这样的建设某种意义上对于古村落环境也是一种破坏。如在调研中发现，肥西县丰乐镇河湾村与肥西县柿树岗乡新街村等古村落将原本房屋拆掉，建成徽派建筑，某种程度上已经改变了古村落的自然形态与原始风貌。河湾村村内穿过合界高速公路、四丰公路、神丰路，村居"亮化工程"使所有村民家的房顶、院墙上都安装了太阳能 LED 灯，现代化设施充斥着村庄每个角落，古村落的韵味已经很淡。

（二）缺乏科学保护利用规划

科学发展，规划先行。任何区域的发展都需要科学合理的规划，古村落作为具有独特且不可再生性的资源特征的区域，对其保护和利用之前更加需要科学而先进的规划，且要保证其规划的严格执行和贯彻。

整体上，合肥市古村落的保护发展规划工作尚处于起步阶段，调研中，仅有黄麓镇洪疃村于2015年9月编制了《巢湖市黄麓镇洪疃村传统村落保护发展规划》并通过专家评审，其他古村落几乎都没有完整的专项保护发展规划，有些村镇只是针对性地为了发展乡村旅游而做了一定区域和范围的旅游发展规划，但是缺乏在村镇整体建设和保护过程中的专项规划，尤其是对于一些文物保护单位缺乏及时有效的规划和保护，这成为一些无序建设形成的原因。

（三）法律法规的不完善

因地制宜的政策、科学合理的制度是社会发展的重要前提和保障。目前，在合肥古村落保护和利用过程中出现的多方面问题都与相关的政策法规不完善相关。

首先，表现在古村落保护利用的规划方面，目前合肥对于古村落的保护和利用规划仍处于起步阶段，缺乏从规划到实施的全面系统管理，其中涉及古建筑的保护和修复、防灾安全保障、历史环境要素修复、基础设施和环境改善、文物和非物质文化遗产保护利用等各类专项法规和管理措施的贯彻落实。

其次，在合肥古村落的保护和利用过程中，也亟待完善土地利用政策。土地政策是现代农村发展中比较突出的问题，尤其是在进行相关的旅游开发过程中，耕地、林地等农业用地类型与旅游建设用地之间的冲突尤为显著，在合肥很多古村落相关项目建设的过程中，会出现政策的空白或模糊区域，一定程度上为古村落的保护和开发利用带来了很多不便。

最后，在合肥古村落保护与开发的尺度上，也缺乏相关的政策引导，从而使保护得不到保障，利用也没有明确的方向，在一定程度上造成发展的自发性和盲目性，因此不但没有有效地保护相关资源，反而加剧了破坏。

（四）现代生活方式与传统物质空间之间的矛盾

古村落生存发展所面临的压力或矛盾已成为一个社会事实而存在，是古村落危机的具体表现，造成这种危机的重要根源之一是现代化的历史进程。现代化是自近代工业革命以来，在现代科学和技术革命的推动下，人类社会已经发生和正在发生的全面社会变革过程，或者说是人们利用近现代的科学技术，全面改造自己生存的物质条件和精神条件的过程，是一个包括政治、经济、社会和文化等诸多方面的整体性社会变迁过程。在这样的社会变迁背景下，人们的生活方式随之发生巨大的变化，与现代化的生活方式对应的现代生活空间是城市，因此城市是现代人们生活的重要空间。而农村地域则是人们的传统生活方式的对应物质空间，古村落则更加典型。虽然保存至今的古村落都是古代劳动人民勤劳和智慧的结晶，但是那是属于那个时代人们的物质生活空间，它与现代人们的物质空间是不相适应的，因此，现代人们很难适应在这样的环境空间中生活。

通过调研发现，首先，未经改造的合肥古村落环境普遍存在供水、排水、供电等市政基础设施落后的问题，许多地方公共服务设施缺乏。例如合肥多数古村落村庄区域内仅有一两处小卖部或小型商店，商业设施普遍规模小、标准低、面貌陈旧。大多数合肥古村落没有现代小区普遍配备的广场、篮球场、乒乓球台等，文化、体育设施缺乏。17 处古村落只有部分古村落设有医疗室，医疗设施十分简陋。少数村落内布有幼儿园、小学等教育设施。

其次，合肥周边古村落中的老房子大多数建筑为砖木结构，古建筑上一道道蜘蛛网式的电线令人触目惊心，乱拉电线破坏了村落整体形象；大多电珠直接钉在建筑的墀头上，甚至钉在建筑前檐装修的花板上，严重破坏了建筑墙体和构件。例如巢湖市柘皋镇北闸老街、巢湖市烔炀镇烔炀老街、庐江县龙桥镇黄屯老街，电线乱拉乱接现象明显，街道两旁建筑被各种电线穿插缠绕，显得杂乱无章，街容有待提高。除庐江县白山镇齐咀村等部分村庄，多数合肥古村落村镇巷道过窄，宽度多数小于 4 米，消防车根本无法开进，一旦引起火灾后果将不堪设想。其中巢湖市柘皋镇北闸老街、巢湖市烔炀镇烔炀老街、庐江县龙桥镇黄屯老街问题尤其突出，街道较窄，两边物事较多，行人和机动车往来穿梭于街道，节庆日非常拥挤，易产生隐患。

这样的物质空间确实很难满足现代人的生活空间要求，因此，村中的不少村民要么选择搬迁到城市地域，将自家的房屋废弃；要么自己改造房屋，其中大部分是全部拆迁重建，而且是完全按照新式住宅建设，这样在很大程度上造成合肥古村落原生态环境的破坏。

图 2　古村落生活空间环境现状

（五）环境容量的有限性与人口增长之间的矛盾

农村聚落形式本就是与人口密度不大的农村生活群体相适应的，然而在现代社会，人类社会群体不断扩大，社会关系更加复杂，社会流动性加剧。目前合肥古村落有限的环境容量和资源容量已经越来越难以满足日趋膨胀的现代社会群体以及更加紧密的社会关系。

另外，在现代旅游行业如火如荼的发展势头下，合肥很多古村落看到其独特资源的旅游开发价值，试图通过发展旅游业来促进新农村建设，而原生态的古村落被开发成为游人如织的景点后，大量的游客涌入，停车场、水泥路、旅馆的修建破坏了古村落的原貌及其独有的幽静和美丽。同时，合肥部分古村落景区不限制游客人数，大大地超过了古村落环境人口容量，对古村落的生态造成了严重破坏。如三河古镇作为国家 5A 级旅游景区，是合肥古村落旅游资源中的典型代表，在 2016 年"十一"黄金周期间，平均每天接待游客约 3 万人，如此红火的旅游开发背后，我们再也难以见到曾经的"小桥、流水、人家"，取而代之的是此起彼伏的商贩叫卖声、空气中弥漫着街巷中鳞次栉比的土菜馆传出的刺鼻的油烟味、熙熙攘攘的游客身边满是一家挨着一家的售卖各种所谓旅游纪念品的商户，在这样的现象背后有着更加可怕的环境容量隐患，那就是空气、水源和生活垃圾的各种污染不断加剧，原有乡村资源中最宝贵的因素已经被破坏殆尽。因此，过度的旅游开发带来的旅游人口激增与古村落自身有限的环境容量之间的矛盾成为现阶段合肥古村落保护和利用的突出问题。

（六）缺乏保护利用资金支持

无论是保护还是开发利用，都需要资金作为保障，目前，合肥市古村落的保护和利用均面临着资金的问题。首先是保护，合肥古村落中各类古建筑的保护、修缮以及村落基础设施的治理都需要大量的资金，目前，中央财政补助资金支持的传统建筑保护利用示范、防灾安全保障、历史环境要素修复、基础设施和环境改善、文物和非物质文化遗产保护利用等项目需要在编制相关传统村落保护发展规划的基础上，再以地级市为单位，省级住建、文化、文物、财政四部门汇总初审后向四部局申请，目前，由于缺少专项保护规划，合肥的大多古村落很难按照该程序获得该项资金，因此，合肥古村落的保护资金较为缺乏，使得部分古建筑无法得到很好的修缮，例如黄麓镇洪疃村的洪氏祠堂，外观破败，由于缺乏资金支持，没有得到相应的修缮和保护。

由于保护专项资金的缺乏，合肥很多古村落只好走"以开发促保护"的道路，然而在开发过程中，目前实行最多的渠道就是招商引资，一方面企业资金的介入也是有选择性的；另一方面对于古村落这类独特的旅游资源，必须协调好保护与开发的关系，往往投入大，见效期长，还需要协调与政府、社区的发展关系，因此，在实际过程中还是会有各种问题出现。

（七）古村落科学保护利用人才紧缺

古村落的科学保护利用急需的专业人才，主要为专业规划人才、专业古建筑修缮人才、专业旅游开发运营人才以及现代服务业的各类专业人才。

首先，在规划方面，由于很多古村落缺乏科学规划意识，因此也没有聘请专业的规划团队对其进行专业的保护和发展规划，因此造成了很多不可逆的资源破坏。目前合肥 17

处古村落，只有巢湖市黄麓镇洪疃村编制了《巢湖市黄麓镇洪疃村传统村落保护发展规划》，科学规划古村落的意识较强，但是也仅仅是聘请专业规划人才做了规划前期工作，在规划的落实上大多数还是依靠村落自身班子，这样就导致规划的实际效果可能有一定的削弱，不利于古村落的保护与利用。除洪疃村，其余16处古村落尚未编制相应规划，更加需要专业规划人才的协助。

其次，虽然保护观念越来越普遍地为人们所接受和重视，但"好心办坏事"的情况却时常发生。古村落村民由于自身文化水平有限，本着保护祖业的善良愿望自发维修岌岌可危的古祠堂、老宅子等，但在没有古建筑保护专业人员的指导下反而造成了对文物的破坏。如北闸老街、黄屯老街的许多古建筑青砖墙上水泥作灰浆勾缝泛滥成灾。方涂村、六家畈村、柯坦老街很多年久失修的老房子破败不堪，要么任其倒塌湮灭，要么被彻底拆除，被新式建筑替代。

最后，很多古村落的居民和当地政府均表示有强烈的愿望通过发展旅游业来振兴村镇，可是往往苦于缺乏专业的指导，旅游开发不知从何下手，从而缺乏村镇的整体旅游发展策划，部分村民自发地发展了一些很基础的乡村旅游项目，也苦于缺乏专业的旅游行业服务技巧和专业的管理营销知识。例如庐江县汤池镇果树村，村民们自发开办了农家乐，但是由于缺乏正确有效的营销手段和相应的管理技术，并未给自身带来长远的经济利益。

因此，在合肥古村落的保护和开发过程中这些专业人才是其可持续发展的有力智力支持。

综上所述，根源上，合肥古村落的危机来自于现代化的历史进程。随着现代化进程的加速，必然引起整个社会结构的深刻变化，现代化包括工业化、城市化、理性化、世俗化及社会组织的分化与重新整合。工业化、城市化将改变传统的农耕生计方式，使工商业取代农业在经济中占主导地位，进而对整个社会生活起支配作用，理性化、世俗化使人们从过去的血缘、地缘关系转向正式的契约关系，社会组织的分化与整合使专业分工越来越细，原来家族承担的职能越来越由专业的社会组织承担，社会流动性增加，亲情关系走向淡化，人们越来越多地卷入次级群体的功能性联系。这一切都将使作为传统文化载体的合肥古村落在现时代遇到前所未有的挑战。然而，作为承载江淮儿女的乡愁记忆的传统村落，我们有责任将其在新的历史时期保存下来，并延续下去。

五、合肥古村落资源的保护利用模式分析

根据不同的研究角度，目前国内对于古村落的保护利用的模式可以有多种分类方法，主要是根据不同地域的资源特点，在保护和利用的区域组合，以及政府在处理当地原住民和开发商的关系等方面的方式和方法有所差异。结合合肥古村落的区域发展特点，根据已有的保护利用案例，我们对合肥的古村落保护和开发可以从两个维度、四种模式来进行研究。

（一）按古村落古民居保护利用的复合度分类

在对古村落古民居进行旅游开发利用的过程中，从其利用的复合度出发有两种类型，一是单栋古民居的旅游开发利用，二是一个整体村落或者多栋古民居的整合旅游开发利用，这两者的区别在于是单体开发还是复合开发，因此基于古村落古民居的利用方式可以将现存的古村落古民居旅游利用模式分为单体模式和复合模式。

1. 单体保护利用模式

（1）模式内涵。单体模式指的是针对一栋古民居进行改造，以适应旅游发展的开发利用模式，一般而言这种模式是古民居特有的一种旅游利用模式，是小范围的旅游开发利用。

（2）案例借鉴。被改造成客栈、旅馆之类的古民居，拓展了其基本使用功能，如西递村的西递行馆、有家客栈、仰高堂客栈等都属于这一类保护利用模式，其中猪栏酒吧是单体模式的典型代表。猪栏酒吧坐落于西递古村落，占地面积600多平方米，原本是一栋明代的三层建筑，名字得来是因为一楼院中的酒吧是由猪圈改造而成的。猪栏酒吧包括传统徽式布置的单间客房、乡村布置套房及酒吧、书房、露天阳台等，具备现代功能的装修和设施。这一类型模式依托了古民居这一载体，适当地进行了功能转换，在建造时进行了一些适当的改造和修缮装修以满足游客的需求。如猪栏酒吧将徽州古民居特色的小窗户改成大窗户，既改善了采光效果又将古民居普通的房间打造成了观景房；此外客房采用古今结合装修的方式，配备了空调、电脑灯一系列现代设施，既保留了古民居古色古香的外表和构架，又提高了居住的质量。总体认为，这种模式更适宜于单体古民居或小规模古民居的保护和旅游开发利用。

（3）合肥古村落的适用性分析。根据目前合肥古村落的存续现状，由于地处江淮平原地区，自古以来交通状况好于一些山区，因此古村落资源受到历史各时期的发展影响冲击较大，且在现代城市化发展进程中，由于距离合肥都市圈太近，大部分的古村落都已经被不同程度地改造过，整体村落的原有风貌保存度较低，很多村落只有部分建筑或要素被不同程度地保存下来，完全没有被后期修复过的建筑几乎很少被保存。针对这种现状就比较适合单体保护模式，重点保护开发其中的某几栋建筑或者历史街巷。该模式中再根据不同类型的要素进行多渠道保护利用，对于一些重点文物保护单位，政府要加强对其抢救性修缮和保护，如洪家疃的洪氏祠堂，可以在保持其原始风貌的基础上，对其基本建筑结构进行保护，否则很多地方就会出现随时坍塌的危险。

对于一些虽然经过历史性修复，但原始风貌保存相对较好的民居或其他类型的古建筑，可以适当允许村民以单体出让、出租使用年限，由社会组织、企业、个人通过租用和购买经营权等转移性保护方式，加快古村落乡土建筑的有效保护与利用。组织、企业、个人租用和购买经营权后，会对古建筑单体内部进行改造和建筑外环境改造。内部改造一般包括对厨房的现代化改造，整治给排水系统，添置浴室卫生间，但基本上保持了原有风貌。

对于一些具有历史风貌的村落街区,可以对其街区整体环境做一些保护性修复,外环境改造一般是对村落的道路系统、电路管道、水系等的局部改变,如街区道路的修复,但是要尽量保持其原有建筑材质,避免现代水泥建筑的元素;连上自来水管、设计排水系统、适当安装路灯等。这种模式一定要尊重当地乡规民约的传统,一定按照传统营建手段来对民居进行保护利用,尽量保持聚落整体的古朴氛围。

表20 合肥市单体保护利用模式适用古村落

适用古村落	保护对象
洪疃村	洪氏祠堂、张治中故居、黄麓师范学校
唐嘴村	赵氏祠堂
齐咀村	夏家井、吴家井、八字门、吴家祠堂、齐咀历史陈列室
河湾村	董氏祠堂
小井庄村	中国农村包产到户纪念馆、古井
果树村	古银杏、古山茶、张良衣冠冢墓、白云禅寺

2. 复合保护利用模式

(1)模式内涵。复合模式所适用的对象是一整个古村落或是多栋古民居,是指对聚集的古民居进行空间上的整合、集体开发利用的一种旅游利用模式。例如:唐模和呈坎古村落的旅游整体利用,以及秀里影视村和德懋堂的旅游利用。

(2)案例借鉴。被朱熹誉为"呈坎双贤里,江南第一村"的呈坎村位于黄山市徽州区北部,已有1000多年历史,是我国当今保存最好的古村落之一。呈坎原名龙溪,按《易经》"阳阴二气统一、天人合一"的理论布局,形成宛如迷宫的"二圳五街九十九巷"。因此呈坎享有八卦村的称号。呈坎聚集着不同风格的亭、台、楼、阁、桥、井,祠、社及民居,全村现保存着明清建筑100余处,其中有罗东舒祠、长春社、罗润坤宅等国家和省级文物保护单位3处。呈坎被中外专家和游人誉为"中国古建筑艺术博物馆",这个神秘的古村落像西递、宏村一样整体发展旅游,采取进村收取门票的方式,在保证居民正常生活的同时,相应地进行一些旅游功能的开发,以方便游客。

德懋堂位于黄山市的中部,搬迁来的德懋堂系清代咸丰年间建造的三进两天井式徽派古民居。在不破坏该徽派古民居结构特点的基础上,融入现代建筑新理念,将节约资源和能源以及可持续发展、住宿生活消费模式贯穿到方案设计之中,进行内部局部改造,包含别墅、会所、五星级酒店等。

以上无论是呈坎还是德懋堂的旅游开发利用,都是基于一个共同的旅游利用角度,都是对聚集的多栋古民居进行旅游开发利用,与单体利用模式的区别是旅游利用的复合度不同。

(3)合肥古村落的适用性分析。就合肥古村落的整体情况而言,整体村落古朴风貌保持较好的村落极少,但是,可以在现有的存续状态下,选择村落中保存相对比较完整的部分区域进行整体性保护利用。合肥古村落中一些街区的保存现状比较适合这种保护利用模式，如六家畈老街、黄屯老街等历史街区还要进行进一步的整体性保护利用。复合模式的核心是把乡村生活与乡土建筑作为不可分割的完整系统。除了保护乡土建筑遗产个体，保护其形成的整体风貌的山形水系、道路桥梁、绿化植被等背景因素以及其形成的空间格局和自然生态环境外，还要保留村民原生态的生产生活。这种模式为古聚落的发展提供了可能，不仅保存了古建筑群，还保护了居民的独特生活习俗。

表 21　合肥市复合保护利用模式适用古村落

适用古村落	保护对象
肥东县长临河镇六家畈村	六家畈古民居
庐江县柯坦镇柯坦老街	柯坦老街
巢湖市柘皋镇北闸老街	北闸老街
巢湖市烔炀镇烔炀老街	烔炀老街
庐江县龙桥镇黄屯老街	黄屯老街
肥西高店乡长镇回民村	回族古街

（二）按古村落古民居利用的空间分类

按照古村落古民居旅游利用的空间来分类，可以将古村落古民居的保护利用模式分为两种，一种是原址利用模式，另一种是异地保护利用模式。这两种的区别在于对古村落古民居旅游利用的空间选择上，第一种是维持原址不变动对其进行的旅游开发利用；第二种则是改变了古村落古民居原有的空间结构的一种保护利用模式。

1. 原址保护利用模式

（1）模式内涵。原址利用模式，即在古村落古民居原址上，不对其进行移动搬迁，而是在保护的前提下，对古民居进行适度的开发利用，尽量保持原状以进行简单的旅游开发，或者是对其进行适当的维修与内部结构改造，使其具有或适应新的使用功能，拓宽古民居在现代旅游需求下的新功能和新价值，比如将古民居打造成具有特色的民居客栈或民俗餐馆等。

（2）案例借鉴。1999 年的联合国教科文组织第 24 届世界遗产委员会上，黟县西递、宏村两处古村落以其保存良好的传统风貌被列入世界文化遗产。目前，两个古村落仍保留着数百幢古民居，整体上保留了明清村落的基本面貌和特征。两个古村落中作为景点观光旅游利用的古民居是原址保护的典型代表，其中建于 1855 年的黟县宏村承志堂，被建筑专家誉为"民间故宫"，其占地面积 2100 平方米，分外院、内院、前堂、后堂、东厢、西厢、书房厅、鱼塘厅、厨房、马厩等。承志堂气势恢宏，雕刻精巧，层次分明，且具有极高的观赏价值。对承志堂这类古民居进行原址保护观光利用的目的是最大程度地保持徽州古民居的原始风貌和大量的原始信息。再如前文提及的猪栏酒吧也是原址保护的代表，与承志堂不同的是旅游开发利用的程度比较高。

（3）合肥古村落的适用性分析。由于合肥地处江淮平原地区，区位条件整体较好，地形地貌上少有一些偏远险要的区域，因此根据更好保持古村落原始乡土风貌和人文特色的原则，合肥大多古村落均适用原址保护利用。该模式下本着对古村落进行就地保护利用的原则，将原来的古建筑等进行修复或再建，从而恢复古建筑的原貌和保持原有的生活氛围；也可以是将已经没有人居住的古村落改造成古村落博物馆，使其成为传播古村落文化的一个重要载体。这种模式能最全面地保护建筑本身所具有的历史、社会、艺术价值，保护乡土建筑遗产和栖居环境的原真性。重点是在进行修复和再建的过程中要注重原始风貌的保持，以及古村落居民的生活文化的保持和再现。

2. 异地保护利用模式

（1）模式内涵。异地利用模式，是对古村落古民居进行搬迁移动，在不改变原始民居外形和构造的前提下，最大限度地异地重建复原古民居，尽量不改变一砖一瓦。其模式内涵是为了更好地保护古民居，将濒危的不适合原址保护的古民居进行异地重建复原，通过异地搬迁营造更适宜古民居保护的整体环境氛围，并对搬迁后的古民居进行不同程度的保护利用。

（2）案例借鉴。潜口民宅博物馆是徽州古民居异地利用模式的典型代表。潜口民宅位于黄山市徽州区岩寺镇潜口村紫霞峰南麓，整座山庄按照"原拆原建、集中保护"原则，从徽州区和歙县各地数百座建筑中精选拆迁而来，集中了明、清两代最典型的各式古民居、古祠堂等古建筑群，包含方氏宗祠石牌坊、善化亭、曹门厅、司谏第、方文泰宅、乐善堂等著名建筑，是我国唯一一个明清古民宅博物馆。潜口民宅博物馆一期工程的复原体现了异地搬迁对濒危古民居的抢救、保护、展示功能，以整体集聚来实现对古民居的集中重点保护，以整体古民居展示来实现古民居的开发利用。这种模式使得古民居的保护和旅游利用收到了较好的效果，潜口民宅博物馆在建期间已被国务院确立为全国重点文物保护单位。

（3）合肥古村落的适用性分析。这种模式主要适用于那些因客观的、非迁建无以就地的各种原因而无法就地保护，只能通过拆解重装的方式，严格按原样另选他处建造的具有突出价值的乡土建筑遗产。易地保护通过科学地、有限制地、有规划地将独特的、典型的单体古建筑整体搬迁、异地重建，既可实现集中保护、集中管理、集中利用，又可以传播文化，是保护与利用结合的可行方式。这种模式可以"完整"地保存乡土建筑遗产本体，使其作为文化符号得以展现；还可以整合资源优势，降低管理成本。

对于合肥古村落的特点而言，这种保护利用模式主要是在政府的宏观主导下，基于整体格局，对合肥全市范围内的古村落中的一些历史品位高，但保护现状不佳甚至是濒危的一些古建筑进行统筹规划和异地保护利用。这样不仅实现了对古建筑的保护，同时也就古村落资源进行了二次开发利用，形成了新型的景观资源类型。

六、合肥古村落旅游开发利用分析

（一）合肥古村落旅游开发利用的背景分析

1. 合肥"十三五"旅游发展的大背景

"十二五"以来，合肥市旅游业围绕建设全省旅游中心城市、长三角观光休闲度假基地、全国知名的旅游会展名城、国际滨湖旅游目的地的总体目标，抓住国务院出台《关于加快发展旅游业的意见》《关于加快旅游业改革发展的意见》和行政区划调整的战略机遇，紧密围绕城市建设，不断优化发展环境，壮大产业规模，创新旅游产品，提升发展水平，实现了旅游经济持续稳定增长，较好地完成了"十二五"确定的主要发展目标，并实现了旅游业从初级向中级发展阶段的转变。"十三五"是我国深化经济转型改革的关键时期，也是旅游业提升地位、改革转型、崛起突破的战略机遇期，合肥市正处在中级向高级转型的新阶段，将会面对更加有利的发展环境。

（1）市场转型带来升级机遇。当前，旅游者的旅游动机正在从求知为主向愉悦、放松为主转变，旅游需求也因此从观光旅游为主导向以休闲度假旅游为主导转变。2013年2月2日，国务院办公厅发布《国民旅游休闲纲要（2013~2020）》，标志着我国休闲产业大发展的时代已经到来。旅游市场需求的转变催生了旅游产业发展的深刻变革。2014年出台的国务院31号文件也明确指出，"以转型升级、提质增效为主线，推动旅游产品向观光、休闲、度假并重转变，满足多样化、多层次的旅游消费需求"。因此，在整体旅游需求转型的背景下，合肥市应充分利用自身资源优势，在已有休闲度假旅游发展的基础上，不断提高休闲度假旅游品质，逐步向中高端休闲度假和深度体验复合型旅游转型。

（2）政策环境助推旅游发展。《国务院关于加快发展旅游业的意见》（国发〔2009〕41号）、《国民旅游休闲纲要（2013~2020）》（2013）、《旅游法》（2013）、《国务院关于促进旅游业改革发展的若干意见》（国发〔2014〕31号）、《国务院办公厅关于进一步促进旅游投资和消费的若干意见》（国办发〔2015〕62号）等文件和法律的出台，对合肥市旅游业的发展具有重要的启示和指导意义。为贯彻落实国务院31号文件，安徽省相应出台了《关于促进旅游业改革发展的实施意见》，进一步为合肥旅游业发展指明了方向，助力"十三五"旅游业发展。

（3）经济转型激活发展动力。近年来，合肥市大力实施工业立市发展战略，城市社会经济发展取得显著成效，GDP增幅一直位于中部地区省会城市首位，与武汉、郑州、长沙的差距越来越小，合肥市也因此名列世界增长最快的都市经济体首位。但合肥市的第三产业比重与其他省会城市相比明显较低。从未来转型发展角度来看，以旅游业、文化产业为主导的第三产业，应成为合肥市经济社会发展的转型方向和重要增长动力。合肥市已经到了大力发展旅游产业的阶段。

（4）交通改善增强旅游功能。"十三五"期间，合肥市将形成"米"字形高铁网络格局，加上已有的以合肥为中心的高速公路网络、新桥国际机场，以及依托巢湖接入长江黄金水道等条件，合肥市的对外交通条件得到彻底改善，"承东启西、通南达北"的区位优势最终形成。与此同时，合肥市城市公交系统、旅游交通系统，以及轨道交通系统也在不断优化中，将逐步实现景区、酒店与交通场站的无缝对接。全国交通综合枢纽的战略定位和内外部交通的全面改善为合肥市旅游发展及其发挥旅游集散地功能提供了条件。

（5）区划调整拓展发展空间。行政区划调整后，巢湖成为合肥市的"内湖"，合肥市辖区面积超1万平方公里，人口规模超700万，合肥市成为区域性特大中心城市，通过不断构建大合肥都市圈等工作，将彻底改变"旅游资源非优大城市"的面貌。合肥市由"滨湖时代"走向了"环湖时代"，合肥市的旅游发展空间也从原来的"市区人文＋三县郊游"拓展到了整个环巢湖地区。另外，2014年发布的《国务院关于依托黄金水道推动长江经济带发展的指导意见》中，将合肥定位为长三角世界级城市群副中心，与长三角无缝对接，旅游市场距离也将得到改善。

因此，在"十三五"期间，合肥旅游业要进一步深化改革，促进旅游产业转型升级，使旅游业成为国民经济战略性支柱产业、全市经济发展转型的先导产业、"大湖名城"城市品牌打造的核心产业。

2. 环巢湖旅游发展的大背景

2002年，巢湖被国务院确定为国家级重点风景名胜区，区域内生态、旅游资源丰富，是环巢湖旅游业发展的良好基础。2011年，行政区划调整后，合肥"揽湖入怀"，成为全国唯一环抱五大淡水湖之一的省会城市。环巢湖地区历史文化悠久，名胜古迹众多，湖光山色美妙，旅游资源丰富，是合肥旅游开发的核心地区。近年来，依托"巢湖名片"，合肥市先后在环巢湖地区举办了环巢湖全国自行车赛、环巢湖国际马拉松赛、"大湖名城青春毅行"2015环巢湖金色踏春毅行大会等一系列知名赛事项目和群众文化体育活动，吸引了海内外人士广泛关注。环巢湖地区一跃成为国内外旅游人士关注的焦点，也是合肥市民休闲度假的新去处。八百里巢湖烟波浩渺，155公里环湖路风光无限。2015年初，环巢湖大道全线贯通，环巢湖旅游再次迎来大发展良机。当前，环巢湖旅游迎来五大发展新机遇，即优美的环境带来发展机遇，旅游产品结构转型升级带来发展机遇，旅游交通便捷带来发展机遇，融入长三角带来市场与合作机遇，美丽乡村建设和小城镇建设带来发展机遇。面对新机遇，合肥应以全域旅游的新理念、新视角，将环巢湖休闲旅游打造成主客共享的旅游空间，积极推进环巢湖国家级旅游休闲区建设。

目前，环巢湖旅游发展的顶层设计已经逐步清晰，合肥市成立了高规格旅游与现代服务业工作指导委员会；续编了《巢湖风景名胜区总体规划（2015~2030）》；市规划局牵头，编制了《合肥城市空间发展战略及环巢湖地区生态保护修复与旅游发展规划》《半汤和汤池国际温泉度假区概念规划》《环巢湖湿地保护规划》《环巢湖大道沿线旅游服务设施建设规划》以及《环巢湖文化旅游规划基本框架》等一系列规划，从宏观层面已经为环巢湖旅游的发展指明了方向。因此，环巢湖旅游业的发展不仅是合肥市"十三五"期间旅游发展的重要板块，而且将逐步发展成为全省旅游乃至全国区域旅游的重要节点。

3. 乡村旅游发展的大背景

乡村旅游，是我国旅游发展的新热点，是最具潜力与活力的旅游板块之一。据不完全统计，截至2014年底，我国共有农家乐200万家，乡村旅游重点村有10.6万个，全年接待乡村旅游游客近12亿人次，乡村旅游每人次平均消费266元，旅游收入达到3200亿元，3300万名农民直接受惠。

当前，乡村旅游发展的总趋势是：乡村旅游已超越农家乐形式，向观光、休闲、度假复合型转变；个性化休闲时代到来，乡村旅游产品进入创意化、精致化发展新阶段。乡村旅游出现了以下特点：

（1）乡村旅游的全域化、特色化、精品化。许多地方往往共同规划、协调发展，以全村、全镇、全县范围来做乡村旅游。在推动乡村旅游的过程中，为避免同质化竞争、取得差异化优势，各个村镇实行诸如"一村一品""一户一业态"的差异化发展策略，深挖潜力，精心设计，打造精品，使乡村旅游呈现出特色化、精品化的特点。

（2）新产品、新业态、新模式层出不穷。随着乡村旅游的不断发展，全国各地结合自身特色，在产品特点、业态类型及运营模式等方面不断创新。四川成都是乡村旅游发展的先行者，"五朵金花"是其代表。现在乡村旅游发展很快，走在前列的有诸如江苏省、山东省、浙江省等。江苏省出现了一系列的乡村旅游新业态。山东省扶持力度很大，每一个县都编制了乡村旅游规划，省政府给予每县乡村旅游规划资金支持，另外，市县级政府还要追加支持经费。浙江省面对较多的境内外高消费客源，发展出了像裸心谷这样的高端乡村旅游产品。北京市郊区，近年来乡村旅游发展也很快，出现了很多新业态，迎来了蓬勃发展的势头。这些地区的乡村旅游产品都具有各自的特点，从观光到休闲度假，从旅游的单元素组合到多元素复合化，呈现出多业态融合发展的趋势。

（3）从乡村旅游到乡村生活的新理念。一部分游客到乡村已不再是单纯的旅游，而是被乡村的环境所吸引，在当地较长时间的生活和居住，这种现象不仅出现在北京等大都市，也出现在包括如河南这样的省份。部分退休的年长人士，不愿意长期住在城市，一年中往往有数月栖居于乡间。他们认为乡村的生态环境好，能更好地亲近自然和享受有机生态食品。河南有的农场已针对这种需求进行规划。从乡村旅游发展到乡村生活，国外典型的国家之一是日本。日本的退休人士和一些在城市工作的人士，他们一年中有较长一段时间居住在乡村。

从乡村旅游到乡村生活，这是一大发展新趋势。因此我们有必要更新我们对乡村及乡村旅游的认识：第一，重新认识乡村，全面认识乡村在生态上、文化上、生活方式上的特色和优势；第二，要复兴乡村，乡村现在面临着一个复兴的问题，从事乡村规划建设的人应该有一种复兴乡村的使命。

（二）合肥古村落旅游开发利用的形势分析

合肥的古村落旅游资源大多分布在环巢湖沿岸地区，在合肥市旅游和环巢湖旅游大发展的背景下，合肥的古村落旅游开发利用具有独特的发展条件，也将迎来新的发展机遇。

1. 机遇与优势

（1）优越的旅游发展大环境。根据前文的论述可知，目前，合肥市旅游发展面临着新的环境和背景，主要表现在政策方面和交通环境方面，在全国、全省以及合肥市都大力发展旅游业的背景下，合肥古村落资源的旅游开发利用必然是其发展的最佳路径之一。合肥作为安徽省重要的区域旅游中心城市，不仅需要依托并完善相应的旅游集散服务体系，更需要建立有全国乃至国际意义的旅游吸引物体系。目前，环巢湖生态、乡村农业、城市风情、主题公园、包公文化、科教等地方文化资源的市场知名度和认可度较高，但体现合肥特色江淮文化的古镇、古村落类型的旅游产品还较为有限，这就需要在三河古镇一枝独秀的基础上，以特色古村古镇资源的深度开发，形成支撑合肥江淮文化的重要资源，因此，从资源角度看，合肥古村落资源的旅游开发利用具有良好的发展环境和背景。

（2）广阔的旅游市场前景。随着合肥市经济综合实力的不断加强，其旅游市场发展潜力也不断增加，"十二五"以来，合肥市旅游经济持续稳定增长。截至2015年，全市入境旅游人数由期初（2010年）的24.28万人次增长到41.3万人次，国内游客量由期初的2694.28万人次增长到7784.24万人次，游客总量年平均增长率达到23.64%，国内旅游收入由期初的247.00亿元增长至953.22亿元，年平均增长率达到31.01%，旅游外汇收入由期初的1.50亿美元增长至3.31亿美元，年平均增长率保持在17.15%的水平。

随着合肥城市规模不断扩张，人口不断集聚，本市出游需求不断高涨，其重要表现为近年来黄金周以及周末短途旅游市场异常火爆，2016年"十一"期间，全市主要景区、景点和农家乐以及各类旅游接待场所共接待游客1287万人次，同比增长6.6%；旅游综合收入14.21亿元，同比增长7.4%。其中，环巢湖区域已经成为合肥人气最火爆的旅游目的地。节日期间，万达乐园及万达茂接待人数约为74.85万人次、三河古镇25.3万人次、滨湖国家森林公园21.3万人次、岸上草原17.8万人次、罍街8万人次、人工景区6.91万人次、渡江战役纪念馆5.1万人次、安徽名人馆4.9万人次、牛角大圩3.5万人次。因此，环巢湖板块已经成为2016年国庆黄金周全省各大旅游板块中最为抢眼的亮点。

合肥古村落旅游资源正是位于该旅游板块之中，因此，其广阔的旅游市场前景是其进行旅游开发利用最有力的市场保障。

（3）独特的资源互补优势。从合肥市目前已经开发利用的旅游资源类型和分布来看，主要集中在以下几种：①城市风情集聚区，其中主要以城区范围内的文化旅游资源以及城市风貌类型旅游资源为主；②环巢湖休闲度假旅游集聚区，该区域主要以自然风光类旅游资源为主；③环城乡村生态旅游集聚区，该区域主要以城郊乡村旅游休闲体验类资源为主。因此，古村落文化类旅游资源可以作为合肥市现有开发旅游资源的有力补充，其具有的独特资源互补优势，可以与合肥现有的旅游资源类型和旅游开发区域形成完美的匹配，从而实现合肥旅游资源开发的全面铺开，以及旅游产品的全系列打造。

2. 威胁与挑战

（1）区域旅游竞争不断加剧。在全新平台带来区域旅游合作机遇的同时，合肥也面临着来自周边城市的激烈竞争。首先，合肥进入长三角后，将直接面对众多旅游业先发城市的竞争，如何发挥合肥的交通集散、腹地广大、环巢湖和多元文化优势，使其能够在与长三角其他区域中心城市的竞争中取胜，是未来数年合肥旅游产品开发和营销的重点。同时，芜湖、蚌埠等城市旅游的快速发展也给合肥旅游市场开拓带来竞争压力。

对于古村落旅游资源的发展而言，其最主要的竞争来自于皖南古村落旅游集聚区，其发展起步早、影响大、特色显著，在全国都具有相当的知名度。因此，合肥要开发利用古村落旅游资源，首先就要考虑与皖南古村落旅游的差异化发展路径。

（2）旅游市场转型压力巨大。目前，合肥市客源主体仍停留在内生市场，以本地、周边休闲客源为主，中长距离的观光、度假、体验游客相对较少。未来，随着高铁、机场带来的交通便捷度的进一步提高，以及旅游消费层级和观念的改变，本地居民的旅游休闲空间必将逐步外拓，固守现有的资源产品将难以适应未来市场的变化。合肥需要通过产品开发、服务提升、营销推广等措施促进客源重心向外部市场、入境市场、中高端市场转移，以此增强旅游经济效益。

（3）古村落旅游资源的保护形势严峻。在合肥高速城镇化发展的环境下，古村落资源的保护形势不容乐观，在前文已经就相关的问题进行了分析，对于旅游开发利用而言，其资源的品位和特色是前提，没有原汁原味的古村落资源条件，一切的开发利用就会成为空中楼阁。根据目前合肥市古村落旅游资源的现状，已经在一定程度上面临着自然湮灭性破坏和建设性破坏的双重威胁，严重影响到旅游业可持续发展的基础，因此，对于合肥市古村落资源的旅游开发利用一定要牢固树立保护为先、有序开发的发展理念，使旅游开发向集约型和环境友好型转变，做到可持续发展。

（三）合肥古村落旅游开发利用的业态及模式分析

1. 古村落旅游开发模式的发展趋势

古村落旅游开发利用是目前对古村落资源进行保护前提下的最常见利用形式，而古村落旅游开发也逐渐由单纯观光的初级旅游业态形式向休闲娱乐研学等复合功能新业态形式转变。

（1）古村落旅游开发由隐性向显性转变。文化包含了物质、制度和精神三个层面的内容，而古村落文化中除了建筑体等可见的物质文化外，更多的是其蕴含的地域文化、民族文化等制度和精神层面的内容，具有隐性特征。游客难以在简单的单向信息传递模式中深刻认识其独特的文化内涵，古民居旅游开发的重点在于充分挖掘古民居内在的特色历史文化内涵，并以最为直观和最为容易解读的方式加以显现，以使游客易于感知古民居独特的文化魅力。

（2）古村落旅游开发由静态向动态转变。旅游的本质属性就在于差异化体验中的精神享受。古村落旅游开发更应如此，其宗旨就是让游客在差异化的地域文化和民族文化体验中获得愉悦、畅快的精神享受。静态的古村落文化展示显然无法达到这个目的，这就要求古村落旅游开发必须围绕审美和愉悦等体验核心，将静态的历史文化转化为一系列参与性强的创意文化体验活动，既可使游客"发思古之幽情"，感受到异质文化的丰厚底蕴，产生难以忘怀的经历和回忆，同时还可获得游客体验所带来的高经济附加值。

（3）古村落旅游开发由屋内向屋内外转变。古村落旅游的大力开发势必吸引大量的游客蜂拥而入，再加上古村落内部居民生活活动的影响，对古村落的长期有效保护形成了一大难题。鉴于古村落建筑体内部的容量有限，不宜安排大量的吃、住、娱等设施和场所，应尽可能地将部分的活动场所设置在古村落的外部空间，起到分流游客，减轻对古村落负面影响的作用，从空间上延展其开发尺度，即将屋内开发转化为屋内外相结合开发。

2. 合肥市古村落旅游开发的业态模式

（1）村落人居气息的保存与生态博物馆业态模式。古村落旅游开发应改变静态的博物馆、展览厅等展示模式，借鉴国际生态博物馆模式，遵循真实性、完整性、原始性原则，维系古村落的人居气息，以古村落原住居民的亲自参与、亲自管理为基础，开辟生态博物馆。博物馆内建立比较权威和齐全的古民居名人名事信息库，布置展览珍品（绝大多数是仿制品，但仿制技术要求很高），所有展品均可成为游客观光、试用的对象，营造游人与展品和谐互动的情境与氛围，在控制游人流量的前提下，延长游憩逗留时间。博物馆总体上不做过多的加工，尽量原生态地展现物质与非物质文化，并可依照不同的主题，在不同的时期做不同的布局。

合肥的一些名人资源丰富的古村落可以采用该模式，对现有的一些名人故居进行改造。现有的一些名人故居的布展和陈列方式过于陈旧和呆板，可以借鉴文化生态博物馆的业态模式进行改造。合肥还可以对周边古村落的一些适合进行异地保护模式的古建筑统一规划布局，进行集中性展示，形成新型的江淮地区聚落历史文化生态博物馆。

（2）祖屋族人居住的持续与主客互动式业态模式。古村落旅游开发应严禁全部迁出原住民，杜绝"空城化""商业化""表演化"倾向，保持古村落持续的生活状态，维持生活着的古村落，延续古村落文化的传承。同时可在此基础上，借鉴奥运会创造成功的主客互动式业态模式，让祖屋族人通过资产入股等方式，介入古民居旅游开发，使社区真正参与旅游发展。游客通过与古村落原住民的交流互动，能在日常生活的悠闲气氛中，如同房客与房主老相识一样，融洽地拉家常、讲故事、探族史，最为直接地理解和领会古村落的文化内涵。此外，古村落旅游开发还可在保留其整体格局的前提下，对其部分功能区加以改装，少量开发名人名居，用作高档住宿场所，也可开发游客与原住户共同的夜生活，使他们亲密交流，并修复和仿制一批古民居原居民生活使用的设施、器具，作为道具，让游客切身体验古民居原生态的生活方式。

这种业态适合那些村落环境生态和村民的文化生态保存都相对完整，尤其是村民的日常生活气息较为原始的古村落，可以通过特色民宿的方式让游客深入村民的日常生活，甚至与村民同吃同住同劳动，让现在的"城里人"充分体味到"过去人"的生活。尤其是现代特色民宿已经成为乡村旅游的热点，也是符合现代人去乡村，尤其是去古村落体验的核心和根本，这样的特色民宿就是要原汁原味地体现出古村落自己的传统文化和特色。同时，一些古村落中特色街区的打造也是充分再现历史生活，强化主客互动的旅游业态模式。

（3）历史人事典故的复活与仿真体验业态模式。古村落旅游开发应改变单一的导游解说模式，优化古村落中主要特色场景的设置，运用现代化的声、光、电技术模拟和再现村落历史名人名事的片段生活情景。还可借鉴国际历史名城开发的成功模式，设置活动场景，用来复活历史片段高保真度的生活情境。活动场景的选择要能够展现典型文化代表意义的名人名事，并尽量保持原主人居住或工作时的场景，由演艺人士、原住民，乃至游客再现历史上的情景。让游客不但能观摩、听解说，还能通过某些模拟、虚拟、真实的参与互动，使游客更为真实地体验到历史时期民居的生活和生态环境，更为直观地感触到历史文化的冲击。

合肥的古村落中具有丰富的历史名人和历史典故的文化资源，而目前我们的名人和历史典故资源仅限于一些故居、遗址、遗迹的参观，缺乏互动内容和外化性的体现，因此，通过文化业态与古村落旅游的融合形成新型的古村落文化旅游业态是其旅游业态创新的有效途径。

七、合肥古村落保护利用的对策研究

（一）实施合肥古村落保护利用工程，强化政府主导

为加大合肥古村落的保护利用力度，根据《中华人民共和国文物保护法》和《历史文化名城名镇名村保护条例》，结合合肥市的实际，制定和实施"合肥市古村落保护利用工程"。在工程实施中，要坚持以科学发展观为指导，坚持保护与利用、旅游与文化有机融合"两个理念"，探索政府引导、市场运作、社会参与"三位一体"的新路子，做好文化遗产保护与经济社会发展"四个转化"：以保护利用为前提的"功能转化"、以文化积淀为基础的"特色转化"、以传承文脉为根本的"精神转化"、以市场运作为手段的"资本转化"。并做好"五个结合"：坚持保护第一与合理利用相结合；坚持科学规划与依法推进相结合；坚持政府主导与市场运作相结合；坚持分类指导与分级负责相结合；坚持尊重民意与宣传引导相结合。

在实施合肥古村落保护利用工程过程中，要强化政府主导作用，建立领导机构，明确职责任务，加大宣传力度，加强督查验收，建立一套协调统一的组织领导体制。

（二）加强文化遗产教育宣传，提高全民保护意识

古村落能够保留一些原生态，民族文化遗产之所以能流传至今，是因为老百姓带着对祖先的崇敬而形成的自发的保护行为，这种保护的意识是流淌在血液中的，是一代代口口相传的。因此，以美丽乡村建设为契机，组织古村落本土历史、传统礼仪、风俗的宣传教育和培训活动，让广大人民，特别是古村落居民了解古村落的历史，继承和发展带有地方特色的民俗风情、传统工艺、地方戏曲等。加强对古村落历史文化底蕴的挖掘整理，将古村落相关历

史文化知识、传统文化礼仪等编入中小学教材，让广大青少年接受古村落传统文化的熏陶，从小树立遗产保护意识。在高等院校开设相关的民族传统文化课程，如传统的建筑技艺、地方戏曲、舞蹈等，让广大青年人了解民族传统文化，继承和发展传统文化。

（三）优化合肥古村落发展顶层设计，科学编制保护利用规划

科学发展，规划先行。任何区域的发展都需要科学合理的规划，古村落作为具有独特且不可再生性的资源特征区域，对其保护和利用之前更加需要科学而先进的规划，且要保证其规划的严格执行和贯彻。

针对合肥市16处古村落都没有专项保护发展规划的问题，要督促各古村落进行传统村落保护发展规划的编制工作，进一步完善古村落与古建筑的专项保护规划，抓紧编制古村落修建性详细规划，明确保护范围、保护原则、保护内容、控制指标和土地使用功能、人口密度、市政基础设施建设以及分类保护、整治措施，在编制完成后进行专家评审，使古村落在保护利用中对于一些文物保护单位实施有效的保护与修复，成为古村落整体发展的保障与引导。

（四）加强古村落专项法制建设，完善相关法律法规

针对合肥古村落由于相关的政策法规不完善，在保护和利用过程中出现的多方面问题的情况，要认识到因地制宜的政策、科学合理的制度是社会发展的重要前提和保障。

首先，对于合肥古村落的保护和利用要从规划到实施进行全面系统管理，相关部门在依循《中华人民共和国文物保护法》《古村落保护条例》等基础法规的基础上，针对合肥各个古村落不同的情况，进行针对性的政策法规的编制，切实有效地保护与修复古建筑、保障防灾安全、修复历史环境要素、改善古村落的基础设施和环境，对非物质文化遗产等更要设立各类专项法规和采取相应管理措施来进行保护利用。

其次，针对合肥古村落的保护和利用过程中土地利用政策的问题，努力填补与完善合肥很多古村落相关项目建设的过程中常出现的政策空白或模糊区域，尤其在耕地、林地等农业用地类型与旅游建设用地之间的利用方面，尽量减少因为土地政策带来的冲突与阻力，方便古村落的保护和开发利用。

最后，针对合肥古村落保护与开发的尺度上缺乏相关的政策引导的问题，建立健全政策法规，聘请专业人才对相关引导政策进行拟稿，政府部门开会讨论协商，使古村落的保护有相应的保护政策保驾护航，古村落的开发利用要有有针对性的开发利用政策加以引导，从而更好地保护和利用古村落资源，发挥古村落资源的最大价值。

（五）加强对合肥古村落的保护，合理建设发展

合肥古民居是合肥地域文化的重要传承载体，合肥古民居的保护和旅游利用工作要始终坚持"保护为主，抢救第一，合理利用，加强管理"的方针和原则。各级政府要加强

管理，完善机制，因地制宜，对古民居进行分类保护，实施"合肥古民居保护利用"专项工程。古民居是一种不可再生的宝贵资源，在以后的古民居旅游保护和利用中，一定要加强对其的保护工作，合理开发，始终坚持保护第一位。在新时期美丽乡村建设过程中，也要坚持保护古村落自身特色，合理发展。

1. 改善古村落基础设施，健全公共服务设施

针对合肥古村落普遍存在供水、排水、供电等市政基础设施落后，许多地方公共服务设施缺乏的问题，首先要大力改善市政基础设施建设，保证古村落能用上自来水，正常用电，顺利排水，能够解决村民的生活必需问题。其次健全古村落的公共服务设施，在没有商店的村落增设商店，建立文化广场供村民娱乐，建立体育设施供村民锻炼，部分村落酌情创办幼儿园、小学等教育设施，保证每个村落都有一个设备基本完善的医疗室，保证村民享有基本的公共服务设施。

2. 实施三线入地，合理改造村落交通要道

一方面，针对部分古村落电线乱搭乱建、破坏村落形象的问题，可以效仿西递、宏村等古村落实施三线入地，使古村落的供电、通信、有线电视等线路从之前架在空中、乱搭乱接的方式改为全部埋入地下的方式，结束以往合肥部分古村落空中线路"蜘蛛网"的状态，美化古村落面貌，提升古村落品位。

另一方面，针对合肥多数古村落村镇巷道过窄、易滋生安全隐患的问题，在两边无重要建筑的情况下，可以适度地对原有巷道进行拓宽改造，改善行人出入环境。改造过程中，避免简单地用水泥硬化地面，尽量保持古村落原有建筑风貌。在两边有重要建筑、不宜拓宽的情况下，要加强对巷道环境的整治，禁止巷道内停留车辆、摆放杂物等拥堵巷道的行为，同时可加派相关人员进行管理，保持巷道清洁通畅，便于通行。

3. 提高市地就业，加强古村落传统风貌和生活气息的保护

针对农村人口大量涌向城市、部分合肥古村落面临"空巢化"威胁的问题，一方面，在城市建设和城市用地急剧膨胀、城市建设用地进一步扩张的大形势下，要加强对城市边缘地带古村落的保护，使其免受由于快速城市化，逐渐被"圈"到了城市建设用地范围的威胁。相关部门要充分认识到古村落的重要性，提高对古村落的保护意识，政策上出台支持保护古村落的相关政策，减少城镇化的因素对古村落的不利影响，维持古村落的传统风貌，保护古村落的地域文化。另一方面，古村落可通过发展旅游等途径，创新古村落收益模式，拓宽古村落本地就业途径，使村民自愿留在古村落，既保证了村民的就业又盘活了古村落经济。

针对合肥古村落存在自发城镇化倾向、以城镇型的规划布局与建筑形式为模板的问题，一方面，相关部门要出台相应政策与规划，对古村落中的建筑与格局的改造进行限制，防止村民乱搭乱建，导致一些无规划、无秩序的新建筑充斥着部分合肥古村落，使得原有村镇格局、自然环境和历史风貌被破坏殆尽。另一方面，要加强对古村落在开发与建设中的引导，因地制宜，找出合适的古村落改造模板，既改善村落设施条件，又在整体上

符合古村落自身的地域文化特点，保留古村落独有的韵味。

4. 严格把控古村落环境容量，适度发展旅游业

在古村落保护与旅游开发的尺度把握上，一定要认清古村落开发与保护孰重孰轻的问题，对古村落的开发是为了更好地保护古村落，要避免为了眼前利益过度开发而破坏古村落的长远发展。具体在古村落实施旅游开发之前，要科学测算出古村落的环境容量，在明确古村落环境容量的基础上，适当地限制游客人数，减少游客对古村落环境的破坏。再者，加强对古村落游客与经营者的管理，通过管理条例的实施来规范约束他们的行为，减少甚至杜绝他们对古村落空气、水源等整体环境的污染，缓解古村落有限的环境容量与人口增长之间的矛盾。

（六）多方融资，合理利用

针对目前合肥市古村落的保护和利用面临的资金短缺的问题，首先，要编制专项规划，以便向相关部门申请保护修复项目资金，古村落上级村镇也要加大对古村落保护利用资金的投入。其次，积极动员全社会的力量，鼓励民间资本参与古村落的保护与开发，通过对古村落的发展进行合理定位，利用招商引资来保护发展古村落。

尝试建立常态的资金投入保障和统一调配管理使用机制，探索研究社会资金引入的良性运作机制和投资回报政策。根据合肥古村落保护对象的内容和性质，合理界定保护责任主体，明确投资方式和资金投入重点方向。其中，对具有丰富文化内涵的历史文化街区、文保单位和具有保护价值的建筑的保护，要充分发挥政府的主导作用；对只需保护古村落整体风貌的区域，要充分发挥市场的主体作用，积极吸引社会资金投入；对古村落危房弃屋改造项目，要充分发挥当地政府和居民双方的积极性，合理分担资金，充分发挥政府资金投入的最大效能。

（七）引进古村落科学保护利用人才

古村落的科学保护利用亟须各种专业人才，主要为专业规划人才、专业古建筑修缮人才、专业旅游开发运营人才以及现代服务业的各类专业人才。

首先，在规划方面，聘请专业的规划团队对合肥古村落进行专业的保护和发展规划，保证古村落的可持续发展。聘请规划院、高校规划专业团队对除洪疃村之外其余 16 处古村落的专项保护利用规划进行编制，并在后期规划落实方面予以专业协助。

其次，聘请古建筑保护专业人员来指导维修损坏老旧的古建筑，如洪氏祠堂、董氏祠堂等，做到使合肥古村落中的古建筑"修旧如旧"，修完之后更坚固、寿命更长，但看起来像没修过一样，保持古建筑的历史韵味。由于"旧"比"新"更费钱，古建筑的修缮又更加细致，往往经济利益方面并不划算，这需要政府部门在充分认识到古村落保护重要性，以及在招标时坚持修缮质量为先而非经济利益至上的基础上，聘请专业团队进行修缮保护，避免山价低的施工队在工人、物料等方面尽力减少成本而造成越修越差的结果。加

强对村民关于古建筑修缮知识的普及与教育，村里的重要古建筑设立专项修缮资金，由政府来负责古建筑修缮，避免村民自己由于缺乏专业知识而对古建筑进行"破坏性保护"。

最后，聘请旅游规划专业人才为可进行旅游开发的古村落编写古村落旅游发展规划，指导古村落进行旅游开发；聘请专业旅游行业人才对古村落旅游经营服务者进行专业的管理营销知识和服务技巧等知识讲座培训，提高他们的专业水平与技巧。

本课题参与人员名单：

课题组组长：

丁　娟　安徽大学商学院　博士、讲师

课题组成员：

李东和　安徽大学商学院　博士、教授、硕士生导师

刘法建　安徽大学商学院　博士、讲师

汪　芳　安徽大学商学院　硕士、讲师

鲍　捷　安徽大学商学院　博士、讲师

第三篇

重大课题与日常课题亮点采撷

▶ 《加快合肥经济圈向合肥都市圈战略升级研究》对策建议

▶ 《合肥建设环巢湖国家旅游休闲区政策研究》对策建议

▶ 《合肥重点中心镇产业特色发展研究》对策建议

▶ 《合肥促进基金多样化发展研究》对策建议

▶ 《合肥加快应急产业发展对策研究》对策建议

▶ 《合肥水资源管理中长期对策研究》对策建议

▶ 《合肥农产品电子商务发展研究》对策建议

▶ 《合肥古村落旅游文化资源研究》对策建议

《加快合肥经济圈向合肥都市圈战略升级研究》对策建议*

都市圈是在特定的地域范围内，由一个或多个核心城市与若干个相关的不同性质、规模、等级的大中小城市通过一定区域网络架构组成的圈层式城镇空间组织体系，已成为现代经济社会发展的最重要方式之一，对经济社会持续稳定发展具有重大意义。2016 年，《长三角城市群发展规划》把合肥都市圈纳入长三角城市群，成为五圈之一。安徽省第十次党代会要求提升合肥都市圈建设水平，打造在全国有重要影响力的都市圈。合肥市第十一次党代会明确要求推动合肥都市圈扩容升级，成为引领创新转型升级的主引擎、支撑安徽崛起的增长极。

一、现实基础

合肥都市圈历经省会经济圈和合肥经济圈两个阶段，目前包括合肥、淮南、六安、滁州、桐城五市。2015 年总面积 4.68 万平方公里，实现 GDP 9107 亿元，财政收入 1533 亿元，规模以上工业增加值 3761 亿元，全社会固定资产投资 9780 亿元，社会消费品零售总额 3661 亿元，进出口总额 236 亿美元，占全省比重分别为 33.5%、41.4%、38.2%、38.3%、40.8%、41.1%、48.3%，不仅在安徽省经济社会发展中具有重要的战略功能，在国家"一带一路"和长江经济带战略格局中也具有重要地位。

一是核心城市经济首位度迅速提升，增长极作用突出。合肥市经济体量不断攀升，从 2011 年的 3636.61 亿元上升至 2015 年的 5660.27 亿元，经济首位度大幅度提高，整体发展势头强劲。二是人口集聚快速增长，城镇化水平迅速提高。2015 年人口增加至 2073.5 万，为"十二五"期间增幅最大的一年，占省内常住人口比重也有较大增加。城镇化率达到较高水平，2015 年达到 58%。三是产业结构差异明显，互补性增强。都市圈各市产业层次不断提升，整体互补性不断增强。合肥以家电、汽车、装备制造、电子信息、平板显示、食品及农产品加工为主，战略性新兴产业加速成长，占比提高迅猛；淮南主要以煤电化重工业为主；滁州主要发展硅（玻璃）、盐化工、食品加工和新能源（新材料）、家

* 本文由胡艳、黄传霞负责撰写，2017 年 2 月。

电等；桐城主要以包装印刷、机械制造、家纺等民营企业为主；六安主要以钢铁、汽车零部件、农产品加工、纺织服装、装备制造、电力、建材等产业为主。四是高层次人才结构不断优化，后备力量逐步夯实。合肥都市圈 2015 年研究生在校人数为 37925 人，2011 ~ 2015 年，研究生在校人数增长了 6725 人，年均增速为 5%。成人高等教育人数从 2011 年的 81200 人增长到 2015 年的 121010 人，4 年间增长了 39810 人。五是合肥综合发展优势明显，辐射带动能力增强。合肥辐射能力逐渐增强，与周边区域的一体化程度不断深化，在长三角的地位不断提高，成长为长三角城市群的副中心，为未来发展奠定了厚实的基础。

但合肥都市圈发展也存在一些问题。与同属长三角城市群体系中的南京都市圈、杭州都市圈、苏锡常都市圈、宁波都市圈相比，无论是在经济总量、辐射能力、对外开放，还是在产业结构、技术创新、发展阶段上都存在较大的差距，与国家赋予合肥都市圈在长三角城市群中的战略地位不相符。合肥都市圈的扩容升级既是对国家战略的响应，也是合肥自身发展的需要。

二、战略意义

（一）改善都市圈不平衡发展现状，形成"主副互动"格局

合肥都市圈呈现一核独大、城市间发展不平衡的态势。而芜湖是全省经济发展水平仅次于合肥的城市，若芜湖融入合肥都市圈，可以将其打造为合肥都市圈的副中心，与合肥形成"主副互动"的发展格局，改善合肥都市圈不平衡发展现状，实现由合肥单核极化向合芜双核互动的转化。

（二）弥补都市圈水路先天短板，抢占内河航运制高点

合肥都市圈水路交通相对进展缓慢，合肥港并非深水港。随着芜湖、马鞍山的融入，作为长江水运第五大港、煤炭能源输出第一大港和安徽省最大的货运、外贸、集装箱中转港、国家一类口岸的芜湖港与长江十大港口之一、长江南京以上第五个亿吨港口的马鞍山港，必将促进合肥都市圈的水路交通发展，弥补合肥都市圈的水路先天短板，抢占内河航运制高点。

（三）构建都市圈多通道联系，加速相互间融合发展

目前，合肥都市圈与南京都市圈作为沪宁合杭甬发展带的两个重要组成部分，联系仍不够紧密，主要是合肥—滁州—南京单通道。随着芜湖、马鞍山的融入，将新增合肥—芜湖—马鞍山—南京通道，成为双通道，加快两大都市圈的融合发展速度。

（四）增强都市圈科技创新实力，实现创新驱动发展

芜湖与蚌埠的融入将为合肥都市圈增添更强劲的创新引擎，能够大幅提高都市圈科技创新实力，加快合肥都市圈向创新驱动发展转变，实现都市圈乃至安徽省的创新驱动发展。

三、总体思路、发展原则及近中远期目标

（一）总体思路

坚持创新、协调、绿色、开放与共享的五大发展理念，以推进合肥都市圈一体化发展为导向，以改革开放和机制体制创新为动力，积极推进新型工业化、新型城镇化和服务业现代化；以把合肥建设成长三角世界级城市群副中心为统领，积极推进基础设施对接、产业协作、生态共建和公共服务共享，深化与拓展圈内城市合作领域，逐步扩展都市圈空间范围，实现圈内城市一体化、同城化与国际化的协调发展，把合肥都市圈建设成为全省核心增长极乃至国内有重要影响力的区域增长极。

（二）发展原则

——核心引领。以全球化视野、国际化标准打造长三角世界级城市群副中心，全面提升合肥都市区国际化水平，充分发挥区域核心城市、中心城市对合肥都市圈城镇化的支撑引领作用，点轴推进城镇空间集聚，构建主副结合、均衡发展的都市圈圈层空间结构，引导人口向核心城市、县城和重点镇集聚，培育产城融合的城市组团，建设特色鲜明、分工合理的城市合作体系，形成与长三角全面对接、辐射中西部的开放空间新格局。

——协调发展。坚持城镇化与新农村建设相结合，形成以城带乡、城乡互动的新局面；协调人口与经济布局，积极引导皖北等地区人口向合肥都市圈集聚，促进全省异地城镇化发展；协调城镇空间布局，加快合肥区域性特大城市建设，形成开放式、网络化、对接长三角的城镇空间格局。

——创新跨越。改革创新，抢抓机遇，加快建设，激发创新创业主体活力，夯实创新创业载体，营造创新创业浓厚氛围，积极推进科技创新和机制体制创新，促进合肥都市圈内城市经济发展大跨越，城市功能大改观，区域竞争力大幅提升。

——区域共享。以提升合肥都市圈整体竞争力为目标，推动都市圈一体化建设进程；推进合肥都市圈和沿江城市带、皖北城市群在产业发展、生态建设、环境保护、城镇空间与基础设施布局等方面的共享发展；以长三角产业升级和结构调整为契机，主动承接长三角地区产业转移。

——生态优先。突出循环经济与节能减排，高起点、高标准构建循环产业体系和生态城镇体系，严格保护区域生态安全格局，建立稳定的区域生态网络；合力推进流域水环境、大气环境治理，强化重点矿区、重点污染源及重点污染区域的环境综合整治。

（三）近期及中远期升级目标

——近期目标。以空间集聚发展为主，进一步打破地市间的市场界限，以把合肥建设成长三角城市群副中心为统领，深化区域合作，加快推进一体化进程，将合肥都市圈建设成为安徽省核心增长极，长江三角洲辐射中西部的门户和新兴的增长极。

——中远期目标。以空间共享发展为主，通过合作推进产业转型升级、基础设施构

建、公共服务共享、生态环境共治等举措，向同城化与国际化城区迈进，打造内陆地区新型城镇化先行区，国家经济发展新高地，形成以合肥为枢纽，淮南、六安、滁州、桐城为重要节点，各种运输方式有效衔接的一体化综合交通体系；继续向东拓展都市圈空间，与芜马城市组群融合，形成同城化与国际化齐头并进的高度一体化都市圈，建设成为长江经济带有较大影响力的区域性增长极。

四、对策建议

（一）强化协作共赢理念

增强"合肥都市圈"的认同感，树立协作共赢的理念，促进都市圈内各城市实施整体性治理。

（二）打造现代综合立体交通体系

一是推进城际轨道交通建设和国省道的改造升级。二是加快都市圈内交通运输和市场管理一体化。设立交通专项发展基金，用于都市圈交通基础设施建设。三是加强沟通与协调。省级层面成立合肥都市圈交通基础设施一体化领导小组，建立综合管理机构，形成定期和不定期的协商制度。

（三）完善产业链配套，共建区域产业体系

一是深化园区合作共建。理顺园区的管理体制与运行机制，转出地政府要积极推动有条件的中小企业到共建产业园区投资，推进关联产业协同转移和产业链整体转移，承载地政府在税收、用地等方面应为转移企业提供各项优惠政策，鼓励高科技、成长型企业落户共建产业园区，鼓励本土企业与转移企业的融合发展。二是推进蔬菜基地共建。在桐城、六安、淮南、滁州建设一批高水平无公害蔬菜生产基地，加快蔬菜生产的设施化、工厂化建设，提高蔬菜产业的现代科技含量。三是促进区域旅游合作。编制旅游合作发展规划，加强市场合作开发，开展旅游联合促销。

（四）开展科技合作交流，营造创新发展良好生态

一是制定科技合作路线图，建立组织保障体系。明确总体部署、阶段性任务、重点工作和合作保障机制等。二是共建科技基础平台，完善信息共享机制。完善已有科技基础平台的共享共用机制，提高科技资源利用效率，实现圈内大数据中心的对接，促进都市圈内科技共同发展。三是制定协同创新机制，推动人才柔性流动。建立以区域内企业为主体的产学研协同创新机制，合作培养协同创新团队，共同实施协同创新项目。四是突出管理体制创新，构建长效交流机制。打破地域、行业、部门和所有制界限，推动创新要素在区域内便捷流动，降低流动成本和交易成本。引导鼓励更多的高校和科研机构在圈内不同城市建立分支机构。

（五）推进公共服务区域协同，优化区域发展环境

一是积极推进公共资源的共享，巩固和放大都市圈公共服务专项合作成果。二是继续与圈内城市互派优秀干部和专业技术人才挂职交流。三是加强都市圈博物馆、图书馆、文化馆等的交流，促进文化资源互动、互融。

（六）开展环境联防联控，加强区域生态合作治理

一是大气污染联防联控。建立合肥都市圈大气环境监测与信息共享平台，做好区域性的空气污染治理；建立机动车黄标车数据共享平台，共同推进黄标车限行系统建设。二是水污染联防联控。推动跨界河流的上、中、下游签订联防联控协议，推进流域治理。三是加强区域环保科技交流。发挥合肥在环保科技上的区域优势，并给予都市圈内其他城市更多相关支持。四是建立区域生态补偿机制。研究制定合肥都市圈生态补偿标准，推动生态补偿规范化。

《合肥建设环巢湖国家旅游休闲区政策研究》对策建议*

国家旅游休闲区是指以休闲旅游为主要业态，融合生态、观光、文化、健康、运动、养生、研学等要素于一体的全域型旅游目的地，具有全域性、保护性、创新性、共享性等特点。本课题在对环巢湖旅游发展现状、存在问题总结的基础上，借鉴国内外相关案例，提出环巢湖国家旅游休闲区的战略定位与政策建议，以及相关验收标准。

一、环巢湖旅游发展现状分析

（一）定位分析

一是湖泊型旅游地。考察国内外湖泊旅游发展成功的案例，基本上以休闲度假为主，辅之以其他商业业态。湖泊型旅游地的基本属性决定了未来休闲度假的方向。二是市场驱动型旅游地。环巢湖旅游发展属于市场驱动型，决定了设施配套在创建环巢湖国家旅游休闲区中的重要作用。三是全域型旅游目的地。环巢湖国家旅游休闲区面积约为 4000 平方公里，在吸引外来游客的同时，应该更加注重当地居民利益，将国家旅游休闲区创建视为一项促进民生的工程。四是城市依托型目的地。环巢湖国家旅游休闲区背靠中国经济增长最快的省会城市合肥市，为国家旅游休闲区的发展提供了广阔的市场空间，实现"城""湖"联动是未来发展的市场保障。五是文化型旅游地。环巢湖地区固然是生态环境优美之地，但更是具有浓厚江淮风情的人文之地。三将故里、楚汉文化、包公文化、三国文化、淮军文化、古巢文化、红色文化等文化资源十分丰富。

（二）空间布局

环巢湖国家旅游休闲区总体空间布局为"一湖两城十二镇"，这样的空间布局总体可行，但仍存在以下问题："一湖"太大，"两城"不平衡，"十二镇"特色不显著。旅游经济的增长本质上是非均衡的，"一湖两城十二镇"的总体布局是理想的"均衡布局"模

---

* 本文由方叶林负责撰写，2017 年 2 月。

— 400 —

式，没有充分考虑市场因素在旅游经济增长中的作用。

（三）资源现状

一是资源数量众多，核心资源特色突出；二是组合条件较好，便于进行组团开发；三是观光条件一般，休闲度假潜力巨大；四是开发条件良好，潜在市场容量充足。目前逐步形成了六大旅游产品体系：养生休闲度假旅游、文化休闲体验旅游、乡村田园生活旅游、城市风情旅游、研学旅行旅游、特殊体验旅游，它们是环巢湖未来项目打造、业态提升、品牌创建及市场营销的基础。

（四）市场现状

环巢湖旅游市场主要特征如下：一是在客源市场上，合肥自身市场占省内客源市场的一半以上，紧邻安徽的江苏、河南、湖北、山东4省是环巢湖国家旅游休闲区的主要省外游客市场。二是在游客结构上，以中、青年旅游者为主，主要是由学生、企业管理人员、工人等构成；以休闲度假、观光、文化体验为主，娱乐、商务活动、公务活动占有一定的比重；旅游者以中等收入阶层为主。未来需面向大众观光、文化体验和休闲度假市场，策划和开发相应的旅游项目。三是在出游方式上，以家庭出游和伙伴式出游居多，其次为个人出游及单位组织出游。交通方式以自驾游和公共汽车居多，游客目前以1日游居多。四是在核心吸引物上，巢湖风光、三河古镇、万达文旅城以及具有当地特色的景点是最能吸引游客的因素。五是在游客意见反馈上，主要体现在"水"上，"水"是环巢湖国家旅游休闲区经营成败的关键。沿湖合理商业化的同时也要保持当地的文化。六是在综合评价上，在服务水平与旅游景区两方面综合评价较高，但是未来旅游购物、休闲娱乐与旅游住宿仍需要进一步提升。

二、环巢湖旅游发展存在的问题

（一）管理体制不够完善

缺少市场参与及行业协会的监督协调，景区具有多重身份、景区经营各自为政、政府参与过多等问题在环巢湖旅游发展中仍然存在。

（二）服务设施不够完善

旅游信息服务设施、旅游交通设施、旅游安全保障设施、购物休闲娱乐设施分布不均衡。

（三）产品结构比较单一

主要以观光游览为主，休闲度假为辅；产品附加值不高，产业链较短，缺乏后劲；缺少核心拳头产品，品牌不突出；旅游产品体系仍需完善；旅游经营市场化程度不够。

（四）旅游业态组合不佳

环巢湖旅游业态丰富，但业态组合状况欠佳；新型旅游业态没有充分融入文化、体验、特色要素；业态发展没有充分考虑市场化因素。

（五）核心景区仍需拓展

核心景区串联线路不完整，缺少统一形象包装，对外形象宣传各自为政，旅游产品存在较强替代性，核心景区拓展力度不够。

（六）中心城市有待完善

环巢湖地区旅游发展依托的"两城"分别为合肥市与巢湖市。行政区划的调整客观上降低了巢湖市旅游发展的平台，巢湖市总体发展状况与合肥市仍存在差距，需加快城市旅游功能提升。

（七）文旅融合存在不足

缺少核心文化旅游产品，"厚重"文化很难"轻松表达"；仅有的文化类旅游产品仍停留在观光阶段，文化要素没有融入休闲度假及特殊体验类旅游产品；文化旅游产品开发不成体系，旅游宣传营销时没有充分融入文化要素。

（八）旅游形象定位不准

"大湖名城、创新高地"作为合肥城市形象充分突出了合肥市的城市品牌，但不能代表环巢湖整体旅游形象。

三、创建环巢湖国家旅游休闲区总体目标、验收标准

（一）总体目标

2017年底前，建成全国第一个国家旅游休闲区，为国家旅游的改革发展探索一条新路。把环巢湖国家旅游休闲区建成"美丽中国生态旅游"示范区、"中国古镇名村文化旅游"示范区、"中国研学旅游"创新区、"中国康体养生"示范区、"国际休闲运动旅游"示范区。

（二）验收标准

课题组提出的《国家旅游休闲区创建验收标准（试行）》（见表1），包括4大基本条件与7大验收标准，共400分。达到240分为验收合格，达到320分为验收良好，达到360分为验收优秀。其中，7大验收标准每项分数最低值为36分、42分、48分、36分、24分、24分、30分，否则即使总分值超过240分，验收结果也为不合格。

表1 国家旅游休闲区创建验收标准（试行）

国家旅游休闲区创建重视程度（60分）		1. 成立国家旅游休闲区创建领导小组（10分）
		2. 按照"多规合一"要求编制相关规划（10分）
		3. 创新国家旅游休闲区管理体制（10分）
		4. 制定相对完善的创建工作计划（10分）
		5. 确保旅游用地得到落实（10分）
		6. 出台相关政策支持创建国家旅游休闲区（10分）
旅游休闲产业发展对生态环境的影响（70分）		1. 当地旅游资源的相关保护措施（10分）
		2. 重大项目对生态环境的影响（10分）
		3. 游客旅游休闲活动对生态环境的影响（10分）
		4. 旅游基础设施及相关配套服务设施对生态环境的影响（10分）
		5. 当地旅游企业的节能减排措施及排污设施（10分）
		6. 重点景区环境容量的核定与控制（10分）
		7. 政府对生态环境投入资金（10分）
产品项目与旅游业态的创新性（80分）	1. 产品项目（40分）	1.1 国家级及世界级旅游产品数量（10分）
		1.2 旅游产品/项目的奇异程度（10分）
		1.3 旅游产品/项目的季节性（10分）
		1.4 夜间旅游产品/项目（10分）
	2. 旅游业态（30分）	2.1 旅游老业态的种类、数量及组合状况（10分）
		2.2 新型旅游业态的种类、数量及组合状况（10分）
		2.3 新老旅游业态的组合状况（10分）
	3. 产品项目与旅游业态的宣传营销的创新性（10分）	
旅游基础设施的完善程度（80分）	1. 旅游厕所便捷度（10分）	
	2. 旅游集散体系完善程度（10分）	
	3. 旅游咨询服务体系完善程度（10分）	
	4. 旅游信息化覆盖程度（10分）	
	5. 旅游住宿设施完善程度（10分）	
	6. 旅游购物适宜度（30分）	6.1 购物点的方便程度（10分）
		6.2 购物点分布是否合理（10分）
		6.3 旅游购物线上与线下的结合程度（10分）
配套服务设施的完善程度（40分）	1. 旅游交通完善度（10分）	1.1 对外交通便捷度（2分）
		1.2 景区内部交通便捷度（2分）
		1.3 景点之间交通便捷度（2分）
		1.4 交通沿线景观美化程度（2分）
		1.5 游步道、休憩点完善程度（2分）
	2. 自驾车服务体系完善程度（10分）	
	3. 导引标识系统的完善程度（10分）	
	4. 无线网络的便捷度（10分）	

旅游发展对当地经济发展的促进作用（40分）	1. 旅游收入及旅游人次的增长率（10分）
	2. 旅游业对当地 GDP 的综合贡献（10分）
	3. 旅游业对当地就业和新增就业的贡献（10分）
	4. 旅游对农村居民增收的综合贡献（10分）
居民及游客的满意度（50分）	1. 旅游安全状况（10分）
	2. 文明旅游程度（10分）
	3. 旅游市场秩序（旅游投诉、投诉处理、旅游诚信经营）（10分）
	4. 当地居民对休闲设施满意度（10分）
	5. 外地游客对旅游环境满意度（10分）

四、创建环巢湖国家旅游休闲区的总体思路及政策建议

（一）总体思路

创建环巢湖国家旅游休闲区，应以"创新、协调、绿色、开放、共享"五大发展理念为引领，以体制机制改革为基础，以旅游宣传营销为手段，以文旅深度融合为根基，以产品项目提升为抓手，以中心景区提升为目的，以旅游业态创新为亮点，以特色小镇打造为重点，以旅游便民惠民为根本，以配套设施完善为支撑，以国家级示范区创建为平台，通过多方努力，多边协调，多部门合作，多区域联动，建设国内首个国家级旅游休闲区。

（二）政策建议

（1）创新管理体制。构建由创建领导小组、环湖管理委员会、环湖旅游投资集团公司三方负责的管理体制，改革旅游行政监管方式，推动建立公开透明的市场准入标准和运行规则。

（2）完善服务设施。大力推进"厕所革命"、进一步完善旅游交通服务体系、完善旅游公共服务体系、加强旅游标准化工作。

（3）提升产品项目。依托重点景区、整合旅游形象、优化空间布局、引入新型业态、融入特色文化、重点开发一批研学旅游产品、积极开发家庭亲子旅游产品、推进品牌创建。

（4）优化旅游市场。未来应针对环巢湖地区学生游客、省内游客、家庭旅游者占主导的市场特征出台相关政策，优化调整当前市场结构，积极利用本地市场、大力开拓省外市场、努力吸引境外市场。

（5）支持旅游业态创新。合理整合现有旅游业态，打造一批具有怀旧风格的"老业态"，如包河区苏拐风情街集中打造老合肥记忆；利用现有资源，积极开拓新业态。

（6）加强宣传营销。通过创新旅游市场宣传营销推广，最终达到促销重点化、产品组合化、队伍专业化、渠道多样化、形象持续化、区域合作化。

（7）完善人才队伍。可采取设立国家旅游休闲区人才智库、实施重点人才开发计划、发展现代旅游职业教育等方式为创建工作提供智力支持。

（8）加强旅游用地支持。在符合土地利用总体规划和国家土地供应管理政策的前提下，适当增加旅游业发展土地供应，优先保障列入环巢湖旅游发展重点项目的建设用地。积极支持利用荒山、荒地、荒滩、垃圾场、废弃矿山、岛屿等开发旅游项目。

（9）促进旅游惠民。推进"旅游惠民七件实事工程"，包括：方便游客旅游咨询、强化品质旅游保障、提高行政审批效率、增加旅游就业岗位、扶持乡村旅游发展、提供智慧旅游服务、打造诚信旅游环境。

（10）创新旅游标准。创建国家旅游休闲区，通过形成一批旅游品牌，如"美丽中国生态旅游"示范区、"中国古镇明村文化旅游"示范区、"中国研学旅游"创新区、"中国康体养生养老"示范区、"国际休闲运动旅游"示范区，树立国家旅游休闲区品牌优势，进而指导全国其他地区旅游休闲区的创建。

（11）加大财政支持力度。支持旅游业发展的专项资金应根据财力增长逐年有所增加。设立环巢湖旅游产业投资基金，探索建立旅游发展投融资平台，引导社会资金进入旅游领域，扶持旅游大项目、大集团建设。省级财政安排使用的各种产业、外贸、节能、文化、城镇与新农村建设等有关专项资金，对符合条件的旅游项目给予倾斜和支持。

（12）推动产业转型升级。转变旅游发展理念，按照旅游功能综合化、旅游服务品质化、旅游活动低碳化、旅游产业融合化、发展方式集约化的要求，积极推动环巢湖旅游业的转型升级。更加注重旅游发展质量和效益；更加注重旅游资源的综合利用、旅游市场的综合开发和旅游目的地的综合建设；更加注重发挥旅游业的教育文化功能；更加注重现代科技在旅游业中的应用；更加注重提高游客满意度；更加注重普惠国民，让旅游、休闲成为普遍性需求；更加注重资源环境保护，推进旅游节能减排。

《合肥重点中心镇产业特色发展研究》
对策建议 *

重点中心镇是在农村经济的快速发展进程中形成的，具有特色鲜明、经济发达、功能齐全、带动作用强的镇，产城一体化发展是其核心。本书确定了重点中心镇，并就重点中心镇的产业特色发展提出了相关对策建议。

一、合肥重点中心镇名单及类型

以产业发展为重点，结合安徽省关于合肥四大发展带发展要求，确定了合肥重点中心镇名单（见表1）。

表1　合肥重点中心镇名单

县（市）	名单
长丰县	吴山镇、下塘镇、双墩镇、庄墓镇、杨庙镇
肥东县	撮镇镇、长临河镇、桥头集镇、梁园镇、白龙镇
肥西县	桃花镇、三河镇、花岗镇、山南镇、紫蓬镇
庐江县	泥河镇、汤池镇、同大镇、盛桥镇、矾山镇、龙桥镇、万山镇
巢湖市	柘皋镇、黄麓镇、中垾镇、炯炀镇、槐林镇、夏阁镇、银屏镇、散兵镇

根据重点中心镇现有产业发展基础、资源禀赋、人文历史等情况，借鉴国内外经验，将合肥重点中心镇划分为四种类型（见表2）。

表2　合肥重点中心镇类型划分

类型	名单
工业主导型	撮镇镇、桃花镇、花岗镇、吴山镇、下塘镇、双墩镇、中垾镇、梁园镇、紫蓬镇、龙桥镇、槐林镇
商贸流通型	柘皋镇、泥河镇、万山镇

---

* 本文由安徽皖北经济社会发展研究院课题组负责撰写，2017 年 2 月。

类型	名单
文化旅游型	三河镇、汤池镇、长临河镇、黄麓镇、烔炀镇、银屏镇、散兵镇、矾山镇、夏阁镇、桥头集镇
现代农业型	同大镇、盛桥镇、庄墓镇、山南镇、杨庙镇、白龙镇

二、合肥重点中心镇产业发展现状及问题

（一）合肥重点中心镇产业发展现状

一是工业主导型重点中心镇产业发展迅速。例如在合肥都市圈的辐射带动下，下塘镇逐渐发展成以铝深加工产业为支柱的重点镇；铝深加工产业已经成为吸纳就业最多、财政贡献最大、发展速度最快的支柱产业；与主城区工业配套，已经成为乡镇工业发展核心。二是商贸流通型重点中心镇产业发展渐成规模。商贸服务业发展规模逐渐扩大。柘皋镇已经成为巢北最大的商品集散地，现已建有商贸、竹木、粮油、牲畜、蔬菜批发五大专业市场。发展商贸已经成为合肥边缘地区集聚要素资源、提升城镇化的重要路径。三是文化旅游型重点中心镇产业发展特色明显。三河、汤池等镇借助其得天独厚的自然资源与历史人文资源大力发展旅游业，文化旅游型重点中心镇得到了快速发展。例如汤池镇围绕"大合肥地区休闲养生度假首选目的地"打造国际温泉度假区，建成了以相思林、金汤湖、白云禅寺为代表的旅游景点，提高了汤池旅游的知名度和游客认可度。四是现代农业型重点中心镇都市农业发展特色显著。例如位于庐江北部、巢湖南岸的同大镇，着力培育了优质粮油、家禽、水产、蔬菜、葡萄、苗木花卉六大产业。同大镇向合肥输送了6万多吨优质、新鲜、无公害时令蔬菜，现已成为合肥市重要的粮食、果蔬供应基地。

（二）合肥重点中心镇产业发展存在的共性问题

一是基础设施建设投入不足。大部分城镇的大交通网络尚未形成，水电气管网设施落后，自来水厂生产能力有限，有的城镇至今未通燃气，镇区道路和镇域内村村通道路标准不高，污水收集处理等环保设施缺乏。二是公共服务体系落后。教育、卫生、文化、体育等方面，公共服务设施尚未根据城镇发展需要健全完善。因公共服务体系落后，工业发展留不住人才，丰富的旅游资源优势未能变成经济优势和产业优势。三是土地建设指标紧缺。重点中心镇的建设用地指标较少，建设用地供需矛盾凸显。四是专业人才缺乏。在招商引资、城市规划、资本运作、工程管理、环境保护等方面，专业技能型、复合型人才短缺的问题日益凸显。五是产城尚未有效融合发展。城镇人气对产业的辐射作用没有发挥，产业的财气也尚未充分带动城镇发展。受土地利用性质、路网等基础设施建设条件的限制，一些城镇的商贸业和工业是分离开来的，同时当地的劳动者大部分选择外出打工，只有少数选择就近就业。六是产业带动能力相对较弱。产业发展基础较为薄弱、镇域经济发展以简单的规模扩展为主、优势资源开发深度不够、劳动者素质不高、科技进步对经济增长贡献度不高等。经济发展仍处于要素积累阶段，传统支柱产业竞争力不强。

三、合肥重点中心镇产业特色发展对策建议

（一）明确合肥重点中心镇建设牵头部门

把重点中心镇建设当作一项重要的工作。由市发改委牵头、相关部门配合，成立重点中心镇建设领导小组，科学制定重点中心镇建设方案，明确建设的阶段性目标、政策措施、建设重点、考核奖励和试点时限等。明确市、县两级创建层次和创建、培育两级名单，为各地结合自身实际条件培育重点中心镇提供支撑。

（二）完善重点中心镇基础设施及公共服务设施

进一步加大对重点中心镇基础设施项目的投入。加大对重点中心镇社会事业项目的投入，完善重点中心镇的教育、科技、文化、卫生、体育、计生设施等，为重点中心镇产业发展创造良好条件。

（三）做好重点中心镇产业特色发展规划

以镇域自身优势资源为依托，把产业发展与发挥镇域特色、优势结合起来，与改善发展环境结合起来，与循环可持续结合起来，以企业为主体，以园区、基地建设为载体，以科技管理服务部门为支撑搭建产业平台，加快推进产业集群建设，将区位优势加快转化为发展优势，继续壮大镇域经济实力，活跃镇域经济发展全局，全力保持经济平稳较快发展，提高区域核心竞争力。重点中心镇在本地产业的选择和培育上，一是要与自身的地理位置、环境资源条件相匹配，有利于发挥自身优势，增加产业的持续发展能力；二是要与合肥都市圈大产业相关联；三是不能急功近利，要有长远发展的战略眼光；四是不能以牺牲重点中心镇的生态环境为代价；五是偏远地区镇域（例如庐江南部镇、长丰县城北部镇）产业的选择和培育可以优先考虑劳动密集型产业，这将有利于吸纳更多的劳动力，增加重点中心镇的人口聚集度；六是本地产业的选择和培育对处于不同经济状态的重点中心镇要采取不同的方式。

（四）加速重点中心镇镇域特色产业转型升级

一是依靠科技进步促产业转型。支持现代农业型重点镇做好现代农业示范区建设和生态绿色产业发展，依靠先进种植技术促进苗木花卉产业转型升级，着力打造现代农业种植产业基地，重点培育果林、有机蔬菜等产业。二是依靠创新促产业转型。围绕培育特色产业、发展新兴产业和现代服务业、改造提升传统产业等重点，加强科技创新，完善公共平台，推动泥河镇围绕农产品加工组建信息和技术公共服务平台项目，吴山镇汽车产业项目、黄麓科教项目和旅游项目落地，推进企业规模化、品牌化，加快中心镇产业转型发展。每个中心镇培育1个以上特色主导产业，不断提高主导产业在经济总量中的比重。三是依靠集聚促产业转型，促进产业集群（园区）发展。推进中心镇工业功能区提升，完善基础设施和公共平台，提高园区土地利用率和产出率。建设一批文创产业园（旅游文

化街道和产业园）、物流基地、商贸旅游综合体、商业特色街等现代服务业集聚平台，推进槐林镇渔网产业集聚区、三河旅游度假区、汤池慢生活体验区、撮镇镇物流基地、中垾锚链产业集群、泥河镇食品产业集群建设。支持符合条件的园区积极申报国家级试点基地拓展区、省市级服务业集聚区，同时加强园区整合，提升园区发展层次。

（五）建立健全镇域特色产业支撑体系

一是加强科技支撑体系建设。以主城区为中心建立健全镇域特色产业科技服务支撑体系，有效解决技术本地化开发困境、创新服务平台与条件缺失、本地技术人才缺乏、技术信息获取渠道不畅、新技术成果推广体制难以运行等问题。二是加强人才队伍建设，发挥人才带动作用。加强城镇化建设人才培养；采取定向帮扶和挂职的方式，引导各类专业技术和管理人才"下沉"基层一线；允许重点中心镇制定特殊政策引进急需人才；有条件的地区应在中心镇成立规划建设管理所，充实专业规划、建设人才。同时积极吸引高水平人才队伍创新创业，带动重点镇、特色镇产业发展。三是提高重点中心镇，特别是特色镇土地建设指标。每年可以适当安排一定的建设用地指标，专项用于重点中心镇及特色产业发展建设。参照重大项目用地指标管理办法，实行重点中心镇，特别是特色镇建设用地指标单列、独立申报，加大用地政策支持力度。对如期完成年度指标的镇按实际使用土地指标的50%给予配套奖励，3年内未达成规划目标的加倍倒扣用地指标。鼓励重点中心镇开展迁村并点、土地整理，开发利用荒地和废弃地，节约集约用地。

《合肥促进基金多样化发展研究》对策建议 *

股权投资基金作为多层次资本市场体系的重要组成部分，是我国实现创新驱动和产业升级的重要工具。本书在借鉴杭州、南京、苏州股权投资基金相关经验的基础上，从指导思想、基本原则、政策框架和保障措施四个方面提出合肥市促进基金多样化发展的政策建议。

一、指导思想

深入贯彻落实《中共中央国务院关于深化体制机制改革加快实施创新驱动发展战略的若干意见》（中发〔2015〕8号）、《关于修订印发实施创新驱动发展战略进一步加快创新型省份建设配套文件的通知》（皖政办〔2015〕40号）等文件精神，以培育更多的科技创新型中小企业、增强新的发展优势为目标，以股权投资基金制度创新为突破，构建科技金融合作平台和服务体系，改善股权投资基金支持科技创新创业环境，加快科技创新和成果转化，促进高新技术产业快速健康发展，形成各类基金协同支持创新发展的良好局面，为建设创新型城市提供有力支撑。

二、基本原则

（一）统筹规划

各级政府和科技、金融部门要深刻认识股权投资基金在提高企业自主创新能力中的重要性和紧迫性，加强多部门沟通与协调，统筹规划科技与金融资源，形成合力，实现科技资源与金融资源有效对接。

（二）政策引领

充分发挥引导和推动作用，将股权投资基金作为我市区域科技创新体系建设的重要组

---

* 本文由何芸负责撰写，2017年2月。

成部分，优化政策环境，通过财政投入，撬动更多的社会资源，引导社会资本和民间资金参与科技创新。

（三）市场导向、企业为主

遵循"市场在资源配置中起决定性作用"的规律，转变政府职能、简政放权让利。坚持企业是技术创新主体，探索建立符合科技型中小企业发展特点和需求的新型股权投资基金管理体制和运行机制，丰富基金产品及服务。

（四）协调发展

加强政府各部门之间的协调和衔接，发挥各项政策的激励和诱导作用，形成政策合力。最终形成多元投入、有机联系的共同支持科技创新创业的投融资基金服务体系。

三、合肥市促进股权投资基金多样化发展的政策框架

（一）坚持服务实体，促进高科技产业发展

实现合肥市股权投资基金的多样化发展，离不开高科技产业的培育和发展。建立以政府资金为引导、民间资本为主体的创业资本筹集机制和市场化的创业资本运作机制，实现股权投资基金和高科技产业的高度融合。

（二）加强政府引导和政策扶持

一是完善股权投资优惠政策。合肥市目前已出台扶持产业发展的"1＋3＋5"政策体系。对引导型基金，政府需明确政府定位，进一步完善组织形式、税收、激励机制等扶持政策；对非引导型基金，要在现有政策基础上加大配套政策扶持力度，通过更丰富、全方位的政策措施，鼓励股权投资基金投资于种子期、初创期的科技型企业，鼓励更多的股权投资基金进入合肥，形成合肥的股权投资基金集聚区。二是鼓励多样化股权投资基金体系的形成。针对引导型基金，要建立起财政资金长效投入机制，并积极组建孵化器引导、天使投资引导等新型引导基金，尽快构建起"孵化器引导＋天使引导＋创投引导＋产投引导"的引导基金体系；针对非引导型基金，应培育多元化投资主体，鼓励各类机构投资者和个人依法设立公司型、合伙型股权投资基金，鼓励并规范发展合肥市券商直投基金和创业投资母基金（FOFs），积极鼓励包括天使投资人在内的各类个人从事创业投资活动。鼓励成立公益性股权投资联盟等平台组织，促进各类型基金间的信息交流与合作，形成包含天使投资、创业投资、私募投资、券商直投、母基金等在内的多样化非引导型基金体系。三是建立股权投资与政府项目对接机制。开放现有全面创新改革试验区域、双创示范基地、自主创新试验区、高新区、科技企业孵化器、众创空间等项目（企业）资源，充分利用政府项目资源优势，搭建股权投资与企业信息共享平台，打通创业资本和项目之间的通道，引导股权投资基金投资十国家科技计划，形成科技成果转化。

（三）增强基金管理机构的运作能力

一是多渠道拓宽股权投资基金资金来源。资金是促进股权投资行业发展的支柱，也是促进创新性企业发展的新鲜血液。合肥市股权投资基金的资金结构中，政府和国有背景仍占主体地位，民间资本并未得到恰当利用。要在政府的引导下，积极拓宽股权投资基金的资金来源，大力培育和发展合格投资者，允许适当比例的养老金、保险金、商业银行、大型企业（国有企业、民营企业）、大学基金等各类机构投资者参与到股权投资中来。二是建立股权债权等联动机制。股权债权等联动机制有助于拓宽股权投资基金的资金来源，提高其运营能力。应尽快建立起股权投资基金和其他各类金融机构的长期合作机制，推动投贷联动、投保联动、投债联动等新模式发展，不断加大对股权投资基金的投融资支持。现阶段可以选择在部分商业银行和股权基金展开试点，推进投贷联动金融服务模式的创新。同时，鼓励各类型股权投资基金及其股东依法依规发行企业债券和其他债务融资工具融资，增强基金资金运作能力和投资能力。三是出台政府引导基金绩效评价体系。要从引导基金对产业发展的引导作用出发进行绩效考核，同时将阶段评估与阶段融资制度相结合，以减轻信息不对称和所有者缺位问题。在对引导基金进行绩效评估时，还要视其是否根据特定的历史条件，较好地平衡了管理团队的管理费比率和业绩分成比率。在创业投资发展早期，因管理机构尚未建立起过往业绩，管理费率最好低一些，业绩分成比例则可高一些。四是加强股权投资基金行业自律。加快推进合肥市股权投资基金行业协会的建设。充分发挥行业协会在行业自律管理和政府与市场沟通中的积极作用，加强行业协会在政策对接、会员服务、信息咨询、数据统计、行业发展报告、人才培养、国际交流合作等方面的能力建设，支持行业协会推动股权投资行业信用体系建设和社会责任建设，维护有利于行业持续健康发展的良好市场秩序。协会在监管业务上接受行政监管部门的指导，并在监管制度体系框架下，制定行业公约和自律规则。五是提高股权投资人才水平。给予股权投资人才补贴，积极引进高层次股权投资专业人才；加强项目合作学习和内部培养人才，积极推动股权投资从业人员与国内外知名院校和机构的合作交流，将股权投资人才培养纳入合肥市的人才培养计划；建立股权投资人才梯队和人才档案，组织成立股权投资家协会，进行业务交流活动，形成合肥独享的股权投资人才队伍。

（四）完善股权投资基金退出机制

一是建立有效的投资存续期和强制清算制度，增加创业资本的流动性。针对那些对区域经济和科技进步产生重大影响的重点支持项目，根据实际情况可以适当延长期限，但在达到存续期上限后，应对项目进行强制清算。二是拓宽股权投资基金市场化退出渠道。要充分发挥主板、创业板、全国中小企业股份转让系统以及安徽省股权交易中心的市场功能，通过多层次资本市场的发展和场外交易市场的培育，畅通股权投资基金的市场化退出渠道。鼓励证券公司柜台市场开展直接融资业务，鼓励股权投资基金以并购重组等方式实现市场化退出。

（五）优化股权投资基金发展环境

一是优化监管环境。建立适应股权投资行业特点的宽市场准入、重事中事后监管的适度而有效的监管体制；加强信息披露和风险揭示，引导股权投资基金建立以实体投资、价值投资和长期投资为导向的投资估值机制；建立股权投资基金的清查清退制度，对不进行实业投资、从事上市公司股票交易、助推投资泡沫及其他扰乱市场秩序的股权投资基金应及时处理；建立股权投资基金的行业规范，强化股权投资基金内控机制、合规管理和风险管理机制，不断强化行业自律和信用约束。二是优化商事环境。尽快建立基金行业发展备案和监管备案的互联互通机制，为股权投资基金的备案提供便利，放低基金的市场准入门槛，并提高工商登记注册便利化水平。促进基金行业和企业加强品牌建设，发挥品牌基金效应，提高品牌影响力和市场渗透力。三是优化信用环境。加强全社会诚信教育；继续完善高科技企业征信体系和个人征信体系建设，培育高信用等级企业和个人；促进信用中介服务行业的市场化发展；加强基金行业协会的自律管理；建立健全失信惩戒制度。四是强化知识产权保护。完善知识产权保护相关法律法规和制度规定，加强对创业创新早期知识产权保护，健全知识产权侵权查处机制，依法惩治侵犯知识产权的违法犯罪行为，对严重侵犯知识产权的责任主体实施联合惩戒。五是健全中介服务体系。完善以数据为核心的科技金融服务平台发展，鼓励依法设立有利于促进全市股权投资行业发展的会计、征信、信息、托管、法律、咨询、教育培训等各类综合性服务机构。支持各类中介服务机构积极参与全市股权投资活动，提供技术信息、市场预测、项目评估等专业化服务，不断健全股权投资所需的社会化服务体系。同时，利用"互联网＋"发展机遇，积极创新中介服务手段。

四、合肥市促进股权投资基金多样化发展的保障体系

（一）组织协调保障

一是建立协同工作机制。市政府牵头，市金融办、发展改革、经济和信息化、财政、工商、税务、人民银行、银监、证监、保监以及知识产权等部门参加，建立市促进股权投资基金发展工作联席会议制度，加强协调配合，统筹各地、各有关部门资源，形成上下联动、协同推进的工作格局。二是建立工作责任制。明确目标任务，层层分解任务，明确责任部门，制订工作方案，突出重点，加强督促检查，确保各项工作落到实处。深入调查研究，及时研究新情况、新问题，有针对性地解决影响股权投资基金发展的突出问题。

（二）环境保障

一是建立评估监测机制。开展股权投资基金的理论和应用研究，完善统计指标体系，加强动态监测评估，编制发布股权投资基金发展规划和年度报告。加强对政府引导基金的统计与监测分析，探索建立政府引导基金引导效果评估制度。二是加强区域协作和国际交流。加快长三角区域一体化步伐，进一步扩大全市科技金融服务联盟，鼓励股权投资机构

积极参与联盟建设，健全合作交流机制，推动劳动力、资本、技术等要素跨区域流动和优化配置，建立企业信息交流平台。共建创新科技产业园区合作模式，组织开展各类基金专项活动，鼓励股权投资机构为科技创业计划、大学生科技创新创业大赛等提供服务。促进国际交流，鼓励企业和技术人员参与合作研发和交流。三是加强宣传。举办各类培训交流活动，促进有关扶持政策落实，总结推广先进经验，举办基金论坛，开展基金培训，普及基金知识，营造良好氛围。

《合肥加快应急产业发展对策研究》对策建议*

应急产业是为突发事件预防与应急准备、监测与预警、处置与救援提供专用产品和服务的产业。为加快推动合肥市应急产业发展，提出如下政策建议。

一、总体要求

（一）指导思想

深入贯彻落实党的十八大，十八届三中、四中、五中、六中全会和习近平总书记系列重要讲话精神，按照国务院和省委、省政府加快应急产业发展的决策部署和要求，以企业为主体、以市场为导向、以改革创新为动力，充分发挥政策引导和激励作用，激发创新主体活力，加快突破关键技术，不断提升应急产业整体水平和核心竞争力，增强防范和处置突发事件的产业支撑能力，为稳增长、促改革、调结构、惠民生、防风险做出贡献。

（二）发展目标

力争到 2020 年底，应急产业完成工业产值 700 亿元，占战略性新兴产业比重接近 10%，实现营业收入 850 亿元。重点发展紧急救援装备制造、公共安全应急产品、城市桥梁、地下管线监控、城市安全等产业集群。努力在反恐安全、信息安全、交通安全、防灾减灾安全相关突发事件监测、预警、处置、救援的相关产业链和产品线上占据发展先机。继续建设公共安全应急产品研发、应用、试验和生产基地，依托高新区首批"国家应急产业示范基地"建设，打造国家处理突发应急事件综合保障平台。

二、主要任务

（一）培育市场需求

着力培育、释放公众市场需求，大力推广与群众需求密切相关的应急消费品，通过提

---

* 本文由王玉燕负责撰写，2017 年 2 月。

高基础设施安全配置标准、提高抢险救援队伍的装备配置标准、培养公民应急消费、鼓励企业参展等手段培育应急需求市场，解决应急产品市场需求不稳定的问题，带动应急产业加快发展。

（二）推动科技创新

引导企业主动瞄准监测预警、应急救援等方面的国际前沿技术，推动创新服务平台建设，加快技术装备研发。例如：鼓励国内企业在合肥市设立研发和实验基地、利用军工技术优势发展应急产业等。引导企业在国家实施"中国制造 2025"和"互联网＋"行动中，积极发展重大应急装备，培育新业态，推动应急产业向中高端迈进。

（三）强化政府引导

继续将应急产业作为新兴产业予以重点关注，主动从支持企业创新发展、支持企业吸纳人才、畅通产业融资渠道等多个方面加大对应急产业引导，精准施策。支持有实力的应急企业做大做强，培育形成若干大型应急产业集团；利用中小企业发展专项资金等支持应急产业领域中小微企业。

（四）增强产业集聚

加强规划布局、指导和服务，采取中央政府、地方政府、企业、民间组织等多方投入的协同建设模式，将高新区国家应急产业示范基地建设成为集应急产品生产、应急装备制造、应急技术研发、应急物资储备、应急物流配送、科普宣传教育、实战演习培训、综合应急演练于一体的产业基地，发展产业配套完备、创新优势突出、产业特色鲜明、规模效益显著的应急产业群体，进一步完善应急产业链。

（五）创建协同体系

一是加快形成适应公共安全需要的覆盖预防与应急准备、监测与预警、处置与救援、灾后恢复重建的应急产品体系；二是在信息咨询、战略培训、政策调节、协调发展等方面发挥作用，构建应急产业发展体系；三是从顶层设计、管理体制、实施步骤、任务分工、政策保障等方面构建应急管理体系；四是积极推行应急救援、综合应急服务等市场化新型应急服务业态，提升应急产业应对突发事件的综合保障能力。

三、保障措施

（一）健全工作机制

一是工作协调机制。建立由市经济和信息化委员会、发展改革委和科技局共同牵头，教育局、公安局、民政局、财政局、人社局、国土资源局、环保局、建设局、交通运输局、水利局、商务局、卫生计生委、地税局、工商局、质监局、安监局、食品药品监管局、统计局、人防办、金融办、气象局等部门参与的应急产业发展协调机制，完善市级专项指挥部组织机构和职能，进一步建立健全定期会商和协调联动机制，统筹协调推进应急产业发展重大事项。各区县、各部门要切实加强组织领导，研究制定相应政策措施。逐步形成"市政府直接领导，应急管理委员会综合协调，各区县负责，跨部门协作，应战应急一体化"的应急管理体系。二是应急决策机制。进一步完善市应急决策机制，充分发挥专家顾问的辅助决策作用，积极利用前沿技术和理论加大决策支撑力度，强化应急决策和集中指挥机制。专家顾问组要为全市应急管理工作出谋献策，提供决策建议、专业咨询、理论指导和技术支持；参与突发事件风险隐患评估与防范对策会商及重大项目、重大行政决策社会安全风险评估，推动健全行政决策社会安全风险评价机制。三是协同创新机制。推进应急产业原始创新、集成创新和引进消化吸收再创新，建立市场导向下的"官、产、学、研、资"协同创新机制。

（二）制定发展规划

明确应急产业发展的战略定位，合理调配社会资源，分时期、分等级、有重点地对应急产业进行统一管理。在分析合肥市应急产品供给、需求的基础上，确定应急产业发展的指导思想、发展目标；根据全市应急产业不同产品门类现状、优势及劣势，确定产业发展的主要任务和发展重点；根据区域灾害种类状况，科学划定应急产业区域布局及产业基地；出台配套政策。

（三）强化政策支持

一是财税政策。充分利用相关财政资金，支持应急产业重点项目建设和购买社会应急服务试点工作，对列入产业结构调整指导目录的应急产品和服务，在有关投资、科研等计划中给予支持；对于具备实现产业化条件的应急产品，通过招标方式加大政府购买力度，带动市场主体推广应用。对于应当由政府提供的、适合社会力量承担的应急产业重点领域服务项目，通过政府购买服务的方式，交由社会力量承担；建立健全应急救援补偿制度，对征用单位和个人的应急物资、装备等及时予以补偿，通过探索财政性投入、风险投资引入等多种渠道和机制，实现科技创新风险的有效规避和损失的极小化，提升以科技创新推动应急产业发展的积极性；全面落实适用于应急产业的税收政策。二是金融政策。设立应急产业基金，对符合条件的企业和重大应急项目予以支持。鼓励民间资本、创业与私募股权投资投向应急产业；鼓励符合条件的应急产业企业利用企业债券、短期融资券、中期票据、私募债券、集合债券（票据）等债务融资工具在债券市场实现融资，鼓励符合条件的企业在主板、中小板、创业板上市融资，支持符合条件的中小微企业到全国中小企业股份转让系统（新三板）挂牌融资；鼓励金融机构加大对技术先进、优势明显、带动和支撑作用强的应急产业项目的信贷支持力度。引导融资性担保机构加大对符合产业政策、管理规范、信誉好的应急产品生产企业的担保力度；加大示范基地招商引资力度。在高新区应急产业国家示范基地成立应急产业招商小组，会同各部门及省市产投集团深入挖掘项目信息，着重在北京、深圳等国内核心招商区域，及中国台湾、日本等境外地区开展重点项目招商工作，积极招引国际国内在应急产业上有引领作用的大项目。三是土地政策。在符合国家及安徽省产业政策和土地利用总体规划的前提下，对应急产业重点项目建设用地予以支持。加快应急产业建设项目用地预审工作进度，开辟审批"绿色通道"。对应急产业建设项目全部占用国有未利用土地的，除需报国务院和省政府审批外，由市县政府审批。对政府投资的应急食品物流园，允许以划拨土地的形式委托企业建设运营。四是法律制度。加强应急产品质量监管，依法查处生产和经销假冒伪劣应急产品的违法行为。鼓励本市应急产品生产和服务企业参与国家、行业标准制（修）订工作。建立应急产业运行监测分析指标体系和统计制度。依托现有国家和社会检测资源，提升应急产品检测能力。完善事关人身生命安全的应急产品认证制度，对在安徽省生产的国家强制性产品认证目录内的应急产品开展认证。鼓励发展应急产业协会等社团组织，加强行业自律和信用评价。

（四）加快人才队伍建设

建立多层次多类型的应急产业人才培养和服务体系，重点培养创新型、复合型的核心技术科研人才和团队。支持有条件的高校设立应急产业相关专业，加大科研院所进修与培训力度。大力发展职业教育与培训，造就一大批高技能人才。完善相关配套支持政策，积极实施"千人计划""万人计划"及合肥市"百人计划"，培育引进创新创业团队及人才。

（五）增强开放合作

鼓励企业引进、消化、吸收国内外应急产业领域的先进技术，支持大型骨干企业参与海外应急救援处置，带动中小型应急产业企业和优势应急产品向"一带一路"沿线国家及其他海外市场发展；建立长三角地区突发事件协同应对和联合指挥机制，加强风险隐患和应急队伍、物资、避难场所及专家等各类信息的共享，逐步实现数据管理系统的对接，保障四地协同处置突发事件；以社会组织为纽带，搭建应急产业交流平台，组织承办国内外应急产业领域的重要会议和活动，鼓励各类机构和个人参与国内外应急产业领域的学术交流活动。

《合肥水资源管理中长期对策研究》
对策建议 *

　　水资源是经济社会发展不可缺少的重要自然资源，也是人类的生命之本。本课题结合合肥市水资源的现状与问题，分析总结上海、深圳、宁波、湖州四个先发地区水资源管理案例，提出具有实践意义的水资源中长期管理对策建议，供决策参考。

一、合肥市水资源现状、管理成效及存在问题

（一）水资源现状

　　一是水资源总量不足，人均量低。合肥市多年平均水资源量为 39.76 亿立方米，其中地表水资源量为 38.6 亿立方米。全市人均水资源占有量为 528 立方米，低于全省 876 立方米的平均水平，也低于国际公认的人均 1700 立方米的红色紧张线，处于国内中下水平，大约相当于全国人均水资源占有量的 1/4，世界人均水资源占有量的 1/14，为缺水城市。二是合肥水资源质量较差。作为合肥市内湖的巢湖，水资源相对丰富，但是巢湖污染状况相对严重，虽然近年来政府部门投入了大量的人力、物力，但是治理效果不明显。三是水资源可利用量低。根据《合肥市城市总体规划（2011~2020 年）》预测 2020 年、2030 年全市人口将增至 1097.76 万人和 1400 万人，工业增加值预测 2020 年、2030 年分别增至 4452 亿元和 7843 亿元。根据水资源现有供给状态综合分析，2020 年、2030 年的年平均缺水量分别为 13.61 亿立方米、23.93 亿立方米；平水年的缺水量分别为 9.01 亿立方米、19.23 亿立方米；中等干旱年的缺水量分别为 16.07 亿立方米、26.46 亿立方米；特殊干旱年的缺水量分别为 28.12 亿立方米、38.75 亿立方米。

（二）合肥水资源管理的主要成效

　　一是坚持依法治水，逐步健全规章制度。分别在节水、饮用水和严格水资源论证管理方面颁布实施了详细的规章制度。二是稳步推进节水型社会建设。根据合肥水资源供需现

---

　　*　本文由江永红负责撰写，2017 年 2 月。

状和合肥未来发展规划，短期内合肥市水资源供给短缺风险较小，但就长期预测来看，水资源的供给缺口较大，所以推进节水型社会尤其重要。三是水质安全和用水安全保障性提高。完善河流治理管理手段、加大水利工程建设力度、加大污水处理工程建设、提升污水处理能力。四是信息化建设水平不断提高。建成董铺与大房郢水库重点区域的信息化视频监控系统集成及安装工程，并实现全方位监控。

（三）合肥水资源管理存在的主要问题

一是优质水资源不足；二是用水效率不高；三是水环境质量较差；四是供水安全保障风险较高；五是水管理体制不完善。

二、合肥市水资源管理对策建议

（一）建设水资源配置工程

全面加强合肥市水资源基础设施建设，坚持蓄引提调结合，大中小微并举，保障水资源供给。一是淠河灌区水资源工程。根据灌区自然条件、水资源状况、农业生产等，突出节水、高效，改造灌溉设施与技术，提高灌溉水有效利用率。其中，工程节水重点放在渠道防渗、建筑物维修、田间工程配套等更新和节水改造上。非工程节水措施主要包括调整作物种植结构、扩大节水灌溉面积、改进灌溉制度等。二是龙河口水库供水工程。建设龙河口水库供水工程，通过水库优化调度，在兼顾各方利益的前提下，向合肥市城区供水。三是引江济淮工程。四是驷马山引江工程。五是应急备用水源工程。保证"一（县）市区一备用水源"，新增新水源地，逐步实现各类水源互联互备，多源并举，逐步实现江河与水库之间、水库与水库之间、城市水厂之间、城乡水厂之间的联网。

（二）努力做好巢湖"水文章"

一是引江济巢，发挥巢湖水体调蓄功能。推进引江济巢工程，可以扩大湖泊环境容量，加快水体流动，增强巢湖自净能力，减少水体的氮磷集聚，促进巢湖污染治理。二是降低入湖污染物。加大入湖河流治理力度，对南淝河、派河、塘西河、十五里河等入湖河道进行防洪处理、底泥清淤、生态护岸、湿地修复。推进生态小流域建设工程，统筹安排点源、面源、内源污染防治工程，加快推进巢湖流域丰乐河、十五里河、白石天河等14个流域"山水林田路村"综合治理。三是优化环巢湖产业布局。充分利用巢湖湖光山色和温泉、湿地历史文化等要素禀赋，优化环巢湖产业布局。重点开发以健康、休闲、度假、水上运动为特色的环湖旅游产业带，全力打造环巢湖国家旅游休闲区。积极发展高效、规模化的现代生态农业。四是打造环巢湖生态文明示范区。强化生态理念，倡导发展绿色和尊重自然、顺应自然、保护自然的生态文明理念，开展生态文明教育，提高生态文明意识，构建文明、节约、绿色、低碳的消费模式和生活方式。建立严格的生态文明制度体系：完善生态补偿机制；完善体现生态文明建设要求的评价考核制度；科学划定和保护生态红线；建立环境损害赔偿和责任追究制度；严格项目准入和退出制度。

（三）强化经济手段的作用

一是开展水权交易。探索建立水权制度，合理界定和分配水资源使用权。试点推进建设合肥水资源交易中心或平台，在水资源总量控制的基础上，集聚水资源供需信息并及时发布，遵照用水规律，利用市场机制进行地区间、流域间、流域上下游、行业间、用水户间水权流转。按照农业、工业、服务业、生活、生态等用水类型，健全水资源使用权管理，建立分行业、分水质用水制度，进行行业间流转，避免优质水资源浪费。探索推进水权垂直融通，用水主体各年度用水量可按照一定比例进行上下年度融通。鼓励社会资本通过参与节水供水重大水利工程投资建设等方式优先获得新增水资源使用权。二是改革完善价格机制。未来水价调整的方向是优化阶梯价格层级。在现有的三级水价中，调整水价时应更多侧重第三级水价，拉开一级、二级与三级水价的差距，更利于发挥水价调节作用，也利于节约用水和水资源保护。同时，将家庭用户人口规模与用水基数紧密结合起来，随着用水量逐步提升，可以考虑将户籍4人口缩减至3人口，形成更为合理的人口与用水的配比。三是严格控制水环境污染。在提高排污费收费标准，强化征收力度的同时，要逐步建立用中水替代自然水源和自来水的回用成本补偿与价格激励机制，使自来水、污水及回用水三者间形成合理的比价，鼓励中水在工业冷却、园林绿化、汽车冲洗及居民生活杂用上使用，进而提高合肥供水保证率，降低水环境污染。强化节水技术设备、器具等技术创新，构筑节水设备产业化推广平台，打通产—学—研推广链条。全面推进生态补偿制度。对合肥市主要河流源头区、集中式饮用水水源地、淠河灌区、巢湖等敏感河段和水生态修复治理区、水产种质资源保护区、水土流失重点预防和重点治理区，开展水生态补偿。完善大别山区水环境生态补偿工作，在淮河、长江及重要支流地区启动开展地表水跨界断面生态补偿。做好缜密测算，并落实到各县市，实现精准补贴，并稳步提高生态补偿标准。

（四）完善各项水资源管理规范

一是继续严格执行水资源管理制度。根据《合肥市用水总量与用水效率控制指标分解方案》，确定各县（市）用水总量控制目标，实施总量控制。认真执行《安徽省行业用水定额》，实行定额管理。认真核定取水许可申请，科学核定用水量。稳步开展取水年审制。二是做好组织保障。进一步加强组织领导，加强部门间协调合作，全面落实水资源管理制度。借鉴先发地区经验，比如上海、深圳等，瞄准涉水事务一体化管理目标，立足实际，强化协同，重组水务产业链，提高管理效率和效益。另外，要特别注意市县两级水资源管理机构的完善，管理与执法队伍建设方面，确保各项工作能够落实到人。最后，强化水资源指标检测统计工作。结合《合肥市用水总量统计工作实施方案》等文件要求，配合足量人才，强化专业队伍建设，进行用水总量、水质、农业灌溉有效利用系数等实际数据采集，准确掌握指标动态，为水资源管理决策提供依据。三是强化考核机制。建立并完善科学合理的考核指标体系，实施全面考核。明确各县（市）区、开发区主要领导为辖区水资源管理与保护的总负责人，重点考核"三条红线"、"四项制度"的履行情况。完善指标体系，进行动态考核，公告考核结果，提出整改措施。四是做好水资源预警与应急工作。建设合肥市水资源监控中心和各县区监控分中心。建立饮用水源水质、水量监测预警系统，掌握水源地实时信息。重点加强市区、县城和人口超过 5 万人的重要乡镇主要饮用水源地的监测能力，配备先进监测仪器，提高水量水质监测系统快速反应能力。建立应对特大干旱、连续干旱和突发事件的水资源储备制度和应急管理制度，提高应急管理水平。建立健全应急管理体系，包括应急监测体系、突发事件报告制度和应急处理机制。能够根据旱情和突发事件的发生发展及时有效地启动响应机制与应急预案。完善部门协调联动机制，保障抗灾和应急工作高效有序进行。

《合肥农产品电子商务发展研究》对策建议 *

继 2010 年中央"一号文件"提出发展农产品电子商务之后，2014 年中央"一号文件"首次明确部署"加强农产品电子商务平台建设"，支持农产品电子商务发展。但目前合肥市农产品电子商务尚处于起步的初期阶段。

一、合肥农产品电子商务发展的趋向分析

（一）发展市地化农产品电子商务

一是优化农产品生产的空间布局。立足省城周边的资源禀赋条件和比较优势，优先培育一批地方特色明显、类型多样、竞争力强的产业基地县。二是优化农产品的品种结构。由生产导向型向消费导向型转变，发展市场紧缺、适销对路的农产品。三是为消费者提供本地化的系列配套服务。便于农产品电子商务服务商布局乡镇采购网点、社区体验渠道、仓储集散基地、城乡物流配送等。

（二）发展生鲜化农产品电子商务

一是市场发展前景广阔。合肥市统计局《2015 年国民经济和社会发展统计公报》显示，合肥市民日常生活消费对生鲜农产品的刚性消费需求日益增长。二是冷链物流成本较低。生鲜农产品因其具有时鲜性、季节性、易腐性等特点，对保鲜时效性要求高，受到区域瓶颈的限制。合肥农产品电子商务可充分发挥物流距离半径小、运输时间短、安全控制能力强的本土优势，大力开拓生鲜农产品市场。

（三）发展绿色化农产品电子商务

一是缓解农产品卖难的局面。生产绿色化农产品可以成为促进农民增收的一个新的切入点和突破口。二是倒逼产业结构优化调整。调精调优调高农产品结构，提升农产品质

---

* 本文由中共合肥市委党校课题组负责撰写，2017 年 2 月。

量，促进粗放型发展方式向集约型发展方式转变。三是推进农产品品牌化建设。规避市场风险，增强绿色化农产品的市场竞争力。

二、合肥农产品电子商务发展的路径选择

（一）构建供给型农产品电子商务产业链

（1）支持创建合肥农产品电商服务平台。该服务平台应渗透合肥农业大市场尤其是合肥物联网的每一个链接，并在县域设立运营管理中心、体验展示中心、物流集散中心。

（2）支持农产品电商O2O渠道下沉布局。一是城市下沉布局。住宅小区里的消费群体集中度高、便利可达，是上门服务的最佳入口，是城市物流配送的"最后一公里"。农产品电子商务应纵向下沉社区化、横向复制规模化。二是农村下沉布局。建立县、乡（镇）、村三级农产品电子商务实体服务站。扶持本地青年担任电商服务员，鼓励其带车加盟，解决乡村"最后一公里"的物流瓶颈。

（3）支持打造合肥农产品物流配送服务渠道。一是夯实物流基础。改善农产品物流基础设施条件，加快实施合肥市农村道路畅通工程，支持电商企业合理布局农产品加工物流配送基地建设。二是整合物流资源。促进物流企业之间的联合与合作，实现农产品物流配送体系与其他社会物流配送体系的最大融合，构建城乡一体化的社会冷链物流配送体系。

（4）支持打造合肥农产品供应链网络渠道。一是建立供应链上各个主体之间的利益分配机制。各个主体要本着"风险共担，利润共摊"的原则进行合作，实现利益目标一致性和利益分配合理性的高度统一。二是引导农民参与农产品供应链管理。以合同的形式订立最低保护价格，确保生产活动的稳定性，使农民能够获得比较稳定的合理收益。

（二）构建共生型农产品电子商务生态链

（1）支持农电商企业与消费者建立互惠共生关系。利己思维下的农产品电子商务，与消费者的关系呈现寄生状态，表现为消费者一方被动地为自身提供购买力能量，没有发展空间。偏利思维下的农产品电子商务，与消费者的关系呈现偏利共生状态，对消费者一方没有益处，产业链容易断裂。利他思维下的农产品电子商务，与消费者的关系呈现互惠共生状态，可以促使其与消费者之间的合作关系长期、稳固发展。

（2）支持农电商企业与消费者建立持续共生关系。促进产业链在消费端与消费者的接触介质多样化、多方面，建立稳定的共生关系，并产生持续的相互作用。

（3）支持农电商企业强化与消费者之间的共生要素。单一构建农产品电子商务产业链，与消费者的共生介质单一、共生程度低、共生能量小，农产品电子商务产业链势必较短。只有在与消费者接触的过程中，尽可能选择更多更优的共生介质，提高与消费者更高的共生程度，扩大与消费者的共生界面，才能产生更大的共生能量。围绕消费者的吃穿住行，助力小区物业管理的转型升级，变收费型的看家护院为服务型的多功能互利，拓展物业服务项目与范围，诸如居家养老、车辆冲洗、车内布草洗涤、家庭衣物干洗、家政服

务、房屋租赁、代收快递等，夯实与消费者发展互惠共生关系的基础，双方通过协同作用和资源共享而紧密结合，广泛地增强与消费者之间的人际互信关系，更好地维系农产品电子商务产业链消费端的稳定性。

三、合肥农产品电子商务发展的对策建议

（一）推进农业供给侧结构性改革

一是建立市场导向的农产品种养机制。引导新型农业经营主体轮作种养，转变农产品生产方式，生产高品质、高附加值的农产品，做到数量规模化、质量标准化、销售品牌化。二是建立土地流转制度的创新机制。鼓励农民以转包、转让、出租、互换、入股等形式流转承包土地，促进土地相对集中经营。三是建立绿色化农产品的发展机制。普及绿色化农产品知识，调整农产品结构，制定农产品规划，实施绿色化农产品补贴扶持政策。

（二）优化农产品电子商务发展环境

一是优化农产品电子商务市场基础环境。加快信息化基础设施及配套设施建设，加快电子商务市场主体建设。二是优化农产品电子商务政策支持环境。财政资金安排重点转向支持线下渠道建设、种养产业基地建设、农产品品牌建设。三是优化农产品电子商务资源要素环境。发挥财政资金引导作用，在线下渠道、服务站点、物流平台建设等方面给予扶持；促使电视媒体宣传资源、仓储土地资源、电商人才资源向电商企业倾斜，提高资源要素生产率。四是创造农产品电商优质优价的营商环境。形成依法以网管网机制，网络打假常态化，健全农产品电子商务的法律法规体系，形成绿色化农产品安全保证体系。

（三）构建农民现代诚信教育体系

一是建立农民诚信经营信息平台。采取多种形式进行舆论宣传，推动诚信体系建设，引导农民履约守信。二是建立农民诚信考评激励机制。强化农民诚信价值理念，努力营造讲诚信能获得信用社贷款、能获得政府扶持、能获得龙头企业带动的"三能"氛围。三是建立农民诚信缺失惩戒机制。建立农民经济信息档案，建立农药、化肥购买实名登记制度，严厉打击制假售假、合同欺诈、单方违约等不讲诚信的行为。四是建立农民诚信发展保障机制。建立生产记录台账制度、农产品药残抽查制度、消费者代表田间巡查制度。

《合肥古村落文化旅游资源研究》对策建议*

古村落是集建筑、民宿、文化、环境、生态、文明于一体，并具有历史文化、民俗风情、艺术审美、游憩休闲、科学研究等诸多价值属性的复合体，也是一个地区传统文化的浓缩和集中展示，是宝贵的历史文化遗产。合肥古村落资源作为重要的历史文化遗存，承载着江淮平原文化的历史传承，同时面临着现代文化和现代经济发展的冲击。本书在分析合肥古村落文化旅游资源的基础上，提出了加强合肥古村落保护利用的相关对策建议。

一、实施合肥古村落保护利用工程，强化政府主导

（1）实施"合肥市古村落保护利用工程"。坚持保护古村落自有特色，因地制宜、分类保护、合理开发，尤其要减少城镇化对古村落的不利影响，维持古村落的传统风貌，保护古村落的地域文化。对合肥古民居的保护和旅游利用工作要始终坚持"保护为主、抢救第一、合理利用、加强管理"的方针和原则，加强管理，完善机制。

（2）强化政府主导作用。建立协调统一的组织领导体制，明确职责任务，加大宣传力度，加强督查验收。在工程实施中，坚持以科学发展观为指导，坚持保护与利用、旅游与文化有机融合"两个理念"，探索政府引导、市场运作、社会参与"三位一体"的新路，做好文化遗产保护与经济社会发展"四个转化"：以保护利用为前提的"功能转化"、以文化积淀为基础的"特色转化"、以传承文脉为根本的"精神转化"、以市场运作为手段的"资本转化"。做好"五个结合"：保护第一与合理利用相结合；科学规划与依法推进相结合；政府主导与市场运作相结合；分类指导与分级负责相结合；尊重民意与宣传引导相结合。

二、加强文化遗产教育宣传，提高全民保护意识

（1）以美好乡村建设为契机，组织古村落本土历史、传统礼仪、风俗的宣传教育和培训活动。让广大人民特别是古村落居民了解古村落的历史，继承和发展带有地方特色的

---

* 本文由丁娟负责撰写，2017年2月。

民俗风情、传统工艺、地方戏曲等。

（2）加强对古村落历史文化底蕴的挖掘整理。将古村落相关历史文化知识、传统文化礼仪等编入中小学教材，让广大青少年接受古村落传统文化的熏陶，从小树立遗产保护意识。在高等院校开设相关的民族传统文化课程，如传统的建筑技艺、地方戏曲、舞蹈等，让学生了解民族传统文化，继承和发展传统文化。

三、优化合肥古村落发展顶层设计，科学编制保护利用规划

编制合肥市 16 处古村落专项保护发展规划。完善古村落与古建筑的专项保护规划，抓紧编制古村落修建性详细规划，明确保护范围、保护原则、保护内容、控制指标和土地使用功能、人口密度、市政基础设施建设以及分类保护、整治措施，优化顶层设计。聘请规划院、高校规划专业团队对除洪疃村之外其余 16 处古村落的专项保护利用规划进行编制，并在后期规划落实方面予以专业协助。

四、加强古村落专项法制建设，完善相关法律法规

（1）完善古村落保护相关法规。加强政策引导，针对合肥各古村落的不同情况，完善相关政策法规，全面系统管理，切实有效地保护与修复古建筑、保障防灾安全、修复历史环境要素、改善古村落的基础设施和环境，对非物质文化遗产等更要设立各类专项法规和采取相应管理措施来进行保护利用。

（2）着力解决合肥古村落的保护和利用过程中的土地利用政策问题。完善古村落相关项目建设政策，尤其在耕地、林地等农业用地与旅游建设用地的利用方面，尽量减少因为土地政策带来的冲突与阻力，方便古村落的保护和开发利用。

五、加强对合肥古村落的保护，合理建设发展

（1）改善古村落基础设施、健全公共服务设施。大力改善市政基础设施建设，保证古村落能用上自来水，正常用电，顺利排水，解决村民的生活必需问题。健全古村落公共服务设施，在没有商店的村落增设商店，建立文化广场供村民娱乐，建立体育设施供村民锻炼，部分村落酌情创办幼儿园、小学等教育设施，保证每个村落都有一个基本设备完善的医疗室，保证村民享有基本的公共服务设施。

（2）实施"三线入地"，合理改造村落交通要道。实施"三线入地"，使古村落的供电、通信、有线电视等线路从之前架在空中、乱搭乱接的方式改为全部埋入地下的方式，美化古村落面貌，提升古村落品位。可适度拓宽改造原有巷道，改善行人出入环境。在改造过程中，避免简单地用水泥硬化地面，尽量保持古村落原有建筑风貌。

（3）提高本地就业率，加强古村落传统风貌和生活气息的保护。通过发展旅游等途径，创新古村落收益模式，拓宽本地就业途径，使村民自愿留在古村落，既保证了村民的就业，又盘活了古村落。加强对古村落在开发与建设中的引导，找出合适的古村落改造模

板，既改善村落设施条件，又在整体上符合古村落自身的地域文化特点，保留古村落独有的韵味。

（4）严格把控古村落环境容量，适度发展旅游业。一是准确把握古村落保护与旅游开发的尺度。避免古村落为了眼前利益过度开发而破坏古村落的长远发展。要科学测算出古村落的环境容量，在明确古村落环境容量的基础上，适当地限制游客人数，减少游客对古村落环境的破坏。二是加强对古村落游客与经营者的管理。通过管理条例的实施来规范约束他们的行为，减少甚至杜绝他们对古村落空气、水源等整体环境的污染，缓解古村落有限的环境容量与人口增长之间的矛盾。

六、多方融资，合理利用

（1）加大资金投入。设立古村落保护资金，加大对古村落保护利用资金的投入。通过对古村落的发展进行合理定位，动员全社会的力量，包括招商引资来保护发展古村落。

（2）探索建立常态的资金投入保障和统一调配管理使用机制。探索研究社会资金引入的良性运作机制和投资回报政策。合理界定保护责任主体，明确投资方式和资金投入重点方向。对具有丰富文化内涵的历史文化街区、文保单位和具有保护价值的建筑的保护，要充分发挥政府的主导作用；对只需保护古村落整体风貌的区域，要充分发挥市场的主体作用，积极吸引社会资金投入；对古村落危房弃屋改造项目，要充分发挥当地政府和居民双方的积极性，合理分担资金，充分发挥政府资金投入的最大效能。

七、引进古村落科学保护利用人才

（1）聘请古建筑保护专业人员指导维修损坏老旧的古建筑。如洪氏祠堂、董氏祠堂等，做到使合肥古村落中的古建筑"修旧如旧"，修完之后更坚固、寿命更长，保持古建筑的历史韵味。政府部门要充分认识到古村落保护的重要性，在招标时坚持修缮质量为先而非经济利益至上，避免出价低的施工队在工人、物料等方面尽力减少成本而造成越修越差的结果。加强对村民关于古建筑修缮知识的普及与教育，村里的重要古建筑设立专项修缮资金，由政府来负责古建筑修缮，避免村民自己由于缺乏专业知识而对古建筑进行"破坏性保护"。

（2）聘请旅游规划专业人才编制古村落旅游发展规划。指导古村落进行旅游开发；聘请专业旅游行业人才对古村落旅游经营服务者进行专业的管理营销知识和服务技巧等的培训，以此提高他们的专业水平与技巧。

第四篇

文件政策解读

▶ 关于合肥系统推进全面创新改革试验加快建设综合性国家科学中心的建议

▶《关于"十三五"期间实施新一轮农村电网改造升级工程的意见》的解读报告

▶ 国务院《关于进一步健全特困人员救助供养制度的意见》的解读报告

▶《国务院关于印发推进普惠金融发展规划(2016~2020年) 的通知》的解读报告

▶ 中共中央、国务院《关于深化投融资体制改革的意见》的解读报告

▶《国务院关于在市场体系建设中建立公平竞争审查制度的意见》的解读报告

▶ 国务院办公厅《关于发挥品牌引领作用推动供需结构升级的意见》的解读报告

▶ 国务院办公厅《关于加快培育和发展住房租赁市场的若干意见》的解读报告

关于合肥系统推进全面创新改革试验加快建设综合性国家科学中心的建议

2016 年 4 月 12 日，国务院批准并印发了《上海系统推进全面创新改革试验加快建设具有全球影响力的科技创新中心方案》（国发〔2016〕23 号，以下简称《方案》）。这对同为全面创新改革试验区的安徽，以及谋划建设综合性国家科学中心的合肥市具有重要的指导和现实意义。现就《方案》出台背景及主要内容作简要解读，并就合肥系统推进全面创新改革试验，加快建设综合性国家科学中心提出相关建议。

一、出台背景与主要内容

当前全球新一轮科技革命和产业变革正在孕育兴起，国际经济竞争更加突出地体现为科技创新的竞争。我国经济发展进入新常态，依靠要素驱动和资源消耗支撑的发展方式难以为继，只有科技创新，依靠创新驱动，才能实现经济社会持续健康发展，推动国民经济迈向更高层次、更有质量的发展阶段。促进创新发展，是推进结构性改革尤其是供给侧结构性改革，实施创新驱动发展战略，推动大众创业、万众创新，发展新经济、培育新动能、改造提升传统动能的关键之举。上海作为我国建设中的国际经济、金融、贸易和航运中心，必须服从服务国家发展战略，牢牢把握世界科技进步大方向、全球产业变革大趋势、集聚人才大举措，努力在推进科技创新、实施创新驱动发展战略方面走在全国前头、走到世界前列。依托上海市开展全面创新改革试验，是贯彻落实党中央、国务院重大决策，推进全面深化改革，破解制约创新驱动发展瓶颈的重要举措，对促进上海进一步解放思想、大胆探索实践、实现重点突破、发挥改革创新示范带动作用，具有重要意义。

《方案》的主要内容可以概括为"三层目标""四项任务"和"七大改革"。"三层目标"：到 2020 年，建成具有全球影响力的科技创新中心的基本框架；到 2030 年，着力形成具有全球影响力的科技创新中心的核心功能；最终全面建成具有全球影响力的科技创新中心，成为与我国经济科技实力和综合国力相匹配的全球创新城市。"四项任务"：一是打造高度集聚的重大科技基础设施集群，建设综合性国家科学中心；二是重点布局一批开放式共性技术研发以及科技成果转化服务平台；三是实施引领产业发展的重大战略项目和基础工程；四是搭建"双创"平台，推进张江国家自主创新示范区建设。"七大改革"：

一是建立符合创新规律的政府管理制度；二是构建市场导向的科技成果转移转化机制；三是完善激励创新的收益分配机制；四是健全企业主体的创新投入机制；五是建立积极灵活的创新人才发展制度；六是构建跨境融合的开放合作新机制；七是授权推进先行先试改革举措。

二、合肥推进创新改革现状及存在问题

"十三五"期间，安徽将实施《创新驱动发展工程》，系统推进全面创新改革试验，建设有重要影响力的综合性国家科学中心和产业创新中心，落地城市正是省会合肥。自国家创新型试点城市建设启动以来，合肥围绕自主创新这条主线，突出企业主体、创新载体、产学研一体和技术创新服务平台建设，通过采取增加投入、创新机制、完善政策、营造环境等措施，形成了一批产业、人才、科技和改革成果。2015 年，高新技术增加值占 GDP 比重超过 20%，战略性新兴产业对工业增长的贡献超过 50%，全社会科技研发投入（R&D）占生产总值比重提高到 3.2%，发明专利申请量和授予量分别达到 16431 件、3413 件。国家高新技术企业达到 1056 户，新增国家、省级工程（技术）研究中心、企业技术中心、实验室 279 个。

但合肥系统推进全面改革创新实验，加快建设综合性国家科学中心，仍面临一些问题：体制机制方面还存在障碍。知识创新、技术创新和产业创新体系衔接的紧密度不够，科技资源整合运用能力不够强，科技资源"碎片化""孤岛"现象依然存在。科技创新与经济发展结合度不高。战略性新兴产业规模不够大，产业层次不够高，传统产业比重大、转型慢，创新主体地位仍待提高，在国内外具有核心竞争力的企业还较少。科技创新服务环境需要进一步优化。优质公共服务供给不足，专业化、现代化水平不高。以金融服务为代表的科技公共服务水平需要进一步改善等。开放管理水平不高。改革攻坚难度加大，高层次创新和管理人才的引进培育力度有待加强，人才结构仍需优化。

三、政策建议

（1）建设合肥综合性国家科学中心。将合肥打造成为原始创新的发源地、变革性技术的诞生地、国家重大基础科学设施建设的主力军。一是建设大科学装置集群。重点提高同步辐射、全超导托卡马克和稳态强磁场等重大科学装置性能，积极争取国家在合肥布点建设未来网络、下一代聚变工程实验堆 CFETR、极端条件下综合集成装置、全高程大气立体探测和模拟实验、农业重大气象灾害模拟舱等一批国家重大科学装置，建设高度集聚的重大科技基础设施集群。二是催生变革性技术和产品。聚焦信息安全、新能源、新材料、生命科学、环境科学等前沿领域，开展多学科交叉探索研究。加快推进超导核聚变、量子信息国家实验室、天地一体化信息网络中心、联合微电子中心、智慧新能源集成创新中心、离子医学中心六大平台建设，推动战略性新兴产业发展。三是建设有国际影响力的大学和科研机构。支持中科大建设世界一流研究型大学，支持合工大、安大等高校建设世界一流学科。支持中科院合肥研究院建设国际知名研究所。建设中部基础研究中心，发挥

基础研究对创新发展的引领作用，为相关前沿高技术产业提供支撑与保障。

（2）建设新型产业创新平台。构建研发、转化、孵化、产业化体系，建设国际一流的新型产业创新平台。一是建设共性技术研发平台。瞄准世界产业创新发展趋势，大力推进重大基础研究和前沿高技术研究成果工程化、产业化。重点建设量子通信、新型显示、集成电路、智能语音及人工智能、智能机器人、新能源汽车、生物医药产业及高端医疗装备创新平台等。二是建设新型协同创新平台。加快中科大先进技术研究院、清华大学合肥公共安全研究院、中科院合肥技术创新工程院、合工大智能制造研究院、北大未名生物经济研究院、中国农科院食品创新研究院、安大绿色发展研究院、中科大国际金融研究院建设，积极与国内外知名院校加强合作，构建更加完善的协同创新平台。支持研究院创新建设运营管理模式，积极探索符合自身特色的发展道路，增强自我研发、自我发展能力。三是建设创新公共服务平台。构建技术转移服务体系，提升中科大、中科院合肥物质院、合工大、安农大技术转移中心等国家级技术转移示范机构服务能力，建设产业转移创新中心。建设科技创新信息服务平台，推动各类信息资源共享共用、互联互通。加快推进企业孵化、知识产权服务、第三方检测认证等机构的专业化、市场化改革，建立健全技术创新、工业设计、文化创意、企业融资、人才培训等公共服务平台。

（3）打造世界级产业集群。重点发展市场前景好、产业关联度高、带动能力强的新兴产业，加快建设一批国家和省级产业基地，培育一批市级战略性新兴产业基地，打造若干个世界级产业集群。一是做大做强战略性主导产业。引进集聚高端产业资源，抢占战略性新兴产业制高点，培育行业领军企业，加快电子信息、新能源、公共安全等产业爆发式发展，加快建设国际一流的新型显示产业基地、全国具有重要影响力的集成电路产业集聚区、全国生物医药产业重要集聚区、全国具有重要影响力的智能机器人产业基地，打造"中国光伏第一城"和"中国声谷"。二是布局培育未来型先导产业。依托合肥前沿高技术研究成果和创新资源优势，实施若干引领产业创新发展的重大工程和项目，培育发展未来产业。重点推进量子通信京沪干线、合肥离子医学中心、燃气轮机研发及产业化、高档数控产业园等项目实施。三是加快传统优势产业转型升级。全面实施"互联网＋"行动计划和"中国制造2025"行动纲领，聚焦装备制造、家用电器、汽车及零部件、安全食品、新型化工、住宅产业化、多功能农业等产业，推动与移动互联网、大数据、云计算、物联网等深度融合，加快传统产业智能化改造，提高企业数字化、网络化、信息化水平。

（4）深化体制机制改革。开展系统性、整体性、协同性改革，打通科技成果向现实生产力转化的通道，形成有利于科技人员、企业家、创业者创新创业的新机制。一是改革政府科技管理体制。从管理具体科技项目转为主要负责科技发展规划、评估和监督。将创新主导权真正交给市场，实现技术创新规划由专家导向转向产业导向。二是改革财税支持创新体制。创新资源主要围绕企业规划中的研发需求进行部署。落实国家已出台的支持创新创业税收的优惠政策。分类管理高校院所财政经费与非财政经费支持的科研项目。三是改革金融创新体制。建立健全从天使投资、风险投资到产业基金、上市融资的全金融产业链。创新国有出资股权投资基金管理，为国有创业投资企业市场化运营和退出创造环境。支持银行业设立科技金融专营机构，提高创新型中小企业融资的可获得性。四是改革创新人才管理体制。切实保障和落实用人主体自主权，促进人才流动，加大人才引进，扩大用人单位的职称评定自主权。五是改革企业创新管理体制。完善国有企业经营业绩考核办法，分类实施任期创新转型专项评价。完善国有企业创新人才的长效动力机制，实现创新人员报酬与创新绩效挂钩，加大向一线创新人员倾斜力度。通过实施支持创新的普惠性税收政策，引导民营企业加大创新投入。

执笔：合肥区域经济与城市发展研究院研究员　　王玉燕　讲师
审核：合肥市政府政策研究室　　　　　　　　　　黄传霞　副主任

《关于"十三五"期间实施新一轮农村电网改造升级工程的意见》的解读报告

2016年2月，国务院办公厅转发国家发展改革委《关于"十三五"期间实施新一轮农村电网改造升级工程的意见》（国办发〔2016〕9号，以下简称《意见》），在已有政策基础上，将实施新一轮农村电网改造升级工程的大政方针进一步落细、落实。现就《意见》出台背景、主要内容及亮点作简要解读，并结合合肥市实际，提出贯彻落实建议。

一、出台背景和主要内容

（1）出台背景。"十三五"期间实施新一轮农村电网改造升级工程，是加强农村基础设施建设，加快城乡基本公共服务均等化进程的重要举措，对促进农村消费升级、带动相关产业发展和拉动有效投资具有积极意义。自实施新一轮农村电网改造升级工程以来，国务院先后印发实施了一系列推进农村电网改造升级工程的文件，经过几年的努力，农村电网改造升级工程改善了农村基础条件，提高了农村电网的供电能力和供电质量，促进了社会经济发展，加快了城乡一体化发展的进程。但从全国看，电力体制改革不彻底，农网改造推进难度大。仍有部分乡镇的电力产权尚未移交给电网公司，原有线路老化，电源点分布不均，管理混乱，安全隐患多。个别地方资产补偿、人员安置问题没有得到彻底解决，致使农网改造工作推进难度大，严重影响了农网改造升级工程的正常开展。电网建设支持环境有待优化，阻工现象时有发生。新一轮农村电网改造升级工程是在前一轮电网改造尚未完全结束时开展的，工作任务成倍增加，时间要求紧迫，国家相关补助政策不一样，有些地方工作不到位，少数基层群众不了解相关政策，加之有的施工单位工作方法简单粗暴，导致有的地方在征地拆迁、青苗赔偿、改造范围等方面漫天要价，甚至出现非法阻工，严重影响工作进度。相关管理机制不健全，队伍建设需加强。电力体制改革前，乡镇电力管理经营大多承包或转让给私人。体制改革后产权转交给电网公司，乡镇供电所只安排正式职工1~2人，乡镇供电所每村聘1名电管人员，村电管人员又在村民小组聘请临时工，缺乏成熟规范的管理制度。这种人员结构和管理模式难以实现有效管理，加之临时工待遇低，业务水平不高，服务意识淡薄，管理混乱，服务质量差，群众不满意的现象不同程度存在。为此，必须要进一步提高思想认识，加强组织规范管理，落实责任、密切配合，切实完成好新一轮农村电网改造升级各项任务。

（2）主要内容。《意见》坚持问题导向，坚持加快转变政府职能，加快推进城乡电力服务均等化。其主要内容包括五大重点任务、三大政策措施。五大重点任务为：一是加快新型小城镇、中心村电网和农业生产供电设施改造升级；二是稳步推进农村电网投资多元化；三是开展西藏、新疆以及四川、云南、甘肃、青海四省区农村电网建设攻坚；四是加快西部及贫困地区农村电网改造升级；五是推进东中部地区城乡供电服务均等化进程。三大政策措施为：一是多渠道筹集资金；二是加强还贷资金管理；三是深化电力体制改革。

二、合肥市农村电网改造存在的问题

合肥市农村电网改造升级工程起步早，行动快，在全省处于领先地位。但总体上看，农村电网建设滞后于合肥发展现实需要。一是部分地区供电稳定性有待提高。近年来合肥城镇化步伐明显加快，部分农村、城乡结合部等地供电负荷激增，导致供电状态不稳定，城镇化建设急需得到持久稳定的电力保障。二是农村地区低电压现状有待改善。部分农村地区电源点分布不均，网架结构亟待加强，农忙时节部分设备过载，需要进一步合理规划与调整供电台区，解决部分配网线路"卡脖子"，特别是低电压现象。

三、政策建议

（1）出台相关实施方案。2013年、2015年、2016年三年的中央"一号文件"均对农村电网升级改造工程作了进一步强调。基于合肥市今后较长时期内的城乡发展客观需要，针对合肥市工业化和城镇化快速推进的现实情况，应结合《意见》《合肥市国民经济和社会发展第十三个五年规划纲要》，制定出台《加强合肥新一轮农村电网改造升级规划的实施意见》《合肥市农村电网改造升级规划导则》等相关配套文件，制定出台《合肥市农村电网规划项目建设实施行动计划》。各县市在此基础上，抓紧编制完善新一轮农村电网改造升级规划和实施方案，组织专家对新一轮农村电网改造升级规划进行评审，按计划分年度抓好落实工作。

（2）进一步明确相关主体责任。农村电网改造升级工程不仅是供电公司的事情，各相关政府部门、县区政府、供电公司以及相关县、市供电部门均是相关责任主体。作为建设方，供电公司应负责农村电网改造升级工程施工工作。其他部门和相关县区政府也应积极履行相关职责，确保施工的顺利完成。就具体到项目现场施工而言，还应考虑吸收当地乡镇政府、村两委以及群众代表参加。对于推诿责任、敷衍塞责的行为，要予以批评纠正，对于因失职而造成重大损失的责任人，要依据党纪国法，坚决予以处理。

（3）进一步完善工作推进机制。根据市政府办公厅《关于建立合肥市农村电网改造升级联席会议制度的通知》（合政办秘〔2015〕168号）精神，市发改委推动四县一市政府分别成立农网工程领导小组，并牵头会同合肥供电公司、市直有关部门和县、市政府及时协调项目在土地（林地）、规划、环评、道路等方面的问题。当前农村电网改造升级工程的阻力主要来自某些项目区内的干部群众，在工作推进过程中，应尽量吸收当地干部群众代表参加，通过细致耐心的说服工作消除群众误解，同时，对于那些故意刁难、无理取闹的行为，也应坚决及时予以纠正制止。

（4）进一步强化队伍能力建设。乡镇电力管理队伍弱化，能力参差不齐的状况在一定程度上影响到电力体制改革的进一步推进，导致农村干部群众不满意。针对这种情况，应加强宣传教育和组织培训，强化日常管理，进一步增强其服务"三农"的意识，提高其服务"三农"的能力，从而更好地完成"十三五"新一轮农村电网改造升级各项任务。

（5）进一步落实安全管控和质量督查。在相关工程实施过程中，应加强预算监督和审计监督，对正在施工中的工程开展随机抽查，了解工程项目实施情况、物资及资金使用情况、档案资料的流转归集情况，及时发现和消除风险、缺陷。健全定期通报制度，及时掌握工程实施进度，促进所有项目均依法合规完成。

执笔：安徽大学中国三农问题研究中心　常　伟　教授
　　　合肥区域经济与城市发展研究院　兼职研究员
审核：合肥市政府政策研究室　　　　　黄传霞　副主任

国务院《关于进一步健全特困人员救助供养制度的意见》的解读报告

2016 年 2 月，国务院出台《关于进一步健全特困人员救助供养制度的意见》（国发〔2016〕14 号，以下简称《意见》），针对新形势下特困人员救助供养的突出问题，提出多方面保障措施，进一步规范细化特困人员救助供养的制度内容。现对《意见》出台背景、主要内容作简要解读，并结合合肥市实际，就贯彻落实《意见》精神提出相关建议。

一、出台背景和主要内容

（1）出台背景。特困人员救助制度是我国一项传统的社会救助制度。20 世纪 50 年代，为解决城乡"三无"人员生存保障问题，我国分别建立起农村五保供养、城市"三无"人员救济和福利院供养制度。改革开放以来，尤其是进入 21 世纪以来，农村五保供养逐步纳入法制化轨道，实现了从农村集体供养向财政供养的重大转变；城市"三无"人员逐步纳入城市最低生活保障。2014 年，国务院颁布施行《社会救助暂行办法》，将农村五保供养和城市"三无"人员救助制度统一为特困人员供养制度。目前我国已经形成了以民政系统为核心，残联、扶贫、住房、卫生计生、教育、人力资源和社会保障等系统相互补充的社会救助网。但从总体上看，全国尚有 591 万城乡特困人员，占社会总人口的 1% 左右。特困人员的救助供养是守护社会基本价值底线、维持社会稳定的核心环节，紧紧盯住这些特殊困难群体，下大力气解决好他们的基本生活，做到应救尽救、应养尽养，是完善社会救助体系、织牢民生安全网的必然要求，也是保障和改善民生、坚持共享发展的应有之义，对于打赢脱贫攻坚战、全面建成小康社会和促进公平正义、维护社会稳定具有十分重要的意义。

（2）主要内容。《意见》从总体要求和基本原则、制度内容、保障措施 3 个方面，提出了 13 项具体细化的政策措施，具有鲜明的创新亮点。概括起来主要是"四大亮点"：一是坚持城乡统筹，推动救助供养公平高效。以城乡统筹为基本原则，将过去城乡分治的"三无"人员保障制度统一为城乡统筹的特困人员救助供养制度，实现政策目标、资金筹集、对象范围、供养标准、经办服务等方面城乡统筹，着力健全和理顺城乡特困人员救助供养工作管理体制和运行机制，改进办理程序，确保城乡特困人员在救助供养方面权利公平、机会公平、规则公平。二是坚持托底保障，推动托底责任上肩落地。将符合条件的特困人员全部纳入救助供养范围，切实做到应救尽救、应养尽养；同时，着力于"网底"的坚固和保障的适度，做到既满足特困人员在基本生活和照料服务方面的基本需求，又与经济社会发展相适应，避免标准、水平脱离实际。三是突出服务保障，优化服务供给方式。注重服务保障是特困人员救助供养制度与最低生活保障等其他社会救助制度的一个明显区别。变传统的单一物质救助为物质帮扶与日常照料、精神抚慰、心理疏导等非物质供养服务相结合。同时转变思维方式，强化服务理念，鼓励多元主体参与，充分发挥市场机制和社会力量的作用，切实做好特困人员救助供养服务工作。四是坚持精准供养，实施分类保障。坚持"精准"原则，围绕对象认定精准、救助标准制定精准、供养服务实施精准等要求，进一步规范资格条件、明确认定办法、严格审批程序、完善标准制定、优化服务供给，确保制度的公平公正实施。

二、合肥市特困人员救助供养现状及面临的挑战

近年来，合肥市统筹推进养老服务业发展，积极推动社会救助体系转型升级，实现了对特困供养人员的全覆盖，发挥了政府社会保障"兜底线"的作用，促进了经济发展和社会稳定。一是建立健全社会救助"一门受理、协同办理"机制。全市140个乡镇（街道）均设立了社会救助受理服务中心，每个社会救助受理服务中心均配备专职人员，受理群众申请。受理服务做到中心标识、表格、流程、工作职责和工作制度"四统一"。二是全力推进养老服务体系建设。全市建成267个社区养老服务站、289个农村幸福院。积极推进"医养结合"养老新模式，已建成23个农村五保供养服务机构"特护区"，4个民办养老机构设立了医疗室，10个民办养老机构与卫生机构签订了医疗服务协议。三是社会救助规范化建设加快推进。出台临时救助政策，进一步发挥社会救助托底线、救急难的作用。明确临时救助对象，对符合救助条件的对象实行分类分档救助，简化紧急救助程序，为遭遇急难的对象提供及时救助。同时积极引导社会力量参与社会救助。2015年7月，包河区常青街道与安徽乐邦慈善基金会合作设立"乐助常青"社会救助基金引导社工介入项目，为辖区内救助对象开展应急救助、心理疏导等关怀型救助，积极构建"政府＋基金会＋社工＋志愿者"四位一体的救助模式。这是全国首个以PPP模式组建的社会救助项目。四是积极推动医养结合改革试点。支持医疗机构开办养老机构，鼓励社会力量开展家庭医疗保健服务。启动以县（市）、区为实施主体的政府购买居家养老服务改革。基本实现了民政部门与其他相关部门之间的数据共享、无缝衔接，社会帮扶机制得到拓展。特困人员供养机构的救助供养能力得到明显提高，并逐渐与城乡居民基本养老保险、基本医疗保障、最低生活保障、孤儿基本生活保障、残疾人两项补贴等制度相衔接。

但从现实情况看，当前的特困人员救助供养工作仍存在一些挑战：一是特困供养对象认定标准尚未统一。全市特困人员救助供养资格认定细则尚未出台，相关特困人员救助供养的地方性政策也未制定。二是集中供养水平不一。存在供养机构人员设施不足、服务不足及管理机构不一的问题，城乡特困人员供养标准还存在差异。三是分散供养人员救助供养服务缺少统一标准。大部分能够自理的特困人员多倾向选择分散供养。社区供养或第三方寄养作为一种救助供养的模式，其职责权利缺少清晰界定等。

三、政策建议

（1）坚持分类施策，探索多样化供养模式。一是按照中央提出的精准扶贫的指示精神，在做好对特困人员发现和识别的工作基础上，进一步做到针对特困人员的合理分类和必要分级，把握和锚定特困人员的基本困难和迫切需求，提供对应的救助供养服务和帮扶，有效提高救助供养的实施效果，合理节约资源。二是在通过实物或者现金的方式对特困人员予以保障之外，积极探索引入多种服务形式，如以政府购买服务的方式，深入推进由第三方机构为特困人员提供各类服务。三是探索对特困人员的救助供养与其他社会公共服务的对接与共享，尝试将合肥市正力推的医养结合养老服务延伸到特困人员群体，尝试依托社区广泛开展托儿所与托老所服务，也可以针对住房难、入学难、就医难等特困人员，尝试以绿色通道等形式给予直接帮扶。尝试推进在供养机构中设立特困人员特护区，为患病或失能失智的特困供养人员提供护理服务。

（2）推进分工协作，改进工作协调机制。通过构建跨部门协调联动机制，形成齐抓共管、整体推进的工作格局。民政部门应切实履行主管部门职责，发挥好统筹协调作用，健全特困人员主动发现机制，加强特困人员救助供养工作日常管理，推动相关标准体系完善和信息化建设，健全特困人员建档立卡制度。组织部门参照民政部门绩效评价结果，对地方政府领导班子和有关领导干部进行考核评价。发展改革部门将特困人员救助供养纳入专项规划，将供养服务机构建设纳入经济社会发展总体规划，支持供养服务设施建设。卫生计生、教育、住房城乡建设、人力资源社会保障等部门积极配合民政部门做好特困人员救助供养相关工作，实现社会救助信息互联互通、资源共享。财政部门强化资金保障，完善资金发放机制。

（3）加大监管力度，提升救助供养水平。建立健全特困人员救助供养监督检查长效机制，加大督查力度，提高救助水平，有效防范和遏制救助供养工作中的违法违规行为。强化日常监管，及时发现和解决存在的问题，优化救助供养工作流程，完善相关制度办法，促进救助供养公开透明。开展专项督查，市民政局每年至少组织开展1次专项检查，会同有关部门进行专项督查。拓宽监督渠道，县（市）、区民政部门要设置和公布特困人员救助举报投诉电话，落实专人负责、首问负责制。建立绩效考评制度，市民政局研究制定特困人员救助供养绩效考评办法，科学设定绩效目标和量化评价指标体系。

（4）鼓励社会参与，构建全民帮扶格局。有效解决城乡特困人员救助供养问题，既要各级政府履行兜底责任，也需要社会各界群策群力。近日，习近平总书记在考察安徽金寨时指出要"依靠群众精准找到和帮助贫困户"，为特困人员救助供养工作指明了方向。应深刻领会和贯彻落实，调动广大群众的积极性与创造性，广泛参与到特困人员救助供养过程中来。一是加大对供养服务机构的扶持力度，适当降低准入门槛，减少登记程序。推行专门针对集中供养机构的长期护理保险等医疗保险项目。加大政府购买服务和项目支持力度，落实各项财政补贴、税收优惠和收费减免等政策，支持供养服务机构加强社会工作等专业服务队伍建设。二是引导志愿组织与志愿者积极参与。一方面营造为特困人员提供利他性志愿服务环境，另一方面也应探索将志愿服务与其他考核考评环节进行衔接，如与积分入户之间的衔接等。三是加强宣传引导。充分利用报纸、广播、电视、网络等媒体，大力宣传合肥市特困人员救助供养的方针政策，宣传和表彰合肥市涌现出的先进典型，让对特困人员的关爱深入人心，对特困人员的关照外化于形，形成全社会关心、支持、参与特困人员救助供养工作的良好氛围。

执笔：合肥区域经济与城市发展研究院研究员　陈俊峰　副教授
审核：合肥市政府政策研究室　　　　　　　　黄传霞　副主任

《国务院关于印发推进普惠金融发展规划（2016～2020年）的通知》的解读报告

　　普惠金融，是指立足机会平等要求和商业可持续原则，以可负担的成本为有金融服务需求的社会各阶层和群体提供适当、有效的金融服务。2015年12月，《国务院关于印发推进普惠金融发展规划（2016～2020年）的通知》（国发〔2015〕74号，以下简称《规划》）发布，首次从国家层面确立普惠金融发展的实施战略。《规划》提出建立有效、全方位为社会所有阶层和群体提供服务的金融体系，为弱势群体提供平等享受现代金融服务的机会和权利。现结合合肥市实际，对《规划》的出台背景、主要内容作简要解读，并就贯彻落实《规划》精神提出相关建议。

一、出台背景和主要内容

　　（1）出台背景。改革开放30多年来，我国经济实现了快速增长。支撑这一增长模式的是以大型商业银行为主导的间接融资体制，大量金融资源投向重点项目、重点行业和重点地区，从而带动经济增长。目前，这种投资拉动增长模式已遭遇瓶颈，一方面大型项目的投资空间日益减少；另一方面随着产业结构转型升级和大众创业、万众创新局面的逐步形成，越来越多的中小微企业兴起，中小微企业在传统体制框架下难以获得金融支持。为此，国务院出台《规划》，力图通过金融体制改革，推动普惠金融发展，让小微企业、"三农"等弱势群体、弱势产业、弱势地区获得金融扶持，进一步促进大众创业、万众创新，增进社会公平和社会和谐。

　　（2）主要内容。《规划》的主要内容可概括为"三大目标"和"四大任务"。"三大目标"：一是提高金融服务覆盖率；二是提高金融服务可得性；三是提高金融服务满意度。"四大任务"：一是健全多元化广覆盖的机构体系，体现在发挥各类银行机构的作用，规范发展各类新型机构，积极发挥保险公司保障优势；二是创新金融产品和服务体系，体现在鼓励金融机构创新产品和服务方式，提升金融机构科技运用水平，发挥互联网促进普惠金融发展的有益作用；三是加快推进金融基础设施建设，体现在推进农村支付环境建设，建立健全普惠金融信用信息体系，建立普惠金融统计体系；四是完善普惠金融法律法规体系，体现在加快建立发展普惠金融基本制度，确立各类普惠金融服务主体法律规范，健全普惠金融消费者权益保护法律体系。同时，《规划》从政策支持、加强金融知识普及教育等方面提出 13 条政策和保障措施。

二、合肥市普惠金融发展的现状及存在问题

近年来，合肥市不断加强金融供给侧改革，在推动普惠金融发展，加强金融服务小微、服务"三农"等方面不断取得新突破，有力提升了金融对经济社会发展的支撑作用，主要表现为：一是普惠金融服务体系不断完善。全市已初步形成银行、保险、证券等各业并举、功能完备、运行稳健的多元化金融体系和全方位的金融发展格局。随着农商行、村镇银行等机构实现县域全覆盖，金融体系不断加快网点下沉，积极向县域、乡镇等金融服务薄弱区域延伸，"十二五"末，全市基础金融服务行政村覆盖率达 85.5%，乡镇金融基本实现全覆盖。林权抵押贷款、土地承包经营权抵押贷款等农村各项权属抵押贷款试点已在全市试行。在小微金融服务方面，市级中小企业服务大厅等公共服务平台已于 2012 年5 月启动运营，为中小企业提供融资、财税、法律等 30 多项服务项目。全市已累计设立科技支行、社区支行、小微支行等特色机构 114 个，有 82 家小贷公司，85 家典当行，23 家融资性担保机构（含分支机构）。成功入选国家小微企业双创基地城市示范区，为小微企业创业创新发展赢得了重大机遇。二是资本市场助农助小表现突出。拟上市，拟在新三板、区域性场外市场挂牌的企业在其股改完成到上市（挂牌）前可享受 50 万~300 万元的预借资金支持，有力提升了中小企业投入资本市场的信心，自 2014 年以来已兑现企业上市（挂牌）奖励共计 5000 余万元，惠及企业 99 家，目前全市新三板挂牌企业已达 74家。三是地方财政金融创新不断发力。推出大湖名城系列财政金融产品、构建完善政策性融资担保体系、打造政府投资引导基金等，着力服务中小企业、涉农企业等薄弱市场主体转型升级发展，服务大众创业、万众创新。

总体来看，合肥市普惠金融发展成效显著，涉农贷款、小微企业贷款增速及占比持续上升，金融服务的便利性和可获得性进一步提高，面向弱势群体和薄弱环节的金融产品和服务创新加快普及，农村金融支付、征信等基础设施建设加快推进，金融服务覆盖面和渗透率不断扩大。但同时也存在一些较为突出的问题：一是农村网点少，融资服务单一。除农村商业银行在乡镇一级设有分支机构外，农行和邮政储蓄银行仅在部分乡镇设有分支机构，农村新型金融组织如村镇银行等大部分设在县城。保险、证券等其他金融机构服务基本上空白，农村金融服务仍然比较单一，贷款条件仍然比较苛刻，服务成本仍然很高。各大银行为了缩减运营成本依然不断减少实体网点，通过行政手段要求金融机构增加营业网点困难重重。二是金融产品创新不够，服务有待规范。为种养业和农副产品收购加工提供的信贷服务多，针对新型经济组织、自建房、子女教育、旅游度假等方面的信贷产品少。且贷款多是抵押担保贷款、短期贷款，缺少抵御农业自然风险和农产品市场风险的农业保险品种。另外融资中介服务不够完善，贷款抵押评估、登记等环节较多，收费较高，甚至有重复评估登记和乱收费等现象。为弥补管理成本支出，外加很多外包服务等，普惠金融在基层执行会出现重重乱象，导致小微企业、农民等贷款经常出现层层克扣、弄虚作假等。三是小额信贷经营成本高、风险大，金融机构信贷动力不足。出于普惠金融贷款具有

单位数量大、单项金额少的特点，且缺乏必要的担保物，多以联保、保证等作为担保方式，分布区域又较广，特别是在征信、执行方面，工作烦琐复杂，由此导致银行业务运行成本和风险成本都较高。农业经营主体资金链、担保链断裂风险增大，"欠贷拖债"时有发生，少数企业和农户恶意拖欠银行贷款，银行回款难。四是各类以民营资本为主的金融机构发展举步维艰。由于民营金融机构不属于银行金融机构，无法享受银行金融机构的税费优惠政策以及同业拆借利率优惠。另外国家和安徽省相继出台的有关加强民营金融机构发展的政策措施无法落地，严重影响了民营金融机构的发展。同时，大量以民营资本为主发起设立、作为一种信息中介机构的 P2P 公司，特别是中小型 P2P 公司，由于无法掌握有效的征信信息，短期内暴露出来的问题触目惊心。如何把针对弱势金融群体的第三方征信数据纳入共享征信平台，应是各级政府需要鼓励和推进的当务之急。

三、贯彻落实《规划》的对策建议

（1）改善农村金融服务环境。充分发挥国有商业银行和股份制银行在科技、专业、资金和产业链金融方面的优势，加快创新农村金融产品和服务方式，支持科技农业、都市农业、园艺农业和休闲农业发展；农村信用社充分发挥机制灵活和贴近本土的地缘优势，重点支持农民进城、就业创业、家庭农场、种养大户及农民专业合作组织，并不断为农户提供更多快捷便利的金融服务；村镇银行、小贷公司等机构充分发挥贴近基层、链条短、信息对称的优势，主动重心下沉和向下延伸，形成机构差异、产品差异、市场差异、竞争合作的农村金融服务体系。不断完善农业保险、信用保险和贷款担保制度，在银行信贷和客户授信中引入保险机制，有效为支农普惠提供保障。在鼓励各级金融机构积极部署基层网点的同时，对各种第三方金融服务代理、代办、外包机构和人员进行梳理，规范各项操作细则和服务标准，同时大力促进利用手机、互联网进行在线金融服务，对于文化水平较低的区域和人员，可以通过各种途径的培训、帮扶协助其接受、使用网络化的金融服务，以提高服务水平和效率，避免人民群众"磨破嘴、跑断腿、操碎心"。

（2）创新金融产品和服务方式。依托农业产业化龙头企业，推广产业链信贷创新产品。推动金融机构根据新型农业经营主体、小微企业的融资需求，有针对性地设计金融产品。大力推进"4321"新型政银担合作机制，构建政银担三方共同参与、可持续的新型合作关系。对于目前层出不穷的各类金融创新，不能因其民营资本的身份而戴有色眼镜看待，要从风险可控、秩序可控、平稳发展的角度出发，以法律法规的建设完善和监管政策的切实有效为目标，既不能拔苗助长，又不能因噎废食，让创新金融产品和服务春风化雨般为老百姓所接受，避免出现"严打""背书"两个极端。

（3）营造良好的金融政策环境。一是加强社会信用体系建设。建立并完善涵盖私营企业、个体工商户、农民专业合作社、家庭农场及农户等普惠金融涉及主体的全面征信体系，积极开展信用评级和公开，加大对失信行为惩罚力度和执法力度，严厉打击逃废银行债务行为，促进信用机制不断健全，对于一些民营企业已经在做的第三方征信，要积极鼓励其纳入社会整体征信数据平台，特别是诸如个人消费习惯、小微企业日常业务流水等极具参考价值的征信数据，银行无法做到详细掌握，而各类提供平台服务的第三方机构却可以详细分析，此类征信数据对小额贷款信用额度评定有很大的参考价值。二是健全完善普惠金融风险分担体系。通过政策性担保公司、风险补偿基金等方式，充分发挥财政资金的杠杆作用和放大效应。同时通过建立农业保险基金、巨灾保险基金、再保险制度，为农业信贷提供进一步的风险分散和损失补充机制，解除各金融机构的后顾之忧。

（4）促进民营金融机构健康发展。鼓励有资格的民营企业发起或参与设立民营银行、消费金融公司、金融租赁公司等新兴金融机构。对服务"三农"和中小微企业的类金融民营金融机构给予税前抵扣和税收优惠政策。拓宽此类机构的融资渠道，鼓励、帮助民营金融机构进入境内外资本市场，增强民营金融机构的资本实力。积极争取和支持民间资本发起或参与设立产业基金、股权投资基金、创业投资基金和并购基金。

执笔：合肥区域经济与城市发展研究院研究员　孙和风　讲师
审核：合肥市政府政策研究室　　　　　　　　黄传霞　副主任

中共中央、国务院《关于深化投融资体制改革的意见》的解读报告

2016 年 7 月，中共中央、国务院出台《关于深化投融资体制改革的意见》（中发〔2016〕18 号，以下简称《意见》），这是我国改革开放 30 多年来第一次以党中央、国务院名义发布的专门针对投融资体制改革的文件，将成为当前和今后一个时期深化投融资体制改革的综合性、指导性、纲领性文件。现就《意见》的出台背景、主要内容作简要解读，并结合合肥市实际，就贯彻落实《意见》精神提出相关建议。

一、《意见》出台背景和主要内容

（1）出台背景。投资是经济增长的关键，融资是投资的保障。长期以来，投资对我国经济增长起着十分重要的作用，据统计，从 1995 年到 2014 年 20 年间投资对经济增长的贡献率年均达到 45.45%。投资对经济增长影响重大，尤其在经济下行时，投资更是政府对冲经济下行的重要手段。然而，近年来随着经济下行，我国投资增速也在快速下滑，固定资产投资增速从高峰的 33.3% 跌至 2016 年上半年的 9%，下跌了近 2/3，其中民间投资形势更是严峻，增速甚至出现了"断崖式"下滑。2016 年上半年民间投资增速仅为 2.8%，远低于 9% 的固定资产投资增速，导致民间投资占全部投资之比从前两年的 65% 左右下降到 61.5%。激活投资，关系到当前稳增长、保就业的大局。党中央、国务院回应社会重大关切，针对经济发展中的重大问题以及投融资体制存在的突出问题，发布了《意见》，部署投融资体制改革工作。

（2）主要内容。《意见》分为 6 个部分，共 19 条。概括起来，主要内容包括"一个总体要求"和"四项改革措施"。"一个总体要求"：进一步转变政府职能，深入推进简政放权、放管结合、优化服务改革，建立完善企业自主决策、融资渠道畅通、职能转变到位、政府行为规范、宏观调控有效、法治保障健全的新型投融资体制。"四项改革措施"：一是改善企业投资管理，充分激发社会投资动力和活力；二是完善政府投资体制，发挥好政府投资的引导和带动作用；三是创新融资机制，畅通投资项目融资渠道；四是切实转变政府职能，提升综合服务管理水平。《意见》亮点纷呈，体现在三大方面：一是发挥市场在资源配置中的决定性作用。探索"不再审批"的管理模式，除极少数关系国家安全和

生态安全，涉及全国重大生产力布局、战略性资源开发和重大公共利益等的企业投资项目外，一律由企业依法依规自主决策，政府不再审批。政府在企业投资项目上将由审批、核准转向试点企业投资项目承诺制。二是更好地发挥政府作用。明确政府投资资金以非经营性项目为主，对于民间资本不愿意投资或者不能有效投资的，政府要进行补位。原则上不支持经营性项目。有序建立政府投资项目储备库，编制三年滚动政府投资计划，使项目投资管理更加规范有序；提出建立并逐步推行投资项目审批首问负责制，建立多评合一、统一评审的新模式等措施，提高服务效率，提升投资便利化；健全投资监管约束机制，建设投资项目在线审批监管平台，规范企业投资行为等。三是创新融资机制。开展金融机构以适当方式依法持有企业股权的试点，逐步放宽保险资金投资范围，稳步放宽境内企业和金融机构赴境外融资等，保障企业投资顺利获得金融资源。

二、合肥市投融资体制改革现状及存在问题

近年来，合肥市不断创新投融资管理模式，实施相关配套改革，已基本构建起科学、合理的投融资管理体制。投资方面，2015 年全社会固定资产投资 6153.35 亿元，同比增长 15.4%，投资总量已跻身省会"五强"。其中，工业投资 2049.66 亿元，增长 9.9%。融资方面，截至 2015 年末，金融机构本外币各项贷款余额 10171.1 亿元，增长 17.3%，全市境内外上市公司达 36 家（其中境外上市 2 家）。2015 年新增上市公司 2 家，股权融资（首发、增发及场外市场融资）合计 113.43 亿元，债券融资 1619.22 亿元。

合肥市在国内经济下行压力加大的不利形势下，虽然仍保持了较为旺盛的投资需求和稳定增长的融资规模，但同时也存在一些突出问题：

一是民间投资增幅回落。2015 年，合肥市民间投资 4318.2 亿元，同比增长 30.5%，民间投资占全市投资的比重由上年同期的 62.1% 提高到 70.2%。但 2016 年以来，受产能过剩、市场有效需求不足等影响，市场主体投资意愿和能力不足，2016 年上半年较 2015 年回落 18.4 个百分点，总占比回落 2.6 个百分点。

二是金融供给不平衡。以银行信贷为主的间接融资规模仍占主导地位，对资本市场利用还不够充分，直接融资规模相对偏小，如 2016 年 1~6 月合肥市新增信贷资金占全社会融资规模的 74%；县域人民币贷款余额仅为全市的 17.62% 左右，金融业对县域经济社会发展的带动力相对不足。同时，互联网金融等新型业态的发展，给现行金融监管机制和方式带来挑战。

三是服务水平有待提高。虽然合肥市为推进投融资体制改革推出了一系列创新措施，但由于部门信息化水平较低，联动性较差，企业对投融资过程中的复杂审核手续、多部门多环节、"玻璃门"等问题反映强烈。另外，投资项目在线审批监管平台仅在发改系统上线使用，相关横向审批部门尚未全部上线，监管工作尚不能统筹。

四是部分区域投融资机制有待规范。一方面，县区仍通过出具回购承诺或保底安排，以组建基金、明股实债等方式筹集城镇化建设资金；另一方面，一些地方在选择 PPP、政府购买服务等方式进行项目融资的过程中，选择项目承接主体的操作程序有待规范。这些违规举债、变相融资和违规操作的行为存在一定的政策风险。

三、贯彻落实《意见》的对策建议

在经济发展新常态下，加快和深化投融资体制改革，是中央的一项重大决策部署，对推进供给侧结构性改革，落实"三去一降一补"任务意义重大。能否抓住新一轮投融资改革的政策性机遇，充分发挥投资在短期稳增长、长期促供给的拉动作用，不仅事关合肥长远发展，也是破解当前经济下行、企业融资难的有力抓手。必须进一步解放思想，坚持问题导向，深入研究国家投资趋势和投资重点领域，不断完善投融资体制改革的理念、思路和方法，加强投融资工作，健全投融资体系，提升投融资能力，加快推进各项改革措施，为全市发展提供强力支撑。

（1）拓宽渠道提升民间投资水平。鼓励政府和民间资本合作，明确特许经营和PPP的适用范围，扩大公共产品和服务供给。一是探索民间投资负面清单制度，鼓励和引导民间投资进入清单之外的领域，打消民间投资冲击公有制主体地位的顾虑。二是通过专项集资和定向募集吸收民间资本，对一些民用基础设施和重大项目建设，有选择性地发行地方性重大项目建设债券，实现对民间投资的吸纳。三是探索建立民间实业投资项目政策性中止的经济补偿制度，对在产业转型升级和节能减排过程中，因政策改变而中止的民间投资项目，给予经济补偿。

（2）加快推动投融资平台市场化转型。一是整合分散资源，发挥整体优势。要按照"实体化、市场化、公司化、可持续"的定位，将分散在不同平台公司的优质资源加以整合，依照资产资本化、财政杠杆化的基本路径，有效整合运作国有资产，提高资源配置效率，发挥资源的协同效应。同时，合理调整资源结构，优化各类资源组合，发展多元化的业务板块，增强抗风险能力。二是支持平台公司转型，政企分开。要按照现代企业制度的要求，完善法人治理结构，规范公司治理，形成科学、民主决策机制。要树立金融财政的思维模式，使财政投资方式市场化、杠杆化，走政府主导、金融先导、产融结合、引导产业发展的路子，搭建投融资平台，衔接国家政策，发挥国有资本的引导作用和放大效应，撬动更多社会资本。按照"融投用管还"一体化经营，建立全新的经营模式和管控模式，完善业务体系，提升盈利水平，实现平台的可持续融资。

（3）切实提升金融服务水平。一是加大信贷支持力度。充分利用税融通业务、大湖名城系列财政金融产品、两权抵押贷款试点、中小微企业续贷过桥资金等方式引导金融机构积极推进差异化信贷政策。二是强化融资扶持引导。制定推动民间资金有效转化为民间资本的政策措施，支持民间资本管理公司、民间融资登记服务公司和小额贷款公司等地方金融组织规范发展。建立银企对接信息共享平台，为民间资本提供一站式融资撮合服务。三是加大激励考核机制运用。鼓励金融机构创新金融支持方式，加大重点领域、重点项目的信贷支持力度，健全支持企业债券融资财政奖补政策，支持民营企业利用短期融资券、中期票据、中小企业集合票据等非金融企业债务融资工具融资。完善奖励激励和风险包容机制，鼓励政府股权投资引导基金及其子基金加快投资进度。加大财政支持中小企业专项资金的比例。积极引导和支持保险资金投资于民营企业项目。

（4）健全多方投融资机制。一是进一步拓宽投资项目融资渠道。大力发展直接融资，支持有真实经济活动支撑的资产证券化，优化金融资源配置；丰富债券品种，鼓励企业通过债券市场筹措资金。二是构建以地方政府债券为主体的政府举债机制。充分发挥政府债券对稳增长、防风险的促进作用，利用合肥市政府债务限额空间和财力优势，积极争取新增债券发行规模，用好用足新增债券资金。优化政府债务期限结构，降低政府融资成本。三是积极推进以项目为核心的市场化投融资模式。支持运用PPP、政府购买服务等方式推动公共基础设施建设，激发社会资本活力，减缓政府投资压力和债务压力，有效提高公共服务的质量和效率。

执笔：合肥区域经济与城市发展研究院研究员　　何　芸　讲师
　　　合肥市政府政策研究室经济处　　　　　　羊　帆　副主任科员
审核：合肥市政府政策研究室　　　　　　　　　黄传霞　副主任

《国务院关于在市场体系建设中建立公平竞争审查制度的意见》的解读报告

2016 年 6 月，《国务院关于在市场体系建设中建立公平竞争审查制度的意见》（国发〔2016〕34 号，以下简称《意见》）发布，针对各地仍然普遍存在的地方保护、区域封锁、行业壁垒、企业垄断、违法给予优惠政策或减损市场主体利益等损害统一市场建设和公平竞争的问题，要求政策制定机关在政策制定过程中，应当进行公平竞争审查。现就《意见》出台背景、主要内容做简要解读，并结合合肥市实际，就贯彻落实《意见》精神，提出相关建议。

一、《意见》出台背景和主要内容

（1）出台背景。我国《反垄断法》实施近 8 年时间，执法机构着力查处了一批具有广泛社会影响的案件，但从宏观的视角观察，我国目前阶段，创新动力不足、竞争不够充分的问题依然存在，其中一个重要原因就是政府行为对市场公平竞争的不当影响。从我国经济社会发展过程来看，改革开放之初，由于市场发育程度较低和大量社会基础设施需由国家投资建设，政府主导的产业政策在推动经济发展中举足轻重，竞争政策往往只起着次要的作用。但随着我国经济进入新的发展阶段，尤其是在经济市场化、竞争国际化和政府干预法治化的新常态下，过度的行政干预和"倾斜政策"只会对经济发展和效率提高产生负面影响。在这种情况下，转向以竞争政策为主、产业政策服从竞争政策就成为经济社会发展的必然。建立和实施公平竞争审查制度、防止和纠正妨碍竞争的体制和政策设定，成为一项十分重要和紧迫的任务。《意见》的出台，正是我国国家竞争政策体系基本确立的重要标志。对于全面深化改革，进一步厘清政府与市场边界，促进经济持续健康发展具有重大而深远的意义，对推进供给侧结构性改革和"放管服"改革也具有十分重要的现实意义。

（2）主要内容。《意见》首次对建立公平竞争审查制度作出了顶层设计，明确了审查对象、审查方式、审查标准、实施步骤、保障措施等内容，可以概括为"三个结合、四类标准、五项措施"。"三个结合"：自我审查和外部监督相结合、原则禁止与例外规定相结合、规范增量和清理存量相结合。"四类标准"：包括四个方面 18 条，为行政权力划定了 18 个"不得"，分别为市场准入和退出标准 5 项、商品和要素自由流动标准 5 项、影响经营生产成本标准 4 项、影响生产行为标准 4 项，同时，还提出了两条兜底性条款。上述标准全面系统地为公平审查提供了遵循依据，实际上也是为政府行为列出了负面清单。"五项措施"：一是分步实施，自 2016 年 7 月 1 日起，国务院各部门、省级政府及所属部门先行实施，2017 年起县市政府及各部门全面推开；二是健全机制，加强对制度实施的协调和指导；三是定期评估，条件成熟时要组织开展第三方评估；四是制定细则，进一步明确审查程序和机制；五是强化执法，严厉查处滥用行政权力，排除限制竞争行为。这些措施使得公平竞争审查制度的实施更具有指导性、操作性和可行性。

二、合肥市市场公平竞争环境建设的现状和挑战

改革开放以来，合肥市各市场主体通过竞争，增强了创新能力，提高了科技水平，解放了生产力，促进了经济快速发展。一是产业政策覆盖全面。国有企业和民营企业拥有平等的市场主体地位，如合肥市的家用电器、平板显示及电子信息等制造行业就是一个有着充分竞争的市场，通过竞争合肥市在制造业领域（特别是家电等产品）处在领先的位置。二是市场主体建设规范周全。全面实施"三证合一、一照一码"登记，尤其对后置审批项目实行"双告知、一承诺"制度，实现工商登记和审批监管有效衔接，进一步激发了市场活力。截至 2016 年 8 月底，全市市场主体突破 50 万户大关，实有各类市场主体512949 户，同比增长 23.3%。其中：内资企业 223711 户（含私营企业 209019 户），外资企业 1796 户，个体工商户 283487 户，农民专业合作社 3955 户。三是价格政策坚持监督指导公示相结合。针对省级以上物价部门放开政府定价的收费项目，市政府坚持"更新一批，规范一批"，防止因价格联盟造成恶性竞争。同时对涉及范围广、涉及人数多的行业活动，实行价格公示制度，规范各行业商业行为，营造公平竞争的市场环境。如市物价局网站、电视媒体坚持公布当日各类蔬菜、肉类等指导价格。再如对全社会关注的驾驶员培训费用问题，合肥市在全省定价目录中将其由原来的政府定价改为市场调节价后，第一时间制定"管理办法"，公示收费明细，及时做到价格监管有抓手，驾培机构可操作，维护了驾驶员培训市场的正常秩序。四是对企业的垄断或不公平竞争行为不定期进行系统调查。市工商部门牵头，开展公有企业限制竞争和垄断行为突出问题专项执法行动，专门针对全市供水、供电、供气、公共交通、殡葬五个公共行业进行调查，发现其中限制交易、滥收费用、搭售、附加不合理交易条件等违反公共竞争的违规行为较为突出，目前已经对多项行为进行立案，并正在进一步调查中。

尽管合肥市一直坚持把"传统的行业做灵活，把自由的市场做规范"，但在一些行业特别是服务业领域目前竞争不充分、不平衡的问题仍然存在，政府在市场领域的痕迹明显，部分官员认识还有不到位的情况。这些都有可能扭曲市场机制，降低市场运行效率，导致严重的寻租和不公正，甚至偏离市场化改革方向。

三、贯彻落实《意见》的对策建议

（1）健全工作机制。建立公平竞争审查制度，是一项全新的制度，涉及面广，政策

性强，也是一项长期性、系统性的任务。一是成立"公平竞争审查工作委员会"，市发改、财政等政府综合部门以及物价、法制、商务、工商等相关部门建立健全部门间工作机制，及时衔接国家和省有关部门出台的公平竞争审查实施细则。二是健全"出入"制度，结合合肥市实际，抓紧制定合肥市落实公平竞争审查制度的具体办法和清理政策措施的工作方案，确保合肥市公平竞争审查工作和相关政策清理废除工作稳妥推进。三是建立评估机制。对建立公平竞争审查制度后出台的政策措施，定期对其影响进行评估。在条件成熟时组织开展第三方评估。

（2）率先分步实施。建议在"公平竞争审查制度工作委员会"指导和督促下，分步实施，有序清理。一是在 2016 年底之前启动清理工作。按照"谁制定、谁清理"的原则，对涉及公平竞争的相关规定和做法进行分类，有序清理存量。各部门要对照公平竞争审查制度的具体要求，对现行政策措施认真开展自查梳理，有序清理和废除妨碍统一市场和公平竞争的各种规定和做法；在起草制定相关规章、规范性文件和政策措施过程中，要严格按照审查标准进行自我审查，防止出台限制、排除竞争的相关政策措施。二是从 2017 年 1 月起，在市级人民政府及所属部门逐步开展公平竞争审查。三是从 2017 年 7 月起，在辖区内市（县、区）逐步开展公平竞争审查。

（3）健全审查保障机制。一是健全市场机制。充分发挥市场的决定性作用，防止政府不当干预市场，逐步确立竞争政策的基础性地位，使资源配置依据市场规则、市场价格、市场竞争实现效率最优化。进一步完善价格形成机制，深入推进价格改革。加快建立竞争政策与产业、投资政策的协调机制，维护公平竞争的市场秩序，促进形成统一开放、竞争有序的现代市场体系。二是完善守信机制。进一步加强政府信用体系建设，把政务履约和守诺服务纳入各级政府的绩效评价体系，建立健全政务和行政承诺考核制度。市人民政府对依法作出的政策承诺和签订的各类合同要认真履约和兑现，不断健全政务诚信约束和问责机制。进一步推广重大决策事项公示和听证制度。三是强化监督和问责机制。建立公平竞争审查工作考评、督查和责任追究制度，按照"分级管理、按职能划分，谁管理、谁负责"的原则，明确责任划分，不同行业由不同分管部门进行全程追责。对未进行公平竞争审查或者违反公平竞争审查标准出台政策措施，以及不及时纠正相关政策措施的政策制定机关，依法查实后要及时通报、处理。

（4）强化宣传引导。《意见》的出台是进一步加强竞争倡导和宣传的良好契机，要通过宣传使全社会特别是行政机关深刻认识到维护市场公平竞争的必要性和重要性，切实转变观念。一是深刻学习领会《意见》精神，加强组织领导，加快建立公平竞争审查制度。二是认真组织开展公平竞争审查制度业务培训，分期分部门进行，主动提高审查业务水平。三是加强政策解读和舆论引导，推进公平竞争倡导，增进全社会对公平竞争审查制度的认识和理解，培育公平竞争文化。

执笔： 合肥区域经济与城市发展研究院研究员　　杨仁发　教授
　　　　合肥市政府政策研究室经济处　　　　　　羊　帆　副主任科员
审核： 合肥市政府政策研究室　　　　　　　　　黄传霞　副主任

国务院办公厅《关于发挥品牌引领作用推动供需结构升级的意见》的解读报告

2016年6月，国务院办公厅印发《关于发挥品牌引领作用推动供需结构升级的意见》（国办发〔2016〕44号，以下简称《意见》），作为我国首份国家级关于品牌建设的文件，《意见》针对我国品牌发展严重滞后于经济发展，产品质量不高、创新能力不强、企业诚信意识淡薄等突出问题，对发挥品牌引领作用、推动供给结构和需求结构升级作出了部署。现就《意见》出台背景、主要内容进行简要解读，并结合合肥市实际，提出相关贯彻落实建议。

一、《意见》出台背景和主要内容

（1）出台背景。当前，国内外发展环境错综复杂。从国际上看，全球经济复苏迟缓，市场需求持续低迷，跨境资本重新配置，国际分工格局加快调整。从国内看，我国经济发展进入新常态，经济下行压力加大，面对投资持续下降和过剩产能突出状况，中国经济对消费增长寄予厚望。但在居民收入快速增加，中等收入群体持续扩大，消费结构不断升级的同时，国人海外疯狂抢购日本马桶盖、韩国化妆品、澳大利亚洋奶粉等消费现象也揭示着中国制造的深层次问题。出现这一状况归根结底是因为中国制造业大而不强、广而不精，长久以来包括企业在内的整个社会忽视品牌建设。为此，《意见》指出品牌是企业乃至国家竞争力的综合体现，代表着供给结构和需求结构的升级方向，必须用品牌的力量加快供需结构升级。

（2）主要内容。《意见》分为5个部分，在阐述以品牌促进供需结构升级重要意义的基础上，提出了三大任务、三大工程、四项保障措施。三大任务：一是进一步优化政策法规环境。加快政府职能转变，创新管理和服务方式。二是切实提高企业综合竞争力。发挥企业主体作用，做大做强品牌。三是大力营造良好社会氛围。积极支持自主品牌发展，扩大自主品牌消费，为品牌建设和产业升级提供专业有效的服务。三大工程：一是品牌基础建设工程，围绕品牌影响因素，打牢品牌发展基础，为发挥品牌引领作用创造条件。二是供给结构升级工程，以增品种、提品质、创品牌为主要内容，从第一、第二、第三产业着手，采取有效举措，推动供给结构升级。三是需求结构升级工程，发挥品牌影响力，切实采取可行措施，扩大自主品牌产品消费，适当引领消费结构升级。四项保障措施分别为净化市场环境、清除制约因素、制定激励政策和抓好组织实施。

二、合肥品牌建设推动供需升级的现状及存在问题

近年来，合肥市积极贯彻落实国家政策方针，以培育创新型企业和战略性新兴产业为重点，引导企业实施品牌战略，第一、第二、第三产业品牌齐头并进，推进品牌建设成效显著。截至 2015 年，合肥驰（著）名商标及名牌拥有量位居全省第一。拥有驰名商标 71 件，省著名商标 475 件，市知名商标 261 件；省名牌 215 个，市名牌 147 个。一是确立了"大湖名城、创新高地"的城市品牌发展目标，形成城市品牌与产业品牌相互支撑、融合发展的品牌建设新格局。二是搭建"品牌＋互联网"服务平台体系。促进信息化与工业化深度融合，强化品牌孵化意识，夯实创建自主品牌的核心技术基础。三是初步形成推进品牌建设制度保障。对获得国家级、省级和市级品牌荣誉的企业，实施系列奖励优惠政策。四是推进先进制造业品牌和战略性新兴产业集群品牌发展。先后建立了家用电器制造基地、汽车及零部件出口基地、动漫产业发展基地等国家级品牌基地。五是服务业品牌发展水平快速提升。服务业功能区建设加速推进，品牌集聚效应不断显现，正在成为投入产出比最高的产业领域。六是企业品牌培育体系建设得到加强。培育一批如合力叉车、安利股份、美亚光电、科大讯飞、阳光电源、合肥锻压等具有国内外品牌影响力的优秀企业。

合肥市品牌建设基础虽然日益雄厚，但是与长三角先发城市相比仍有很大差距，与合肥市长三角城市群副中心的地位仍不相匹配，"合肥品牌"体系建设发展还相对滞后，主要存在以下问题：

一是知名品牌数量少。合肥市拥有全国驰名商标数比长三角上海、南京、杭州等城市少。二是本土明星品牌不足。目前合肥市知名品牌主要集中在电子信息、智能制造、生物医药、新能源及新能源汽车等新兴产业，但很多知名品牌都是"外来户"，在研发、服务等环节并不十分依赖合肥本土资源。而在可以依靠品牌效应大大提升需求结构的农业和消费品等行业产业，知名品牌更是寥寥，行业品牌缺失严重影响着供需结构升级。三是企业品牌意识和管理水平相对薄弱。目前合肥市仍有很多中小企业对品牌的价值与市场作用缺乏深刻的认识，品牌建设空壳化现象十分严重，忽视企业品牌的长期建设，导致了经营的短期行为。在品牌传播中，也只注重品牌名称的传播，忽略品牌忠诚度的建设。四是品牌建设环境亟待优化。品牌的形成，需要企业创建、政府培育、市场检验多重机制有机构成，但目前来看，这些方面都需要"补短板"。

三、贯彻落实《意见》的对策建议

（1）突出重点行业龙头，分类实施培育工程。针对品牌培育建设，要分行业培育实施，促进生产要素向优势产业、实力龙头聚集，推动上述产业和品牌在产业结构优化和规模扩张中发挥更大作用。一是在制造业领域，要在新兴产业下功夫，对家用电器、新型显示、智能语音等上规模的行业，要扶持龙头企业成长为国内顶尖、世界一流的企业；对集

成电路、智能制造、生物医药、新材料等发展前景良好的产业要遴选出一批"潜力股"，帮助其成长为国际知名、国内领先的品牌企业，建设起自主品牌梯队。二是在农业领域，要以农业产业化龙头企业、高标准农业板块基地和现代农业示范区为重点，培育和发展若干在全国有较高知名度的农产品加工产业品牌；鼓励具有地方特色的农产品，申请注册地理标志证明商标或集体商标、申报农业"三品"认证。三是在服务业领域，以金融、物流、信息、旅游、文化、商务等现代服务业为重点，培育一批有较高知名度的服务业品牌。

（2）提高品牌服务能力，促进企业自身建设。一是开展企业品牌培训活动，由工商、质检等部门和相关品牌建设促进会等机构负责组织，提高企业品牌培育意识和商标注册、运用、管理和保护能力，推广先进营销理论、品牌管理模式和方法，重点增强企业在市场调研、产品定位、营销策划、传播宣传、公关服务等方面的能力和水平。二是指导企业重视知识产权法律尤其是商标法律制度运用，从战略、管理、传播和资产管理各个层面推进品牌建设。

（3）发挥科教资源优势，加强本土创新能力。品牌的竞争力归根结底是要依靠技术作为支撑。一是注重当地科研品牌建设。发挥合肥科研优势，加快以中科大先研院、合工大智能制造研究院、中科院合肥物质研究院为代表的国内外知名科研单位"品牌"建设，在智能制造、生物医药、集成电路、机器人等领域形成科研品牌效应，从而以科研优势吸引更多的企业集聚。二是支持实力企业将更多的研发中心落户合肥，同时按照高标准建设和提升企业技术中心、设计中心、研究院等企业科技研发机构。三是积极鼓励企业不断加大科技研发投入，保障科技研发投入随营业收入增长而同比增长。四是支持获得市级以上认定的品牌企业对先进工艺设备和关键性技术引进消化和研发创新，形成自主知识产权和核心技术，有关项目优先列入市级相关财政专项资金支持范围，给予技术创新资金补助。

（4）鼓励企业抱团发展，推进品牌集群建设。一是依托现有产业基础、技术优势和创新资源，鼓励同行业企业间建立各类产业联盟，在特定产业率先实现突破和集聚，打造一批产业特色鲜明的专业化、规模化产业品牌集群，以品牌集群的路径实现整体"走出去"。二是优先发展新一代信息技术世界级产业集群，着力使生物医药、新能源和节能环保、智能制造、文化旅游培育形成若干个行业性品牌集群。三是鼓励品牌抱团发展，板块式发展，培育形成高新集成电路、讯飞中国声谷、新站平板显示、江淮汽车品牌走廊、经开高端装备、庐江新材料品牌群等若干个区域性品牌集群。

（5）开展品牌评估推广，营造品牌建设氛围。一是开展驰名商标和著名商标、地理标志、江淮名牌价值评估，量化品牌价值、提升品牌美誉度。二是建立政府主导、部门负责、企业联动、媒体支持、公众参与的品牌推广工作体系，加强对商标知识普及和品牌建设典型和经验的宣传，营造推进品牌建设的良好社会氛围。三是利用各类交易会、博览会、论坛等载体，加强对驰名商标、著名商标、地理标志和江淮名牌的推介，扩大合肥品牌影响力。

（6）优化品牌建设环境，培植品牌成长土壤。一是要加大政策扶持力度。在资金方面，增加财政资金投入的同时，要引导金融机构开展品牌资产依法依规抵押融资，品牌信用担保制度等进入服务。在公共服务方面，加强检验检测公共服务平台建设，加速建设重点产业质检技术机构和计量检测机构,提升检验检测能力。大力发展面向中小企业的品牌服务平台,为企业对外交流、信息咨询、技术咨询提供服务,并发挥产品研发设计和品牌推广平台的作用。二是要加强企业品牌保护工作力度。加强对企业商标注册、使用和保护情况的跟踪研究,加大对企业行业商标专用权行政保护力度,保护商标持有企业合法权益。增加质量监督、市场监管组织开展专项整治活动的次数,打击侵犯注册商标专用权违法行为,加大对我国工业企业行业商标专用权行政保护力度,保护商标持有企业合法权益。

执笔:合肥区域经济与城市发展研究院研究员　华德亚　副教授
　　　合肥市政府政策研究室经济处　　　　　羊　帆　副主任科员
审核:合肥市政府政策研究室　　　　　　　　黄传霞　副主任

国务院办公厅《关于加快培育和发展住房租赁市场的若干意见》的解读报告

2016 年 5 月，国务院办公厅印发《关于加快培育和发展住房租赁市场的若干意见》（国办发〔2016〕39 号，以下简称《意见》），强调实行购租并举，发展住房租赁市场，深化住房制度改革，加快改善居民尤其是新市民住房条件，推动新型城镇化进程。现就《意见》出台背景、主要内容进行简要解读，并结合合肥市实际，就贯彻落实《意见》精神，提出相关建议。

一、《意见》出台背景和主要内容

（1）出台背景。我国住房租赁市场承担了相当一部分低收入居民的住房供给，在目前房价日益攀高的背景下，住房租赁市场对于解决城镇居民住房难的重要性日益突出。但我国租房市场供给远不能满足现实需求，住房租赁市场存在着市场供应主体发育不充分、市场秩序不规范、法规制度不完善等问题，其中专业租赁企业少是一个主要问题。如我国住房租赁市场中，约 90% 的房源为个人出租，而在一些国家成熟的房地产市场，专业租赁企业提供房源占比在 30% 左右。在住房租赁市场中，租赁中介机构在供需之间起到了非常重要的桥梁作用，目前，租赁中介机构尚存在着诸如服务不规范、虚假房源、中介欺诈以及无序竞争等一系列问题，同时租赁市场监管也相对比较薄弱，虽然房屋租赁登记备案管理制度已出台多年，却一直未能得到有效落实，实践中住房租赁登记备案率非常低。根据有关部门对部分城市社会治安状况的调查分析，近年来发生于城市的刑事犯罪案件 70% 以上与"出租房屋"有关。因此，《意见》的出台不仅有利于解决城镇居民住房问题，而且对于规范房屋租赁市场，维护社会稳定具有非常重要的现实意义。

（2）主要内容。《意见》分为 8 个部分、18 项住房租赁市场扶持政策措施，可以概括为四个方面：一是发展住房租赁企业。支持利用已建成住房或新建住房开展租赁业务。鼓励个人依法出租自有住房。允许将商业用房等按规定改建为租赁住房，增大机构出租住房在住房租赁市场的比例。二是推进公租房货币化。政府对保障对象通过市场租房给予补贴。在城镇稳定就业的外来务工人员、新就业大学生和青年医生、教师等专业技术人员，凡符合条件的应纳入公租房保障范围。三是完善税收优惠政策。鼓励金融机构加大支持力度，增加租赁住房用地供应。四是强化租赁市场监管。推行统一的租房合同示范文本，规范中介服务，稳定租赁关系，保护承租人合法权益。另外，《意见》还规定将新建租赁住房纳入住房发展规划，要求城市人民政府对本区域内住房租赁市场管理负总责等。

二、合肥市住房租赁市场发展现状及存在问题

近年来，合肥房屋租赁管理工作实行重心下移，将房屋租赁管理职责移交各区住建部门和街道（乡镇、社区）实行属地管理。市房地产行政主管部门负责指导，市公安、人口和计划生育、规划、环保、地税等部门各司其职，住房租赁市场获得了有序发展。2014年各县（市）、区均建立了房屋租赁综合信息平台，各乡（镇）、街道行政服务中心共设立了 122 个房屋租赁登记备案窗口，每个社区都设有房屋租赁信息员，收集本社区房屋租赁信息并录入综合信息平台。2015 年全市完成房屋租赁备案 2.98 万户，总建筑面积579.6 万平方米，备案年租金总额 15.23 亿元，平均每月备案户数 2000 户左右。一是创新房屋租赁管理体制机制。2013 年《合肥市房屋租赁管理办法》（第 166 号市政府令）发布，将租赁管理与社区管理相结合，将租赁管理的工作重心下移，将租赁信息平台建设列入各区社会治安综合治理考评内容，推进了租赁行业管理工作规范化、制度化。尤其是房屋租赁管理"重心下移"，方便了群众就近办理房屋租赁合同备案、解决租赁事务纠纷，也方便了街道（社区）将房屋租赁管理与社区网格化管理相结合，做到及时掌握房屋出租信息，提前预防。二是健全房屋租赁监管工作制度。如联络员制度、月报制度、简报制度、督查制度等，确保工作有效推进。制定印发房屋租赁合同文本、房屋租赁登记备案工作流程图、合肥市房屋租赁登记备案申请（审批）表等配套文件，印发宣传指导手册等。市级相关主管部门定期对各区贯彻落实《合肥市房屋租赁管理办法》情况进行督查指导，确保各区健全工作机制、明确工作目标、落实人员经费。三是加强房地产中介租赁机构管理。探索建立信用公示制度。规范房屋租赁业务，加强房地产中介资质备案管理，对已备案房地产经纪机构及其分支机构进行整理，按月将房地产经纪机构及其分支机构在房产局网站上进行公示，接受群众监督。召开具有代表性的房地产中介企业座谈会，听取房屋租赁工作意见和建议，要求房地产中介企业要加强内部管理，明确工作流程，落实经纪从业人员工作责任，进一步规范房屋租赁服务行为。

但合肥市住房租赁市场发展仍旧很不充分，当前房屋租赁管理还存在以下几个方面的问题：一是法律法规不健全。《中华人民共和国房地产管理法》第五十三条要求将租赁合同进行备案，但没有纳入行政许可，而且没有相应的处罚条款。二是房屋租赁备案税收门槛高，群众无主动备案的积极性。三是部门联动效果差。现在主要是房产部门在推动，其他部门很少介入。四是基层房地产管理人员业务水平有待提高。

三、贯彻落实《意见》的对策建议

（1）发展住房租赁企业，增加机构租房比例。一是增加租赁市场供给。由于合肥市房地产开发企业住房去库存压力很小，拿地成本高，资金压力大，加上租赁资金回笼周期长，房地产开发企业利用已建或新建住房租赁的意愿非常小。但合肥市非住宅的库存量较

大，为防止资源闲置，应大力引导房地产开发企业将符合条件的商业和办公用房改造成住房对外租赁。二是培育和发展专业化的住房租赁企业。培育、引导社会化公司整合个人出租房资源，开展住房租赁业务。社会化住房租赁企业则可以将空置住房整合起来，统一进行装修、经营、管理，大大降低房主的出租成本，提高住房的利用率。三是培育租赁运营机构。研究支持住房租赁机构发展的税收和管理优惠政策，鼓励规模化经营，引导中小租赁机构兼并重组，支持发展一批有实力的大型租赁运营机构。鼓励各县（市）、区（开发区）成立国有控股的房屋租赁运营平台，利用已有的公租房资源开展房屋租赁运营，推进租赁规范化经营，提高服务水平。四是扶持依法登记备案的住房租赁企业、机构。鼓励商业银行开发面向房屋租赁企业的优惠贷款，支持符合条件的住房租赁企业发行债券、不动产证券化产品，稳步推进房地产投资信托基金试点。

（2）推进公租房货币化，逐步提高保障水平。一是公租房保障中实物保障与租赁补贴并举。支持公租房保障对象通过市场租房，政府对符合条件的家庭给予租赁补贴。二是完善租赁补贴制度。结合市场租金水平和保障对象实际情况，合理确定租赁补贴标准，逐步将公租住房保障方式由实物保障为主转变为分档发放租赁补贴为主。三是进一步扩大公租房保障范围。将城镇较低收入住房困难家庭的货币化保障方式向其他符合条件的住房保障对象延伸，对符合条件的住房困难群体努力做到应补尽补，切实解决城市"夹心层"住房问题。

（3）鼓励住房租赁消费，保障租赁双方合法权益。一是制定支持住房租赁消费的优惠政策，主要包括落实提取住房公积金支付房租政策，简化办理手续，引导城镇居民通过租房解决居住问题。二是非本地户籍承租人可按照《居住证暂行条例》等有关规定申领居住证，享受义务教育、医疗等国家规定的基本公共服务。三是进一步完善合肥市有关提取住房公积金支付房租和居住证管理的系列政策，适当提高提取住房公积金支付房租的最高提取限额等。

（4）加强租赁市场监管，规范住房租赁中介机构。一是落实住房租赁合同登记备案制度，推行住房租赁合同示范文本和合同网上签约，探索建立责任追究制度与其他相关政策相衔接（如办理居住证、租房提取公积金及办理营业住所登记时提供经过备案登记的租赁合同等），积极完善责任追究机制追究未登记备案者的法律责任，提高租赁双方主动登记备案的积极性。二是充分发挥中介机构作用，规范住房租赁中介机构，不断提升从业人员素质，提供规范的居间服务，促进中介机构依法经营、诚实守信、公平交易。三是多部门联动，加大房屋租赁管理力度。进一步完善房屋租赁管理体制机制，房产、公安、城市管理、工商等部门要按照职责分工，密切协作配合，严格把关，堵塞市场管理漏洞。同时结合居住证管理、计生、流动人口、公积金提取等管理关口，强化综合管理体制。四是加强租赁政策宣传工作。充分利用各种媒体，营造支持房屋租赁管理工作的良好氛围。强化业务培训，提高社区一线工作人员的业务能力和水平，熟悉掌握工作方法和工作流程，为推进房屋租赁管理工作奠定基础。

执笔：合肥区域经济与城市发展研究院研究员　吴　猛　副教授
　　　合肥市政府政策研究室经济处　　　　　羊　帆　副主任科员
审核：合肥市政府政策研究室　　　　　　　　黄传霞　副主任

后 记

　　本书是 REUD 智库系列丛书《区域经济与城市发展研究报告》第三本，也是合肥区域经济与城市发展研究院、安徽大学区域经济与城市发展协同创新中心（研究院）、合肥市政府政策研究室等单位又一次精诚合作的智库成果。

　　本书对 2016~2017 年研究院等单位服务地方的路径和策略进行了研究。全书由三个重大课题研究报告及其对策建议、五个日常课题研究报告和八篇文件政策解读报告构成。每一篇报告都针对合肥市亟待解决的问题进行研究，所提对策建议有的放矢，且具有很强的针对性，有些对策建议已经在实际工作中被采纳，受到有关部门领导的充分肯定，有效发挥了研究院和政策研究室作为合肥智库的建言献策作用。

　　本书的出版首先感谢研究院同仁的共同努力，以及各课题组成员和各位作者的辛勤付出；其次，感谢经济管理出版社张巧梅老师精益求精的编辑工作和不厌其烦的沟通交流；最后，感谢合肥市政策研究室、安徽大学人文社科处和发展规划处等领导的大力支持。

　　本书如有不足、遗漏、甚至错误之处，恳请读者和同行批评指正。

（安徽大学经济学院教授、博士生导师　　合肥区域经济与城市发展研究院院长）

2017 年 11 月 10 日